독자의 1초를 아껴주는 정성!

세상이 아무리 바쁘게 돌아가더라도

책까지 아무렇게나 빨리 만들 수는 없습니다.

인스턴트 식품 같은 책보다는

오래 익힌 술이나 장맛이 밴 책을 만들고 싶습니다.

길벗이지톡은 독자여러분이 우리를 믿는다고 할 때 가장 행복합니다.

나를 아껴주는 어학도서, 길벗이지톡의 책을 만나보십시오.

독자의 1초를 아껴주는 정성을 만나보십시오.

미리 책을 읽고 따라해본 2만 베타테스터 여러분과 무따기 체험단, 길벗스쿨 엄마 2% 기획단,

시나공 평가단, 토익 배틀, 대학생 기자단까지!

믿을 수 있는 책을 함께 만들어주신 독자 여러분께 감사드립니다.

(주)도서출판 길벗 www.gilbut.co.kr

길벗 이지톡 www.gilbut.co.kr

길벗 스쿨 www.gilbutschool.co.kr

KB108969

| QR 코드로 음성 자료 듣는 법 |

1

'스마트 폰에서 QR 코드 스캔' 애플리케이션을 다운 받아 실행합니다.
[앱스토어나 구글 플레이어에서 'QR 코드' 로 검색하세요]

2

애플리케이션의 화면과 본문에 있는 QR 코드를 맞춰 스캔합니다.

3

스캔이 되면 바로 유튜브 영상으로 연결됩니다.

4

재생 목록이 있는 경우, 원하는 영상을 클릭합니다.

| 길벗이지톡 홈페이지에서 자료 받는 법 |

1

길벗 홈페이지(www.gilbut.co.kr)에 접속하세요.

2

검색창에 〈일본어 상용한자 무작정 따라하기 2〉를 검색합니다.

3

해당 도서 페이지에서 자료실을 클릭합니다.

4

자료실의 '학습자료' 항목에서 도서에서 제공하는 추가 자료를 다운로드할 수 있습니다.

한자, 읽을 수 있다
일본어 한자 읽기
우선순위 암기법

일본어
상용한자

무작정 따라하기

권경배 (유튜브 자취생K) 지음

길벗
이지:톡

일본어 상용한자 무작정 따라하기 2

The Cakewalk series - Japanese Kanji 2

초판 발행 · 2023년 3월 31일
초판 3쇄 발행 · 2024년 9월 30일

지은이 · 권경배
발행인 · 이종원
발행처 · (주)도서출판 길벗
브랜드 · 길벗이지톡
출판사 등록일 · 1990년 12월 24일
주소 · 서울시 마포구 월드컵로 10길 56(서교동)
대표 전화 · 02)332-0931 | **팩스** · 02)323-0586
홈페이지 · www.gilbut.co.kr | **이메일** · eztok@gilbut.co.kr

기획 및 책임 편집 · 오윤희(tahiti01@gilbut.co.kr), 박정현 | **표지 디자인** · 최주연 | **제작** · 이준호, 손일순, 이진혁
마케팅 · 이수미, 장봉석, 최소영 | **유통혁신** · 한준희 | **영업관리** · 김명자, 심선숙 | **독자지원** · 윤정아

편집진행 및 교정교열 · 이경숙 | **본문 디자인** · 박수연 | **표지 일러스트** · 애슝 | **본문 일러스트** · 최정을
전산편집 · 수(秀) 디자인 | **CTP 출력 및 인쇄** · 예림인쇄 | **제본** · 예림바인딩

ISBN 979-11-407-0147-6 03730
(길벗 도서번호 301112)

ⓒ 권경배, 2023

정가 28,000원

독자의 1초를 아껴주는 정성 길벗출판사
(주)도서출판 길벗 | IT교육서, IT단행본, 경제경영서, 어학&실용서, 인문교양서, 자녀교육서 www.gilbut.co.kr
길벗스쿨 | 국어학습, 수학학습, 어린이교양, 주니어 어학학습, 학습단행본 www.gilbutschool.co.kr

박찬홍 | 20대, 반도체 엔지니어

한자에 발목 잡힌 분들께 추천합니다!

일본어 한자 학습은 단거리 달리기가 아니라 마라톤입니다. 올바른 학습법을 알고 있어야 길을 잃지 않고 완주할 수 있습니다. 제가 한자를 처음 공부할 때는 무작정 종이를 빽빽하게 채우며 한자를 학습하고, 며칠 지나면 또 잊기를 반복하며 허무함을 느꼈습니다. 그러다가 이 교재를 만났습니다. 우선순위로 공부하며 한자 학습법 및 기초적인 유래 등 다양한 정보를 얻었고, 하루하루 조금씩 성장해 나가고 있음을 느끼며 마음도 편해졌습니다. 과거의 저처럼 일본어 공부에 관심이 있지만 계획을 어떻게 짜야 할지 고민되는 분, 일본어의 큰 틀은 알고 있지만 한자에 발목 잡힌 분들께 추천합니다. 한자 학습법에 대해 이렇게 자세히 알려 주는 책은 찾기 힘들 거예요.

김병찬 | 30대, 전기 기술직

평생 소장할 만한 가치가 있는 책!

일본어 상용한자들이 단순히 사전처럼 나열돼 있는 일반 교재들과 달리, 이 책은 각 한자의 주제, 부수, 난이도, 헷갈릴 만한 한자들을 함께 정리하여 학습자가 쉽게 공부할 수 있도록 만들어져 있습니다. 또한 '잠깐만요' 코너의 부가적인 설명을 읽으면 마치 자취생K님의 강의를 직접 듣는 듯 한자에 대한 이해와 암기가 더욱 수월해졌습니다. 1권에서 일본 초등학생 수준의 기초 한자를 다뤘다면, 2권은 중학교 수준 이상, JLPT 2급 이상 난이도의 한자를 다루고 있는데요. 이 책은 일본어를 사용한다면 평생 소장할 만한 가치가 있는 책이라고 생각합니다.

신하민 | 20대, 대학생

단순 노동식 암기를 싫어하는 학습자에게 혁신적인 책!

이 책은 한자의 부수 각각이 가지는 뜻을 서로 연결해서 스토리텔링을 하는 방식인데, 그게 제게는 정말 큰 도움이 되었어요. 이 책을 접하기 전까지는 그냥 무작정 머릿속에 담길 때까지 따라 쓰기만 했는데, 그러다 보니 손만 아프고 또 기억에서 금방 사라져 흥미도 사라질 뿐더러 단순 노동이라는 느낌밖에 들지 않았어요. 그러나 이 책으로 공부하고 나서는 '이 한자가 이런 식으로도 해석이 될 수 있구나.' 하는 생각이 들면서 한자에 대한 흥미가 생겼어요. 또한 스토리가 머릿속에 각인돼 한번 제대로 외운 한자는 한 주가 지나서도 그대로 기억에 남는 효과가 있었어요. 저처럼 한자를 어려워하면서 무작정 암기법을 싫어하는 분들께 이 책은 혁신입니다.

김민 | 30대, 사무직

일본어 공부를 할 때 뭔가 아쉬움이 남는 분들께 추천합니다!

여러 종류의 일본어 한자책을 봤지만, 『일본어 상용한자 무작정 따라하기』만큼 심플하면서도 학습에 필요한 것만 담은 책은 없었어요. 부수로 묶어서 학습하는 것을 선호하는 편인데, 이 책은 주제별로 묶고 그 안에 부수로 또 한번 분류되어 있는 구성이라 학습하기 편했어요. 중간중간에 저자분이 정말 꼼꼼하게 부연 설명도 해 놓아서 일본어 한자에 대해 전체적인 학습이 가능하다는 점이 무엇보다 좋았습니다. 그래서 일본어 공부를 할 때 뭔가 자꾸 아쉬움이 남거나 만족이 안 되는 분들께 이 책을 적극 추천해요.

베타테스트에 참여해 주신 모든 분들께 감사드립니다.
이 책을 만드는 동안 베타테스터로서 미리 학습해 보고 여러 좋은 의견을 주신
박찬홍, 김병찬, 신하민, 김민 님께 감사드립니다.

「知る」から「分かる」へ進まない 者に成長はない

공부의 궁극적인 목표는 단순 암기가 아니라 이해를 동반한 '깊은 지식'을 형성하는 것입니다. 일본어 한자 학습도 다르지 않습니다. **일본어 한자를 암기하는 것은 필수 과정이고, 한 발 더 나아가 그것이 어떻게 일본어에서 활용되는지 이해할 수 있어야 합니다.** 그렇다면 일본어 한자를 좀 더 깊이 이해하기 위해서는 무엇을 해야 할까요? 또 어떤 교재를 선택해야 할까요?

첫째, 효율적으로 암기해야 합니다. 그 어떤 공부도 일정 수준 이상 암기에 투자해야 합니다. 처음 영어를 배울 때 누구나 'apple = 사과'라는 단순 암기의 과정을 거칩니다. 이는 일본어 한자도 마찬가지입니다. 기본적인 암기 없이는 이해도 없습니다. 그렇기 때문에 특정 방법 하나만 고집하기보다 최대한 다양하고 합리적인 방법을 통해서 효율적으로 암기해야 합니다. **단순 정보 제공에 그치는 불친절한 교재나 특정 방법 하나에 매몰된 교재보다는 다양한 학습 전략을 제공할 수 있는 교재를 선택해야 합니다.**

둘째, 한자의 쓰임과 활용을 명확히 알아야 합니다. 일본어 어휘의 절반 이상은 한자 어휘로 구성됩니다(조어력). 또 「きく」(듣다)는 「聞く・聴く・訊く・利く・効く」 중 어떤 한자로 쓰는가에 따라서 그 의미가 협소하게 한정됩니다(의미 구체화). 일본어에서 한자가 중요한 이유는 이러한 조어력과 의미 구체화 기능에 있습니다. 그렇기에 일본어 어휘 속에서 한자가 어떻게 활용되고 쓰이는지를 파악하는 것이 중요합니다. 음독에서 어떤 의미로 쓰이는가, 훈독에서는 한자가 어떻게 활용되는가에 관해서 제대로 된 비교·이해 없이 무조건적인 암기만으로는 결코 깊은 지식을 얻을 수 없습니다. **그렇기 때문에 일어나 한자 교재라면 단순히 한자-음독-훈독에 관한 정보의 나열에 그치지 않고, 해당 정보들이 어떻게 유기적으로 연결되는지 이해할 수 있는 다양한 정보와 해설이 제공되어야 합니다.**

셋째, 일본어에 맞춤화된 정보를 파악해야 합니다. 한자는 한중일 모두 사용하지만, 어휘 속에서의 쓰임은 제각각입니다. 그렇기 때문에 현대어에서는 같은 한자라도 의미가 달라지기도 합니다. 예를 들어 「唄」는 한국에서 '염불소리 패'라고 쓰이지만, 일본어에서는 「うた」라 읽고 '전통가요, 노동요, 자장가' 등을 나타낼 때 사용합니다. '염불소리'라는 의미는 현대어에서는 소멸 단계입니다. 그럼, 「唄」를 '염불소리 패'라는 중국과 한국의 전통적인 의미로 해설하는 교재가 좋을까요, 아니면 **일본어의 실질적인 쓰임에 맞춰 해설하는 교재가 좋을까요?** 또, 단순한 한자 정보의 사전적인 나열을 외운 것은 깊은 지식이라 할 수 없습니다. 좀 더 깊이 들어가서 '각종 법칙의 해설', '일본어 한자의 쓰임과 관련된 배경지식'을 알고 일본어 한자를 이해해야 비로소 깊은 지식을 쌓을 수 있습니다. 그렇기 때문에 **일본어 한자 교재는 단순한 한자 정보 외의 다양한 정보를 제공할 수 있어야 합니다.**

암기가 아닌 습득을 위한 교재

본 교재는 일본어 한자가 가진 고유의 특징을 제시하고, 그에 맞춰 학습자들이 이해와 암기를 모두 해 나갈 수 있도록 만들었습니다. 특징은 다음과 같습니다.

① **효율적인 암기를 위해 다양한 전략적 접근이 가능하도록 구성했습니다**

대부분의 일본어 한자 교재는 사전적인 정보만 제시하거나 특정 방식에 매몰되어 학습자에게 불친절합니다. 본 교재는 **이미지 제시, 한자의 조합 원리(부수), 모양이 비슷한 한자 및 뿌리가 같은 한자들을 묶어서 제시하는 청크화 전략, 스토리텔링식 형성 원리 해설, 유의어 비교 해설 등 과학적인 학습 기법을 활용한 정보를 모두 담았습니다.** 이러한 정보를 기반으로 효율적인 한자 학습이 가능하며, 학습자가 다양한 전략을 활용할 수 있도록 구성했습니다.

② **고루한 정보에서 탈피해 일본어를 위한 정보로 커스터마이징했습니다**

일본어와 맞지 않는 한국 사전식의 고루한 해설을 버리고 **일본어의 실제 쓰임과 맞는 부수 지정·의미 해설 등을 통해 일본어 어휘와 한자 간의 정합성을 높였습니다.** 또한 단순히 한자별 훈독 어휘를 제공하는 데 그치지 않고 국내에서 최초로 「花/華」와 같이 의미가 비슷하고 훈독(はな)이 같지만 한자 표기가 다른 동훈이자어를 제시하고, 비교/대조하는 해설을 달았습니다.

③ 한자 교재 중 유일하게 한자 및 음독·훈독의 우선순위를 지정했습니다

대부분의 교재는 그저 상용한자의 정보를 제공할 뿐 한자나 한자의 음훈독에 관한 명확한 우선순위를 제시하지 않습니다. 하지만 그로 인해 학습자들은 '모든 정보를 동일한 중요도'로 외워야 한다는 압박을 받습니다. 본 교재에서는 국내에서 유일하게 우선순위를 지정하였습니다. 한자의 경우, 빅데이터 정보에서 나온 **실사용 빈도별 순위를 제시**하였고, 음독의 경우는 해당 **음독으로 발음하는 단어의 수(파생 어휘 수)를 기준으로 각 음독의 순위를 4단계로 지정**하여 제시하였습니다. 그리고 훈독의 경우는 훈독의 한자 표기가 시험 및 관공서에서 사용되는가**(시험용)**, 관습적으로 자주 사용되는가**(실생활용)**, 잘 사용되지 않는가**(전문가용)**라는 세 가지 실사용 정보를 제공하여 3단계 등급을 지정하여 제시하였습니다. **이와 같은 순위와 등급을 제공하는 책은 국내외 교재를 통틀어 본 교재가 유일합니다.**

④ 한자에 존재하는 법칙과 배경지식을 망라했습니다

단순히 '그냥 외워!'가 아니라 숨어 있는 원리·법칙·배경지식을 전문가의 입장에서 하나하나 해설하였습니다. 본 교재를 보는 N2 레벨 이상의 실력자들이 일본어 한자를 단순히 외우는 것을 넘어 **'일본어 속의 한자'에 관한 다양한 배경지식과 음운 법칙을 습득할 수 있도록 다양한 해설과 칼럼을 실었습니다.**

한자는 단순히 아는(知る) 것을 넘어 이해하여(分かる) 습득할 수 있어야 합니다. 앞서 그 길을 걸은 선배이자 연구자로서 본 교재가 그에 필요한 다양한 정보를 담은 사막의 오아시스 같은 한자 교재가 되길 바랍니다.

권경배

첫째 마당

본격적인 학습에 들어가기 앞서 기본 부수를 전체적으로 정리해 봅니다.

中 [중: 가운데]

본자	부수자	의미	주요 위치 및 예시	이체자
丶 점 점	→ 丶	① 무언가의 모양 ② 점	■ 凡丸勺刃斥　■ 主向	
亅 갈고리 궐	→ 亅	갈고리	■ 事爭予小	
丨 뚫을 곤	→ 丨	뚫고 있는 무언가	■ 用中隶由聿唐半候　■ 旧　■ 引	
丿 삐침 별	→ 丿	뻗거나 빠친 무언가	■ 力矛弟少匆番差尹才必　■ 乘乏	
乂 벨 예	→ 乂	휘둘러 베다	■ 気区図凶　■ 刈刹　■ 文交	

* 이체자: 같은 글자의 다른 형태

編 [편: 엮다]

본자	부수자	의미	주요 위치 및 예시	이체자
火 불 화	→ 灬	불	■ 畑焼煙燃炒燥爆炉炊	■ 灬　■ 灬火
水 물 수	→ 氵	물	■ 海沖洋流沢池泡浴波油液浦	■ 氵水
氷 얼음 빙	→ 冫	얼음	■ 冷次姿資茨	■ 冫

둘째 마당

이 책의 메인 마당으로, 본격적으로 1,114자의 한자 해설을 다룹니다. 가능한 힘들이지 않고 공부할 수 있도록 꼼꼼하고 친절한 설명과 적재적소에 배치된 코너로 풀어냈습니다.

01 日: 해 일 ▶ 晶冥隙湿顕昆

0015 日	☀	해 일 · 날 일	1학년	N4	3위
해설	해(口)의 모습과 해가 뜨고 지는 하루(一)의 의미를 담아				
음독	[にち] 毎日 매일 (まいにち)		[じつ] 当日 당일 (とうじつ)		
파생	0189 明 밝을 명 [めい∨みょう]　0190 盟 맹세할 맹 [めい]　0191 温 따뜻할 온 [おん]				

《일본어 상용한자 무작정 따라하기 1》에 수록된 한자 중 2권의 주제별 파생 한자와 연관해서 알아두면 도움되는 한자의 간략 정보를 제시합니다. 1권의 한자 일련번호를 그대로 표기하여 찾아보기 쉽게 만들었습니다.

① 1250

震

중학 | N2 | 822위

|비교|
• ふるう: 1249 振 vs
1250 震 vs 0431 奮

②

비(雨) 내리듯 별(辰)처럼 건물 잔해가 떨어지도록 천지가
요동치는 지진이니   雨: 비 우

요동칠 진 · 지진 진

15획 震震震震震震震震震震震
震震震

③

음독	しん	1순위	震源 진원 (しんげん)	*震災 진재지진재해 (しんさい)
			震度 진도 (しんど)	地震 지진 (じしん)
			余震 여진 (よしん)	耐震 내진 (たいしん)

④

훈독	[ふる]う	震(ふる)う ⓐ (전체가 잘게) 떨리다 ⓑ (대지가) 진동하다, 요동치다
	[ふる]える	震(ふる)える ⓐ (전체가 잘게) 흔들리다, 진동하다
		ⓑ (두려움/추위/긴장/병 등으로) 부들부들 떨리다
		→ 震(ふる)え 떨림

⑤ |잠깐만요|
• 「ふるう」의 한자 표기와 의미 구분 (오쿠리가나의 차이에 유의)
　a. 振るう: (털어내듯 크게 흔들다 →) ⓐ 크게 휘두르다 ⓑ 털어내다 ⓒ 융성해지다
　　　예 バットを振(ふ)るう 배트를 휘두르다　権力(けんりょく)を振(ふ)るう 권력을 휘두르다
　b. 震う: (대상 전체가 잘게 흔들리다 →) ⓐ 진동하다 ⓑ (세상/대지가) 요동치다
　　　예 寒(さむ)くて体(からだ)が震(ふる)う 추워서 몸이 떨리다
　　　地震(じしん)で窓(まど)が震(ふる)う 지진으로 창이 요동치다
　c. 奮う: (감정/기력을 휘둘러 대며 일어나다 →) ⓐ 분발하다 ⓑ 융성해지다
　　　예 奮(ふる)って立(た)ち向(む)かう 용기 내어 맞서다
　　　成績(せいせき)が奮(ふる)わない(=振(ふ)るわない) 성적이 부진하다

2190

堪

중학 | N1급 | 1740위

⑥ |비교|
• たえる: 0415 絶 vs
1648 耐 vs 2189 堪
• こたえる: 0612 応 vs
0913 答 vs 2190 堪
• たまる:
0843 貯 vs 2189 堪 vs
상용 외 溜

흔들림 없는 흙(土)바닥처럼 아무리 극심한(甚) 상황에서도 꿋꿋이 견뎌내니

견딜 감 · 감내할 감

12획 堪堪堪堪堪堪堪堪堪堪堪堪

음독	かん	4순위	*堪忍 감인 (かんにん) 인내/용서
			*堪能 감능 (かんのう/たんのう) 숙달함/만족함

④

훈독	[た]える	堪(た)える ⓐ ～할 수 있다 ⓑ ～할 만하다, ～할 가치가 있다
		예 屋外(おくがい)での使用(しよう)に堪(た)える
		건물 밖에서도 사용할 수 있다
		大人(おとな)の鑑賞(かんしょう)に堪(た)える
		어른이 감상할 만하다
		cf) 耐(た)える ⓐ 견디다, 버티다, 인내하다 ⓑ ～할 만하다
		絶(た)える (계속/연속되던 것이) 끊어지다, 끝나다, 다 되다
	[こた]える	▽堪(こた)える ⓐ (겨우겨우) 버티다, 견디다
		ⓑ (堪えられない 꼴로) 너무 좋(아서 견딜 수가 없)다
		→ 持(も)ち堪(こた)える 지탱하다, 견디다
	[こら]える	▽堪(こら)える 꾹 참아내다, 견뎌내다, 억누르다
	[たま]る	▼堪(たま)る 참다, 견디다 → 堪(たま)らない 견딜 재간이 없다
		居(い)た堪(たま)れない 이 이상 가만히 있을 수 없다
		cf) 溜(た)まる (한곳에) 고이다, 쌓이다
		貯(た)まる (돈/재산 등이) 늘다

|잠깐만요|
• 「堪能」는 「かんのう/たんのう」 모두 인정되지만, 관용적 예외 발음인 「たんのう」로 읽는 쪽이
　일반적이니 주의하세요.
• [ⓐ]堪(こた)える: '어떻게든 겨우겨우/아슬아슬 버티고 있다'의 뉘앙스
　예 これだけあれば何(なん)とか一年(いちねん)は堪(こた)える。

❶ 한자 정보

① **일련번호** : 개별 한자의 고유 번호입니다. `1215` ~ `2328` 까지 번호를 달았습니다.

② **한자 종류** : 제부수(◑)/부수자(●)는 별도로 기호를 표기했습니다.

> ● 부수자 : 독립되어서는 사용할 수 없고, 자립 한자의 구성 요소로 사용되는 한자의 부속 글자
>
> ◑ 제부수 : 부수자처럼 기본적으로 자립 한자의 구성 요소로 쓰이는 한자.
>   부수자와 달리 독립되어 사용할 수 있으나 특수한 경우에만 사용된다.

③ **표제한자** : 한자 모양이 여러 가지로 쓰이거나 부수로 쓰일 경우도 함께 표기했습니다.

④ **학년** : 일본 상용한자 레벨을 표기했습니다(중학/학년 외/급수 외/상용 외 등).

⑤ **JLPT 급수** : N1 ~ N3까지 표기하되 급수에 들어가지 않는 한자는 '급수 외'로 표기했습니다.

⑥ **실사용 빈도 순위** : 각 한자의 서적/인터넷에서의 실사용 빈도(출현 빈도)를 나타냈습니다.

> (사용빈도 조사는 일본 문화청에서 실시한 「한자 출현 빈도 조사 ver1.3」을 기준으로 했습니다.)

---

❷ 형성 원리와 한국 음훈, 획순

⑦ **원리** : 한자의 형성 원리를 풀이해 제시하고 있습니다.

⑧ **훈음** : 한자의 의미(훈)+읽는 법(음)을 나타내고 있습니다.

⑨ **총획/획순** : 총 획수와 획순을 정리했습니다.

⑩ **참고 그림** : 원리를 이해하거나 모양을 기억하는 데 도움이 되는 그림을 실었습니다.

---

❸ 일본어 음독

⑪ **1~4순위** : 각 음독이 가지고 있는 「단어 생산력」의 레벨

> `1순위` 단어 생산력이 가장 높은 음독. 해당 음독으로 읽히는 단어가 적어도 25개 이상
> `2순위` 단어 생산력이 두 번째로 높은 음독. 해당 음독으로 읽히는 단어가 적어도 15개 이상
> `3순위` 단어 생산력이 1~2위보다 낮은 음독. 해당 음독으로 읽히는 단어가 10개 이하
> `4순위` 단어 생산력이 극도로 낮은 예외적인 음독. 해당 음독으로 읽히는 단어가 5개 이하

⑫ **단어의 표기 순서** : 「한자+뜻+(히라가나)」 순으로 표기했습니다. 한자를 보고 → 한국어의 음을 떠올리고 → 한국어의 음을 통해 자연스럽게 일본어의 음을 떠올리는 과정을 통해 한자를 익힐 수 있습니다.

⑬ ***** : 한국어의 음과 일본의 음독이 맞지 않는 경우는 별표(*)로 표시했습니다.

---

❹ 일본어 훈독

⑭ **[   ]** : 용언(형용사/동사)의 한자로 대체되는 부분

⑮ **→** : 기본 훈독에서 파생되는 단어

⑯ **단어의 표기 순서** : 「한자+(히라가나)+뜻」 순으로 표기했습니다.

⑰ **예외** : 예외적인 음으로 생산성이 없고 해당 어휘에만 쓰이는 것을 따로 정리했습니다.

⑱ **훈독의 한자 표기** : 마크 없음/▽/▼로 한자 표기를 분류했습니다.

마크 없음 新상용한자표 지정 표기: 문부과학성에서 시험/공문서/교과서에 한자로 표기할 것을 권고하고 있는 훈독
▽　　　상용 외 일반 표기: 新상용한자표에서 인정하지 않는 표기지만, 관습적으로 실생활에서는 한자로 표기하는 경향이
　　　　　우세한 경우
▼　　　상용 외 선택 표기: 新상용한자표에서 인정하지 않는 표기이면서, 일반적으로도 한자로 표기하지 않는 경우
　　　　　단, 개인의 습관/의도/쓰여진 시대/서적의 종류 등에 의해 드물게 한자 표기 사용
※ 학습은 「마크 없음 ＞ ▽ ＞ ▼」 순으로 중요합니다. 시험을 목표로 한다면 ▽▼마크의 훈독은 참고만 하세요.

⑲ cf): 대표적인 동훈이자어와 의미를 제시했습니다.

---

⑤ 잠깐만요

학습에 필요한 보충 설명 코너입니다. 의미 해설, 실제 사용과 학습 시 주의점, 동음이훈어의 구분, 형태가
비슷한 한자 등을 정리했습니다.

---

⑥ 비교

동훈이자어들의 한자 표기를 구분하여 비교하는 코너입니다.

동훈이자어 : 훈독 발음은 같으나 한자 표기가 다른 단어. 일종의 다의어적인 훈독을 한자로 구분하여 표기하는 일본 고유의 표기법

질문 있어요

본문 학습 내용과 관련해 학습자들이 궁금해 할
법한 사항들을 질의응답 형식으로 정리했습니다.

확인문제

각 과의 한자를 학습하고 난 후 제대로 익혔는지
문제로 확인하는 코너입니다. 정답은 〈특별 부록〉
에 있습니다. 틀린 부분은 꼭 본문으로 돌아가서
다시 한번 확인하고 넘어가세요.

기타 부록 : 일본어 한자 학습을 위한 다양한 정보를 폭넓게 담았습니다.

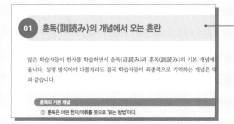

특별 보너스

일본어 훈독과 한자 표기에 관한 이해를 돕기 위해 '일본어에서 훈독을 한자로 표기하는 원리'를 소개합니다.

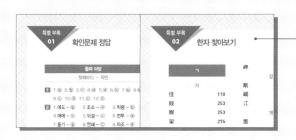

특별 부록

확인문제 정답과 본서에 수록된 1,114자의 한자를 가나다 순으로 찾아볼 수 있도록 정리했습니다.

휴대용 소책자 : 본책의 한자를 한눈에 정리할 수 있도록 pdf 파일을 제공합니다.

둘째 마당의 주제별 한자를 한 페이지에 정리했습니다. 길벗 홈페이지에서 다운로드 받은 후 스마트폰, 태블릿 pc 등에 담아 활용하세요.

첫째 마당 : 미워도 다시 한번 확실히 새기자! **기본 부수 다지기** · · **014**

둘째 마당 : 7가지 대단원별 파생 관계를 통해 익히자! **주제별 파생 한자**

미워도 다시 한번 확실히 새기자!

기본 부수 다지기

이번 장에서는 본격적인 학습에 들어가기에 앞서 본 교재에서 지정한 부수들 중 학습자가 혼동하기 쉬운 가장 기본적인 것들을 가볍게 정리했습니다. 암기보다는 형태와 의미를 가볍게 이해하고 넘어 간다는 마음으로 학습하시기 바랍니다.

중학 레벨 이상의 상용한자는 90% 이상이 둘 이상의 의미를 가진 한자 조각들이 퍼즐처럼 결합하여 만들어진 복잡한 한자입니다. 여기서 의미를 지닌 한자의 퍼즐 조각을 부수(部首)라고 합니다. 부수를 폭넓은 의미에서 풀이하면 '특정 의미 혹은 소릿값을 지니고 있으며, 한자 내에서 특정 위치에 결합하여 파생 한자를 만들어 내는 여러 글자의 공통된 조합 재료' 정도로 정의할 수 있습니다.

형태가 복잡한 한자는 그것을 여러 조각으로 쪼개서 어떻게 결합되었는가를 파악하고, 이를 통해 의미를 이해하는 과정이 효과적입니다. 흔히 '부수 학습법'이라 명명된 이 방법은 이미 오래 전부터 세계의 석학과 교육자들로부터 한자를 공부할 때 가장 효과적인 학습법 중 하나로 인정받았습니다. 즉, 부수를 안다는 것은 보다 복잡한 한자를 효율적으로 학습하기 위한 공인된 도구를 얻는 것과 같습니다.

여러분은 이미 『일본어 상용한자 무작정 따라하기 1』에서 이런 부수에는 어떤 것들이 존재하는지, 또 어떤 식으로 부수와 한자들이 결합하여 하나의 새로운 한자를 구성하는지를 살펴봤습니다. 하지만 부수는 한자 속에서 조금씩 모습이 바뀌기도 하고, 같은 한자에 여러 부수가 나오기도 하며, 하나의 부수가 여러 의미를 지니기도 합니다. 부수도 제법 수가 많은지라 이러한 점으로 인해 학습자에게 혼동을 주기도 합니다. **그래서 이번 장에서는 중학 레벨의 한자를 학습하기 위해 본 교재에서 지정한 기본 부수들을 모아서 위치별로 정리하고 또 유념해야 할 부수들을 모아서 제시했습니다.** 외웠던 부수들도 한 번에 정리해서 본다면 학습이 더욱 간편해지겠죠?

사실 한자의 부수는 처음부터 존재했던 것이 아닙니다. 한(漢)나라 때의 경전학자가 너무 많이 생겨난 한자들을 분류하고 정리하기 쉽도록 만든 것이 시초로, 현재에 이르러서는 여러 학자들 간의 의견 조율을 통해 특정 부수들을 공식적으로 지정하고 있습니다. 흔히 사전이나 자격 시험에서 사용되는 '214자 부수(강희자전 부수)'가 그것입니다. 하지만 이것은 종이 사전을 이용하던 때 수많은 한자를 쉽게 찾기 위한 일종의 색인(index) 역할이 강했습니다. 그래서 한번 정해진 부수 정보는 그것의 효율과 관계없이 쉽게 바꿀 수 없었습니다.

하지만 전자사전이 발달한 현대에는 이미 정해진 부수들을 굳이 따라야 할 필요가 없습니다. 이러한 부수는 한국식 한자인 정자를 기준으로 지성되어 있기에, 글자의 형태가 비낀 약자를 사용하는 일본어와는 맞지 않는 경우가 많습니다. 또 명목상 부수로 지정되어 있지만 파생 한자 수가 너무 적거나 형태가 복잡하거나, 혹은 그 쓰임상 부수로 보기 힘든 글자들도 다수 포함되어 있습니다(예 風黑瓦飛麻亀鹿 등).

학습자 입장에서 부수의 목적은 '개별 한자의 형태 · 의미의 이해'와 '형태적/의미적 유사성을 기준으로 하는 그룹화'에 도움이 되는 요소여야 합니다. 즉, 학습 효율을 높이기 위한 요소로서 부수가 존재해야 합니다. 그렇기에 전통적으로 지정된 부수나 의미를 기계적으로 외우는 것은 오히려 학습 효율을 떨어뜨리게 합니다.

일본어의 상용한자 학습은 일반 한자 학습과는 다릅니다. 약자인 일본어 한자만의 형태, 2천 여 자라는 한정된 개수, 그리고 일본어 한자가 가지는 독특한 의미 속에서 나타나는 파생 관계 속에서 효율적으로 학습해야 합니다. 『일본어 상용한자 무작정 따라하기』 시리즈에서는 이와 같은 일본어 상용한자의 특수성을 감안하여 **기존의 부수를 저자가 적절히 재정의 및 조합하여 학습 효율성을 최대로 끌어올렸습니다.**

※첫째 마당의 내용은 '암기'의 목적이 아닌 '정리'에 있습니다. 바로 외우지 말고 가볍게 읽어 나가면서 정리하거나, 학습하면서 헷갈리는 부수가 있으면 재확인하는 용도로 활용하세요. 부수의 실질적인 암기는 『일본어 상용한자 무작정 따라하기 1』을 활용하는 게 보다 효과적이에요.

한자의 구조적 위치와 기본 부수 일람

한자는 여러 조각이 조합되어 구성되는데, 그 조각들이 각각 어떤 위치를 점하느냐에 따라 전통적으로 다음과 같은 7+1가지 위치로 나누어 분석할 수 있습니다. **부수들 중에는 특히 위치에 따라 형태와 의미가 완전히 바뀌는 경우도 존재**해요. 또 여러 위치에서 나타나는 부수가 있는가 하면 **특정 위치에서 주로 사용되는 부수들도 존재**하지요. 여기에서는 부수들이 어떤 위치에서 주로 사용되고, 어떻게 형태가 변화하는지에 대해 살펴보겠습니다.

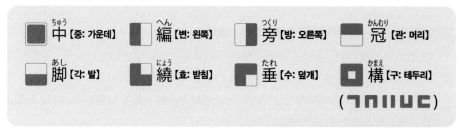

(각 위치의 용어는 저자가 전통적 호칭을 참고하여 지정)

이번 장에서는 아주 기본적인 기본 부수만을 기술했어요. 표에 기술한 부수 선정의 기준은 다음과 같습니다.

❶ 그 자체로는 글자로서 기능하지 못하고 한자의 조각으로 기능하는 부수자 **예** 丶, 亅, 乂, 癶
   (단, 부수자 중에서도 다양한 한자에서 폭넓게 활용되고 형태가 단순한 것)

❷ 그 자체로 글자로서 기능하지만 부수가 될 때 형태가 바뀌는 한자 **예** 水 → 氵·氺, 人 → 亻·ㅅ·儿

❸ 그 자체로 글자로서 기능하지만 부수가 될 때 의미가 바뀌는 한자 **예** 八: 여덟 팔 → 부수: 나누다

❹ 그 외 의미와 형태가 변함 없는 한자 **예** 木, 金
   (형태가 복잡하거나 파생이 한정적인 부수는 제외)

※ 기본 한자/부수자에 관한 해설은 『일본어 상용한자 무작정 따라하기 1』의 첫째 마당을 참조하세요.

■ 中【중: 가운데】 ▷ 부수가 주로 한자의 가운데 위치해요.

	본자		부수자	의미	주요 위치 및 예시	이체자*
丶	점 점	→	丶	① 무언가의 모양 ② 점	■凡丸勺刃斥 ■主向	
亅	갈고리 궐	→	亅	갈고리	■事争予小	
丨	뚫을 곤	→	丨	뚫고 있는 무언가	■用中妻由聿唐半候 ■旧 ■引	
丿	삐침 별	→	丿	뻗거나 삐친 무언가	■力矛弟少屰番差尹才必 ■乗乏	
乂	벨 예	→	乂	휘둘러 베다	■気区図凶 ■刈刹 ■文交	

* 이체자: 같은 글자의 다른 형태

へん

■ 編【변: 왼쪽】 ▷ 부수가 주로 한자의 왼쪽에 위치해요.

	본자		부수자	의미	주요 위치 및 예시	이체자
火	불 화	→	火	불	■畑焼煙燃炒燥爆炉炊	■灬・小
水	물 수	→	氵	물	■海沖洋流沢池泡浴波油液浦	■氺
氷	얼음 빙	→	冫	얼음	■冷次姿資茨	■冫
阜	언덕 부	→	阝 阜	① 언덕(좌/하) ② 고을(우)	■陛防陽陸隆陵阻隊院陰隠階隔 ■帥師	■目
犬	개 견	→	犭	① 개 ② 짐승	■狂狭狩猫犯猶猟独	
牛	소 우	→	牜	소	■特牧物牲犠	■生
人	사람 인	→	亻	사람	■住仕体休仁位仲伝供件仏	■𠆢 ■儿
肉	고기 육	→	月	① 몸(좌/하) ② 달(우)	■脳胸肝脹腸肌胞肪腰膨膜脈 ■胃育肩背脅肯	
心	마음 심	→	忄	마음	■性情悟悩忙悦快怪恒	■小
手	손 수	→	扌	손	■持押拡括技拒捕払扶	
彳	조금 걸을 척	→	彳	걷다, 가다	■行往復徒得律径待徳	
足	발 족	→	𧾷	발	■距跡跳踏躍踊路践	
歹	죽음 사	→	歹	① 죽음 (② 뼈만 남음)	■死列残殊殉外	

示	보일 시	→	礻	① 신(礻) ② 보다(示)	神禅礼社祖祝祥	
衣	옷 의	→	衤	옷	初初複被裕補襟	衣・衣
食	먹을 식	→	飠・飠	먹다	食飲餓館飢飼飾飯飽	
酉	술병 유	→	酉	술, 술병	酒酸酵酢醒酷酬	
玉	구슬 옥	→	王	① 구슬(王) ② 왕(王)	環球現珠珍班理 琴	
片	조각 편	→	爿	① 나무조각 ② 눕힌 책상	壮将状荘奨	

旁【방: 오른쪽】 ▷ 부수가 주로 한자의 오른쪽에 위치해요.

본자			부수자	의미	주요 위치 및 예시	이체자
月	달 월	→	月	달	明朝朗期望	
邑	고을 읍	→	阝	① 고을 ② 언덕	郭郷郡郊邪邸都部邦郵郎	
氏	뿌리 씨	→	氏	뿌리	派脈 紙抵邸 昏婚	
丩	얽힐 구	→	丩	① 얽히다 ② 덩굴	収 糾叫	
川	냇물 천	→	巛	강, 흐르는 물	巡 災拶	
丂	낙뢰 고	→	丂	① 번개가 내려치다 ② 입을 벌리다	朽巧污誇 考	
隹	작은 새 추	→	隹	작은 새	推進雅雑雌難雄離 雇観権確護曜 集隻奮	
彡	터럭 삼	→	彡	머리카락/털	毛形髪髭 修顔	
頁	머리 혈	→	頁	머리, 얼굴	額頑顔願顕顧項順題頂	
首	머리 수	→	首	우두머리	道導	
笑	웃을 소	→	关	웃음, 웃다	送朕咲 関	
卩	무릎 꿇을 절	→	卩・卩	무릎 꿇다	犯厄危 印卸却即命	
乚	숨을 은	→	乚	숨다, 숨기다	乱乳札礼	乚
厶	사사로울 사	→	厶	사적임, 사사로움	私広鉱拡仏 弁参台始治 去	
又	오른손 우	→	又	(움켜쥔) 손	収取双友叙叔反 隻護極度 圣軽経径	

攵	칠 복	→	攵	치다, 때리다	🔲 改故攻政放敗救教敬散数	
刀	칼 도	→	刂·刂 〈〈	칼	🔲 判刺別則利副制刷列刻 🔲 喩愈 🔲 帰	🔲 ク
斤	도끼 근	→	斤·斤	도끼	🔲 新析祈折斬 🔲 質留	
殳	몽둥이 수	→	殳	① 몽둥이 ② 때리다	🔲 殴殻殺段殿没股	

* 阝는 학습의 편의를 위해 '고을 부'로 음을 통일하여 기술했습니다.

🔲 かんむり
冠 【관: 머리】 ▷ 부수가 주로 한자의 위쪽에 위치해요.

본자			부수자	의미	주요 위치 및 예시	이체자
八	여덟 팔	→	八	① 나누다 ② 여덟	🔲 合沿谷分半公総	🔲 ハ
ヽヽ	두 점 하	→	ヽヽ	두 눈, 뿔, 귀 등	🔲 兌隊曽増憎層産羊平	
火	불 화	→	灬	불	🔲 厳学営脳労挙覚単巣桜栄	🔲 灬·小
小	작을 소	→	⺌	작다	🔲 当尚賞党堂肖消硝削宵	
爪	손톱 조	→	爫	① 손톱 ② 손(으로 쥠)	🔲 采採菜受授愛乳爰暖媛憲穏	
龹	말 권	→	龹	손, 손으로 말아 쥐다	🔲 巻券勝拳圏	
ヨ	오른손 계	→	⺕·彐	손	🔲 妻尋掃粛尹君聿筆書律建康唐	
羽	날개깃 우	→	羽·ヨヨ	날개	🔲 習翻翌翼 🔲 曜濯	
亠	머리 두	→	亠	머리	🔲 亦変恋亡忘望交夜文紋	
高	높을 고	→	𠮷·高	높다	🔲 高享郭京亭橋僑矯	
主	주인 주	→	龶	주인	🔲 素毒麦青清責積害割憲契潔	
厶	감싸 안을 사	→	厶	(감싸) 안다	🔲 育流充統	
冖	덮을 멱	→	冖	덮다	🔲 冠写冗深軍売帯夢	
宀	지붕/집 면	→	宀	① 집 ② 지붕	🔲 家安宇宴家寡害寒完官寛寄宜	
穴	구멍 혈	→	穴	구멍	🔲 究窮空窃窓窒突窯	
罒	그물 망	→	罒	그물	🔲 罪署置罰罷羅夢	🔲 円
襾	덮을 아	→	襾	덮다	🔲 要票標覇覆	
草	풀 초	→	艹·⺾	풀	🔲 花茶葉芽夢莫墓難前洪恭昔黄	
竹	대나무 죽	→	⺮	대나무	🔲 第策算笛筆等筋管簡築答笑	

본자		→	부수자	의미	주요 위치 및 예시	이체자
雨	비 우	→	雨	비	■雪電雲雷曇霜霧露儒濡	
老	늙을 로	→	耂	늙다, 노인	■考孝者著暑署	
マ	머리날 마	→	マ	창의 머리날 부분	■予矛勇疑甬通痛	
刀	칼 도	→	ク	칼	■角魚色負争急欠次姿危象	▮リ・〈〈 ▮リ
匕	숟가락 비	→	ヒ	① 숟가락 ② 비수	■旨指 ▮化叱 ■老	
矢	화살 시	→	⺉	화살	■傷観乍作昨複復腹族旅遊	
人	사람 인	→	ヘ	사람	■企今令合傘俞諭愉	▮イ ▮儿
癶	걸어갈 발	→	癶	걷다, 나아가다	■発登發	
夫	크고 높을 태	→	夫	아주 크다, 아주 높다	■泰俸棒棒奏春	
幺	작을 요	→	幺	작다	▮幼幻 ■糸率後幾機幽 ■玄茲	
牛	소 우	→	生	소	■先洗告造制製生性星産	▮牛
羊	양 양	→	羊	양	■膳羨羞窯善着美	

▬ 脚【각: 발】 & ▮ 繞【효: 받침】 ▷ 부수가 주로 한자의 아래쪽에 위치하거나 한자를 감싸고 있어요.

본자			부수자	의미	주요 위치 및 예시	이체자
水	물 수	→	氺	물	▬緑剥暴求様康	▮氵
氷	얼음 빙	→	冫	얼음	▬冬尽	▮冫
火	불 화	→	灬・小	① 불 ② 꼬리의 모양	▬熱燃無烈点然為照馬鳥・赤赦	▬⺍
心	마음 심	→	心・小	마음	▬想思恋忘急悪息愛・忝恭慕	
人	사람 인	→	儿	사람 (다리)	▬充売党竟光克元先兆免児	▮イ ▬ヘ
八	여덟 팔	→	ハ	① 나누다 ② 여덟	▬黄共巷寒真呉典兵穴余其	▬八
衣	옷 의	→	衣・衤	옷	▬袁遠表俵哀衰衷褒壊園環還	▮衤
化	바뀔 화	→	ㄥ	① 바꾸다 ② 어떤 모양	▬畏喪展長辰	
一	하나 일	→	一	① 하나 ② 땅, 바다	▬旦易	

본자		부수자	의미	주요 위치 및 예시	이체자
廾	받쳐 들 공 →	廾	받쳐 들다	奔弄升昇弊弁戒	
北	북쪽 북 →	业	① 북쪽 ② 무언가의 모양	並普湿顕繊　業對	
寸	아주 조금 촌 마디 촌 →	寸	① 아주 조금 ② 마디	尉射対封 寺寿将専尊導尋	
貝	조개 패 →	貝	① 돈, 재물 ② 조개	貨賀貫貴賢貢質賛資賃貞買費 購財賜贈賊貯賠販賦賄	
工	만들 공 →	工	① 만들다 ② 장인	式左差空築　功巧	
丁	못 정 →	丁	① 못(박다) ② 고정하다	亭頂庁貯余除　打町灯	丁
夂	뒤따라올 치 걸어 올 치 →	夂	① (천천히) 걷다 ② 뒤따라오다	条各冬降夆峰蜂逢縫絡酪隆 酸愛変夏麦後	
乚	숨을 은 →	乚	숨다, 숨기다	直断世	乚
辶	뛸 착 쉬어 갈 착 →	辶	뛰다, 가다	進逸運遠過近遇迎遭込遮週述 遵迅遂遷送遭造速退道辺連返	
廴	천천히 걸을 인 →	廴	걷다, 가다	建廷延	
走	달릴 주 →	走	달리다	走越起趣超赴	

■ 垂 【수: 덮개】 ▷ 부수가 주로 한자를 왼쪽 위에서 덮고 있어요.

본자		부수자	의미	주요 위치 및 예시	이체자
十	열 십 →	十・ナ	많다	右左在有友布存 貢墳噴尭暁　汁　迅訊	
厂	굴바위 엄 →	厂・丁	굴바위	岸后厳備厄危　石	
广	집 엄 →	广	집	庫広康座庶序床庁庭店度廃	
疒	병들 녁 →	疒	병(들다)	疫疾症痴痛痘疲病癖癒痢療	
戊	빽빽할 무 →	戊	빽빽하다, 많다	咸感威滅歳　茂蔑越	
虎	호랑이 호 →	虍	호랑이	虎膚虜慮虚戯	
尸	지친 몸 시 시체 시 →	尸	① (숙이고 있는) 몸 ② 시체	屋居屈展届尼尿尾屏塀	
戸	집문 호 →	戸・戸	문	扁戻扉編偏遍雇倉創　所	

口 (ㄱ ㄲ ㅣ ㅣ ㄷ) 構【구: 테두리】

본자			부수자	의미	주요 위치 및 예시	이체자
弋	무기 익	→	弋	무기	◰式武弐戈　◲代	
戈	창 과	→	戈	창	◰我戒戯或戦	
戈	자를 재	→	戈	자르다	◰栽載戴纔	
骨	뼈 골	→	冎	뼈	◱骨滑咼過渦鍋禍	
气	공기 흐름 기	→	气	공기의 흐름 모양	◰气気汽迅飞飛	
氺	사방 수	→	氺	(물방울이 사방으로 튄 모습→) 사방	◰氺楽薬率　◲渋塁	
乃	절벽 급	→	乃	절벽/계단의 모습	◰乃及級扱	
丁	못 정	→	丁	못(박다)	◰可歌奇崎埼寄	
勹	감쌀 포	→	勹	감싸다	◰勺包匆	
刁	굽을 등	→	刁	등허리, 허리 숙인 모습	◰刀力司飼	
冂	단단한 모양 경	→	冂	단단한 무언가 (골격, 틀, 껍질 등)	◱向冊円周週調同南奐喚	
門	문 문	→	門	문	◱開閣間閑閉関関	
囗	에워쌀 위	→	囗	에워싸다	◼囲因園回圏固国困四囚図団	
凵	위 뚫릴 감	→	凵	윗부분이 뚫린 무언가	◰凹凶出凸	
尺	자 척	→	尸	자	◰昼局	
罒	그물 망	→	罓	그물	◰岡剛綱網鋼	▬ 罒
匸	감출 혜 덮을 혜	→	匸·匚	감추다, 덮다, 숨기다	◰匠匿匹医区	
二	두 이	→	二	① 둘 ② 하늘과 땅	◰亙元王	
行	갈 행	→	行	① 가다 ② 행하다	▮▮街術衛衝衡　◱桁	

024

부수들 중에는 특히 학습자에게 혼란을 야기하는 부수들이 존재합니다. 하나의 한자에서 다양한 형태로 파생되는 경우, 본래 글자의 의미와 다른 의미로 쓰이는 경우, 형태나 모양이 비슷해서 비교/학습해 두어야 하는 경우 등이 있습니다. 여기서는 그런 부수들을 본한자를 학습하기 전에 한 번에 정리하도록 합시다.

❶ 형태가 다양한 부수들

하나의 한자에서 파생된 부수가 전혀 다른 형태인 한자들이 존재합니다.

火: 불 화	→	火 (예 畑炉焼)	⺌ (예 脳単桜)	灬 (예 照熱燃)	小 (예 赤赦)
水: 물 수	→	氵 (예 海沖洋)	氺 (예 緑剝暴)		
人: 사람 인	→	亻 (예 仁伝供)	亼 (예 今令合)	儿 (예 兄児見)	
刀: 칼 도	→	⺈ (예 角争欠)	刂 (예 判刺別)	巜 (예 喩愈)	リ (예 帰)
衣: 옷 의	→	衤 (예 初初補)	衣 (예 喪表)	𧘇 (예 衰哀衷)	⺀ (예 園環)
罒: 그물 망	→	罒 (예 罪署罰)	冂 (예 綱網鋼)		
高: 높을 고	→	⻎ (예 享郭京)	髙 (예 亭橋僑)		
厂: 굴바위 엄	→	厂 (예 厄岸備)	丁 (예 石)		
十: 열 십(많다)	→	十 (예 賁尭汁訊)	ナ (예 右左在)		
草: 풀 초	→	艹 (예 花茶昔洪垂乗)	䒑 (예 前豆善喜)		

❷ 형태가 비슷한 부수들

본 의미는 전혀 달라도 부수로 간략화되면서 형태가 굉장히 유사해진 한자들은 학습하기 까다롭습니다. 한 번씩 비교해 보면서 형태상의 차이를 파악하고 학습에 들어가면 더욱 좋을 것입니다.

a. 자주 쓰이면서 형태가 비슷한 부수들

⺍ vs ⺌	(火 불 →)	⺍	脑单巢桜栄	(小 작다 →)	⺌	当肖尚党堂
灬 vs 小	(火 불 / 꼬리 →)	灬	照熱燃馬鳥	(心 마음 →)	小	忝恭慕
罒 vs 覀	(그물 모양 →)	罒	罪署置罰罷	(병마개 모양: 덮다 →)	覀	要票標覇覆
尸 vs 戸	(지쳐 숙인 몸 →)	尸	尼尿尾居屈	(戸 문 →)	戸	扁戻扉倉
厂 vs 广	(굴바위 →)	厂	岸后厳備厄	(집/지붕 모양 →)	广	庁床庫広店
⺈ vs 乛	(刀 칼 →)	⺈	角魚色欠次	(矢 화살 →)	乛	乍複族旅遊
𠂇 vs 丆	(十 많다 →)	𠂇	右左在有友	(厂 굴바위 →)	丆	石
𠃌 vs 丁	(등부분/허리 숙인 모습 →)	𠃌	刀司飼為	(丁 못 →)	丁	可歌奇崎埼
礻 vs 衤	(示 신 →)	礻	神禅礼社祖	(衣 옷 →)	衤	初複被裕
衣 vs 𧘇	(衣 옷 →)	衣	袁遠衰壊	(化 바뀌다 →)	𧘇	畏展長辰喪
龹 vs 夫	(말아 쥔 손 →)	龹	巻券勝拳圏	(크고 높은 산 →)	夫	泰俸棒棒奏
冖 vs 冂	(보자기: 덮다 →)	冖	冠写冗深軍	(건물 골격: 단단함 →)	冂	冊円周週同
口 vs 囗	(입: 말하다 →)	口	吸叫 号 告問	(에워싸다 →)	囗	囲因園回圏固国
扌 vs 牛	(手 손 →)	扌	払扶拒持押	(牛 소 →)	牛	特牧物牲犠
亻 vs 彳	(人 사람 →)	亻	住仕体休仁	(걷다, 가다 →)	彳	行往復徒得律

b. 특정 한자에만 쓰이지만 구조적 위치와 형태가 비슷한 부수

- ⺈ : 숟가락 비(匕)의 변형 ▶ 2260 卬 높을 앙
- ⺽ : 손톱 조(爪)를 뒤집은 모양 ▶ 1165 印 도장 인
- ⻏ : 언덕 부(阝)의 일부를 깨부순 모양 ▶ 0739 段 차례 단 · 계단 단
- ⼅ : 토끼 귀, 생선알 주머니의 모양 ▶ 2264 卯 토끼 귀 묘   1166 卵 알 란
- ⼁ : 도끼 근(斤) ▶ 0735 貿 무역할 무   0736 留 머무를 류

❸ 위치에 따라 의미가 달라지는 부수들

아주 소수시만 같은 형태의 부수가 위치에 따라시 다른 의미를 지니는 경우기 있습니다. 이 부수들은 확실하게 '의미가 두 개니까 조심하자'고 주의하지 않으면 학습에 큰 혼란을 초래하게 되니 주의하세요.

月 : ▉ vs ▉	(肉 몸, 신체 →) 月	▉ 脑胸肌肝脹	(月 달 →) 月	▉ 明朝朗
ß : ▉ vs ▉	(阜 언덕 →) ß	▉ 陽陸隆陵陰	(邑 고을 →) ß	▉ 都部郵郎郭
王 ▉▉ vs 王 ▉▉	(玉 옥구슬 →) 王	▉ 球現環 ▉ 琴	(王 왕 →) 王	▉ 王狂 ▉ 主皇全望聖
礻 ▉ vs 示 ▉	(神 신 →) 礻	▉ 神禅礼社祖	(보다 →) 示	▉ 票標

(※단, 이런 구분은 절대적인 것은 아니기에 예외들이 존재합니다.)

이번 장에서 다루지 않은 부수자도 다수 존재합니다. 하지만 그러한 부수자들은 둘째마당에서 파생 한자들을 하나의 그룹으로 묶어서 부수의 설명과 함께 제시하고 있기에 차근차근 학습해 나가실 수 있도록 구성해 두었습니다. 또한 본 교재에서 사용하는 부수는 저자가 상용한자 학습의 효율을 중시하여 기존의 부수를 참고로 하여 재해석 및 재분류한 것들입니다. 따라서 기타 강의/교재/사전 등의 정보와 다른 부수들이 존재하니 참고해 주세요.

7가지 대단원별
파생 관계를 통해 익히자!
주제별 파생 한자

첫째마디

·

자연 [214자]

'해와 별'의 파생 [38자]

01 日: 해 일 ▶ 晶冥隙湿顕昆

0015 日	 해 일 · 날 일		1학년 | N4 | 3위
해설	해(口)의 모습과 해가 뜨고 지는 하루(一)의 의미를 담아		
음독	[にち] 毎日 매일 (まいにち)		[じつ] 当日 당일 (とうじつ)
파생	0189 明 밝을 명[めい/みょう]	0190 盟 맹세할 맹[めい]	0191 温 따뜻할 온[おん]

1215

晶

중학 \| N1 \| 1594위

해(日)가 비추는 각도마다 다른 색으로 빛(日)나는 수정의 결정 모양이니

수정 정 · 결정 정

12획 晶 晶 晶 晶 晶 晶 晶 晶 晶 晶 晶 晶

음독	しょう [3순위]	結晶 결정 (けっしょう) 水晶 수정 (すいしょう)	液晶 액정 (えきしょう)

1216

冥

중학 \| 급수 외 \| 2524위

하늘이 구름에 덮인(冖) 듯이 해(日)가 지고 여섯(六) 시간은 지난 후의 저승처럼 어두운 세상의 모습이니   冖: 덮을 멱

어두울 명 · 저승 명

10획 冥 冥 冥 冥 冥 冥 冥 冥 冥 冥

음독	めい [3순위]	冥福 명복 (めいふく) *冥界 명계저승 (めいかい)	*冥土 명토저승 (めいど)
	みょう [4순위]	*冥加 명가신의 가호 (みょうが)	*冥罰 명벌신의 벌 (みょうばつ)

| 잠깐만요 |
- 해가 지고 6시간이 지난 후는 세상이 한치 앞도 보이지 않는 새벽 12~2시죠?
- 「冥土」는 주로 관용어구로 사용돼요.
   → 冥土(めいど)の土産(みやげ)にする 저승에 가져갈 즐거운 추억으로 삼다
- 「みょう」로 읽는 어휘는 대부분 불교 용어이니 참고만 하세요.

隙

중학 | 급수 외 | 1959위

언덕(阝) 사이로 햇빛(日)이 위아래로 작디(小) 작게(小) 살짝 보이는 틈/간극이니

틈 극 · 간극 극

13획	隙 隙 隙 隙 隙 隙 隙 隙 隙 隙 隙 隙 隙

음독	**げき** (4순위)	間隙 간극 (かんげき)
훈독	**すき**	隙(すき) ⓐ 〈물리적〉 틈새 ⓑ 〈시간적〉 틈, 짬, 겨를 ⓒ 〈긴장이 풀린〉 틈, 허점, 틈탈 기회 → 隙間(すきま) ⓐ 틈 ⓑ 겨를, 짬

湿

중학 | N2 | 1638위

물기(氵)가 많고 해(日)가 쨍쨍한 여름은 곰팡이(业)가 생길 만큼 축축하고 습하니

(水→)氵: 물 수　业: 북쪽 북(여기선 곰팡이가 핀 모양)

축축할 습 · 습할 습

12획	湿 湿 湿 湿 湿 湿 湿 湿 湿 湿 湿 湿

음독	**しつ** (1순위)	湿度 습도 (しつど)　　湿気 습기 (しっけ/しっき) 陰湿 음습 (いんしつ)　　加湿器 가습기 (かしつき) 保湿 보습 (ほしつ)　　除湿器 제습기 (じょしつき)
훈독	**[しめ]る**	湿(しめ)る ⓐ 습기 차다, 축축해지다 ⓑ 침울해지다, 우울해지다
	[しめ]す	湿(しめ)す ⓐ 적시다, 축이다 ⓑ 불을 끄다

顕

중학 | N1 | 1618위

해(日)가 쨍쨍한 여름날 곰팡이(业)처럼 피어오르는 짙은 안개 속에서 갑자기 머리(頁)가 불쑥 나타나니

頁: 머리 혈

① 드러날 현 · 나타날 현　(② 높은 신분 현 · 현직 현)

18획	顕 顕 顕 顕 顕 顕 顕 顕 顕 顕 顕 顕 顕 顕 顕 顕 顕 顕

음독	**けん**	(2순위)	① 顕著 현저 (けんちょ) ① 顕微鏡 현미경 (けんびきょう) ①*露見/露顕 노현 (ろけん) 비밀이 드러남 ①*自己顕示欲 자기현시욕과시욕 (じこ・けんじよく)
		(4순위)	②*顕職 현직요직 (けんしょく)

| 잠깐만요 |
- 「顕」은 '눈에 확 띄도록 명백히 드러나다'라는 의미입니다.
- 일부 어휘에서는 '눈에 띄는 높은 신분/직위(예 顕職)의 의미로도 쓰이니 참고하세요.
- 露顕이 본래 맞으나, 발음과 의미가 비슷한 見(けん)을 사용한 「露見」쪽이 사용상의 편의로 인해 보다 많이 사용됩니다.

1220

햇빛(日)이 많은 곳에 비교적(比) 잔뜩 무리 지어 서식하는 곤충/다시마이니

무리 곤 · 곤충 곤

8획 昆 昆 昆 昆 昆 昆 昆 昆

음독 **こん** [4순위] 昆虫 곤충 (こんちゅう) *昆布 곤포 다시마 (こんぶ)

중학 | N1 | 1945위

| 잠깐만요 |

• '다시마'는 자생하는 모습이 천 조각들이 무리 지어 있는 듯하여 「昆布」라고 한 거예요.

1065

混

섞을 혼 · 혼잡할 혼   5학년 | N2 | 960위

해설	물(氵)과 햇빛(日)이 많은 곳은 비교적(比) 생물이 혼잡하게 섞여 사니
	1063 比 : 비교할 비
음독	[こん] 混乱 혼란 (こんらん) 混雑 혼잡 (こんざつ)

---

02 旦 : 해 뜰 단 ▶ 但胆壇揚瘍

0194

旦

해 뜰 단 · 아침 단   중학 | N1 | 1171위

해설	해(日)가 수평선(一) 위로 떠오르는 아침이니
음독	[たん] 元旦 설날 (がんたん) [だん] 旦那 주인/남편 (だんな)
파생	**0195** 担 멜 담 [たん] **0196** 昼 낮 주 (ちゅう)

1221

완벽한 사람(亻)도 다만 해가 떠오르는 아침(旦)이라는 예외적 상황에는 흐트러지니

(人→) 亻 : 사람 인

다만 단 · 예외 조건 단

7획 但 但 但 但 但 但 但

| 훈독 | [ただ]し | 但(ただ)し 단, 다만 |
| | | 但(ただ)し書(がき) 단서   但(ただ)し付(つ)き 조건부 |

중학 | N1 | 2020위

| 잠깐만요 |

• 완벽한 사람이 유일하게 약해지는 아침이라는 '예외적인 조건'을 연상하세요.

• '다만'이란 '앞의 말을 받아 예외적 사항이나 조건을 덧붙일 때, 혹은 앞 사항을 부분적으로 부정할 때 그 말머리에 쓰는 말'을 말해요.

1222

중학 | N1 | 1607위

몸속(月)에서 용기가 해가 떠오르듯(旦) 솟구쳐 오르는 담력(쓸개의 힘)이니

(肉→) 月(좌변): 고기 육

① 쓸개 담 ② 담력 담

9획 胆 胆 胆 胆 胆 胆 胆 胆 胆

음독	たん	2순위	① 胆汁 담즙 (たんじゅう)	② 大胆 대담 (だいたん)
			② 落胆 낙담 (らくたん)	②*魂胆 혼담속셈 (こんたん)

| 잠깐만요 |
• 「魂胆」은 '혼의 쓸개(장기) → 보이지 않는 진짜 속내(속셈)'로 의미가 확장된 어휘입니다.

1223

중학 | N1 | 1516위

흙(土)을 높게 쌓아 올려 머리(亠) 위에서 내려다보면 回 모양으로 보이게끔 솟아오른(旦) 단상이니

亠: 머리 두 0502 回: 돌 회

단상 단

16획 壇 壇 壇 壇 壇 壇 壇 壇 壇 壇 壇 壇 壇 壇

음독	だん	1순위	壇 단 (だん)	花壇 화단 (かだん)
			教壇 교단 (きょうだん)	仏壇 불단 (ぶつだん)
			登壇 등단 (とうだん)	文壇 문단 (ぶんだん)
	たん	4순위	*土壇場 토단장 (どたんば) 막다른 순간	

| 잠깐만요 |
• 하늘에서 수직으로 내려다보면 높이 솟은 피라미드도 回 모양으로 보이죠?
• 「土壇場」는 본래 '목을 베는 형장'을 의미하던 것이 '(형장에서 목을 베일 것 같은) 막다른 순간'이라는 의미로 파생되어 정착되었어요.

질문 있어요

湿(しつ)는 왜 湿気(しっけ) 때는 しっ이 되나요?

두 개의 한자가 결합하여 하나의 단어를 이룰 때, 그 사이의 발음이 촉음(っ)이 되는 경우가 있습니다. 이것을 '촉음화(促音化)'라고 해요. 촉음화는 한자를 발음할 때 '하나의 단어를 좀 더 편하게 발음하기 위해' 발생하는 음운 현상으로, 「き·く·ち·つ」로 끝나는 한자나 단어 뒤에 か·さ·た·は행으로 시작하는 말이 붙어 하나의 단어가 될 때 발생합니다. 좀 더 세분화하면 아래와 같은 3가지 조건 규칙을 만들 수 있습니다.

① き·く+か행 → っ+か행
   せき(石)+き(器) → せっき (石器: 석기)　　がく(学)+こう(校) → がっこう (学校: 학교)

② ち·つ+か·さ·た행 → っ+か·さ·た행
   いち(一)+こ(個) → いっこ (一個: 한 개)　　ざつ(雑)+し(誌) → ざっし (雑誌: 잡지)

③ ち·く+は행 → っ+ぱ행
   はち(八)+ほう(方) → はっぽう (八方: 팔방)　　ろく(六)+ほう(法) → ろっぽう (六法: 육법)

0202 昜 따뜻한 햇살 양·볕 양 부수자

해설	해(日)가 수평선(一) 위로 떠 **따뜻한 빛**을 뿌리다 사라지는(勿) 모습이니	勿: 없을 물
파생	**0204** 陽 햇볕 양[よう]　**0205** 湯 뜨거운 물 탕[とう]　**0206** 場 장소 장[じょう] **0207** 腸 내장 장[ちょう]　**0208** 傷 상처 상[しょう]	

1224

揚

중학 | N1 | 1303위

|비교|
・あがる・あげる:
0177 上 vs **0516** 挙 vs
1224 揚

손(扌)에 든 것을 햇살(昜)에 빛나도록 높이 들어 올리니　(手→)扌: 손 수

① **(높이) 들어 올릴 양**　② **튀길 양**

12획　揚 揚 揚 揚 揚 揚 揚 揚 揚 揚 揚 揚

음독	よう [1순위]	① 掲揚 게양 (けいよう)　① 抑揚 억양 (よくよう) ① 高揚 고양 (こうよう)　① 浮揚力 부양력 (ふようりょく)
훈독	[あ]がる	揚(あ)がる ⓐ 높이 올라가다 ⓑ (기름에) 튀겨지다 ⓒ 양륙되다
	[あ]げる	揚(あ)げる ⓐ 높이 올리다 ⓑ (기름에) 튀기다 ⓒ 양륙하다 旗揚(はた・あ)げ (군사/집단 등을) 새로 일으키다 揚(あ)げ物(もの) 튀김　　唐揚(から・あ)げ 가라아게

|잠깐만요|
・「あがる・あげる」의 한자 표기별 이미지
　① 上: 가장 기본적이고 폭넓은 '위로 올라가는/드는 이미지'
　② 挙: '손에 들고 번쩍 들어서 보여 주는' 이미지(←上으로 대체 표기 가능)
　　a. (손/증거/예시 등을) 들다　예 例(れい)を挙(あ)げる 예를 들다
　　b. (식/성적/효과 등을) 올리다　예 式(しき)を挙(あ)げる 식을 올리다
　　c. (범인 등을) 검거하다　예 犯人(はんにん)を挙(あ)げる 범인을 검거하다
　③ 揚: '높은 곳으로 훅 하고 들어올리는' 이미지(←上으로 대체 표기 가능. 단, c는 揚만 사용)
　　a. [땅 → 하늘] (명성이 높아지다 →)　예 名(な)を揚(あ)げる 유명해지다
　　　　　　　　　　　(소리가 높아지다 →)　예 声(こえ)を揚(あ)げる 소리 지르다
　　b. [물속 → 땅] 양륙하다　예 引(ひ)き揚(あ)げる 인양하다　陸(りく)に揚(あ)げる 육지로 오르다
　　c. [기름 속 → 기름 밖] 튀기다　예 天(てん)ぷらを揚(あ)げる 튀김을 튀기다
・「**1618** 掲 높이 걸어둘 게」와의 구분에 주의하세요.

1225

瘍

중학 | 급수 외 | 2242위

병(疒)이 햇살(昜)처럼 여기저기 퍼지는 증거인 종양이니　疒: 병들 녁

종양 양

14획　瘍 瘍 瘍 瘍 瘍 瘍 瘍 瘍 瘍 瘍 瘍 瘍 瘍 瘍

음독	よう [4순위]	潰瘍 궤양 (かいよう)　　腫瘍 종양 (しゅよう)

0213 莫	보이지 않을 막 · 막막할 막	제부수 | 급수 외 | 2126위

해설	풀(艹) 아래로 해(日)가 지고, 거대한(大) 어둠에 덮여 **보이지 않아 막막한** 모양새이니
	艹: 풀 초
음독	[ばく] 莫大 막대함(ばくだい)　　莫逆 막역(ばくぎゃく)
파생	**0214** 幕 장막 막[まく/ばく]　**0215** 墓 무덤 묘[ぼ]　**0216** 暮 저물 모[ぼ]
	0217 模 본뜰 모[も/ぼ]

1226

漢

중학 \| N1 \| 1782위

드넓은 사막에서 조금의 물(氵)조차 보이지 않는(莫) 듯한 **막막함**이니　　(水→)氵: 물 수

막막할 막 · 막연할 막

13획 漢漢漢漢漢漢漢漢漢漢漢漢漢

음독	**ばく** [3순위]	漠然 막연(ばくぜん)	砂漠 사막(さばく)

| 잠깐만요 |
- 제시된 어휘 외에는 사용 빈도가 낮아요.
- 「漠然」은 사용 형태에 주의가 필요해요 ▶「+とする/+たる ～하다」/「+と ～하게」
  예 漠然(ばくぜん)とした説明(せつめい) 막연한 설명
  　 漠然(ばくぜん)たる不安(ふあん) 막연한 불안

1227

膜

중학 \| N1 \| 1695위

칼로 째도 몸속(月)이 쉽게 보이지 않게(莫) 쳐진 **생체막**이니　　月(좌변): 고기 육

생체막 막

14획 膜膜膜膜膜膜膜膜膜膜膜膜膜膜

음독	**まく** [1순위]	膜 막(まく)	粘膜 점막(ねんまく)
		角膜 각막(かくまく)	鼓膜 고막(こまく)
		網膜 망막(もうまく)	横隔膜 횡격막(おうかくまく)

| 잠깐만요 |
- '장막'과 같이 천으로 된 막은 「**0214** 幕 장막 막」을 써요.

1228

募

중학 | N2 | 1387위

적에게 보이지 않게끔(莫) 점점 힘(力)을 끌어모으는 모습이니

力: 힘 력

끌어모을 모 · 모집할 모

12획 募 募 募 募 募 募 募 募 募 募 募 募

음독	ぼ	3순위	募金 모금 (ぼきん)	募集 모집 (ぼしゅう)
			応募 응모 (おうぼ)	
훈독	[つの]る		募(つの)る ⓐ (~을) 모집하다, 모으다	
			ⓑ (~이) 점점 심해지다	

| 잠깐만요 |
• 「募る」는 'ⓐ 모으다'의 경우는 타동사, 'ⓑ 심해지다'의 경우는 자동사이니 주의하세요.
　　예 寂(さび)しさが募(つの)る 외로움이 점점 심해지다
　　　　希望者(きぼうしゃ)を募(つの)る 희망자를 모집하다

1229

慕

중학 | N1 | 2164위

눈앞에 보이지 않는(莫) 사람을 마음속(心→⺗)으로 떠올리며 그리워하고 사모하는 마음이니

(心→)⺗: 마음 심

사모할 모

14획 慕 慕 慕 慕 慕 慕 慕 慕 慕 慕 慕 慕 慕 慕

음독	ぼ	3순위	追慕 추모 (ついぼ)	思慕 사모 (しぼ)
			恋慕 연모 (れんぼ)	
훈독	[した]う		慕(した)う ⓐ 뒤를 좇다 ⓑ 연모하다, 그리워하다	
			→ 恋(こ)い慕(した)う 연모하다, 그리워하다	

| 잠깐만요 |
• '사모'는 '애틋하게 생각하고 그리워함'을 말합니다.

04 早: 일찍 조 ▶ 卓悼 | 亘: 퍼질 선 ▶ 恒垣

0198

早

일찍 조 · 이를 조

1학년 | N3 | 347위

해설	해(日)가 수평선(一)에 뜨기 시작해 빛줄기(丨)가 생기는 이른 시간에 일찍 일어나니
음독	[そう] 早期 조기 (そうき) 　　　 [さっ] 早急 조급 (そうきゅう/さっきゅう)
파생	**0199** 草 풀 초 · 볼품없을 초 [そう]

卓

중학 | N1 | 1304위

점(卜)은 이른(早) 새벽 경건히 책상에 앉아 행해야 신기가 높아 점괘가 탁월하니

0176 卜: 점칠 복

① 높을 탁 · 탁월할 탁   ② 책상 탁 · 탁자 탁

8획 卓 卓 卓 卓 卓 卓 卓 卓

음독	たく		
		3순위	① 卓越 탁월 (たくえつ)
			①*卓立 탁립 (たくりつ) 우뚝 솟아 있음
			①*名論卓説 명론탁설 (めいろん・たくせつ) 뛰어나고 유명한 학설
		3순위	② 卓上 탁상 (たくじょう) ② 卓球 탁구 (たっきゅう)
			② 食卓 식탁 (しょくたく) ②*電卓 전탁계산기 (でんたく)

| 잠깐만요 |
• 「電卓」는 「電子式卓上計算機」(전자식 탁상 계산기)의 줄임말이에요.
• 음독이 같지만 의미별로 나누어 정리했어요.
  -'① 높다'의 파생: 고풍스런 표현에 사용되는 어휘가 많아 사용 빈도가 낮은 편
  -'② 탁자'의 파생: 실생활에서도 자주 사용되어 사용 빈도가 높은 편

悼

중학 | N1 | 2262위

감정(忄) 중 그 정도가 가장 높고(卓) 밖으로 잘 드러나는 슬퍼하며 애도하는 마음이니

(心→)忄: 마음 심

슬퍼할 도 · 애도할 도

11획 悼 悼 悼 悼 悼 悼 悼 悼 悼 悼 悼

음독	とう	4순위	哀悼 애도 (あいとう) 追悼 추도 (ついとう)
훈독	[いた]む		悼(いた)む 애도하다, 슬퍼하다

亘

퍼질 선 · 뻗칠 선

제부수 | N1 | 2892위

해설	천지(二)로 햇살(日)이 퍼져 나가는(뻗치는) 모습이니
파생	0201 宣 알릴 선 [せん]

1232

恒

중학 | N1 | 1786위

사람은 사회적 동물이니 마음(忄)이 **언제나/항상** 주변으로 퍼져 나가게(亘) 남에게
마음을 쓰면서 살아가야 하죠?　(心→)忄: 마음 심

언제나 항 · 항상 항

9획　恒 恒 恒 恒 恒 恒 恒 恒 恒

음독	こう	3순위	恒例 항례 (こうれい)	恒常 항상 (こうじょう)
			恒温 항온 (こうおん)	

| 잠깐만요 |
- 「恒例」는 '언제나 해 오던 관례'라는 의미로 사용 빈도가 높습니다.
- 「恒常」는 어휘로 거의 사용되지 않습니다. 보통 「常(つね)」라는 훈독 어휘가 일반적으로 사용되니
  한자의 의미를 이해하는 데만 참고하세요.

1233

垣

중학 | N1 | 1158위

흙(土)을 높게 쌓아 건물 주위로 뻗어(亘) 나가듯 이어지는 **담/울타리**이니

담 원 · 울타리 원

9획　垣 垣 垣 垣 垣 垣 垣 垣 垣

훈독	かき	垣(かき) 울타리, 담 → 垣根(かきね) ⓐ 울타리, 담 ⓑ 담 밑

| 잠깐만요 |
- 흙의 장벽이 건물 주위로 뻗어 나가듯 이어지며 담을 만드는 장면을 상상해 보세요.

05 乙: 둘째 천간 을 ▶ 乙乞之芝乭

1234

乙

중학 | N1 | 1861위

두 이(二)를 필기체로 흘려 써서 두 번째를 나타내니

둘째 천간 을

1획　乙

음독	おつ	4순위	甲乙 갑을 (こうおつ) *乙種 을종 (おつしゅ) 둘째 등급의 종류
	예외		乙女(おとめ) 소녀, 처녀　　乙女座(おとめざ) 처녀자리 乙女心(おとめ・ごころ) 여심

| 잠깐만요 |
- 일반적으로 '새 을'이라고 훈음을 달지만, 실질적으로 천간(갑을병정무기경신임계)의 두 번째, 갑을
  관계, 갑종/을종/병종과 같이 '두 번째'라는 의미로 사용됩니다.
- 「乙女」는 본래 「乙」 자가 아니라 '젊다'는 의미를 지닌 고어 「復(お)つ」였는데, 이것이 발음이 유사한
  「乙」로 표기하여 정착된 예외 음입니다. 참고로 「男(おとこ)」도 어원은 「復(お)つ+子(こ)」랍니다.

중학 | 급수 외 | 1875위

|비교|
・こう:
1235 乞 vs 2113 請

겨누어진 화살촉(亅) 앞에서 두 번(乙)이고 세 번이고 무릎 꿇고 빌면서 목숨을 **구걸**하니

(矢→) 亅: 화살 시

빌 걸 · 구걸할 걸

3획 乞 乞 乞

훈독	[こ]う	乞(こ)う ⓐ 요구하다　ⓑ (필사적으로) 부탁하다, 구걸하다 物乞(もの・ご)い ⓐ 구걸　ⓑ 거지 命乞(いのち・ご)い 목숨을 빎 cf) 請(こ)う (행정적/사무적인 결재/허가 등을) 신청하다
	예외	乞食(こじき) 거지, 비렁뱅이

|잠깐만요|
・「 1238 乏 모자랄 핍」과의 구분에 주의하세요.

학년 외 | N1 | 375위

떨어져 있는 점(丶)과 선(一)을 하나로 이어 주듯(フ) 단어와 단어를 이어서 하나로 만들어 주는 말인 **이음말**(〜の)이니

말 이을 지 · '〜의(の)' 지

3획 之 之 之

훈독	の	之(の) 〜의 〈한문으로 표기〉 (他山之石 →) 他山(たざん)の石(いし) 타산지석 (漁夫之利 →) 漁夫(ぎょふ)の利(り) 어부지리

|잠깐만요|
・일반적으로 '갈 지'로 훈음을 달지만, 실사용은 단어를 이어 주는 역할(〜の/が에 해당)만 합니다. 일본은 4자성어도 풀어 쓰는 경향이 강하기 때문에 「之」자는 사용될 일이 별로 없어요.
・한국 웹툰인 '신의 탑'이 일본에서 리메이크된 제목이 「神之塔(かみのとう)」였어요. 이처럼 한문투 느낌을 위해 의도적으로 사용하는 경우도 종종 있어요.

중학 | N1 | 1318위

푸른 풀(艹)들이 이어져(之) 넓게 펼쳐진 **잔디**이니

艹: 풀 초

잔디 지

6획 芝 芝 芝 芝 芝 芝

음독	し	4순위	霊芝 영지영지버섯 (れいし)	
훈독	しば		芝(しば) 잔디	芝生(しばふ) 잔디밭
			芝居(しばい) 연기	芝原(しばはら) 잔디 벌판

|잠깐만요|
・음독은 거의 사용하지 않으니 그냥 참고만 하고 넘어가세요.
・「芝居」는 한자만 보면 '잔디가 깔린 자리'입니다. 옛날 일반 민중을 대상으로 했던 연극의 관람석이 그냥 '잔디가 깔린 자리'였던 데서 파생된 의미입니다.

1238

乏

중학 | N1 | 1696위

획 하나(丿)만 더해서 말을 이어가기(之)에는 너무 **모자라니**

모자랄 핍 · 결핍될 핍

4획 乏 乏 乏 乏

음독	ぼう	3순위	窮乏 궁핍 (きゅうぼう) 欠乏 결핍 (けつぼう)	*貧乏 빈핍빈곤 (びんぼう)
훈독	[とぼ]しい		乏(とぼ)しい 모자라다, 부족하다, 적다	

---

06 龺: 해 돋을 간 ▶ 乾 韓 嘲

0209 龺

해 돋을 간 부수자

해설	초목(卄를 세로로 그린 모양) 사이로 해(日)가 떠오르는 모습을 그려
파생	0210 朝 아침 조 [ちょう] 0212 幹 줄기 간 [かん]

1239

乾

중학 | N2 | 1355위

| 비교 |
· かわく :
　1239 乾 vs 1614 渴

해 돋는(龺) 시간부터 쾌청하길 하늘에 빌며(乞) 햇볕에 **바짝 말려 건조시키니**

① 마를 건 · 건조할 건 (② 하늘 건)

11획 乾 乾 乾 古 市 亩 直 卓 卓 乾 乾

음독	かん	1순위	① 乾燥 건조 (かんそう) ① 乾式 건식 (かんしき)	① 乾杯 건배 (かんぱい) ① 乾電池 건전지 (かんでんち)
	けん	4순위	② 乾坤一擲 건곤일척 (けんこん・いってき)	
훈독	[かわ]く		乾(かわ)く ⓐ 마르다, 건조하다 ⓑ (감정이) 메마르다 cf) 渴(かわ)く ⓐ 목마르다 ⓑ 몹시 바라다	
	[かわ]かす		乾(かわ)かす 말리다	

| 잠깐만요 |
· 「乾杯」는 잔을 '하늘'로 들어 올리고 잔이 '마르도록' 다 비워야 한다는 데서 나온 거예요.
· '② 하늘'이라는 의미와 'けん'이라는 음독은 '乾坤一擲' 정도에만 쓰이니 참고만 하세요.

1210 韋	에워쌀 위		부수자
해설	적을 둘러싸고(口) 발자국(㐄)을 찍고 다니며 에워싸니		㐄: 걸을 과
파생	1211 衛 지킬 위 [えい]		

1240 韓

중학 | N1 | 2414위

해 돋는(龺) 동쪽의 큰 기운으로 에워싸인(韋) 나라인 한국이니

한국 한

18획 龺 龺 龺 龺 龺 龺 龺 龺 韓 韓 韓 韓 韓 韓 韓 韓 韓 韓

음독	かん [3순위]	韓国 한국 (かんこく)	日韓 일한 (にっかん)

| 잠깐만요 |
- 국가 관계를 말할 때, 한국에서는 '한일(韓日)'이라고 하지만, 일본어에서는 '일한(日韓)'처럼 기본적으로 일본을 앞에 두는 것을 원칙으로 하니 주의하세요.

0210 朝	아침 조		2학년	N3	182위
해설	해 돋는(龺) 가운데 달(月)이 지며 교체되는 **아침**을 의미하니		
음독	[ちょう] 朝食 조식 (ちょうしょく)	朝刊 조간 (ちょうかん)	
파생	0211 潮 조수 조 [ちょう]		

1241 嘲

중학 | 급수 외 | 2204위

입(口)꼬리를 비틀며 아침(朝)의 부스스하고 못생긴 상대를 비웃고 조롱하니

비웃을 조 · 조롱할 조

15획 丨 冂 叨 叨 卟 吣 吣 唒 唒 嘲 嘲 嘲 嘲 嘲 嘲

음독	ちょう [4순위]	嘲笑 조소 (ちょうしょう)	自嘲 자조 (じちょう)
훈독	[あざけ]る	嘲(あざけ)る 조소하다, 비웃다	
	[あざ]わらう	▼嘲笑(あざ・わら)う 조소하다, 비웃다	

| 잠깐만요 |
- 「嘲る」와 「嘲笑う」는 '남을 조롱하듯 비웃다'라는 뜻의 동의어입니다.

0381 白	흴 백 · 아뢸 백		1학년 | N4 | 196위
해설	해(日)가 내리쬐는 햇살(´)은 눈부시게 하얗고 깨끗하니		
음독	[はく] 空白 공백 (くうはく)	[びゃく] 白毫 백호 (びゃくごう)	
파생	0382 泉 샘 천 [せん]　0383 線 줄 선 [せん]　0384 楽 즐거울 락 [らく] · 음악 악 [がく]　0385 薬 약 약 [やく]		

1242

중학 \| N1 \| 1137위

여러 사람(亻) 중 흰(白) 머리가 성성한 이가 가장 **맏이**이자 **뛰어난** 인물이니

① 맏이 백　② 뛰어날 백

7획 伯 伯 伯 伯 伯 伯 伯

음독	はく [3순위]	① 伯父 백부 (おじ/はくふ) ② 伯爵 백작 (はくしゃく)　② 画伯 화백 (がはく)　① 伯仲 (はくちゅう) する 백중지세다

잠깐만요
- 파생 어휘가 적으니 위의 단어들만 체크해 두세요.
- 한자표기에 따른 의미 차이
  - 伯父(おじ) − 백부: 큰아버지　↔ 伯母(おば) 백모: 큰어머니
  - 叔父(おじ) − 숙부: 작은아버지 ↔ 叔母(おば) 숙모: 작은 어머니
  - 小父(おじ) − 소부: 아저씨　↔ 小母(おば) 소모: 아줌마
  - ※음독인 伯父(はくふ) · 叔父(しゅくふ)는 현대에는 잘 사용되지 않습니다.

1243

중학 \| N2 \| 1066위

항구의 물(氵)이 희게(白) 보이도록 하얀 돛을 단 배들이 잔뜩 **머무르면(정박)** 선원들도 항구에 잔뜩 **숙박**하겠죠?　(水→)氵: 물 수

머무를 박 · 숙박할 박

8획 泊 泊 泊 泊 泊 泊 泊 泊

음독	はく [3순위]	停泊 정박 (ていはく)　　宿泊 숙박 (しゅくはく)　外泊 외박 (がいはく)
훈독	[と]まる	泊(と)まる ⓐ 숙박하다, 묵다 ⓑ 정박하다　→ 泊(と)まり ⓐ 숙박 ⓑ 숙직　　寝泊(ね · と)まり 숙박
	[と]める	泊(と)める ⓐ 숙박시키다, 묵게 하다 ⓑ 정박시키다

1244

새하얀(白) 파도가 세차게 달리듯(辶) 눈앞에 **덮쳐** 오며 **겁박**하는 모습이니

辶: 뛸 착·쉬어 갈 착

迫

중학 | N1 | 891위

닥칠 박·겁박할 박

8획 迫 迫 迫 迫 迫 迫 迫 迫

음독	はく _{2순위}	迫力 박력 (はくりょく)	迫害 박해 (はくがい)
		脅迫 협박 (きょうはく)	圧迫 압박 (あっぱく)
훈독	[せま]る	迫(せま)る ⓐ 닥쳐오다, 육박하다 ⓑ (거리가) 좁혀지다 ⓒ 강요하다, 핍박하다	

1245

손(扌)이 하얗게(白) 질릴 만큼 서로 세게 부딪치는 **손뼉/박수**이니

(手→)扌: 손 수

拍

중학 | N1 | 1597위

손뼉 칠 박·박수 박

8획 拍 拍 拍 拍 拍 拍 拍 拍

음독	はく _{3순위}	拍手 박수 (はくしゅ)	拍車 박차 (はくしゃ)
		脈拍 맥박 (みゃくはく)	
	ひょう _{4순위}	拍子 박자 (ひょうし)	手拍子 수박자손 박자 (てびょうし)
		→ 突拍子(とっぴょうし)もない 엉뚱하다	
		拍子抜(ひょうし·ぬ)け 맥 빠짐, 김 빠짐	

| 잠깐만요 |
- 참고 표현 ▶ [명사の/동사+] 拍子(ひょうし)に ~하는 순간에, ~한 바람에
  예 転(ころ)んだ拍子(ひょうし)に 靴(くつ)が 抜(ぬ)ける
  자빠지는 바람에(순간에) 구두가 벗겨지다

질문 있어요

迫(はく)는 왜 圧迫(あっぱく) 때는 ぱく가 되나요?

두 개의 요소가 결합하여 하나의 단어를 이룰 때, 후부 요소의 첫 글자가 ぱ행이 되는 경우가 있습니다. 이것을 '**반탁음화(半濁音化)**'라고 하는데, 이는 발음을 편하게 하기 위해 일정 조건 하에 **불규칙적으로** 발생하는 일종의 **느슨한 '음편 현상'**이랍니다.

① [A+B]: ○つ·ち·く+は행 → っ+ぱ행
   しつ(失)+はい(敗) → しっぱい(失敗: 실패)   みつ(密)+ふ(封) → みっぷ(密封: 밀봉)
   いち(一)+ひん(品) → いっぴん(一品: 일품)   ひゃく(百)+ほ(歩) → ひゃっぽ(百歩: 백보)
   ※단, 「ち·く」의 반탁음화는 대부분 수사 [一(いち)·八(はち)·六(ろく)·百(ひゃく)] 뒤일 때예요.

② [A+B]: ○ん+は행 → ん+ぱ행
   さん(散)+はつ(髪) → さんぱつ(散髪: 이발)   ねん燃+ひ(費) → ねんぴ(燃費: 연비)
   ぜん(前)+ほう(方) → ぜんぽう(前方: 전방)   おん(音)+ふ(符) → おんぷ(音符: 음표)

0192 旧	옛 구		5학년	N2	916위
해설	기록이 한 획(丨)조차 남지 않을 만큼 오래된 옛날(日)이니	
음독	[きゅう] 旧式 구식 (きゅうしき)	
파생	**0193** 児 아이 아 [じ]	

1246

陷

중학 | N1 | 1448위

언덕(阝) 바닥을 칼(ク)로 옛날(旧)에 후벼 판 듯 함몰된 곳에 빠지니

(阜→) 阝 (좌변): 언덕 부 (刀→) ク: 칼 도

빠질 함 · 함몰될 함

10획 陷 陷 陷 陷 陷 陷 陷 陷 陷 陷

음독	**かん** [3순위]	陷没 함몰 (かんぼつ)	陷落 함락 (かんらく)
		陷穽 함정 (かんせい)	欠陷 결함 (けっかん)
훈독	[おちい]る	陷(おちい)る ⓐ 빠지다 ⓑ 함락되다	
	[おとしい]れる	陷(おとしい)れる ⓐ 빠뜨리다 ⓑ 함락시키다	

| 잠깐만요 |
• '함정'은 「陷穽」보다는 「落(お)とし穴(あな)」나 「罠(わな)」를 주로 씁니다. 또 '함정에 빠뜨리다(상대를 속이다)'는 「嵌(は)める」를 사용하니 참고하세요.

1247

稻

중학 | N2 | 1238위

벼(禾)에 손톱(爫) 같은 쌀알이 달려야 옛날(旧)에는 벼라고 봤으니

禾: 벼 화 (爪→) 爫: 손톱 조

벼 도

14획 稻 稻 稻 稻 稻 稻 稻 稻 稻 稻 稻 稻 稻 稻

음독	**とう** [4순위]	*陸稻 육도 밭벼 (りくとう/おかぼ)	
		*水稻 수도 논벼 (すいとう)	
훈독	いね	稻(いね) 벼	→ 稻刈(いねか)り 벼 베기
	いな~	稻光(いなびかり) 번개	→ 稻妻(いなずま) 번개
		稻荷(いなり) ⓐ 곡식의 신 ⓑ 유부	
		稻作(いなさく) 벼농사	

| 잠깐만요 |
• 「稻光」는 번개가 잦으면 (비가 많아) 풍작이 되는 일이 많았던 데서, 「稻妻」는 번갯불이 벼에 닿으면 벼가 임신해서 쌀알이 맺힌다는 데서 유래한 어휘예요.

0513 辰		별 신	학년 외 │ N1 │ 1523위

해설	굴바위(厂) 사이로 반짝이는 밤하늘의 별을 나타내니	厂: 굴바위 엄
음독	[しん]　*星辰 별 (せいしん)　　誕辰 탄신 (たんしん)	
파생	**0514** 農 농사 농 [のう]	

1248

娠

중학 │ N1 │ 1961위

여성(女)이 별(辰)처럼 작고 빛나는 아이를 가져 **임신**하니

임신할 신

10획　娠娠娠娠娠娠娠娠娠娠

음독	しん	4순위	妊娠 임신 (にんしん)

│ 잠깐만요 │
· 파생 어휘가 「妊娠」 하나뿐이에요.

1249

振

중학 │ N1 │ 429위

│ 비교 │
· ふるう： **1249** 振 vs
1250 震 vs **0431** 奮

밤에 손(扌)에 든 등불이 별(辰)로 보일 만큼 흔들고 휘두르며 떨쳐 대니

(手 →) 扌: 손 수

① 흔들 진 · 진동할 진　② 떨칠 진 · 진흥 진

10획　振振振振振振振振振振

음독	しん	2순위	① 振動 진동 (しんどう)　① 振幅 진폭 (しんぷく)
			② 振興 진흥 (しんこう)　② 不振 부진 (ふしん)

훈독	[ふ]る	振(ふ)る ⓐ 흔들다 ⓑ 휘두르다 ⓒ 날리다, 잃다
		振舞(ふるまい) 행동(거지)　　振(ふ)り込(こ)み (계좌) 입금
		身振(みぶ)り手振(てぶ)り 몸짓 손짓
	~[ぶ]る	▽振(ぶ)る [어간+] ~인 체하다, ~라도 되는 양 굴다
		→ 偉振(えら · ぶ)る 잘난 체하다
	[ふ]れる	振(ふ)れる ⓐ 흔들리다 ⓑ (어떤 방향으로) 쏠리다
	[ふ]るう	振(ふ)るう ⓐ 털다, 털어내다 ⓑ 휘두르다 ⓒ 떨치다, 발휘하다

│ 잠깐만요 │
· 「振る/振れる」는 파생 의미가 굉장히 많은 다의어이기 때문에 꼭 사전을 참조하세요.

震

중학 | N2 | 822위

| 비교 |
· ふるう : 1249 振 vs
1250 震 vs 0431 奮

비(雨) 내리듯 별(辰)처럼 건물 잔해가 떨어지도록 천지가
요동치는 지진이니

雨: 비 우

요동칠 진 · 지진 진

15획 震震震震震震震震震震震震
震震震

음독	しん	1순위	震源 진원 (しんげん)	*震災 진재지진재해 (しんさい)
			震度 진도 (しんど)	地震 지진 (じしん)
			余震 여진 (よしん)	耐震 내진 (たいしん)
훈독	[ふる]う		震(ふる)う ⓐ (전체가 잘게) 떨리다 ⓑ (대지가) 진동하다, 요동치다	
	[ふる]える		震(ふる)える ⓐ (전체가 잘게) 흔들리다, 진동하다	
			ⓑ (두려움/추위/긴장/병 등으로) 부들부들 떨리다	
			→ 震(ふる)え 떨림	

| 잠깐만요 |
· 「ふるう」의 한자 표기와 의미 구분 (오쿠리가나의 차이에 유의!)
　a. 振(ふ)るう: (털어내듯 크게 흔들다 →) ⓐ 크게 휘두르다 ⓑ 털어내다 ⓒ 융성해지다
　　예 ベットを振(ふ)るう 배트를 휘두르다　権力(けんりょく)を振(ふ)るう 권력을 휘두르다
　b. 震(ふる)う: (대상 전체가 잘게 흔들리다 →) ⓐ 진동하다 ⓑ (세상/대지가) 요동치다
　　예 寒(さむ)くて体(からだ)が震(ふる)う 추워서 몸이 떨리다
　　　地震(じしん)で窓(まど)が震(ふる)う 지진으로 창이 요동치다
　c. 奮(ふる)う: (감정/기력을 휘둘러 대며 일어나다 →) ⓐ 분발하다 ⓑ 융성해지다
　　예 奮(ふる)って立(た)ち向(む)かう 용기 내어 맞서다
　　　成績(せいせき)が奮(ふる)わない(=振(ふ)るわない) 성적이 부진하다

唇

중학 | N1 | 1120위

별(辰)처럼 입(口)에서 붉게 반짝이는 입술이니

口: 입 구

입술 순

10획 唇唇唇唇唇唇辰辰唇唇

| 음독 | しん | 3순위 | 読唇術 독순술 (どくしんじゅつ) | 口唇 구순 (こうしん) |
| 훈독 | くちびる | | 唇 입술 (くちびる) | |

辱

중학 | N1 | 1799위

별(辰)처럼 높은 사람의 발에 짓밟혀 조금(寸)도 움직이지 못하는 굴욕을 당하니

寸: 마디 촌 · 아주 조금 촌

욕볼 욕 · 굴욕 욕

10획 辱辱辱辱辱辱辰辰辱辱

음독	じょく	3순위	屈辱 굴욕 (くつじょく)	侮辱 모욕 (ぶじょく)
			雪辱 설욕 (せつじょく)	
훈독	[はずかし]める		辱(はずかし)める ⓐ 욕보이다, 창피를 주다	
			ⓑ 모욕하다, 능욕하다	

❿ 屯: 진칠 둔 ▶ 鈍頓

0239 屯		진칠 둔 · 물힐 둔	제부수	N1	2446위

해설	땅(一) 아래 씨앗(ㄴ)이 발아해 뿌리(ㄴ) 내리고 물혀서 박혀 있듯 진치고 있으니
음독	[とん] 屯営 둔영 (とんえい)　　駐屯 주둔 (ちゅうとん)
파생	0240 純 순수할 순 [じゅん]

1253

鈍

중학 | N2 | 1839위

쇳덩이(金)를 달고 땅에 물힌(屯) 듯 둔하고 무디니

둔할 둔 · 무딜 둔

12획 鈍 鈍 鈍 鈍 鈍 鈍 鈍 鈍 鈍 鈍 鈍 鈍

음독	どん 1순위	鈍感 둔감 (どんかん)　　鈍痛 둔통 (どんつう) 鈍角 둔각 (どんかく)　　鈍器 둔기 (どんき) 鈍才 둔재 (どんさい)　　愚鈍 우둔 (ぐどん)
훈독	[にぶ]い	鈍(にぶ)い ⓐ 둔하다, 무디다 ⓑ 굼뜨다, 느리다
	[にぶ]る	鈍(にぶ)る (실력/기량/능력/가능 등이) 둔해지다
	[なま]る	▽鈍(なま)る ⓐ (날이) 무디어지다 　　　　　ⓑ (실력/기량/능력/기능 등이) 둔해지다 cf) 訛(なま)る 사투리 발음을 하다
	[なまくら]	▼鈍(なまくら)[(な)+명사] 〈문어〉 ⓐ 무딘~　ⓑ 기개 없는~ → ⓐ 鈍刀(なまくら・がたな) 무딘 칼 　　ⓑ 鈍(なまくら)な亭主(ていしゅ) 무기력한 남편
	[のろ]い	▼鈍(のろ)い ⓐ 둔하다 ⓑ 느리다 → 鈍間(のろま) 아둔한 놈

| 잠깐만요 |

• 「鈍(のろ)い」는 '느려 터져서 답답하다'는 속어적인 뉘앙스가 있습니다.
• 「鈍(なま)る」는 주로 'ⓐ 칼날이 무디어지다'라는 물리적 의미에 주로 사용되고, 추상적 의미인 'ⓑ 둔해지다, 예리함이 줄다'는 「鈍(にぶ)る」로 쓰는 것이 일반적입니다.
• 「鈍(なまくら)」는 문어적인 표현으로 사용 빈도가 낮은 어휘이니 참고만 하세요.

1254

頓

중학 | 급수 외 | 2161위

땅속에 묻혀 있던(屯) 씨앗의 머리(頁)는 그곳에 뿌리내려 **지긋이 머물다** 어느 날 갑자기 싹을 틔우는 존재이니

頁: 머리 혈

① **미무를 돈** ② **갑자기 돈**

13획 頓 一 二 屯 屯 屯 頓 頓 頓 頓 頓 頓 頓

음독	とん	2순위	①*頓挫 돈좌좌절 (とんざ)　①*停頓 정돈정체 (ていとん)
			① 整理整頓 정리정돈 (せいり・せいとん)
			①*無頓着 무돈착무관심 (むとんちゃく)
		4순위	②*頓智 돈지재치 (とんち)　②*頓悟 돈오문득 깨달음 (とんご)

| 잠깐만요 |

- 「頓」은 까다로운 한자로 '그 자리에 지긋이 놓여 있다(① 머무르다) → 그렇게 고뇌하다 갑자기 머릿속에 무언가가 떠오르는 것(② 갑자기)'의 이미지입니다. 「整頓」은 '정리(整)된 상태로 두는(頓) 것', 「無頓着」는 '(의식이 대상에) 딱 붙어서(着) 머물러(頓) 있지 않다(無)'이기 때문에 '무관심, 무심함'을 의미해요.
- 같은 음독이라도 의미에 따라 어휘 생산성이 차이가 많이 나는 경우는 의미별로 순위를 분리했어요.

---

⑪ 屰: 거스를 역 ▶ 朔塑遡

0241

屰

거스를 역

부수자

해설	싹(ㅛ)이 난 씨앗(凵)의 뿌리(丿)가 단단한 지면을 거슬러 자라는 모습이니
파생	**0242** 逆 거스를 역[ぎゃく]

1255

朔

학년 외 | N1 | 3445위

시간을 거슬러(屰) 올라가면 달(月)의 **시작일**인 **초하루**가 되니

月(우방): 달 월

① **초하루 삭** ② **시초 삭**

10획 朔 朔 朔 屮 屮 屰 朔 朔 朔 朔

| 음독 | さく | 3순위 | *朔日 삭일음력 초하루 (さくじつ) |
| | | | *正朔 정삭정월 초하루 (せいさく) |

| 잠깐만요 |

- '① 초하루'란 '매월의 시작일 = 1일'이란 의미입니다. 부수로 사용될 때는 조금 더 포괄적인 의미인 '② (근본적인) 시작/시초'라는 의미가 돼요.
- '초하룻날'은 본래 「一日・朔・朔日」라는 한자 표기에 「ついたち(훈독)/さくじつ(음독)」로 읽을 수 있었지만, 점차 구분되어 양력 초하루는 「一日(ついたち)」, 음력 초하루는 「朔日(さくじつ)」로 구분해 사용하는 게 일반화되었어요. 이때, 「さくじつ」를 「昨日」로 쓰면 '어제'의 격식 차린 말이 되니 주의하세요.

1256

塑

중학 | N1 | 3276위

초하룻날(朔) 행복을 기원하며 처음(朔)부터 끝까지 **흙(土)으로 빚어 만들던 소조**이니

흙 빚을 소 · 소조 소

13획 塑 塑 屮 丷 ㅛ 芇 朔 朔 朔 朔 塑 塑 塑

음독	そ	4순위	塑造 소조 (ぞぞう)	可塑性 가소성 (かそせい)
			彫塑 조소 (ちょうそ)	

| 잠깐만요 |
- 고대에는 초하룻날과 같은 특별한 날에 행복/순산 등을 기원하며 흙으로 점토 인형을 빚었죠?
- 미술 용어나 화학 용어에 주로 사용되고, 일반 어휘에는 사용되는 일이 드물어요.

1257

遡 / 溯

중학 | 급수 외 | 2462위

초하룻날(朔), 즉 처음(朔)으로 달려가듯(辶) **거슬러 올라가니**   辶: 뛸 착 · 쉬어 갈 착

거슬러 올라갈 소 · 소급할 소

14획 遡 遡 辶 丷 ㅛ 芇 朔 朔 朔 朔 溯 溯 遡 遡

음독	そ	4순위	遡及 소급 (そきゅう)
훈독	[さかのぼ]る		遡(さかのぼ)る (흐름/시간을) 거슬러 올라가다

---

⑫ 共: 함께 공 ▶ 洪恭塞

0227 共

모두 공 · 함께 공   4학년 | N2 | 318위

해설	풀(艹)이 자란 땅(一)의 정리는 분담해서(八) **모두 함께하니** 八: 나눌 팔 · 여덟 팔
음독	[きょう] 共同 공동 (きょうどう)
파생	**0228** 供 바칠 공 [きょう/く] **0229** 巷 거리 항 [こう] **0230** 港 항구 항 [こう]
	0231 寒 추울 한 [かん] **0232** 選 뽑을 선 [せん] **0233** 異 다를 이 [い]
	0234 暴 사나울 폭/포 [ぼう/ばく] **0235** 爆 터질 폭 [ばく]

1258

洪

중학 | N1 | 2196위

강의 모든 물(氵)이 함께(共) 흘러넘쳐 나오는 **홍수**이니   (水→)氵: 물 수

홍수 홍

9획 洪 洪 洪 洪 洪 洪 洪 洪 洪

음독	こう	4순위	洪水 홍수 (こうずい)
			*洪積世 홍적세빙하 시대 (こうせきせい)

1259

恭

중학 | N1 | 1876위

여럿이 함께(共) 살아가려면 자신을 아래로 두는 마음(心→小)을 가지는 **공손함을** 보이고 상대를 **공경**해야 하니

(心→) 小: 마음 심

공손할 공 · 공경할 공

10획 恭 恭 恭 恭 恭 共 恭 恭 恭 恭

음독	きょう 3순위	恭敬 공경 (きょうけい) 恭順 공순 (きょうじゅん) 고분고분 따름 恭賀新年 공하신년 (きょうが・しんねん)
훈독	[うやうや] しい	恭(うやうや)しい 공손하다, 정중하다

| 잠깐만요 |
- 파생 어휘 수가 적고, 대부분이 딱딱하고 문어적인 어휘들이에요.
- 「恭賀新年」이란 '삼가 새해를 축하한다'는 뜻이에요. 「謹賀新年(きんがしんねん)」(근하신년)과 같은 뜻이에요.

0231

寒

추울 한

3학년 | N3 | 1166위

해설	집(宀)에서도 모두 함께(共) 한데(一) 뭉쳐 얼지(冫→冫) 않으려 할 만큼 추우니 宀: 집 면 (冫→) 冫: 얼음 빙
음독	[かん] 寒波 한파 (かんぱ)　　悪寒 오한 (おかん)

1260

塞

중학 | 급수 외 | 1525위

높고 단단하게 쌓인 집(宀)에서 모두 함께(共) 한데(一) 뭉쳐 영토(土)를 지키며 적의 침입과 흐름을 막는 변방의 요새이니

① 요새 새 · 변방 새 ② 막을 색

13획 塞 塞 塞 塞 塞 塞 塞 塞 塞 塞 塞 塞 塞

음독	そく 3순위	②塞栓 색전 (そくせん)　　②脳梗塞 뇌경색 (のうこうそく) ②閉塞 폐색 (へいそく)
	さい 4순위	①要塞 요새 (ようさい) ①塞翁が馬 새옹지마 (さいおうがうま)
훈독	[ふさ]ぐ	塞(ふさ)ぐ 막다, 틀어막다
	[ふさ]がる	塞(ふさ)がる 막히다 → 八方塞(はっぽう・ふさ)がり 진퇴양난

0223 昔	옛 석		3학년 │ N2 │ 905위
해설	풀(艹)이 자란 땅(一)을 보고 그곳이 해(日)처럼 찬란했던 **옛날**을 그리니		
음독	[せき] *昔日 옛날 (せきじつ)		[しゃく] *今昔 지금과 옛날 (こんじゃく/こんせき)
파생	0224 借 빌릴 차 [しゃく]	0225 黄 누를 황 [おう/こう]	0226 横 가로 횡 [おう]

1261

惜

중학 │ N1 │ 1590위

마음(忄)으로 지나간 옛날(昔)을 아쉬워하며 **애석**해하니　　　(心→) 忄: 마음 심

아쉬울 석 · 애석할 석

11획　惜 惜 惜 惜 惜 惜 惜 惜 惜 惜 惜

음독	せき 3순위	惜敗 석패 (せきはい)　　　　　惜別 석별 (せきべつ) 哀惜 애석 (あいせき)
훈독	[お]しい	惜(お)しい ⓐ 아깝다 ⓑ 아쉽다　→　惜(お)しくも 아깝게도 口惜(くち・お)しい 유감스럽다. 분하다
	[お]しむ	惜(お)しむ ⓐ 아끼다, 아까워하다　ⓑ 애석해하다, 아쉬워하다 ⓒ 소중히 여기다

1262

措

중학 │ N1 │ 1591위

손(扌)으로 옛날(昔)부터 다듬으며 유지하도록 **조치**하니　　　(手→) 扌: 손 수

둘 조 · 조치 조

11획　措 措 措 措 措 措 措 措 措 措 措

음독	そ 4순위	措置 조치 (そち)　　　*挙措 거조 행동거지 (きょそ)
훈독	[お]く	▼措(お)く ⓐ (중도에) 그치다, 그만두다　ⓑ 빼놓다, 제쳐놓다 →ⓐ 筆(ふで)を措(お)く 붓을 멈추다 ⓑ 彼(かれ)を措(お)いては語(かた)れない 그를 빼고는 이야기할 수 없다 cf) 置(お)く 두다, 얹다, 놓다

| 비교 |
· おく:
　0477 置 vs 1262 措

| 잠깐만요 |
· 挙措는 '손을 들고 내리는 것'에서 의미가 확장되어 '행동거지'를 의미하는데, 일반적으로 쓰이는 어휘는 아니니 참고만 하세요.
· 措く는 일반적으로 히라가나(おく)로 표기합니다. 다만, 일상이나 서적에서는 「置く」와 의미 구분을 명확히 하기 위해 「措く」로 표기하기도 해요.

1263

錯

중학 | N1 | 1722위

쇠(金)로 된 것도 오래(昔)되면 녹이 뒤섞여 맞물림도 어긋나게 되니

뒤섞일 착 · 어긋날 착

16획 錯 錯 錯 錯 錯 錯 錯 錯 錯 錯 錯 錯 錯 錯 錯 錯

| 음독 | さく | 2순위 | 錯誤 착오 (さくご) | 錯乱 착란 (さくらん) |
| | | | 錯覚 착각 (さっかく) | 交錯 교착 (こうさく) |

1264

籍

중학 | N2 | 1273위

대나무(⺮)로 울타리 치고 쟁기(耒)로 밭을 갈며 옛날(昔)부터 터를 잡은 주민들을
등록시킨 호적이니

(竹→) ⺮: 대나무 죽   耒: 쟁기 뢰

① 등록할 적 · 호적 적 (② 서적 적)

20획 籍 籍 籍 籍 籍 籍 籍 籍 籍 籍 籍 籍 籍 籍 籍 籍 籍
籍 籍 籍

음독	せき	1순위	①*籍 적호적 (せき)	① 入籍 입적 (にゅうせき)
			① 戸籍 호적 (こせき)	① 国籍 국적 (こくせき)
			① 本籍 본적 (ほんせき)	① 在籍 재적 (ざいせき)
		4순위	② 書籍 서적 (しょせき)	

| 잠깐만요 |
- 같은 음독이라도 의미에 따라 어휘 생산성이 차이가 많이 나는 경우는 의미별로 순위를 분리했어요.
- 「籍」은 '호적을 적어둔 서적'을 의미했습니다. 「書籍」과 몇 단어만 예외적으로 '(중요한 내용을 담은)
  책'이라는 의미로 사용돼요.

---

⑭ 垂: 늘어질 수 ▶ 睡 唾 剰 華

0236

垂

늘어질 수 · 덮을 수

6학년 | N1 | 1441위

해설	천(千) 개의 풀잎(卄)이 땅(土)을 향해 늘어져 뒤덮은 모습이니
음독	[すい] 垂直 수직 (すいちょく) 懸垂 현수 매달림 (けんすい)
파생	0237 郵 우편 우 [ゆう] 0238 乗 올라탈 승 [じょう]

1265

눈(目)이 눈꺼풀로 자꾸만 뒤덮여(垂) 잠들어 버리는 졸음과 수마이니

졸음 수 · 수면 수

13획 睡 睡 睡 睡 睡 睡 睡 睡 睡 睡 睡 睡 睡

음독	すい	2순위	睡眠 수면 (すいみん)	*一睡 일수한 잠 (いっすい)
			昏睡 혼수 (こんすい)	*熟睡 숙수숙면 (じゅくすい)

중학 | N1 | 1704위

1266

항상 입(口)안을 가득 뒤덮고(垂) 있는 **타액(침)**이니

침 타 · 타액 타

11획 唾 唾 唾 唾 唾 唾 唾 唾 唾 唾 唾

음독	だ	4순위	唾液 타액침 (だえき)	*唾棄 타기 (だき) 혐오하고 경멸함
훈독	つば		唾(つば) 침	→ 痰唾(たんつば) 가래침
	예외		固唾(かたず) 마른 침	cf) 涎(よだれ) 줄줄 흘리는 침/군침

중학 | 급수 외 | 1901위

0238 乗

① **올라탈 승**　(② 곱할 승)

3학년 | N3 | 332위

해설	늘어진 천(千) 개의 풀잎(卄)이 튼튼한 나무(木) 위에 **올라타듯** 편승한 모습에서
음독	[じょう] 乗車 승차 (じょうしゃ)　　乗客 승객 (じょうきゃく)

1267

너무 많이 올라탄(乗) 것을 칼(リ)로 쳐내고 남은 **잉여**이니

(刀→) リ: 칼 도

남을 잉 · 잉여 잉

11획 剰 剰 剰 剰 剰 剰 剰 剰 剰 剰 剰

음독	じょう	3순위	剰余 잉여 (じょうよ)	*余剰 여잉잉여 (よじょう)
			過剰 과잉 (かじょう)	

중학 | N1 | 1879위

│잠깐만요│
- 「余剰」는 일반적인 '잉여'입니다.
  예 余剰農産物(よじょう・のうさんぶつ) 잉여 농산물
- 「剰余」는 일부 숙어나 수학/사칙연산/회계 용어로 사용됩니다.
  예 10(じゅう)を3(さん)で割(わ)ると、商(しょう)は3で、剰余(じょうよ)は1(いち)だ。
  　10을 3으로 나누면 몫은 30이고 나머지는 10이다.

1268

華

중학 | N1 | 820위

풀(艹) 하나(一) 풀(艹) 하나(一)조차 다른 꽃의 열(十) 배는 짙은 붉은색을 뽐내는 화려함이니

艹: 풀 초

① 화려할 화 ② 중국 화·중화 화 (③ 외래음 화)

10획 華 華 華 華 華 華 華 華 華 華

음독	か	2순위	① 華麗 화려 (かれい)	① 繁華街 번화가 (はんかがい)
			① 豪華 호화 (ごうか)	① 栄華 영화 (えいが)
		4순위	② 華僑 화교 (かきょう)	
	け	4순위	③ 華厳 화엄 (けごん)	③ 法華経 법화경 (ほっけきょう)
훈독	はな		華(はな) 〈비유적〉 꽃과 같이 아름답고 화려한 것 華(はな)の年(とし)ごろ 꽃다운 나이 文化(ぶんか)の華(はな) 문명의 꽃	

| 잠깐만요 |
• 「華」는 「花 꽃 화」의 본래 글자지만, 점차 비유적인 표현에 주로 사용하게 되었습니다.
• 「け」로 발음되는 경우는 불교에서 범어 발음을 흉내 내기 위한 것입니다.

상용한자는 어떻게 지정되는 건가요?

일본의 상용한자 책정 기준은 '일반적으로 자주 사용되는가?' 하는 **일반성**과 **사용 빈도**예요. 2010년 개정된 신상용한자는 860권분의 출판도서(약 4900만 개의 누적 한자) 및 웹사이트와 신문(1억 4천만 개의 누적 한자) 등에서 한자가 출현한 **빈도를 조사한 빅데이터에 근거**하고 있어요. 이때, 사용 빈도가 높다고 하더라도 그것이 인명 및 고유명사에 사용되는 경우는 제외함을 원칙으로 하여 일반적인 어휘에 쓰이는 한자를 우선적으로 책정한답니다.

• 기준① **사용 빈도가 높다** 예 人(1위), 一(2위), 日(3위) …
• 기준② 단, 고유명사에 주로 쓰이는 경우는 제외 예 之(375위), 伊(420위), 阿(792위) …

하지만 이 두 가지 조건 외에도 공공성, 공익성, 전통성 등의 보조적인 기준이 존재합니다. 때문에 고유명사에 주로 쓰이거나 사용 빈도가 떨어지더라도 상용한자로 인정되는 경우가 존재해요.

• 기준③ 공공성이 높은 47개 도도부현 및 지역명 예 韓, 近, 阪, 奈, 岡 …
• 기준④ 법률, 행정, 학회 등에서 중요한 한자 예 頒(4345위), 弐(두 이: 3446위) …
• 기준⑤ 일본의 역사, 문화, 전통과 관련이 깊은 한자 예 繭(3561위), 璽(3729위) …

03 '나무'의 파생 [34자]

⑮ 木: 나무 목 ▶ 床杉杯楼漆膝

0032 木	나무 목		1학년 | N4 | 162위
해설	뿌리와 기둥(l)이 크게(大) 자라 있는 나무의 모습에서		
음독	[もく] 木造 목조 (もくぞう)	[ぼく] *大木 거목/큰 나무 (たいぼく)	
파생	0253 林 수풀 림[りん]　0257 森 숲 삼[さん]　1152 根 뿌리 근[こん] 0475 植 심을 식[しょく]　0251 桜 벚나무 앵[おう]　0958 梅 매화나무 매[ばい] 0980 松 소나무 송[しょう]　1029 樹 나무 수[じゅ]　0247 休 쉴 휴[きゅう]		

1269

床

중학 \| N2 \| 970위

집(广) 아래 가장 넓고 평평한 나무(木)는 **잠자리**를 까는 **마루**이니　　广: 집 엄

마루 상 · 잠자리 상

7획 床床床床床床床

음독	しょう [2순위]	起床 기상 (きしょう) 臨床 임상 (りんしょう)	温床 온상 (おんしょう) 着床 착상 (ちゃくしょう)
훈독	とこ	床(とこ) ⓐ 잠자리 ⓑ 마루 → 寝床(ね·どこ) 잠자리 床屋(とこや) 이발소	
	ゆか	床(ゆか) 마루　　　　　　→ 床板(ゆかいた) 마룻바닥 床下(ゆかした) 마루 밑　　床運動(ゆか·うんどう) 마루 운동	

│ 잠깐만요 │
- 잘 수 있을 만큼 '비교적 넓고 평평한 바닥'을 의미해요. 옛날에는 바닥에서 잠을 잤으니까요. 그래서 '마룻바닥, 평상'이라는 의미와 '잠자리, 침상'이라는 의미로 사용돼요.
- 「臨床」이란 의학 용어로, '병상(床)에서 임(臨)하는 의학' 즉, 현장에서 환자를 진료하는 것을 의미합니다. 「温床」은 '범죄의 온상'과 같이 '나쁜 일이 발생하기 쉬운 환경'을 의미해요.

나무(木) 중에서 잎이 가늘고 까칠한 수염(彡)처럼 생긴 **삼나무**이니   彡: 터럭 삼

삼나무 삼

7획 杉 杉 杉 杉 杉 杉 杉

| 훈독 | すぎ | 杉(すぎ) 삼나무 | → 杉材(すぎざい) 삼나무 재료 |

중학 | N1 | 1035위

나무(木)로 만든 도구 중 사람을 인사불성(不)으로 만드는 **술잔**이니
0182 不: 아닐 부·아니 불   0145 皿: 그릇 명

술잔 배

8획 杯 杯 杯 杯 杯 杯 杯 杯

| 음독 | はい | 3순위 | 祝杯 축배 (しゅくはい)   聖杯 성배 (せいはい)
乾杯 건배 (かんぱい)   苦杯 고배 (くはい) |
| 훈독 | さかずき | | 杯(さかずき) 잔, 술잔 |

중학 | N3 | 1121위

| 잠깐만요 |
- 한국에서는 '고배를 마시다'로 주로 쓰죠? 하지만 일본에서는 「苦杯(くはい)を飲(の)む」(✕)라는 표현은 쓰지 않고 「苦杯(くはい)をなめる」(고배를 맛보다), 「苦杯(くはい)を喫(きっ)する」(고배를 마시다)라는 정형화된 표현을 쓰니 참고하세요.

나무(木)로 층층이 쌓아 올려 쌀알(米)처럼 방과 창문이 많고
여자(女)가 입구에 나와 맞아 주는 **누각**이니   米: 쌀 미

누각 루

13획 楼 楼 楼 楼 楼 楼 楼 楼 楼 楼 楼

| 음독 | ろう | 2순위 | 楼閣 누각 (ろうかく)   望楼 망루 (ぼうろう)
*空中楼閣 공중누각 사상누각 (くうちゅう・ろうかく)
蜃気楼 신기루 (しんきろう) |

중학 | N1 | 1823위

| 잠깐만요 |
- 「 0251 桜 벚나무 앵」과의 구분에 주의하세요.

1273

漆

중학 | N1 | 2158위

물(氵) 중에서도 나무(木)가 사람(人)이 눈물(氺) 흘리듯 나오는 진액으로 검은색을 내거나 약재로도 쓰이는 옻나무의 물이니

(水→) 氵·氺: 물 수

옻 칠·검은 물 칠

14획 漆漆漆漆漆漆漆漆漆漆漆漆漆漆

음독	しつ <u>4순위</u>	漆器 칠기 (しっき)	漆黒 칠흑 (しっこく)
훈독	うるし	漆(うるし) ⓐ 옻나무 ⓑ 옻칠 → 漆細工(うるし・ざいく) 칠공예 漆負(うるし・ま)け/漆(うるし)かぶれ 옻이 오름	

1274

膝

중학 | 급수 외 | 1226위

몸(月) 중에서 나무(木)가 사람(人)이 눈물(氺)을 흘리듯 진액이 나오는 옹이처럼 생긴 무릎이니

月(좌변): 고기 육 (水→) 氺: 물 수

무릎 슬

15획 膝膝膝膝膝膝膝膝膝膝膝膝膝膝膝

음독	しつ <u>4순위</u>	膝蓋骨 슬개골 (しつがいこつ)	膝下 슬하 (しっか)
훈독	ひざ	膝(ひざ) 무릎 膝掛(ひざ・か)け 무릎 덮개	→ 膝枕(ひざ・まくら) 무릎베개 膝下(ひざもと) 슬하

| 잠깐만요 |
- 음독으로 읽히는 어휘는 「膝下」「膝蓋骨」 정도이니 참고만 하세요.
- 膝下: ⓐ 보호/관리의 테두리 안 ⓑ (부모에게 편지를 쓸 때 호칭 뒤에 붙여서) 존경심을 표할 때 사용(단, 사용 빈도는 그리 높지 않으니 참고만 하세요).
  - 예 ⓐ 父母(ふぼ)の膝下(しっか)を離(はな)れる 부모의 슬하를 떠나다
  - ⓑ 母上様(ははうえさま)・膝下(しっか) 어머님께

교재의 모든 단어를 다 외워야 하나요?

교재의 모든 단어를 한꺼번에 외우려 하지 마세요! 교재에 나와 있는 모든 단어를 처음부터 다 외우려 들면 90%의 학습자들은 중도 포기하게 됩니다. 제시된 단어들은 '이 한자가 실제로 이렇게 쓰이고 있어요'를 알려 주는 일종의 예문에 가까운 개념이에요. 모든 단어를 처음부터 다 공부하는 것은 영단어장에서 처음부터 예문을 모조리 외우려 하는 것과 같습니다. 그러니 '나와 있는 단어를 모조리 다 외우겠다!'보다는, 우선은 제시된 단어들을 보고 한자와의 연관성을 파악한 후, 각 음독과 한자의 의미에 부합하는 대표적이고 기억하기 쉬운 몇 가지 단어를 선택해서 집중 학습하세요.

0253 **林** 수풀 림

해설	나무(木)와 나무(木)가 우거진 **수풀**이니
음독	[りん] 山林 산림 (さんりん)　　密林 밀림 (みつりん)
파생	**0254** 禁 금할 금 [きん]　**0255** 暦 달력 력 [れき]　**0256** 歴 겪을 력 [れき]　**0257** 森 숲 삼 [さん]

1275

麻

중학 | N1 | 881위

집(广)에서 몰래 수풀(林)처럼 빽빽하게 심어 기르던 대마이니　　广: 집 엄

① 삼베 마　② 마약 마 · 마비될 마

11획 麻 麻 麻 麻 麻 麻 麻 麻 麻 麻 麻

음독	ま [2순위]	①*胡麻 호마 참깨 (ごま)　　①② 大麻 대마 (たいま) ①*蕁麻疹 심마진 두드러기 (じんましん) ② 麻薬 마약 (まやく)　　② 麻酔 마취 (ますい) ② 麻痺 마비 (まひ)
훈독	あさ	麻(あさ) 삼베 · 모시 등의 총칭　　麻袋(あさぶくろ) 마대자루

| 잠깐만요 |
- 「蕁麻疹」의 「蕁麻(じんま)」는 '쐐기풀'을 의미합니다. 쐐기풀에 긁히면 두드러기가 나던 데서 '두드러기'를 「蕁麻疹」이라고 부르게 되었다고 해요.
- '② 마약 · 마비'의 파생 어휘 수는 많지 않지만 사용 빈도가 높습니다.
- 우리가 식용으로 먹는 '(참)마'는 「山芋(やまいも)」나 「長芋(ながいも)」라고 해요.

1276

摩

중학 | N1 | 1291위

| 비교 |
- する: **2134** 擦 vs
1276 摩 vs **1277** 磨 vs
0606 刷 vs 상용 외 掏 vs
상용 외 擂 vs 상용 외 摺

대마(麻)는 잎을 말려 손(手)으로 거칠게 문질러 마찰시켜 가루를 내서 피우니

문지를 마 · 마찰 마

15획 摩 摩 摩 摩 摩 摩 摩 摩 摩 摩 摩 摩 摩 摩 摩

음독	ま [2순위]	摩擦 마찰 (まさつ)　　摩耗 마모 (まもう) 摩滅 마멸 (まめつ)　　按摩 안마 (あんま)
훈독	[さす]る	▽摩(さす)る 가볍게 문지르다, 쓰다듬다, 어루만지다
	[す]る	▼摩(す)る ⓐ (내기/도박 등으로) 탕진하다 = 擦(す)る 　　　　　 ⓑ 비비다, 문대다 = 擦(す)る/磨(す)る 예 競馬(けいば)で摩る/擦る 경마로 탕진하다

| 잠깐만요 |
- 「する」는 상용 표기상으로는 「擦る」로 표기하도록 되어 있지만(시험/공문서), 관습적으로는 간혹 「摩る」로도 씁니다. 사용 빈도는 낮아요.
- 「する」의 한자 표기와 의미 구분 ☞ **2134** 擦る 문지를 찰 · 마찰 찰,의 | 잠깐만요 | 참조

磨

중학 | N2 | 1557위

| 비교 |
· する : 2134 擦 vs
1276 摩 vs 1277 磨 vs
0606 刷 vs 상용외 拭 vs
상용외 擂 vs 상용외 摺

대마(麻)는 잎을 말려 돌(石)로 된 절구로 정성스레 **갈면** 약효가 좋으니

갈 마 · 연마할 마

16획 磨 磨 磨 磨 磨 磨 磨 磨 磨 磨 磨 磨 磨 磨 磨 磨

| 음독 | ま | 2순위 | 研磨 연마 (けんま) | 百戦錬磨 백전연마 (ひゃくせん・れんま) |
| | | | 達磨 달마 (だるま) | 切磋琢磨 절차탁마 (せっさ・たくま) |

| 훈독 | [みが]く | 磨(みが)く ⓐ (갈고 닦아) 광을 내다, 아름답게 만들다 ⓑ 연마하다
自分磨(じぶん・みが)き (여성이 여성적인) 매력을 갈고 닦는 것
↔ 男磨(おとこ・みが)き
歯磨(は・みが)き 양치질 |
| | [す]る | ▽ 磨(す)る ⓐ (한 면에 무언가를) 문질러 닳게 하다 ⓑ 연마하다
→ 磨(す)り減(へ)る ⓐ 닳아서 감소하다 ⓑ 마구 써서 약해지다
예 墨(すみ)を磨(す)る 먹을 갈다
神経(しんけい)を磨(す)り減(へ)らす 신경이 약해지다
やすりで磨(す)る 줄로 연마하다 |

| 잠깐만요 |
· 百戦錬磨: (수많은 전장에서 갈고 닦음 →) 그 분야의 경험이 풍부함
· 切磋琢磨: ⓐ 학문/수양을 닦는 데 전념함 ⓑ 뜻을 같이하는 친구가 서로 격려하며 함께 성장함
· 다수의 음독 어휘가 '摩'와 혼용되어 사용돼요. 예 연마: 研磨/研摩 마모: 摩耗/磨耗
· 「磨る」는 히라가나(する)로 표기하는 것이 보다 일반적이에요.

| 잠깐만요 |
「する」의 한자 표기와 의미 구분 ☞ 2134 擦る 문지를 찰 · 마찰 찰」의 | 잠깐만요 | 참조

魔

중학 | N1 | 993위

대마(麻)라도 한 대 피운 듯 무섭고 사악한 귀신(鬼)은 **마귀**나 **악마**이니

鬼: 귀신 귀 · 도깨비 귀

마귀 마 · 악마 마

21획 魔

음독	ま	2순위	魔 마 (ま)	魔術 마술 (まじゅつ)
			魔法 마법 (まほう)	悪魔 악마 (あくま)
			睡魔 수마 (すいま)	*邪魔 사마방해 (じゃま)

| 잠깐만요 |
· 「魔」는 'ⓐ 마음을 미혹시키고 어지럽히는 것 ⓑ (魔の~의 꼴로) 생명을 빼앗거나 괴롭히는 장소나 시간 ⓒ (접미어 ~魔의 꼴로) (지나치게) ~하는 사람, 지나치게 집착하는 사람 – ○○상습범, ○○광'을 의미합니다.
  예 ⓐ 魔(ま)が差(さ)す (악마에게 꾀인 듯) 순간적으로 나쁜 마음이 들다
    ⓑ 魔(ま)の区間(くかん) 마의 구간(한국에서 '통곡의 벽'으로 쓰는 느낌)
    ⓒ メモ魔(ま) 메모광 電話魔(でんわま) 전화광 遅刻魔(ちこくま) 지각 상습범
  – 단, 「魔」의 어감상 부정적인 의미가 들어가 있기 때문에 일상에서 사용되는 어휘 수는 적습니다.
    (일반적이지 않아 거의 쓰이지 않는 경우: ハグ魔, line魔 등)
  – 최근에는 SNS상에서 '지나치게 ~하는 사람'을 비꼬기 위해서 사용되고 있습니다.
    예 既読(きどく)スルー魔(ま) 읽씹 상습범 節約魔(せつやくま) 지나치게 절약하는 사람
      チェック魔(ま) 지나치게 체크하는 사람
  – 살인마(殺人魔)는 일본에서 일반적으로 「殺人鬼 살인귀 (さつじんき)」라고 합니다. 관련 용어로 「通り魔殺人(とおりま・さつじん)」(묻지마 살인: 무차별적으로 일면식도 없는 이를 대상으로 하는 살인)도 알아 두세요. 뉴스/방송에 자주 나옵니다.

| 잠깐만요 |
「邪魔」는 본디 불교에서 '불도의 수행을 방해하는 사악한 악마'를 의미하던 것이 일반 민중에서도 널리 사용되어 '방해, 방해되는 것, 장애, 훼방' 등의 의미로 정착됐어요.

0254 禁	금할 금		5학년 | N2 | 974위
해설	수풀(林) 안에 보이는 제단(示)은 출입이 금지된 곳임을 나타내니			示: 볼 시·신 시(여기선 제단의 모습)
음독	[きん] 禁止 금지(きんし)　　厳禁 엄금(げんきん)			

1279 襟／衿
중학 \| N1 \| 1952위

옷(衤)의 부위 중에서도 흐트러지거나 더러워지는 것을 금(禁)했던 옷깃/앞섶이니　　　　(衣→)衤: 옷 의

옷깃 금·앞섶 금

18획　襟襟襟襟襟襟襟襟襟襟
襟襟襟襟襟襟

음독	きん	3순위	*襟度 금도(아량) (きんど)　　胸襟 흉금 (きょうきん)
훈독	えり		襟(えり) 옷깃　　　→ 襟足(えりあし) 목덜미

잠깐만요

• 옛날 옷은 그림처럼 가슴의 앞섶부터 목둘레를 지나 반대쪽 앞섶까지 깃이 연결되어 있었죠? 그래서 목덜미나 가슴 부분이라는 의미 모두를 지녀요.
• 「胸襟」은 「胸襟(きょうきん)を開(ひら)く」(흉금을 터놓다)라는 관용어구로 주로 사용돼요.
• 「襟足」는 정확히는 '목덜미 윗부분과 머리카락의 경계 언저리(셔츠의 깃과 접촉하는 부근)'입니다. 목 뒷부분을 의미하는 어휘는 「首筋(くびすじ)」나 「うなじ」이니 구분하세요.

---

17 束: 묶을 속 ▶ 疎辣勅頼瀬

0261 束	묶을 속·다발 속		4학년 | N2 | 869위
해설	나뭇(木)가지들을 둘둘 감아(口) 묶은 한 다발의 모습이니			
음독	[そく] 束縛 속박(そくばく)　　約束 약속(やくそく)			
파생	0262 速 빠를 속[そく]　　1143 整 정리할 정[せい]			

疎

중학 | N1 | 1804위

올바른(正→疋) 관계는 함께 묶여(束) 있되 너무 가깝지 않고 적당히 **사이/거리가 멀도록** 거리감을 유지하는 것이니

(正→)疋: 바를 정

① 사이 멀 소 · 소원할 소 ② 소통할 소

12획 疎 疎 疎 疎 疎 疎 疎 疎 疎 疎 疎 疎

음독	そ	1순위	① 疎遠 소원 (そえん)　① *過疎 과소 (かそ) 매우 드묾 ① 疎外 소외 (そがい) ② 疎明 소명 (そめい)　② 意思疎通 의사소통 (いし・そつう)
훈독	[うと]い		疎(うと)い ⓐ 친하지 않다, 소원하다　↔　親(した)しい 　　　　　 ⓑ 잘 모르다　　　　　　↔　詳(くわ)しい
	[うと]む		疎(うと)む 친하게 여기지 않다, 멀리하다　↔　親(した)しむ
	[うと]ましい		▼疎(うと)ましい 매우 싫다, 마음에 들지 않다
	[まば]ら		▽疎(まば)らだ 사이가 뜸, 성김, 드문드문함
	[おろそ]か		▽疎(おろそ)かだ 소홀함, 등한시함 ～を疎(おろそ)かにする 등한시하다, 소홀히 하다
	[おろ]か		▼疎(おろ)かだ 소홀함, 되는 대로함 → ～は疎(おろ)か ⓐ ～는 말할 것도 없고 ⓑ ～에 그치지 않고

| 잠깐만요 |
숲에 나무가 드문드문 있어 밀도가 낮아 나무끼리의 간격이 먼 이미지입니다. '사이가 멀다'는 물리적인 의미에서 '(가깝지 않다 → 친하지 않다, 멀리하다, 싫다, 등한시하다' 등의 추상적인 의미로 확장된 케이스예요.

辣

중학 | 급수 외 | 2729위

매섭게(辛) 한통속으로 묶어서(束) **신랄하게 몰아붙이니**

辛: 매울 신 · 매서울 신

몰아붙일 랄 · 신랄할 랄

14획 辣 辣 辣 辣 辣 辣 辣 辣 辣 辣 辣 辣 辣 辣

음독	らつ	4순위	辛辣 신랄 (しんらつ)　　悪辣 악랄 (あくらつ)

| 잠깐만요 |
• 파생 어휘가 거의 없습니다. 하지만 두 어휘는 사용 빈도가 높은 편이니 알아 두세요.

勅

중학 | N1 | 2084위

제각각인 것들을 묶을(束) 수 있는 힘(力)을 담은 문서는 **칙서**이니

칙서 칙

9획 勅 勅 勅 勅 勅 勅 勅 勅 勅

음독	ちょく	1순위	勅語 칙어 (ちょくご)　　勅使 칙사 (ちょくし) 勅命 칙명 (ちょくめい)　勅撰 칙찬 (ちょくせん) 勅令 칙령 (ちょくれい)　詔勅 조칙 (しょうちょく)

| 잠깐만요 |
• 「勅撰」이란 천황이나 상황의 명으로 시가나 문장 등을 골라 책으로 만드는 것을 말합니다. 보통 역사 과목에서 「勅撰和歌集(ちょくせん・わかしゅう)」(칙찬와카집) 등으로 자주 사용돼요.

1283

중학 | N3 | 456위

사람은 한데 묶여(束) 무리 지어서는 우두머리(頁)를 뽑아서 믿고 **의지하니**   頁: 머리 혈

힘 입을 뢰 · 의지할 뢰

16획 頼 頼 頼 币 甶 束 束 束 頼 頼 頼 頼 頼 頼 頼

음독	らい	4순위	信頼 신뢰 (しんらい)　　　無頼漢 무뢰한 (ぶらいかん) 依頼 의뢰 (いらい)
훈독	[たよ]る		頼(たよ)る 의지하다, 의뢰하다 → 頼(たよ)り ⓐ 의지(하는 대상) ⓑ 연줄, 연고, 인연 　頼(たよ)りない ⓐ 의지할 곳이 없다 ⓑ 믿음직스럽지 못하다
	[たの]む		頼(たの)む 부탁하다 → 頼(たの)み ⓐ 부탁 ⓑ 믿음, 바람
	[たの]もしい		頼(たの)もしい 믿음직하다 ↔ 頼(たよ)りない ⓐ 의지할 곳 없다 ⓑ 믿음직스럽지 못하다

1284

중학 | N1 | 1027위

큰 물(氵)길이 한곳으로 급하게 묶이듯(束) 좁아져 뱃머리(頁)만 겨우 들어갈 정도로 **좁아지고 거세지는 여울이니**   (水→) 氵: 물 수

여울 뢰 · 좁은 물길 뢰

19획 瀬 瀬 瀬 氵 氵 沪 沪 沖 涑 涑 涑 涑 涑 涑 瀬 瀬 瀬 瀬 瀬

| 음독 | せ | 2순위 | *瀬戸 뢰호좁은 해협 (せと)
*瀬戸際 뢰호제운명의 갈림길 (せとぎわ)
*瀬戸物 뢰호물사기그릇 (せともの)
*浅瀬 천뢰얕은 여울 (あさせ) |

| 잠깐만요 |
- 「瀬戸際」란 '좁은 해협과 바다의 경계' → '중요한 분기점이 되는 지점, 즉 '승부/성패/선택/생사 등이 판가름 나는 중요한 기점'이라는 의미로 자주 사용돼요.
- 「瀬戸物」는 도자기 중에서도 '대중을 위한 일상용 도자기 용품'을 의미해요.

0263 東	동쪽 동		2학년	N4	110위
해설	나무(木) 사이로 해(日)가 뜨는 모습에서 해 뜨는 방향인 **동쪽**을 나타내니		
음독	[とう] 東洋 동양 (とうよう)	東西南北 동서남북 (とうざい・なんぼく)	
파생	0264 鍊 익힐 련 [れん]		

1285 凍

중학 | N2 | 1589위

얼음(冫)이 동쪽(東)에서 뜨는 아침 해에 빛나며 세상이 **얼었음을** 알리니

(氷→)冫: 얼음 빙

얼 동 · 냉동 동

10획 凍凍凍凍凍凍凍凍凍凍

음독	とう [2순위]	凍結 동결 (とうけつ) 凍死 동사 (とうし) 解凍 해동 (かいとう) 冷凍 냉동 (れいとう)
훈독	[こお]る	凍(こお)る ⓐ 얼다 ⓑ 얼 듯이 차다
	[こご]える	凍(こご)える ⓐ 얼다 ⓑ (손/발 등이) 추위로 곱다 → 凍(こご)え死(し)ぬ 얼어 죽다 凍(こご)え死(じ)にする 얼어 죽다

| 잠깐만요 |
• 「凍(こご)え死(し)ぬ」와 「凍(こご)え死(じ)にする」는 「死」의 발음이 다르니 주의하세요.

1286 棟

중학 | N1 | 1687위

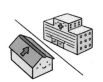

지붕 위의 기다란 나무(木)가 동쪽(東)으로 쭉 뻗어 있는 용마루이니

① 용마루 동 ② 긴 건물 동

12획 棟棟棟棟棟棟棟棟棟棟棟棟

음독	とう [4순위]	①*棟梁 동량 (とうりょう) 목수의 우두머리 ② 病棟 병동 (びょうとう)
훈독	むね	棟(むね) ⓐ 용마루, 지붕의 꼭지면 ⓑ (병원 등의) 건물을 세는 단위 → 一棟(ひとむね) ⓐ 집 한 채 ⓑ 같은 건물/같은 동 棟木(むなぎ) 용마룻대

| 잠깐만요 |
• 용마루는 지붕의 꼭지를 이루는 길쭉한 부분을 말해요. 지붕은 건물마다 하나뿐이죠? 그래서 건물 그 자체를 헤아리는 단위로 사용되지만, 단어 생산량도 낮은 데다 사용 빈도도 낮은 편이랍니다.

1287

錬

중학 | N1 | 2216위

쇠(金)를 동쪽(東)에서 해가 뜰 때까지 끊임없이 두드리며 단련하니

단련할 련

16획 錬 錬 錬 錬 全 錬 錬 錬 釒 釒 鉮 鉮 鉮 鉮 錬 錬

음독	れん	[3순위]	錬金術 연금술 (れんきんじゅつ) 鍛錬 단련 (たんれん)　　　　製錬 제련 (せいれん)
훈독	[ね]る		▽錬(ね)る (금속을) 단련하다

| 비교 |
· ねる :
0264 練 vs 1287 錬

| 잠깐만요 |
· 「 0264 練 익힐 련 · 연습할 련」과 혼용되어 많이 쓰이는데, 「練」 쪽 사용이 일반적이에요.
　예 [사용 빈도] 세련: 洗練 > 洗錬　　ねる: 練る('일반적') > 錬る('단련함' 강조)

1288

陳

중학 | 급수 외 | 1650위

해가 잘 드는 언덕(阝)의 동쪽(東)은 무언가를 오랫동안 보관하기 위해 말리려고 쫙
벌여 놓는 장소였으니　　　　　　　　　　　　　　　　(阜→)阝(좌변): 언덕 부

① 벌여 놓을 진 · 진열할 진　(② 오래될 진 · 묵을 진)

11획 陳 阝 陳 阝 陣 阝 阝 阝 陳 陳 陳

음독	ちん	[2순위]	① 陳列 진열 (ちんれつ)　　　① 陳述 진술 (ちんじゅつ) ① 陳腐 진부 (ちんぷ)　　　① 陳情書 진정서 (ちんじょうしょ) ② 新陳代謝 신진대사 (しんちん・たいしゃ)
훈독	ひね～		▽陳(ひね) [+명사] 묵은～ → 陳米(ひねごめ) 묵은 쌀　　陳生姜(ひね・しょうが) 묵은 생강

| 잠깐만요 |
· '② 오래되다, 묵다'의 의미는 훈독의 「ひね～」와 「新陳代謝」 외에는 쓰이지 않아요. 「新陳代謝」는
　'새로운(新) 것과 오래된(陳) 것을 대신하는(代) 작용'을 말해요.
· 「 2008 陣 진칠 진 · 진지 진」과의 구분에 주의하세요.
· '진열'의 의미 구분
　– 陳列(ちんれつ): 물건을 죽 벌여 놓음　vs　陣列(じんれつ): 진의 배열

---

⑲ 果: 열매 과 ▶ 菓裸彙

0305 果

열매 과 · 결과 과　　　　　　　　　　　　　　　　　　　　　　4학년 | N2 | 314위

해설	과수밭(田)에 심은 나무(木)는 결과적으로 열매를 얻기 위함이니
음독	[か] 果実 과실 (かじつ)　　　　結果 결과 (けっか)
파생	0306 課 부서 과 · 부과할 과 [か]　　0307 巣 새집 소 · 소굴 소 [そう]

1289

菓

중학 | N2 | 1676위

풀잎(艹)이 꼭지에 달린 열매(果)류처럼 달달한 **과자**이니

艹: 풀 초

과자 과

11획 菓 菓 菓 菓 菓 菓 菓 菓 菓 菓 菓

| 음독 | か | 3순위 | 菓子 과자 (かし) | 氷菓 빙과 (ひょうか) |
| | | | 製菓 제과 (せいか) | |

| 잠깐만요 |
- 옛날 간식은 사과, 귤, 홍시, 딸기처럼 열매 꼭지에 풀잎이 달린 종류의 달달한 것으로 만들었죠?
- 참고로 일본에서만 쓰는 단어 중에 '단맛이 나는 표면(소보로빵/메론빵 등)'이나 달콤한 속을 넣은 빵(잼빵, 크림빵 등)'이라는 카테고리를 의미하는 「菓子(かし)パン」이라는 어휘가 있어요.

1290

裸

중학 | N1 | 1296위

옷(衤)을 벗고 열매(果)처럼 여문 **알몸**을 드러내는 **나신**이니

(衣→) 衤: 옷 의

알몸 라·나신 라

13획 裸 裸 裸 裸 裸 裸 裸 裸 裸 裸 裸 裸 裸

음독	ら	3순위	裸体 나체 (らたい)	裸眼 나안^{맨눈} (らがん)
			全裸 전라 (ぜんら)	赤裸々 적나라 (せきらら)
훈독	はだか		裸(はだか) ⓐ 알몸, 맨몸 ⓑ 무일푼 → 丸裸(まる·はだか)・素裸(すはだか/すっぱだか)・ 真っ裸(まっぱだか) 알몸, 맨몸	

| 잠깐만요 |
- 「裸(はだか)」는 일부 표현에서 '꾸밈이 없음, 탁 터놓음, 무일푼'이라는 의미로도 사용됩니다. 한국어에도 '맨몸으로 일궈냈다'는 등의 표현이 있죠?
  예 裸(はだか)の付(つ)き合(あ)い 꾸밈없는 교제
  裸(はだか)になって出直(でなお)す 무일푼 상태로 돌아가 다시 시작하다

1291

彙

중학 | 급수 외 | 3015위

'ㄴ·ㄱ·一'와 같은 글자의 나열이 한데 덮여(冖) 글자의 열매(果)인 의미를 지니게 되는 **어휘**이니

冖: 덮을 멱

어휘 휘

13획 彙 彙 彙 彙 彙 彙 彙 彙 彙 彙 彙 彙 彙

| 음독 | い | 4순위 | 語彙 어휘 (ごい) |

| 잠깐만요 |
- 「語彙」 외에는 거의 사용되지 않으니 아예 '어휘 휘'로 학습하셔도 돼요.

0268 朱	붉을 주		중학 │ N1 │ 1539위
해설	화살(龴)이 꽂히는 궁술 연습용 나무(木)는 멀리서도 잘 보이는 **붉은색**이었으니		
음독	[しゅ] 朱色 주색주홍색(しゅいろ)		
파생	0269 株 주식 주		

1292

珠

중학 │ N1 │ 1725위

구슬(王) 중 붉은색(朱)을 띠는 것은 주판알/**염주**/**진주** 정도죠? (玉→)王: 구슬 옥

구슬 주 · 진주 주

10획 珠 珠 珠 珠 珠 珠 珠 珜 珠 珠

음독	しゅ	3순위	珠算 주산(しゅざん)	念珠 염주(ねんじゅ)
			真珠 진주(しんじゅ)	

│잠깐만요│
• 글자 왼편에 붙는 「王」의 경우는 '구슬 옥(玉)'의 변형으로, '임금 왕(王)'과 헷갈릴 수 있으니 주의하세요. 예 球 공 구, 珠 구슬 주, 現 현재 현 등

1293

殊

중학 │ N1 │ 1482위

죽음(歹)과 연관된 붉은색(朱)은 특히 사후 세계와 연관이 깊어 **특수**하니
歹: 죽음 사 · 앙상할 사

특히 수 · 특수할 수

10획 殊 殊 殊 歹 殊 殊 殊 殊 殊 殊

음독	しゅ	4순위	殊勲 수훈(しゅくん)	特殊 특수(とくしゅ)
훈독	こと		殊(こと)に 각별히, 특히 殊更(ことさら) ⓐ 일부러, 고의로 ⓑ 특별히, 대단히 殊(こと)の外(ほか) ⓐ 의외로, 뜻밖에 ⓑ 특별히, 대단히	

│잠깐만요│
• 부적도 빨간색 인주로 적는 등 '죽음'과 연관된 '붉은색'은 평범하지 않은 특수함을 연상케 하죠?
• 음독으로 읽는 어휘는 그 수가 적지만, 「特殊」는 사용 빈도가 굉장히 높으니 꼭 알아 두세요.

未

아직 아닐 미

4학년 | N2 | 565위

해설	나뭇(木)가지가 짧아(一) 아직 나무가 아니니
음독	[み] 未定 미정 (みてい)　　未満 미만 (みまん)
파생	0272 味 맛볼 미 [み]　　0950 妹 여동생 매 [まい]

1294

昧

중학 | 급수 외 | 1898위

해(日)가 존재하지 않는(未) 듯 어두워서 사리분간이 안 되니

어두울 매 · 어리석을 매

9획　昧 昧 昧 昧 昧 昧 昧 昧 昧

음독	まい [3순위]	曖昧 애매 (あいまい)　　*三昧 삼매삼매경 (さんまい)
		愚昧 우매 (ぐまい)

| 잠깐만요 |
- 「명사+三昧(ざんまい)」: '〜에 푹 빠져 툭 하면 하는 것, 〜삼매경'
  예 読書三昧(どくしょ・ざんまい) 독서 삼매경　　ゲーム三昧(ざんまい) 게임 삼매경

0270

末

① 끝 말　② 보잘것없을 말

4학년 | N2 | 539위

해설	길게 펼쳐진 구름(一) 위로 나무(木)의 끝이 나온들 별것 없으니
음독	[まつ] 年末 연말 (ねんまつ)　　粉末 분말 (ふんまつ)

1295

抹

중학 | N1 | 2386위

손(扌)으로 완전히 끝(末)까지 빨고 비벼 가루로 만들어 버리니

扌: 손 수

가루 낼 말

8획　抹 抹 抹 抹 抹 抹 抹 抹

음독	まつ [4순위]	抹殺 말살 (まっさつ)　　抹消 말소 (まっしょう)
		抹茶 말차가루차 (まっちゃ)

| 잠깐만요 |
- 위의 세 단어 외에는 사용 빈도가 높지 않으니 제시된 어휘만 알아 두세요.

1296 ● 부수자

니

담벼락(|)에 이리저리 **얽힌** 덩굴(ㄴ)의 모습이니

얽힐 구 · 덩쿨 구

3획 | 니 니

| 파생 | **0539** 收 거둘 수 · 수습할 수[しゅう] |

1297

叫

중학 | N2 | 939위

입(口) 밖으로 복잡하게 얽힌(니) 분노와 슬픔의 감정을 **부르짖으며** 절규하니

부르짖을 규 · 절규할 규

6획 | 『 『 『 『 『 叫

| 음독 | きょう [4순위] | 絶叫 절규 (ぜっきょう)
阿鼻叫喚 아비규환 (あび・きょうかん) |
| 훈독 | [さけ]ぶ | 叫(さけ)ぶ ⓐ 외치다, 부르짖다 ⓑ 강하게 주장하다
→ 叫(さけ)び ⓐ 외침, 절규 ⓑ 강한 주장 |

1298

糾

중학 | N1 | 2447위

| 비교 |
• ただす : **1141** 正 vs
 0444 質 vs **1298** 糾

실(糸)이 마구 얽혀(니) 복잡하게 엉킨 상태이니

복잡할 규 · 엉킬 규

9획 糾 糾 糾 糸 糸 糾 糾 糾 糾

음독	きゅう [4순위]	糾合 규합 (きゅうごう)	糾弾 규탄 (きゅうだん)
		糾明 규명 (きゅうめい)	紛糾 분규 (ふんきゅう)
훈독	[ただ]す	▽糾(ただ)す (죄/진위/사실/진상 등을) 조사하여 밝혀내다, 규명하다 → もとを糾(ただ)せば 근원을 밝힌다면 cf) ▽質(ただ)す 모르는 점을 묻다, 질문하다, 질문하여 확인하다 正(ただ)す 바로잡다, (시비를) 가리다

| 잠깐만요 |
• 「糾合」은 복잡하게 얽히듯(糾) 모이는(合) 것, 「糾明」은 복잡하게 얽힌(糾) 일들을 명확하게(明) 밝히는 것, 「糾弾」은 복잡하게 꼬여(糾) 잘못된 일을 튕겨내듯(弾) 따지고 나무라는 것이죠?
• 「ただす」는 '바로 잡다 → 확실하게 하다'의 폭넓은 의미를 한자 표기로 세분화해요.
  – 　正す: 잘못된 것을 바로잡다, 불명확한 것을 확실히 하다(정정)
  – ▽質す: (모르는 것을) '질문'하여 확실히 하다(질문)
  – ▽糾す: (숨겨진 사실을) '조사'해서 밝혀내다(규명)

0034 氏		① 뿌리 씨　② 성씨 씨	4학년 | N1 | 177위
해설		나무 뿌리를 그려 **뿌리**를 함께하는 혈족을 의미하니	
음독		[し] 氏族 씨족 (しぞく)　　姓氏 성씨 (せいし)	
파생		0278 紙 종이 지 [し]　0279 派 갈라질 파 [は]　0280 脈 줄기 맥 [みゃく]	

1299

昏

학년 외 \| 급수 외 \| 2474위

|비교|
· くらい:
　1170 暗 vs 1299 昏

뿌리(氏) 내린 땅 아래로 해(日)가 저물어 **어두워지니**

어두워질 혼

8획　昏 昏 昏 昏 昏 昏 昏 昏

음독	こん	3순위	昏迷 혼미 (こんめい)　　昏睡 혼수 (こんすい) 黄昏 황혼 (こうこん/たそがれ)

|잠깐만요|
· 「黄昏」은 「こうこん」보다는 「たそがれ」로 읽는 것이 일반적입니다. 이때, '황혼'이란 ⓐ 해질녘(물리적 시간) ⓑ 황혼기, 쇠퇴기(추상적 시간)'의 두 가지 의미를 지닙니다.
　　예 ⓐ 黄昏(たそがれ)の街(まち) 해질녘 어두워진 거리
　　　 ⓑ 人生(じんせい)の黄昏(たそがれ) 인생의 황혼기
· 훈독으로 「くらい」로 읽을 때가 있습니다.
　「[くら]い」는 「1299 昏 어두워질 혼」, 「1170 暗 어두울 암」, 「1851 闇 어두울 암」으로 쓸 수 있습니다. 일반적으로 「暗」을 사용하지만, 소설 등에서 미묘한 의미 차이를 구분하고자 할 때 「昏/闇」을 쓰기도 합니다.
　　－　暗い: 빛/희망이 거의 없어 한 치 앞이 보이지 않는 상태(어두컴컴함)
　　－ ▽昏い: 빛/희망이 아주 조금만 있는 상태(어두움)
　　－ ▼闇い: 빛/희망이 완전히 없는 칠흙 같이 깜깜한 상태(깜깜함)

1300

婚

중학 \| N3 \| 519위

옛날에는 여자(女)가 어두워진(昏) 후에도 남자와 함께 있을 수 있으면 대개 혼인한 사이였으니

혼인할 혼 · 결혼할 혼

11획　婚 婚 婚 婚 婚 婚 婚 婚 婚

음독	こん	1순위	*婚約 혼약약혼 (こんやく)　結婚 결혼 (けっこん) 離婚 이혼 (りこん)　　　新婚 신혼 (しんこん) 既婚 기혼 (きこん)　　　未婚 미혼 (みこん)

0281 氐 **밑받침 저 · 근본 저** 부수자

해설	갈라진 나무뿌리(氐)는 나무의 가장(一) 아래의 **밑받침**이자 **근본**이니
파생	**0282** 低 낮을 저[てい]　**0283** 底 밑바닥 저[てい]

1301

抵

중학 | N1 | 1370위

손(扌)을 뻗어 자신의 근본(氐)에 해당하는 집안 어른에게 **저항**하니 　扌: 손 수

① 거스를 저　② 해당할 저

8획 抵 抵 抵 抵 抵 抵 抵 抵

음독	てい	4순위	① 抵抗 저항 (ていこう)	① 抵触 저촉 (ていしょく)
			② 抵当 저당 (ていとう)	②* 大抵 대저대개 (たいてい)

| 잠깐만요 |

• 제시한 네 개 어휘 외에는 파생 어휘가 없어요. 그 외에는 모두 이들 어휘에 접두/접미/단어를 붙인
  복합어들입니다. 하지만 이들 어휘 모두 사용 빈도가 높기 때문에 필히 알아 두어야 해요.
• 大抵(たいてい)
  ⓐ 대개, 대부분, 대강　　　ⓞ 大抵(たいてい)の人(ひと) 대부분의 사람
  ⓑ [+だろう] 아마 ~겠지(약한 확신)　ⓞ 大抵(たいてい)来(く)るだろう 아마 올 거야
  ⓒ [+부정 표현] 보통　　　ⓞ 大抵(たいてい)ではない 보통이 아니다, 여간이 아니다

1302

邸

중학 | N1 | 1299위

근본(氐)부터 크고 높게 지어 고을(阝)의 중심 역할을 하는 커다란 **저택**이니
　阝(우방): 고을 부

큰 집 저 · 저택 저

8획 邸 邸 邸 氐 氐 邸 邸 邸

음독	てい	4순위	邸宅 저택 (ていたく)	* 豪邸 호저호화 저택 (ごうてい)
			官邸 관저 (かんてい)	

'언덕과 산'의 파생 [16자]

23 丘: 언덕 구 ▶ 岳 浜

0025 丘	언덕 구	중학	N1	1399위
해설	지면(一) 위에 꽂힌 도끼(斤)마냥 솟아 있는 **언덕** 모양이니	
음독	[きゅう] 丘陵 구릉 (きゅうりょう)　　砂丘 사구 (さきゅう)	

岳

언덕(丘)과 산(山)이 들쑥날쑥 잔뜩 늘어선 크고 험한 **산악**이니

큰 산 악 · 산악 악

8획 岳 岳 岳 岳 岳 岳 岳 岳

음독	がく	4순위	山岳 산악 (さんがく)　　*富岳 부악후지산 (ふがく)

중학 | N1 | 1528위

0734 兵	병사 병	4학년	N2	171위
해설	성이 있는 언덕(丘) 아래 문을 나누어(八) 서서 지키는 **병사**이니	
음독	[へい] 兵士 병사 (へいし)　　[ひょう] 兵法 병법 (ひょうほう/へいほう)	

浜

물(氵) 근처에 병사(兵)들이 감시하고 정찰하도록 배치하는 곳은 **물가**이니

물가 빈 · 해변 빈

10획 浜 浜 浜 浜 浜 浜 浜 浜 浜 浜

음독	ひん	4순위	*海浜 해빈 해변 (かいひん)
훈독	はま		浜(はま) 해변의 모래사장　　浜辺(はまべ) 바닷가, 해변

중학 | N1 | 913위

0026 阜 〈阝 白 十	① 언덕 부 (② 고을 부)	4학년	급수 외	2075위

해설	경사면에 있는 바위와 나무(白)가 많은(十) 언덕의 모습이니
음독	[ふ] 岐阜県 기후현 (ぎふけん)
파생	0753 追 쫓을 추 [つい]

1305

遣

중학 | N1 | 1008위

| 비교 |
· つかう:
0046 使 vs 1305 遣

여럿 가운데(中) 가장(一) 뛰어난 이를 언덕(目) 너머로 가도록(辶_) 보내어 파견하니

辶: 뛸 착 · 쉬어 갈 착

보낼 견 · 파견할 견

13획 遣 遣 遣 遣 遣 遣 遣 遣 遣 遣 遣 遣

음독	けん	3순위	遣唐使 견당사 (けんとうし)　　　派遣 파견 (はけん) * 先遣隊 선견대 선발대 (せんけんたい)
훈독	[つか]う		遣(つか)う ⓐ (특히 돈/마음/말/술법/동물 등을 신경 써서) 쓰다, 　　　　사용하다 ⓑ 가장하다, 대신 내세우다 → 遣(つか)い込(こ)む ⓐ (공금 등을) 사사로이 써 버리다 　　　　　　　　ⓑ (예산 등을) 한도 이상으로 쓰다 　遣(つか)い果(は)たす (돈을) 다 써 버리다 気遣(きづか)う 마음을 쓰다, 염려하다 仮病(けびょう)を遣(つか)う 꾀병을 부리다
	~[づか]い		遣(づか)い [명사+] ⓐ (돈/도구를) 씀, 쓰는 사람, 쓰는 법 　　　　　　　ⓑ (목소리/숨결/말의) 상태 　　　　　　　ⓒ (마음) 배려함, 걱정함 金遣(かね・づか)い 돈의 씀씀이　　小遣(こ・づか)い 용돈 筆遣(ふで・づか)い 필서법　　　気遣(きづか)い 걱정, 염려 息遣(いき・づか)い 숨 쉬는 모양 言葉遣(ことば・づか)い 말씨, 말투
	[つか]わす		遣(つか)わす 보내다, 파견하다
	[や]る		▽遣(や)る ⓐ 보내다 ⓑ 주다 ⓒ 하다 　ⓐ 使(つか)いを遣(や)る 심부름꾼을 보내다 　ⓑ 花(はな)に水(みず)を遣(や)る 꽃에 물을 주다 　ⓒ 遣(や)るしかない 할 수 밖에 없다

| 잠깐만요 |
· 「やる」는 그 의미 폭도 굉장히 넓기 때문에 사전을 통해서 꼭 추가 학습할 필요가 있어요. 「遣る」로 쓰는 것이 일반적이지는 않으니 한자 표기는 참고만 해도 돼요.
· 「0447 遺 남길 유」와의 구분에 주의하세요.

0750 官	벼슬 관		4학년	N2	304위
해설	언덕(自) 위 높은 곳에 위치한 집(宀)인 관청과 거기서 일하는 **벼슬아치**를 의미하니		
음독	[かん] 官庁 관청(かんちょう) 長官 장관(ちょうかん)		
파생	0751 館 건물 관 [かん] 0752 管 대롱 관 · 다스릴 관 [かん]		

1306
중학 | N1 | 2360위

나무(木) 안에 죽은 이를 벼슬아치(官)처럼 정갈히 꾸며서 넣는 관짝이니

관짝 관

12획 棺棺棺棺棺棺棺棺棺棺棺棺

음독	かん	3순위	* 棺桶 관통관(かんおけ) 入棺 입관(にゅうかん)
훈독	ひつぎ		棺(ひつぎ) 관

0837 師	스승 사	5학년	N2	353위
해설	언덕(自) 위 높은 곳에서 한(一) 장의 수건(巾) 같은 깃발로 신호를 보내 군대를 훈련시키던 스승이니 　　　　　　　　　　　　　巾: 수건 건	
음독	[し] 医師 의사(いし) 教師 교사(きょうし)	

1307
중학 | N1 | 2157위

언덕(自) 위 높은 곳에서 흩날리는 수건(巾) 같은 빨간 망토를 두르고 군대를 지휘하는 통수권을 가졌던 **장수**이니　　　　　　　　　　　　　　　巾: 수건 건

장수 수 · 총수 수

9획 帥帥帥帥帥帥帥帥帥

음독	すい	4순위	総帥 총수(そうすい) 統帥権 통수권(とうすいけん) 元帥 원수(げんすい) 将帥 장수(しょうすい)

0031 山		**산 산**		1학년 | N4 | 60위
해설	높이 솟은 여러 산의 모습이니			
음독	[さん] 山中 산중•속 (さんちゅう)		山林 산림 (さんりん)	登山 등산 (とざん)
파생	**0029** 岩 바위 암 [がん]	**0352** 炭 숯 탄 [たん]	**0719** 岸 물가 안·절벽 안 [がん]	

1308

仙

중학 \| N1 \| 1115위

사람(亻)이 산속(山)에서 도를 닦아 선계에 오른 신선이니		
신선 선		
5획 仙 仙 仙 仙 仙		
음독	せん [1순위]	仙女 선녀 (せんにょ) 仙人 선인 (せんにん) 仙術 선술 (せんじゅつ) 신선이 행하는 술법 羽化登仙 우화등선 (うか・とうせん) 神仙 신선 (しんせん)

1309

峠

중학 \| N1 \| 1789위

산(山)처럼 위(上) 아래(下)로 오르내리는 고개이자 고비이니	
고개 상·고비 상	
9획 峠 峠 峠 峠 峠 峠 峠 峠 峠	
훈독	とうげ	峠 (とうげ) ⓐ 고개, 산마루 ⓑ 고비

| 잠깐만요 |
- 「峠」는 일본에서 만들어낸 한자예요. 이런 글자를 「国字(こくじ)」(국자) 또는 「和製漢字(わせい・かんじ)」(일식 한자)라고 해요. ☞ p.91 [질문 있어요] 참조
- 「峠」는 '고개'나 '언덕'을 의미하기도 하지만, '위기 상황의 절정(고비)'을 의미하기도 합니다.
  예 今夜(こんや)が峠(とうげ)です. 오늘 밤이 고비입니다.

0437 風	① **바람 풍** ② **모양 풍**		2학년 | N3 | 231위
해설	책상(几) 아래 한(一) 마리 벌레(虫)가 바람에 굴러다니는 모양이니		几: 책상 궤
음독	[ふう] 台風 태풍 (たいふう)	[ふ] 風呂 욕조 (ふろ)	

1310

嵐

중학 | N1 | 1800위

산(山)조차 비명 지르게 만드는 거센 바람(風)인 폭풍이니

폭풍 람

12획 嵐 嵐 嵐 嵐 嵐 嵐 嵐 嵐 嵐 嵐 嵐 嵐

| 훈독 | あらし | 嵐(あらし) 폭풍, 광풍 　　　　　→ 雪嵐(ゆき・あらし) 눈보라
磁気嵐(じき・あらし) 자기 폭풍 |

| 잠깐만요 |
· 「らん」이라는 음독이 존재하지만, 어휘에 사용되는 예는 거의 찾을 수 없어요.

---

26 而: 이어줄 이 ▶ 而 耑 端 瑞

1311 ◐ 제부수

而

급수 외 | 2453위

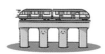

떨어진 두 길을 이어가려고 만든 다리처럼 말을 이어가려고 하니

(말) 이어줄 이

6획 而 而 而 而 而 而

| 음독 | じ | 4순위 | 而立 이립30세(じりつ)
形而上学 형이상학(けいじじょうがく) |
| | 예외 | | 似而非 / 似非(えせ) 사이비
→ 似非科学(えせ・かがく) 사이비 과학, 유사 과학 |

| 잠깐만요 |
· '말을 잇는다'는 것은 '그러나/그리고/그래서'와 같은 접속사의 역할을 한다는 의미입니다.
· 한국에서는 '사이비(似而非): 닮았(似)으나(而) 다르다(非)'로 가장 많이 쓰이고 있습니다. 일본어로 '사이비'는 「えせ+명사」예요. 이 경우, 한자 표기는 발음과 상관없이 붙인 것(当て字)이라서 히라가나나 가타카나 표기를 하는 경우도 많습니다.

1312 ● 부수자

耑

언덕이 굽이굽이 이어진(而) 곳 위에 우뚝 솟은 산(山) 꼭대기의 모습이니

꼭대기 단

9획 耑 耑 耑 耑 耑 耑 耑 耑 耑

端

중학 | N1 | 613위

산꼭대기(耑)에 우뚝 서서(立) 세상을 눈에 담으면 그 말단(시작과 끝)이 시야를 막지 않고 쭉 곧바르게 펼쳐지니

① 끝 단·말단 단 ② 곧바를 단

14획 端 端 端 端 端 端 端 端 端 端 端 端 端 端

음독	たん			
		1순위	① 末端 말단 (まったん)	① 極端 극단 (きょくたん)
			① 発端 발단 (ほったん)	①＊途端 도단·순간 (とたん)
			① 尖端 첨단 (せんたん)	①＊先端 선단·첨단 (せんたん)
		4순위	② 端正 단정 (たんせい)	② 端的 단적 (たんてき)

훈독	は	端(は) 끄트머리 → 中途半端(ちゅうと・はんぱ) 어중간함 半端物(はんぱもの) 어중간한 것, 어중간한 놈 木っ端微塵(こっぱ・みじん) 산산조각
	はし	端(はし) 끝, 끄트머리 → 片端(かたはし) 한쪽 끝, 일부분 端(はし)くれ 나부랭이, 겨우 그 범위에 들어가는 사람
	はた	端(はた) 가장자리 → 道端(みちばた) 길가
	[はな]から	▽端(はな)から 초장부터, 시작부터, 처음부터
	～ばな	▽端(ばな) [동사 연용형+] ～하려는 그때 예 上(あ)がり端(ばな)を買(か)う 오르기 시작할 때 사다
	はした	▽端(はした) ⓐ 끝수 ⓑ [～だ] 어중간함 端金(はした・かね) 푼돈 端仕事(はした・しごと) 어중간한 일 端(はした)ない 경망스럽다, 상스럽다

잠깐만요

- ① 끝: '어느 끄트머리 부분(시작 혹은 끝)'을 의미합니다.
  ② 곧바르다: 중간에 막히거나 구겨지거나 하지 않고 '시작과 끝(端)이 쭉 이어지는 이미지'
  예 端的: 곧바르고 (군더더기 없고) 명백하다
  端正: 시작(머리)부터 끝(옷자락/발)까지 구김 없이 '곧바르고(端) 바르게(正) 있는 상태
- 「途端」은 주로 「동사+途端」의 형태로 '～하는 순간, ～하자마자'로 사용돼요.
  예 話(はなし)を聞(き)いた途端(とたん)、暴(あば)れ出(だ)した. 이야기를 듣자마자 날뛰기 시작했다.

瑞

학년 외 | N1 | 2188위

크고 영롱한 구슬(王)처럼 빛나는 후광이 산꼭대기(耑)에 걸쳐 세상을 비추는 **상서로운** 광경이니

(玉→)王: 구슬 옥

상서로울 서

13획 瑞 瑞 瑞 瑞 瑞 瑞 瑞 瑞 瑞 瑞 瑞 瑞 瑞

음독	ずい [3순위]	瑞光 서광 (ずいこう)　　　*瑞祥 서상길조 (ずいしょう) *瑞気 서기 (ずいき) 경사스럽고 신성한 기운
훈독	みず〜	瑞(みず)[+명사] 싱싱한〜　　→ 瑞穂(みずほ) 싱싱한 벼이삭
	[みずみず] しい	瑞木(みずき) 싱싱한 어린 나무 瑞々(みずみず)しい 윤이 나고 생기가 있다

| 잠깐만요 |
- '상서롭다'의 '상서'는 '하늘이 감복하여 내려 주는 경사스러운 무언가'란 의미입니다.
- 음독으로 읽는 어휘는 대부분이 고풍스럽고 문어적인 어휘라 일상에서는 잘 쓰이지 않아요.
- 스위스나 스웨덴을 나타내는 한자이기도 해요. 에 瑞典(スウェーデン) 스웨덴, 瑞西(スイス) 스위스

㉗ 㣲: 영산 미 ▶ 㣲 微 徵 懲

● 부수자

㣲

산(山) 위에 올라가(彳) 북과 징을 치며(攵) 신에게 기원할 만큼 크고 영험한 산이니

彳: 조금 걸을 척　攵: 칠 복

영산 미

10획 㣲 㣲 㣲 㣲 㣲 㣲 㣲 㣲 㣲 㣲

| 잠깐만요 |
- 저자가 파생 어휘의 효율적인 학습을 위해 새로 지정한 부수입니다.

微

중학 | N1 | 866위

영산(㣲)과 비교하면 한낱 한(一) 명의 사람(儿)이란 그저 **작디 작은** 존재이니

작을 미

13획 微 微 微 微 微 微 微 微 微 微 微 微 微

음독	び [2순위]	微細 미세 (びさい)　　　微量 미량 (びりょう) 微妙 미묘 (びみょう)　　　微生物 미생물 (びせいぶつ)
	예외	微笑(ほほえ)む 미소 짓다 → 微笑(ほほえ)み 미소 ＝微笑(びしょう) 微風(そよかぜ) 미풍, 산들바람 ＝微風(びふう) 微睡(まどろ)む 졸다, 겉잠 들다

| 잠깐만요 |
- 「微笑/微風」은 일반적으로 예외 음으로 읽고, 음독은 문어적이고 딱딱한 느낌을 살릴 때 간혹 읽습니다.
- 한국에서는 '미세먼지'라고 하지만, 일본에서는 한자 어휘가 아닌 'PM2.5'라 하니 주의하세요.

徴

중학 | N1 | 965위

영산(㣠)에 임금(王)이 가는 것은 전쟁의 **징조**를 느끼고 군대를 부르고(**징병**) 군량미를 징수하면서 벌이는 일종의 상징과도 같은 특징적인 이벤트죠?

① 부를 징   ② 징조 징·특징 징

14획 徴 徴 徴 徴 徴 徴 徴 徴 徴 徴 徴 徴 徴 徴

음독	ちょう [1순위]	① 徴兵 징병 (ちょうへい)	① 徴用 징용 (ちょうよう)
		① 徴収 징수 (ちょうしゅう)	② 象徴 상징 (しょうちょう)
		② 特徴 특징 (とくちょう)	② 性徴 성징 (せいちょう)

| 잠깐만요 |

- 일제 '강제 징용 노동자'를 일본에서는 「徴用工(ちょうようこう)」(징용공)라고 합니다.
  예 徴用工問題(ちょうようこう・もんだい) 강제 징용 문제
- ②의 파생 어휘 중 일부는 「兆/徴」를 병용해 쓰는데, 「兆」 쪽을 사용하는 게 일반적이에요.
  예 [사용 빈도] 징후(ちょうこう): 兆候 > 徴候   전조(ぜんちょう): 前兆 > 前徴

懲

중학 | N1 | 1964위

불러들여(徴) 뉘우치는 마음(心)이 들도록 응징하고 징계를 내리니

응징할 징 · 징계할 징

18획 懲 懲 懲 懲 懲 懲 懲 懲 懲 懲 懲 懲 懲 懲 懲 懲

음독	ちょう [4순위]	懲役 징역 (ちょうえき) 懲罰 징벌 (ちょうばつ)
		懲戒免職 징계 면직 (ちょうかい・めんしょく)
훈독	[こ]りる	懲(こ)りる 넌더리 나다, 질리다
		→ 懲り懲り(こりごり)だ 지긋지긋하다
	[こ]らしめる	懲(こ)らしめる 응징하다 = 懲(こ)らす 〈노인어〉

질문 있어요

훈독이 너무 많은 것 같은데 어떻게 공부해야 할까요?

훈독 학습은 부록을 먼저 보고 난 후 본인의 목표에 맞게 공부하세요! **교재에 수록된 훈독에 관한 다양한 정보는 '일본어 한자와 훈독의 관계성'을 이해 학습하도록 하기 위한 도구**이지 어휘 학습을 매일 하기 위한 것이 아니에요. 정말로 '어휘'로서 훈독을 공부하고자 한다면 어휘 학습을 위한 교재를 참고해야 해요.

이 책은 한자 교재입니다. 훈독을 구분하고, 수록한 기준 또한 어휘가 아니라 철저히 '한자'를 중심으로 하고 있습니다. 그러니 학습 전에 권말의 칼럼을 통해 '한자가 훈독에 사용되는 원리'를 먼저 이해하고, 교재에 수록된 다양한 정보를 보면서 한자와 훈독의 관계성을 파악하면서 가볍게 암기하는 수준에서 학습하기를 추천드려요. **특히 ▽▼가 달린 훈독은 본인이 시험을 목표로 공부한다면 눈으로 읽는 선에서 넘기고 추후에 학습하길 추천드립니다.**

[학습자의 목표와 훈독의 마크 표기]

마크 없음: 시험이 목표 > ▽: 생활·독서·인터넷 등의 원활한 이용 > ▼: 보다 어려운 글 이해

05

'곡물'의 파생 [25자]

28 禾: 벼 화 ▶ 菌愁痢萎

0039 禾	벼 화	제부수	급수 외
해설	익어서 고개 숙인 **벼**의 모습이니		
음독	[か] 禾穀類 화곡류 (かこくるい)		
파생	0284 和 화목할 화 [ゎ/お]　　0298 科 과목 과 [か]　　0286 私 사사로울 사 [し]　　0287 移 옮길 이 [い]　　1118 秒 시간 초 [びょう]　　0285 秋 가을 추 [しゅう]		

1319 菌

풀(艹)이 잔뜩 에워싸듯(囗) 자랄 만큼 볏집(禾)에 습기가 차 있으면 생기는 **세균**과 **잡균**이니

囗: 에워쌀 위

세균 균

11획 菌菌菌菌菌菌菌菌菌菌菌

중학 | N1 | 1462위

음독	きん 1순위	菌 균 (きん)	雑菌 잡균 (ざっきん)
		細菌 세균 (さいきん)	*黴菌 미균·박테리아 (ばいきん)
		殺菌 살균 (さっきん)	滅菌 멸균 (めっきん)

| 잠깐만요 |
- 「黴菌」은 '세균, 박테리아' 등을 아우르는 말로, 보통 「ばい菌」으로 표기하니 「黴」까지 외우려고 너무 힘빼지 마세요. 참고로 호빵맨의 '세균맨'은 일본에서 「バイキンマン」이라고 해요.

1320

愁

중학 | N1 | 2312위

쌀쌀한 가을(秋)이 되면 마음(心)이 가라앉아 **근심**이 쌓이고 **애수** 어린 눈을 하게 되니

0285 秋: 가을 추

근심 수 · 애수 수

13획 愁 愁 愁 愁 愁 愁 愁 愁 愁 愁 愁 愁 愁

음독	**しゅう** [2순위]	郷愁 향수 (きょうしゅう)	*愁傷 수상 (しゅうしょう) 슬퍼함
		哀愁 애수 (あいしゅう)	*愁思 수사 (しゅうし) 근심에 잠김
훈독	**[うれ]える**	愁(うれ)える 슬픔에 잠기다 → 愁(うれ)い 슬픔, 근심
		cf) 憂(うれ)える 우려하다, 걱정하다 → 憂(うれ)い 우려, 걱정

| 잠깐만요 |
· 본래 「愁える」의 명사형은 「愁え」지만, 발음 편의를 위해 「愁(うれ)い」로 변화되었습니다. 형태상으로는 형용사로 보이지만 명사이니 주의하세요.

0288 **利**   **이로울 리**   4학년 | N2 | 228위

해설	벼(禾)와 칼(リ)을 잘 쓰면 굉장히 **이로워 유리**하니
음독	[リ] 利益 이익 (りえき) 有利 유리 (ゆうり)
파생	**0289** 梨 배 리[リ]

1321

痢

중학 | N1 | 2612위

병(疒) 중에서 먹었던 벼(禾)가 칼(リ)로 후비듯 항문을 뚫고 쏟아져 내리는 **설사**이니

疒: 병들 녁

설사 리

12획 痢 痢 痢 痢 痢 痢 痢 痢 痢 痢 痢 痢

| 음독 | **リ** [4순위] | *下痢 하리 설사 (げり) |

0291 **委**   **맡길 위**   3학년 | N2 | 720위

해설	수확한 벼(禾)는 여자(女)에게 **맡겨** 관리하니
음독	[い] 委任 위임 (いにん) 委託 위탁 (いたく)
파생	**0290** 季 계절 계[き] **0292** 香 향긋할 향[こう/きょう]

1322

萎

중학 | 급수 외 | 2397위

풀(艹)이 무언가에 몸을 기대어 맡겨야만(委) 할 만큼 활력을 잃고 **시드니**

시들 위·위축될 위

11획 萎 萎 萎 萎 萎 萎 萎 萎 萎 萎 萎

음독	い	4순위	萎縮 위축 (いしゅく)

훈독	[な]える	萎(な)える ⓐ 신체가 저려 힘이 빠지다 ⓑ 체력/기력이 없어지다 ⓒ (초목 등이) 시들다
	[しぼ]む	▽萎(しぼ)む ⓐ 오므라지다 ⓑ (초목 등이) 시들다
	[しお]れる	▽萎(しお)れる ⓐ (초목 등이) 시들다 ⓑ 풀이 죽다
	[しな]びる	▽萎(しな)びる (수분이 줄어서 표면이) 쭈그러들다

| 잠깐만요 |
- 음독으로 읽히는 어휘는 5개 이하로, 사용 빈도가 높은 어휘는 「萎縮」 하나뿐입니다.
- 훈독의 4가지 어휘는 모두 '(초목이나 꽃이) 시들다'라는 의미는 기본적으로 가지고 있지만 저마다 나타내고자 하는 의미의 포인트가 다릅니다.
  - なえる: 기운이 빠져서 체력/기력이 없어 시들거리는 이미지
    → 일상에서는 ⓑ의 의미 사용이 많아요.
    ⓔ 개그에 대한 반응이 없을 때: 萎(な)えるわ〜. 아, 기운 빠져서 좀 그렇네.
  - しぼむ: 입체적으로 팽팽하던 것이 시들어서 오므라지는 것 ⓔ 풍선, 활짝 피던 꽃
  - しおれる: 축 처지고 기가 죽은 것
  - しなびる: 팽팽하던 것의 수분이 줄면서 표면이 쭈글쭈글해지는 것 ⓔ 노인의 피부, 쪼그라든 잎

---

29 乃: 이음말 내 ▶ 乃秀透誘携扱

1323 ◐ 제부수

乃

학년 외 | N1 | 1237위

끊어진 절벽(乃)에 오르는 길을 로프(丿)로 이어가니
丿: 삐침 별(여기선 로프의 모습)　乃: 절벽의 모습

이음말 내·또는 내·내지 내

2획 乃 乃

음독	ない	4순위	乃至 내지 (ないし)

| 잠깐만요 |
- 「乃至」는 'ⓐ 또는 ⓑ (수량A 乃至 수량B의 꼴로) ~에서'라는 두 가지 의미로 쓰입니다.
  ⓔ ⓐ 本人乃至代理人(ほんにん・ないし・だいりにん)の署名(しょめい) 본인 또는 대리인의 서명
  　ⓑ 300乃至(ないし)400の人員(じんいん) 300에서 400의 인원

벼(禾) 중에서도 후대까지 이어줄(乃) 가치가 있는 품종이 **빼어나고 우수**하니

秀

중학 | N1 | 576위

빼어날 수 · 우수할 수

7획 秀 秀 秀 秀 秀 秀 秀

음독	しゅう [2순위]	秀麗 수려 (しゅうれい)	秀才 수재 (しゅうさい)
		秀作 수작 (しゅうさく)	優秀 우수 (ゆうしゅう)
훈독	[ひい]でる	秀(ひい)でる 빼어나다, 수려하다	

빼어난(秀) 인재는 어떤 장벽도 틈을 찾아 달려 나가듯(辶) **통과**함이니

辶: 뛸 착, 쉬어 갈 착

透

중학 | N1 | 1333위

통과할 투 · 투과할 투

10획 透 透 秀 秀 秀 秀 秀 透 透 透

음독	とう [3순위]	透明 투명 (とうめい)	透視 투시 (とうし)
		透析 투석 (とうせき)	透過 투과 (とうか)
훈독	[す]く	透(す)く 틈이 나다 → 透(す)き通(とお)る ⓐ 투명하게 비쳐 보이다 ⓑ 소리가 맑다 ⓒ 틈새를 지나가다
	[す]かす	透(す)かす ⓐ 틈새를 만들다 ⓑ 틈새로 내보내다 → 見透(みす)かす ⓐ ~을 자세히 보다 ⓑ (이면을) 간파하다, 꿰뚫어 보다 透(す)かさず 곧, 즉각
	[す]ける	透(す)ける (속이) 들여다보이다. 비쳐 보이다 → 透(す)け透(す)け 천이 얇아 속이 비쳐 보임

말(言)을 빼어나게(秀) 잘하여 상대를 **꾀어내 유혹**하니

言: 말 언

誘

중학 | N1 | 1015위

꾈 유 · 유혹할 유

14획 誘 誘 誘 誘 誘 誘 誘 誘 誘 誘 誘 誘 誘 誘

음독	ゆう [2순위]	誘拐 유괴 (ゆうかい)	誘惑 유혹 (ゆうわく)
		誘導 유도 (ゆうどう)	勧誘 권유 (かんゆう)
훈독	[さそ]う	誘(さそ)う ⓐ 꾀다, 권유하다, 유혹하다 ⓑ 불러내다 → 誘(さそ)い ⓐ 꾐, 유혹 ⓑ 권유

손(扌)이 작은 새(隹)만해지게 꽉 **움켜쥐고 서로 이어지도록**(乃) **손을 (맞)잡으니**

(手→)扌: 손 수 隹: 작은 새 추

携

중학 | N1 | 997위

손에 쥘 휴 · 손잡을 휴

13획 携 携 携 携 携 携 携 携 携 携 携 携

음독	けい	4순위	携帯 휴대 (けいたい) 連携 연휴 (れんけい) 提携 제휴 (ていけい)
훈독	[たずさ]わる		携(たずさ)わる (어떤 일에) 관계하다, 종사하다
	[たずさ]える		携(たずさ)える ⓐ 휴대하다 ⓑ 함께하다 → 相携(あい・たずさ)える (일의 추진을 위해) 손을 잡다, 협력하다

| 잠깐만요 |

- 음독으로 읽는 어휘는 그 수가 적지만 제시된 단어들은 사용 빈도가 높으니 알아 두세요.
- 휴대전화: 携帯電話(けいたい・でんわ) → 携帯(けいたい)
- 피처폰: ガラパゴス携帯(けいたい) → ガラケー
- 스마트폰: スマート・フォン → スマホ

及

이를 급 · 미칠 급

중학 | N1 | 762위

해설	사람(人)이 절벽(㇇) 끝까지 **이르러 도달함**이니	㇇: 계단/절벽의 모습
음독	[きゅう] 普及 보급 (ふきゅう) 言及 언급 (げんきゅう)	
파생	0934 吸 들이킬 흡 [きゅう] 0935 級 등급 급 [きゅう]	

등산가는 손(扌)으로 밧줄을 잡고 **바싹 당겨** 절벽 끝까지 이르러야(及) 비로소 제 몸을 다루고 취급한다 할 수 있으니

扱

중학 | N1 | 1160위

① 다룰 급 · 취급할 급 ② 당겨 거둘 급 · 훑을 급

6획 扱 扱 扱 扱 扱 扱

훈독	[あつか]う	扱(あつか)う 다루다, 취급하다 → 扱(あつか)い 취급, 다룸
	[しご]く	▼扱(しご)く ⓐ 훑다, (훑듯이) 바싹 당기다 ⓑ 〈속어〉 기합을 받다
	[こ]く	▼扱(こ)く 훑다 → 扱(こ)き使(つか)う 혹사하다

| 잠깐만요 |

- 「しごく」와 「こく」는 하라가나로 쓰는 것이 일반적이고, 「扱き使う」도 「こき使う」라고 쓰는 게 일반적이에요.
  예 槍(やり)をしごく 창을 찌르기 위해 바싹 당기다   稲(いね)をしごく/こく 벼이삭을 훑다
  先輩(せんぱい)にしごかれる 선배에게 기합을 받다

0038 米

① 쌀 미 ② 미국 미

2학년 | N2 | 308위

해설	되의 나뉜 구역(十) 속 쌀알(丷丷)의 모습을 본떠
음독	[まい] 白米 백미 (はくまい)　　　　[べい] 米国 미국 (べいこく)
파생	**0293** 迷 헤맬 미 [めい]　**0637** 粉 가루 분 [ふん]　**0534** 糖 달달할 당 [とう] **1012** 精 정밀할 정 [せい]　**1137** 歯 치아 치 [し]　**0733** 断 끊을 단 [だん]

0293 迷

헤맬 미 · 망설일 미

5학년 | N3 | 1024위

해설	쌀 미(米) 자처럼 꼬이고 꼬인 형태의 미로에서 어디로 갈지(辶) 몰라 망설이고 헤매니
음독	[めい]　迷路 미로 (めいろ)　　　迷信 미신 (めいしん)

1329 謎

중학 | N2 | 1585위

말(言)을 듣는 이가 정답을 몰라 헤매도록(迷) 만드는 **수수께끼**이니

수수께끼 미

17획

훈독	なぞ	謎(なぞ) 수수께끼, 불가사의　　→ 謎々(なぞなぞ) 수수께끼 놀이 謎解(なぞと)き 수수께끼 풀이　　謎掛(なぞか)け 수수께끼를 냄
	[なぞ]めく	謎(なぞ)めく (수수께끼처럼) 잘 알 수 없다

継

중학 | N1 | 748위

실(糸)로 옷의 터진 곳을 米 모양으로 꼼꼼히 바느질하고
천으로 덮어 숨긴(L) 후 **계속해서** 입고, 나중에는 자식이
이어받으니 　　　　　　　　　　　　　　　　　糸: 실 사　L: 숨을 은

이을 계 · 계속할 계

13획 継 継 継 継 継 継 継 絆 絆 絆 絆 絆 継

| 음독 | けい | 2순위 | 継続 계속 (けいぞく) | 継父母 계부모 (けいふぼ) |
| | | | 継承 계승 (けいしょう) | 中継 중계 (ちゅうけい) |

| 훈독 | [つ]ぐ | 継(つ)ぐ 잇다, 이어받다
→ 継目(つぎ・め) ⓐ 이음매, 이은 자리　ⓑ 관절
　引(ひ)き継(つ)ぐ 뒤를 잇다, 이어받다 = 相次(あい・つ)ぐ |
| | 예외 | 継子(ままこ) ⓐ 의붓자식
　　　　　　　ⓑ (의붓자식 취급하듯) 따돌림 받는 아이
→ 継子根性(ままこ・こんじょう) 비뚤어진 근성
　継子扱(ままこ・あつか)い 유별나게 따돌림 |

| 잠깐만요 |
- 옛날 서민은 구멍난 곳에 천을 대고 바느질한 허름한 옷을 계속해서 입고, 남에게 물려주기도 했죠?
- 「継父母」나 「継子」처럼 '의붓~'이라는 의미로도 쓰이니 알아 두세요.
- 예외 단어는 사용 빈도가 매우 낮습니다. 참고만 하세요.

粧

중학 | N1 | 1579위

쌀(米)처럼 뽀얗게 집(广) 벽에 흙(土) 바르듯 분칠하며 **화장**
하고 **단장**하니 　　　　　　　　　　　　　　　　　　广: 집 엄

단장할 장 · 화장할 장

12획 粧 粧 粧 粧 粧 粧 粧 粧 粧 粧 粧 粧

| 음독 | しょう | 4순위 | 化粧 화장 (けしょう) | *美粧 미장 (びしょう) 예쁘게 꾸밈 |

菊

중학 | N1 | 1292위

풀잎(艹)에 감싸(勹) 있는 쌀알(米) 모양의 흰꽃인 **국화**이니 　　　勹: 감쌀 포

국화 국

11획 菊 菊 菊 菊 菊 菊 菊 菊 菊 菊 菊

| 음독 | きく | 3순위 | *菊 국국화꽃 (きく) | *菊酒 국주 국화주 (きくざけ) |

| 잠깐만요 |
- 국화가 특정한 수치를 의미하는 경우도 있으니 참고로 알아 두세요.
　菊(きく)の日(ひ): 음력 9월 9일　　　菊版(きくばん): 국판, (인쇄 용지) 전지 16절 사이즈

1333

奧

중학 | N2 | 452위

같은 물건도 건물(㇒+冂)의 가장 **깊숙**한 **안쪽**에서는 쌀알(米)만 하게 보이고 바로 앞에서는 크게(大) 보이니 冂: 단단한 모양 경

안쪽 오 · 심오할 오

12획

음독	おう	2순위	奥妙 오묘 (おうみょう)　*奥義 오의 (おうぎ) 비법 深奥 심오 (しんおう)　*秘奥 비오 (ひおう) 심오한 부분
훈독	おく		奥(おく) 깊숙한 안쪽　↔ 手前(てまえ) 앞쪽 → 奥歯(おくば) 어금니　奥様(おくさま) 사모님, 부인 奥行(おく・ゆ)き 〈물리/추상〉 깊이 奥深(おく・ぶか)い ⓐ 〈물리적〉 깊숙하다 ⓑ 〈추상적〉 심오하다

| 잠깐만요 |
- 음독의 경우, 파생 어휘는 많으나 대부분 사용 빈도가 낮습니다.
- 「奥様」는 옛 일본 저택이나 성에서 부인이 가장 안쪽에 있는 안채에 거주하던 것이 어원이에요.

31 番: 차례 번 ▶ 翻 藩 審

0295 番	**차례 번 · 번호 번**　2학년 | N2 | 246위
해설	흠(丿)이 있는 쌀(米)이 어느 밭(田)의 것인지 **차례**대로 **번호**를 매겨 적은 데서
음독	[ばん]　番号 번호 (ばんごう)　順番 순번 (じゅんばん)

1334

翻

중학 | N1 | 1718위

차례(番)대로 한쪽씩 날개(羽)를 접으며 몸을 한 바퀴 **뒤집듯** 순번(番)대로 말의 날개(羽) 격인 단어를 바꿔가며 하는 **번역**이니 0061 羽: 날개깃 우

① 뒤집을 번　② 번역할 번

18획

음독	ほん	3순위	② 翻訳 번역 (ほんやく)　② 翻案 번안 (ほんあん) ①*翻意 번의 (ほんい) 먹었던 마음을 뒤집음
훈독	[ひるがえ]る		翻(ひるがえ)る ⓐ 뒤집히다, 확 바뀌다 ⓑ 나부끼다, 휘날리다
	[ひるがえ]す		翻(ひるがえ)す ⓐ 뒤집다 ⓑ (깃발 등을) 나부끼게 하다 → 反旗(はんき)を翻(ひるがえ)す 반기를 들다, 모반하다

| 잠깐만요 |
- 음독의 경우, 사용 빈도가 높은 어휘는 위의 3개 정도예요.

1335

초지(艹)와 물(氵)이 풍부한 곳에 차례차례(番) 사람이 모여 생기는 **영지**이니   艹: 풀 초

영지 번

| 18획 | 藩藩藩藩藩藩藩藩藩藩藩藩藩藩藩藩藩藩 |

중학 | N1 | 884위

음독	はん	2순위	藩 번 (はん)	* 藩主 번주 (はんしゅ) 영주/제후
			幕藩体制 막번 체제 (ばくはん・たいせい)	
			*藩士 번사 (はんし) 제후에 속하는 무사	

| 잠깐만요 |
• 藩: 제후인 「大名(だいみょう)」가 다스리는 거대 영지 혹은 그러한 봉건 제도
  幕藩体制: 지방 통치 기구(번: 藩)와 중앙 정부(막부: 幕府)에 의해 지배되던 근세 정치 체제

1336

집채(宀)만 한 모자를 쓴 조사관/판관들이 자료를 차례(番)대로 하나하나 **살피며**
심사/심판하는 모습이니   宀: 지붕 면・집 면

살필 심・심판/심사할 심

| 15획 | 審審審審審審審審審審審審審審審 |

중학 | N1 | 1037위

음독	しん	1순위	審査 심사 (しんさ)	審判 심판 (しんぱん)
			審議 심의 (しんぎ)	審理 심리 (しんり)
			誤審 오심 (ごしん)	*不審 불심 의심스러움 (ふしん)

| 잠깐만요 |
• 「〜審」의 형태로 사용되어 '재판의 심리'로도 사용됩니다.
  예 再審 (さいしん) 재심   第二審 (だいにしん) 제2심
• 「不審」은 「不審(の/な)+명사」 (의심스런, 미심쩍은), 「不審に+동사」 (수상쩍게) 등으로 쓰여요.
  예 不審 (ふしん) に思 (おも) う 수상쩍게 생각하다   不審者 (ふしんしゃ) 수상한 사람

㉜ 豆: 콩 두 ▶ 痘闘鼓膨

0040

豆   콩 두

3학년 | N1 | 1185위

| 해설 | 지면(一) 아래 열매(口)와 풀뿌리(䒑)가 얽힌 콩의 모습 |

| 음독 | [とう] 豆腐 두부 (とうふ)   [ず] 大豆 대두 (だいず) |

| 파생 | 0461 頭 머리 두 [とう/ず]   1205 登 오를 등 [とう/と]   0656 短 짧을 단 [たん] |
| | 0515 豊 풍성할 풍 [ほう] |

병(疒) 중에서 콩(豆) 같은 곰보가 마구 생기는 **천연두**이니 　　疒: 병들 녁

痘

천연두 두

12획 痘痘痘痘痘痘痘痘痘痘痘痘

중학 | N1 | 3277위

음독	とう [3순위]	牛痘 우두 (ぎゅうとう)	天然痘 천연두 (てんねんとう)

합격의 문(門)이 콩알(豆)만큼 좁고 아주 조금(寸)의 사람만이 통과할 수 있기에 고난과 맞서 **싸워야만** 하니 　　門: 문 문　寸: 마디 촌 · 아주 조금 촌

鬪

싸울 투 · 투쟁할 투

18획 鬪鬪鬪鬪鬪門門門門門門門鬪鬪鬪鬪鬪鬪

중학 | N1 | 830위

| 비교 |
· たたかう :
0309 戦 vs 1338 鬪

음독	とう [1순위]	鬪争 투쟁 (とうそう)	奮鬪 분투 (ふんとう)
		健鬪 건투 (けんとう)	決鬪 결투 (けっとう)
		戦鬪 전투 (せんとう)	格鬪技 격투기 (かくとうぎ)
훈독	[たたか]う	鬪(たたか)う 〈장애/고통/사상/곤란한 상황 등을 극복하고자〉 맞서 싸우다 → 鬪(たたか)い 싸움, 투쟁 cf) 戦(たたか)う ⓐ 〈무력을 써서〉 싸우다 〈전투〉 ⓑ 기량을 겨루다 〈시합〉

수많은(十) 콩(豆)이 튀는 소리가 나게 손에 든 나뭇가지(支)로 때리는 **북**이니 0546 支: 지탱할 지 (여기서는 손에 나뭇가지를 든 모양)

鼓

북 고

13획 鼓鼓鼓鼓鼓鼓鼓鼓鼓鼓鼓鼓鼓

중학 | N1 | 1481위

음독	こ [2순위]	鼓動 고동 (こどう)	鼓膜 고막 (こまく)
		鼓舞 고무 (こぶ)	太鼓 태고 (たいこ)
훈독	つづみ	鼓(つづみ) 장구, 북	

1340

膨

중학 | N1 | 1457위

많은(十) 콩(豆)을 잔뜩 먹은 듯 몸(月)이 찢어질(彡) 만큼 **부풀어 오르니**
(肉→)月(좌변): 고기 육　彡: 터럭 삼(여기서는 피부가 찢어지는 모양)

부풀 팽 · 팽창할 팽

16획 膨膨膨膨膨膨膨膨膨膨膨膨膨膨膨膨

음독	ぼう	4순위	膨張 팽창 (ぼうちょう)	*膨大 팽대방대 (ぼうだい)
훈독	[ふく]れる		膨(ふく)れる ⓐ 부풀다, 불룩해지다 　　　　　　ⓑ (뺨이 부풀다 →) 뾰루퉁해지다 → 水膨(みず・ぶく)れ 수종, 물집 　膨(ふく)れっ面(つら) 뾰루퉁한 얼굴	
	[ふく]らむ		膨(ふく)らむ 부풀다, 부풀어 오르다 → 膨(ふく)らみ 부품	
	[ふく]らます		膨(ふく)らます 부풀게 하다, 부풀리다	

| 잠깐만요 |
- 이전에는 「脹 부을 창」 자를 써서 「脹(ふく)らむ」(신체가 붓다)라고 했지만, 2010년에 「脹」 자가 상용한자에서 제외되면서 현재는 주로 히라가나 표기(ふくらむ)를 사용합니다.
  ─ 脹: '죽은 몸(月)은 시간이 길게(長) 지나면 **부어서** 팽창하니 　뜻 腫脹 종창 (しゅちょう)

---

33 瓜: 오이 과 ▶ 瓜孤弧

1341

瓜

학년 외 | 급수 외 | 2285위

짐승의 손톱(爪)에 콕 찍힌 길고 휘어진(一) 꼭지(丶)가 달린 오이의 모양
0081 爪: 손톱 조 · 잡을 조

오이 과

6획 瓜瓜瓜瓜瓜瓜

음독	か	4순위	*瓜田 과전오이밭 (かでん)	* 西瓜 서과수박 (すいか)
훈독	うり		瓜(うり) 오이과 식물, 특히 참외 → 胡瓜(きゅうり) 오이	

1342

孤

중학 | N1 | 1417위

아이(子)가 짐승의 손톱에 찍힌 하나의 오이(瓜)처럼 고난에 빠져 의지할 데 없이 **홀로 외롭게** 지내는 고아이니

외로울 고 · 고독할 고

9획 孤孤孤孤孤孤孤孤孤

음독	こ	1순위	孤児 고아 (こじ)　　　　孤立 고립 (こりつ) 孤独 고독 (こどく)　　　孤高 고고 (ここう) 孤軍奮闘 고군분투 (こぐん・ふんとう)
	예외		孤児(みなしご) 고아

弧

중학 | N1 | 2714위

활(弓)과 오이(瓜)처럼 둥글게 굽은 모양을 나타내니

弓: 활 궁

굽은 모양 호 · 괄호 호

9획 弧 弧 弧 弧 弧 弧 弧 弧 弧

음독	こ	3순위	弧状 호상 (こじょう)	括弧 괄호 (かっこ)
			円弧 원호 (えんこ)	

| 잠깐만요 |
- 괄호의 종류에 관해서도 알아 두세요.
  （ ）: 括弧(かっこ)   「 」: 鍵括弧(かぎ・かっこ)   〈 〉: 山括弧(やま・かっこ)
  〔 〕: 亀甲括弧(きっこう・かっこ)   【 】: 墨付き括弧(すみつき・かっこ)

질문 있어요

畑나 峠처럼 한국에는 없는 한자들은 뭔가요?

田이란 한자를 중국에서 들여왔을 때 우리나라는 '밭'으로 받아들였어요. 그래서 '논'을 의미하는 '田+水 → 畓(논 답)'이란 한국 고유의 한자를 만들었죠. 반면 일본에서 田은 '논'을 의미했어요. 그래서 '밭'을 의미하는 '田+火 → 畑(はたけ)'라는 한자를 만들었죠. 이처럼 일본에서 만든 고유의 한자를 **'국자(国字: こくじ)'** 또는 '일식 한자(和製漢字: わせい・かんじ)'라고 한답니다. 국자는 자연이나 일상에서 자주 쓰는 어휘를 위해 만든 한자와 동식물, 외래어 등의 고유명사를 표기하기 위한 한자로 두 종류가 존재해요.

1. **자연/일상에서 자주 쓰는 어휘를 위해 만든 한자 예**

   밭 전   畑 はたけ   물방울 하   雫 しずく
   고개 상   峠 とうげ   담을 입   込 こむ・こめる
   네거리 십 辻 つじ   가르침 미   躾 しつけ
   연 연   凧 たこ   냄새 내   匂 におう・におい

2. **동식물/외래어를 표기하기 위해 만든 한자 예**

   상수리나무 회   栃 とち   새우 노   蛯 えび
   킬로그램 천   瓩 キログラム   밀리리터 모 竓 ミリリットル

대부분의 국자는 음독이 없어요. 음독은 옛 중국 발음을 흉내 낸 것인데, 중국에 없는 한자를 만들었기 때문이죠. **그런데 극히 소수의 국자는 음독이 존재해요.** 한자 구성요소의 발음을 빌려서 음독처럼 읽게 된 예외 케이스예요.

3. **음독이 존재하는 일부 국자**

   물방울 하   雫 だ(음)・しずく(훈)   짜낼 착   搾 さく(음)・しぼる(훈)
   일할 동   働 どう(음)・はたらく(훈)   췌장 췌   膵 すい(음)
   압정 병   鋲 びょう(음)   샘 선   腺 せん(음)

06

'논밭'의 파생 [33자]

34 田: 논 전 ▶ 畝 累 疊 壘 畏 猥

0037 田	논 전		1학년 | N3 | 50위
해설	고랑으로 나뉜 너른 **논밭**의 모습에서		
음독	[でん] 田園 전원 (でんえん)	油田 유전 (ゆでん)	
파생	0300 畑 화전 전 [はた] 0155 男 남자 남 [だん/なん] 0301 思 생각 사 [し]		
	0302 胃 위 위 [い] 0304 界 경계 계 [かい] 0299 細 가늘 세 [さい]		

1344 畝

중학 \| N1 \| 2441위

쟁기로 논밭(田)의 땅을 머리 두 모양(亠)이 반복되는 형태로 파서 오래도록(久) 작물이 잘 크도록 만든 **이랑**이니

亠: 머리 두   久: 오랠 구

밭이랑 무

10획	畝 畝 畝 畝 畝 畝 畝 畝 畝 畝	
훈독	うね	畝(うね) 밭이랑 → 畝間(うねま) 고랑

| 잠깐만요 |
• 파생 어휘 자체가 거의 없습니다. 「畝(うね)」가 농업 용어이기에 상용한자에 포함된 경우예요.

1345 累

중학 \| N1 \| 2333위

비옥한 논밭(田)은 땅 아래에 실(糸)처럼 수많은 지층이 차곡차곡 쌓여서 누적된 결과이니

糸: 실 사

쌓일 루 · 누적될 루

11획	累 累 累 累 累 累 累 累 累 累 累	
음독	るい 2순위	累積 누적 (るいせき) 累次 누차 (るいじ)
		累計 누계 (るいけい) 累進税 누진세 (るいしんぜい)

畳

중학 | N2 | 1309위

논밭(田)처럼 펼쳐서 덮었던(冖) 이불을 정리하기 위해 거듭(且) 접어서 겹치니

冖: 덮을 멱　且: 또 차 · 거듭 차

겹칠 첩 · 접을 첩

12획　畳 畳 畳 畳 畳 畳 畳 畳 畳 畳 畳 畳

음독	じょう [3순위]	畳語 첩어 (じょうご)　　*畳 첩 (じょう) (다다미) ~장 重畳 중첩 (ちょうじょう)
훈독	[たた]む	畳(たた)む ⓐ (종이류) 접다, (천 종류) 개다　ⓑ 걷어치우다 → 畳(たた)み込(こ)む ⓐ 접어 넣다　ⓑ 마음속 깊이 간직하다 畳(たた)みかける 쉴 새 없이 다그치다
	たたみ	畳(たたみ) 다다미

잠깐만요

• 畳語(첩어): 같은 말을 두 번 중복하는 것　예) 설렁설렁, 山々(やまやま) 산들
• 畳む: 한국어의 '접다'와 유사한 어휘로 '접(어서 정리하)다'
　예) ⓐ 布団(ふとん)を畳(たた)む 이불을 개다　ⓑ 店(みせ)を畳(たた)む 가게를 접다
• 畳み込む: '정리'의 의미를 강조
• 畳みかける: '정리'할 틈을 주지 않고 말을 쉴 새 없이 '중복'해서 다그치다

질문 있어요

한국은 '○평', 일본은 「○畳(じょう)」!

한국에서 '○평'이라고 하듯 일본에서는 「○畳(じょう)」로 방의 크기를 나타내는 경우가 많아요. 말 그대로 다다미가 몇 장 바닥에 깔리는가로 방의 크기를 나타내는 거죠. 「1畳」는 평수로 따지면 약 0.5평 정도이고, 일본의 가장 보편적인 방 크기는 「6畳」랍니다.

재미있는 건 이 「畳」의 사이즈가 전국 공통이 아니라 지역 차가 있다는 점이에요. 「江戸間(えどま)」(동일본식), 「京間(きょうま)」(서일본식), 「中京間(ちゅうきょうま)」, 「団地間(だんちま)」(공동주택용)로 크게 4가지로 분류되어 각각 가로 세로의 길이가 조금씩 달라요. 그래서 같은 「6畳」라고 해도 미묘하게 사이즈가 다르답니다. 일본은 「畳」 외에도 「平米(へいべい)」(평방)라는 단위도 많이 사용하니 참고하세요.

壘

중학 | N1 | 1911위

논밭(田) 같이 너른 평원 군데군데(冫亻)에 땅(土)을 다지고 높게 쌓은 **진지**이니

冫亻: 사방 수(물방울이 사방으로 흩어진 모양)

① 성채 루 · 진지 루   ② 〈야구〉 베이스 루

12획 壘 壘 壘 壘 壘 壘 壘 壘 壘 壘 壘 壘

음독	るい			
		2순위	② 盜壘 도루 (とうるい)	② 走壘 주루 (そうるい)
			② 満壘 만루 (まんるい)	② 二壘打 2루타 (にるいだ)
		3순위	① 壘壁 누벽 (るいへき)	① 堡壘 보루 (ほるい)
			①② 本壘 본루/본거지 (ほんるい)	

| 잠깐만요 |
· 논밭(田) 같이 너른 운동장의 네 군데(冫亻)에 흙(土)이 보이지 않게 설치한 '베이스'이기도 하죠?
· 현대에는 오히려 야구 용어로 굉장히 많이 쓰여요. 야구에서 각 베이스는 지켜야 하고 공략해야 하는 하나의 성채나 진지 같은 느낌이죠?

畏

중학 | 급수 외 | 2306위

| 비교 |
· おそれる : 1876 恐 vs
  1932 怖 vs 1348 畏

상대가 논밭(田)처럼 크게 바뀌어(仄) 보일 만큼 **경외**스런 강자 앞에서는 **두렵고** 위축될 뿐이니

(0808) 化→) 仄: 바뀔 화

두려워할 외 · 경외할 외

9획 畏 畏 畏 畏 畏 畏 畏 畏 畏

음독	い	3순위	*畏縮 외축/위축 (いしゅく) *畏怖 외포/두려워함 (いふ)
			畏敬の念 (いけいのねん) 존경심/경외심

훈독	[おそ]れる	畏(おそ)れる 경외하다, 송구해하다, 황송해하다
		cf) 恐(おそ)れる 두려워하다 怖(おそ)れる 겁먹다
	[かしこ]まる	畏(かしこ)まる ⓐ 송구해하다 ⓑ 예를 갖추어 정갈히 있다

| 잠깐만요 |
· 한국어의 '경외감(敬畏感)', '경외심(敬畏心)'은 일본어로 「畏敬(いけい)の念(ねん)」(존경심/경외심)이 되니 주의하세요.
· 「畏」의 기본 의미는 '두려워하다'예요. 「畏まる」의 경우에는 '(두려워하다 → (상대가 두렵기에) 존경을 한껏 표하는 언행을 하다'로 파생된 의미를 나타냅니다.
   예 畏(かしこ)まった言(い)い方(かた) 공손한 말투
      畏(かしこ)まった態度(たいど) 공손한 태도
· 「おそれる」의 한자 표기와 의미 구분 ☞ 「 1932 怖 겁먹을 포」의 | 잠깐만요 | 참조

猥

학년 외 | 급수 외 | 2455위

발정난 개(犭)처럼 세간의 두려움(畏)보다 욕정을 우선시하는 **외설**스러움이니

(犬→) 犭: 개 견

외설 외

12획 猥 猥 猥 猥 猥 猥 猥 猥 猥 猥 猥 猥

음독	わい	3순위	猥藝 외설 (わいせつ)
			*猥談 외담 (わいだん) 외설스러운 이야기
			*卑猥 비외 (ひわい) 야비하고 외설스러움

0314 里	① 마을 리　② 거리 단위 리	2학년	N1	737위
해설	논밭(田)이 있는 땅(土)은 사람 사는 **마을**이 있음을 의미하니	
음독	[り]　郷里 향리 (きょうり)　　　　里程標 이정표 (りていひょう)	
파생	0315 理 이치 리[り]	

1350

埋

중학 | N2 | 1194위

흙(土)으로 마을(里) 사람을 덮고 **묻어** 매장하니

묻을 매

10획　埋 一 十 土 圹 坰 坰 坰 埋 埋 埋

음독	**まい** 3순위	埋蔵 매장 (まいぞう)　　　埋葬 매장 (まいそう) 埋没 매몰 (まいぼつ)
훈독	[う]**める**	埋(う)める ⓐ 〈물리〉 (빈 곳/파인 부분을) 메우다, 묻다 ⓑ 〈추상〉 (공백/부족한 부분을) 채우다, 보충하다 ⓒ (물을 타서) 미지근하게 하다
	[う]**まる**	埋(う)まる ⓐ 〈물리〉 (빈 곳/파인 부분이) 메워지다, 묻히다 ⓑ 〈추상〉 (공백/부족한 부분이) 채워지다, 보충되다
	[う]**もれる**	埋(う)もれる ⓐ 〈물리〉 (눈/흙 등에) 파묻히다, 매몰되다 ⓑ 〈비유〉 진짜 가치가 아직 알려지지 않은 상태이다

| 잠깐만요 |

- '매장'의 의미 구분
  - 埋蔵(まいぞう): 땅에 묻혀 있음　vs　埋葬(まいそう): 죽은 이를 땅에 묻음
- 「埋める・埋まる・埋もれる」는 「うずめる・うずまる・うずもれる」로 읽기도 하나, 일반적으로는 잘 사용되지 않습니다.
  - 기본적으로 「うずまる≒うまる」「うずめる≒うめる」「うずもれる≒うもれる」의 동의어 관계지만 다음과 같은 경우는 바꿔 쓸 수 없습니다.
    ① 「うずめる/うずまる」는 쓸 수 없는 경우 ▷ 「うめる・うまる」의 ⓑ・ⓒ
      예 欠員(けついん)を埋(う)める 결원을 채우다
    ② 「うずめる/うずまる」로만 사용 가능한 경우 ▷ '신체의 일부를 푹 파묻다'의 의미
      예 恋人(こいびと)の胸(むね)に顔(かお)を埋(うず)める 연인의 가슴에 얼굴을 파묻다

1351

중학 | N1 | 2776위

厘

인류가 굴바위(厂) 안에 모여 이루었던 마을(里) 공동체는 현 인류의 도시와 비교하면 0.0x%도 되지 않을 만큼 **아주 작으니**　　　　　厂: 굴바위 엄

아주 작을 리 · 할푼리 리

9획　厘 厘 厘 厘 厘 厘 厘 厘 厘

| 음독 | りん | 4순위 | * 九分九厘 구푼구리99% (くぶ・くりん)
* 一分一厘 일푼일리아주 조금 (いちぶ・いちりん) |

| 잠깐만요 |
• 우리가 쓰는 '할푼리'라는 단어는 '할(割: 나누다)+푼(分: 1/10)+리(厘: 1/100)'의 발음이 변형된 거예요.

0319

黒

검을 흑

2학년 | N3 | 415위

| 해설 | 마을(里)이 불타고(灬) 남은 건 **검게** 그슬린 모습뿐이니 |
| 음독 | [こく] 黒人 흑인 (こくじん)　　暗黒 암흑 (あんこく) |

1352

중학 | N1 | 1848위

墨

검은색(黒)을 내기 위해 흙(土)을 굳혀 만든 **먹**과 벼루로 만드는 **먹물**이니

먹 묵

14획　墨 墨 墨 墨 墨 墨 墨 墨 墨 墨 墨 墨 墨 墨

| 음독 | ぼく | 3순위 | 墨色 묵색 (ぼくしょく)　　*白墨 백묵분필 (はくぼく)
水墨画 수묵화 (すいぼくが) |
| 훈독 | すみ | | 墨(すみ) 먹　　→ 入(い)れ墨(ずみ) 문신
お墨付(すみ・つ)き 권위자의 보증 |

| 잠깐만요 |
• 「お墨付き」는 붓으로 쓴 필적을 의미해요. 그래서 '높은 이에게서 사인이나 도장을 받았다는 의미 에서 '권위자의 보증'이라는 의미로 사용돼요.

1353

黙

중학 | N1 | 839위

어둠(黒)에 휩싸여 흔한 개(犬) 짖는 소리조차 없는 고요함이니   犬: 개 견

고요할 묵·침묵할 묵

| 15획 | 黙 黙 黙 黙 黙 黙 黙 黙 黙 黙 黙 黙 黙 黙 黙 |

음독	もく [1순위]	黙秘 묵비 (もくひ)	黙殺 묵살 (もくさつ)
		黙読 묵독 (もくどく)	沈黙 침묵 (ちんもく)
		寡黙 과묵 (かもく)	暗黙 암묵 (あんもく)
훈독	[だま]る	黙(だま)る ⓐ 침묵하다 ⓑ (손 쓰지 않고) 가만히 있다 → 黙(だま)り込(こ)む 잠자코 있다, 입을 다물고 있다
	예외	黙(だんま)り 〈속어〉 무언, 침묵

---

36 童: 아이 동 ▶ 憧瞳鐘糧

0317

童

아이 동   3학년 | N2 | 1186위

| 해설 | 서서(立) 몰려다니며 마을(里) 어귀에서 노는 아이들이니 |
| 음독 | [どう] 童話 동화 (どうわ)   児童 아동 (じどう) |

1354

憧

중학 | N1 | 2740위

누구든 마음(忄)은 항상 아이(童)였던 그때를 동경하니   忄: 마음 심

동경할 동

| 15획 | 憧 憧 憧 憧 憧 憧 憧 憧 憧 憧 憧 憧 憧 憧 憧 |

| 음독 | どう/しょう [4순위] | 憧憬 동경 (どうけい/しょうけい) |
| 훈독 | [あこが]れる | 憧(あこが)れる 동경하다   → 憧(あこが)れ 동경 |

|잠깐만요|
· 음독 어휘는 「憧憬」뿐인데, 그마저도 훈독의 「憧れ」로 사용되는 게 일반적이에요.
· 음독은 「どう」와 「しょう」 어느 쪽으로도 읽을 수 있어요.

瞳

중학 | N1 | 2116위

눈(目)에서 아이(童)처럼 가장 작고 활발히 움직이는 **눈동자/동공**이니

눈동자 동 · 동공 동

17획 瞳瞳瞳瞳瞳瞳瞳瞳瞳瞳瞳瞳瞳瞳瞳瞳瞳

음독	どう	4순위	瞳孔 동공 (どうこう)	*散瞳 산동 (さんどう) 동공이 열림
훈독	ひとみ		瞳(ひとみ) 눈동자	

鐘

중학 | N1 | 1877위

쇠(金)에서 아이(童)처럼 맑은 소리가 나는 **종**이니

쇠종 종

20획 鐘鐘鐘鐘鐘鐘鐘鐘鐘鐘鐘鐘鐘鐘鐘鐘鐘
鐘鐘鐘

음독	しょう	4순위	*鐘楼 종루종각 (しょうろう)　　警鐘 경종 (けいしょう) *鐘声 종성종소리 (しょうせい)
훈독	かね		鐘(かね) 종, 종소리　　　→ 鐘突(かねつ)き 종을 침, 종지기 鐘突(かねつ)き堂(どう) 종루, 종각

| 잠깐만요 |
- '종을 치다'는 「鐘(かね)を突(つ)く」이고, '종이 울리다'는 「鐘(かね)が鳴(な)る」입니다.
- 「警鐘」는 「警鐘を鳴(な)らす」(경종을 울리다)라는 관용어구로 사용되는 게 일반적입니다.

量

무게 잴 량 · 용량 량

4학년 | N2 | 514위

해설	관리가 아침(旦)마다 마을(里)의 곡식 양을 무게 재던 데서
음독	[りょう]　容量 용량 (ようりょう)　　　力量 역량 (りきりょう)

쌀(米)을 양(量)껏 먹을 만큼 모은 것을 식량이라 하니

식량 량

18획 糧 糧 糧 米 米 米 米 米 糧 糧 糧 糧 糧 糧 糧 糧 糧 糧

음독	りょう [3순위]	*糧 양식량/군량 (りょう)　　食糧 식량 (しょくりょう) *糧道 양도 (りょうどう) 군량 수송 도로
	ろう [4순위]	兵糧 병량군량 (ひょうろう)
훈독	かて	糧(かて) 양식, 식량　　→ 心(こころ)の糧(かて) 마음의 양식

|잠깐만요|
· 「ろう」로 읽는 어휘는 「兵糧」밖에 없어요.

---

37 重: 무거울 중 ▶ 腫衝薰勳

0320 重	① 무거울 중　② 겹칠 중　③ 귀중할 중	3학년	N3	158위
해설	천(千) 개의 마을(里)에서 낸 **귀중한** 물건을 거듭 **겹쳐** 쌓아 **무거우니**	
음독	[じゅう] 重量 중량 (じゅうりょう)　　　　[ちょう] 貴重 귀중 (きちょう)	
파생	0323 種 씨앗 종·종류 종 [しゅ]　0321 動 움직일 동 [どう]　0322 働 일할 동 [どう]	

몸(月)에 무거운(重) 병이 생길 징조로 나타나는 종양/종기이니　　月(좌변): 고기 육

종기 종 · 종양 종

13획 腫 腫 腫 腫 腫 腫 腫 腫 腫 腫 腫 腫 腫

음독	しゅ [2순위]	腫瘍 종양 (しゅよう)　　　　*腫瘤 종류종기 (しゅりゅう) 血腫 혈종 (けっしゅ)　　　　肉腫 육종악성 종양 (にくしゅ)
훈독	[は]れる	腫(は)れる 붓다　　→ 腫(は)れ 부음, 부기 腫物(はれもの) 종기, 부스럼
	[は]らす	腫(は)らす 붓게 하다

衝

중학 | N1 | 1103위

무거운(重) 것이 힘껏 달려가면(行) 부딪쳐 충돌하니

1209 行: 갈 행 · 행할 행

부딪칠 충 · 충돌할 충

15획 衝 衝 衝 衝 衝 衝 衝 衝 衝 衝 衝 衝 衝 衝 衝

음독	しょう 2순위	衝突 충돌 (しょうとつ)	衝撃 충격 (しょうげき)
		衝動 충동 (しょうどう)	折衝 절충 (せっしょう)
예외		衝立 (ついたて) 가리개, 칸막이	

| 잠깐만요 |
• 「 2292 衡 저울대 형」과의 구분에 주의하세요.
• 옛 전쟁에서 병사들이 가운데 무거운 통나무를 두고 좌우에서 들고 달려가 성문에 충돌시키던
충차(衝車)를 연상해 보세요.

薰

중학 | N1 | 2139위

| 비교 |
• かおる:
 0292 香 vs 1360 薰

풀(艹)의 향긋함을 무거운(重) 음식에 불(灬)로 연기를 피워 묻히는 훈제이니

(火→) 灬: 불 화

향 피울 훈 · 훈제 훈

16획 薰 薰 薰 薰 薰 薰 薰 薰 薰 薰 薰 薰 薰 薰 薰 薰

음독	くん 3순위	薰煙 훈연 (くんえん)	薰製 훈제 (くんせい)
		薰風 훈풍 (くんぷう)	
훈독	[かお]る	薰(かお)る 〈비유/추상적〉 좋은 향이 나는 듯한 느낌을 받다	
		cf) 香(かお)る 〈물리적〉 좋은 냄새/향이 나다	
		예 バラの花(はな)が香(かお)る 장미꽃이 향기롭다	
		風薰(かぜかお)る五月(ごがつ) 바람이 향긋한 5월	

| 잠깐만요 |
• 본래 요리에 연기를 피워 향을 입히는 행위는 「燻 연기 피울 훈」 자를 써야 합니다. 하지만 「燻」 자가
상용한자가 아니어서 「薰」으로 대체되어 사용돼요.
 예 훈제: 薰製〈본래 표기〉 燻製〈실사용 표기〉

0321 動 **움직일 동**

3학년 | N3 | 56위

해설	무거운(重) 것을 힘(力)을 써서 움직이게 하니
음독	[どう] 行動 행동 (こうどう) 移動 이동 (いどう)
파생	0322 働 노동 동 [どう]

1361

勲

중학 | N1 | 2089위

임무에서 움직임(動)을 불(灬) 같이 열정적으로 해야 얻을 수 있는 공적이니

공적 훈

15획 勲 勲 勲 勲 勲 勲 勲 勲 重 動 動 動 勲 勲

| 음독 | くん | 2순위 | 勲章 훈장(くんしょう) | 殊勲 수훈 (しゅくん) 뛰어난 공로 |
| | | | 勲功 훈공공훈(くんこう) | 受勲 수훈 (じゅくん) 훈장을 받음 |

| 잠깐만요 |
· 功(공로 공): 보다 넓은 영역에서 사용되는 공로, 공적, 훌륭한 일
  勲(공적 훈): 나라/임금을 위해 힘써 수행한 행위에 대한 공적 (좁은 의미)

---

38 苗: 싹 묘 ▶ 苗猫描

1362

苗

중학 | N1 | 1645위

풀(艹)이 논밭(田)에서 빼꼼히 싹트며 나오는 모습이니
艹: 풀 초

싹 묘

8획 苗 苗 苗 苗 苗 苗 苗 苗

| 음독 | びょう | 4순위 | *苗圃 묘포모판 (びょうほ) | 育苗 육묘 (いくびょう) |
| 훈독 | なえ | | 苗(なえ) 모종 → 苗木(なえぎ) 묘목 苗床(なえどこ) 모판, 못자리 | |

| 잠깐만요 |
· 「0508 笛 피리 적」과의 구분에 주의하세요.

1363

猫

중학 | N3 | 1227위

개(犭)와 같이 사람과 밀접한 동물 중 싹(苗)나듯 수염이 긴 **고양이**이니
犭: 개 견

고양이 묘

11획 猫 犭 猫 犭 猫 猫 猫 猫 猫 猫 猫

| 음독 | びょう | 4순위 | *猫額 묘액고양이 이마 (びょうがく) |

| 훈독 | ねこ | 猫(ねこ) 고양이 → 猫背(ねこぜ) 새우등 猫舌(ねこ・じた) 뜨거운 것을 잘 못 먹음 猫糞(ねこ・ばば) ⓐ 잘못을 저지르고도 숨기고 시치미를 뗌 ⓑ 주운 물건을 슬쩍 자기 것으로 함 |

| 잠깐만요 |
· 음독으로 읽히는 어휘는 거의 없으니 학습 효율을 위해 참고만 하세요.
· 「猫背」는 고양이가 허리를 둥글게 들어올리고 있는 모습에서, 「猫糞」는 고양이가 자신의 대변을
모래로 파묻는 행동에서 온 단어예요.

1364

손(扌)으로 싹(苗) 한 올 한 올까지 묘사하여 그리니 ·扌: 손 수

그릴 묘

중학 | N1 | 678위

|비교|
· かく:
0524 書 vs 1364 描

11획	描 描 描 描 描 描 描 描 描 描 描	
음독	びょう [3순위]	描写 묘사 (びょうしゃ)　　　点描 점묘 (てんびょう) 素描 소묘 (そびょう)
훈독	[えが]く	描(えが)く ⓐ 그리다 ⓑ 묘사하다, 표현하다
	[か]く	描(か)く (그림을) 그리다 → 絵描(えか)き ⓐ 그림쟁이 ⓑ 그림 그리기 cf) 書(か)く (글을) 쓰다

|잠깐만요|
· かく: 도형/그림/모양 등을 그리는 것('쓰는 것(書く)'과 비교했을 때의 '그리는 것')
　　① 목적어가 물리적인 그림(絵)인 경우　② 대상이 구체적인 모양을 갖춘 경우
　　　예 山(やま)の絵(え)を描(か)く 산의 '그림'을 그리다
　　　　　(絵(え)の中(なか)に) 山(やま)を描(か)く ('그림 속'에) 산을 그리다
· えがく: 보다 정성/감성 등을 담아 표현한다는 뉘앙스
　　① 표현법이 (문장/영상/음악 등) 그림이 아닌 경우　② 표현 대상이 추상적일 경우
　　　예 山(やま)の雄大(ゆうだい)さを描(えが)いた曲(きょく) 산의 웅대함을 그린 곡
　　　　　少年(しょうねん)の心理(しんり)を描(えが)く 소년의 심리를 그리다

---

39 単: 혼자 단 ▶ 禅 弾

0308 単	**혼자 단 · 오직 단**	4학년	N3	520위
해설	불탄(丷) 밭(田) 아래 묻힌 많은(十) 보물의 존재는 오직 나 혼자 아니	
음독	[たん] 単独 단독 (たんどく)　　単語 단어 (たんご)	
파생	0309 戦 싸울 전 · 무서울 전 [せん]	

1365

신(礻)을 앞에 두고 홀로(単) 수양하는 이의 마음은 고요하니 ·礻: 보일 시 · 신 시

① 고요할 선　② 선종 불교 선

중학 | N1 | 1549위

13획	禅 禅 禅 禅 禅 禅 禅 禅 禅 禅 禅 禅 禅		
음독	ぜん [2순위]	② 禅 선선종 불교 (ぜん)　　② 禅師 선사 (ぜんじ) ② 禅僧 선승 (ぜんそう)　　② 禅学 선학 (ぜんがく)	
		[4순위]	① 禅譲 선양 (ぜんじょう)　　① 座禅 좌선 (ざぜん) ① 参禅 참선 (さんぜん)

|잠깐만요|
· 「禅譲」는 '현 왕이 살아 있을 때 왕위를 물려주는 것'을 의미합니다. 왕이 살아 있을 때 왕위를 물려
주면 왕위 찬탈을 위한 싸움이 없는 고요한 양위가 되겠죠?

1366

弾

중학 | N1 | 781위

활(弓)에서 홀로(単) 한 발식 퉁겨 나가 적을 때리는 탄알이니

① 퉁길 탄 ② 탄알 탄 ③ 때릴 탄·탄압할 탄

12획 弹 弓 弓 弓 弾 弾 弾 弾 弾 弾 弾

음독	だん			
		1순위	② 弾丸 탄환 (だんがん)	② 防弾 방탄 (ぼうだん)
			② 銃弾 총탄 (じゅうだん)	② 爆弾 폭탄 (ばくだん)
		3순위	① 弾力 탄력 (だんりょく)	① 弾性 탄성 (だんせい)
			①*弾奏 탄주 (だんそう) 현악기를 연주함	
		4순위	③ 弾圧 탄압 (だんあつ)	③ 弾劾 탄핵 (だんがい)
			③ 糾弾 규탄 (きゅうだん)	

훈독	たま	弾(たま) 탄알 → 弾除(たま・よ)け 방탄
	[ひ]く	弾(ひ)く (현악기/건반 악기류를) 연주하다 cf) 引(ひ)く 당기다　退(ひ)く 물러나다, 빠지다 　　挽(ひ)く ⓐ 톱을 켜다 ⓑ 굵게 갈다
	[はず]む	弾(はず)む ⓐ (반동으로) 튀다 ⓑ 기세가 오르다 　　　　　ⓒ (돈을) 호기 있게 내다 → 弾(はず)み ⓐ 튐, 탄력 ⓑ 여세, 추세, 형세 　　軽弾(かる・はず)み 경솔, 경망 　　物(もの)の弾(はず)み 그때의 분위기나 추세
	[はじ]く	▽弾(はじ)く ⓐ 퉁기다, 튀기다 ⓑ 퉁겨내다 → 弾(はじ)き 퉁김, 탄력
	[はじ]ける	▽弾(はじ)ける (일시에 폭발하듯 세게) 튀다

| 비교 |
· ひく : 0652 引 vs
1366 弾 (vs 1153 退)

| 잠깐만요 |
· 음독 어휘 중 '① 퉁기다'와 '③ 때리다'의 의미는 단어 생산성이 낮아요. 하지만 교재의 예시 단어들은 그중 사용 빈도가 높은 어휘들이니 꼭 알아 두세요.
· はずむ: 반동/분위기/감정을 타고 기분/기세/분위기 등이 상승하는 것
　　　例 話(はなし)が弾(はず)む 이야기가 활기를 띠다　　心(こころ)が弾(はず)む 마음이 들뜨다
· はじく: 스스로의 힘/탄성으로 무언가를 가볍게 외부로 퉁겨내는 것
　　　例 碁石(ごいし)を弾(はじ)く 바둑알을 퉁기다(알까기)
　　　　 傘(かさ)が雨水(あまみず)を弾(はじ)く 우산이 빗물을 튕겨내다
· はじける: 팽팽하던 것이 끊어지면서 세게 튀거나 터지는 것
　　　例 ばねが弾(はじ)ける 용수철이 튀다　　笑(わら)いが弾(はじ)ける 웃음보가 터지다

1367 ● 부수자

뿔(ノ) 달린 너른 얼굴(田)을 한 귀신/도깨비의 머리이니

귀신 머리 비 · 도깨비 머리 비

6획 由 由 由 由 由 由

1368

卑

중학 | N1 | 1710위

씻지 않아 귀신 같은 머리(由)를 하고 많은(十) 얼룩(ノ)을 덕지덕지 묻히고 사는
신분이 낮고 비천한 이의 모습이니   十: 열 십 · 많을 십

낮을 비 · 비천할 비

9획 卑 卑 卑 卑 卑 卑 卑 卑 卑

음독	ひ	2순위	卑下 비하 (ひげ)	卑怯 비겁 (ひきょう)
			卑劣 비열 (ひれつ)	卑屈 비굴 (ひくつ)

훈독	[いや]しい	卑(いや)しい ⓐ 미천하다 ⓑ 쩨쩨하다 ⓒ 초라하다
	[いや]しめる	卑(いや)しめる 경멸하다, 멸시하다, 무시하다
		= 〈문어〉 卑(いや)しむ

1369

碑

중학 | N1 | 2016위

돌(石)을 가장 낮은(卑) 지하에 묻힌 사람을 위해 다듬은 비석이니

비석 비

14획 碑 碑 碑 碑 碑 碑 碑 碑 碑 碑 碑 碑 碑 碑

음독	ひ	3순위	碑石 비석 (ひせき)	記念碑 기념비 (きねんひ)
			墓碑 묘비 (ぼひ)	

41 鬼: 귀신 귀 ▶ 鬼塊魂醜魅

1370

중학 | N1 | 1057위

뿔 달린 머리(由)에 사람 다리(儿)와 말린 꼬리(厶)를 지니고 사적 욕망을 채우는 귀신/도깨비이니
厶: 사사로울 사(여기선 꼬리 모양) (人→)儿: 사람 인

귀신 귀 · 도깨비 귀

10획 鬼 鬼 鬼 鬼 鬼 鬼 鬼 鬼 鬼 鬼

음독	き [1순위]	鬼才 귀재 (きさい)	鬼神 귀신 (きしん)
		悪鬼 악귀 (あっき)	吸血鬼 흡혈귀 (きゅうけつき)
		餓鬼 아귀 (がき)	殺人鬼 살인귀 (さつじんき)
훈독	おに	鬼(おに) 도깨비, 귀신 → 鬼(おに)ごっこ 술래잡기	
		鬼火(おにび) 도깨비불 鬼嫁(おによめ) 귀신 같은 마누라	
		鬼(おに)に金棒(かなぼう) (도깨비에게 금방망이 →) 범에 날개	

| 잠깐만요 |
• 「鬼(おに)」는 한국의 호랑이처럼 '무서운 것'을 나타내는 대명사격으로 자주 사용됩니다. 그래서 「鬼+명사/鬼のような+명사」: (귀신 같이 무서운 ○○)의 꼴로 자주 사용돼요.
  예 鬼嫁(おによめ) 귀신 같은 마누라
• 일본에서는 「鬼神(귀신)」이라는 단어를 잘 사용하지 않아요.
  「幽霊(ゆうれい)」(유령), 「お化(ば)け/妖(あやかし)」(요괴), 「鬼(おに)」(도깨비), 「悪魔(あくま)」(악마), 「化物(ばけもの)」(괴물) 등으로 구분해서 말하는 것이 일반적이에요.

1371

중학 | N1 | 1641위

흙(土)에 귀신(鬼) 같이 강한 압력을 가하여 단단해지면 생기는 덩어리이니

덩어리 괴

13획 塊 塊 塊 塊 塊 塊 塊 塊 塊 塊 塊 塊 塊

음독	かい [2순위]	金塊 금괴 (きんかい) *塊状 괴상 (かいじょう) 덩어리진 모양	
		*団塊世代 단괴세대 (だんかい・せだい)	
		1948년 전후 태생 베이비붐 세대	
훈독	かたまり	塊(かたまり) ⓐ 덩어리, 뭉치 ⓑ 집단 → 一塊(ひと・かたまり) 한 덩어리	
	예외	塊(くれ) [명사+] ~의 작은 덩어리 → 石塊 (いしくれ) 돌덩이 土塊(つちくれ) 흙덩이	

| 잠깐만요 |
• 음독 어휘는 다수 존재하나 「金塊」 외에는 공사/재료학 전문 용어가 대부분입니다.
• 예외의 「~塊(くれ)」는 일본인도 읽기 어려워하는 난독 한자이니 참고만 하세요.

자신의 억울함을 말하며(云) 떠도는 귀신(鬼)은 사람의 넋이자 혼백이니

云: 말할 운 · 이룰 운

魂

중학 | N1 | 1380위

넋 혼 · 혼백 혼

14획	魂 魂 魂 魂 魂 魂 魂 魂 魂 魂 魂 魂 魂 魂

음독	こん [1순위]	魂魄 혼백 (こんぱく)	*魂胆 혼담·속셈 (こんたん)
		霊魂 영혼 (れいこん)	闘魂 투혼 (とうこん)
		鎮魂曲 진혼곡 (ちんこんきょく)	
훈독	たましい	魂(たましい) 혼, 넋	

| 잠깐만요 |
• '유령'은 만화에서 종종 '말풍선이나 입김(云)'처럼 표현하는 귀신(魂)'이기도 하죠?

술병(酉)을 손에 들고 귀신(鬼)마냥 해롱대며 추태를 부리면 추하니

酉: 술병 유

醜

중학 | N1 | 1974위

추할 추

17획	醜 醜 酉 酉 酉 酉 酉 酉 酉 醜 醜 醜 醜 醜 醜 醜 醜

음독	しゅう [2순위]	醜聞 추문 (しゅうぶん)	醜悪 추악 (しゅうあく)
		醜態 추태 (しゅうたい)	美醜 미추 (びしゅう) 아름다움과 추함
훈독	[みにく]い	醜(みにく)い 추하다	
	しこ~	▽醜(しこ) [+명사] 추한~	
		→ 醜女(しこめ) 추녀	醜男(しこお) 추남

| 잠깐만요 |
• 「しこ」는 아어(雅語: 고풍스런 옛 표현)입니다. '추남/추녀'는 일반적으로 '못생긴 사람'을 표현하는
속어인 「ブス」나 「不細工(ぶさいく)」로 표현합니다.

구미호 같은 귀신(鬼)이 사람도 아니면서(未) 사람인 척하며 매혹하고 홀리니

未: 아직 아닐 미

魅

중학 | N1 | 1265위

① 홀릴 매 · 매혹할 매 ② 도깨비 매

15획	魅 魅 魅 魅 魅 魅 魅 鬼 鬼 魅 魅 魅 魅 魅 魅

음독	み [4순위]	① 魅惑 매혹 (みわく)	① 魅了 매료 (みりょう)
		① 魅力 매력 (みりょく)	
		① 魅(み)する (이상한 힘으로) 홀리다	
		② 魑魅魍魎 이매망량·온갖 귀신 (ちみ・もうりょう)	
훈독	[ひ]かれる	魅(ひ)かれる 마음이 끌리다	

| 잠깐만요 |
• 「魅する」는 자주 쓰이진 않지만 소설/만화/노래에서 쓰이는 동사화 어휘예요. 사용될 때에는 주로
「魅(み)せられる」(홀리다, 씌이다, 매혹당하다)의 형태로 사용되니 참고하세요.
　⑩ 悪魔(あくま)に 魅(み)せられた. 악마에 홀렸다.
　　魅(み)せられた 魂(たましい) 홀려 버린 혼

0310 曾	일찍 증 · 거듭 증		중학 │ 급수 외 │ 2105위
해설	두 눈(丷)을 뜬 이른 아침부터 밭(田)에 관한 말(曰)만 거듭하니		
음독	[そう] 曾祖父 증조부 (そうそふ)		
파생	0311 增 더할 증 [ぞう] 0312 憎 증오할 증 [ぞう] 0313 層 층 층 [そう]		

1375

중학 │ N2 │ 1583위

| 비교 |
· おくる :
  1106 送 vs 1375 贈

돈(貝)을 주인이 거듭(曾)해서 바뀌도록 타인에게 주는 것을 증여라 하니

貝 : 조개 패 · 돈 패

줄 증 · 증여 증

18획 贈 贈 贈 贈 贈 贈 贈 贈 贈 贈 贈 贈 贈 贈 贈 贈 贈 贈

음독	ぞう 3순위	贈与 증여 (ぞうよ)　　　　*贈賄 증회 뇌물을 줌 (ぞうわい) 贈呈 증정 (ぞうてい)
훈독	[おく]る	贈(おく)る 〈한정적〉 (선물/상/찬사/칭찬의 행위 등을) 보내다, 증정하다 → 贈物(おくり・もの) 선물

1376

중학 │ N1 │ 1134위

사람(亻) 중 거듭(曾) 참선하고 수행하는 중/승려이니

중 승 · 승려 승

13획 僧 僧 僧 僧 僧 僧 僧 僧 僧 僧 僧 僧 僧

음독	そう 1순위	僧 승 스님 (そう)　　　　僧帽筋 승모근 (そうぼうきん) 僧侶 승려 (そうりょ)　　　学僧 학승 (がくそう) 破戒僧 파계승 (はかいそう)　*尼僧 니승 (にそう) 비구니와 승려

| 잠깐만요 |
· 불교와 직결된 한자인 만큼 아무래도 파생 어휘의 대부분이 '○○한 스님'이에요. 그래서 일상에서
  는 자주 사용되지 않아요.
· 「1665 尼 여승 니 · 비구니 니」와 세트로 알아 두면 좋아요.

07

'대지와 광물'의 파생 [21자]

43 土: 흙 토 ▶ 吐彫

0024	흙 토		1학년	N4	284위
해설	많은(十) 흙이 지면(一) 위에 있는 모습이니	
음독	[ど] 土木 토목 (どぼく)	[と] 土地 토지 (とち)
파생	0328 圧 누를 압 [あつ]	

1377	입(口)에서 흙(土)처럼 토사물을 뱉어내며 하는 구토이니		
吐	**토할 토·구토 토**		
	6획 吐 吐 吐 吐 吐 吐		
중학	N1	1080위	음독	と [3순위]	吐血 토혈 (とけつ) 吐露 토로 (とろ)	*吐息 토식한숨 (といき) 嘔吐 구토 (おうと)
	훈독	[は]く	吐(は)く ⓐ 토하다 ⓑ 내뱉다 → 吐き気 (はきけ) 구역질	
		[つ]く	▽ 吐(つ)く ⓐ (숨을) 쉬다 ⓑ (나쁜 말을) 하다	
		[ぬ]かす	▼ 吐(ぬ)かす 〈속어〉 지껄이다	

| 잠깐만요 |
- 「つく」의 의미 ⓑ는 주로 「嘘(うそ)を吐(つ)く」(거짓말을 하다), 「悪態(あくたい)を吐(つ)く」(욕을 하다)의 정형화된 어구로 사용됩니다. '생각/감정/말/공기/연기 등을 내뱉다'는 주로 「はく」를 사용해요.

0338 **周**	두루 주·주위 주		4학년	N2	552위
해설	단단히 솟은(冂) 땅(土) 위에서 사방으로 입(口)을 크게 벌리고 소리쳐 주위로 두루 퍼뜨리니 　　　　　　　　　　　　　　　　　　　　　冂: 단단한 모양 경 (여기서는 솟아오른 모양)	
음독	[しゅう] 周囲 주위 (しゅうい)	周辺 주변 (しゅうへん)
파생	0339 週 일주일 주 [しゅう]	0340 調 어울릴 조·고를 조·가락 조 [ちょう]

1378

彫

중학 | N1 | 1569위

흙을 구워 만든 도자기 주위(周)에 수염(彡) 그리듯 문양을 새겨넣어 조각하니

彡: 터럭 삼

새길 조 · 조각 조

11획 彫 彫 彫 彫 周 周 周 周 彫 彫 彫

음독	ちょう [3순위]	彫刻 조각 (ちょうこく) 彫塑 조소 (ちょうそ) 木彫 목조 (もくちょう)
훈독	[ほ]る	彫(ほ)る ⓐ 조각하다, 새기다 ⓑ 문신을 넣다 彫(ほ)り物(もの) ⓐ 문신 ⓑ 조각 彫師(ほりし) ⓐ 문신가 ⓑ 조각가 彫(ほ)りぬく (나무 등을) 도려내다 彫(ほ)り込(こ)む 새기다

---

44 圭: 영토 규 ▶ 崖涯佳封掛

0332	圭	**영토 규**		제부수	N1	1769위
	해설	흙을 쌓고(土) 또 쌓아(土) 다져 만든 **영토**이니		
	음독	[けい] *圭角 언어/행동이 모남 (けいかく)		
	파생	0333 街 거리 가 [がい/かい]		

1379

崖

중학 | 급수 외 | 1835위

험난한 산속(山)에 굴바위들(厂)이 치솟아서 厂자 모양으로
뚝 끊어진 높은 땅(圭)인 낭떠러지이니

厂: 굴바위 엄

낭떠러지 애

11획 崖 崖 崖 崖 崖 崖 崖 崖 崖 崖 崖

음독	がい [4순위]	*断崖 단애 낭떠러지 (だんがい) 摩崖仏 마애불 (まがいぶつ)
훈독	がけ	崖(がけ) 벼랑, 절벽 → 崖っ縁(がけっぷち) 벼랑 끝 崖崩(がけ・くず)れ 산사태 崖道(がけみち) 벼랑길

| 잠깐만요 |
- 음독으로 읽히는 어휘는 그 수가 적어요. 다만 「断崖」는 문어에서 사용 빈도가 높으니 알아 두세요.

1380

중학 | N1 | 1511위

물가(氵)에 있는 굴바위(厂)처럼 솟아올라 뚝 끊어진 영토(圭)인 해안의 낭떠러지는 육지의 끝이니

氵: 물 수

끝 애

11획 涯涯涯涯涯涯涯涯涯涯涯

음독	がい	3순위	生涯 생애 (しょうがい)　　*境涯 경애신세/처지 (きょうがい) 天涯孤独 천애고독 (てんがい・こどく)

| 잠깐만요 |
- 본래 의미는 '물가'지만, 어휘 속에서는 모두 '～의 끝'을 의미해요. 바다로 뚝 떨어지는 해안 절벽은 육지의 끝이기도 하죠?
- 제시된 어휘 외의 파생 어휘는 고풍스러운 문어들로 사용 빈도가 낮습니다.

1381

중학 | N1 | 1400위

미료된 사람(亻)들이 영토(圭)에 쌓일 만큼 아름답고 우수한 가인이니

아름다울 가 · 우수할 가

8획 佳佳佳佳佳佳佳佳

음독	か	2순위	佳作 가작 (かさく) 우수한 작품 *佳句 가구 (かく) 우수한 글귀 *佳境 가경 (かきょう) 한창 재밌음/좋은 경치 佳人薄命 가인박명 (かじん・はくめい)

| 잠깐만요 |
- 파생 어휘 대부분이 우아하고 고풍스런 어휘들로, 사용 빈도가 그리 높지 않습니다.
- 마음을 빼앗긴 팬(人)들이 한 트럭 쌓여 있을 만큼 아름답고 우수한(圭) 사람이나 작품을 떠올려 주세요.

1382

중학 | N2 | 1321위

영토(圭)의 모든 것이 조금(寸)도 새어 나가지 않게(봉인) 틀어막고 다스리기 위해 만든 봉건 제도이니

寸: 마디 촌 · 아주 조금 촌

① 봉인할 봉　② 영지 내릴 봉 · 봉건 제도 봉

9획 封封封封封封封封封

음독	ふう	2순위	① 封筒 봉투 (ふうとう)　　① 封鎖 봉쇄 (ふうさ) ① 封印 봉인 (ふういん)　　① 同封 동봉 (どうふう) ① 密封 밀봉 (みっぷう)　　① 完封 완봉 (かんぷう)
	ほう	4순위	② 封建 봉건 (ほうけん)　　② 封土 봉토 (ほうど)

| 잠깐만요 |
- 발음에 따라서 의미가 달라지니 주의하세요.
- 「密封・完封」의 발음 변화 (ふ→ぷ) ☞ p.34의 실문있어요 를 참조하세요.

1383

掛

중학 | N3 | 754위

| 비교 |

· かかる · かける :
1383 掛 vs **1731** 架 vs
1916 懸 vs **0828** 係

마치 손(扌)으로 영토(圭) 위 하늘에 점괘(卜)가 좋을 것이라 알려 주기 위해 무지개를 걸어 둔 듯하니

扌:손 수 卜:점 복

걸어 둘 괘 · 걸려 있을 괘

11획 掛 掛 掛 掛 掛 掛 掛 掛 掛 掛 掛

훈독	[か]かる	掛(か)かる ⓐ 걸리다, 걸쳐지다 ⓑ [동사 연용형+] 막 ~하다 → 掛(か)かり ⓐ 비용 ⓑ 걸침 ⓒ 초입 掛(か)かり合(あ)う 관계하다, 상관하다 通(とお)り掛(か)かる 막 지나치다
	[か]ける	掛(か)ける ⓐ 걸다, 걸치다 ⓑ [동사 연용형+] 행동이 중간 단계다 → 掛(か)け軸(かけじく) 족자 掛(か)け算(かけざん) 곱셈 腰掛(こしかけ) ⓐ 걸상 ⓑ 임시로 몸담고 있는 지위/직업/장소 消(き)え掛(か)ける (불 등이) 꺼지는 중이다, 곧 꺼지려 하다

| 잠깐만요 |

· 「 **0333** 街 거리 가」와의 구분에 주의하세요.
· 「掛」의 기본 의미를 가장 잘 나타내는 이미지가 '무지개가 걸려 있는 것'입니다. 하늘에 '걸어 두듯',
  또 다리가 '걸쳐 있듯' 존재하고, 반대편에 아직 닿지 않은 '중간 상태'로 보이는 것이 바로 무지개죠?
· 여기서는 간략한 의미와 일부 예시 어휘만 제시했지만 「掛かる · 掛ける」 모두 의미/용법이 수십
  가지로 확산되는 다의어입니다. 교재 내용만으로 끝내지 말고 사전을 꼭 참조하세요!
· 「かかる · かける」의 한자 표기와 의미 차이 ☞ 「 **1731** 架 (사이에) 걸칠 가」 | 잠깐만요 | 참조

---

45 坴: 언덕 륙 ▶ 睦 陵 隆

0334 坴		언덕 륙	부수자
해설		흙(土)이 사람(儿)의 위아래(土)로 보일 만큼 쌓인 언덕이니	
파생		**0335** 陸 육지 륙 [りく] **0336** 熱 뜨거울 열 [ねつ] **0337** 勢 기세 세 [せい]	

1384 睦

중학 | N1 | 2258위

모인 이들의 눈(目)이 언덕(坴) 모양으로 웃고 있는 화목함이니

화목할 목

13획 睦睦睦睦睦睦睦睦睦睦睦睦睦

음독	ぼく	4순위	親睦 친목 (しんぼく)	和睦 화목 (わぼく)
훈독	むつ～		▽睦月 (むつき) 음력 정월 ▽睦言 (むつごと) 〈문어〉 ⓐ 남녀가 잠자리에서 하는 이야기 　　　　　　　　　　　　　 ⓑ 성행위	
	[むつ]む		▽睦 (むつ)む 화목하게 지내다 → 睦 (むつ)み合 (あ)う 서로 사이좋게 지내다	
	[むつ]まじい		▽睦 (むつ)まじい 사이좋다, 화목하다 → 仲睦 (なか・むつ)まじい 사이가 좋다, 친밀하다	

| 잠깐만요 |
• 음독 어휘는 제시한 두 개뿐이에요.

1385 陵

중학 | N1 | 1895위

언덕(阝)과 흙(土)이 높아 사람(儿)이 지쳐 천천히 걸어(夊) 올라야 할 만큼 큰 언덕인 (산)릉이니
　　　　　　　　　　　　　　阝(좌변): 언덕 부　夊: 뒤따라올 치 · 걸어올 치

큰 언덕 릉

11획 陵陵陵陵陵陵陵陵陵陵陵

음독	りょう	3순위	陵墓 능묘 (りょうぼ)　　　　山陵 산릉 (さんりょう) 武陵桃源 무릉도원 (ぶりょう・とうげん)
훈독	みささぎ		陵 (みささぎ) 능

1386 隆

중학 | N1 | 1228위

언덕(阝)이 오랜 기간 천천히(夊) 태어나(生) 높이 솟아올라 융기하니
　　　　　　　　　　阝(좌변): 언덕 부　夊: 뒤따라올 치 · 걸어올 치　0396 生: 태어날 생

솟아오를 융 · 융기할 융

11획 隆隆隆隆隆隆隆降降隆隆

음독	りゅう	3순위	隆起 융기 (りゅうき)　　　　隆盛 융성 (りゅうせい) *興隆 흥륭 (こうりゅう) 일어나 번영함

| 잠깐만요 |
• 「 1195 降 내릴 강 · 하강 강」과 우측의 아래 부수(夊/生)만 다르고 의미는 반대이니 묶어서 학습하세요. (降: ↓이미지　vs　隆: ↑이미지)

0243 堇/茣	진창 근·수렁 근	제부수

해설	떠다니는 풀잎(艹) 같은 입(口)만 수면(一) 위에 남기고 빠지게 되는 흙(土)인 진창이자 수렁이니
파생	0244 難 어려울 난[なん] 0245 勤 일할 근[きん/ごん] 0246 漢 한나라 한[かん]

1387

僅

중학 | 급수 외 | 2245위

사람(亻)이 진창(堇)에 빠지면 겨우겨우 아주 근소하게만 움직일 수 있으니

겨우 근·근소할 근

13획	僅 僅 僅 僅 僅 僅 僅 僅 僅 僅 僅 僅 僅

음독	きん [4순위]	僅少 근소 (きんしょう)	*僅差 근차 (きんさ) 근소한 차이
훈독	[わず]か	僅(わず)かだ ⓐ 조금, 약간 ⓑ 불과	

1388

謹

중학 | N1 | 2385위

|비교|
· つつしむ:
1388 謹 vs 1537 慎

말(言)도 행동도 진창(堇) 속에서 움직이듯 조심스레 삼가고 근신하니

삼갈 근·근신 근

17획	謹 謹 謹 謹 謹 謹 謹 謹 謹 謹 謹 謹 謹 謹 謹 謹 謹

음독	きん [2순위]	謹厳 근엄 (きんげん) 謹啓 근계삼가 아룀 (きんけい) 謹賀新年 근하신년 (きんが・しんねん) *不謹慎 불근신불성실함 (ふきんしん)
훈독	[つつし]む	謹(つつし)む 황공해하다, 삼가 아뢰다 ⓓ 謹(つつし)んでご冥福(めいふく)をお祈(いの)りします。 삼가 명복을 빕니다.

1389

嘆

중학 | N1 | 1547위

진창(茣)과 같은 절망의 수렁 속에서 입(口)에서 나오는 것은 탄식과 한탄뿐이니

탄식할 탄·한탄할 탄

13획	嘆 嘆 嘆 嘆 嘆 嘆 嘆 嘆 嘆 嘆 嘆 嘆 嘆

음독	たん [2순위]	嘆息 탄식 (たんそく) 嘆願 탄원 (たんがん) 嘆声 탄성 (たんせい) 感嘆 감탄 (かんたん)
훈독	[なげ]く	嘆(なげ)く ⓐ 한탄하다, 슬퍼하다 ⓑ 개탄하다, 분개하다 → 嘆(なげ)き ⓐ 한탄, 슬픔 ⓑ 개탄, 분개
	[なげ]かわしい	嘆(なげ)かわしい 한탄스럽다, 통탄스럽다

0028 石	**돌 석**		1학년 | N2 | 233위
해설	굴바위(厂→ 丁)에서 떨어지는 돌덩이(口)를 본떠		
음독	[せき] 石炭 석탄 (せきたん)	[しゃく] 磁石 자석 (じしゃく)	
파생	0029 岩 바위 암[がん]		

1390

拓

중학 \| N1 \| 1729위

|비교|
• ひらく : 0777 開 vs
1390 拓 vs 상용 외 啓

땅을 차지한 징표로 손(扌)으로 나라 이름을 새긴 돌(石)을 찍어 박으며 영토를 넓히고 개척하니

① 넓힐 척 · 개척할 척 (② 찍을 탁 · 탁본 탁)

8획 拓 拓 拓 拓 拓 拓 拓 拓

음독	たく 4순위	① 開拓 개척 (かいたく) ② 拓本 탁본 (たくほん)	① 干拓 간척 (かんたく)
훈독	[ひら]く	▼ 拓(ひら)く 개척하다, 개간하다, 개발하다 → 切(き)り拓(ひら)く ⓐ 개척하다 ⓑ 타개하다 cf) 開(ひら)く ⓐ 열다, 펼치다 ⓑ 시작되다 ⓒ 벌리다, 차이가 생기다 啓(ひら)く 트이다, 계몽하다 → 蒙(もう)を啓(ひら)く 계몽하다		

|잠깐만요|
• 「ひらく」는 상용 표기상 「開く」로 통일해 쓰는 것이 원칙이지만(시험/공문서), 관습적으로는 '개척하다, 개간하다'의 의미를 구체적으로 표기하기 위해 「拓く」로 표기하기도 합니다.

1391

妬

중학 \| 급수 외 \| 1991위

여자(女)가 마음속으로 돌(石)을 던질 만큼 질투하고 샘내는 모습이니

샘낼 투 · 질투할 투

8획 妬 妬 妬 妬 妬 妬 妬 妬

음독	と 4순위	*妬心 투심질투심 (としん)	嫉妬 질투 (しっと)
훈독	[ねた]む	妬(ねた)む 시샘하다, 질투하다 → 妬(ねた)み 시샘, 질투	
	[ねた]ましい	妬(ねた)ましい 질투심이 나다, 샘나다	
	[や]く	▽ 妬(や)く 질투하다 cf) 焼(や)く ⓐ 태우다 ⓑ 애태우다 ⓒ 굽다	

|잠깐만요|
• 「嫉 · 妬」의 의미 구분 ☞ 「 1807 嫉 시기할 질」의 |잠깐만요| 참조

0030 金	① 금(속) 금 ② 돈 금		1학년	N4	79위
해설	쇠를 녹여 만드는 용광로의 모습을 본떠 **금속**을 나타내니		
음독	[きん] 金属 금속 (きんぞく)	[こん] 金銅 금동 (こんどう)	
파생	0341 銀 은 은[ぎん] 0343 銅 구리 동[どう] 0345 鋼 강철 강[こう]		
	0346 鉄 쇠 철[てつ] 0347 針 바늘 침[しん] 0686 銭 돈 전[せん]		

1392 釜		아버지(父)의 손처럼 커다란 뚜껑을 덮는 쇠(金)로 된 **가마**이니
		가마 부
		10획 釜釜釜釜釜釜釜釜釜釜
중학	급수 외	순위 외	훈독 かま	釜(かま) 솥, 가마 → 後釜(あとがま) 후임 同(おな)じ釜(かま)の飯(めし)を食(く)う 한솥밥을 먹다, 동고동락하다

1393 鎖	쇠(金)를 작은(丷) 조개나 동전(貝) 모양으로 연결시켜 만드는 **쇠사슬**이니
	(小→)丷: 작을 소 貝: 조개 패·돈 패
	쇠사슬 쇄
	18획 鎖鎖鎖鎖鎖鎖鎖鎖鎖鎖鎖鎖鎖鎖鎖鎖鎖鎖
중학	N1	1574위	음독 さ [3순위]	鎖骨 쇄골 (さこつ) 連鎖 연쇄 (れんさ) 封鎖 봉쇄 (ふうさ) 閉鎖 폐쇄 (へいさ)
	훈독 くさり	鎖(くさり) 쇠사슬

| 잠깐만요 |
· 옛날 돈은 가운데가 뚫린 모양(◎)이었고, 그런 고리 모양을 쭉 이은 것이 쇠사슬이죠?

㕣

늪 연

부수자

해설	한곳에 여덟(八) 번이나 크게 파인 구멍(口)에 생긴 늪이니	八: 여덟 팔·나눌 팔
파생	0376 沿 따라갈 연 [えん]　　0890 船 배 선 [せん]	

1394

鉛

중학 | N1 | 2066위

금속(金) 중 오래된 늪(㕣)처럼 검회색을 띠는 금속인 납이니

납 연

13획	鉛 鉛 鉛 鉛 鉛 鉛 鉛 鉛 鉛 鉛 鉛 鉛 鉛		
음독	えん	3순위	鉛筆 연필 (えんぴつ)　　　亜鉛 아연 (あえん) 黒鉛 흑연 (こくえん)
훈독	なまり		鉛 (なまり) 납

1395

銘

중학 | N1 | 1460위

쇠(金)에 이름(名)을 새기니

0218 名: 이름(떨칠) 명

새길 명

14획	銘 銘 銘 銘 銘 銘 銘 銘 銘 銘 銘 銘 銘 銘	
음독	めい　1순위	碑銘 비명 (ひめい)　　　　座右の銘 좌우명 (ざゆうのめい) *正真正銘 정진정명 진실/진짜 (しょうしん・しょうめい) *銘柄 명병 (めいがら) 상표/품목

0273

本

1학년 | N4 | 7위

① 근본 본　② 책 본

해설	지식이라는 나무(木)가 지면(一) 아래 뿌리내린 근본에 해당하는 책이니
음독	[ほん]　本質 본질 (ほんしつ)　　　*本屋 책방 (ほんや)
파생	0274 体 몸 체 [たい]

鉢

중학 | N1 | 1677위

쇠(金)처럼 단단하고 어린 나무(木)도 흙(一) 아래 뿌리내리고 살 수 있게 만든 화분이니

① 화문 발 ② 머리둘레 발

13획 鉢 鉢 鉢 鉢 鉢 鉢 鉢 鉢 鈢 釷 鉢 鉢 鉢

음독	はち	3순위	①*鉢 발화분 (はち) ① 鉢植え (はち・うえ) 화분에 심음 ②*鉢巻き (はち・まき) 머리에 감는 천 ②*鉢合わせ (はち・あわせ) 박치기/우연히 마주침
	はつ	4순위	① 托鉢 탁발 (たくはつ) ① 衣鉢 의발 (いはつ/えはち)

| 잠깐만요 |

- 한국에서 속어로 '머리'를 '뚝배기'라고 표현하기도 하죠? 일본에도 '① 화분'을 '② 머리'의 의미로 사용하는 「鉢巻き/鉢合わせ」 같은 어휘들이 존재합니다. 이때 「鉢」는 '화분의 튀어나온 주둥이 둘레처럼 머리둘레의 가장 튀어나온 옆통수 부분(이마에 두르는 띠가 덮는 부위 중 옆부분)'을 말합니다.
- 「はち」는 파생 어휘들이 모두 훈독 어휘와 붙어서 복합어를 이루는 경향이 있어요.
- 「はつ」는 불교 용어에만 사용되고, 「托鉢/衣鉢」 외에는 거의 사용되지 않아요.

段

차례 단 · 계단 단

6학년 | N2 | 469위

해설	언덕(阝)의 측면(')을 차례차례 몽둥이로 쳐내며(殳) 만든 계단이니
음독	[だん] 段階 단계 (だんかい) 手段 수단 (しゅだん)
파생	0737 殳 몽둥이 수 0738 投 던질 투 [とう] 0740 役 부릴 역 [やく/えき] 0741 設 세울 설 [せつ] 0742 殺 죽일 살 · 빠를 쇄 [さつ/さい] 0743 穀 곡식 곡 [こく]

鍛

중학 | N1 | 1819위

쇠(金)를 몇 번이고 두드리며 차례(段)로 공정을 밟아가며 단련시키니

단련할 단

17획 鍛 鍛 鍛 鍛 鍛 鍛 鍛 鍛 鍛 釷 釷 鍛 鍛 鍛 鍛 鍛 鍛

음독	たん	3순위	鍛錬 단련 (たんれん) 鍛造 단조 (たんぞう)
훈독	[きた]える		鍛(きた)える 단련하다 → 鍛(きた)え 단련
	예외		鍛冶(かじ) 대장장이 → 鍛冶場(かじば) 대장간

'물과 불'의 파생 [31자]

49 尞: 횃불 료 ▶ 尞僚瞭寮療

1398 ● 부수자

尞

어둠을 크게(大) 밝히기 위해 벽 양쪽(丷)에 작은(小) 해(日)처럼 죽 늘어선 횃불이니

횃불 료

12획 尞 尞 尞 尞 尞 尞 尞 尞 尞 尞 尞 尞

1399

僚

중학 | N1 | 1222위

사람(亻) 중 사리에 밝아 횃불(尞)처럼 민중을 이끌던 관료를 말하니

① 관료 료 ② 동료 료

14획 僚 僚 僚 僚 僚 僚 僚 僚 僚 僚 僚 僚 僚 僚

음독	りょう 2순위	① 官僚 관료 (かんりょう)	①*下僚 하료 하급 관리 (かりょう)
		① 各僚 각료 (かくりょう)	② 同僚 동료 (どうりょう)

│ 잠깐만요 │
• '횃불(尞)이 양쪽에 죽 늘어선 관사 아래에서 일하는 사람(亻)은 관료이니'로 외워도 돼요.

1400

瞭

중학 | 급수 외 | 2323위

눈(目)에 들어오는 모든 것이 횃불(尞)에 비추어 보듯 뚜렷하게 보이니 0066 目: 눈 목

뚜렷할 료 · 명료할 료

17획 瞭 瞭 瞭 瞭 瞭 瞭 瞭 瞭 瞭 瞭 瞭 瞭 瞭 瞭 瞭 瞭

음독	りょう 4순위	明瞭 명료 (めいりょう)
		一目瞭然 일목요연 (いちもく・りょうぜん)

1401

寮

중학 | N1 | 1939위

지붕(宀) 아래 횃불(尞)이 늘어서듯 많은 창문에 불이 들어오는 기숙사이니

宀: 지붕 면 · 집 면

기숙사 료

15획 寮 寮 寮 寮 寮 寮 寮 寮 寮 寮 寮 寮 寮 寮 寮

음독	りょう	2순위	*寮 요(りょう) 기숙사 *社寮 사료(しゃりょう) 회사 기숙사 *入寮 입료(にゅうりょう) 기숙사에 들어감 *全寮制 전료제(ぜんりょうせい) 전원 기숙사제

| 잠깐만요 |
• 「寮」는 기숙사 이름의 접미어로 사용되어 「○○寮」라는 형태로 자주 사용돼요.

1402

療

중학 | N2 | 644위

병든(疒) 이의 생명력이 횃불(尞)처럼 피어오르도록 병을 고치고 치료하니   疒: 병들 녁

병 고칠 료 · 치료 료

17획 療 療 療 療 療 療 療 療 療 療 療 療 療 療 療 療 療

음독	りょう	2순위	療法 요법(りょうほう) 医療 의료(いりょう) 診療 진료(しんりょう) 治療 치료(ちりょう) *理学療法 이학요법 물리치료(りがく・りょうほう)

| 잠깐만요 |
• 일본에서는 물리치료(物理治療)라는 말은 쓰지 않아요. 「理学療法」라고 하니 주의하세요.

---

50 火: 불 화 ▶ 炉淡

0022

火 / 灬

1학년 | N5 | 465위

불 화

해설	불의 모양을 본떠
음독	[か] 火災 화재(かさい) 火山 화산(かざん)
파생	**0350** 災 재해 재[さい] **0351** 灰 재 회[かい] **0352** 炭 숯 탄[たん] **0353** 灯 등불 등[とう] **0300** 畑 화전 전 **0356** 焼 불사를 소[しょう] **0355** 燃 불탈 연[ねん] **0904** 点 점 점 · 불켤 점[てん] **0357** 無 없을 무[ぶ/む] **0635** 照 비출 조[しょう]

炉

중학 | N1 | 1686위

불(火) 기운이 문(戸)을 뚫고 나올 만큼 공간을 달구는
화로/난로이니
0147 戸 : 집문 호

화로 로 · 난로 로

8획 炉 炉 炉 炉 炉 炉 炉 炉

음독	ろ	1순위	火炉 화로 (かろ)	風炉 풍로 (ふろ)
			暖炉 난로 (だんろ)	原子炉 원자로 (げんしろ)
			* ガス焜炉 가스곤로 가스레인지 (ガス・こんろ)	

| 잠깐만요 |
• 「ガス焜炉」는 일반적으로 가타카나로 표기해요. → [표기 빈도] ガス焜炉 〈 ガスコンロ

炎

① 불꽃 염 · 뜨거울 염 ② 염증 염

중학 | N1 | 1343위

해설	불(火)이 겹겹이(火) 타올라 뜨거운 불꽃이니
음독	[えん] 炎症 염증 (えんしょう) 火炎 화염 (かえん)
파생	0349 談 이야기 담 [だん]

淡

중학 | N1 | 1433위

물(氵)에 불(炎)타고 남은 재를 조금 탄 듯 **묽고 담박한** 색과 농도이니

묽을 담 · 담박할 담

11획 淡 淡 淡 淡 淡 淡 淡 淡 淡 淡 淡

음독	たん	2순위	淡水 담수 (たんすい)	淡泊 담백 (たんぱく)
			冷淡 냉담 (れいたん)	濃淡 농담 (のうたん)

훈독	[あわ]い	淡(あわ)い ⓐ (맛/빛/색이) 진하지 않다, (형태/빛이) 희미하다 ↔ 濃(こ)い ⓑ (관심/집착이) 약하다, 아련하다 예 淡(あわ)い味(あじ) 담박한 맛 淡(あわ)い望(のぞ)み 막연한 희망

| 잠깐만요 |
• 보통 '맑을 담'으로 지정되어 있지만, '묽고 담박하고 순하고 희뿌연 느낌'으로 사용됩니다.
  이미지로는 '수묵화'의 물에 묽게 갠 묵색을 떠올리면 될 듯해요.

0329 赤 붉을 적 1학년 | N3 | 482위

해설	흙(土)을 깊이 파고 들어가면 불(灬 → 小)처럼 **붉은색**의 용암이 나오니
음독	[せき] 赤十字 적십자 (せきじゅうじ) [しゃく] *赤銅 구릿빛 (しゃくどう)

1405 赦

얼굴이 붉어질(赤) 만큼 화가 나 죽이고 싶어도 한 대 때리는(攵) 걸로 용서하니

攵: 때릴 복

용서할 사

11획 赦 赦 土 丰 赤 赦 赦 赦 赦 赦 赦

음독	しゃ	4순위	赦免 사면 (しゃめん)	*容赦 용사용서/참작 (ようしゃ)

중학 | N1 | 2006위

|비교|
· **0661** 許 vs **1405** 赦

|잠깐만요|
· 容赦는 주로 부정 표현을 동반해서 '용서 없는, 무자비한, 사정 봐 주지 않는'의 의미로 사용되니
  부정 표현과 함께 외워 두세요.
  예 容赦(ようしゃ)しない 용서 없다, 사정을 봐 주지 않다
  　　容赦(ようしゃ)なく殺(ころ)す 무자비하게 죽이다
· 許(ゆる)す〈일반적〉ⓐ 허가하다, 허락하다 ⓑ 용서하다, 면하다
  赦(ゆる)す〈죄/의무/책임을〉사하다 　예 罪を赦す 죄를 사하다

1406 嚇

입(口)으로 얼굴이 울긋불긋(赤赤)해질 만큼 성내며 상대를 위협하니

성낼 혁 · 위협할 혁

17획 嚇 口 口 口 口 叶 叶 叶 叶 叶 嚇 嚇 嚇 嚇 嚇 嚇 嚇

음독	かく	4순위	*威嚇 위혁위협 (いかく)

중학 | N1 | 2616위

|잠깐만요|
· 실질적으로 사용되는 어휘는 「威嚇」뿐이기 때문에 통째로 외우는 게 좋아요.

0452 亦 역시 역 제부수 | N1 | 2775위

해설	머리(亠) 아래 얼굴이 불(灬→小) 붙은 듯 붉어지는 모습을 보면 그 역시/또한 어떠한 감정이나 상태인지 알 수 있으니 　　　　　　　　　　　　　　　　　　　　亠: 머리 두
파생	**0453** 変 변할 변[へん] **0454** 恋 사모할 련[れん]

跡

중학 | N2 | 816위

다리(足)가 밟고 간 곳을 보면 역시나(亦) 그 발자취가 남아 흔적이 생기니

발자취 적 · 흔적 적

13획 跡 跡 跡 跡 跡 跡 跡 跡 跡 跡 跡 跡 跡

음독	せき	1순위	軌跡 궤적 (きせき)	追跡 추적 (ついせき)
			遺跡 유적 (いせき)	筆跡 필적 (ひっせき)
			奇跡 기적 (きせき)	痕跡 흔적 (こんせき)
훈독	あと		跡(あと) 발자취, 흔적	
			→ 足跡(あしあと) 발자취, 족적	
			傷跡(きずあと) 상처 자국, 흉터	
			跡地(あとち) 건물이 섰던 공터	
			跡継(あとつ)ぎ/跡取(あとと)り 후계자, 후임	
			跡形(あとかた)もない 흔적도 없다	
			cf) 痕(あと) 상처 자국, 흉터　　▼址(あと) 건물이 있던 자리, 터	

| 비교 |
· あと : 1407 跡 vs
2294 痕 vs 상용외 址

蛮

중학 | N1 | 1793위

문명인 입장에서는 역시나(亦) 벌레(虫) 보듯 보게 되는 야만스러운 오랑캐이니

오랑캐 만 · 야만 만

12획 蛮 蛮 蛮 蛮 蛮 蛮 蛮 蛮 蛮 蛮 蛮 蛮

| 음독 | ばん | 2순위 | 蛮行 만행 (ばんこう) | 蛮勇 만용 (ばんゆう) |
| | | | 野蛮 야만 (やばん) | 南蛮 남만 (なんばん) |

| 잠깐만요 |
· 南蛮: 무로마치(室町)~에도(江戸) 시대에 동남아시아를 경유해 일본에 왔던 포르투갈 · 스페인

湾

중학 | N2 | 1046위

바닷물(氵)이 해안선을 침식하면 역시나(亦) 활(弓)처럼 굽이지며
움푹 들어가는 만이 생기니　　氵: 물 수　弓: 활 궁

물굽이 만

12획 湾 湾 湾 湾 湾 湾 湾 湾 湾 湾 湾 湾

음독	わん	2순위	湾 만 (わん)	台湾 대만 (たいわん)
			港湾 항만 (こうわん)	*湾岸 만안만의 연안 (わんがん)
			*湾岸戦争 만안전쟁걸프 전쟁 (わんがん · せんそう)	

| 잠깐만요 |
· '만(湾)'은 '바다가 육지 쪽으로 파인 것', '곶(岬)'은 '육지가 바다 쪽으로 툭 튀어나온 것'입니다.
　'만'은 「入江(いりえ)」, '곶'은 「岬(みさき)」라는 훈독 어휘로 사용됩니다.

0018 水 / 氵 / 氺 물 수 1학년 | N4 | 146위

해설	떨어지는 물방울(l)과 옆으로 퍼지는 물방울(氵 氺)로 물을 나타내니
음독	[すい] 水分 수분(すいぶん)　水道 수도(すいどう)
파생	**0362** 氷[冫] 얼음 빙[ひょう]

1410

踏

중학 | N1 | 893위

발(足)로 물(水)이 '찰박' 하고 소리나도록(曰) 힘껏 밟으니

足: 발 족 | 曰: 말할 왈 · 아뢸 왈

밟을 답

15획 踏 踏 踏 踏 踏 踏 踏 踏 踏 踏 踏 踏 踏 踏 踏

음독	とう [2순위]	踏破 답파(とうは)　　踏襲 답습(とうしゅう) 踏査 답사(とうさ) 前人未踏 전인미답(ぜんじん・みとう)
훈독	[ふ]む	踏(ふ)む 밟다　　　　→　踏(ふ)み潰(つぶ)す 짓밟다 踏(ふ)み切(き)る ⓐ 땅을 힘차게 딛다　ⓑ 결단하다 踏切(ふみきり) 건널목　　　踏(ふ)ん張(ば)る 힘껏 버티다 踏(ふ)み倒(たお)す ⓐ 밟아 쓰러뜨리다　ⓑ (빚/대금을) 떼어먹다
	[ふ]まえる	踏(ふ)まえる ⓐ 밟아 누르다　ⓑ 입각하다, 근거로 삼다

| 잠깐만요 |
· 状況(じょうきょう)を踏(ふ)まえて判断(はんだん)する: 상황에 입각해서 판단하다

0382 泉 샘 천 6학년 | N2 | 425위

해설	깨끗한(白) 물(水)이 솟아나는 샘이니
음독	[せん] 温泉 온천(おんせん)　　源泉 원천(げんせん)
파생	**0383** 線 줄 선[せん]

1411

腺

중학 | N1 | 2415위

몸(月)에서 체액이 나오는 샘(泉) 역할의 기관(샘)이니

月(좌변): 고기 육

샘 선

13획 腺 腺 腺 腺 腺 腺 腺 腺 腺 腺 腺 腺 腺

| 음독 | せん | 2순위 | *涙腺 누선눈물샘 (るいせん) | 前立腺 전립선 (ぜんりつせん) |
| | | | 皮脂腺 피지선 (ひしせん) | 扁桃腺 편도선 (へんとうせん) |

| 잠깐만요 |
• 일본에서 외국 의학 서적을 번역하기 위해 만든 한자예요.

0363

永

길 영 · 오랠 영

5학년 | N2 | 710위

해설	하늘 '위'에서 떨어진 빗방울(丶)이 모이고 흘러 물길(水)이 되기까지의 길고 오랜 모습이니
음독	[えい] 永久 영구 (えいきゅう)　　永遠 영원 (えいえん)
파생	0364 泳 헤엄칠 영 [えい]

1412

詠

중학 | N1 | 2009위

말(言)로 길고 오랜(永) 세월 이어져 온 **시가를 노래하며** 읊으니

시 읊을 영

12획 詠 詠 詠 詠 詠 詠 詠 詠 詠 詠 詠 詠

음독	えい	3순위	詠嘆 영탄 (えいたん)　　　詠唱 영창 (えいしょう)
			*朗詠 낭영 (ろうえい) 시가에 가락을 붙여 읊음
훈독	[よ]む		詠(よ)む (시가를) 읊다, 영창하다

| 잠깐만요 |
• 의미가 협소한 만큼 파생 어휘 수는 많으나 대부분의 어휘가 운문학 용어들이에요.

0365		새길 록 · 물들일 록	부수자
해설		손(彐)으로 식물을 짠 물(氺)로 색을 새기고 물들이니	
파생		0366 綠 초록 록[りょく]　　0367 錄 기록할 록[ろく]	

1413

剝／剝

중학 | 급수 외 | 1592위

물든(录) 듯 색이 있는 껍질을 칼(刂)로 벗겨내니　　刂: 칼 도

벗길 박

10획	剝 剝 剥 彐 录 录 录 录 剥 剝 剝 剥 彔 彔 彔 彔 彔 彔 剝 剝

음독	はく　3순위	剝製 박제 (はくせい)　　剝奪 박탈 (はくだつ) 남의 것을 빼앗는 것 剝離 박리 (はくり)　　剝脱 박탈 (はくだつ) 벗겨서 떨어지는 것
훈독	[は]ぐ	剝(は)ぐ ⓐ 벗기다　ⓑ (옷을 벗기다 →) 박탈하다 → 剝(は)ぎ取(と)る ⓐ (표면에 붙은 것을) 벗겨내다, 떼어내다 　　　　　　　　　　ⓑ (착용 중인 의복/소지품을) 빼앗다
	[は]げる	剝(は)げる ⓐ (껍질/칠/도색이) 벗겨지다　ⓑ 바래다, 한물가다 → 剝(は)げ 칠한 것이 벗겨짐
	[は]がれる	剝(は)がれる 벗겨지다, 벗겨 떨어지다 → 剝(は)がれ落(お)ちる 벗겨져 떨어지다
	[は]がす	剝(は)がす 벗기다, 떼다
	[む]く	▽剝(む)く (껍질 등을) 벗기다, 까다 → 剝(む)き出(だ)し (노골적으로) 드러냄, 노출함 　　牙(きば)を剝(む)く 어금니를 드러내다, 으르렁거리다
	[む]ける	▽剝(む)ける (껍질 등이) 벗겨지다

| 잠깐만요 |
- '손(彐)으로 잡고 물(氺)로 씻으면서 칼(刂)로 껍질을 벗기니'로 해설해도 좋겠죠?
- 剝: 신자체 ▷ 상용 한자체로 지정 → 교과서/시험에서 사용
  剝: 구자체 ▷ 인쇄 표준형 → 인쇄물 등에서 많이 사용
- 훈독의 의미 구분
  - はぐ・はげる　　：일부가 부분적으로 벗겨지는 이미지 → 도색(의 일부)이 벗겨지다
  - はがれる・はがす：비교적 넓은 면적이 통으로 벗겨지는 이미지 → 스티커 한 장을 떼다
  - むく・むける　　：알맹이를 빼낼 목적으로 표피 등을 벗기는 이미지 → 과일 껍질을 벗기다

縁

중학 | N1 | 87위

운명의 실(糸)로 이어짐을 손(ヨ)으로 직접 돼지(豕)를 잡아 축하하며 서로의 인연을 가장자리에 앉은 하객에게 알리니

ヨ: 오른손 계　豕: 돼지 시

① 인연 연　② 가장자리 연·테두리 연

15획 　縁 縁 縁 縁 縁 縁 縁 縁 縁 縁 縁 縁 縁 縁 縁

음독	えん	1순위	① 縁 연인연 (えん)	①*縁起 연기운수 (えんぎ)
			①*縁談 연담혼담 (えんだん)	① 因縁 인연 (いんねん)
			① 血縁 혈연 (けつえん)	①*離縁 이연절연 (りえん)
		4순위	②*縁側 연측툇마루 (えんがわ)	
훈독	ゆかり		▽縁(ゆかり) 연고　　→ 縁(ゆかり)の地(ち) 연고지	
	ふち		縁(ふち) 가장자리, 테두리　→ 崖(がけ)っ縁(ぷち) 벼랑 끝 眼鏡(めがね)の縁(ふち) 안경테 ＝フレーム 額縁(がくぶち) 액자 틀	
	ヘリ		▽縁(ヘリ) 모서리, 가장자리 → 机(つくえ)の縁(ヘリ) 책상 테두리　畳(たたみ)の縁(ヘリ) 다다미 테두리	

│잠깐만요│

- 같은 음독이라도 의미에 따라 순위를 나누었어요.
- '인연'의 의미 구분
  - 縁: 현생에 자연스럽게 이어진 (운명적) 인연 → '좋은 인연/현생의 인연'의 의미로 사용
    - 例 親子(おやこ)の縁(えん) 부모 자식 간의 인연
    - 縁結(えんむす)び 남녀의 연분을 맺음, 결혼
  - 因縁: 전생/과거부터 이어진 복잡하게 얽힌 뿌리 깊은 운명적 관계
    - → '나쁜 인연/복잡한 인연/전생과 이어진 운명'의 의미로 사용
    - 例 因縁(いんねん)の対決(たいけつ) (예부터 복잡하게 얽힌 상대와의) 운명적 대결
    - 因縁(いんねん)을 つける 억지 시비를 걸다
- '테두리'의 의미 구분
  - ふち: 주로 정면에서 보게 되는 입체적으로 보이는 것의 '테두리/틀' 例 액자, 거울, 안경
  - ヘリ: 주로 위에서 내려보아 사각형으로 보이는 것의 '가장자리' 例 다다미, 책상

---

54 雨: 비 우 ▶ 雷霊曇霜霧露

0019	雨		비 우	1학년	N4	798위
해설			하늘(一)에서 세상을 덮으며(冂) 내리는 물(氺)의 모습으로 비를 나타내니			
음독			[う] 雨天 우천 (うてん)　　暴風雨 폭풍우 (ぼうふうう)			
파생			0372 雪 눈 설 [せつ]　0373 電 번개 전 [でん]　0374 雲 구름 운 [うん]			

雷

중학 | N1 | 1613위

비(雨)와 함께 논밭(田)에 울려 퍼지는 천둥 소리이니

천둥 뢰 · 우레 뢰

13획 雷雷雷雷雷雷雷雷雷霄霄雷雷

음독	らい [1순위]	雷雨 뇌우 (らいう) 落雷 낙뢰 (らくらい) 地雷 지뢰 (じらい)	*雷鳴 뇌명 천둥소리 (らいめい) 避雷針 피뢰침 (ひらいしん) 魚雷 어뢰 (ぎょらい)
훈독	かみなり	雷(かみなり) ⓐ 천둥 ⓑ 벼락	

| 잠깐만요 |
• 0373 電 번개 전」과의 구분에 주의하세요. 「雷」는 비와 함께 밭에 울려 퍼지는 '우레 소리'를,
「電」은 밭에 내리꽂히는 '번개'의 모습을 본뜬 거예요.

靈

중학 | N1 | 1155위

비(雨) 오는 날 향을 피우면(业＋二) 찾아오는 영혼이니
业 : 북쪽 북(여기선 향이 꽂혀 있는 모습) 二: 두 이(여기선 연기 모양)

영혼 령(영)

15획 靈靈靈靈靈靈靈靈靈靈靈靈
靈靈靈

음독	れい [1순위]	靈 영영혼 (れい) 幽靈 유령 (ゆうれい) 心靈現象 심령현상 (しんれい・げんしょう)	靈感 영감 (れいかん) 亡靈 망령 (ぼうれい)
	りょう [3순위]	悪靈 악령 (あくりょう) 死靈 사령 (しりょう)	生靈 생령 (いきりょう)
훈독	たま	靈(たま) 넋, 영혼 ＝ 魂(たましい) → 御靈(みたま) 〈높임 표현〉 영혼	

| 잠깐만요 |
• 훈독의 경우, 「1372 魂 넋 혼 · 혼백 혼」과 혼용됩니다.

雲

구름 운

2학년 | N2 | 950위

해설	비(雨)가 올 것을 말해(云) 주는 구름이니
음독	[うん] 風雲 풍운 (ふううん)　暗雲 암운 (あんうん)

1417

曇

중학 | N2 | 2035위

해(日) 아래에 먹구름(雲)이 가득하여 우중충하게 흐리니

흐릴 담

16획 曇 曇 曇 曇 曇 曇 曇 曇 曇 曇 曇 曇 曇 曇 曇 曇

음독	どん 〔4순위〕	*曇天 담천흐린 하늘 (どんてん) *晴曇 청담맑음과 흐림 (せいどん)
훈독	[くも]る	曇(くも)る ⓐ 흐리다, 흐려지다 　　　　　ⓑ (마음/기색이) 어두워지다, 우울해지다 　→ 曇(くも)り ⓐ 흐림 ↔ 晴(は)れ 맑음 　　　　　　　　 ⓑ (마음/기색이) 어두움, 우울함

| 잠깐만요 |
- 의미가 협소한 만큼 파생 어휘 수는 많으나 대부분의 어휘가 운문학 용어들이에요.

0258 相

① **서로 상**　② **(자세히) 볼 상**　③ **재상 상**　　　　　3학년 | N2 | 111위

해설	두 재상이 나무(木)처럼 마주 서서 눈(目)이 아플 정도로 서로를 자세히 보니
음독	[そう] 相応 상응 (そうおう)　　　　[しょう] 首相 수상 (しゅしょう)
파생	**0259** 想 생각할 상[そう/そ]　**0260** 箱 상자 상[そう]

1418

霜

중학 | N1 | 2482위

추운 날 빗방울(雨) 같은 공기 중의 수분이 서로(相) 뭉치고 얼어 생기는 새하얀 서리이니

서리 상

17획 霜 霜 霜 霜 霜 霜 霜 霜 霜 霜 霜 霜 霜 霜 霜 霜 霜

음독	そう 〔2순위〕	*霜害 상해서리 피해 (そうがい)　　*霜髮 상발백발 (そうはつ) 風霜 풍상삶의 고초 (ふうそう)　　*晚霜 만상늦서리 (ばんそう) *秋霜烈日 추상열일 (しゅうそう・れつじつ)
훈독	しも	霜(しも) ⓐ 서리 ⓑ 흰머리 ⓒ (냉장고의) 성에 霜取(しも・と)り (냉장고의) 성에 제거 霜降(しも・ふ)り ⓐ 서리가 내림 ⓑ 희끗희끗한 무늬 　　　　　　　　 ⓒ (고기의) 마블링 霜枯(しも・が)れる 서리를 맞아 시들다 霜枯れ時(しもがれ・どき) ⓐ 초목이 서리를 맞아 시드는 계절 　　　　　　　　 ⓑ (겨울철) 장사가 안 되는 시기, (스포츠) 경기가 없는 시기

| 잠깐만요 |
- 「秋霜烈日」란 '가을의 찬 서리(秋霜)와 여름의 뜨거운 태양(烈日)'으로, 형벌/권위/지조 등이 매우 엄하고 매서움을 의미합니다.
  ⑪ 秋霜烈日(しゅうそうれつじつ)のごとき命令(めいれい) 추상열일 같은 명령, 아주 엄한 명령

0725	務	힘써 임할 **무**		5학년 | N2 | 243위

해설	창(矛)으로 치듯(攵) 힘써(力) 업무에 임하니	矛: 창 모
음독	[む] 勤務 근무 (きんむ)　　事務 사무 (じむ)	

1419

霧

중학 \| N1 \| 1559위

비(雨)가 너무 힘써 임한(務) 듯 물방울이 세상을 가득 뒤덮는 안개이니

안개 무

19획	霧霧霧霧霧霧霧霧霧霧霧霧霧霧霧霧霧霧霧

음독	む	2순위	霧散 무산 (むさん)　　噴霧器 분무기 (ふんむき) 煙霧 연무 (えんむ)　　五里霧中 오리무중 (ごり・むちゅう)
훈독	きり		霧 (きり) 안개　　→　霧雨 (きりさめ) 안개비

| 잠깐만요 |

• 안개는 마치 비가 너무 열심히 일해서 세상에 빗물이 자잘하게 잔뜩 퍼진 듯한 이미지죠?

1199	路	길 로 · 도로 **로**		3학년 | N3 | 399위

해설	발(𧾷)로 뛰어 각각(各)의 목적지로 갈 수 있게 만든 길이니
음독	[ろ] 路上 노상 (ろじょう)　　道路 도로 (どうろ)
파생	1197 各 각각 각 [かく]　1198 格 격식 격 [かく/こう]　1200 略 간략할 략 [りゃく] 1201 落 떨어질 락 [らく]

1420

露

중학 | N1 | 947위

공기 중의 수분이 빗방울(雨)처럼 길(路)가의 풀잎에 맺혀 세상에 드러나는 이슬이니

① 이슬 로 ② 드러날 로

21획 露露露露露露露露露露露露露露露露露
露露露露

음독	ろ	1순위	②露骨 노골 (ろこつ)	② 露店 노점 (ろてん)
			②露出 노출 (ろしゅつ)	② 暴露 폭로 (ばくろ)
		3순위	①結露 결로 (けつろ)	①*防露 방로 결로 방지 (ぼうろ)
	ろう	4순위	②披露 피로 널리 보여줌 (ひろう)	
			②披露宴 피로연 (ひろうえん)	
훈독	つゆ		露(つゆ) ⓐ 이슬 ⓑ 〈문학적 비유〉 눈물	
	[あら]わ		▽露(あら)わだ / [–に+동사] / [–な+명사] 숨기지 않음, 노골적임, 공공연함	

| 잠깐만요 |
· '이슬'이란 보이지 않던 수분이 모여 세상에 '드러나는 것'이죠?
· 「ろう」로 읽는 음독 어휘는 「披露(宴)」뿐입니다.

| 잠깐만요 |
· 제정 러시아를 한자로 나타낼 때 사용하기도 합니다. ❻ 中露戦争(ちゅうろ・せんそう) 중러 전쟁
단, 뉴스/신문 등에서 쓰는 현대 러시아의 생략형은 가타카나의 두문자「ロ(シア)」를 씁니다.

�55 需: 필요할 수 ▶ 需 儒 濡

1421

需

중학 | N1 | 1572위

비(雨)는 강물로 이어져서(而) 세상에 생명을 부여하는 없어서는 안 되는 것이죠?
而: (말) 이어줄 이

필요할 수 · 없어서는 안 될 수

14획 需需需需需需需需需需需需需需

| 음독 | じゅ | 2순위 | 需給 수급 (じゅきゅう) | 需要 수요 (じゅよう) |
| | | | 軍需 군수 (ぐんじゅ) | 必需品 필수품 (ひつじゅひん) |

| 잠깐만요 |
· '필수'의 의미 구분 ☞ 「 1518 須 반드시 수」의 | 잠깐만요 | 참조

1422

儒

중학 | N1 | 2025위

사람(亻)이 사람답게 살기 위해 필요한(需) 예의와 행실을 배우는 학문인 유교이니

선비 유 · 유교 유

16획 儒儒儒儒儒儒儒儒儒儒儒儒儒儒儒儒

| 음독 | じゅ | 2순위 | 儒学 유학 (じゅがく) | 儒教 유교 (じゅきょう) |
| | | | *神儒仏 신유불 (しんじゅぶつ) 신도 · 유교 · 불교 | |

| 잠깐만요 |
· 파생 어휘는 많지만 모두 유교를 의미하기 때문에 사용 빈도가 낮습니다.

濡

학년 외 | 급수 외 | 1366위

신체는 수분(氵)이 없어서는 안 되므로(需) 항상 눈/코/입이 촉촉하게 젖어 있으니

젖을 유

17획	濡 濡 濡 濡 濡 濡 濡 濡 濡 濡 濡 濡 濡 濡 濡 濡 濡

훈독	[ぬ]れる	濡(ぬ)れる 젖다	→ 濡れ手(ぬれて) 젖은 손
		びしょ濡(ぬ)れ 흠뻑 젖음	濡れ衣(ぬれぎぬ) 누명, 원죄
	[ぬ]らす	濡(ぬ)らす 적시다	

| 잠깐만요 |
- 누명을 씌우다: 濡(ぬ)れ衣(ぎぬ)を着(き)せる
- 누명을 쓰다 : 濡(ぬ)れ衣(ぎぬ)を着(き)せられる

---

56 谷: 골짜기 곡 ▶ 俗 裕 溶

0377 谷 골짜기 곡   2학년 | N2 | 450위

해설	산골이 양쪽으로 나뉘고(八) 나뉜(八) 사이로 물이 흘러 입구(口)에 모이는 골짜기이니
음독	[こく] 渓谷 계곡(けいこく) 峡谷 협곡(きょうこく)
파생	0378 浴 씻을 욕[よく] 0379 欲 바랄 욕[よく] 0380 容 담을 용·얼굴 용[よう]

俗

중학 | N1 | 1360위

사람(亻)이 가득 찬 골짜기(谷)와 같은 속세는 저속하기 그지없으니

① 속세 속   ② 저속할 속·풍속 속

9획	俗 俗 俗 俗 俗 俗 俗 俗 俗

음독	ぞく	1순위	①*俗 속속세 (ぞく)	①俗説 속설 (ぞくせつ)
			① 俗世 속세 (ぞくせ)	①俗物 속물 (ぞくぶつ)
			①*良風美俗 양풍미속·미풍양속 (ようふう・びぞく)	
		2순위	② 俗語 속어 (ぞくご)	②風俗 풍속 (ふうぞく)
			② 低俗 저속 (ていぞく)	②通俗 통속 (とうぞく)

| 잠깐만요 |
- 같은 음독이라도 의미에 따라 순위를 나누었어요.
- 「俗(ぞく)」는 '세속'이나 '천하다'의 뜻으로 사용되지만, 「俗(ぞく)に言(い)う」라는 어구로 사용될 때는 '흔히 말하다, 일반적으로는 ~라고 한다'라는 의미가 됩니다.
  예 俗(ぞく)にかえった僧(そう) 속세/속인으로 돌아간 스님
  　俗(ぞく)な人間(にんげん) 속물
  　俗(ぞく)に言(い)う天才(てんさい)って奴(やつ) 흔히 말하는 천재라는 녀석
- 「風俗」는 현대어에서 '풍속'의 의미보다 '유흥업'의 의미로 자주 쓰이니 주의하세요.
  예 風俗店(ふうぞくてん) 유흥업소 　風俗(ふうぞく)で働(はたら)く 유흥업에 종사하다

1425

옷(衤)과 몸 사이에 골짜기(谷)처럼 공간이 빌 만큼 넉넉하고 **여유** 있는 모양이니

衤: 옷 의

넉넉할 유 · 여유 유

12획 裕裕裕裕裕裕裕裕裕裕裕裕

중학 | N1 | 1051위

| 음독 | ゆう [4순위] | 裕福 유복 (ゆうふく) | 富裕層 부유층 (ふゆうそう) |
| | | 余裕 여유 (よゆう) | |

0380 容

① 담을 용　② 얼굴 용

5학년 | N2 | 372위

| 해설 | 집(宀)안의 골짜기(谷) 같은 문제에 수심을 가득 담아 일그러진 **얼굴**을 나타내니 |
| 음독 | [よう] 容貌 용모 (ようぼう)　　内容 내용 (ないよう) |

1426

뭔가를 물(氵)에 담가(容) 두어 녹아 액체화한 것을 **용액**이라 하니

녹을 용

13획 溶溶溶溶溶溶溶溶溶溶溶溶溶

중학 | N2 | 1545위

음독	よう [1순위]	溶岩 용암 (ようがん)　　　溶液 용액 (ようえき) 溶接 용접 (ようせつ)　　　溶解 용해 (ようかい) 可溶性 가용성 (かようせい)　水溶性 수용성 (すいようせい)
훈독	[と]く	溶(と)く ⓐ (액체 등을 섞어) 풀다, 녹이다　ⓑ 금속을 녹이다 → 溶き卵(とき・たまご) 휘저어 푼 계란, 혹은 물에 푼 계란
	[と]ける	溶(と)ける ⓐ (액체에) 녹다, 풀리다　ⓑ 금속이 녹다 → 溶(と)け落(お)ちる 녹아내리다 　　溶(と)け込(こ)む 완전히 녹아 섞이다
	[と]かす	溶(と)かす (액체에) 풀다, (고체를) 녹이다 → 溶(と)かしバター 녹인 버터

| 잠깐만요 |
- 상용 외 한자인 「熔/鎔 쇠 녹일 용」 자를 대신해 쓰입니다. 본디 「溶岩」(용암)이나 「溶接」(용접) 등 '단단한 고체를 녹이는' 종류의 어휘는 「熔/鎔」을 써야 하지만, 일반적으로는 「溶」이 대체해 쓰여요. (훈독 또한 '금속을 녹이다'를 구체적으로 나타낼 때는 「熔/鎔」으로 표기하기도 해요.)

0020 川/巛	냇물 천		1학년 | N4 | 109위
해설	물이 흘러내려 냇물을 만드는 모양		
음독	[せん] 河川 하천(かせん)	山川 산천(さんせん)	
파생	0021 州 마을 주[しゅう] 0459 順 차례 순[じゅん] 0482 訓 가르칠 훈[くん]		
	0984 流 흐를 류[りゅう] 0350 災 재앙 재[さい]		

1427

巡

중학 \| N1 \| 1213위

냇물(巛)이 세상을 이리저리 다니듯(辶) 돌고 돌며 순환/순회하니   辶: 뛸 착·쉬어 갈 착

돌 순·순회 순

6획 巛 巛 巛 巡 巡 巡

음독	じゅん [1순위]	巡回 순회(じゅんかい) *巡査 순사경찰관(じゅんさ)
		巡視 순시(じゅんし) 巡行 순행(じゅんこう)
		巡礼 순례(じゅんれい)
훈독	[めぐ]る	巡(めぐ)る ⓐ (한 바퀴) 돌다, 순회하다, 순환하다 ⓑ 돌아다니다
		→ 巡(めぐ)り合(あ)う 해후하다, 오랜만에 우연히 만나다
		巡(めぐ)り合(あ)わせ (자연히 그리 될) 운명
	[めぐ]らす	巡(めぐ)らす 돌리다, 두르다

1428

拶

중학 \| 급수 외 \| 1418위

냇물(巛) 아래로 저녁(夕) 해가 질 때면 친구에게 손(扌)을 흔들며 건네던 인사이니

扌: 손 수 夕: 저녁 석

인사 찰

9획 拶 扌 拶 拶 拶 拶 拶 拶

음독	さつ [4순위]	*挨拶 애찰인사(あいさつ)

133

(정답은 570쪽에)

1 빈칸에 들어갈 한자로 적절한 것을 고르시오.

1. ___然 (막연)   ⓐ 膜   ⓑ 漠   ⓒ 慕
2. 交___ (교착)   ⓐ 措   ⓑ 錯   ⓒ 惜
3. ___擦 (마찰)   ⓐ 磨   ⓑ 麻   ⓒ 摩
4. 病___ (병동)   ⓐ 棟   ⓑ 凍   ⓒ 陳
5. ___惑 (유혹)   ⓐ 誘   ⓑ 透   ⓒ 秀
6. 靈___ (영혼)   ⓐ 鬼   ⓑ 醜   ⓒ 魂
7. ___墓 (능묘)   ⓐ 隆   ⓑ 陵   ⓒ 睦
8. 同___ (동료)   ⓐ 寮   ⓑ 僚   ⓒ 瞭
9. ___教 (유교)   ⓐ 需   ⓑ 濡   ⓒ 儒
10. 特___ (특징)   ⓐ 徵   ⓑ 懲   ⓒ 微
11. ___愼 (근신)   ⓐ 嘆   ⓑ 僅   ⓒ 謹
12. 暗___ (암묵)   ⓐ 黙   ⓑ 墨   ⓒ 黒

2 다음 한자의 뜻을 ( )에 적고 일본 음독을 ⓐ, ⓑ, ⓒ 중에 하나 고르시오.

1. 哀悼 ( )   ⓐ あいと   ⓑ あいとう   ⓒ あいどう
2. 彫塑 ( )   ⓐ ちょうそ   ⓑ ちょそう   ⓒ じょうそう
3. 勅令 ( )   ⓐ ちくれい   ⓑ ちょくれい   ⓒ しょくれい
4. 曖昧 ( )   ⓐ あいみ   ⓑ えめ   ⓒ あいまい
5. 猥褻 ( )   ⓐ おいせつ   ⓑ よいせつ   ⓒ わいせつ
6. 戦闘 ( )   ⓐ せんとう   ⓑ せんと   ⓒ せんつう
7. 隆起 ( )   ⓐ ゆうき   ⓑ りゅうき   ⓒ りょうき
8. 連鎖 ( )   ⓐ れんせい   ⓑ れんさい   ⓒ れんさ
9. 自嘲 ( )   ⓐ じちょう   ⓑ じちょ   ⓒ じしょう
10. 因縁 ( )   ⓐ いんえん   ⓑ いんよん   ⓒ いんねん
11. 糾弾 ( )   ⓐ きょうだん   ⓑ きゅうだん   ⓒ きゅだん
12. 素描 ( )   ⓐ そみょ   ⓑ そみょう   ⓒ そびょう

둘째마디

·

동물 [84자]

'짐승'의 파생 [14자]

58 馬: 말 마 ▶ 駐騒篤罵

0053	馬		말 마		2학년	N2	298위

해설	발길질하며 꼬리(灬)를 이리저리 움직이는 말의 모습을 본떠
음독	[ば]　馬力 마력 (ばりき)　　　競馬 경마 (けいば)
파생	0858 駅 역 역 [えき]　　0932 験 시험할 험 [けん]

1429

駐

중학 | N2 | 1335위

말(馬)을 여관 주인(主)에게 잠시 맡기고 머무르니　　　　　　　　主: 주인 주

(잠시) 머무를 주

15획　駐 駐 駐 駐 駐 馬 馬 馬 馬 馬 馬 駐 駐 駐 駐

음독	ちゅう 2순위	駐車 주차 (ちゅうしゃ)　　　駐在 주재 (ちゅうざい) 駐屯 주둔 (ちゅうとん)　　　常駐 상주 (じょうちゅう) *駐輪場 주륜장 (ちゅうりんじょう) 자전거 주차장

> 잠깐만요
> • 「駐+나라명」의 형태로 신문 등에서 자주 사용됩니다.　예 駐韓(ちゅうかん) 주한
> • 「駐在」는 '주재'라는 의미 외에도 「巡査駐在所」(순사주재소: 교통이 불편한 지방에 두는 일종의 파출소)의
> 　단축어로도 사용됩니다.
> • 상주 ▶ 常駐(じょうちゅう): 군대 등이 상시 주둔함 vs 常住(じょうじゅう): 늘 살고 있음

1430

騒

중학 | N1 | 990위

말(馬)에 앉은 벌레(虫)를 죽이려 손(又)으로 찰싹 때리면 말이 놀라 **시끄럽게** 날뛰며
소란을 일으키니　　　　　　　　　　　　　　　　　　　又: 오른손 우

시끄러울 소 · 소란스러울 소

18획　騒 騒 騒 騒 騒 馬 馬 馬 馬 馬 騒 騒 騒 騒 騒 騒 騒 騒

음독	そう 2순위	騒音 소음 (そうおん)　　　　騒動 소동 (そうどう) 騒乱 소란 (そうらん)　　　　*物騒 물소 뒤숭숭함 (ぶっそう)

훈독	[さわ]ぐ	騒(さわ)ぐ ⓐ 소란피우다, 시끄러워지다 ⓑ 허둥대다, 동요하다 → 騒(さわ)ぎ 소란
	[さわ]がしい	騒(さわ)がしい ⓐ 시끄럽다, 소란스럽다 ⓑ 뒤숭숭하다, 불온하다 = 騒々(そうぞう)しい

| 잠깐만요 |
• 한자 우측의 「蚤」만으로도 하나의 단어로 사용되니 참고하세요.
　蚤 : 손(又)으로 찰싹 때리게 되는 벌레(虫)는 벼룩이니 → 蚤(のみ) 벼룩

1431

篤

중학 | N1 | 2086위

| 비교 |
• あつい :
　0336 熱 vs 0944 暑 vs
　0386 厚 (vs 1431 篤)

함께 대나무(⺮) 말(馬)을 타던 시절의 죽마고우처럼 서로를 생각하는 마음이 깊으니

(竹→)⺮ : 대나무 죽

(마음/병세) 깊을 독

16획　篤 篤 篤 篤 篤 篤 篤 篤 篤 篤 篤 篤 篤 篤 篤 篤

음독	とく 3순위	篤実 독실 (とくじつ)　　*重篤 중독·위중함 (じゅうとく) 危篤 위독 (きとく)
훈독	[あつ]い	▼篤(あつ)い ⓐ 마음/뜻이 깊다 ⓑ 병세가 깊다 　예 篤(あつ)い友情(ゆうじょう) 깊은 우정 　情(じょう)に篤(あつ)い 정이 깊다

| 잠깐만요 |
• 「篤い」의 경우, 사전상 ⓑ의 의미가 있으나 사용되는 경우는 별로 없습니다.
　대부분 ⓐ의 의미로 사용되는데, 이때 상용한자표상 「厚(あつ)い」로 표기하는 것이 원칙이지만(시험/공문서), 관습적으로는 '마음/뜻이 깊다'는 의미를 구체적으로 표기하기 위해 선택적으로 「篤い」를 쓰기도 합니다.
　표기 빈도: 情に厚い > 情にあつい > 情に篤い

1432

罵

중학 | 급수 외 | 2062위

그물(罒)로 제압해야 할 만큼 폭주하는 말(馬)처럼 이성을 잃고 상대에게 욕설을 퍼부으며 매도함이니

罒 : 그물 망

욕할 매 · 매도할 매

15획　罵 罵 罵 罵 罵 罵 罵 罵 罵 罵 罵 罵 罵 罵 罵

음독	ば 3순위	罵倒 매도 (ばとう)　　*罵声 매성 (ばせい) 시끄럽게 욕함
훈독	[ののし]る	罵(ののし)る 큰 소리로 욕을 퍼붓다, 매도하다 ↔ 褒(ほ)める 칭찬하다

| 잠깐만요 |
• 음독의 경우, 제시된 예시 단어 외에는 사용 빈도가 낮습니다.

0052			
鹿		사슴 록	4학년 | N1 | 1022위
해설	사슴의 고개 숙인 모습을 본떠		
음독	[ろく]　鹿茸 녹용(ろくじょう)　　馴鹿 순록(じゅんろく)		

1433

麓

중학 \| 급수 외 \| 2153위

수풀(林) 속 사슴(鹿)이 뛰노는 산록이니

林: 수풀 림

산기슭 록 · 산록 록

19획 　麓 麓 麓 麓 麓 麓 麓 麓 麓 麓 麓 麓 麓 麓 麓 麓 麓 麓

음독	**ろく** [4순위]	山麓 산록(さんろく)
훈독	**ふもと**	麓(ふもと) 산기슭, 산록

1434

麗

중학 \| N1 \| 1340위

사슴(鹿)의 영롱한 두 눈(丽)처럼 맑고 아름다우니

丽: 눈썹(一)과 크고 아름다운 눈(冏)의 모습

아름다울 려

19획 　麗 麗 麗 麗 麗 麗 麗 麗 麗 麗 麗 麗 麗 麗 麗 麗 麗 麗 麗

음독	**れい** [1순위]	*奇麗 기려아름다움(きれい)　流麗 유려(りゅうれい)
		華麗 화려(かれい)　　美辞麗句 미사여구(びじ・れいく)
훈독	**[うるわ]しい**	麗(うるわ)しい　ⓐ (외모/마음이) 곱다, 아름답다　ⓑ (기분/날씨가) 좋다
	[うら]らか	▽麗(うら)らかだ　ⓐ 날씨가 화창한 모양　ⓑ 명랑한 모양

|잠깐만요|
· 사슴은 특히 영롱하고 맑은 두 눈이 곱고 아름답죠?
· 훈독의 경우, 주로 문학적/문어적인 표현에 사용되는 유려한 느낌의 단어들입니다.

1435

慶

중학 | N1 | 1218위

주술사가 사슴(声) 가죽을 덮어쓰고(冖 → 彐) 기쁜 마음(心)으로 걸어다니며(夂) 축복을 내리는 경사스러운 일이니

冖: 덮을 멱(冖)의 변형　夂: 뒤따라올 치 · 걸어올 치

경사 경

15획 慶慶慶慶慶慶慶慶慶慶慶慶慶慶慶

음독	けい　2순위	慶賀 경하 (けいが)　　　慶弔 경조 (けいちょう) *内弁慶 내변경 (うちべんけい) 방구석 여포
훈독	[よろこ]ぶ	▽慶(よろこ)ぶ 축하하다, 경축하다 → お慶(よろこ)び申(もう)し上(あ)げる 경하하다 cf) 喜(よろこ)ぶ 기쁘다, 기꺼이 받아들이다 ▽悦(よろこ)ぶ 흡족해하다, 만족스럽다

| 비교 |
· よろこぶ:
1028 喜 vs 1435 慶 vs
2082 悦

| 잠깐만요 |
· 파생 어휘가 전반적으로 사용 빈도가 높지 않은 편입니다.
· 「弁慶」는 옛이야기에 등장하는 강인한 무승으로, 장비나 여포처럼 '강자'의 대명사입니다.
· 「慶(よろこ)ぶ」는 '경사스러운 일'을 기뻐한다는 의미로, 주로 '격식'을 차린 편지글의 인사' 등에 자주 사용합니다.
　예 子供(こども)の誕生日(たんじょうび)を慶(よろこ)ぶ 아이의 생일을 축하(해 주며 기뻐)하다
　貴下(きか)ますます[御清祥(ごせいしょう)の段(だん)/御清栄(ごせいえい)のこと]とお慶(よろこ)び申(もう)し上(あ)げます。 귀하의 일익 건승하심을 경하드립니다.

1436

薦

중학 | N1 | 2028위

풀(艹) 속에 몸을 숨긴 사슴(声)처럼 숨어 있는 인재를 입 벌려(丂) 침을 튀겨가며 불(灬) 붙은 듯 열정적으로 추천함이니

丂: 낙뢰 고 · 입 벌릴 고

추천할 천

16획 薦薦薦薦薦薦薦薦薦薦薦薦薦薦薦薦

음독	せん　4순위	推薦 추천 (すいせん)
훈독	[すす]める	薦(すす)める 추천하다, 천거하다 → 薦(すす)め 추천, 천거

| 비교 |
· すすめる:
0421 進 vs 1482 勧 vs
1436 薦

---

60 虎: 호랑이 호 ▶ 虐膚虜慮虚戯

0050 虎 / 虍

호랑이 호

중학 | N1 | 1109위

해설	호피무늬(虍)를 가진 다리(儿) 달린 동물인 호랑이니　虍: 호피 호　儿: 사람 인
음독	[こ] 竜虎 용호 (りゅうこ)　　　猛虎 맹호 (もうこ)
파생	0051 劇 연극 극 · 극심할 극[げき]

虐

중학 | N1 | 1502위

| 비교 |
· いじめる:
1437 虐 vs 1947 苛

호랑이(虍)가 발톱(ㅌ)을 세워 휘둘러 학살하듯 학대하는
사나움이니　　　　ㅌ: 손톱(爪)을 가로로 휘두르는 모양

사나울 학 · 학대/학살할 학

9획　虐 虐 虐 虐 虐 虐 虐 虐 虐

음독	ぎゃく	2순위	虐待 학대 (ぎゃくたい)	虐殺 학살 (ぎゃくさつ)
			残虐 잔학 (ざんぎゃく)	自虐 자학 (じぎゃく)
훈독	[しいた]げる		虐(しいた)げる 〈문어〉 괴롭히다, 학대하다	
	[いじ]める		▽虐(いじ)める 학대하다　　cf) 苛(いじ)める 괴롭히다	

膚

중학 | N2 | 1731위

털로 덮인 호랑이(虍)의 거친 신체 중에서 그나마 위(胃)는 사람의 피부와 비슷하니
　　　　0302 胃: 위 위

피부 부

15획　膚 膚 膚 膚 膚 膚 膚 膚 膚 膚 膚 膚 膚 膚 膚

| 음독 | ふ | 4순위 | 皮膚 피부 (ひふ) |

| 잠깐만요 |
· 거의 「皮膚」에만 사용되는 한자입니다. 호랑이처럼 두껍고 털이 잔뜩 난 동물은 그나마 부드럽고
미끈한 '위'만이 사람 피부와 비슷해 보이죠?

虜

중학 | N1 | 1870위

호랑이(虍)의 발 밑에 깔린 남자(男)처럼 꼼짝없이 **사로잡힌 포로**이니

사로잡을 로 · 포로 로

13획　虜 虜 虜 虜 虜 虜 虜 虜 虜 虜 虜 虜 虜

음독	りょ	4순위	捕虜 포로 (ほりょ)	*俘虜 부로/포로 (ふりょ)
훈독	とりこ		▽虜(とりこ) 〈비유〉 포로	
			예恋(こい)の虜(とりこ) 사랑의 포로	

| 잠깐만요 |
· '포로'의 의미 구분
　– 俘虜(ふりょ): 세계 2차 대전 이전에 공식적으로 사용되던 어휘
　– 捕虜(ほりょ): 전쟁/전투에서 사로잡힌 사람
　– 虜(とりこ): 주로 비유적인 의미의 포로 → 무언가에 마음을 빼앗겨 열중하는 사람

1440

慮

중학 | N1 | 1174위

겉으로 드러나는 행동이 호랑이(虍)처럼 거침없을수록 속에 품은 생각(思)은 깊고 깊어 모든 상황을 고려하고 있음이니

0301 思: 생각 사

깊이 생각할 려 · 고려할 려

15획 慮 慮 慮 慮 慮 慮 慮 慮 慮 慮 慮 慮 慮 慮 慮

음독	りょ	1순위	考慮 고려 (こうりょ)	*遠慮 원려사양 (えんりょ)
			配慮 배려 (はいりょ)	*浅慮 천려얕은 생각 (せんりょ)
			憂慮 우려 (ゆうりょ)	思慮 사려 (しりょ)

훈독	[おもんぱか]る	▽ 慮(おもんぱか)る〈문어〉ⓐ 깊이 생각하다, 숙고하다
		ⓑ 배려하다
		→ 慮(おもんぱか)り ⓐ 사려, 고려 ⓑ 조치, 선처

1441

虚

중학 | N1 | 128위

호랑이(虍)의 영역 아래에 있는 추운 북쪽(业) 땅은 동물이 씨가 말라 **텅 비어** 있어 소리없이 공허할 뿐이니

(北→) 业: 북쪽 북

텅 빌 허 · 공허할 허

11획 虚 虚 虚 虚 虚 虚 虚 虚 虚 虚 虚

음독	きょ	1순위	虚栄 허영 (きょえい)	虚無 허무 (きょむ)
			虚言 허언 (きょげん)	虚偽 허위 (きょぎ)
			謙虚 겸허 (けんきょ)	空虚 공허 (くうきょ)
	こ	4순위	虚空 허공 (こくう)	*虚仮 허가바보 (こけ)
훈독	[うつ]ろ	▽ 虚(うつ)ろだ 얼빠진 모양, 공허한 모양 ≒ 空(うつ)ろだ
	[むな]しい	▽ 虚(むな)しい 실체/내용이 없다, 공허하다 ≒ 空(むな)しい

| 잠깐만요 |

• 「空 텅 빌 공」 vs 「虚 텅 빌 허」
  – 空: 아무것도 없이 '속이 텅 빔' → 효과가 없음, 덧없음 〈비교적 물리적/이성적〉
    예 空室(くうしつ) 공실   空(うつ)ろな大木(たいぼく) 속이 텅 빈 큰 나무
    空(むな)しい結果(けっか) 덧없는 결과
  – 虚: 충실한 '내용/실체가 없음' → 공허하다, 허무하다 〈비교적 정신적/감정적〉
    예 虚無(きょむ) 허무   虚(うつ)ろな目(め) 속이 텅 빈(공허한) 눈
    虚(むな)しい答弁(とうべん) 실체가 없는 답변
  – 단, 「うつろ」・「むなしい」는 특히 대상이 추상적일 경우 구분이 상당히 모호하기 때문에 어느 쪽으로 표기해도 괜찮습니다.
• 「虚仮」는 '속 빈(虚) 강정에 거짓(仮)투성이의 바보'로, 주로 다음과 같은 관용 표현으로 사용돼요.
    예 虚仮(こけ)にする 바보 취급하다
    虚仮威(こけ・おど)し (바보에게나 통할 법한) 뻔히 보이는 공갈

戲

중학 | N1 | 1679위

살기도 도구도 없이(虛) 손으로 휘두르는 창질(戈)은 한낱 장난질/유희에 불과하니

戈: 창 과

놀 희 · 유희 희

15획 戲 戲 戲 戲 戲 戲 戲 戲 戲 戲 戲 戲 戲 戲 戲

음독	ぎ	2순위	戲曲 희곡 (ぎきょく) 遊戲 유희 (ゆうぎ)	*悪戲 악희못된 장난 (あくぎ)
훈독	[たわむ]れる		戲(たわむ)れる ⓐ 놀다, 장난치다　ⓑ 시시덕거리다, 농담하다	
	[たわ]け		▽戲(たわ)け ⓐ 희롱, 까붐　ⓑ 천치, 얼빠진 놈 → 戲(たわ)け者(もの) 천치, 얼빠진 놈	

| 잠깐만요 |
• 「戲(たわ)け」는 보통 'ⓑ 얼빠진 놈'의 의미로 시대극 등에서 사용되는 경향이 있어요. 현대어에서 '얼빠진 놈'은 일반적으로 「バカ」, 「アホ」, 「ポンコツ」 등의 표현이 사용됩니다.

질문 있어요

令? 令? 어느 쪽이 맞는 건가요?

令과 令은 명조 · 고딕체와 **해서체**의 차이예요. 해서체란 붓글씨로 또박또박 쓰는 서체를 말합니다. 붓글씨를 기본으로 하기 때문에 곡선적이고 흐름이 이어지는 느낌이 있죠. 반면 명조체는 목판 인쇄의 발달과 함께 보급된 서체예요. 칼로 나무를 조각해 글자를 만들어야 했기 때문에 '직선적이고 조각이 편한 디자인'이 된 거죠. 예전에 만들어진 책들은 명조체와 해서체의 차이가 굉장히 컸지만, 현대에는 서체에 따른 모양 차이가 크지 않게끔 통합되고 있어요. 하지만 여전히 획수나 모양에 차이가 존재하는 글자들이 남아 있어서 주의가 필요해요.

고딕체 ゴシック体	명조체 明朝体	해서체 楷書体	교과서체 教科書体	고딕체 ゴシック体	명조체 明朝体	해서체 楷書体	교과서체 教科書体
令	令	令	令	抄	抄	抄	抄
溢	溢	溢	溢	儲	儲	儲	儲
餌	餌	餌	餌	純	純	純	純

[현대에도 서체에 따라 획수 · 모양의 차이가 비교적 큰 한자의 예]

상용한자표 서문의 **서체**에 대한 해설 중 '인쇄용 활자체'와 '수기용 서체'의 관계에 대한 설명은 둘의 차이를 **어디까지나 디자인적 차이가 있는 동일한 글자**로 보며, 서체의 차이는 크게 문제 삼지 않는다는 기술이 있어요. 그렇기 때문에 히라가나의 そ와 そ를 모두 인정하듯, 令과 令은 둘 다 맞는 표기랍니다.

10

'가축'의 파생 [21자]

61 犬/犭: 개 견 ▶ 伏 献 獣 獄 猟 猿

0041 犬 / 犭

 개 견

1학년 | N3 | 851위

해설	귀(丶)가 처지고 큰(大) 개의 모습을 본떠
음독	[けん] 愛犬 애견 (あいけん)　　番犬 번견 (ばんけん)
파생	0354 然 당연 연 [ぜん/ねん]　0355 燃 불탈 연 [ねん]　0788 状 모습 상·문서 장 [じょう] 0438 独 홀로 독 [どく]　1160 犯 범할 범 [はん]

1443 伏

중학 | N1 | 1032위

| 잠깐만요 |
「0788 状 모습 상·문서 장」과의 구분에 주의하세요.

 사람(亻) 얼굴에 개(犬)의 몸을 지닌 스핑크스처럼 바닥에 바짝 엎드리니

엎드릴 복

6획 伏 伏 伏 仕 伏 伏

음독	ふく　[2순위]	伏兵 복병 (ふくへい)　　起伏 기복 (きふく) 降伏 항복 (こうふく)　　潜伏 잠복 (せんぷく)
훈독	[ふ]す	伏(ふ)す (바짝) 엎드리다
	[ふ]せる	伏(ふ)せる ⓐ (바짝) 엎드리다 ⓑ (물건 등을) 엎어놓다 ⓒ 숨기다 → うつ伏(ぶ)せ 엎드림, 엎드려 누움

1444 献

중학 | N1 | 1634위

남쪽(南) 제단에 개(犬)를 바치며 공물을 헌납함이니　　0720 南: 남쪽 남

바칠 헌·헌납할 헌

13획 献 献 献 南 南 南 南 南 南 献 献 献 献

음독	けん　[1순위]	献身 헌신 (けんしん)　　献上 헌상 (けんじょう) 献呈 헌정 (けんてい)　　献納 헌납 (けんのう) 貢献 공헌 (こうけん)　　文献 문헌 (ぶんけん)
	こん　[4순위]	*献立 헌립식단 (こんだて)

獣

중학 | N1 | 1314위

털이 불(ﾞﾞ)탄 듯 산발한 채 논밭(田)을 거닐며 동물들을 한(一) 입(口)에 물어 죽이는 들개(犬)는 맹수이자 짐승이니　ﾞﾞ: 불 화

짐승 수 · 맹수 수

16획　獣獣獣獣獣獣獣獣獣獣獣 獣獣獣獣

| 음독 | じゅう [1순위] | *獣医 수의수의사 (じゅうい)　野獣 야수 (やじゅう)
怪獣 괴수 (かいじゅう)　猛獣 맹수 (もうじゅう)
禽獣 금수 (きんじゅう)　百獣 백수 (ひゃくじゅう) |
| 훈독 | けもの | 獣(けもの) 짐승 = 獣(けだもの)
→ 獣道(けもの・みち) 짐승이 다니는 길 |

| 잠깐만요 |
• 한국은 '수의사'라고 하지만 일본은 「獣医」라고 하니 주의하세요.

獄

중학 | N1 | 1428위

죄를 지은 개(犭)만도 못한 인간들이 말(言) 한마디 못하게끔 개(犬)처럼 다루는 감옥이니
　0100 言: 말(씀) 언

감옥 옥

14획　獄獄獄獄獄獄獄獄獄獄獄獄獄獄

| 음독 | ごく [1순위] | *獄 옥감옥 (ごく)　*牢獄 뇌옥감옥 (ろうごく)
監獄 감옥 (かんごく)　地獄 지옥 (じごく)
脱獄 탈옥 (だつごく)　煉獄 연옥 (れんごく) |

猟

중학 | N1 | 1968위

개(犭)를 풀고 불(ﾞﾞ)을 이용(用→用)하여 하는 사냥/수렵이니　ﾞﾞ: 불 화　(用→)用: 쓸 용

사냥할 렵 · 수렵할 렵

11획　猟猟猟猟猟猟猟猟猟猟猟

| 음독 | りょう [1순위] | 猟師 엽사 (りょうし)　*猟犬 엽견사냥개 (りょうけん)
猟銃 엽총 (りょうじゅう)　猟奇的 엽기적 (りょうきてき)
狩猟 수렵 (しゅりょう)　密猟 밀렵 (みつりょう) |

| 잠깐만요 |
• 인류의 사냥은 개를 길들이고 불을 이용하면서 발달했죠?
• 「猟(りょう)」 단독으로 단어가 되는 표현도 있어요. 예 猟(りょう)に出(で)る 사냥하러 가다

0830 袁	길 원	제부수	N1	1970위
해설	흙(土)과 돌멩이(口)에 옷 끝(𧘇)이 끌릴 만큼 옷자락이 길게 늘어진 모습이니
파생	0831 遠 멀 원[えん]　0832 園 동산 원[えん]

1448

猿
중학 | N1 | 1655위

개(犭) 주둥이처럼 인중이 길고(袁) 옷까지 챙겨 입는 원숭이니

원숭이 원

13획 猿 猿 猿 猿 猿 猿 猿 猿 猿 猿 猿 猿 猿

음독	えん	3순위	類人猿 유인원 (るいじんえん) 犬猿の仲 견원지중 견원지간 (けんえんのなか)
훈독	さる		猿(さる) 원숭이　→ 猿真似(さる・まね) 단순히 따라 함

| 잠깐만요 |
- 일본은 견원지간(犬猿の仲)이라고 해서 개와 원숭이는 예부터 앙숙이라고 여겼어요. 그래서 '개(犭)와 오랫동안 길게(袁) 사이가 나쁜 동물은 원숭이니'라고 외워도 돼요.

---

62 豕: 돼지 시 ▶ 逐塚墜遂

0046 豕	돼지 시	제부수	참고자	급수 외
해설	돼지의 모습을 본떠
파생	0047 豚 돼지 돈[とん]　추가자2 隊 군대 대[たい]

1449

逐
중학 | N1 | 2202위

논밭에 야생 돼지(豕)가 나타나면 뛰어가서(辶_) 쫓아내야 하니　　辶: 뛸 착

쫓아낼 축

10획 逐 逐 豕 豕 豕 豕 豕 逐 逐 逐

음독	ちく	3순위	*逐一 축일빠짐없이 (ちくいち) *駆逐 구축몰아냄 (くちく)　　角逐 각축 (かくちく)

| 잠깐만요 |
- 옛날에는 멧돼지나 야생 돼지가 농가에서 쫓아내야 할 해로운 짐승의 대표격이었어요.
- '逐一'는 '사소한 것이라도 전부 일일이 빠짐없이'라는 의미로 부사적으로 사용됩니다.
  보통 「報告(ほうこく)」(보고)와 함께 사용되므로 아래 표현을 통째로 알아 두세요.
  예 逐一(ちくいち)報告(ほうこく)しろ。 하나도 빠짐없이 보고해.
  　 逐一(ちくいち)検討(けんとう)する 일일이 검토하다

1450

흙(土)을 덮어(冖) 마치 돼지(豖)처럼 봉긋하게 만든 큰 무덤이니 · 冖 : 덮을 멱

무덤 총

중학 | N1 | 1243위

12획 塚塚塚塚塚塚塚塚塚塚塚塚

| 훈독 | つか | 塚(つか) 큰 무덤 → 貝塚(かいづか) 패총, 조개무지 |
| | | 塚穴(つかあな) 시체를 묻는 구덩이 |

<추가자 2>

隊

무리 대 · 군대 대

4학년 | N1 | 410위

| 해설 | 조교가 언덕(阝) 위에서 두 눈(ソ) 시퍼렇게 뜨고 돼지(豕) 다루듯 엄하게 무리를 정렬시키고 훈련시키는 군대이니 · ソ : 두 눈 모양 |
| 음독 | [たい] 軍隊 군대 (ぐんたい)   部隊 부대 (ぶたい) |

1451

조교가 언덕(阝) 위에서 두 눈(ソ)을 시퍼렇게 뜨고 훈련병을 돼지(豕) 다루듯 다그쳐 높은 곳에서 추락하듯 흙바닥(土)으로 떨어지게 하니

떨어질 추 · 추락할 추

중학 | N1 | 2208위

15획 墜墜墜墜墜墜墜墜墜墜墜墜墜墜墜

| 음독 | つい | [4순위] | 墜落 추락 (ついらく)   撃墜 격추 (げきつい) |
| | | | 失墜 실추 (しっつい) |

| 비교 |
· **1201** 落 vs **1451** 墜 vs
  2167 陏

| 잠깐만요 |
· 군대에서 높은 곳에서 훅 떨어지도록 하는 훈련들을 떠올려 보세요.
· 「巨星墜(きょせい・お)つ」(거성이 떨어지다 → 큰 별이 지다, 위대한 인물이 죽다)도 알아 두세요.

1452

두 눈(ソ) 시퍼렇게 뜨고 돼지(豕) 다루듯 군인들을 이리저리 뛰도록(辶) 다그쳐 임무를 완수시키는 모습이니

이룰 수 · 완수할 수

중학 | N1 | 1469위

12획 遂遂遂遂遂遂遂遂遂遂遂遂

음독	すい	[4순위]	遂行 수행 (すいこう) 完遂 완수 (かんすい)
			未遂 미수 (みすい)
훈독	[と]げる		遂(と)げる 이루어 내다, 달성하다
			→ 成(な)し遂(と)げる 달성하다, 이루어 내다
			やり遂(と)げる 끝까지 해 내다, 완수하다

0042 羊 / 𦍌	양 양		3학년 | N1 | 1720위
해설	긴 얼굴 양쪽에 뿔(ꞋꞋ)이 난 양의 모습을 본떠		
음독	[よう] 羊毛 양모 (ようもう)	羊皮紙 양피지 (ようひし)	
파생	0400 洋 큰 바다 양 [よう] 추가자 7 様 모양 양 [よう] 0407 養 기를 양 [よう]		

1453

祥

중학 \| N1 \| 1697위

신(ネ)에게 양(羊)을 제물로 바치며 복을 기원하고 길조를 바라니 　 ネ: 보일 시 · 신 시

복될 상 · 길할 상

10획 祥 祥 祥 祥 祥 祥 祥 祥 祥 祥

음독	しょう 3순위	不祥事 불상사 (ふしょうじ) 　 *吉祥 길상 길조 (きっしょう) 発祥の地 발상지 (はっしょうのち)

1454

詳

중학 \| N1 \| 1170위

말(言)을 양털(羊) 한 올 한 올까지 표현해 낼 만큼 자세하고 상세히 함이니

자세할 상 · 상세할 상

13획 詳 詳 詳 詳 詳 詳 詳 詳 詳 詳 詳 詳 詳

음독	しょう 2순위	詳細 상세 (しょうさい) 　 *詳論 상론 (しょうろん) 자세히 논함 未詳 미상 (みしょう) 　 *詳解 상해 (しょうかい) 자세한 해석
훈독	[くわ]しい	詳(くわ)しい ⓐ 상세하다, 자세하다 ⓑ 자세히 알다, 정통하다
	[つまび]らか	▽詳(つまび)らかだ 〈문어〉 자세함, 소상함

1455

鮮

중학 \| N1 \| 592위

물고기(魚)와 양고기(羊)는 싱싱하고 빛깔이 선명해야 냄새가 안 나죠?

생생할 선 · 선명할 선

17획 鮮 鮮 鮮 魚 鮮 魚 魚 魚 魚 魚 魚 魚 鮮 鮮 鮮 鮮 鮮

음독	せん 2순위	鮮明 선명 (せんめい) 　 *鮮烈 선열 (せんれつ) 선명하고 강렬함 鮮度 선도 (せんど) 　 新鮮 신선 (しんせん)
훈독	[あざ]やか	鮮(あざ)やかだ 선명함, 또렷함, 깨끗함

0401 善	착할 선 · 좋을 선		6학년 | N1 | 837위
해설	수행자가 양(羊)처럼 풀(艹)만 입(口)에 대면서 마음은 착하게, 체질은 좋게 바꾸니		
음독	[ぜん] 善悪 선악 (ぜんあく) 改善 개선 (かいぜん)		

1456 繕

실(糸)로 나쁜 상태를 좋게(善) 기워서 수선하고 고치니   糸: 실 사

고칠 선 · 수선할 선

18획 繕 繕 繕 繕 繕 繕 繕 繕 繕 繕 繕 繕 繕 繕 繕

음독	ぜん [4순위]	修繕 수선 (しゅうぜん) *営繕 영선 (えいぜん) 건축물 수리
훈독	[つくろ]う	繕(つくろ)う ⓐ (손상을) 고치다, 수선하다 ⓑ (차림새/체면/말 등을 보기 좋게) 가다듬다

중학 \| 급수 외 \| 2497위

1457 膳

몸(月) 상태를 좋게(善) 만드는 것은 좋은 밥상이니   月 (좌변): 고기 육

밥상 선

16획 膳 膳 膳 膳 膳 膳 膳 膳 膳 膳 膳 膳 膳 膳 膳

음독	ぜん [2순위]	*食膳 식선밥상 (しょくぜん) 御膳 어선진지상 (ごぜん/おぜん) *御膳立(おぜん・だ)て ⓐ 밥상을 차림 ⓑ 준비, 채비 *一膳飯(いちぜん・めし) ⓐ 고봉밥 ⓑ 제사밥

중학 \| N1 \| 1533위

| 잠깐만요 |
- 「膳」은 '상차림/밥(상)'을 의미하지만, 현대에는 관용 표현이나 불교/제례의식 등에서만 사용해요.
 이때 「御膳(ごぜん)」은 높임 표현인 '진지(상)', 「御膳(おぜん)」은 '상차림'의 미화 표현이에요.

1458 羨

양떼(羊)처럼 침(氵) 흘리며 본인들에게 모자란(欠) 것을 부러워하고 선망할 뿐이니
氵: 물 수   0647 欠: 모자랄 결 · 없을 결

부러워할 선 · 선망할 선

13획 羨 羨 羨 羨 羨 羨 羨 羨 羨 羨 羨 羨 羨

음독	せん [4순위]	羨望 선망 (せんぼう) *羨道 선도 (せんどう/えんどう)
훈독	[うらや]ましい	羨(うらや)ましい 부럽다, 샘나다
	[うらや]む	羨(うらや)む 부러워하다, 샘하다

중학 \| 급수 외 \| 2290위

1459

羞

중학 | 급수 외 | 2419위

양(羊)이 내민 앞발(ノ)처럼 손(크)을 뻗어 남의 것을 움켜쥐어(ㅣ) 훔치다 걸리면
부끄럽고 수치스러우니

ㅣ: 뚫을 곤(여기선 손 안에 움켜쥔 무언가)

부끄러울 수 · 수치스러울 수

11획 羞 羞 羞 羞 羞 羞 羞 羞 羞 羞 羞

음독	しゅう 4순위	羞恥心 수치심 (しゅうちしん)	
훈독	はじ	▼羞(はじ) 부끄러움, 수치 ≒ 恥(はじ)	
	[は]じる	▼羞(は)じる 수치스러워하다 ≒ 恥(は)じる	
	[は]じらう	▼羞(は)じらう 부끄러워하다, 수줍어하다 ≒ 恥(は)じらう	

| 잠깐만요 |
- 표기에 따른 뉘앙스 차이 ▶ 「 1542 恥 부끄러울 치」 vs 「 1459 羞 부끄러울 수」
  - 恥 : (당사자뿐 아니라 남들도) 부끄럽(겠)다고 여기는 것
    예 수업 중에 커다란 소리로 방귀를 뀌어서 부끄럽다 〈주위가 봐도 부끄러울 것 같음〉
  - 羞 : (남들의 반응과 상관없이 당사자가) 부끄러워하는 것
    예 화장하는 것을 잊어서 본인이 부끄럽다 〈주위 사람은 딱히 아무렇지 않음〉
- 「はじ · はじらう · はじる」는 「恥」로 표기하는 게 일반적이지만, 「羞」가 가진 한정적인 뉘앙스만
  을 강조할 때 선택적으로 사용되기도 합니다(표기 빈도 낮음).
- 「羊: 양이 내민 앞발」이라는 공통 분모를 가진 「 0408 差 다를 차」 「 0409 着 붙을 착 · 입을 착」
  도 비교해서 알아 두세요.

1460

窯

중학 | N1 | 1993위

구멍(穴)에 양(羊)처럼 하얀 도자기를 넣고 불(灬)에 굽는 가마이니

0762 穴: 구멍 혈 灬: 불 화

가마 요

15획 窯 窯 窯 窯 窯 窯 窯 窯 窯 窯 窯 窯 窯 窯 窯

음독	よう 4순위	窯業 요업 (ようぎょう)	*陶窯 도요 (とうよう)
훈독	かま	窯(かま) 가마 ピザ窯(がま) 피자 화덕	→ 窯場 (かまば) 도자기를 굽는 가마터 窯跡(かまあと) 〈고고학〉 옛 가마터

| 잠깐만요 |
- 「窯業」은 흙을 구워서 도자기, 벽돌, 기와 따위의 물건을 만드는 공업. 넓게는 유리, 시멘트, 세라믹,
  단열재 따위의 제조업까지 포함하는 용어입니다. 「窯業製品(ようぎょう · せいひん)」(요업 제품) 등
  으로 사용됩니다. 또 「陶窯」는 '도자기를 굽는 가마'를 말합니다.
- 「釜(かま)」는 '밥을 짓는 가마', 「窯(かま)」는 '도자기류를 굽는 화덕 형태의 가마'를 말해요.

0404 我	나 아		6학년	N1	687위
해설	제사장이 손(手)에 창(戈)을 들고 흔들어 나임을 나타내니		
음독	[が] 我執 아집 (がしゅう)	自我 자아 (じが)	

1461 餓 중학	N1	2210위	먹지(食) 못하여 나(我) 자신의 몸을 뜯어 먹을 만큼 굶주리니 食: 먹을 식		
	굶주릴 아		
	15획 餓 餓 餓 餓 餓 餓 餓 餓 餓 餓 餓 餓 餓 餓 餓		
	음독 が 4순위	餓死 아사 (がし) 飢餓 기아 (きが)	餓鬼 아귀 (がき)

0405 義	① 옳을 의 ② 뜻 의 ③ 대신할 의	5학년	N1	226위
해설	양머리(羊)를 쓰고 손에 창(我)을 든 제사장은 신의 뜻을 대신하여 옳은 말을 전하니	
음독	[ぎ] 義理 의리 (ぎり) 意義 의의 (いぎ)	
파생	0406 議 의논할 의 [ぎ]	

1462 儀 중학	N1	953위	사람(亻)이 옳게(義) 행동하도록 정한 법도와 예의이니 亻: 사람 인		
	법도 의 · 예의 의		
	15획 儀 儀 儀 儀 儀 儀 儀 儀 儀 儀 儀 儀 儀		
	음독 ぎ 1순위	儀式 의식 (ぎしき) 礼儀 예의 (れいぎ) 祝儀 축의 (しゅうぎ)	*行儀 행의 (ぎょうぎ) 행동거지 *流儀 유의 (りゅうぎ) 독특한 법도/유파 *律儀 율의 (りちぎ) 성실하고 정직함

犠

중학 | N1 | 1708위

소(牛)를 가축 중 가장 옳다(義) 여기는 이유는 살아서는 노동을, 죽어서는 자신의 몸 전체를 유용하게 바치는 희생 때문이니

(牛→)牜 : 소 우

희생 희

17획 犠 犠 犠 犠 犠 犠 犠 犠 犠 犠 犠 犠 犠

| 음독 | ぎ | 4순위 | 犠牲 희생 (ぎせい) | *犠打 희타 희생타 (ぎだ) |

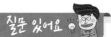

日々, 忌々しい에 사용되는 々는 뭔가요?

일본에서는 앞 글자와 같은 한자가 반복될 때 간단하게 그것을 나타내는 반복 부호를 사용해요. 이런 반복 부호를 「踊り字(おどりじ)」라고 하는데, 현대에 주로 쓰이는 것은 아래의 두 가지랍니다.

기호	명칭	쓰임
々	同の字点(どうのじてん) ノマ点(のまてん)	앞에 나온 '한자'를 반복 日日 → 日々(ひび) 様様 → 様々(さまざま)

※단, 두 개 이상의 단어가 합쳐져 하나의 단어가 된 경우, 그 경계를 끼고 연속된 한자에는 적용되지 않아요.

예 民主＋主義 → 民主主義(みんしゅ・しゅぎ) 民主々義(×)

기호	명칭	세로쓰기에서 앞에 나온 '글자 묶음'의 반복
〱 〲	くの字点(くのじてん)	ゆっくりゆっくり → ゆっくり〱 離れ離れ(はなばな) → 離れ〲(はな)

그 외에도 자주 사용되진 않지만 「ゝ・ゞ(히라가나 반복): ここ → こゝ」「ヽ・ヾ(가타카나 반복): シジミ → シヾミ」「�(훈독 반복, 요즘은 々로 통일): 各各 → 各〵(おのおの) → 各々」 등이 있습니다.

11

'날짐승'의 파생 [25자]

66 隹: 작은 새 추(1) ▶ 稚椎誰准堆

0060 隹	작은 새 추		부수자
해설	작은 새의 모습을 본떠		
파생	0420 推 밀 추·추측 추 [すい]	0421 進 전진할 진 [しん]	
	0422 雜 섞일 잡·조잡할 잡 [ざつ/ぞう]	0244 難 어려울 난·비난할 난 [なん]	

1464

稚

중학 | N1 | 1797위

벼(禾) 위에 앉을 정도로 작은 새(隹)는 어리디 어린 새끼 새이니

어릴 치

13획 稚 稚 稚 稚 稚 稚 稚 稚 稚 稚 稚 稚 稚

음독	ち [3순위]	稚魚 치어 (ちぎょ)	稚気 치기 (ちき)
		稚拙 치졸 (ちせつ)	幼稚 유치 (ようち)

| 잠깐만요 |
- 「稚拙」는 '치졸하다' 외에 '서툴다'는 의미도 있어요. 예 稚拙(ちせつ)な絵(え) 서툰 그림
- 「稚気」는 '어른에게 남아 있는 어린애 같은 기분'을 의미합니다.
  예 稚気(ちき)に富(と)む 치기 어리다   稚気(ちき)を帯(お)びている 치기를 띠고 있다

1465

椎

중학 | 급수 외 | 1948위

몸을 지탱하기 위해 작은 새(隹)처럼 생긴 둥근 뼈가 여러 개 연결되어 있는 나무(木) 기둥 같은 등뼈이니

등뼈 추

12획 椎 椎 椎 椎 椎 椎 椎 椎 椎 椎 椎 椎

음독	つい [4순위]	脊椎 척추 (せきつい)	腰椎 요추 (ようつい)
		頸椎 경추 (けいつい)	
예외		椎茸 (しいたけ) 표고버섯	

| 잠깐만요 |
- 「脊椎」와 함께 발음과 의미가 유사한 「脊髄(せきずい)」(척수)도 같이 알아 두세요.

어두운 밤에 느낀 인기척에 말소리(言)를 작은 새(隹)처럼 작게 죽이고 "누구슈?" 하고
조심스레 물으니

누구 수

15획 誰 誰 誰 誰 誰 誰 誰 誰 誰 誰 誰 誰 誰 誰 誰

훈독	だれ	誰(だれ) 누구
	예외	誰(た)そ彼(がれ) 황혼 = 黄昏(たそがれ) → 誰(た)そ彼時(がれ・どき) ⓐ (시간) 해질녘 ⓑ (인생) 황혼기 = 黄昏時(たそがれ・どき) ↔ 彼者誰時(かわたれ・どき) 어슴새벽

| 잠깐만요 |
- 「誰そ彼」는 빛이 조금 남아 있는 해질녘에 사람의 형상은 보이는데 얼굴이 자세히 보이지 않아 "누구(誰)야 저 사람(彼)?" 하고 묻게 된다는 데서 나온 어휘예요. 이후 의미에 맞춰서 중국에서 들어온 「黄昏」(황혼)이라는 한자 어휘가 부여된 거예요.

중학 | 급수 외 | 414위

얼음(冫)은 아직 경험 적은 작은 새(隹)가 보기엔 물과 **비슷**하니　　　冫: 얼음 빙

비슷할 준 · 준할 준

10획 准 准 准 准 准 准 准 准 准 准

음독	じゅん	(4순위)	准教授 준교수 (じゅん・きょうじゅ)	批准 비준 (ひじゅん)

| 잠깐만요 |
- 본래 「 0424 準 기준 준 · 따를 준」의 속자지만, 일본에서는 두 글자를 구분해서 사용해요.
- 접두어로도 자주 사용됩니다. 주로 「准教授」처럼 '준+직급'으로 사용돼요.

중학 | N1 | 2539위

흙(土)이 작은 새(隹)만큼 조금씩 쌓이고 쌓이며 **퇴적**되니

쌓을 퇴

11획 堆 堆 堆 堆 堆 堆 堆 堆 堆 堆 堆

음독	たい	(4순위)	堆積 퇴적 (たいせき)	堆肥 퇴비 (たいひ)
훈독	[うずたか]い		▼堆(うずたか)い 쌓여서 높다, 산더미 같다 ⑩ 堆(うずたか)い本(ほん)の山(やま) 산더미 같은 책더미	

중학 | 급수 외 | 2507위

1469

唯

중학 | N1 | 1439위

아직 어리고 작은 새(隹)는 오직 입(口) 벌리는 것만 유일하게 할 줄 아니

오직 유

11획 唯 唯 唯 唯 唯 唯 唯 唯 唯 唯 唯

| 음독 | ゆい | 3순위 | 唯一 유일 (ゆいいつ)　　唯物論 유물론 (ゆいぶつろん)
唯我独尊 유아독존 (ゆいが・どくそん) |
| | い | 4순위 | 唯々諾々 유유낙낙 (いい・だくだく) 고분고분 따름 |

1470

維

중학 | N1 | 1069위

작은 새(隹)를 끈(糸)으로 기둥에 묶어 그 자리에 있도록 유지하게 하니　糸: 실 사

묶을 유 · 이을 유

14획 維 維 維 維 維 維 維 維 維 維 維 維 維 維

| 음독 | い | 4순위 | 維持 유지 (いじ)　　繊維 섬유 (せんい)
明治維新 명치유신메이지유신 (めいじ・いしん) |

| 잠깐만요 |
· 「維新」은 '새로이 묶음'이라는 의미가 파생되어 '정치 체제가 새로이 혁신되는 것'을 의미해요.

1471

羅

중학 | N1 | 1233위

| 잠깐만요 |
음독은 같아도 의미에 따라
순위를 나누었어요.

그물망(罒)처럼 섬유가 촘촘하게 이어진(維) 비단은 결이 바르고 **가지런하니** 罒: 그물 망

① 가지런할 라 　② 비단 라 　(③ -외래음- **나찰 라**)

19획 羅 羅 羅 羅 羅 羅 羅 羅 羅 羅 羅 羅 羅 羅 羅 羅 羅 羅 羅

음독	ら	2순위	③ 羅刹 나찰 (らせつ)　　③ 阿修羅 아수라 (あしゅら) ③ 魔羅 마라 (まら) ③*我武者羅 아무자라 (がむしゃら)
		4순위	① 羅針盤 나침반 (らしんばん) ① 網羅 망라 (もうら)
		4순위	②*一張羅 일장라 (いっちょうら) 단 한 벌의 좋은 옷 ②*甲羅 갑라 (こうら) 갑각/등딱지

| 잠깐만요 |
· 我武者羅(がむしゃら): 무슨 일을 앞뒤 생각 없이 덮어놓고 하는 것
· 一張羅(いっちょうら): 외출할 때나 특별한 날에 입을 만한 단벌의 좋은 옷
· 「阿修羅」(아수라)를 줄인 말을 「修羅」(しゅら)(수라)라고 하는데, 일상에서 자주 사용되는 관련 용어
　로 「修羅場」(しゅらば)(수라장: 격렬한 싸움의 장면)가 있어요. 한국에서는 흔히 '아수라장'이라고 하
　죠? 일본에서는 '살벌한 치정 싸움'을 나타낼 때도 자주 사용돼요.
　📝 不倫(ふりん)の修羅場(しゅらば) 살벌한 불륜 치정 싸움
　　　会議(かいぎ)は修羅場(しゅらば)となった。 회의는 난장판이 되었다.

1472

擁

중학 | N1 | 1883위

손(扌)을 벌려 머리(宀)를 감싸 안고 작디(幺→乡) 작은 새(隹)를 다루듯 포옹하고
어루만지며 안으니
扌: 손 수　宀: 머리 두　(幺→乡): 작을 요

안을 옹·포옹할 옹

16획　擁 扌 扌 扩 扩 扩 护 护 护 挤 挤 擁 擁 擁 擁 擁

| 음독 | よう | 4순위 | 擁護 옹호 (ようご) | 抱擁 포옹 (ほうよう) |

1473

催

중학 | N1 | 1098위

사람(亻)이 산(山) 위에서 개최되는 행사를 위해 작은 새(隹)처럼 발걸음을 재촉하니

① 재촉할 최　② 개최할 최

13획　催 催 催 催 催 催 催 催 催 催 催 催 催

음독	さい	3순위	① 催眠 최면 (さいみん)	①*催促 최촉재촉 (さいそく)
			① 催告 최고 (さいこく)	
		4순위	② 開催 개최 (かいさい)	② 主催 주최 (しゅさい)
훈독	[もよお]す		催(もよお)す ⓐ ~을 개최하다　ⓑ ~을 느끼(게끔 하)다 　　　　　　ⓒ ~할 징조가 보이다, ~할 조짐이 있다 → 催(もよお)し 행사, 모임 = 催(もよお)し物(もの)	

---

68 隹: 작은 새 추(3) ▶ 焦 礁 隻 穫 獲 奪

1474

焦

중학 | N1 | 1454위

살집이 없는 작은 새(隹)를 센 불(灬) 위에 구울 땐 혹여 새까맣게 타 버릴까 애태우면서
꺼낼 때를 기다리니
灬: 불 화

(애)태울 초

12획　焦 隹 隹 隹 隹 焦 焦 焦 焦 焦 焦 焦

음독	しょう	3순위	焦燥 초조 (しょうそう)　　*焦慮 초려애태움 (しょうりょ) 焦点 초점 (しょうてん)	
훈독	[あせ]る		焦(あせ)る 초조하다, 조급하다 → 焦(あせ)り 초조함, 조급함	
	[こ]がれる		焦(こ)がれる 애태우다, 연모하다 → 恋焦(こい・こ)がれる 사랑에 애태우다	
	[こ]げる		焦(こ)げる 타다, 눋다　→ 焦(こ)げ 눌음, 눋은 것 お焦(こ)げ 누룽지　　　焦(こ)げ付(つ)く 눌러 붙다	
	[こ]がす		焦(こ)がす ⓐ 눌리다, 태우다　ⓑ 애태우다 → 焦(こ)がし 미숫가루	

155

1475

礁

중학 | N1 | 2552위

돌(石) 중에서 뱃사람들의 속을 애태우는(焦) 암초이니

숨은 돌 초 · 암초 초

17획 礁礁礁礁礁礁礁礁礁礁礁礁礁礁礁礁礁

음독 | しょう | 3순위 | 暗礁 암초 (あんしょう)　　岩礁 암초 (がんしょう)
　　　　　　　　　　　座礁 좌초 (ざしょう)

| 잠깐만요 |
• 「暗礁」는 '물속에 잠겨 안 보이는 바위'이고 「岩礁」는 '물에 있는 아주 큰 바위'로 물속에 잠긴 바위
나 물 밖에 있는 바위 모두 포함하는 개념입니다. 그래서 흔히 보이지 않는 장애물을 비유할 때는
「暗礁」라고 해야 합니다.

1476

隻

중학 | N2 | 1995위

작은 새(隹)가 손(又)으로 잡아챌 수 있는 먹이는 한 번에 **하나뿐**이니　　又: 오른손 우

하나 척 · 외짝 척

10획 隻隻隻隻隻隻隻隻隻隻

음독 | せき | 3순위 | *隻眼 척안외눈 (せきがん)　　 *一隻 일척배 한 척 (いっせき)
　　　　　　　　　　　隻影無し (せきえい・なし) 그림자 하나 없음

| 잠깐만요 |
• 「一隻」처럼 배를 세는 단위로도 사용해요.

0429

蒦

| | 얻을 확 | 부수자 |

| 해설 | 풀(艹) 속 먹이를 새(隹)가 손(又)으로 잡아채 얻으니 |
| 파생 | 0430 護 보호할 호 [ほ]　　0431 奮 치솟을 분 [ふん] |

1477

穫

중학 | N1 | 2267위

벼(禾)가 무르익어 거두어 얻는(蒦) 것을 수확이라 하니

거둘 확 · 수확할 확

18획 穫穫穫穫穫穫穫穫穫穫穫穫穫穫穫穫穫穫

음독 | かく | 4순위 | 収穫 수확 (しゅうかく)

| 잠깐만요 |
• 「収穫」에만 쓰이는 한자이니 단어째로 외워 두세요.

獲

중학 | N1 | 1256위

| 비교 |
· とる :
0540 取 vs 1595 撮 vs
0560 採 vs 1981 捕 vs
2246 執 (vs 1738 盜 vs
1478 獲 vs 1544 摂)

사냥개(犭)를 풀어서 얻는(蒦) 결과는 사냥감을 **잡아** 포획하는 것이죠?   犭: 개 견

잡을 획 · 획득할 획

16획 獲 獲 獲 獲 獲 獲 獲 獲 獲 獲 獲 獲 獲 獲 獲 獲

음독	かく	4순위	獲得 획득 (かくとく)　　　　捕獲 포획 (ほかく) 一獲千金 일확천금 (いっかく・せんきん)
훈독	[え]る		獲(え)る (사냥감을) 잡다 → 獲物(えもの) ⓐ 사냥감 ⓑ 포획물
	[と]る		▽獲(と)る (사냥감을) 잡다

| 잠깐만요 |
· 상용한자표 지정 훈독인 「える」보다 예외 훈독인 「とる」로 읽는 경우가 일반적입니다.
  그래서 시험용으로는 「える」가 정답이지만, 실생활에서는 대부분 「とる」로 읽는 특이 케이스예요.
  하지만 「獲物(えもの)」는 사용 빈도가 높은 어휘이니 확실히 익혀 두세요.
· 「とる」의 한자 표기와 의미 구분 ☞ 「 2246 執 (꽉) 붙잡을 집」의 | 잠깐만요 | 참조

奪

중학 | N1 | 1128위

상대적으로 커다란(大) 새나 짐승은 작은 새(隹)가 겨우 사냥한 아주 조금(寸)의 먹이
조차 **빼앗**고 강탈하니   寸: 아주 조금 촌 · 마디 촌

빼앗을 탈 · 강탈할 탈

14획 奪 奪 奪 奪 奪 奪 奪 奪 奪 奪 奪 奪 奪 奪

음독	だつ	2순위	奪還 탈환 (だっかん)　　　　強奪 강탈 (ごうだつ) 剥奪 박탈 (はくだつ)　　　　略奪 약탈 (りゃくだつ)
훈독	[うば]う		奪(うば)う ⓐ 빼앗다 ⓑ (주의/마음을) 사로잡다 → 奪(うば)い取(と)る 강탈하다 　　奪(うば)い合(あ)う 서로 빼앗으려 다투다, 쟁탈하다

0056 牙	송곳니 아		중학 | 급수 외 | 2198위
해설	짐승의 송곳니 모습을 본떠		
음독	[が] 毒牙 독아 (どくが)	[げ] 象牙 상아 (ぞうげ)	
파생	0057 芽 싹 아 [が]		

1480

雅

중학 \| N1 \| 1175위

송곳니(牙)처럼 삐죽 나온 작은 새(隹)의 부리에서 나오는 지저귐은 맑고 우아하니

맑을 아 · 우아할 아

13획	雅 雅 雅 雅 雅 雅 雅 雅 雅 雅 雅 雅 雅		
음독	が [1순위]	雅量 아량 (がりょう)	雅号 아호 (がごう)
		優雅 우아 (ゆうが)	清雅 청아 (せいが)
	예외	▽雅(みやび [な+명사]/[に+동사] 우아한/우아하게	
		→ 雅び心(みやび・ごころ) 우아한 마음	

| 잠깐만요 |
- 「優雅」를 제외한 음독 어휘는 문어적인 어휘라 사용 빈도가 떨어지는 경향이 있습니다.
- 「みやび」는 상용 외 표현인 데다 상당히 문어적인 표현이라 예외로 지정했습니다.
  어원: 「宮(みや)」(궁) → 궁정에서 사용하는 듯한 → 우아한/우아하게 → 한자 雅 부여

1481

邪

중학 \| N1 \| 1268위

송곳니(牙)처럼 날을 바싹 세운 사람들이 고을(阝)을 이루어 방문객들을 간사하게
속이고 죽이는 사이함이니

阝(우방): 고을 부

간사할 사 · 사이할 사

8획	邪 邪 邪 邪 邪 邪 邪 邪		
음독	じゃ [1순위]	邪道 사도 (じゃどう)	邪教 사교 (じゃきょう)
		邪悪 사악 (じゃあく)	*邪魔 사마방해 (じゃま)
		邪心 사심 (じゃしん)	*無邪気 무사기악의 없음 (むじゃき)
훈독	よこしま	▽邪(よこしま)だ 부정함, 도리에 어긋남, 간사함	
		예 邪(よこしま)な考(かんが)え 부정한 생각, 도리에 어긋난 생각	

| 잠깐만요 |
- 「邪」는 「正」의 반대 개념으로 '바르지 못한 것, 도리에 어긋난 것'을 의미해요.

0425 雚	크게 보일 관		부수자
해설	멀리 있어도 화살(ㅗ)로 한 번(一)에 작은 새(隹)를 맞힐 정도로 크게 보이니		
파생	0426 観 볼 관[かん]　0427 権 권력 권[けん/ごん]　0428 確 확실할 확[かく]		

1482 勧

중학 | N1 | 1452위

장점이 크게 보이도록(雚) 힘(力)써서 권(유)하니

권할 권 · 권유할 권

13획　勧 勧 勧 勧 勧 勧 勧 勧 勧 勧 勧 勧 勧

음독	かん [2순위]	勧告 권고 (かんこく)　　勧誘 권유 (かんゆう) 勧善懲悪 권선징악 (かんぜん・ちょうあく)
훈독	[すす]める	勧(すす)める 권(유)하다 → 勧(すす)め ⓐ 권유 ⓑ 권장, 장려 cf) 薦(すす)める 추천하다, 천거하다

|비교|
· すすめる : 0421 進 vs
1482 勧 vs 1436 薦

1483 歓

중학 | N1 | 1499위

크게 잘 보이도록(雚) 공간이 모자랄(欠) 정도로 크고 화려한 간판/플래카드를 걸어 기쁘게 환영하니

0647 欠: 모자랄 결 · 없을 결

기뻐할 환

15획　歓 歓 歓 歓 歓 歓 歓 歓 歓 歓 歓 歓 歓 歓 歓

음독	かん [2순위]	歓迎 환영 (かんげい)　　歓声 환성 (かんせい) 歓楽街 환락가 (かんらくがい)　哀歓 애환 (あいかん)

1484 鶴

중학 | N1 | 1282위

작은 새(隹)도 따뜻하게 덮어줄(冖) 만큼 큰 날개와 고고한 기품을 지닌 새(鳥)는 학이니

冖: 덮을 멱　0059 鳥: 새 조

학 학

21획　鶴 鶴

음독	かく [4순위]	鶴翼 학익 (かくよく)　　白鶴 백학 (はくかく)
훈독	つる	鶴(つる) 학, 두루미 → 鶴(つる)の一声(ひとこえ) (승복할 수밖에 없는) 권위자/상부의 말

0061 羽/ヨヨ		날개깃 우		2학년 | N2 | 761위
해설		새의 날개와 깃 모양을 본떠		
음독		[う] 羽毛 우모 (うもう)	羽化登仙 우화등선 (うか・とうせん)	
파생		0432 翌 다음 날 익[よく]　0433 習 익힐 습[しゅう]　0434 曜 요일 요·빛날 요[よう]		

1485 扇

扇 중학 \| N1 \| 1857위

문(戸)처럼 넓고 평평하게 날개깃(羽)을 달아 만든 **부채**이니

0147 戸: 집문 호

부채 선

10획 扇 扇 扇 扇 扇 扇 扇 扇 扇 扇

음독	せん [2순위]	扇風機 선풍기 (せんぷうき)	*扇子 선자부채 (せんす)
		扇動 선동 (せんどう)	扇形 선형부채꼴 (せんけい)
훈독	おうぎ	扇(おうぎ) 쥘부채	→ 扇型(おうぎ・がた) 부채꼴
	[あお]ぐ	扇(あお)ぐ 부채질하다	
		→ 扇(あお)ぎ立(た)てる 선동하다, 부추기다	

| 잠깐만요 |
- あおぐ → あおぎ(명사화) → 자주 사용됨 → 음운 변화 → おうぎ

1486 躍

躍 중학 \| N1 \| 1087위

조그마한 발(足)로 작은 새(隹)가 날갯짓(ヨヨ)하며 힘껏 **뛰어오르는** 모습이니

뛸 약

21획 躍 躍 躍 躍 躍 躍 躍 躍 躍 躍 躍 躍 躍 躍 躍 躍 躍
躍 躍 躍 躍

음독	やく [2순위]	活躍 활약 (かつやく)	飛躍 비약 (ひやく)
		一躍 일약 (いちやく)	跳躍 도약 (ちょうやく)
훈독	[おど]る	躍(おど)る ⓐ 뛰(어오르)다 ⓑ 동요하다, 흔들리다	
		→ 躍(おど)り上(あ)がる 펄쩍 뛰어오르다	

| 잠깐만요 |
- 참새 같은 작은 새는 걷지 않고 통통 튀어오르듯 뛰어다니죠?
- 「一躍」는 보통 부사적으로 써요.
  예 一躍有名(いちやく・ゆうめい)になる 일약 유명해지다

1487

濯

중학 | N2 | 1977위

| 비교 |
· すすぐ :

1487 濯 vs **0372** 雪
vs **상용 외** 漱

물속(氵)에서 작은 새(隹)의 날개(ㅋㅋ)가 파닥이듯 세탁물을 조물대며 씻고 헹구니

헹굴 탁 · 세탁 탁

17획 濯濯濯濯濯濯濯濯濯濯濯濯濯濯濯濯濯

음독	たく	4순위	洗濯 세탁 (せんたく)

훈독	[すす]ぐ	▽濯(すす)ぐ (오염/세탁물/입을 물로) 헹구다 ≒濯(ゆす)ぐ 　→ 濯(すす)ぎ 헹굼　　　濯(すす)ぎ物(もの) 세탁물 　　濯(すす)ぎの湯(ゆ) 발을 씻는 물 cf) ▽雪(すす)ぐ / ▽雪(そそ)ぐ (오욕/오명/불명예를) 씻다 　▼漱(すす)ぐ / ▽濯(ゆす)ぐ (입을 물로) 헹구다

| 잠깐만요 |
· 음독으로 읽는 어휘는 「洗濯」 하나뿐이에요.
· すすぐ VS ゆすぐ VS そそぐ
　―「すすぐ」는 ゆすぐ와 そそぐ의 의미를 모두 포함합니다.
　― 실사용시에는 구분해서 사용하는 경향이 있습니다.
　　濯(すす)ぐ ▷주로 「흐르는 물」에 씻어내다　　**예** 세탁물, 식기 등을 헹굼
　　濯(ゆす)ぐ ▷주로 「물을 흔들어서」 깨끗이 하다　　**예** 쌀을 씻는 것, 입을 헹구는 것
　　雪(そそ)ぐ ▷주로 「추상적인 더러움」을 씻다　　**예** 오욕, 오명, 불명예 등을 씻어냄

0233

異

다를 이

6학년 | N1 | 470위

해설	밭(田)은 모두 함께(共) 경작해도 방법도 결실도 다 다르니
음독	[い] 異常 이상 (いじょう)　　　異性 이성 (いせい)

1488

翼

중학 | N1 | 1472위

맹금류가 양 날개(羽)를 펼치고 다른(異) 동물을 집어 들고 나는 모습으로 커다란 두 장의 날개를 나타내니

날개 익

17획  翼翼翼翼翼翼翼翼翼翼翼翼
翼翼翼翼翼

음독	よく	2순위	左翼 좌익 (さよく)	右翼 우익 (うよく)
			一翼 일익 (いちよく)	双翼 쌍익 (そうよく)

훈독	つばさ	翼(つばさ) (새/비행기 등의) 날개

| 잠깐만요 |
· '날개'의 의미 구분
　― 羽(はね)　:곤충, 선풍기 등의 겹날개나 새의 날개와는 형태가 다른 날개 전반
　― 翼(つばさ): 새의 날개, 또는 새의 형상을 한 것의 날개

12

'갑각류'의 파생 [24자]

72 亀: 거북 귀 ▶ 亀甲岬押挿

1489

亀

중학 | N1 | 1211위

칼(勹) 같이 뾰족한 얼굴과 논밭(田)처럼 넙적하고 균열 간 등갑(田), 빼꼼히 내민 말린 꼬리(乚)를 가진 **거북**의 모습

(刀→)勹 : 칼 도   乚 : 삐침 별(여기선 꼬리 모양)

① 거북 귀 (② 균열 균)

11획	亀 亀 亀 亀 亀 亀 亀 亀 亀 亀 亀	
음독	**き** [4순위]	① 亀鑑 귀감 (きかん) ① 亀甲 귀갑 (き<u>っ</u>こう) ② 亀裂 균열 (きれつ)
훈독	**かめ**	亀 (かめ) 거북이

| 잠깐만요 |
• 한국어는 '귀/구/균'이라는 세 가지 발음을 가지지만, 일본에서는 모두 「き」로 발음됩니다.

1490

甲

중학 | N1 | 882위

권력이 **가장**(첫째로) 셌던 주술사가 거북의 단단한 **등딱지**(甲)에 괴상한 고음을 내며 치르던 주술의 흔적이 갑골 문자죠?

① 등딱지 갑 · 갑각 갑   ② 첫 번째 갑 · 갑을병 갑   (③ 고음 갑)

5획 甲 甲 甲 甲 甲

음독	**こう**	[2순위]	①②*甲 갑 (こう) ① 甲殻類 갑각류 (こうかくるい) ①*甲羅 갑라갑각 (こうら) ① 肩甲骨 견갑골 (けんこうこつ)
		[3순위]	② 甲種 갑종 (こうしゅ) ② 甲乙丙 갑을병 (こうおつへい) ② 甲論乙駁 갑론을박 (こうろん・おつばく)
	かん	[4순위]	① 甲板 갑판 (かんぱん) ③ 甲走 (かん・ばし)る (목소리가) 가늘고 높게 울리다

| 잠깐만요 |
• 「①②甲(こう)」에는 '③ 등딱지 ⑤ 손등/발등 ⓒ 갑을병 중 갑(첫 번째)'이라는 세 가지 의미가 있습니다.
　예　亀(かめ)の甲(こう) 거북이의 등딱지 (③)
　　　手(て)の甲(こう) 손등 (⑤)
　　　甲(こう)と乙(おつ) 갑과 을 (ⓒ)
• 참고로 일본에서는 우리가 흔히 말하는 '갑질'을 「パワーハラスメント(power harassment)」 줄여서 「パワハラ」라고 해요.

1491

岬

중학 | N1 | 2104위

산(山)에서 가장(甲) 높게 치솟은 정상처럼 물가에서 툭 튀어나온 곳이니

곶 갑

8획 岬 屮 屵 岬 岬 岬 岬 岬

훈독	みさき	岬(みさき) 곶 ↔ 入江(いりえ)/湾(わん) 만

1492

押

중학 | N3 | 521위

| 비교 |
· おす :
　1492 押 vs **0420** 推
· おさえる :
　1492 押 vs **2262** 抑

가장(甲) 센 힘으로 등껍질이 짓눌릴 만큼 손(扌)으로 억지로 밀고 눌러대니

(억)누를 압 · 밀 압

8획 押 扌 扫 押 押 押 押 押

음독	おう	3순위	押収 압수 (おうしゅう)　　　　押印 압인 (おういん) 押送 압송 (おうそう)

훈독	[お]す	押(お)す ⓐ 밀다 ⓑ 누르다 ⓒ (무리하게) ~하다, 강행하다 　→ 押(お)し入(い)れ 벽장 　　押(お)し付(つ)ける 억누르다, 강압하다 　　ダメ押(お)し 못 박음 (ⓐ 거듭 확인함 ⓑ 스포츠에서 쐐기 골을 넣음) 　　押(お)し通(とお)す 억지로 통과시키다 cf) 推(お)す ⓐ 미루어 생각하다 ⓑ 추천/추대하다 ⓒ 추진하다 　　→ 推(お)し量(はか)る 추측하다　推(お)し 추천하는 것, 최애
	[お]さえる	押(お)さえる ⓐ (물리적으로) (억)누르다 ⓑ 압류하다 ⓒ 확보하다 cf) 抑(おさ)える (추상적인 것을) (억)누르다, 억제하다

| 잠깐만요 |
· 押す : 힘주어 강하게 밀어내는 이미지
· 推す : 진행되는 생각/마음/방향에 힘을 더욱 보태는 이미지

1493

挿

중학 | N1 | 1717위

| 비교 |
· さす : **0408** 差 vs
　0267 刺 vs **1493** 挿

손(扌)으로 천(千) 번은 넘게 가장(甲) 센 힘으로 반복해서
누르면 언젠가는 꽂혀 삽입될 터이니　千: 일천 천 · 많을 천

꽂을 삽 · 삽입할 삽

10획 挿 扌 扫 扫 挿 挿 挿 挿 挿 挿

음독	そう	4순위	挿入 삽입 (そうにゅう)　　　　挿画 삽화 (そうが)

훈독	[さ]す	挿(さ)す 꽂다, 끼우다　　→ 挿絵(さしえ) 삽화 cf) 差(さ)す ⓐ (그림자/빛 따위가) 드리우다 ⓑ 뻗다 　　刺(さ)す 찌르다

1494

竜/龍

중학 | N1 | 2344위

우뚝 선 용의 모습을 본떠

용 룡

10획 竜竜竜竜竜竜竜竜竜竜

16획 龍龍龍龍龍龍龍龍龍龍龍龍 龍龍龍龍

음독	りゅう [1순위]	竜 용 (りゅう) 竜宮 용궁 (りゅうぐう)
		竜虎相搏つ 용호상박 (りゅうこ・あいうつ)
		飛竜 비룡 (ひりゅう) 恐竜 공룡 (きょうりゅう)
	りょう [4순위]	臥竜鳳雛 와룡봉추 (がりょう・ほうすう)
		画竜点睛 화룡점정 (がりょう・てんせい)
훈독	たつ	竜/龍(たつ) 용
		→ 竜巻(たつまき) 용권, 강한 회오리

| 잠깐만요 |
- 「竜/龍」는 동일한 한자로 「龍」는 정자, 「竜」는 약자입니다. 단, 「龍」 자가 보다 오래되고 전통적인 이미지, 「竜」 자가 새로운 이미지이다 보니 사용 경향에 약간의 차이가 있습니다.
  예 龍: 동양의 용(전통적) vs 竜: 서양의 용(드래곤) → 공룡 (きょうりゅう) ▷恐竜○/恐龍×
- 「りょう」는 일부 중국식 단어나 4자성어에만 남은 옛 발음입니다.
  예 袞竜(こんりょう)の御衣(ぎょい) 곤룡포(중국 천자의 옷)
- '용 띠'는 「辰年(たつどし)」라 하여 별도의 한자에 발음만 「竜」의 훈독을 쓰니 참고하세요.

1495

滝

중학 | N1 | 1750위

물(氵)이 높은 곳에서 용(竜)이 움직이는 것처럼 장엄하게 떨어지는 폭포이니

폭포 롱

13획 滝滝滝滝滝滝滝滝滝滝滝滝滝

| 훈독 | たき | 滝(たき) 폭포 → 滝行(たき・ぎょう) 폭포 수행 |
| | | 滝登(たき・のぼ)り 폭포를 거슬러 올라감 |

1496

俺

중학 | N1 | 1129위

자신이 사람(亻)으로서 아주 크기에(大) 상대가 몸과 꼬리(田+乚→电)를 말고 기가 죽기를 바라며 용이라도 된 양 건방지게 스스로를 칭하는 나이니

나 암

10획 俺俺俺俺俺俺俺俺俺俺

| 훈독 | おれ | 俺(おれ) 나, 남성의 1인칭 |

| 잠깐만요 |
- 僕(ぼく): 남성이 자신을 낮추어 겸손하게 이르는 말(전 연령의 남성이 공/사 상관없이 사용)
- 俺(おれ): 남성이 약간의 건방짐을 넣어 자신을 이르는 말(청소년기 이후 남성이 사적으로 사용)

籠/篭

중학 | N1 | 791위

대나무(⺮)를 가늘고 길게 쪼개 용(竜/龍)이 똬리를 튼 것처럼 얽어서 만든 **바구니**이니

바구니 롱

22획 籠籠籠籠籠籠籠籠籠籠籠籠籠籠籠籠籠籠籠籠籠籠

음독	ろう	3순위	籠球 농구 (ろうきゅう)	*籠居 농거칩거 (ろうきょ)
			籠城 농성 (ろうじょう)	
훈독	かご		籠(かご) 바구니	→ 鳥籠(とり・かご) 새장
	[こも]る		籠(こも)る ⓐ (감정 등이) 깃들다 ⓑ 틀어박히다, 두문불출하다	
			立(た)て籠(こも)る 농성하다	
			引(ひ)き籠(こも)る 틀어박히다	
			→ 引(ひ)き籠(こも)り 은둔형 외톨이	

| 잠깐만요 |

- 立て籠る: 입구를 봉쇄하고 들어오려는 자를 '배제'하고 외부를 '적대'하는 것
  예 ○○銀行(ぎんこう)立(た)て籠(こも)り事件(じけん) ○○은행 점거/농성 사건
- 引き籠る: 자택이나 자기 방에서 나가지 않고 '틀어박혀' 지내는 것
  예 引(ひ)き籠(こも)り 은둔형 외톨이

襲

중학 | N1 | 1327위

용(龍)이 수놓인 왕의 옷(衣)을 아랫사람이 **이어받아** 왕위를 세습할 때는 다양한 위험이 **엄습**하여 습격받기도 하죠?

① 엄습할 습 · 습격할 습 ② 이어받을 습 · 답습할 습

22획 襲襲襲襲襲襲襲襲襲襲襲襲襲襲襲襲襲襲襲襲襲襲

음독	しゅう	2순위	① 襲撃 습격 (しゅうげき)	① 急襲 급습 (きゅうしゅう)
			① 奇襲 기습 (きしゅう)	① 空襲 공습 (くうしゅう)
		3순위	② 踏襲 답습 (とうしゅう)	② 世襲 세습 (せしゅう)
			②*襲名 습명 (しゅうめい) 노점의 상호 또는 선대의 이름을 계승함	
훈독	[おそ]う		襲(おそ)う ⓐ 덮치다, 습격하다 ⓑ (느닷없이) 방문하다	
			ⓒ 계승하다	
			→ 襲(おそ)い掛(か)かる 덤벼들다, 덮쳐들다	

0064	貝		① 조개 패 ② 돈 패	1학년 | N2 | 1850위

해설	살이 살짝 나온 조개는 옛날에는 돈이었으니
음독	[かい] 貝殻 패각(かいがら)　　魚貝類 어패류(ぎょかいるい)
파생	0601 財 재물 재[ざい]　0843 貯 쌓을 저[ちょ]　0443 買 살 매[ばい]　0810 貨 재물 화[か] 0441 負 짐 질 부[ふ]　1014 責 책임 책[せき]　0444 質 질 질[しつ]

1499

貢

중학 \| N1 \| 1707위

본디 높은 분께는 고급품으로 만들어(工) 돈(貝)이 되는 비싼 공물을 바치니
0130 工: 만들 공 · 장인 공

바칠 공

10획 貢貢貢貢貢貢貢貢貢貢

음독	こう ③순위	貢献 공헌(こうけん)　　貢物 공물(こうぶつ) 租貢 조공(そこう)
	예외	年貢 연공(ねんぐ) 소작료/매년 바치는 공물
훈독	[みつ]ぐ	貢(みつ)ぐ ⓐ 조공하다 ⓑ (금품 등을 지속적으로) 대어 주다 → 貢(みつ)ぎ物(もの) 공물, 조공 예 ホストに貢(みつ)ぐ 호스트에게 돈을 지속적으로 대주다

| 잠깐만요 |

• 상용한자표에는 「く」가 음독으로 지정되어 있지만 파생 어휘가 전무하고, 유일한 어휘는 「ぐ」로 탁
  음화(ねんぐ)되기에 예외로 지정했어요.
• 다음 관용구는 사용 빈도와 시험 출제 빈도가 높으니 알아 두세요.
  – 年貢(ねんぐ)の納(おさ)め時(どき): (체납을 청산할 때 →) 포기하고 단념해야 할 때
• 「0072 頁 머리 혈」과의 구분에 주의하세요.

0446	貴	**귀중할 귀**		6학년 | N1 | 752위

해설	여럿 가운데(中) 가장(一) 돈(貝)이 되는 귀중한 것이니
음독	[き] 貴重 귀중(きちょう)　　貴族 귀족(きぞく)
파생	0447 遺 남길 유[い/ゆい]　0650 資 밑천 자[し]　0442 費 비용 비[ひ] 0638 貧 가난할 빈[ひん/びん]　1035 賃 빌릴 임 · 품삯 임[ちん]

潰

중학 | 급수 외 | 1575위

물(氵)에 젖고 헐면 귀중(貴)한 물건도 찌부러지고 형체가 무너지니

찌부러질 궤 · 무너질 궤

15획 潰 潰 潰 潰 潰 潰 潰 潰 潰 潰 潰 潰 潰 潰 潰

음독	かい 〔3순위〕	潰瘍 궤양 (かいよう)	潰滅 궤멸 (かいめつ)
훈독	[つぶ]れる	潰(つぶ)れる 찌부러지다, 으깨지다	
	[つぶ]す	潰(つぶ)す 찌부러뜨리다, 짓누르다, 으깨다 → 暇潰(ひま・つぶ)し 시간 때움, 심심풀이 時間潰(じかん・つぶ)し 시간 때움 潰(つぶ)しが効(き)く 본직을 그만둬도 다른 방면에 활용되다	
	[つい]える	▽潰(つい)える 무너지다, 궤멸되다	

| 잠깐만요 |
• 음독의 경우, 「 1926 壞 무너질 괴」와 혼용되어 사용됩니다.
  예 潰滅(かいめつ) 궤멸 = 壞滅(かいめつ) 괴멸

具

① **도구 구** ② **갖출 구 · 구체적일 구**   3학년 | N2 | 628위

해설	돈(貝)으로 하나(一)씩 도구를 구체적으로 갖추니
음독	[ぐ] 具備 구비 (ぐび) 道具 도구 (どうぐ)

惧

중학 | N2 | 2429위

사람의 마음속(忄)에 항상 갖추고(具) 있는 것은 미지에 대한 두려움이니

두려워할 구

11획 惧 惧 惧 惧 惧 惧 惧 惧 惧 惧 惧

음독	ぐ	*危惧 위구 (きぐ) 걱정과 두려움 *絶滅危惧種 절멸위구종 (ぜつめつ・きぐしゅ) 멸종위기종

| 잠깐만요 |
• 「危惧」 외에는 사용되지 않아요.
• 危惧(きぐ): 어떤 상황이 걱정하던 방향대로 흘러가는 것에 대한 강한 우려
  → 흐름이 예측 가능한 구체적인 대상 or 눈 앞에 직면한 위기 or 직접적인 피해
  예 台風(たいふう)の直撃(ちょくげき)を危惧(きぐ)する 태풍의 직격을 걱정하다
  韓国(かんこく)の人口減少(じんこうげんしょう)を危惧(きぐ)する 한국의 인구감소를 우려하다
  危惧(きぐ)していたことが現実(げんじつ)に。 (이리 될 것이라고) 우려하던 일이 현실로

1502

唄

중학 | 급수 외 | 1950위

|비교|
· うた：
0846 歌 vs **1502** 唄

입(口)으로 조개(貝)껍질 따위를 두드리며 부르던 전통 노래이니

① 전통 노래 패 (② 염불소리 패)

10획 唄 唄 唄 唄 唄 唄 唄 唄 唄 唄

| 훈독 | うた | 唄(うた) 〈민속적/전통적〉 (민요/노동가 등의) 노래 |

|잠깐만요|
· 본래 '염불소리'를 의미하는 한자지만, 일본에서는 '민요나 속요 따위의 전통 노래'를 의미하는 한자로 쓰입니다. 일반적인 노래는 「歌(うた)」를 씁니다.

1503

賄

중학 | N1 | 2221위

검은 돈(貝)을 권력 있는(有) 놈들에게 찔러 주는 뇌물이니

뇌물 회

13획 賄 賄 賄 賄 賄 賄 賄 賄 賄 賄 賄 賄 賄

| 음독 | わい | 4순위 | *贈賄 증회 (ぞうわい) 뇌물을 줌
*収賄 수회 (しゅうわい) 뇌물을 받음 |
| 훈독 | [まかな]う | 賄(まかな)う ⓐ 조달하다, 처리하다 ⓑ 식사를 마련해 주다
→ 賄(まかな)い ⓐ 식사를 준비하고 시중을 듦
ⓑ (숙소/아르바이트 등에서 제공되는) 식사 |

1504

賂

중학 | N1 | 2836위

검은 돈(貝)을 관련된 각각(各)의 인물들에게 찔러주는 뇌물이니

1197 各: 각각 각 · 제각기 각

뇌물 뢰

13획 賂 賂 賂 賂 賂 賂 賂 賂 賂 賂 賂 賂 賂

| 음독 | ろ | 4순위 | *賄賂 회뢰뇌물 (わいろ) |

|잠깐만요|
· 「賄賂」에만 사용되는 한자예요. 그러니 「賄賂」를 통해 「賄」와 「賂」를 세트로 외워 두세요.

0203

易

① 쉬울 이 ② 바꿀 역

5학년 | N2 | 888위

| 해설 | 뱉은 말(日)을 그런 적 없다(勿)고 쉽게 바꾸니 | 勿: 아닐 물 · 없을 물 |
| 음독 | [い] 容易 용이 (ようい) | [えき] 貿易 무역 (ぼうえき) |

賜

중학 | N1 | 2274위

공을 세우면 윗사람이 아랫사람에게 돈(貝)을 쉽게(易) 하사하니 `0203` 易: 쉬울 이 · 바꿀 역

줄 사 · 하사할 사

15획 丨 𝑙丿 𝑙丿 𝑙丿 目 目 目 目 貝 貝丿 貝刀 賜 賜 賜 賜

음독	し	4순위	*賜暇 사가 (しか) 휴가를 하사받음 下賜 하사 (かし) ⟷ 献上 헌상 (けんじょう)
훈독	[たまわ]る		賜(たまわ)る 윗사람에게 받다, 내려주시다
	[たま]う		▽賜(たま)う 주시다, 내리시다, ~하시다 → 賜物(たまもの) ⓐ (높은 이/자연/신으로부터의) 하사품, 선물 ⓑ (노력/고생에 하늘이 내려 주신) 보상, 선물

---

76 虫: 벌레 충(1) ▶ 触蛍蜜繭

虫

벌레 충

1학년 | N2 | 1192위

해설	과일(口)을 벌레가 먹는 모습을 본떠
음독	[ちゅう] 昆虫 곤충 (こんちゅう)　　害虫 해충 (がいちゅう)
파생	`0437` 風 바람 풍[ふう]　`0438` 独 고독할 독[どく]　`0439` 蚕 누에 잠[さん]

触

중학 | N2 | 817위

뿔(角)처럼 벌레(虫)에게 솟아난 더듬이는 세상과 닿아 접촉하기 위한 촉감 기관이니 `0054` 角: 뿔 각 · 각도 각

닿을 촉 · 접촉할 촉

13획 触 触 𝑓 𝑓 角 角 角 角丿 角刀 角刀 触 触 触

음독	しょく	2순위	触媒 촉매 (しょくばい)　　接触 접촉 (せっしょく) 感触 감촉 (かんしょく)　　抵触 저촉 (ていしょく)
훈독	[さわ]る		触(さわ)る ⓐ 만지다, 손대다 ⓑ [気に/神経に+] 거슬리다 → 触(さわ)り心地(ごこち) 촉감
	[ふ]れる		触(ふ)れる ⓐ 닿다, 접(촉)하다 ⓑ (눈/귀/마음에) 들어오다 ⓒ (법률에) 저촉되다 ⓓ 언급하다 → 前触(まえぶ)れ 전조, 조짐 触(ふ)れ合(あ)う ⓐ 맞닿다 ⓑ 서로 통하다 → 触(ふ)れ合(あ)い ⓐ 접촉, (마음이) 통함 ⓑ 지역 사회 내의 상호 교류

|잠깐만요|

• 「触(さわ)らぬ神(かみ)に祟(たた)りなし」(건드리지 않는 신에 탈이 없다 → 긁어 부스럼을 만들지 말라)라는 표현도 기억해 두세요.

1507

반짝이는 형광색 불(´´)로 덮인(冖)듯 빛나는 벌레(虫)인 반딧불이이니

´´: 불 화　冖: 덮을 멱

반딧불이 형

中학 | N1 | 2407위

11획 蛍 蛍 蛍 蛍 蛍 蛍 螢 螢 営 蛍 蛍

음독	けい	4순위	蛍光 형광 (けいこう)	蛍石 형석 (けいせき)
			蛍雪の功 형설지공 (けいせつのこう)	
훈독	ほたる		蛍(ほたる) 반딧불이	→ 蛍火(ほたるび) 반딧불
			蛍石(ほたる・いし) 형석	

1508

꿀벌이 집(宀) 속에 반드시(必) 애벌레(虫)와 함께 저장해 두는 꿀이니

宀: 집 면・지붕 면　0617 必: 반드시 필

꿀 밀

中학 | 급수 외 | 2003위

14획 蜜 蜜 蜜 蜜 蜜 蜜 蜜 蜜 蜜 蜜 蜜 蜜 蜜 蜜

음독	みつ	2순위	*蜜 밀꿀 (みつ)	蜜蝋 밀납 (みつろう)
			蜜月旅行 밀월여행 (みつげつ・りょこう)	
			*蜂蜜 봉밀벌꿀 (はちみつ)	
	예외		蜜柑(みかん) 귤	

| 잠깐만요 |
- 「蜜月旅行」은 영어 'honeymoon'과 같은 의미예요. 하지만 한국처럼 일본에서도 요즘엔 자주 사용되지 않고, 일반적으로 「新婚旅行(しんこん・りょこう)」(신혼여행)를 사용해요.
- 범어의 음차로 사용될 때가 있어요. '바라밀(부처가 되기 위한 보살의 수행)'을 「波羅蜜(はらみつ)」라고 하니 참고하세요.
- 「 0619 密 빽빽할 밀・비밀 밀」과의 구분에 주의하세요.

1509

뽕잎(艹) 아래 겉을 단단하게(冂) 실(糸)로 감싸고 속에 한 일(丨) 자로 벌레(虫)가 들어가 있는 누에고치이니

艹: 풀 초　冂: 단단한 모양 경　丨: 모양자 곤・꿰뚫을 곤

누에고치 견

中학 | N1 | 3561위

18획 繭 繭 繭 繭 繭 繭 繭 繭 繭 繭 繭 繭 繭 繭 繭 繭 繭 繭

| 음독 | けん | 4순위 | 繭糸 견사 (けんし) | 繭蚕 견잠 (けんさん) |
| 훈독 | まゆ | | 繭(まゆ) 누에고치 | |

| 잠깐만요 |
- 예전에는 견사 등의 어휘에 자주 쓰였기에 상용한자로 포함되었지만, 어휘의 생산량이나 사용 빈도 면에서 볼 때 외우기보단 참고만 하세요.

1510

蚊

중학 | N1 | 2344위

벌레(虫) 중 유독 글(文)을 읽을 때 집중에 방해가 되는 모기이니

0705 文: 글 문

모기 문

10획 蚊 蚊 蚊 蚊 蚊 蚊 蚊 蚊 蚊 蚊

훈독	か	蚊(か) 모기	蚊取(かと)り線香(せんこう) 모기향
		蚊帳(かや) 모기장	蚊帳(かや)の外(そと) 어떤 일에서 배제됨

1511

蝶

학년 외 | N1 | 1750위

벌레(虫)인데 풀잎이 날아가듯(葉 → 枼) 생긴 나비이니

1088 葉: 잎 엽

나비 접

15획 蝶 蝶 蝶 蝶 蝶 蝶 蝶 蝶 蝶 蝶 蝶 蝶 蝶 蝶 蝶

음독	ちょう [2순위]	*蝶 접나비 (ちょう)	*蝶々 접접나비 (ちょうちょう)
		*蝶番 접번 (ちょう・つがい) 경첩/관절의 이음매	
		揚げ羽蝶 (あげは・ちょう) 호랑나비	

| 잠깐만요 |
- 4자성어 중에 '호접지몽'이 유명하죠? 일본어로는 「胡蝶の夢(こちょうのゆめ)」라고 해요.
- '나방/개미/파리' 또한 상용 외 한자지만 생각보다 자주 보게 되는 어휘/한자이니 참고하세요.
  – 「蛾 나방 아 (が)」: 벌레(虫) 중 마치 내(我)가 나비라고 사기 치는 것처럼 생긴 나방이니
  – 「蟻 개미 의 (あり)」: 벌레(虫) 중 옳은(義) 이야기의 주인공 격인 개미이니
  – 「蠅 파리 승 (はえ)」: 벌레(虫) 중 밧줄(黽)마냥 줄줄이 쉴 새 없이 나타나는 파리이니

1512

蛇

중학 | N1 | 1672위

벌레(虫)를 먹기 위해 집채(宀) 같이 입을 짝 벌리고 비수(匕) 같은 혀를 날름대는 뱀이니   宀: 지붕 면 · 집 면   匕: 숟가락 비 · 비수 비

뱀 사

11획 蛇 蛇 蛇 蛇 蛇 蛇 蛇 蛇 蛇 蛇 蛇

음독	じゃ [3순위]	*蛇口 사구수도꼭지 (じゃぐち)	蛇毒 사독뱀독 (じゃどく)
	だ [4순위]	蛇足 사족군더더기 (だそく)	*長蛇 장사길다란 뱀 (ちょうだ)
		竜頭蛇尾 용두사미 (りゅうとう・だび)	
훈독	へび	蛇(へび) 뱀	→ 毒蛇(どく・へび) 독사
	예외	大蛇 (おろち) 이무기, 신화적인 큰 뱀	
		→ 八岐大蛇(やまたのおろち)	
		일본 신화 속 머리 여덟 개와 꼬리를 가진 이무기	

| 잠깐만요 |
- **0058** 巴/巳 뱀 파/뱀 사는 뱀 그 자체보다 '뱀이 똬리를 튼 모습'을 비유적으로 나타내거나 부수로 사용하고, 뱀 그 자체를 나타낼 때는 蛇를 써요.
- 「長蛇」는 '긴 뱀'을 의미하지만, 실사용은 '그 형상이 매우 긴 것'을 나타냅니다.
  예 長蛇(ちょうだ)の陣(じん) 장사진   長蛇(ちょうだ)の列(れつ) 긴 줄
- 竜頭蛇尾: 용의 머리로 시작해 뱀의 꼬리로 끝난다 → 시작은 창대하나 끝은 보잘것없다
  예 彼(かれ)の努力(どりょく)は竜頭蛇尾(りゅうとう・だび)に終(お)わった.
     그의 노력은 용두사미로 끝났다(시작만 창대했다).

(정답은 570쪽에)

1 빈칸에 들어갈 한자로 적절한 것을 고르시오.

1. ___動 (소동)　　ⓐ 駐　　ⓑ 騷　　ⓒ 篤

2. 捕___ (포로)　　ⓐ 虜　　ⓑ 膚　　ⓒ 慮

3. ___行 (수행)　　ⓐ 隊　　ⓑ 逐　　ⓒ 遂

4. 未___ (미상)　　ⓐ 祥　　ⓑ 詳　　ⓒ 鮮

5. ___拙 (치졸)　　ⓐ 稚　　ⓑ 椎　　ⓒ 雄

6. 捕___ (포획)　　ⓐ 獲　　ⓑ 穫　　ⓒ 蔓

7. ___献 (공헌)　　ⓐ 貞　　ⓑ 貴　　ⓒ 貢

8. 激___ (격분)　　ⓐ 憤　　ⓑ 噴　　ⓒ 墳

9. ___送 (압송)　　ⓐ 甲　　ⓑ 岬　　ⓒ 押

2 다음 한자의 뜻을 (　　)에 적고 일본 음독을 ⓐ, ⓑ, ⓒ 중에 하나 고르시오.

1. 流麗 (　　　)　　ⓐ りゅうりょ　ⓑ りゅうりょう　ⓒ りゅうれい

2. 羞恥心 (　　　)　　ⓐ すうちしん　ⓑ しゅちしん　ⓒ しゅうちしん

3. 野獣 (　　　)　　ⓐ やしゅ　ⓑ やしゅう　ⓒ やじゅう

4. 祝儀 (　　　)　　ⓐ しゅうぎ　ⓑ ちゅうぎ　ⓒ しゅうい

5. 擁護 (　　　)　　ⓐ ようごう　ⓑ ようご　ⓒ ようほう

6. 双翼 (　　　)　　ⓐ そうよく　ⓑ そういく　ⓒ そうぎく

7. 接触 (　　　)　　ⓐ せっそく　ⓑ せっちょく　ⓒ せっしょく

8. 賄賂 (　　　)　　ⓐ わいらい　ⓑ わいろう　ⓒ わいろ

9. 年貢 (　　　)　　ⓐ ねんこう　ⓑ ねんぐ　ⓒ ねんぐう

셋째마디

•

신체/감각 [208자]

13

'머리(상부)'의 파생 [32자]

78 彡: 터럭 삼 ▶ 診珍髮髭耗

0070	彡	터럭 삼	부수자
해설		바람에 흩날리는 굵은 수염이나 머리카락을 본떠	
파생		0071 毛 털 모[もう]　　0864 形 겉모습 형[けい]　　0969 参 참여할 참[さん] 0717 修 닦을 수[しゅ/しゅう]	

1513

診

중학 | N1 | 1129위

|비교|
· みる: 0096 見 vs
0472 視 vs 0426 観 vs
0467 看 vs 1513 診

아픈 곳은 없냐고 말(言)하며 사람(へ)의 털(彡) 한 올까지 꼼꼼하게 살피며 병이 있나 없나 진찰하니

言: 말 언　(人→) へ: 사람 인

진찰할 진 · 진단할 진

12획 診 診 診 診 診 診 診 診 診 診 診 診

음독	しん [1순위]	診察 진찰 (しんさつ) 診療 진료 (しんりょう) 問診 문진 (もんしん)	診断 진단 (しんだん) 往診 왕진 (おうしん) 誤診 오진 (ごしん)
훈독	[み]る	診(み)る (건강 상태를) 진찰하다, 진단하다 cf) 見る 보다　　　　　▽視る 조사하다 　　▽観る 관람하다　　　▼看る 돌보다	

1514

珍

중학 | N2 | 1274위

구슬(玉) 중 사람(へ)의 털(彡) 한 올 만한 흠집도 없는 것은 드물고 진귀하니

(玉→) 王: 구슬 옥

드물 진 · 진귀할 진

9획 珍 珍 珍 珍 珍 珍 珍 珍 珍

음독	ちん [1순위]	珍貴 진귀 (ちんき) 珍味 진미 (ちんみ)	珍奇 진기 (ちんき) *珍書 진서 (ちんしょ) 진귀한 책
훈독	[めずら]しい	珍(めずら)しい 드물다, 진귀하다	

|잠깐만요|
· 음독으로 읽는 어휘는 대부분이 '珍○: 진귀한 ○'의 기계적 파생이에요.
· 「珍貴」는 '드물고 귀하다', 「珍奇」는 '드물고 별나다'라는 약간의 의미 차이가 있어요.

1515

중학 | N3 | 867위

길게(長→镸) 자란 털(彡)을 친구(友)가 빗어 주고 땋아 주는 머리카락이니

(長→)镸 : 길 장·어른 장　友 : 친구 우

머리카락 발 · 모발 발

14획 髪 髪 髪 髪 髪 髪 镸 髪 髪 髪 髪 髪 髪 髪

음독	はつ [2순위]	毛髪 모발 (もうはつ)　*理髪店 이발점이발소 (りはつてん) 短髪 단발 (たんぱつ)　*散髪 산발이발 (さんぱつ)
훈독	かみ	髪(かみ) 머리카락 → 髪(かみ)の毛(け) 머리털, 머리카락 髪型(かみがた) 헤어스타일　髪形(かみがた) 머리 모양 黒髪(くろかみ) 흑발, 검은 머리

잠깐만요

- '이발'은 일반적으로 「カット」나 「散髪」를 사용하고, 「理髪」는 상대적으로 사용 빈도가 적습니다.
- '이발소'는 화자의 연령이나 이발소의 연식, 분위기, 설립 연도 등에 따라서 여러 용어가 사용되니 참고하세요.
  - 조금 오래된 용어: 「床屋(とこや)」「理髪店(りはつてん)」「散髪屋(さんぱつや)」
  - 비교적 새로운 용어: 「理容室(りようしつ)」「理容店(りようてん)」
        ↔ 미용실: 「美容室(びようしつ)」「美容院(びよういん)」
  - 가장 새로운 용어: 「バーバー(barber)」

1516

상용 외 | N4 | 2150위

길게(镸) 자란 털(彡)이 자라지 않게끔(止) 숟가락(匕)같이 생긴 면도기로 깎아 주는 수염이니

止 : 멈출 지·정지할 지　匕 : 숟가락 비·비수 비

윗수염 자

16획 髭 髭 髭 髭 髭 髭 镸 髭 髭 髭 髭 髭 髭 髭 髭 髭

훈독	ひげ	髭(ひげ) 수염　　　　→ 髭剃(ひげそ)り 면도, 면도기 白髭(しろひげ) 흰 수염

0071 毛 털 모

2학년 | N2 | 775위

해설	털 뭉치(彡)가 신체에 뿌리내려(乚) 털이 난 모습이니
음독	[もう] 毛皮 모피 (もうひ)　　毛髪 모발 (もうはつ)

쟁기(耒)로 퍼낼 정도로 머리털(毛)이 빠져 줄어들 만큼 정신이 갈려나가 소모되니

耒: 쟁기 뢰　毛: 털 모

耗

중학 | N1 | 2574위

줄어들 모·소모할 모

10획　耗 耗 耗 耗 耗 耗 耗 耗 耗 耗

| 음독 | もう | 4순위 | 消耗 소모 (しょうもう)　磨耗 마모 (まもう) |
| | こう | 4순위 | *心神耗弱 심신모약심신미약 (しんしん・こうじゃく) |

| 잠깐만요 |

• 「こう」는 「心神耗弱」에만 사용되는 예외적인 발음이에요. 「心身」으로 착각하지 마세요.
• 일본은 법률용어로 「心神耗弱」를 사용하고 '심신미약(心神微弱)'은 사용하지 않습니다.
• 「0861 耕 밭 갈 경」과의 구분에 주의하세요.

---

79 頁: 머리 혈 ▶ 須頃傾項煩頒頑

| 0072 頁 | **머리 혈** | | 제부수 | N1 | 1615위 |

| 해설 | 모자(一)와 눈(目) 밑에 수염(八)을 그려 머리를 나타내니 |

| 파생 | 0458 頂 꼭대기 정[ちょう]　0459 順 차례 순[じゅん]　0460 顔 얼굴 안[がん]
0461 頭 머리 두[とう/ず]　0919 領 우두머리 령[りょう]　1148 題 제목 제[だい]
0389 願 바랄 원[がん]　0727 預 맡겨 보관할 예[よ] |

털(彡)은 머리(頁)에 반드시 있어야 하는 필수적인 것이니

須

중학 | N1 | 1312위

① 반드시 수·필수 수　(② 수염 수)

12획　須 須 須 須 須 須 須 須 須 須 須 須

| 음독 | す/しゅ | 4순위 | ① 須要 수요 (すよう/しゅよう)
① 必須 필수 (ひっす/ひっしゅ)
②*長須鯨 장수경 (ながすくじら) 긴수염고래 |

| 잠깐만요 |

• 파생 어휘 수가 굉장히 적고, 어휘 대부분이 「す/しゅ」 양쪽으로 읽을 수 있어요.
• '필수'의 의미 구분
　– 必需(ひつじゅ): 없어서는 안 되며, 없으면 상당히 곤란함. 주로 사물을 대상으로 사용
　　예 必需品(ひつじゅひん) 필수품　　　　　必需物資(ひつじゅ・ぶっし) 필수 물자
　– 必須(ひっす/ひっしゅ): 반드시 필요함, 특히 무언가를 위한 조건으로서 반드시 필요한 경우
　　예 必須条件 (ひっす・じょうけん) 필수 조건　　必須科目(ひっす・かもく)필수 과목
　　必須アミノ酸(ひっす・アミノさん) 필수 아미노산

1519

頃

중학 | N1 | 561위

숟가락(匕)으로 밥 먹을 생각이 머리(頁)에 가득 찰 즈음이 식사하기 적당한 **시기**이니

즈음 경 · 시기 경

11획 頃 頃 頃 頃 頃 頃 頃 頃 頃 頃 頃

음독	けい	4순위	*頃日 경일요즘 (けいじつ)	
훈독	ころ		頃(ころ) ⓐ 시절, 무렵, 쯤 ⓑ 때, 기회, 시기 → 近頃(ちかごろ) 근래　　日頃(ひごろ) 평소 頃合(ころあい) ⓐ 적당한 시기 ⓑ 딱 알맞음	

| 잠깐만요 |
- 음독의 경우 종종 문어적인 표현으로 등장하는 정도예요.

1520

傾

중학 | N2 | 1019위

사람(亻)은 항상 어떤 시기(頃)마다 생각이 **한쪽으로 쏠려 기우**니

기울 경

13획 傾 傾 傾 傾 傾 傾 傾 傾 傾 傾 傾 傾 傾

음독	けい	2순위	傾斜 경사 (けいしゃ)　　　傾向 경향 (けいこう) 傾聴 경청 (けいちょう)　　右傾化 우경화 (うけいか) 傾国の美人 경국지색 (けいこくのびじん)
훈독	[かたむ]く	傾(かたむ)く ⓐ 기울다 ⓑ (한쪽으로) 쏠리다 → 傾(かたむ)き 경사	
	[かたむ]ける	傾(かたむ)ける 기울어지게 하다, 비스듬하게 하다	
	[かし]げる	▽傾(かし)げる (고개를 옆으로) 기울이다, 갸웃하다	

| 잠깐만요 |
- 10대는 진학과 교우 관계, 20대는 연애, 30대는 취업, 40대는 가정 등등 돌이켜보면 시기마다 모두 생각이 한쪽으로 기울어져 있죠?

1521

項

중학 | N1 | 1154위

무언가 만들(工) 때는 머릿속(頁)으로 해야 할 일의 **항목**을 정리해야 하니

工: 만들 공 · 장인 공

항목 항

12획 項 項 項 項 項 項 項 項 項 項 項 項

음독	こう	2순위	*項 항 (こう) 항목/〈수학〉 항　　項目 항목 (こうもく) 事項 사항 (じこう)　　　　　　各項 각항 (かくこう)
훈독	うなじ	項(うなじ) 목덜미	

| 잠깐만요 |
- 본래는 '목덜미'를 뜻하는 한자로 만들어졌지만, 이후 의미가 항목으로 바뀌게 된 한자입니다.
- '목덜미'라는 의미는 훈독 「うなじ」에만 사용되니 예외적인 쓰임 정도로 파악해 두세요.

177

1522

煩

중학 | N1 | 2335위

| 비교 |
・わずらう：
1522 煩 vs 2203 患

| 잠깐만요 |
・「煩(はん) 번거로움」은
다음의 문어적 표현에만
사용되니 참고만 하세요.
煩にたえない
번거롭기 짝이 없다
煩をいとわず
번거로움을 마다하지 않고

불(火)난 것처럼 머릿속(頁)이 **시끄러워 번잡**하고 **번거로우니**

번거로울 번 · 번잡할 번

13획 煩 煩 煩 煩 煩 煩 煩 煩 煩 煩 煩 煩 煩

음독	はん	3순위	*煩 번거로움 (はん) 煩雑 번잡 (はんざつ) 煩悶 번민 (はんもん)
	ぼん	4순위	煩悩 번뇌 (ぼんのう)
훈독	[わずら]う		煩(わずら)う ⓐ 고민하다, 걱정하다 ⓑ [동사 연용형+] 좀처럼 ~하지 못하다 → 煩(わずら)い 번거로움, 걱정 恋煩(こい・わずら)い 상사병 言(い)い煩(わずら)う 좀처럼 말 못하다 cf) 患(わずら)う 병을 앓다, 병이 나다
	[わずら]わす		煩(わずら)わす 번거롭게 하다, 번잡하게 하다
	[わずら]わしい		煩(わずら)わしい 번거롭다, 성가시다
	[うるさ]い		▼煩(うるさ)い ⓐ 시끄럽다 ⓑ 귀찮다

| 잠깐만요 |
・「ぼん」으로 읽는 어휘는 「煩悩」 뿐이에요. 하지만 사용 빈도가 높기 때문에 주의해야 해요.

1523

頒

중학 | N1 | 4345위

중요한 내용을 모든 이들이 나누어(分) 머릿속(頁)에 담을 수 있도록 널리 퍼뜨려 **반포하니**   0636 分: 나눌 분

퍼뜨릴 반 · 반포할 반

13획 頒 頒 分 分 分 頒 頒 頒 頒 頒 頒 頒 頒

| 음독 | はん | 4순위 | 頒布 반포 (はんぶ) |

| 잠깐만요 |
・파생 어휘가 거의 없으니 제시된 어휘만 학습하면 돼요.

1524

頑

중학 | N1 | 2830위

원래(元) 머리(頁)가 좋은 사람일수록 완고하여 **고집이 세니**   0759 元: 원래 원 · 근원 원

고집 셀 완 · 완고할 완

13획 頑 頑 頑 頑 頑 頑 頑 頑 頑 頑 頑 頑 頑

| 음독 | がん | 3순위 | 頑固 완고 (がんこ)   *頑丈 완장튼튼함 (がんじょう)
 頑張(がんば)る 분발하다, 힘내다 |
| 훈독 | [かたく]な | | ▽頑(かたく)なだ 완고함, 고집이 셈 |

0455 亡

없어질 망 · 망할 망

6학년 | N2 | 749위

해설	단두대에 누워 머리(亠)가 칼날(L)에 베이는 모습으로 전쟁에서 **망해 없어짐**을 나타내니 (L→) L : 숨을 은(단두대 칼날의 모습)
음독	[ぼう] 死亡 사망 (しぼう)　　　　[もう] 亡者 망자 (もうじゃ)
파생	**0456** 忘 잊을 망 [ぼう]　**0457** 望 바랄 망 [ぼう/もう]

1525

忙

중학 | N3 | 1473위

옆으로 마음(忄)이 샐 틈 없어질(亡) 만큼 **바쁘니**　　　　　　　忄: 마음 심

바쁠 망

6획 忙忙忙忙忙忙

음독	ぼう	4순위	多忙 다망 (たぼう)　　　*忙殺 망쇄 (ぼうさつ) 매우 분주함 忙中(の)閑あり 망중유한 (ぼうちゅうのかんあり)
훈독	[いそが]しい		忙(いそが)しい 바쁘다, 틈이 없다
	[せわ]しい		▽忙(せわ)しい 〈문어〉 ⓐ 바쁘다, 틈이 없다 　　　　　　　　　ⓑ 조급하다, 성급하다 = 忙(せわ)しない

| 잠깐만요 |

- 「 **0456** 忘 잊을 망」은 '관심(心)이 없어져(亡) 잊는' 거죠? 「忙」은 「忘」과 차이를 두고자 '옆+마음'으로 해설했어요.
- 「忙殺」는 보통 「〜に忙殺される」의 꼴로 '〜때문에 죽을 만큼 바쁘다'라는 의미로 사용됩니다.
- 「せわしい」는 문어적인 표현으로 보통은 시대/사람을 수식할 때 사용합니다. 특이하게 「せわしない」라는 부정형의 꼴이 ⓑ '조급하다'의 강조 표현이니 헷갈리지 마세요.
  예 忙(せわ)しい人(ひと) 조급한 사람 ≒ 忙(せわ)しない人(ひと) 아주 조급한 사람

1526

妄

중학 | N1 | 2172위

이미 없어진(亡) 여자(女)에게 사리 분별 없이 집착하며 헛된 망상만 하면 결국 허망해질 뿐이니

헛될 망 · 분별 없을 망

6획 妄妄妄妄妄妄

음독	もう	2순위	妄想 망상 (もうそう)　　　*妄信 망신맹신 (もうしん) 妄言 망언 (もうげん)　　　虚妄 허망 (きょもう)

| 잠깐만요 |

- 일부 고령층에서는 음독을 「ぼう」로 발음하기도 합니다. 예 妄言 망언 (ぼうげん)

荒

중학 | N2 | 966위

|비교|
· あらい :
1527 荒 vs 2138 粗

풀(艹) 한 포기도 없어지고(亡) 냇물(川)조차 없어져 **거칠고 황폐해진 황무지**이니

艹: 풀 초

거칠 황 · 황폐할 황

9획 荒荒荒荒荒荒荒荒荒

음독	こう	2순위	荒廃 황폐 (こうはい)　　　荒涼 황량 (こうりょう) 荒唐無稽 황당무계 (こうとう・むけい) 救荒作物 구황작물 (きゅうこう・さくもつ)
훈독	あら~		荒(あら)[+명사] ⓐ 거친~, 세찬~　ⓑ 황폐한~ → 荒行(あらぎょう) 고행 　荒仕事(あら・しごと) ⓐ 힘든 일, 막일　ⓑ 강도, 살인 　荒波(あらなみ) 거친 파도
	[あら]い		荒(あら)い 거칠다, 난폭하다, 섬세하지 못하다, 절도가 없다 → 手荒(てあら)い 난폭하게 다룸 cf) 粗(あら)い (표면이) 꺼칠하다, (알이) 굵다, 　(밀도가) 성기다, 조잡하다
	[あ]らす		荒(あ)らす 황폐하게 하다, 휩쓸고 지나가다
	[あ]れる		荒(あ)れる 거칠어지다, 난폭해지다 → 荒(あ)れ地(ち) 황무지　　肌荒(はだあ)れ 피부가 거칠어짐

|잠깐만요|
· 救荒作物: 황폐해지는(荒) 기근을 구원해(救) 주는 작물(作物) = 감자/메밀 등
· 「あらい」는 한자 표기(荒い・粗い)에 따라 뉘앙스를 다르게 표기하는 경향이 있지만, 「あらす・
あれる」의 한자 표기는 「荒」으로만 사용하는 경향이 강합니다.
　ー荒い(○)　荒らす・荒れる(○)　　　ー粗い(○)　粗らす・粗れる(×)

慌

중학 | N1 | 1581위

마음(忄)이 거칠어질(荒) 정도로 **당황**하여 허둥대고 **어수선**하니

당황할 황 · 공황 황

12획 慌慌慌慌慌慌慌慌慌慌慌慌

음독	こう	4순위	恐慌 공황 (きょうこう)
훈독	[あわ]てる		慌(あわ)てる ⓐ 놀라 당황하다　ⓑ 허둥대다
	[あわ]ただしい		慌(あわ)ただしい 어수선하다, 분주하다

|잠깐만요|
· '공황 장애'는 「パニック障害(しょうがい)」로 표현하는 것이 가장 일반적이고, 그 외 「恐慌性障害
(きょうこうせい・しょうがい)」(공황성 장애)라고 표현할 수 있습니다.

0066 目		① 눈 목 ② 목차 목		1학년 | N4 | 39위

해설	눈과 목차의 모양을 본떠 한눈에 보이도록 정리한 **목차**이니
음독	[もく] 目次 목차 (もくじ)　　　　　[ぼく] 面目 면목 (めんぼく)
파생	0096 見 볼 견 [けん]　0258 相 서로 상 · 자세히 볼 상 [そう/しょう]　0467 看 살펴볼 간 [かん] 0196 昼 낮 주 [ちゅう]　0474 直 곧을 직 · 바로 직 [ちょく/じき]

1529 眉

중학 \| N1 \| 1409위

눈(目) 위에 있는 뱀(巴 → 尸)처럼 두껍고 긴 **눈썹**의 모습이니
巴: 뱀 파

눈썹 미

9획　眉 眉 眉 眉 尸 眉 眉 眉 眉

음독	び	3순위	焦眉 초미 (しょうび) 매우 위급함　*眉雪 미설 (びせつ) 흰 눈썹 白眉 백미 (はくび) 가장 뛰어남
	み	4순위	眉間 미간 (みけん)
훈독	まゆ		眉 (まゆ) 눈썹　　　　　→ 眉毛 (まゆげ) 눈썹

| 잠깐만요 |
· 「焦眉」는 '눈썹이 타는 상황', 즉 '매우 위급한 상황'을 말해요.
　예 焦眉 (しょうび)の問題 (もんだい) 초미의 문제
　　 焦眉 (しょうび)の急務 (きゅうむ) 초미의 급무
· 음독의 경우, 「び」로 읽는 어휘가 더 많지만, 「み」로 읽는 「眉間 (みけん)」의 사용 빈도가 다른 어휘보다 훨씬 높습니다.

1530 盲

중학 \| N1 \| 2222위

기능이 없어진(亡) 눈(目)을 지닌 맹인은 보이지 않으니

보이지 않을 맹 · 맹인 맹

8획　盲 盲 盲 盲 盲 盲 盲 盲

음독	もう	1순위	盲点 맹점 (もうてん)　　　盲信 맹신 (もうしん) 盲目 맹목 (もうもく)　　　盲人 맹인 (もうじん) 色盲 색맹 (しきもう)　　　文盲 문맹 (もんもう)
훈독	めくら		▽盲 (めくら) ⓐ 맹인 ⓑ 문맹 → 明 (あ)き盲 (めくら) 눈뜬 장님 盲 (めくら)に提灯 (ちょうちん) (장님에 등불 →) 돼지 목에 진주

| 잠깐만요 |
· '맹인'은 예전에는 「盲人 (もうじん)」, 「盲 (めくら)」라고 했으나 현대에는 어감상의 문제로 「目 (め)の見 (み)えない人 (ひと)」(눈이 보이지 않는 사람), 「目 (め)の不自由 (ふじゆう)な人 (ひと)」(눈이 불편한 사람)로 풀어서 표현해요.

冒

중학 | N1 | 1470위

|비교|
· おかす: 1160 犯 vs
1531 冒 vs 1576 侵

보물이 있다는 타인의 말(曰)에 눈(目)이 돌아가 위험을 **무릅쓰고** 불가침 영역을 침범하는 모험을 하니

0098 曰: 말할 왈

무릅쓸 모 · 모험할 모

9획 冒 冒 冒 冒 冒 冒 冒 冒 冒

음독	ぼう 4순위	冒険 모험 (ぼうけん) 冒涜 모독 (ぼうとく)	冒頭 모두서두 (ぼうとう)
훈독	[おか]す	冒(おか)す ⓐ (위험 등을) 무릅쓰다 ⓑ (신성함을) 모독하다 ⓒ (병균 등이) 침범하다	

帽

중학 | N2 | 1601위

수건(巾) 같은 터번은 모험(冒)을 하던 알라딘이 머리에 썼던 **모자죠?**

巾: 수건 건

모자 모

12획 帽 帽 帽 帽 帽 帽 帽 帽 帽 帽 帽 帽

음독	ぼう 2순위	帽子 모자 (ぼうし) 軍帽 군모 (ぐんぼう)	脱帽 탈모 (だつぼう) 僧帽筋 승모근 (そうぼうきん)

|잠깐만요|
· 윗변을 '말할 왈(曰)'이 아니라 '해 일(日)'로 봐도 돼요.
 → 帽: 천(巾)으로 만들어 햇빛(日)으로부터 눈(目)을 가려 주는 '모자'이니

眠

중학 | N3 | 871위

노동에 찌든 백성(民)은 눈(目)만 감으면 곯아떨어져 **잠들었으니**

0169 民: 백성 민

잠들 면 · 수면 면

10획 眠 眠 眠 眠 眠 眠 眠 眠 眠 眠

음독	みん 2순위	睡眠 수면 (すいみん) 催眠 최면 (さいみん)	冬眠 동면 (とうみん) 不眠症 불면증 (ふみんしょう)
훈독	[ねむ]い/ [ねむ]たい	眠(ねむ)い/眠(ねむ)たい 졸리다 → 眠気(ねむけ) 졸음	
	[ねむ]る	眠(ねむ)る (깊게) 잠들다 → 眠(ねむ)り 잠 居眠(い・ねむ)る 앉은 채 졸다 居眠(い・ねむ)り運転(うんてん) 졸음운전 眠(ねむ)れる森(もり)の美女(びじょ) 잠자는 숲속의 미녀(공주)	

|잠깐만요|
· 「 1151 眼 눈(동자) 안」과의 구분에 주의하세요.

1534

중학 | 급수 외 | 3224위

보리(麦) 같은 곡물의 반죽을 낮짝(面)처럼 평평하고 납작하게 펴서 가늘게 뽑아내는 면이니

1007 麦: 보리 맥　**0073** 面: 얼굴 면 · 표면 면

면류 면

16획 麺 十 土 圭 圭 麦 麺 麺 麺 麺 麺 麺 麺 麺 麺

| 음독 | めん | 3순위 | 麺 면국수 (めん) | 冷麺 냉면 (れいめん) |
| | | | 製麺 제면 (せいめん) | |

---

82 真: 참 진 ▶ 鎮塡慎殖

0478

真

3학년 | N3 | 148위

| 해설 | 열(十) 명의 눈(目)이 하나(一)를 보아 그중 여덟(八 → ハ)이 인정한 진실이니 |
| 음독 | [しん] 真実 진실(しんじつ)　　写真 사진(しゃしん) |

1535

중학 | N1 | 1612위

| 비교 |
· しずめる : **2041** 沈 vs
1013 静 vs **1535** 鎮

쇠(金)처럼 단단한 진실(真)만이 모든 의혹과 불안을 진정시키고 소란을 억누를 수 있음이니

누를 진 · 진정할 진

18획 鎮 鎮 鎮 鎮 鎮 鎮 鎮 鎮 鎮 鎮 鎮 鎮 鎮 鎮 鎮 鎮 鎮 鎮

음독	ちん	2순위	鎮圧 진압 (ちんあつ)	鎮痛 진통 (ちんつう)
			鎮静 진정 (ちんせい)	鎮火 진화 (ちんか)
훈독	[しず]まる		鎮(しず)まる (소란/혼란/통증 등이) 가라앉다, 진정되다	
	[しず]める		鎮(しず)める (소란/혼란/통증 등을) 가라앉히다, 진정시키다 cf) 静(しず)める (소리/기분/분위기를 조용하게) 가라앉히다 예 정적 沈(しず)める (물에) 가라앉히다, (태도를) 낮추다 예 침전	

塡

중학 | 급수 외 | 2599위

빈틈이 없도록 흙(土)을 진짜(真) 힘주어 꽉꽉 채워 넣으니

꽉 끼워 넣을 전 · 장전할 전

13획 塡 塡 塡 塡 塡 塡 塡 塡 塡 塡 塡 塡 塡

음독	てん [4순위]	補塡 보전 (ほてん)　　　　充塡材 충전재 (じゅうてんざい) 裝塡 장전 (そうてん)
훈독	[は]まる	▼塡(は)まる ⓐ 꼭 끼다, 꼭 맞다　ⓑ 빠지다(속다, 열중하다) ＝▼嵌(は)まる
	[は]める	▼塡(は)める ⓐ 끼우다, 끼다　ⓑ 빠뜨리다(속이다) ＝▼嵌(は)める

| 잠깐만요 |
- 「塡」은 무언가를 안에 가득 넣어서 '막다/채우다'라는 의미입니다.
- 「はまる・はめる」의 상용 외 한자 표기는 「塡」과 「嵌 산골짜기 감」입니다. 표기는 히라가나, 가타카나, 한자(塡・嵌) 어느 쪽도 괜찮습니다.
- '보전'의 의미 구분
  – 補塡(ほてん): 부족한 부분을 보태어 채움 vs 保全(ほぜん): 온전히 보호하여 유지함

慎

중학 | N1 | 1407위

마음속(忄)에 숨겨둔 진실(真)을 전할 때는 **신중**하게 입을 열어 경솔한 말은 **삼가야** 하니

忄: 마음 심

삼갈 신 · 신중할 신

13획 慎 慎 慎 慎 慎 慎 慎 慎 慎 慎 慎 慎 慎

음독	しん [4순위]	慎重 신중 (しんちょう)　　　謹慎 근신 (きんしん) ＊不謹慎 불근신 (ふきんしん) 불성실함/경솔함
훈독	[つつし]む	慎(つつし)む 삼가다, 조심하다, 멀리하다 cf) 謹(つつし)む 황공해하다, 삼가 아뢰다
	[つつ]ましい	▽慎(つつ)ましい ⓐ 조심스럽다, 조신하다　ⓑ 검소하다

| 비교 |
- つつしむ:
  1388 謹 vs 1537 慎

0474	# 直	① 곧을 직　② 바로 직	2학년	N2	216위

해설	저격수가 숨어서(ㄴ) 눈(目)으로 겨냥하고(十) 쏜 탄환이 대상에 **직통(직선+직접)**으로 맞으니 ㄴ/ㄴ: 숨을 은
음독	[ちょく] 直接 직접 (ちょくせつ)　　　[じき] 正直 정직 (しょうじき)
파생	0475 植 심을 식[しょく]　　0476 値 값 치[ち]　　0477 置 둘 치[ち]

殖

중학 | N1 | 1619위

자연계에서 다 자란 성체의 죽음(歹)은 곧(直) 여러 어린 생명들이 불어나 번식하게 되는 것을 의미하니

歹: 죽음 사

불어날 식 · 번식할 식

12획 殖 殖 殖 殖 殖 殖 殖 殖 殖 殖 殖

음독	しょく [3순위]	繁殖 번식 (はんしょく)　　　生殖 생식 (せいしょく) 増殖 증식 (ぞうしょく)
훈독	[ふ]える	殖(ふ)える ⓐ 〈돈/재산 등이〉 불다　ⓑ 〈동식물이〉 번식/증식하다
	[ふ]やす	殖(ふ)やす ⓐ 〈재산 등을〉 불리다　ⓑ 〈동식물을〉 번식/증식시키다 cf) 増(ふ)える・増(ふ)やす 〈인원/수량/수치 등이〉 늘다, 늘리다

| 비교 |
・ふえる・ふやす:
0311 増 vs 1538 殖

| 잠깐만요 |
・ 자연에서 식물의 열매가 죽으면 그 씨앗들이 퍼져 증식하고, 동물이 죽으면 그 시체에는 수많은 벌레가 알을 까서 벌레가 번식하죠?

---

83 鼻: 코 비 ▶ 臭嗅

| 0067 | 鼻 | | 코 비 | 3학년 | N2 | 1030위 |

해설	자신(自)의 너른 얼굴(田)에 존재하는 코(廾)의 모습이니 自: 스스로 자　田: 논 전　廾: 받쳐 들 공(코의 모양)
음독	[び] 鼻音 비음 (びおん)　　　鼻炎 비염 (びえん)

臭

중학 | N1 | 1217위

자신(自)의 아래쪽, 즉 발에서 올라오는 크게(大) 나쁜 냄새인 악취이니

나쁜 냄새 취 · 악취 취

9획 臭 臭 臭 臭 臭 臭 臭 臭 臭

음독	しゅう [1순위]	悪臭 악취 (あくしゅう)　　　体臭 체취 (たいしゅう) 無臭 무취 (むしゅう)　　　消臭 소취 (しょうしゅう) 악취를 없앰
훈독	[くさ]い	臭(くさ)い 〈좋지 않은〉 냄새가 나다, 구리다 → 臭(くさ)み 〈좋지 못한〉 냄새, 특히 음식물의 구린내나 비린내
	[にお]う	臭(にお)う ⓐ 〈좋지 못한〉 냄새가 나다 ⓑ 〈비유〉 수상한 낌새를 풍기다 → 臭(にお)い 〈좋지 못한〉 냄새
	예외	腋臭(わきが) 암내

| 잠깐만요 |
한국에서는 주로 '탈취제'를 쓰지만, 일본에서는 「消臭剤(しょうしゅうざい)」(소취제) 와 「脱臭剤(だっしゅうざい)」 (탈취제) 모두 사용하는데, 「消臭剤」의 사용 빈도가 더 높습니다.

嗅

중학 | 급수 외 | 2000위

콧구멍(口)으로 희미한 냄새(臭) 한 점(丶)도 놓치지 않고 빨아들여 구분해 내는 후각이니

냄새 맡을 후 · 후각 후

13획 嗅嗅嗅嗅嗅嗅嗅嗅嗅嗅嗅嗅嗅

음독	きゅう [4순위]	嗅覚 후각 (きゅうかく)
훈독	[か]ぐ	嗅(か)ぐ ⓐ 냄새 맡다 ⓑ 탐지하다 → 嗅(か)ぎ分(わ)ける ⓐ 냄새로 구분하다 ⓑ (차이를) 분간해 내다

---

84 耳: 귀 이 ▶ 餌 恥 聴 摂

0068 耳	귀 이		1학년	N4	735위
해설	복잡하게 생긴 귀의 모습을 본떠		
음독	[じ] 耳鼻科 이비(인후)과 (じびか)		
파생	0540 取 취할 취 [しゅ]	0993 聖 성스러울 성 [せい]	0776 聞 들을 문 [もん]

餌

중학 | 급수 외 | 2101위

강아지가 '밥 먹자(食)〜'라는 말을 귀(耳)로 듣자마자 반응하게 하는 **먹이/사료**이니

먹이 이 · 사료 이

15획 餌餌餌餌餌餌餌餌餌餌餌餌餌餌餌

음독	じ [3순위]	食餌療法 식이요법 (しょくじ・りょうほう)
훈독	え	餌(え) 〈문어〉 먹이, 사료, 미끼 → 餌食(えじき) 먹이, 희생물 餌付(えづ)く 야생 동물을 먹이로 길들이다
	えさ	餌(えさ) 먹이, 사료, 미끼

恥

중학 | N3 | 1173위

다른 이의 귀(耳)에 숨겨 왔던 속마음(心)을 들키면 **부끄럽고 수치스러우니**

부끄러울 치 · 수치스러울 치

10획 恥 恥 恥 恥 恥 恥 恥 恥 恥 恥

음독	ち [3순위]	恥部 치부 (ちぶ) 羞恥 수치 (しゅうち)	恥骨 치골 (ちこつ) 破廉恥 파렴치 (はれんち)
훈독	はじ	恥(はじ) 부끄러움, 수치 ≒ 羞(はじ) → 恥曝(はじ・さら)し 망신, 창피	
	[は]じる	恥(は)じる〈문어〉 부끄러이 여기다, 수치스러워하다 ≒ 羞(は)じる	
	[は]じらう	恥(は)じらう〈여성어〉 수줍어하다 ≒ 羞(は)じらう → 恥(は)じらい 수줍음	
	[は]ずかしい	恥(は)ずかしい 부끄럽다, 면목없다, 창피하다	
	[は]ずかしがる	恥(は)ずかしがる 부끄러이 여기다, 수치스러워하다	

| 잠깐만요 |
• 「恥 · 羞」의 의미 구분 ☞ 1459 「羞 부끄러울 수」의 | 잠깐만요 | 참조
• 「恥じらう」는 주어/대상이 여성인 경우가 일반적입니다(한국어의 '수줍어하다').
　　예 花(はな)も恥(は)じらう美貌(びぼう) 꽃도 무색할 만큼 아름다운 미모

聴

중학 | N1 | 955위

| 비교 |
• きく：0776 聞 vs
1543 聴 vs 2163 訊 vs
0288 利 vs 0712 効

귀(耳)로 많은(十) 정보를 그물(罒)로 쓸어담아 마음속(心) 깊이 담아 두기 위해
귀 기울여 들으니
罒: 그물 망

들을 청

17획 聴 聴 聴 聴 聴 聴 聴 聴 聴 聴 聴 聴 聴 聴 聴 聴 聴

음독	ちょう [1순위]	聴解 청해 (ちょうかい) 聴覚 청각 (ちょうかく) 視聴 시청 (しちょう)	聴講 청강 (ちょうこう) 聴取 청취 (ちょうしゅ) *吹聴 취청 (ふいちょう) 말을 퍼뜨림
훈독	[き]く	聴(き)く (귀 기울여 주의 깊게) 듣다, 경청하다 (← 聞く로 써도 무방) 예 国民(こくみん)の声(こえ)を聴(き)く 국민의 목소리를 듣다 cf) 聞(き)く 듣다　　　　▽ 訊(き)く 질문하다 　　利(き)く 기능하다　　　効(き)く 효과 있다	

| 잠깐만요 |
• 0615 德 덕 덕 과 비교하여 기억하세요. 「德」과 혼합해서 외워도 되겠죠?
　→ '귀(耳)로 하는 덕이 있는 행동(德 → 恴)은 타인의 아픔을 귀 기울여 듣는 것이니'

摂

중학 | N1 | 1596위

손(扌)으로 귀(耳)를 잡고 사방팔방(〉〈)으로 끌고 다니며 일을 어떻게 **처리해야 섭리대로** 돌아가는지 알려 주니

〉〈: 사방 수

취할 섭 · 처리할 섭

13획 摂 摂 摂 摂 摂 摂 摂 摂 摂 摂 摂 摂 摂

음독	せつ 〔4순위〕	摂理 섭리 (せつり) 　　　　　 摂政 섭정 (せっしょう) 摂取 섭취 (せっしゅ) 摂(せっ)する 대행하다/받아들이다, 섭취하다
훈독	[と]る	▽摂(と)る (영양분을) 섭취하다

| 비교 |

· とる :

0540 取 vs 1595 撮 vs
0560 採 vs 1981 捕 vs
2246 執 (vs 1738 盜 vs
1478 獲 vs 1544 摂)

| 잠깐만요 |

· 「とる」의 한자 표기와 의미 구분 ☞ 「 2246 執 (꽉) 붙잡을 집」의 | 잠깐만요 | 참조

상용한자는 왜 나날이 늘어나는 건가요?

일본의 상용한자는 대략 30년을 주기로 **새로 상용한자가 책정될 때마다 100여 자씩 증가해** 왔어요. 이렇듯 **상용한자의 수가 점차 늘어나는 이유**는 뭘까요?

[상용한자의 변화]
1946년: 당용한자[当用漢字(とうよう・かんじ)] … 1850자(정자체 · 구자체)
1981년: 상용한자[常用漢字(じょうよう・かんじ)] … 1945자(약자체 · 신자체)
2010년: 신상용한자[新常用漢字(しんじょうよう・かんじ)] … 2136자(약자체 · 신자체)

변화의 이유 ①　교육의 질 향상 → '기초 지식과 어휘의 확대'
우선적으로는 세대를 거듭하면서 전 국민의 교육 수준이 높아졌기 때문이라고 볼 수 있어요. 일본 국민의 대다수는 1980년대 이후 중고등학교 이상, 2000년 이후에는 대학 수료 이상의 지식인 계층이 되었습니다. 그만큼 사회 전반의 어휘 레벨도 높아졌죠.

변화의 이유 ②　전자기기의 보급 → '쓰기'에서 '읽기'로의 이동
또 하나의 이유는 전자기기의 발달을 들 수 있어요. 1990년대 이후 컴퓨터와 휴대폰의 보급으로 '손으로 쓰기'보다는 **한자 변환 기능**을 활용하는 것이 일반화되었어요. 그렇기에 '**완벽히 쓸 줄은 몰라도 읽고 구분할 수 있으면 되는 한자**'들을 상용한자로 허용하게 되었답니다. 그 결과 2010년 개정안에서는 196자가 추가되었고, 쓰임이 떨어진 5자는 삭제되었습니다.

14

'머리(하부)'의 파생 [30자]

85 舌: 혀 설 ▶ 括憩

0491 舌	혀 설	6학년 | N1 | 1181위

해설	천(千) 번은 입(口)안에서 움직이는 혀이니
음독	[ぜつ] 毒舌 독설 (どくぜつ)　　*弁舌 말솜씨 (べんぜつ)
파생	0492 活 살 활 [かつ]　　0493 話 이야기할 화 [わ]　　0494 辞 말 사 [じ] 0495 乱 어지러울 란 [らん]

1545

括

중학 \| N1 \| 1706위

손(扌)으로 혀(舌)를 놀리지 못하게 한 덩어리로 묶어 버리니　　扌: 손 수

묶을 괄 · 괄호 괄

9획 括 括 括 括 括 括 括 括 括

음독	かつ [3순위]	括弧 괄호 (かっこ) 包括 포괄 (ほうかつ)	一括 일괄 (いっかつ) 統括 통괄 (とうかつ)
훈독	[くく]る	▽括(くく)る 묶다, 잡아매다　→ 括(くく)り 묶음, 묶은 것	
	[くび]れる	▽括(くび)れる (중간 부분이) 잘록하다 → 括(くび)れ 잘록함, 잘록한 부분	

1546

憩

중학 \| N1 \| 2244위

달리던 이가 혀(舌)를 내밀고 잠시 멈춰 스스로(自) 숨을 가다듬으면서 벌렁이는
심장(心)이 가라앉도록 잠깐 쉬어 주니　　0616 息: 숨쉴 식

쉴 게

16획 憩 憩 憩 憩 憩 憩 憩 憩 憩 憩 憩 憩 憩 憩 憩

음독	けい [4순위]	休憩 휴게 (きゅうけい)　　*小憩 소게 잠깐 쉼 (しょうけい)
훈독	[いこ]う	憩(いこ)う 푹 쉬다, 휴식하다 → 憩(いこ)いの [+명사] 휴식의~ 　　憩(いこ)いの場(ば) 휴식처, 쉼터

0496 古	오랠 고 · 옛 고		2학년 | N4 | 301위
해설	조상으로부터 열(十) 세대는 거쳐 입(口)을 통해 전해진 **오래된 옛** 말들이니		
음독	[こ] 古代 고대 (こだい)	中古 중고 (ちゅうこ)	
파생	0497 故 옛 고[こ]　0498 固 굳을 고[こ]　0500 湖 호수 호[こ]　0501 쓸 쓸 고[く]		

1547

枯

중학 \| N2 \| 1858위

나무(木)가 오래되면(古) 말라 비틀어져 생명이 고갈되니

마를 고 · 고갈될 고

9획 枯枯枯枯枯枯枯枯枯

음독	こ 　4순위	枯死 고사 (こし)	枯渇 고갈 (こかつ)
훈독	[か]れる	枯(か)れる ⓐ (초목이) 마르다, 시들다 ⓑ (연기/예능이) 완숙하다 → 枯(か)れ木(き) 고목, 마른 나무 ・ 枯葉(かれは) 마른 잎 枯(か)れ果(は)てる 완전히 말라 버리다	
	[か]らす	枯(か)らす (초목 따위를) 말려 죽이다	
	예외	木枯(こ・が)らし 늦가을부터 초겨울에 부는 찬바람	

0498 固	굳을 고 · 단단할 고		4학년 | N2 | 862위
해설	에워싼(口) 틀에 넣어 오래도록(古) 굳혀 단단하니		
음독	[こ] 固体 고체 (こたい)	固定 고정 (こてい)	
파생	0499 個 낱 개[こ]		

箇

중학 | N1 | 1972위

대나무(竹)는 단단한(固) 각각의 개별 마디가 이어져서 하나가 되죠?

(竹→) ⺮: 대나무 죽

개별 개 · 조목 개

14획 箇箇箇箇箇箇箇箇箇箇箇箇箇箇

음독	か	4순위	箇所 개소 장소 (かしょ) *箇条 개조 조항 (かじょう)
			*箇条書き (かじょう・がき) 항목별 정리

| 잠깐만요 |

- 「0499 個 낱 개」와 같은 한자입니다. 실사용은 「箇」는 관습적으로 고정되어 사용되며 위에 제시된 일부 단어에서 사용되고, 대부분 「個」로 표기하는 게 일반적입니다.

錮

중학 | 급수 외 | 순위 외

쇠(金)로 된 단단한(固) 창살 안에 범죄자를 가두어 두는 금고형이니

가둘 고 · 금고 고

16획 錮錮錮錮錮錮錮錮錮錮錮錮錮錮錮錮

음독	こ	4순위	禁錮 금고 (きんこ) 禁錮刑 금고형 (きんこけい)

| 잠깐만요 |

- 「禁錮」하나에만 쓰이는 한자입니다. 2010년까지는 「錮」가 상용 외 한자였기에 「禁固」로 대체 표기되어 지금도 「禁固」로 쓰는 경우가 많아요.
- 돈을 보관하는 「金庫(きんこ)」(금고)와 헷갈리지 않게 주의하세요.

吉

좋을 길 · 길할 길

중학 | N1 | 256위

해설	선비(士)는 좋은 말만 입(口)에 올려 길하길 바라니
음독	[きち] 大吉 대길 (だいきち) [きつ] 不吉 불길 (ふきつ)
파생	1027 結 맺을 결 [けつ]

詰

중학 | N2 | 967위

상대방에게 좋은(吉) 말(言), 즉 듣고자 하는 내용을 실토하게 하고자 문을 틀어막고 험악한 분위기로 가득 채우며 다그치고 힐난하니

① 다그칠 힐·힐난할 힐 ② 막힐 힐

13획 詰 詰 詰 詰 詰 詰 詰 詰 詰 詰 詰 詰 詰

음독	きつ [3순위]	①*難詰 난힐할난 (なんきつ) ①詰問 힐문 (きつもん)
		① 詰責 힐책 (きっせき)

훈독	[つ]む	詰(つ)む ⓐ 막히다, 궁하다 ≒ つまる ⓑ (조직/구성이) 촘촘하다
	[つ]まる	詰(つ)まる (빈틈없이 막히다 →) ⓐ 가득 차다 ⓑ 막히다, 막다르다
		ⓒ (틈/간격/거리 등이) 줄어들다
		→ 詰(つ)まらない ⓐ 하찮다 ⓑ 재미가 없다
		ⓒ 보람없다, 소용없다
		詰(つ)まり ⓐ 막힘, 막다른 곳 ⓑ 결국, 요컨대
		行(い)き詰(づ)まり 막다름, 막다른 길
	[つ]める	詰(つ)める (빈틈없이 막다 →) ⓐ 채우다 ⓑ 틀어막다
		ⓒ (틈/간격 등을) 줄이다
		→ 箱詰(はこづ)め 상자를 채움
		詰(つ)め込(こ)む 가득 담다
		缶詰(かんづ)め ⓐ 통조림 ⓑ (사람을) 좁은 곳에 가둠
		追(お)い詰(つ)める 바싹 뒤쫓다
		問(と)い詰(つ)める 따지다
	[なじ]る	▽詰(なじ)る 힐책하다, 힐문하다, 따지다

| 잠깐만요 |
- 보통 '물을 힐'로 설명되지만, '끝까지 다그쳐서 잘못을 실토하게 만들다'는 의미가 강합니다.
- 「 1025 誌 책 지·잡지 지」와의 구분에 주의하세요.

---

87 吳: 오나라 오·줄 오 ▶ 娛 虞

0486	吳	① 오나라 오 ② 줄 오	중학	N1	1517위

해설	오나라(口)가 물자를 팔방으로 나누어 (八) 주었다는 뜻에서
음독	[ご] 吳越同舟 오월동주 (ごえつどうしゅう)
파생	0487 誤 그르칠 오 [ご]

1551

娯

중학 | N1 | 2390위

집안에 여성(女)이 있어야 비로소 줄(呉) 수 있는 소소한 즐거움이 있으니

재미있을 오 · 오락 오

10획 娯 娯 娯 娯 娯 娯 娯 娯 娯 娯

음독	ご	4순위	娯楽 오락 (ごらく)

│ 잠깐만요 │

• 애교 넘치는 딸이나 재미난 할머니가 있으면 그것만으로도 집안이 즐거워지죠?

• 파생 어휘가 하나뿐이에요. 따로 외우기보다는 단어째로 외우세요.

1552

虞

중학 | N1 | 1315위

│ 비교 │

• おそれ :
  1876 恐 vs 1932 怖 vs
  1348 畏 vs 1552 虞

호랑이(虍)가 주는(呉) 것은 두려움과 염려죠?   虍: 호랑이 호

염려할 우 · 우려할 우

13획 虞 虞 虞 虞 虞 虞 虞 虞 虞 虞 虞 虞 虞

음독	ぐ	4순위	虞犯 우범 (ぐはん) 죄를 범할 우려가 있음 *不虞 불우 (ふぐ) 미처 생각하지 못함
훈독	おそれ		虞 (おそれ) 염려, 우려 (← 恐れ로 써도 무방)

---

88 由: 말미암을 유 ▶ 抽 袖 軸

0506 由	**말미암을 유 (① 이유 ② 거쳐 오다)**	3학년	N2	286위
해설	주장하는 말(曰)의 중심이 바로 서기(丨) 위해서는 많은 생각을 거쳐 **이유**를 담아내야 하니	
음독	[ゆ] 由来 유래 (ゆらい)　　[ゆう] 理由 이유 (りゆう)　　[ゆい] 由緒 유서 (ゆいしょ)	
파생	0507 油 기름 유 [ゆ]　0508 笛 피리 적 [てき]　0770 宙 공중 주 [ちゅう]　0602 届 도달할 계	

193

1553

抽

중학 | N1 | 1701위

손(扌)으로 밭(田)에서 삐져나온 싹(ㅣ)을 뽑듯 뽑아내니

뽑을 추

8획 抽 抽 抽 抽 抽 抽 抽 抽

음독	ちゅう 〔4순위〕	抽象 추상 (ちゅうしょう)	*抽選 추선추첨 (ちゅうせん)
		抽出 추출 (ちゅうしゅつ)	

| 잠깐만요 |
• 「由」를 '까닭/이유'로 보는 것으로는 의미를 이끌어내기가 부족했기에 「由」의 형태를 빌려서 '본체(田)'와 '삐져나온 무언가(ㅣ)'로 보는 보조적인 해설을 넣었어요.
• 파생 어휘는 실질적으로 모두 「抽象」에서 파생된 어휘나 「抽選」에서 파생된 어휘입니다. 「抽選」은 본래 「抽籤」(추첨)으로 썼으나 「籤」이 상용 외 한자라 일반적으로 「抽選」을 사용해요.
  예 抽象画(ちゅうしょうが) 추상화　抽選券/抽籤券(ちゅうせんけん) 추첨권

1554

袖

중학 | N1 | 1564위

옷(衤)은 사람이 입기 때문에 몸(田)에서 삐져나온(ㅣ) 팔다리의 끝부분인 소매가 존재하니
衤: 옷 의　田: 논 전(여기선 옷의 몸통 부분)

소매 수

10획 袖 袖 袖 袖 袖 袖 袖 袖 袖 袖

음독	しゅう 〔4순위〕	袖手傍観 수수방관 (しゅうしゅ・ぼうかん)
		領袖 영수우두머리 (りょうしゅう)
		*鎧袖一触 개수일촉 (がいしゅう・いっしょく) 쉽게 상대를 물리침
훈독	そで	袖(そで) 소매　　　　→ 袖丈(そでたけ) 소매 길이
		半袖(はんそで) 반팔　　　長袖(ながそで) 긴팔

| 잠깐만요 |
• 袖手傍観: 소매(袖)에 손(手)을 넣고(팔짱 끼고) 방관(傍観)함.
• 鎧袖一触: (갑옷(鎧)을 소매(袖)로 한 번(一) 건드리다(触) →) 약한 상대를 간단하게 물리침.

1555

軸

중학 | N1 | 1763위

수레(車)의 핵심은 바퀴(田) 중심에 끼워진 봉(ㅣ)인 축이니
車: 수레 차　田: 바퀴(口)와 바퀴살(十) 모양

① 중심 축 · 굴대 축　（② 두루마리 족자 축）

12획 軸 軸 軸 軸 軸 軸 軸 軸 軸 軸 軸 軸

음독	じく	2순위	①*軸心 축심 (じくしん) 중심축
			①*軸足 축족 (じくあし) 자기 몸을 받치는 쪽의 다리
			① 横軸 횡축 (よこじく)　　① 縦軸 종축 (たてじく)
		4순위	①②*軸 축축/족자 (じく)　②*掛軸 괘축족자 (かけじく)

| 잠깐만요 |
• '② 두루마리 족자'는 축대를 중심으로 둘둘 말려 있기 때문에 나온 의미예요.

0511
曲

① 굽을 곡   ② 노래 곡

3학년 | N2 | 734위

해설	말(曰)의 중심/가락(丨丨)이 왔다 갔다 바뀌며 **굽이치니**
음독	[きょく] 曲線 곡선 (きょくせん) 作曲 작곡 (さっきょく)
파생	**0512** 典 법 전 · 책 전 [てん] **0514** 農 농사 농 [のう] **0515** 豊 풍성할 풍 [ほう]

1556

曹

중학 | N1 | 1246위

높은 이에게는 하나(一) 같이 굽신거리고(曲) 아랫사람에게는 거만하게 말하는(曰) 무리인 관료이니

① 관료 조   (② –부수자– 무리 조)

11획 　曹 曹 曹 曹 曹 曹 曹 曹 曹 曹 曹

음독	**そう**	3순위	法曹 법조 (ほうそう) *重曹 중조 (じゅうそう) 중탄산소다

│ 잠깐만요 │
- 본 의미는 '고대부터 근대의 관직/하사관'으로 일본 근대의 군하사관의 직급명에 주로 사용되었지만, 현대에는 「法曹」 외에는 쓰이는 파생 어휘가 없어요.
- '② 무리'는 옛날에 「我が曹(わがそう)」(우리들)와 같은 형태로 쓰였지만, 현대에는 더 이상 어휘로서 사용되지 않습니다. 단, 부수로 쓰일 때는 '② 무리'의 의미를 지닙니다.
- 「重曹」는 '중'탄산'소'다('重'炭酸'ソー'ダ)를 나타낸 말이 정착되었어요. (曹는 외래음 차용)

1557

槽

중학 | N1 | 2243위

나무(木)통에 한 무리(曹)가 들어갈 만큼 커다란 물통이니

큰 물통 조

15획 槽 槽 槽 槽 槽 槽 槽 槽 槽 槽 槽 槽 槽 槽 槽

음독	**そう**	3순위	水槽 수조 (すいそう)　　浄化槽 정화조 (じょうかそう) 浴槽 욕조 (よくそう)

│ 잠깐만요 │
- '나무통'은 「桶(おけ)」라는 별도의 어휘를 사용해요.

遭

중학 | N1 | 2243위

| 비교 |
· あう : 0920 会 vs
2053 遇 vs 1558 遭 vs
2289 逢 vs 0910 合

양아치 무리(曹)를 길 가다(辶) 조우하면 나쁜 일을 당하니

만날 조 · 당할 조

14획 遭遭遭遭遭遭遭遭遭遭遭遭遭遭

음독	そう	4순위	遭難 조난 (そうなん)	遭遇 조우 (そうぐう)
훈독	[あ]う		遭(あ)う ⓐ (좋지 않은 일을) 당하다, 겪다 ⓑ (우연히) 만나다 cf) ▽遇(あ)う (우연히) 만나다	

0514 農 농사 농

3학년 | N2 | 753위

해설	허리를 구부리고(曲) 별(辰)이 뜰 때까지 하는 농사일이니	
음독	[のう] 農村 농촌 (のうそん)	農業 농업 (のうぎょう)

濃

중학 | N2 | 992위

물(氵)이 농지(農)의 짙푸른 녹색을 띠고 있어 농후하고 농밀하니

짙을 농 · 농후할 농

16획 濃濃濃濃濃濃濃濃濃濃濃濃濃濃濃濃

음독	のう	2순위	濃度 농도 (のうど)	濃厚 농후 (のうこう)
			濃密 농밀 (のうみつ)	濃縮 농축 (のうしゅく)
훈독	[こ]い		濃(こ)い (농도/색/맛 등이) 짙다, 진하다 → 濃口 (こいくち) (간장 등의 맛이) 진함 ↔ 薄口 (うすくち)	

| 잠깐만요 |
· 진한 녹즙이나 진한 녹색의 페인트 등을 떠올려 보세요.

0515 豊 풍성할 풍

5학년 | N2 | 801위

해설	줄기가 굽을(曲) 정도로 콩(豆)이 풍성하게 열리니	
음독	[ほう] 豊作 풍작 (ほうさく)	豊富 풍부 (ほうふ)

1560

중학 | N1 | 1925위

풍성(豊)하고 풍만한 몸매를 지닌 색(色)기 있는 여인의 **아름다움과 요염함**이니

0414 色: 색 색 · 섹시할 색

① **아름다울 열 · 요염할 염** (② 남녀 간 정사 염 · 염문 염)

19획 艶 艶 艶 艶 艶 艶 艶 艶 艶 豊 艶 豊 艶 艶 艶 艶 艶 艶 艶

음독	えん _{2순위}	② 艶聞 염문 (えんぶん)	① 濃艶 농염 (のうえん)
		① 豊艶 풍염 (ほうえん)	① 妖艶 요염 (ようえん)
훈독	つや	艶(つや) 윤기, 광택 → 艶気(つやけ) 윤기가 있는 모양 艶事(つやごと) 남녀 간의 정사 艶種(つやだね) 정사에 관한 화제 艶々(つやつや) 광택이 나는 모양, 반들반들
	[あで]やか	♡艶(あで)やかだ〈문어〉(여자가) 품위 있게 아름다운 모양

---

90 申: 아뢸 신 ▶ 伸紳捜痩

1051 申	**아뢸 신 · 진술할 신**		3학년	N2	489위
해설	말(曰)로 핵심을 꿰뚫어(丨) 생각을 아뢰어 진술하니	
음독	[しん] 申請 신청 (しんせい)	申告 신고 (しんこく)
파생	**1052** 神 신 신 · 정신 신[しん]	

1561

중학 | N2 | 940위

|비교|
· のびる · のべる · のばす :
1561 伸 vs **1139** 延

연설에서 사람(亻)들에게 당당히 아뢸(申) 때는 굽었던 허리와 가슴을 당당히 펴고 목소리가 앞으로 쭉 뻗어나가도록 함이니

펼 신 · 뻗을 신

7획 伸 伸 伸 伸 伸 伸 伸

음독	しん _{3순위}	伸縮 신축 (しんしゅく) 伸長 신장 (しんちょう) 追伸 추신 (ついしん)
훈독	[の]びる	伸(の)びる ⓐ 뻗다, 펴지다, 자라다 ⓑ 발전하다, 증가하다
	[の]べる	伸(の)べる 뻗치다, 늘이다, 펴다
	[の]ばす	伸(の)ばす ⓐ 펴다, 팽팽하게 하다 ⓑ 성장시키다, 발전시키다 cf 延(の)びる · 延(の)べる · 延(の)ばす (기간/면적/거리 등이) 연장되다, 연기되다(시키다)

|잠깐만요|
· 「**1107** 伸 사람 사이 중 · 중개할 중」과의 구분에 주의하세요.

紳

실(糸) 같이 가늘고 긴 콧수염을 기르고 항상 높은 이에게 아뢰듯(申) 정중하게 말하는 **신사**의 모습이니

신사 신

11획 紳 紳 紳 紳 紳 紳 紳 紳 紳 紳 紳

중학 | N1 | 1828위

| 음독 | しん | 4순위 | 紳士淑女 신사숙녀 (しんし・しゅくじょ) |

| 잠깐만요 |
• '신사'에만 사용돼요. 「伸」의 부수가 사람(亻)이라 헷갈릴 수 있으니 콧수염 이미지에 집중하세요.

捜

팔(扌)을 뻗어 증거를 찾고 주변에 아뢰어(申) 묻고 손(又)으로 뒤져가며 탐문 수사와 수색을 거듭하며 도망간 사람을 **찾아내니**

찾아낼 수 · 수색할 수

10획 捜 捜 捜 捜 捜 捜 捜 捜 捜 捜

중학 | N2 | 932위

| 음독 | そう | 4순위 | 捜査 수사 (そうさ) | 捜索 수색 (そうさく) |

| 훈독 | [さが]す | 捜(さが)す (잃은 것/없어진 것 등을) 찾다, 수색/수사하다
cf) 探(さが)す (원하는 것을) 찾다, 탐색/탐사하다 |

| 비교 |
• さがす:
1563 捜 vs 0768 探

痩

병들어(疒) 주변에 아뢰어(申) 부탁하고 손(又)을 빌려야 할 정도로 **야위고 수척한** 모습이니

疒: 병들 녁

야윌 수 · 수척할 수

12획 痩 痩 痩 痩 痩 痩 痩 痩 痩 痩 痩 痩

중학 | 급수 외 | 2911위

| 음독 | そう | 4순위 | *痩身 수신 (そうしん) 수척한 몸 |

| 훈독 | [や]せる | 痩(や)せる ⓐ 야위다, 수척해지다
　　　　　　　ⓑ (재산/물줄기가) 줄다, (땅이) 메마르다
→ 痩(や)せ我慢(がまん) 오기로 참음, 억지로 버팀 |

| 잠깐만요 |
• 「痩せ我慢」은 빈곤한 무사 계층이 배가 고파도 서민에게 먹을 것을 구걸하기보다는 말라 앙상해질 때까지 '오기로 참고 버틴다'는 데서 온 말이에요.

1047 更	① 다시금 갱 ② 고칠 경		중학	N2	1052위
해설	틀린 곳을 한 번(一) 말하면(曰) 마음에 새겨(乂) 다시금 고쳐서 행하는 모습이니		
음독	[こう] 更新 갱신(こうしん)　　　変更 변경(へんこう)		
파생	1048 便 편할 편 · 소식 편 · 변 변[びん/べん]		

1565 梗

중학 | 급수 외 | 2278위

나무(木)를 구부려 고칠(更) 수 있고 꽃과 열매에 영양소를 날라다 주는 줄기처럼 영양소와 피가 흐르는 혈관이니

혈관 경

11획 梗 梗 梗 梗 梗 梗 梗 梗 梗 梗 梗

음독	こう	4순위	梗塞 경색(こうそく)　　　脳梗塞 뇌경색(のうこうそく)
			*梗概集 경개집개요집(こうがいしゅう)

| 잠깐만요 |
• 본 의미는 꽃이나 과일과 연결된 초록색의 줄기 부분입니다. 영양을 실어 나르고, 관 모양인 부분이 마치 혈관과 같죠? 하지만 식물의 줄기는 「1600 茎 줄기 경」을 쓰고, 「梗」은 위의 어휘 정도에만 쓰여요.
• 「梗塞」는 '혈관(梗)이 막히는(塞) 것'을 의미하는 의학 용어입니다. 다른 어휘는 사용 빈도가 현저히 떨어지지만 「梗塞」는 병명으로 사용 빈도가 높으니 알아 두세요.

1566 硬

중학 | N2급 | 1413위

돌(石)처럼 바뀌어(更) 몸이 굳으면서 피부가 딱딱하게 경직되니

굳을 경 · 경직될 경

12획 硬 硬 硬 硬 硬 硬 硬 硬 硬 硬 硬 硬

음독	こう	1순위	硬直 경직(こうちょく)　　　硬化 경화(こうか)
			硬質化 경질화(こうしつか)　　　強硬 강경(きょうこう)
훈독	[かた]い		硬(かた)い ⓐ (사물이) 딱딱하다
			ⓑ (표현/표정 등이) 딱딱하다, 경직되다

| 비교 |
• かたい :
0498 固 vs 1566 硬 vs
2119 堅 vs 0244 難

| 잠깐만요 |
• 「かたい」의 한자 표기와 의미 구분 ☞ 「2119 堅 단단할 견 · 견고할 견」의 | 잠깐만요 | 참조

1567 ● 부수자

丂

하늘(一)에서 번개가 땅으로 떨어지는(乛) 모습, 입을 쩍 벌리고 있는 옆모습을 본떠

① 번개 떨어질 고·낙뢰 고   ② 입 쩍 벌릴 고

2획 丂 丂

1568

朽

중학 | N1 | 2320위

나무(木)에 번개가 떨어지면(丂) 바싹 마르고 타 버려서 썩은 듯 보이니

썩을 후

6획 朽 朽 朽 朽 朽 朽

음독	**きゅう** 4순위	不朽 불후 (ふきゅう)	老朽化 노후화 (ろうきゅうか)
훈독	[く]ちる	朽(く)ちる ⓐ (나무 등이) 썩다 ⓑ (명성 등이) 쇠퇴하다, 헛되이 죽다 → 朽縄(くちなわ) 썩은 동아줄 朽葉(くちば) 썩은 낙엽 朽(く)ち果(は)てる 썩어 문드러지다	

1569

巧

중학 | N1 | 1624위

장인이 만든(工) 입을 벌린 석고상의 표정이 번개가 떨어진(丂) 듯 생동감이 넘치고 그 기술이 교묘하고 정교하니   0130 工: 만들 공·장인 공

교묘할 교·정교할 교

5획 巧 巧 巧 巧 巧

음독	**こう** 2순위	巧妙 교묘 (こうみょう) 精巧 정교 (せいこう)	*巧拙 교졸 (こうせつ) 잘하고 못함 技巧 기교 (ぎこう)
훈독	[たく]み	巧(たく)み ⓐ 교묘함 ⓑ 기교, 정교함 ⓒ 계략	

│ 잠깐만요 │
• 반의어는 「 1673 拙 서투를 졸·못날 졸」이에요.

汚

중학 | N2 | 1151위

입을 크게 벌리고 침(氵)을 번개가 떨어지듯(丂) 한(一) 바가지씩 튀겨대면 더럽고
추잡하니

더러울 오

6획 汚汚汚汚汚汚

음독	お	2순위	汚点 오점 (おてん)	汚物 오물 (おぶつ)
			汚名 오명 (おめい)	*汚職 오직부정 (おしょく)
훈독	[よご]す		汚(よご)す 〈구체적/물리적〉 더럽히다, 오염되다 → 口汚(くち・よご)し ⓐ 음식이 적음 ⓑ 입가심 거리 　面汚(つら・よご)し 망신, 체면 구김
	[よご]れる		汚(よご)れる 〈구체적/물리적〉 더러워지다, 오염시키다 → 汚(よご)れ 오점, 더러움 　汚(よご)れ仕事(しごと) (암살/뒷공작 등의) 더러운 일 　汚(よご)れ物(もの) 더러워진 식기/의복
	[けが]す		汚(けが)す 〈추상적/정신적/도덕적〉 더럽히다, 모독하다
	[けが]れる		汚(けが)れる 〈추상적/정신적/도덕적〉 더러워지다, 더럽혀지다
	[けが]らわしい		汚(けが)らわしい 〈정신적/도덕적〉 더럽다, 추잡스럽다
	[きたな]い		汚(きたな)い ⓐ 더럽다, 지저분하다 ⓑ 불결하다

| 잠깐만요 |
• 「汚(けが)す/汚(けが)れる/汚(けが)らわしい」는 특히 '종교적'이나 '도덕적'으로 볼 때 더러운 것
　또는 '명예'나 '깨끗한 마음'이 더러워지는 것 등에 한정되어 사용돼요.
• '도덕적이나 법적으로 옳지 못한 일/돈'에는 「汚(よご)れる/汚(けが)れる」 모두 쓸 수 있지만, 일반
　적으로는 「汚(よご)れる」를 사용하는 경향이 좀 더 강하니 참고하세요.

誇

중학 | N1 | 1373위

말(言)을 할 때 본래보다 크게(大) 보이게끔 하나(一)의 소소한 이야기도 입을 크게
벌리고 번개가 떨어지듯(丂) 큰소리치며 과장/과시해대니

과장할 과 · 과시할 과

13획 誇誇誇誇誇誇誇誇誇誇誇誇

음독	こ	3순위	誇張 과장 (こちょう)	誇示 과시 (こじ)
			誇大妄想 과대망상 (こだい・もうそう)	
훈독	[ほこ]る		誇(ほこ)る 자랑하다, 뽐내다 → 誇(ほこ)り 자랑, 긍지, 명예
	[ほこ]らしい		誇(ほこ)らしい 자랑스럽다

| 잠깐만요 |
• 음독을 「か」라고 외우지 않도록 주의하세요.

1572 ● 부수자

咢

두 눈알(口口)이 튀어나오고 한(一) 줄기 번개라도 친 듯 입을 짝 벌리고(万) 놀라는 표정이니

놀란 표정 악

9획 咢 咢 咢 咢 咢 咢 咢 咢 咢

1573

愕

상용 외 | 급수 외 | 2072위

심장(忄)이 입으로 튀어나올 만큼 놀란 표정(咢)을 하며 깜짝 놀라니

깜짝 놀랄 악

12획 愕 愕 愕 愕 愕 愕 愕 愕 愕 愕 愕

음독	がく	4순위	*愕然 악연 깜짝 놀람 (がくぜん)	驚愕 경악 (きょうがく)

| 잠깐만요 |
· 상용 외 한자이고, 파생 어휘 수도 적어요. 하지만 제시된 두 가지 파생 어휘는 사용 빈도가 높답니다. 참고로 「愕然」은 보통 「愕然 (がくぜん)とする」(깜짝 놀라다)의 형태로 사용돼요.

1574

顎

중학 | 급수 외 | 1749위

놀란 표정(咢)을 머리(頁)에서 가장 잘 나타내는 부분은 턱이죠?

턱 악

18획 顎 顎 顎 顎 顎 顎 顎 顎 顎 顎 顎 顎 顎 顎 顎 顎 顎 顎

음독	がく	4순위	上顎 상악 (じょうがく) 両顎 양악 (りょうがく)	下顎 하악 (かがく)
훈독	あご		顎(あご) 턱 顎髭(あごひげ) 턱수염	→ 二重顎(にじゅう・あご) 이중 턱 顎(あご)なし 무턱

| 잠깐만요 |
· 음독은 사실상 의학/해부학 용어에서 사용되고, 일반 어휘로는 잘 쓰이지 않아요.

15 '손'의 파생 1 [29자]

94 夛: 밀고 들어갈 침 ▶ 夛 侵 浸 寢

1575 ● 부수자

夛

손(크)으로 덮어(ㄱ) 막는데도 손(又)을 내뻗어 억지로 밀고
들어가니 크: 오른손 계　又: 오른손 우

밀고 들어갈 침

7획 夛 夛 夛 夛 夛 夛 夛

| 잠깐만요 |
• 「 0562 受 받을 수」와의 구분에 주의하세요.

1576

侵

중학 | N1 | 1221위

다른 사람(亻)의 영역을 억지로 밀고 들어가며(夛) **침범**하고 **침해**하니

침범할 침 · 침해할 침

9획 侵 侵 侵 侵 侵 侵 侵 侵 侵

음독	**しん** 〔3순위〕	侵略 침략 (しんりゃく)　侵害 침해 (しんがい)
		侵入 침입 (しんにゅう)　不可侵 불가침 (ふかしん)
훈독	**[おか]す**	侵(おか)す 침범하다, 침해하다
		cf) 冒(おか)す ⓐ 무릅쓰다　ⓑ 모독하다　ⓒ 병에 걸리다
		犯(おか)す (법/규칙 등을) 어기다, 범하다

| 비교 |
・おかす: 1160 犯 vs
1531 冒 vs 1576 侵

203

浸

중학 | N1 | 1626위

| 비교 |
· つける · つかる :
1577 浸 vs 2112 漬

물(氵)이 밖에서 안으로 밀고 들어가(㑴) 속을 적시는 것을 침투라 하니

적실 침 · 침투할 침

10획 浸浸浸浸浸浸浸浸浸浸

음독	しん	3순위	浸透 침투 (しんとう)　　　浸水 침수 (しんすい)
			浸潤 침윤 (しんじゅん) 수분이 스며듦/침식
훈독	[ひた]る		浸(ひた)る ⓐ (액체에) 잠기다, 흠뻑 젖다　ⓑ (~한 상태에) 푹 빠지다
			→ 思(おも)い出(で)に浸(ひた)る 추억에 잠기다
	[ひた]す		浸(ひた)す (액체에) 깊이 담그다, 흠뻑 적시다
	[つ]かる		▽浸(つ)かる (액체에) 잠기다, 침수되다
			→ 風呂(ふろ)に浸(つ)かる 〈관용구〉 욕조에 몸을 담그다
	[つ]ける		▽浸(つ)ける (액체에) 담그다, 잠그다, 축이다
			cf) 漬(つ)ける (맛이 배도록) 절이다, 담그다

| 잠깐만요 |
· 「浸」은 '액체에 + 담가 + 적시다'라는 세 가지 의미 요소를 가지는 한자입니다.
· '액체에 담그다'는 「浸る・浸す・浸ける・浸かる」가 모두 사용되나 뉘앙스 차이가 있습니다.
　– 대상이 액체를 머금게 될 경우: 「浸る・浸す」
　　예 水(みず)に浸(ひた)す 물에 담가 축축해지게 하다
　– 액체 속에 푹 담그는 것에 중점을 둘 경우: 「浸ける」
　　예 水(みず)に浸(つ)ける 물에 (잠기도록) 담그다
　– 욕조/물에 몸을 담그다: 「浸かる」
　　예 温湯(おんゆ)/湯船(ゆぶね)に浸(つ)かる 따뜻한 물/욕조에 몸을 담그다

寝

중학 | N3 | 641위

집(宀) 안으로 들어가 침대(爿) 속으로 밀고 들어가(㑴) 잠자니

爿 : 조각 편(여기선 침대를 옆으로 눕힌 모습)

잠잘 침 · 취침할 침

13획 寝寝寝寝寝寝寝寝寝寝寝寝寝

음독	しん	3순위	寝室 침실 (しんしつ)　　　寝食 침식 (しんしょく)
			寝台 침대 (しんだい)
훈독	[ね]る		寝(ね)る ⓐ 자다, 잠자리를 같이하다　ⓑ (활용 못하고) 놀다, 묵다
			→ 寝癖(ねぐせ) 잠버릇　　　寝坊(ねぼう) 늦잠
			寝相(ねぞう) 잠자는 모양새　昼寝(ひるね) 낮잠
	[ね]かす		寝(ね)かす ⓐ 재우다　ⓑ (활용 못하고) 놀리다, 묵히다
			→ 寝(ね)かし付(つ)ける
			(어린애 등을) 달래서 잠들게 하다, 재우다

| 잠깐만요 |
· '잠시 쉬다, 눕다'는 「横(よこ)になる」라는 표현을 사용해요.

1579

尋

중학 | N1 | 1230위

|비교|
· たずねる : **0894** 訪 vs
1579 尋 vs **2163** 訊

손(크)으로는 더듬고 누가 만들었는지(工) 주변에 입(口)으로 물어 아주 조금(寸)이라도
전보를 얻으려 찾는 모습이니

工: 만들 공

(물어) 찾을 심 · 심문할 심

12획 尋 尋 尋 尋 尋 尋 尋 尋 尋 尋 尋 尋

음독	じん　[4순위]	尋問 심문 (じんもん) *尋常 심상 (じんじょう) 보통/얌전함/정정당당
훈독	[たず]ねる	尋(たず)ねる ⓐ (더듬어) 찾다 ⓑ 묻다, 질문하다 → お尋(たず)ね ⓐ 찾음 ⓑ 질문, 수색 cf) 訪(たず)ねる 방문하다　▽訊(たず)ねる 묻다, 질문하다

|잠깐만요|
· '물어 물어 찾다'라는 말처럼 하나하나 더듬어 가면서 찾아내고 밝힌다는 의미예요.
· 고대 중국에서는 「尋」과 「常」은 가장 일반적인 길이를 나타내는 단위였어요. 그래서 「尋常」는 '일반
적인'과 '수수한'으로 사용돼요. 또 옛날 결투 장면 등에서는 '당당한'으로 쓰여요.
　ⓔ ⓐ やってることが尋常(じんじょう)ではないな。하는 짓이 보통이 아니네.
　　ⓑ 尋常(じんじょう)に白状(はくじょう)しろ。순순히 자백해라.
　　ⓒ いざ尋常(じんじょう)に勝負(しょうぶ)! 〈사무라이어〉 정정당당히 승부하자!

0528

帚

		빗자루 추	부수자
해설		손(크)에 든 빗자루(帀) 모양에서	
파생		**0529** 婦 아내 부[ふ]　**0530** 帰 돌아갈 귀[き]	

1580

掃

중학 | N2 | 1449위

손(扌)에 빗자루(帚)를 들어 쓸고 청소하니

扌: 손 수

비로 쓸 소 · 청소할 소

11획 掃 掃 掃 掃 掃 掃 掃 掃 掃 掃 掃

음독	そう　[3순위]	清掃 청소 (せいそう)　　　一掃 일소 (いっそう) *掃除 소제청소 (そうじ)
훈독	[は]く	掃(は)く (빗자루로) 쓸다　　→ 掃(は)き出(だ)す 쓸어내다 掃(は)いて捨(す)てるほど 쓸어담아 버릴 만큼, 남아돌 정도로 掃(は)き溜(だ)め 쓰레기터

|잠깐만요|
· '청소'의 의미 구분
　– 掃除(そうじ): 일상적인 청소
　– 清掃(せいそう): 전문적인 청소 작업 및 관련 업체/부서의 지칭
　　ⓔ 清掃作業(せいそう・さぎょう) 청소 작업　　　清掃員(せいそういん) 청소 용역, 환경미화원

0522	聿	붓 들 율	부수자
해설		오른손(⺕)으로 붓(丨)을 들어 한두(二) 획 긋는 모습을 본떠	
파생		0523 筆 붓 필[ひつ]　　0524 書 책 서[しょ]　　0525 律 법칙 률[りつ/りち] 0526 建 건축할 건[けん]	

1581

津

중학 | N1 | 527위

지도상에서 물(氵) 주위에 붓을 들어(聿) 표시하고 기록할 만한 시설은 나루터/항구이니

① 나루터 진 · 항구 진　(② 진액 진)

9획　津 津 津 津 津 津 津 津 津

음독	しん 〔4순위〕	② 津液 진액 (しんえき) ① 興味津々 흥미진진 (きょうみ・しんしん)
훈독	つ	津(つ) 나루터, 항구　　　→ 津波(つなみ) 해일 津々浦々(つつ・うらうら) 방방곡곡

0526	建	① 건축할 건　② 세울 건	4학년	N3	377위
해설		붓을 들고(聿) 현장을 걸어다니며(廴) 측량하고 도면을 작성해 건축물을 세우니	
음독		[けん] 建築 건축 (けんちく)　　　[こん] 建立 건립 (こんりゅう)	
파생		0527 健 굳셀 건[けん]	

1582

鍵

중학 | N1 | 272위

건물(建)을 단단하게 지켜 주는 쇠(金)로 만든 도구인 자물쇠/열쇠이니

① 열쇠 건 · 자물쇠 건　(② 건반 건)

17획　鍵 鍵 鍵 鍵 鍵 鍵 鍵 鍵 鍵 鍵 鍵 鍵 鍵 鍵 鍵 鍵 鍵

음독	けん 〔4순위〕	鍵盤 건반 (けんばん)　　　*黒鍵 흑건검은 건반 (こっけん) *白鍵 백건흰 건반 (はっけん)
훈독	かぎ	鍵(かぎ) 자물쇠, 열쇠　　　→ 鍵穴(かぎあな) 열쇠 구멍 合鍵(あいかぎ) 여벌 열쇠 鍵っ子(かぎっこ) 맞벌이 부부의 자녀

| 잠깐만요 |
- 「鍵」이 '건반'에 사용되는 이유는 옛날 '파이프 오르간'이 건반 악기의 시작이기 때문이에요. 파이프 오르간에 끼워 쓰는 공기 주입 주둥이를 clavier(라틴어로 '열쇠, 관문')라 했어요. 이를 반영해 한자로 표기하다 보니 '건반 악기'라는 번역어가 되었어요.

1583

庸

중학 | N1 | 2491위

집(广) 앞에 세워 두고 손(크)에 무기(丨)를 쥐게 한 후 경비로 쓰기(用) 위해 **고용한 용병**이니

사람 쓸 용 · 고용할 용

11획 庸 庸 庸 庸 庸 庸 庸 庸 庸 庸 庸

음독	よう	3순위	庸兵/傭兵 용병 (ようへい)	中庸 중용 (ちゅうよう)
			*凡庸 범용 평범 (ぼんよう)	

│ 잠깐만요 │
- 현대에는 대부분의 어휘가 「 0137 用 쓸 용」으로 대체되어 사용됩니다.
  예 登庸 → 登用(とうよう) 등용　　　　雇庸 → 雇用(こよう) 고용
- 예외적으로 '용병(돈으로 고용되어 전투하는 이)'은 「庸」이나 「傭 품팔 용」을 사용합니다.
  이는 「用兵(ようへい)」(군사/병사를 부리는 것)라는 별도의 단어가 있기 때문이에요.
  예 用兵術(ようへいじゅつ) 용병술　　　　傭兵団(ようへいだん) 용병단

1584

肅

중학 | N1 | 2061위

손(크)에 몽둥이(丨)를 쥐고 좌우(ノ丨)에 기둥처럼 서서 쌀(米)알 하나 떨어지는 소리조차 내지 않는 **엄숙함**과 숙연함이니

엄숙할 숙

11획 肅 肅 肅 肅 肅 肅 肅 肅 肅 肅

음독	しゅく	3순위	肅然 숙연 (しゅくぜん)	静肅 정숙 (せいしゅく)
			自肅 자숙 (じしゅく)	厳肅 엄숙 (げんしゅく)

0532 康

건강 강　　　　　　　　　　　　　　　　　　　　　　4학년 | N1 | 568위

해설	집(广)에 돌아가 손(크)부터 물(氺)로 씻는 것은 건강을 위한 것이니	※: 물 수
음독	[こう]　健康 건강 (けんこう)	

1585

逮

중학 | N1 | 1341위

손(크)을 뻗어 물(氺)로 달아나려는(辶) 범인을 붙잡아 **체포**하니
　　　　　　　　　　　　　　　　　　　　　　　　※: 물 수　辶: 뛸 착 · 쉬어갈 착

붙잡을 체 · 체포할 체

11획 逮 逮 逮 逮 逮 逮 逮 逮 逮 逮

음독	たい	3순위	逮捕 체포 (たいほ)

│ 잠깐만요 │
- 「逮捕」 하나에만 쓰이는 한자예요. 통째로 익혀 두세요.

0535	争	싸울 쟁 · 다툴 쟁		4학년 | N2 | 359위

해설	내려찍는 칼(ク)을 손(ヨ)에 갈고리(亅)를 들고 막으며 싸워대니
음독	[そう] 戦争 전쟁 (せんそう)　　　競争 경쟁 (きょうそう)

1586

물(氵)이 서로 다투듯(争) 흐르는 상류의 물은 깨끗하기 그지없으니

깨끗할 정 · 정화할 정

9획　浄 浄 浄 浄 浄 浄 浄 浄 浄

음독	じょう [1순위]	浄化 정화 (じょうか)　　　浄水 정수 (じょうすい) 不浄 부정 (ふじょう)　　　自浄 자정 (じじょう) 洗浄 세정 (せんじょう)　　　清浄 청정 (せいじょう)

浄 · 중학 \| N1 \| 1550위

---

97 兼: 겸할 겸 ▶ 兼鎌謙嫌廉

1587

여러 개의 벼(禾禾→兝)를 한 손(ヨ)으로 움켜잡듯 여러 가지를 아울러 겸하니

겸할 겸 · 겸비할 겸

10획　兼 兼 兼 兼 兼 兼 兼 兼 兼 兼

음독	けん [1순위]	兼用 겸용 (けんよう)　　　兼業 겸업 (けんぎょう) 兼職 겸직 (けんしょく)　　　兼備 겸비 (けんび)
훈독	[か]ねる	兼(か)ねる ⓐ 겸하다　ⓑ [동사 연용형+] (사정이 있어) ~하기 어렵다 　→ 兼(か)ねない [동사 연용형+] ~할지도 모른다 　例 彼(かれ)ならやり兼(か)ねない。 그라면 할지도 모른다. 　　見(み)るに見兼(みか)ねる 차마 눈 뜨고 볼 수 없다

兼 · 중학 \| N1 \| 1351위

1588

쇠(金)로 된 날로 여러 개의 벼(禾禾→兝)를 한 손(ヨ)으로 움켜잡고 베는 도구는 낫이니

낫 겸

18획　鎌 鎌 鎌 鎌 鎌 鎌 鎌 鎌 鎌 鎌 鎌 鎌 鎌 鎌 鎌 鎌

훈독	かま	鎌(かま) 낫　　　→ 鎌(かま)を掛(か)ける (속마음을) 떠보다 鎌倉(かまくら) 가마쿠라 막부 〈일본의 시대 구분 중 하나〉

鎌 · 중학 \| N1 \| 1461위

| 잠깐만요 |

• 「鎌を掛ける」의 어원은 여러 가지가 있습니다. 알기 쉬운 어원은 '휘어진 낫을 걸어서 자기 쪽으로 당기다 → 본심을 끄집어내기 위해 말을 걸어 보다'라는 이미지의 확장입니다.

1589

謙

중학 | N1 | 1723위

말(言)이 학식과 인품을 아울러 겸비(兼)하면 겸손함이니

겸손할 겸

17획 謙 謙 謙 謙 謙 謙 謙 謙 謙 謙 謙 謙 謙 謙 謙 謙 謙

음독	けん [3순위]	謙虛 겸허 (けんきょ)　　　謙遜 겸손 (けんそん) 謙讓語 겸양어 (けんじょうご) 자기를 낮추는 말
훈독	[へりくだ]る	▽謙(へりくだ)る 겸양하다, 자기를 낮추다 📝 謙(へりくだ)った態度(たいど) 　겸손한 태도, 자신을 낮추는 태도

| 잠깐만요 |
• 謙讓(겸양): 자신을 낮추는 태도 ↔ 尊敬(존경): 상대를 높이는 태도

1590

嫌

중학 | N1 | 743위

여러 여자(女)를 한 번에 아울러 겸하면(兼) 여자들이 의심하고 싫어하니

① 싫어할 혐 · 혐오할 혐　② 의심할 혐 · 혐의 혐

13획 嫌 嫌 嫌 嫌 嫌 嫌 嫌 嫌 嫌 嫌 嫌 嫌

음독	けん [4순위]	① 嫌悪 혐오 (けんお)　　② *嫌忌 혐기 (けんき) 꺼리고 싫어함 ② 嫌疑 혐의 (けんぎ)
	げん [4순위]	① 機嫌 기혐심기 (きげん)　　①*不機嫌 불기혐불쾌함 (ふきげん) ① 上機嫌 상기혐 (じょうきげん) 기분이 좋음 ① ご機嫌斜(きげん・なな)め 심기가 편치 않음, 불쾌함
훈독	いや	嫌(いや)だ 싫음, 하고 싶지 않음, 거북함　↔　良(い)い 좋다 → 嫌気(いやけ) 싫은 마음 嫌味(いやみ) 일부러 불쾌하게 함
	[いや]がる	嫌(いや)がる 싫어하다　　→ 嫌(いや)がらせ 싫은 마음
	[きら]う	嫌(きら)う 싫어하다, 미워하다 → 嫌(きら)われ者(もの) 미움받는 이 忌(い)み嫌(きら)う 몹시 싫어하고 꺼려하다
	[きら]い	嫌(きら)いだ 싫다, 싫어하다　↔　好(す)きだ 좋아하다

| 잠깐만요 |
• 음독의 경우, 어두에 오면 「けん」, 어말에 오면 「げん」이 되는 경향이 있어요.
• きらいだ: (존재 자체에 대한 거부감 →) 성향 · 취향상 싫은 것
　いやだ: (지금 이 순간 일시적으로 느끼는 거북한 감정 →) 지금 상황이나 대상이 싫다
　📝 今日(きょう)はピーマンは＿＿だ。오늘은 피망은 (먹기) 싫어.
　　(오늘의 기분: きらい× · いや○)
　嫌(きら)いな奴(やつ): (존재 자체가) 미운/싫은 상대
　嫌(いや)な奴(やつ): (지금 느낌상) 거북한/기분 나쁜 녀석

廉

중학 | N1 | 2542위

선비는 항시 집안(广) 살림도 함께(兼) 생각하여 저렴한 물건을 쓰며 청렴하고 검소하게
행동하는 바른 마음을 가지니
广: 집 엄

바른 마음 렴 → (① 고결할 렴·청렴할 렴　② 값쌀 렴·저렴할 렴)

13획　廉 廉 廉 廉 廉 廉 廉 廉 廉 廉 廉 廉 廉

음독	れん	3순위	② 廉価 염가 (れんか)	② 低廉 저렴 (ていれん)
			① 破廉恥 파렴치 (はれんち)	
			① 清廉潔白 청렴결백 (せいれん・けっぱく)	

| 잠깐만요 |
• '① 청렴 ② 저렴'의 두 의미는 '마음이 바르고 곧다 → 고결하고 사욕이 없다(청렴) → 사욕이 없으
니 싸게 팔다(저렴)'라는 파생 의미로, 결국 같은 의미에서 나온 거예요.

---

98 双: 두 쌍 ▶ 双桑趣撮

双

중학 | N2 | 1240위

두 손(又又)은 동시에 만들어져서 항상 함께하는 짝이죠?

두 쌍·짝 쌍

4획　双 双 双 双

음독	そう	1순위	双方 쌍방 (そうほう)	双生児 쌍생아 (そうせいじ)
			双璧 쌍벽 (そうへき)	双眼鏡 쌍안경 (そうがんきょう)
			無双 무쌍 (むそう)	
훈독	ふた〜		双(ふた) [+명사] 쌍으로 된 ～	→ 双子(ふたご) 쌍둥이

| 잠깐만요 |
• '쌍/짝 → 동등한 지위의 인물 → 라이벌'로 의미가 확장되어 「双璧」「無双」이 됐어요.

桑

중학 | N1 | 1868위

여러 손들(又双)이 쉴 새 없이 잎을 따고 누에를 키우는 나무(木)인 뽕나무이니

뽕나무 상

10획　桑 桑 桑 桑 桑 桑 桑 桑 桑 桑

음독	そう	4순위	*桑園 상원 뽕나무밭 (そうえん)
훈독	くわ		桑(くわ) 뽕나무

| 잠깐만요 |
• 「叒」을 잎과 그 위에 앉아 잎을 갉아먹는 통통한 누에를 그린 모습이라고 연상해도 돼요.

0540	取	잡을 취 · 취할 취		3학년	N3	98위

해설	귀(耳)로 듣고 손(又)으로 잡아내며 정보를 취하니
음독	[しゅ]　取材 취재 (しゅざい)　　搾取 착취 (さくしゅ)

1594

중학 | N1 | 1286위

달려가서(走) 취하고(取) 싶을 만큼 마음이 쏠리는 재미와 정취이니

① 재미 취 · 정취 취　② 의도 취 · 취지 취

15획　趣 趣 趣 耂 趣 赴 趣 趣 趣 趣 趣 趣 趣 趣

음독	しゅ	2순위	① 趣味 취미 (しゅみ)　　① 趣向 취향 (しゅこう)
			① 風趣 풍취 (ふうしゅ)　　① 情趣 정취 (じょうしゅ)
		4순위	② 趣旨 취지 (しゅし)
			②*趣意書 취의서 취지서 (しゅいしょ)
훈독	**おもむき**		趣(おもむき) ⓐ 정취, 멋, 느낌　ⓑ 의도, 취지

|잠깐만요|
- 음독이 동일해도 의미별 단어 생산성에 따라 나눠서 정리했어요.
- 「趣」는 달려가서 잡듯 '무언가에 확 쏠리듯 향하는 것'이에요.
  '마음'이 무언가에 쏠리면? ▷ '재미'를 느끼는 것/감상에 젖어 '풍취'와 '멋'을 느끼는 것
  '생각'이 한쪽으로 쏠리면? ▷ 어떠한 '의미'나 '의도'
- 단순히 의미를 외우기보다 한자가 가진 '이미지'를 통해서 이해를 동반한 학습을 하세요.

0541	最	가장 최		4학년	N2	101위

해설	여러 사람이 말하는(曰) 것을 취하여(取) 내리는 결정이 가장 최선이니
음독	[さい]　最初 최초 (さいしょ)　　最高 최고 (さいこう)

1595

撮

중학 | N1 | 996위

손(扌)으로 카메라를 들고 가장(最) 최적의 장면을 취하고자
사진을 찍고 영상을 촬영하니

찍을 촬·촬영할 촬

15획 撮撮撮撮撮撮撮撮撮撮撮
撮撮撮

음독	さつ	4순위	撮影 촬영(さつえい)	特撮 특촬(とくさつ)
			盗撮 도촬(とうさつ)	
훈독	[と]る		撮(と)る (사진/영화를) 찍다, 촬영하다	

| 비교 |

· とる :
  0540 取 vs 1595 撮 vs
  0560 採 vs 1981 捕 vs
  2246 執 (vs 1738 盗 vs
  1478 獲 vs 1544 摂)

| 잠깐만요 |

· '몰래카메라'는 상황에 따라 어휘가 달라지니 주의하세요.
  – 범죄 ▷ 盗撮(とうさつ): 도촬
  – 방송 ▷ ドッキリ: 놀래키는 것
  – 장비 ▷ 隠(かく)しカメラ: 몰래 설치한 카메라
· 「とる」의 한자 표기와 의미 구분 ☞ 「 2246 執 (꽉) 붙잡을 집」의 | 잠깐만요 | 참조

---

99 支: 지탱할 지 ▶ 肢伎搔怪茎

0546

支

① 지탱할 지 ② 갈라져 나갈 지

5학년 | N2 | 328위

해설	많이(十) 갈라져 뻗은 나뭇가지를 손(又)으로 쥐고 지탱하는 모습이니
음독	[し] 支持 지지(しじ)　　　支店 지점(してん)
파생	0547 枝 가지 지[し] 0548 技 재주 기[ぎ] 0549 岐 갈림길 기[き]

1596

肢

중학 | N1 | 2005위

몸(月)을 지탱하기 위해 갈라져 나온(支) 나뭇가지와 같은 팔다리이니

팔다리 지·사지 지

8획 肢肢肢肢肢肢肢肢

| 음독 | し | 3순위 | 四肢 사지(しし) | 下肢 하지(かし) |
| | | | 前肢 전지(ぜんし) | 選択肢 선택지(せんたくし) |

| 잠깐만요 |

· 음독으로 읽는 어휘는 대부분 의학/해부학/정육 분야에서 사용되는 어휘들(전지, 후지, 상지, 하지,
  사지 등)입니다. 또 「選択肢」는 「紙」가 아니라 「肢」이니 주의하세요.

伎

중학 | N1 | 2091위

사람(亻)의 인격이 갈라져 나간(支) 듯 남자가 여장을 하고 연기하는 **전통극**인 가부키이니

전통극 기 · 가부키 기

6획 伎 伎 伎 伎 伎 伎

| 음독 | **き** | 4순위 | *歌舞伎 가무기가부키 (かぶき) |

| 잠깐만요 |

• 「伎」는 본래 '재주/기술'의 의미를 가지고 있지만 그 의미로서의 어휘는 대부분 「 0548 技 재주 기 · 기술 기」로 표기가 통일되어 현재는 전통극(특히 가부키)에만 사용돼요.

0542

坙

가는 흙 줄기 경

부수자

| 해설 | 주먹(又)에서 흘러내리는 **가늘고 긴 흙(土)** 줄기 모양에서 |
| 파생 | 0543 軽 가벼울 경 [けい]　0544 径 길 경 [けい]　0545 経 지나올 경 · 경영할 경 [けい/きょう] |

1598

掻

학년 외 | 급수 외 | 3417위

손끝(扌)으로 비듬이 모래처럼 흘러내릴(坙) 만큼 머리를 긁고 할퀴니

긁을 소 · 할퀼 소

11획 掻 掻 掻 扌 掻 掻 搔 掻 掻 掻 掻

| 훈독 | [か]く | ▽掻(か)く ⓐ 긁다, 할퀴다 ⓑ 긁어당기다, 빗질하다
　　　　　　 ⓒ 휘젓다, 헤집다
→ 足掻(あが)く/藻掻(もが)く 발버둥 치다
かき立(た)てる ⓐ 휘저어 섞다
　　　　　　　 ⓑ (감정/관심을) 자극하다, 불러일으키다
かき混(ま)ぜる 휘저어 섞다
かき分(わ)ける 밀어젖히다, 사이를 헤집다
頭(あたま)をかく 머리를 긁(적이)다
髪(かみ)をかく 머리(카락)를 빗다
雪(ゆき)をかく 눈을 긁어 치우다
いびきをかく 코를 골다
胡座(あぐら)をかく 책상다리를 하다
恥(はじ)をかく 창피를 당하다 |

| 잠깐만요 |

• 상용 외 표기이기 때문에 히라가나(かく)로 표기하는 것이 원칙입니다. 하지만 굉장히 많은 관용 표현/복합동사에 사용되기 때문에 한자의 의미와 함께 익혀 두면 좋습니다.

怪

중학 | N1 | 1114위

| 비교 |
· あやしい :
1599 怪 vs 2212 妖

목격한 자의 마음(忄)이 모래처럼 부서져 흘러내릴(圣) 만큼 이해 불가하고 괴이하니

괴이할 괴

8획 怪怪怪怪怪怪怪怪

음독	かい	1순위	怪物 괴물 (かいぶつ)　　怪力 괴력 (かいりき) 怪談 괴담 (かいだん)　　妖怪 요괴 (ようかい) 怪奇現象 괴기 현상 (かいき・げんしょう)
훈독	[あや]しい		怪(あや)しい 수상하다, 의심스럽다 cf) 妖(あや)しい 불가사의하다, 신비하다, 매력적이다
	[あや]しむ		怪(あや)しむ 수상하게 여기다
	예외		怪我(けが) 상처, 부상

1600

茎

중학 | N1 | 1997위

뿌리식물의 풀잎(艹) 아래로 가늘고 길게(圣) 뻗어 있는 줄기이니

① 줄기 경　② 남근 경

8획 茎茎茎茎茎茎茎茎

음독	けい	3순위	①＊根茎 근경 (こんけい) 뿌리와 줄기 ② 包茎 포경 (ほうけい)　　② 陰茎 음경 (いんけい)
훈독	くき		茎(くき) (식물의) 줄기

---

100 攵: 칠 복 ▶ 攻敢悠

0120 攵	**칠 복 · 때릴 복**		부수자
해설	화살(丿) 같은 회초리로 베듯(乂) 매질하며 때리니		
파생	0715 枚 낱장 매[まい]　　0714 敗 패할 패[はい]　　0989 改 고칠 개[かい] 1142 政 다스릴 정[せい]　　1182 敵 원수 적[てき]　　0576 敬 존경할 경[けい] 0941 教 가르칠 교[きょう]　　0370 救 도울 구[きゅう]　　0713 散 흩어질 산[さん] 0716 牧 다스릴 목[ぼく]		

攻

중학 | N1 | 698위

| 비교 |
· せめる :
1014 責 vs 1601 攻

| 잠깐만요 |
훈독에 자동사 형태의 「攻(せ)まる」도 있을 것 같지만 없는 단어이니 주의하세요.

대장간에서 무언가를 만들기(工) 위해서는 쇠를 미친 듯이 때리면서(攵) 공격하듯 쳐대야 하니

0130 工: 만들 공 · 장인 공

칠 공 · 공격할 공

7획 攻 攻 攻 攻 攻 攻 攻

음독	こう	1순위	攻撃 공격 (こうげき)	攻略 공략 (こうりゃく)
			攻防 공방 (こうぼう)	専攻 전공 (せんこう)
			難攻不落 난공불락 (なんこう・ふらく)	
훈독	[せ]める		攻(せ)める 공격하다, 진격하다	
			→ 攻(せ)め ⓐ 공격 ⓑ [+명사] 공세	
			質問攻(しつもん・ぜ)め 질문 공세	
			理屈攻(りくつ・ぜ)め 이론 공세	
			cf) 責(せ)める ⓐ 비난하다, 책망하다 ⓑ 재촉하다, 조르다	
			ⓒ (육체적/정신적) 고통을 주다, 괴롭히다	

敢

중학 | N1 | 1909위

| 잠깐만요 |
「0540 取 잡을 취 · 취할 취」와의 구분에 주의하세요.

감히 적장의 귀(耳)를 공격(攻)하여 잘라와 용감함과 과감함을 과시하니

감히 감 · 과감할 감

12획 敢 敢 敢 敢 敢 敢 敢 敢 敢 敢 敢

음독	かん	3순위	敢行 감행 (かんこう)	果敢 과감 (かかん)
			勇敢 용감 (ゆうかん)	
훈독	[あ]えて		▼敢(あ)えて ⓐ 감히, 굳이, 억지로	
			ⓑ [+부정 표현] 구태여, 그다지	
	[あ]えない~		▼敢(あ)え無(な)い [+명사] 덧없는~, 어이없는~	
			敢(あ)えなく [+동사] 덧없이~, 어이없이~	
			→ 取敢(とり・あ)えず ⓐ 부랴부랴, 급히 ⓑ 우선	

悠

중학 | N1 | 1408위

어떤 상황에서도 사람(亻)이 마치 벽(丨)을 친(攵) 것처럼 전혀 동요하지 않는 마음(心)으로 느긋한 태도를 보이며 유유자적하니

攵: 칠 복 · 때릴 복

느긋할 유 · 유유자적할 유

11획 悠 悠 悠 悠 悠 悠 悠 悠 悠 悠 悠

| 음독 | ゆう | 3순위 | 悠長 유장 (ゆうちょう) | 悠久 유구 (ゆうきゅう) |
| | | | 悠悠自適 유유자적 (ゆうゆうじてき) | |

| 잠깐만요 |
· 悠長(ゆうちょう): 침착하고 성미가 느릿함 ≒〈문어〉悠然(ゆうぜん)たる/と 침착하고 여유 있음
예 悠長(ゆうちょう)な態度(たいど) 느긋한 태도
≒ 悠然(ゆうぜん)たる態度(たいど) 여유 있는 태도

16 '손'의 파생 2 [21자]

101 包: 쌀 포 ▶ 抱泡砲飽胞

0573

包

쌀 포 · 포장할 포

4학년 | N2 | 193위

해설	겉을 감싸서(勹) 몸(己)이 안 보이게 포장하니	勹: 감쌀 포
음독	[ほう] 包装 포장 (ほうそう)　　内包 내포 (ないほう)	

1604

중학 | N3 | 584위

손(扌)으로 상대의 몸을 감싸(包) 안아 포옹하니

안을 포 · 포옹 포

8획 抱抱抱抱抱抱抱抱

음독	ほう	3순위	抱擁 포옹 (ほうよう)　　*介抱 개포 (かいほう) 돌봄/간호 抱負 포부 (ほうふ)　　*辛抱 신포 (しんぼう) 참고 견딤
훈독	[だ]く		抱(だ)く 〈물리적/심적〉 양팔로 안다, 가슴에 품다 　→ 抱(だ)っこ 〈유아어〉 안음 　　抱締(だき・し)める 꽉 껴안다 抱付(だき・つ)く 달라붙다, 달려들어 안기다
	[いだ]く		抱(いだ)く 〈애정을 가지고〉 품에 안다, 보듬다
	[かか]える		抱(かか)える ⓐ 〈양손으로〉 껴안다 ⓑ 〈일/걱정/책무 등을〉 떠안다 　→ 抱(だ)き抱(かか)える 끌어안다, 껴안다 抱(かか)え込(こ)む ⓐ 부둥켜안다 ⓑ (많은 것을) 떠맡다

| 잠깐만요 |
- 훈독 세 개는 비슷한 의미라서 사전을 통해 다양한 예문을 보면서 익혀야 해요.
- 일본의 여러 가지 간호와 간병
  - 看病(かんびょう): 간병(가족/친족 등 집안 사람인 병자의 수발을 드는 것, 장기적인 돌봄)
  - 看護(かんご): 간호(병자/부상자의 수발을 드는 것, 장기적인 돌봄)
  - 介護(かいご): 개호(병자/부상자/노인 등 일상생활의 신체적 곤란을 보조하거나 간호함)
  - 介抱(かいほう): 개포(병자/부상자/만취자 등의 수발을 드는 것, 일시적인 돌봄)

泡

중학 | N1 | 1932위

물(氵)이 공기를 감싸 안은(包) 듯 생긴 거품이니

거품 포 · 포말 포

8획 泡泡泡泡泡泡泡泡

음독	ほう	4순위	泡沫 포말 (ほうまつ)	気泡 기포 (きほう)
			発泡 발포 (はっぽう)	
훈독	あわ		泡(あわ) 거품	→ 水(みず)の泡(あわ) 물거품
			泡立(あわ・だ)つ 거품이 일다	
			一泡吹(ひとあわ・ふ)かせる 놀라게 하다	
	예외		泡(あぶく) 〈속어〉 거품	
			→ 泡銭(あぶく・ぜに) 〈속어〉 부정한 돈	

砲

중학 | N1 | 1176위

밀어넣은 돌(石)을 쇠로 감싸 안고(包) 있다가 쏘아대는 대포이니

대포 포

10획 砲砲砲砲砲砲砲砲砲砲

음독	ほう	1순위	砲弾 포탄 (ほうだん)	*無鉄砲 무철포무모 (むてっぽう)
			砲撃 포격 (ほうげき)	機関砲 기관포 (きかんほう)
			大砲 대포 (たいほう)	速射砲 속사포 (そくしゃほう)

飽

중학 | N1 | 1829위

밥을 먹고(食) 또 먹어 부푼 배를 감싸 안고(包) 더는 안 들어간다(포화)며 배불러 하니

배부를 포 · 포화될 포

13획 飽飽飽飽飽飽飽飽飽飽飽飽飽

음독	ほう	4순위	飽和 포화 (ほうわ)	飽満感 포만감 (ほうまんかん)
훈독	[あ]きる		飽(あ)きる 싫증나다, 물리다 → 飽(あ)き 싫증	
			飽(あ)きっぽい 싫증을 잘 내다	
	[あ]かす		飽(あ)かす ⓐ 물리게 하다, (싫증날 정도로) 실컷 ~하다	
			ⓑ [시간/돈+に・あかして의 꼴로] 물 쓰듯 쓰다,	
			충분히 사용하다	
	[あ]く		▽飽(あ)く [+부정 표현] 〈문어〉 만족하다	
			→ 飽(あ)く無(な)き野望(やぼう) 만족할 줄 모르는 야망	
			飽(あ)き足(た)りない 성에 차지 않다, 불만족스럽다	

몸(月)을 구성하는 핵을 감싸 안고(包) 있는 세포이니

세포 포

9획 胞 胞 胞 胞 胞 胞 胞 胞 胞

음독	ほう	3순위	胞子 포자 (ほうし)	同胞 동포 (どうほう)
			細胞 세포 (さいぼう)	

胞

중학 | N1 | 1239위

---

102 勺: 작은 그릇 작 ▶ 酌 釣 勻 勺

勺

작은 그릇 작

제부수 | N1 | 3753위

해설	손바닥으로 감싸 안은(勹) 작은 그릇(丶) 모양에서	勹: 감쌀 포
음독	[しゃく] *一勺 한 잔(いっしゃく)	
파생	0579 約 약속 약[やく] 0580 的 과녁 적[てき]	

술병(酉)을 기울여 상대방의 작은 그릇(勺)에 술을 따를 때는 상대의 주량이나 상태를
헤아려 판단(참작)해야 하니
酉: 술병 유

① 술 따를 작 ② 헤아려 판단할 작 · 참작할 작

10획 酌 酌 酌 酌 酌 酌 酌 酌 酌 酌

酌

중학 | N1 | 2159위

음독	しゃく	2순위	①*手酌 수작자작 (てしゃく)	①*晩酌 만작 (ばんしゃく)
			①*独酌 독작자작 (どくしゃく)	② 参酌 참작 (さんしゃく)
			②*情状酌量 정상작량정상 참작 (じょうじょう・しゃくりょう)	
훈독	[く]む		酌(く)む ⓐ (술 따위를) 따라서 마시다	
			ⓑ (사정을) 참작하다, 헤아리다	
			예 盃(さかずき)を酌(く)み交(か)わす 술잔을 나누다	
			事情(じじょう)を酌(く)む 사정을 참작하다	

| 잠깐만요 |

· 「お酌(しゃく)をする」(술을 따르다)라는 표현도 알아 두세요.
· '정상 참작'은 일본에서 「情状酌量」로 쓰니 주의하세요. 또 「手酌」은 한국에서 말하는 '수작(酬酌)
부리다'의 '수작'이 아니라 '자작'의 의미이니 주의하세요.
· 「晩酌」(만작)은 '저녁 반주'라는 뜻이에요.

釣

중학 | N1 | 1013위

쇠(金)로 만든 구부린 바늘(勹)에 미끼(ㆍ)를 달고 던지는 낚시이니
勹: 감쌀 포

낚을 조 · 낚시 조

11획 釣釣釣釣釣釣釣釣釣釣釣

음독	ちょう [4순위]	*釣魚 조어 (ちょうぎょ) 낚시질 *釣名 조명 (ちょうめい) 거짓으로 명예를 얻으려 함
훈독	[つ]る	釣(つ)る ⓐ 낚다 ⓑ 유혹하다, 속이다 → 釣(つり) 낚시 釣(つ)り合(あ)う 어울리다　　　　　　釣鐘(つりがね) 범종 釣革(つり・かわ) (버스/지하철의) 손잡이　海釣(うみづ)り 밤낚시

| 잠깐만요 |
• 음독으로 읽는 어휘는 사용 빈도가 아주 낮으니 참고만 하세요.
• '손잡이'의 의미 구분 ☞ 「1672」 把 쥘 파 의 | 잠깐만요 | 참조

勾

중학 | 급수 외 | 2541위

소중한 내(厶) 것을 팔로 껴안고 품에 감싸 안은(勹) 몸의 등허리 모양처럼 굴곡진 모양새이니
厶: 사사로울 사 · 나 사

굴곡질 구 · 구배 구

4획 勾勾勾勾

음독	こう [4순위]	*勾配 구배경사 (こうばい)　　　勾留 구류 (こうりゅう)

| 잠깐만요 |
• '勾配」는 한국에서도 바닥의 물이 개수구로 빠지도록 만든 경사 등을 일컫는 건축 용어로 일상생활에서도 자주 쓰여요. 일본에서는 '천장/도로/지면의 구배(경사)'로 자주 쓰인답니다.
• '구류'의 의미 구분
　– 勾留(こうりゅう): 형벌은 아니지만, 공소상 필요에 따라 구속/감금하는 것. 구금
　– 拘留(こうりゅう): 형벌의 하나, 1~30일간의 구속

匂

중학 | 급수 외 | 1289위

| 비교 |
• におう:
　「1539」 臭 vs 「1612」 匂

향수병 손잡이(匕)를 누르면 나오는 코를 감싸는(勹) 은은하고 좋은 향기이니
匕: 숟가락 비 · 비수 비(여기서는 손잡이 모양)

향기 내

4획 匂匂匂匂

훈독	[にお]う	匂(にお)う 향기가 나다　　　→　匂(にお)い 향기
	[にお]わす	匂(にお)わす ⓐ 향기를 풍기다 ⓑ 넌지시 암시하다

| 잠깐만요 |
• 「におう」의 한자 표기와 의미 구분
　– 臭(にお)う: 나쁜 냄새(악취) vs 匂(にお)う: 좋은 냄새(향기, 향취)

1613 ● 부수자

曷

중학 | N1 | 2005위

하루(日)면 향수의 향기(勺)도 그 향이 다하니

다할 갈

8획 曷 曷 曷 曷 曷 曷 曷 曷

1614

渴

중학 | N1 | 2163위

몸속의 물(氵)이 모두 다하여(曷) 느끼는 목마름과 갈증이니

목마를 갈 · 갈증 갈

11획 渴 渴 渴 渴 渴 渴 渴 渴 渴 渴 渴

음독	かつ	3순위	渴望 갈망 (かつぼう)	枯渴 고갈 (こかつ)
훈독	[かわ]く		渴(かわ)く ⓐ 목마르다, 갈증을 느끼다 ⓑ 몹시 바라다 → 渴(かわ)き 갈증	

|비교|
· かわく:
1239 乾 vs 1614 渴

|잠깐만요|
· 「かわく」의 한자 표기와 의미 구분
  ─ 乾(かわ)く : 수분/눈물이 마르는 것(건조)
  ─ 渴(かわ)く : 수분이 부족한 것(갈증/갈망)

1615

褐

중학 | N1 | 2719위

옷(衤)의 수명이 다하여(曷) 색이 바래면 갈색이 되죠?

갈색 갈

13획 褐 褐 褐 褐 褐 褐 褐 褐 褐 褐 褐 褐

음독	かつ	4순위	褐色 갈색 (かっしょく)	褐炭 갈탄 (かったん)

1616

喝

중학 | N1 | 2076위

입(口)을 벌리고 성대가 다할(曷) 정도로 크게 소리 지르니

소리 지를 갈 · 일갈할 갈

11획 喝 喝 喝 喝 喝 喝 喝 喝 喝 喝 喝

음독	かつ	4순위	恐喝 공갈 (きょうかつ)	一喝 일갈 (いっかつ)

|잠깐만요|
· 「恐喝」(공갈)은 속어로 「喝上(かつあ)げ」라고도 해요.

1617

謁

중학 | N1 | 2579위

의견을 말(言)로 다하고자(曷) 알현하여 뵙고자 하니

뵐 알 · 알현할 알

15획 謁 謁 謁 謁 謁 謁 謁 謁 謁 謁 謁 謁 謁 謁 謁

| 음독 | えつ | 4순위 | 謁見 알현 (えっけん) | 拝謁 배알 (はいえつ) |

1618

揭

중학 | N1 | 1136위

벽보나 국기를 손(扌)을 뻗을 수 있는 데까지 다(曷) 뻗어 높이 걸어 두니

높이 걸어 둘 게

11획 揭 揭 揭 揭 揭 揭 揭 揭 揭 揭 揭

| 음독 | けい | 3순위 | 揭示 게시 (けいじ)　　　　　揭揚 게양 (けいよう)
揭載 게재 (けいさい) |
| 훈독 | [かか]げる | 揭(かか)げる ⓐ 내걸다　ⓑ ～에 게재되다, ～에 실리다
ⓒ 걸어 올리다 |

| 잠깐만요 |
· 「 1224 揚 (높이) 들어 올릴 양」과의 구분에 주의하세요.

1619

葛

중학 | 급수 외 | 1657위

풀(艹) 중에서 해(日)를 피해 몸을 웅크려 감싸고(勹) 있는 사람(人)마냥 굵고 복잡하게 얽혀 있는 뿌리를 땅속에 숨긴(乚) 채 자라는 칡이니

칡 갈

12획 葛 葛 葛 葛 葛 葛 葛 葛 葛 葛 葛 葛

| 음독 | かつ | 4순위 | 葛藤 갈등 (かっとう) |
| 훈독 | くず | 葛(くず) 칡 |

| 잠깐만요 |
· 「葛藤」은 '칡과 등나무'를 뜻하는데, 칡과 등나무의 뿌리처럼 이리저리 얽히고 설킨 모양새를 나타내는 말로 의미가 파생되었어요.

0574

句

글귀 구 · 구절 구

5학년 | N1 | 193위

해설	글귀를 의미/발음의 덩어리로 감싸서(勹) 입(口)으로 말하기 쉽게 나눈 구절이니
음독	[く] 句読点 구두점(くとうてん)　　語句 어구(ごく)
파생	**0575** 苟 적어도 구

1620

拘

중학 | N1 | 1811위

손(扌)으로 머릿속에서 빠져 나가려는 선현의 글귀(句)를 꽉 움켜잡아 묶어 두니

잡아둘 구 · 구속할 구

8획 拘 拘 拘 拘 拘 拘 拘 拘

음독	こう	3순위	拘束 구속(こうそく)　　拘禁 구금(こうきん) 拘留 구류(こうりゅう)　　拘置所 구치소(こうちしょ)
훈독	[こだわ]る		▽拘(こだわ)る 고집하다, 집착하다 → 拘(こだわ)り 고집, 철저함, 자신만의 원칙
	예외		▼〜にも拘(かか)わらず 〜에도 불구하고, 〜을 무릅쓰고 　　에 病気(びょうき)にも拘(かか)わらず 병인데도 불구하고

| 잠깐만요 |
- 손(扌)을 뻗어 꽉 쥐고 놓지 않는 손아귀의 모습(句)을 글자 모양으로 이미지해도 되겠죠?
- 「拘る」는 '자신만의 신념/원칙/가치관 등에 철저한 것'을 의미합니다. 자신의 룰에 꽉 '잡혀 있어'서 어떤 것에 대해서 시끄러울 정도로 집착하는 것이죠. 보통 「こだわる」로 표기하는 것이 일반적이지만 「拘る」로 쓰는 경우도 적지 않습니다.

1621

駒

중학 | N1 | 1588위

나무 말(馬)에 글귀(句)를 적어 역할을 적은 장기말이니

장기말 구

15획 駒 駒 駒 駒 駒 駒 駒 駒 駒 駒 駒 駒 駒 駒 駒

훈독	こま	駒(こま) 장기말　　駒組(こまぐみ) 장기말의 진형

| 잠깐만요 |
- 「駒」는 '망아지, 작은 말'의 의미도 있었으나 현대에는 「子馬(こうま)」를 사용하는 게 보통이고, 「駒」는 '장기말'이라는 의미로만 사용되는 편입니다.

0576 敬	존경할 경 · 경의 경	6학년 | N2 | 1140위

해설	높은 이에게 적어도(苟) 맞지(攵) 않으려면 존경과 경의를 보여야 하니
음독	[けい]　敬意 경의 (けいい)　　　尊敬 존경 (そんけい)
파생	0577 警 경계할 경 [けい]

1622

驚

중학 \| N1 \| 784위

존경하는(敬) 이를 갑자기 눈앞에서 보면 말(馬)이 난동 부리듯 심장이 쿵쾅거리면서 깜짝 놀라게 되니

놀랄 경 · 경이로울 경

22획	驚 驚 驚 驚 芍 芍 苟 驚 苟 驚 驚 驚 驚 敬 敬 驚 驚 驚 驚 驚 驚 驚 驚 驚

음독	きょう [3순위]	驚異 경이 (きょうい)　　　　　驚愕 경악 (きょうがく) 驚嘆 경탄 (きょうたん)
훈독	[おどろ]く	驚(おどろ)く 놀라다, 경악하다　→　驚(おどろ)き 놀람
	[おどろ]かす	驚(おどろ)かす 놀래키다

1623

旬

중학 \| N1 \| 1567위

한 달 30일(日)을 적당히 큰 덩어리로 감싸서(勹) 나누면 10일(열흘)씩 세 덩이가 되죠?

열(10) 순

6획	旬 旬 旬 旬 旬 旬

음독	じゅん [2순위]	上旬 상순 (じょうじゅん)　　　中旬 중순 (ちゅうじゅん) 下旬 하순 (げじゅん)　　　　　*旬日 순일10일간 (じゅんじつ)
	しゅん [4순위]	*旬 순제철 (しゅん)

| 잠깐만요 |
- 「旬(しゅん)은 다양한 곳에 쓰입니다.
　예 旬(しゅん)の魚(さかな) 제철 생선
　　今(いま)最(もっと)も旬(しゅん)な俳優(はいゆう) 요즘 가장 핫한 배우

223

殉

중학 | N1 | 2483위

권력자가 죽은(歹) 지 10일(旬) 후에는 따르던 가신들이 따라 죽었으니

歹 : 죽음 사 · 앙상할 사

따라 죽을 순 · 순교할 순

10획 殉 殉 殉 殉 殉 殉 殉 殉 殉 殉

음독	じゅん [3순위]	殉職 순직 (じゅんしょく)	殉国 순국 (じゅんこく)
		殉情 순정 (じゅんじょう)	殉教 순교 (じゅんきょう)
	예외	殉(じゅん)ずる [～に+] ⓐ ～을 위해 목숨을 버리다 ⓑ ～를 따라 사직하다 ⓔ 国(くに)に殉(じゅん)ずる 국가를 위해 목숨을 버리다 大統領(だいとうりょう)に殉(じゅん)ずる 대통령을 따라 사직하다	

| 잠깐만요 |
- '순정'의 의미 구분
  - 殉情(じゅんじょう): 모든 것을 바치려는 애절한 사랑
  - 純情(じゅんじょう): 순수한 감정이나 애정

질문 있어요

익숙함의 함정에 빠지기 쉬운 단어들이 있다?

일본어에는 한국어와 '순서만 거꾸로인 단어'가 있어요. 일본어를 공부할 때 조심해야 할 것 중 하나가 바로 이 '익숙함의 함정'인데요. 다행히 어순이 반대인 어휘는 그리 많지는 않아요. 대표적인 어휘들을 정리해 두니 꼭 한 번씩 체크하세요.

- 흑백(黒白) → 白黒(しろくろ)
- 열정(熱情) → 情熱(じょうねつ)
- 약혼(約婚) → 婚約(こんやく)
- 위협(威脅) → 脅威(きょうい)
- 남녀노소(男女老少) → 老若男女(ろうにゃく・なんにょ)
- 동서고금(東西古今) → 古今東西(こきん・とうざい)
- 현모양처(賢母良妻) → 良妻賢母(りょうさい・けんぼ)
- 시종일관(始終一貫) → 終始一貫(しゅうし・いっかん)
- 성형외과(成形外科) → 形成外科(けいせい・げか)

- 영광(栄光) → 光栄(こうえい)
- 물품(物品) → 品物(しなもの)
- 노고(労苦) → 苦労(くろう)
- 비석(碑石) → 石碑(せきひ)

17

'주먹과 손톱'의 파생 [21자]

105 龹 : 말 권(1) ▶ 拳 圈

0569 龹	**말 권 · 감을 권**	부수자
해설	손으로 무언가를 말아 쥐고 있는 모습을 본떠	
파생	0570 巻 두루마리 책 권[かん]　0571 券 증서 권[けん]	

1625

拳

중학 | N1 | 1859위

말아서(龹) 꽉 움켜쥔 손(手)은 주먹이죠?

주먹 권

10획　拳 拳 拳 拳 拳 拳 拳 拳 拳 拳

음독	**けん** [3순위]	拳法 권법 (けんぽう)　　拳銃 권총 (けんじゅう) 赤手空拳 적수공권 (せきしゅ・くうけん) 맨손과 맨주먹
	예외	拳骨 (げんこつ) 〈문어〉 주먹
훈독	**こぶし**	拳 (こぶし) 주먹

0570 巻	**두루마리 책 권 · 돌돌 말 권**	6학년	N2	371위
해설	돌돌 말려(龹) 있는 두루마리 책 그 자체(己)이니	
음독	[かん]　巻頭 권두 (かんとう)　　巻末 권말 (かんまつ)	

圈

중학 | N1 | 1506위

돌돌 말듯(卷) 사방을 에워싸서(口) 그 범위를 나타내니

口: 에워쌀 위

범위 권

12획 圈 圈 圈 圈 圈 圈 圈 圈 圈 圈 圈 圈

| 음독 | けん | 2순위 | 圈外 권외 (けんがい) | 圈内 권내 (けんない) |
| | | | 首都圈 수도권 (しゅとけん) | 商圈 상권 (しょうけん) |

---

106 龹: 말 권(2) ▶ 藤 騰 謄 誉

勝

이길 승

3학년 | N2 | 282위

| 해설 | 몸(月)을 말아(龹) 모은 힘(力)으로 상대를 힘껏 때려 쓰러뜨리고 승리하니 |
| 음독 | [しょう] 勝利 승리 (しょうり) 勝負 승부 (しょうぶ) |

1627

藤

중학 | N1 | 264위

풀(艹) 줄기가 몸(月)을 말아서(龹) 물(氺)을 최대한 빨아들이며 위로 쭉쭉 자라는 덩이식물인 등나무이니

등나무 등

18획 藤 藤 藤 藤 藤 藤 藤 藤 藤 藤 藤 藤 藤 藤 藤 藤 藤 藤

| 음독 | とう | 4순위 | 葛藤 갈등 (かっとう) |
| 훈독 | ふじ | | 藤(ふじ) 등나무 |

| 잠깐만요 |
- 일본인의 성씨에 자주 쓰이는 한자입니다. 특히 역사적 인물의 이름에 자주 등장하는 권문 가문으로 「藤原(ふじわら)」라는 성씨 가문이 있습니다. 역사/문학 등에서 자주 등장하니 알아 두세요.
- 음독으로 읽는 어휘는 사실상 「葛藤」 하나뿐입니다.
  → 葛藤(갈등): 칡(葛) 뿌리와 등나무(藤) 덩굴처럼 이해 관계가 뒤엉켜서 풀기 어려운 상태

1628

騰

중학 | N1 | 2080위

몸(月)을 둥글게 말아서(龹) 힘을 모았다 훅 펴면서 말(馬)이 뛰어오르듯 위로 쭉 오르니

쭉 오를 등 · 폭등할 등

20획 騰 騰 騰 騰 騰 騰 騰 騰 騰 騰 騰 騰 騰 騰 騰 騰 騰 騰

| 음독 | とう | 2순위 | 騰落 등락 (とうらく) | *騰貴 등귀가격이 오름 (とうき) |
| | | | 暴騰 폭등 (ぼうとう) | 沸騰 비등(들)끓음 (ふっとう) |

- 「騰」은 그래프나 온도처럼 쭉 올라가는 것을 나타냅니다. 그래서 보통 온도/끓는 점/시세/가격 등이 오르는 경우에 사용되는 용어에 밀집되어 사용됩니다.
- 「沸騰」는 '(액체가) 끓음'이라는 이미 외에도 '(분위기가) 들끓음'이라는 의미로도 사용돼요.
  🔟 沸騰点(ふっとうてん) 끓는 점　　沸騰(ふっとう)する非難(ひなん) 들끓는 비난

1629

謄

중학 | N1 | 3500위

몸(月)을 둥글게 말고(丷) 책에 적힌 말(言)을 열심히 베껴 옮기니

베낄 등

17획 ｜ 刀 刀 月 月 肖 肖 肖 肖 謄 謄 謄 謄 謄 謄 謄 謄

| 음독 | とう | 4순위 | 謄本 등본 (とうほん) | *謄写 등사베껴 씀 (とうしゃ) |

| 잠깐만요 |

- 謄本(とうほん): 등본. 원본의 내용을 전부 베낀 책이나 서류(= 사본)
  🔟 戸籍謄本(こせき・とうほん): 호적 등본(호적 원본의 기재 내용 전부를 복사한 증명 문서)
  抄本(しょうほん): 초본. 원본 중 일부 내용을 베낀 책이나 서류
  🔟 戸籍抄本(こせき・しょうほん): 호적 초본(호적 원본의 기재 내용 중 지정 인물의 기록만 뽑은 문서)

1630

誉

중학 | N1 | 1586위

제 한(一) 몸 불살라(丷) 타인을 위해 목숨을 나누어(八) 바치는 것이야말로 사람들에게 칭송의 말(言)을 듣는 **명예로운** 일이니　　　　(火→)丷: 불화　八: 나눌 팔

명예 예

13획 誉 誉 誉 誉 誉 誉 誉 誉 誉 誉 誉 誉 誉

| 음독 | よ | 4순위 | 名誉 명예 (めいよ)
*毀誉褒貶 훼예포폄 (きよ・ほうへん) 세상의 평판 |
| 훈독 | [ほま]れ | | 誉(ほま)れ 명예, 영예, 자랑거리 |

| 잠깐만요 |

- 「謄」의 오른쪽보다 가로 획이 하나 적어요. 헷갈리지 말고 차이를 비교하면서 암기하세요.

---

107 爪/爫: 손톱 조 ▶ 妥浮彩渓鶏

0081

爪/爫

① 손톱 조　② 잡을 조

중학 | 급수 외 | 1796위

| 해설 | 손톱 끝까지 활용해서 무언가를 잡는 모습이니 |

옛날에는 손톱(爫)을 이용해서 깔끔하게 쪽진 머리를 하는 것이 여성(女)에게 마땅하고
타협할 수 없는 일이었으니

마땅할 타 · 타당할 타

7획 妥 妥 妥 妥 妥 妥 妥

중학 | N1 | 2042위

| 음독 | だ | 4순위 | 妥当 타당 (だとう) | 妥結 타결 (だけつ) |
| | | | 妥協 타협 (だきょう) | |

0565

젖 유 · 우유 유   6학년 | N2 | 962위

| 해설 | 아직 손톱(爫)도 안 난 자식(子)이 마시는 어머니의 가슴에 숨어(乚) 있는 우유이니 |
| 음독 | [にゅう] 牛乳 우유 (ぎゅうにゅう)   乳房 유방 (にゅうぼう) |

1632

손톱(爫)도 안 난 갓난아이(子)는 물(氵)에 빠지지 않고 둥둥 떠다니니

뜰 부

10획 浮 浮 浮 浮 浮 浮 浮 浮 浮 浮

중학 | N2 | 536위

음독	ふ	1순위	浮力 부력 (ふりょく) 浮上 부상 (ふじょう) 浮遊 부유 (ふゆう) *浮説 부설뜬소문 (ふせつ) *軽佻浮薄 경조부박 (けいちょう・ふはく) 경솔하고 소견이 얕음
훈독	[う]く		浮(う)く ⓐ (들)뜨다 ⓑ (시간/돈의) 여분이 생기다 → 浮(う)き沈(しず)み 떴다 가라앉음, 흥망성쇠 浮(う)き上(あ)がる 부상하다 浮(う)き浮(う)き 신나서 들뜸 浮足立(うきあし・だ)つ (물에 떠서 발을 허우적댐 →) 안절부절못하다
	[う]かぶ		浮(う)かぶ ⓐ 뜨다 ⓑ (표면으로/머릿속에) 떠오르다 → 浮(う)かばれる ⓐ 성불하다 ⓑ 체면이 서다 浮(う)かされる ⓐ [~に+] (~에) 마음이 들뜨다 ⓑ [熱に+] (고열 등으로) 의식이 흐릿해지다
	[う]かべる		浮(う)かべる ⓐ 띄우다 ⓑ (생각을) 떠올리다, 생각해 내다
	[う]かれる		浮(う)かれる (마음/기분이) 들뜨다 → 浮(う)かれ歩(ある)く 마음이 들떠 정처없이 어슬렁거리다
	예외		浮気(うわき) 바람기 → 浮気者(うわきもの) 바람둥이

| 잠깐만요 |
• 태아 때는 양수 속에서 떠다니고, 갓난아기도 그 기억이 남아 있어 물에서도 잘 떠다니죠?

0559 采		**티 날 채 · 표시할 채**	제부수 │ 급수 외 │ 2504위
	해설	동물은 손톱(爫)으로 나무(木)를 할퀴어 **티 나도록 표시를 해 두니**	
	음독	[さい]　喝采 갈채 (かっさい)　　　風采 풍채 (ふうさい)	
	파생	0560 採 뽑을 채 [さい]　　0561 菜 나물 채 [さい]	

1633 彩

중학 │ N1 │ 1357위

티 나도록 표시하기(采) 위해 빗금(彡) 치듯 빈 곳을 색칠해 가며 채색함이니

색칠할 채 · 채색할 채

11획　彩 彩 彩 彩 彩 彩 彩 彩 彩 彩 彩

음독	さい [1순위]	彩度 채도 (さいど)　　　彩色 채색 (さいしき) 多彩 다채 (たさい)　　　色彩 색채 (しきさい) 水彩画 수채화 (すいさいが)
훈독	[いろど]る	彩(いろど)る 색칠하다, 채색하다　→　彩(いろど)り 채색, 배색

1634 渓

중학 │ N1 │ 2177위

물(氵)이 손톱(爫)으로 사내(夫)의 등을 할퀸 자국마냥 가늘게 흐르는 시내이니

0159 夫 남편 부 · 사내 부

시내 계

11획　渓 渓 渓 渓 渓 渓 渓 渓 渓 渓 渓

음독	けい [3순위]	渓谷 계곡 (けいこく)　　　渓流 계류 시냇물 (けいりゅう)

1635

중학 | N1 | 1838위

손톱(爫)으로 사내(夫)의 등을 할퀸 자국마냥 날개가 퇴화한 새(鳥)인 닭이니

닭 계

19획 鶏 鶏 鶏 鶏 鶏 鶏 鶏 鶏 鶏 鶏 鶏 鶏 鶏 鶏 鶏 鶏 鶏 鶏 鶏

음독	けい	2순위	鶏卵 계란 (けいらん)	鶏舎 계사닭장 (けいしゃ)
			闘鶏 투계 (とうけい)	養鶏 양계 (ようけい)
훈독	にわとり		鶏 (にわとり) 닭	
	とり		▽鶏 (とり) 닭(고기)	→ 鶏肉 (とりにく) 닭고기

| 잠깐만요 |
- 「とり」는 본래 '새(鳥)'를 의미하는 단어입니다. 그래서 닭을 '마당(にわ)에서 키우는 새(とり)'라고 부르던 것이 어휘화(にわとり)되고, 그 의미를 따라 한자 「鶏」가 붙여졌어요. 이후 닭고기가 대중화되면서 식재료와 관련된 「とり」는 '닭(鶏)'을 지칭하게 되었어요.
- '계란'은 일반적으로는 「卵(たまご)」를 주로 쓰지만, 그것만으로는 「魚卵(ぎょらん)」(생선알)과의 구분이 되지 않기에 의미를 확실히 하기 위해서 「鶏卵(けいらん)」을 사용하기도 합니다.

---

108 䍃: 흔들 추 요 ▶ 䍃謡揺遥

1636 ● 부수자

학년 외 | 급수 외

손(爫)으로 잡고 흔드는 추(缶+凵)의 모습이니

흔들 추 요

9획 䍃 䍃 䍃 䍃 䍃 䍃 䍃 䍃 䍃

| 잠깐만요 |
- 본래는 '질그릇 요'지만, 파생 한자와의 의미 상성이 좋지 않아 저자가 새로이 의미를 지정했어요.

1637

중학 | N1 | 1918위

말(言)하듯 흔들 추(䍃)의 박자에 맞춰서 리듬을 실어 부르는 노래이니

노래 요

16획 謡 謡 謡 謡 謡 謡 謡 謡 謡 謡 謡 謡 謡 謡 謡 謡

| 음독 | よう | 3순위 | 童謡 동요 (どうよう) | 民謡 민요 (みんよう) |
| | | | 歌謡 가요 (かよう) | |

| 잠깐만요 |
- 훈독으로 「謡(うた)う」(일본 전통극인 「能楽(のうがく)」의 노랫말/대사에 가락을 붙여 노래하다)가 있으나 의미가 너무 협소하고 사용 빈도가 적으니 참고만 하세요.

揺

중학 | N1 | 1044위

손(扌)을 격하게 움직여 흔들 추(䍃)를 흔드니

흔들 요

12획 揺 揺 揺 揺 揺 揺 揺 揺 揺 揺 揺 揺

음독	**よう** 3순위	揺籃 요람 (ようらん)	動揺 동요 (どうよう)

훈독	[ゆ]る	揺(ゆ)る 흔들다 → 揺(ゆ)らめく (빛/연기/아지랑이 등이) 아른거리다, 출렁이다
	[ゆ]れる	揺(ゆ)れる (단순히) 흔들리다 → 揺(ゆ)れ 요동, 흔들림
	[ゆ]るぐ	揺(ゆ)るぐ (기반이) 흔들리다, 동요하다 → 揺(ゆ)るぎ(の)ない 확고하다, 흔들림 없다, 틀림없다
	[ゆ]らぐ	揺(ゆ)らぐ (본래 안정되어 있던 대상 전체가) 흔들리다 → 揺(ゆ)らぎ 흔들림, 동요
	[ゆ]する	揺(ゆ)する 흔들다 → 貧乏揺(びんぼう・ゆ)すり 앉아서 다리를 떪
	[ゆ]らす	揺(ゆ)らす 흔들다, 흔들리게 하다
	[ゆ]さぶる	揺(ゆ)さぶる 뒤흔들다 → 揺(ゆ)さぶり 상대를 동요시킴
	[ゆ]るがす	揺(ゆ)るがす (세상/천지를) 뒤흔들다

| 잠깐만요 |
· 훈독의 경우, 위에서부터 차례대로 흔들림의 정도나 대상의 크기가 고정된 정도가 강한 느낌입니다.
- ゆる < ゆれる < ゆるぐ < ゆらぐ
  (잘게 흔들림)　(흔들거림)　(고정된 것이 흔들림)　(전체가 흔들림)
- ゆする < ゆらす < ゆさぶる < ゆるがす
  (잘게 떨다)　(흔들다)　(강하게 흔들다)　(세상을 뒤흔들다)

遥

학년 외 | N1 | 2182위

흔들 추(䍃)를 빙빙 돌리면서 달려가다(辶) 던지면 **아득히 멀어지니**　辶: 뛸 착 · 쉬어갈 착

아득히 멀 요

12획 遥 遥 遥 遥 遥 遥 遥 遥 遥 遥 遥 遥

음독	**よう** 4순위	遥遠 요원 (ようえん)	*遥拝 요배 (ようはい) 멀리 유배 보냄

훈독	[はる]か	遥(はる)か ⓐ 아득히　ⓑ 훨씬, 매우 遥(はる)か昔(むかし) 아득히 먼 옛날

0538 友	친구 우		2학년	N4	458위
해설	자주(ナ) 손(又)을 맞잡고 사귀는 친구이니		
음독	[ゆう] 友情 우정(ゆうじょう)	親友 친우(しんゆう)	

1640

抜

중학 | N3 | 495위

손(扌)을 맞잡을 만큼 친한 친구(友)는 고르고 골라 **뽑아내어 선발**해야 하니

뽑아낼 발

7획 抜 抜 抜 抜 抜 抜 抜

음독	ばつ	2순위	抜群 발군 뛰어남 (ばつぐん) 選抜 선발 (せんばつ)	*抜刀 발도 칼을 뺌 (ばっとう) 海抜 해발 (かいばつ)
훈독	**[ぬ]く**		抜(ぬ)く ⓐ 뽑다, 뽑아내다 ⓑ 뚫고 나가다, 돌파하다 ⓒ 생략하다 ⓓ [동사 연용형+] 끝까지 해내다, 몹시 ~하다 → 栓抜(せん・ぬ)き 병따개 手(て)を抜(ぬ)く 대충하다 抜(ぬ)きん出(で)る ⓐ 돌출되어 있다 ⓑ 뛰어나다, 출중하다 やり抜(ぬ)く (끝까지) 해내다, 완수하다	
	[ぬ]ける		抜(ぬ)ける ⓐ 빠지다 ⓑ 떨어지다 ⓒ (구멍을) 관통하다 → 抜(ぬ)け殻(がら) 빈 껍질 間抜(まぬ)け 얼간이 筒抜(つつ・ぬ)け ⓐ (말소리/비밀 등이) 죄다 들리다 ⓑ [右から左へ+] 한 귀로 듣고 한 귀로 흘리다	
	[ぬ]かす		抜(ぬ)かす 빠뜨리다, 빼다 → 現(うつつ)を抜(ぬ)かす 열중하여 정신이 팔리다	
	[ぬ]かる		抜(ぬ)かる (방심하다가) 실수하다, (소중한 일에) 실패하다	

0566	爰	끌어당길 원		부수자

해설	손(爫)으로 물(一)에 빠진 벗(友)을 끌어당기는 모습이니	(一: 수면의 모습)
파생	0567 暖 따뜻할 난[だん]　0568 媛 미인 원[えん]	

1641
援
중학	N1	714위

어려움에 빠진 이에게 손(扌)을 내밀어 끌어당겨(爰) 도움을 주니

도울 원 · 원조할 원

12획 援 援 援 援 援 援 援 援 援 援 援 援

음독	えん	2순위	援助 원조 (えんじょ)	支援 지원 (しえん)
			応援 응원 (おうえん)	救援 구원 (きゅうえん)

| 잠깐만요 |
• 「援助交際(えんじょ・こうさい)」(원조 교제)를 줄여서 「援交(えんこう)」라고 해요. 회화는 물론 신문이나 방송에서도 종종 쓰이는 어휘이니 알아 두세요.

1642
緩
중학	N1	1483위

실(糸)이 아직 더 잡아당길(爰) 수 있을 만큼 느슨하게 풀려 있으니

느슨할 완 · 느긋할 완

15획 緩 緩 緩 緩 緩 緩 緩 緩 緩 緩 緩 緩 緩 緩 緩

음독	かん	2순위	緩急 완급 (かんきゅう)	緩衝 완충 (かんしょう)
			緩和 완화 (かんわ)	弛緩 이완 (しかん)
훈독	[ゆる]い		緩(ゆる)い ⓐ 느슨하다 ⓑ 엄하지 않다 ⓒ 완만하다 ⓓ 느리다	
	[ゆる]やか		緩(ゆる)やかだ ⓐ 완만함 ⓑ 느릿함 ⓒ 느슨함 ⓓ 관대함	
	[ゆる]む		緩(ゆる)む ⓐ 느슨해지다 ⓑ (긴장/기강 등이) 풀리다, 해이해지다 → 緩(ゆる)み ⓐ 느슨해짐 ⓑ 해이해짐	
	[ゆる]める		緩(ゆる)める ⓐ 느슨하게 하다 ⓑ 늦추다	

| 잠깐만요 |
• 「緩」은 전체적으로 '타이트하지 않게 풀린 이미지(느슨하다)'입니다. (속도가) 느린 것, (경사가) 완만한 것, (긴장이) 풀리는 것, (매듭/조임이) 느슨해지는 것, (점성이) 묽어지는 것, (단속 등을) 빡빡하게 하지 않는 것 등 그 범위가 넓습니다.

233

1643 ● 부수자

㥥

마음(心) 졸이며 손(爫)과 손(彐)을 얼굴 위에 덮어서 가리고 있는 모양새이니

덮을 은

11획 㥥 㥥 㥥 㥥 㥥 㥥 㥥 㥥 㥥 㥥 㥥

1644

隠

중학 | N1 | 709위

언덕배기(阝)의 그늘진 곳에 낙엽을 덮어(㥥) 숨기고 은닉하니

숨을 은 · 은닉할 은

14획 隠 隠 隠 隠 隠 隠 隠 隠 隠 隠 隠 隠 隠 隠

음독	いん [1순위]	隠居 은거 (いんきょ)	隠喩 은유 (いんゆ)
		隠匿 은닉 (いんとく)	隠蔽 은폐 (いんぺい)
훈독	[かく]れる	隠(かく)れる 숨다
		→ 隠(かく)れ家(が) 은신처
		隠(かく)れん坊(ぼう) 숨바꼭질
		雲隠(くも・がく)れ 자취를 감춤
	[かく]す	隠(かく)す 숨기다, 감추다
		→ 隠(かく)しカメラ〈장비〉 몰래 카메라
		隠(かく)し味(あじ) 조미료
		隠(かく)し事(ごと) 비밀, 숨기는 일

1645

穏

중학 | N1 | 1582위

수확한 벼(禾)는 포대로 덮어(㥥) 창고에 보관하면 썩거나 도둑맞을 염려가 줄어 평온하고 온화한 마음으로 지낼 수 있으니

평온할 온 · 온화할 온

16획 穏 穏 穏 穏 穏 穏 穏 穏 穏 穏 穏 穏 穏 穏 穏 穏

음독	おん [3순위]	穏和 온화 (おんわ)	*穏便 온편 원만함 (おんびん)
		穏健派 온건파 (おんけんは)	平穏 평온 (へいおん)
훈독	[おだ]やか	穏(おだ)やかだ 온화함, 평온함

| 잠깐만요 |
· 「穏便」은 트러블/갈등을 대상으로 원만하게 조치를 취할 때 주로 사용됩니다.
　예 穏便(おんびん)に済(す)ます 소란 없이 원만하게 처리하다
　　　穏便(おんびん)に別(わか)れる 원만하게 헤어지다

18

'팔과 다리'의 파생 [16자]

⑪ 寸: 마디 촌 · 조금 촌(1) ▶ 酎肘耐

0082 寸		마디 촌 · (아주) 조금 촌		6학년	N1	1478위
해설		손목(寸)의 맥박(ˊ)은 한 마디 거리 부분을 재니		
음독		[すん] *寸前 직전(すんぜん) *寸法 치수(すんぽう)		
파생		0584 村 마을 촌[そん] 0585 討 칠 토[とう] 0586 付 부여할 부 · 붙일 부[ふ] 0588 守 지킬 수[しゅ] 0589 団 모일 단[だん/とん] 0590 射 쏠 사[しゃ]		

1646

酎

중학 | 급수 외 | 2294위

술병(酉)에 든 술을 아주 조금씩(寸) 작은 잔에 마시는 것은 소주죠? 　　酉: 술병 유

소주 주

10획 酎 酎 酉 酉 酉 酉 酉 酉 酎 酎

음독	ちゅう 4순위	焼酎 소주 (しょうちゅう) *酎ハイ 주하이츄하이 (ちゅうはい)

| 잠깐만요 |

· 「酎ハイ」(츄하이)는 「焼酎＋ハイボール」의 약자로, 소주에 탄산수를 탄 일종의 칵테일 음료입니다.

1647

肘

중학 | 급수 외 | 2152위

몸(月)에서 아주 조금씩(寸) 좌우로 튀어나온 단단한 부위인 팔꿈치이니

팔꿈치 주

7획 肘 肘 肘 肘 肘 肘 肘

훈독	ひじ	肘(ひじ) 팔꿈치 　→ 肘枕(ひじ・まくら) 팔베개 肘掛(ひじ・か)け 팔걸이

| 잠깐만요 |

· 음독으로 「ちゅう」라는 발음이 있긴 하지만, 음독으로 읽는 어휘가 거의 없고 사용 빈도도 굉장히 낮으니 참고만 하세요.
　⑩ 掣肘(せいちゅう) 철주(곁에서 간섭하여 마음대로 못하게 함)

1648

중학 | N1 | 1311위

어떤 상태가 끊어지지 않고 이어가도록(而) 아주 조금(寸)이라도 견디고 버티는 것을
인내라고 하니

而: (말) 이어줄 이

견딜 내 · 인내 내

9획 耐 耐 耐 耐 耐 耐 耐 耐 耐

음독	たい	2순위	耐震 내진 (たいしん)	耐久性 내구성 (たいきゅうせい)
			耐性 내성 (たいせい)	忍耐 인내 (にんたい)
훈독	[た]える		耐(た)える [~に+] ⓐ 견디다, 버티다, 인내하다 ⓑ ~할 만하다	
			예 ⓐ 激痛(げきつう)に耐(た)える 격통을 견디다	
			ⓑ 聞(き)くに耐(た)えない 차마 들을 수 없다	
			cf) 堪(た)える ⓐ ~할 수 있다 ⓑ ~할 만하다, ~할 가치가 있다	

| 비교 |
· たえる:
　1648 耐 vs **2190** 堪

| 잠깐만요 |
· 음독[たい]과 한국 한자음[내] 간의 차이가 크니 주의하세요.

---

112 付: 줄 부 ▶ 附符腐

0586

付

① 줄 부 · 부여할 부 　② 붙일 부 · 첨부할 부

4학년 | N2 | 248위

해설	사람(亻)들이 조금(寸)이라도 가까워지면 정을 붙이고 무언가를 주곤 하니
음독	[ふ] 付与 부여 (ふよ)　　　付属 부속 (ふぞく)

1649

중학 | N1 | 1971위

옛날에는 언덕(阝) 밑 굴 속에서 사람(亻)들끼리 조금(寸)이라도 붙어 지내려고 했죠?

붙을 부 · 첨부할 부

8획 附 附 附 附 附 附 附 附

음독	ふ	1순위	附属 부속 (ふぞく)	附近 부근 (ふきん)
			附加 부가 (ふか)	附録 부록 (ふろく)
			附着 부착 (ふちゃく)	寄附 기부 (きふ)

| 잠깐만요 |
· 모든 파생 어휘가 동일한 의미를 가진 「付」로 대체되어 사용됩니다. 옛 습관이 남아 있는 책에서
「附」로 쓰이는 경우가 있는 정도이니 '付의 옛 한자' 정도로만 기억하세요.
　예 [사용 빈도] 부속: 附属 ≦ 付属　　부근: 附近 ≦ 付近　　부록: 附録 ≦ 付録　　기부: 寄附 ≦ 寄付

符

중학 | N2 | 1941위

대나무(竹)에 기호를 적어 붙여서(付) 하나의 증표이자 기호로 삼으니

① 증표 부 ② 기호 부

11획 符符符符符符符符符符符

음독	ふ	2순위	②符号 부호 (ふごう) ②*音符 음부음표 (おんぷ)
			②終止符 종지부 (しゅうしふ)
			②疑問符 의문부물음표 (ぎもんふ)
		4순위	①符合 부합 (ふごう) ①*切符 절부표 (きっぷ)
			①免罪符 면죄부 (めんざいふ)

|잠깐만요|

• 본래는 '약속된 증표'의 의미에서 '서로 약속하여 정한 기호나 신표'라는 의미로 파생되었어요.
• 같은 음독이라도 의미에 따라 어휘 생산성이 차이가 많이 나는 경우는 의미별로 순위를 분리했어요.

府 관청 부

4학년 | N2 | 369위

| 해설 | 집(广) 중에서 문서와 세금을 주거나 공지를 붙이는(付) 관청이니 | 广: 집 엄 |
| 음독 | [ふ] 政府 정부 (せいふ)   幕府 막부 (ばくふ) | |

腐

중학 | N1 | 1414위

관청(府)에서 일하는 관료들은 썩어빠진 고깃(肉)덩이나 다름없는 부패한 놈들이었으니

썩을 부 · 부패할 부

14획 腐腐腐腐腐腐腐腐腐腐腐腐腐腐

음독	ふ	2순위	腐敗 부패 (ふはい) 腐食 부식 (ふしょく)
			豆腐 두부 (とうふ) 防腐剤 방부제 (ぼうふざい)
훈독	[くさ]る		腐(くさ)る 썩다, 상하다, 썩어빠지다 → 腐(くさ)り 썩음
	[くさ]れる		腐(くさ)れる = 腐(くさ)る
			→ 腐(くさ)れ ⓐ 썩음 ⓑ [+명사] 썩어빠진~, 더러운~
			腐(くさ)れ縁(えん) (끊을래야 끊을 수 없는) 좋지 못한 인연, 악연
	[くさ]らす		腐(くさ)らす ⓐ 썩이다, 썩게 하다 ⓑ 불쾌하게 하다
			= 腐(くさ)らかす, 腐(くさ)らせる
	[くさ]す		腐(くさ)す 〈속어〉 나쁘게 말하다, 내리깎다, 헐뜯다

0592 寺	절 사		2학년 | N2 | 403위
해설	극락정토(土)로 가기 위해 헛된 마음이 조금(寸)이라도 없어지게 수행하는 절이니		
음독	[じ] 寺院 사원 (じいん)　　　*古寺 오래된 절 (こじ)		
파생	0593 詩 시 시 [し]　　0594 時 때 시 [じ]　　0595 持 가질 지 [じ] 0596 待 기다릴 대 [たい]　　0597 特 특별할 특 [とく]　　0598 等 같을 등 [とう]		

1652

侍

중학 \| N1 \| 1190위

사람(亻)이 절(寺)에서 부처님을 섬기듯 높은 이를 섬기고 모시는 시종/사무라이니

모실 시

8획 侍侍侍侍侍侍侍侍

음독	じ　　3순위	侍従 시종 (じじゅう)　　　侍女 시녀 (じじょ) 侍童 시동 (じどう)
훈독	**さむらい**	侍(さむらい) 무사, 사무라이

| 잠깐만요 |
• 「さむらい」는 옛말 「さぶらふ」(섬기다)의 명사형이 어휘화된 후 한자 「侍」가 붙어 만들어진 단어예요. '모시다, 시중들다'는 「仕(つか)える」나 「付(つ)き添(そ)う」 등을 써요.

0588 守	지킬 수	3학년 | N2 | 387위
해설	적이 집(宀) 안으로 조금(寸)도 들어가지 못하게 지키니	
음독	[しゅ] 守備 수비 (しゅび)　　　[す] *留守 부재중 (るす)	

1653

狩

중학 \| N1 \| 1690위

개(犭)가 사냥감이 도망가지 못하게 지키고(守) 몰아대며 사냥하니

사냥할 수 · 수렵 수

9획 狩狩狩狩狩狩狩狩狩

음독	しゅ　　4순위	狩猟 수렵 (しゅりょう)
훈독	**[か]る**	狩(か)る ⓐ 사냥하다 ⓑ 채집하다 → 狩(か)り 사냥 狩人(かりゅうど) 사냥꾼　狩(か)り立(た)てる (사냥에서) 몰이하다

| 잠깐만요 |
• 「狩人」의 발음은 원래 「かりひと」였던 것이 「ひ」의 h음이 생략되면서 생긴 발음이에요.

寿

중학 | N1 | 1097위

손바닥의 세(三) 주름선 중에서 아래로 뻗은 긴 생명선(丿)이 맥이 뛰는 손목(寸)까지 이어진 모양으로 수명이 긴 것(장수)을 나타내니

수명 수 · 장수할 수

7획 寿 寿 寿 寿 寿 寿 寿

음독	じゅ	[2순위]	寿命 수명 (じゅみょう)　　　長寿 장수 (ちょうじゅ) *不老長寿 불로장수·불로장생 (ふろう・ちょうじゅ)
훈독	ことぶき		寿(ことぶき) ⓐ 장수, 천수　ⓑ 경사 → ⓐ 寿(ことぶき)を保(たも)つ 천수를 누리다 　ⓑ 寿退社(ことぶき・たいしゃ) 　여성이 결혼해서 회사를 그만두는 것
	예외		寿司(すし) 초밥, 스시

| 잠깐만요 |

• 「寿」는 단순히 '나이, 목숨'을 넘어 '천수를 누려 축하받을 만큼 오래 사는 것(장수)'이란 의미예요. 그래서 일부 어휘에서는 그 의미가 '축하받을 만한 일'로 파생돼요. ⓔ 寿退社
• 「すし」는 본래 「酢(す)し」(시큼하다)였던 것에 나중에 한자를 붙인 취음재(当て字)입니다.
• '장수'를 뜻하기 때문에 한문 투로 70세 이상의 나이를 나타낼 때 사용돼요.
　ⓔ 喜寿(きじゅ) 희수(77세)　　傘寿(さんじゅ) 산수(80세)　　米寿(べいじゅ) 미수(88세)
　　卒寿(そつじゅ) 졸수(90세)　　白寿(はくじゅ) 백수(99세)

鋳

중학 | N1 | 2352위

쇠(金)로 만들 때 수명이 긴(寿) 제조법은 쇠를 통짜로 부어 만드는 주물이니

쇠 부어 만들 주 · 주물 주

15획 鋳 鋳 鋳 鋳 鋳 鋳 鋳 鋳 鋳 鋳 鋳 鋳 鋳 鋳 鋳

음독	ちゅう	[3순위]	鋳造 주조 (ちゅうぞう)　　　鋳貨 주화 (ちゅうか)
훈독	[い]る		鋳(い)る 주조하다 → 鋳物(いもの) 주물　　　鋳型(いがた) 주형, 거푸집

0083 廾	받쳐 들 공	부수자
해설	양손으로 봉을 받쳐 들고 있는 모습을 본떠	
파생	0468 算 계산할 산[さん]　　0968 弁 말할 변[べん]	

1656

중학 | N1 | 1943위

산처럼 쌓인 커다란(大) 서류를 많이(十) 받쳐 들고(廾) 바쁘게 이리저리 급하게 뛰어다니며 분주히 일하는 모습이니

급할 분·분주할 분

8획 奔 奔 奔 奔 奔 奔 奔 奔

음독	ほん	3순위	奔走 분주 (ほんそう)　　奔放 분방 (ほんぽう) 狂奔 광분 (きょうほん)

1657

중학 | 급수 외 | 2057위

구슬(王)을 받쳐 들고(廾) 만지작대며 가지고 노는 모습이니　　(玉→) 王: 구슬 옥

가지고 놀 롱·희롱할 롱

7획 弄 弄 弄 弄 弄 弄 弄

음독	ろう	3순위	嘲弄 조롱 (ちょうろう)　　愚弄 우롱 (ぐろう) *玩弄物 완롱물 노리갯감 (がんろうぶつ)
훈독	[もてあそ]ぶ		弄(もてあそ)ぶ 가지고 놀다, 농락하다
	[いじ]る		▽弄(いじ)る ⓐ 만지작대다, 손대다 　　　　　　ⓑ 타인을 희롱하여 괴롭히다
	[まさぐ]る		▽弄(まさぐ)る 만지작거리다, 뒤적거리다

| 잠깐만요 |
• 왕(王)이 자기 수염(廾: 여기서는 수염 모양)을 만지작대며 노는 모습으로 기억해도 되겠죠?

升

중학 | N1 | 2564위

물이나 쌀 안에 훅 집어넣었다(丿) 받쳐 들고(廾) 퍼올리기 위한 사각형의 나무 용기인 되이니　丿: 삐침 별(여기서는 퍼올리는 궤적)

되 승 · 사각나무 용기 승

4획 升 升 升 升

음독	しょう [4순위]	*一升 일승 (いっしょう)한 되 *一升瓶 일승병 (いっしょうびん) 1800ml의 큰 일본술 한 병
훈독	ます	升(ます) 되, 사각형의 나무잔 (→枡로 표기하는 경우도 많음)

| 잠깐만요 |
• '정사각형의 나무 되'를 가리킵니다. 드라마에 네모난 나무틀에 술을 마시는 장면이 나오곤 하죠?

昇

중학 | N2 | 1095위

| 비교 |
• のぼる : 0177 上 vs
1659 昇 vs 1205 登

해(日)가 떠오르듯, 또 되(升)로 퍼올리듯 올라가며 상승함이니

오를 승 · 상승할 승

8획 昇 昇 昇 昇 昇 昇 昇 昇

음독	しょう [2순위]	昇格 승격 (しょうかく)　　昇進 승진 (しょうしん) 昇級 승급 (しょうきゅう)　　上昇 상승 (じょうしょう)
훈독	[のぼ]る	昇(のぼ)る ⓐ (해/달/엘리베이터 등이) (떠)오르다 　　　　　　ⓑ (높은 지위에) 오르다 cf)登(のぼ)る ⓐ (산/나무 등을) 타다, 오르다 　　　　　　ⓑ (무대/단상 등에) 오르다 上(のぼ)る 〈일반적〉오르다

| 잠깐만요 |
• '오르다'의 의미 구분
　– あがる: 가볍게 올라가는 이미지로 주로 '수치로 표현 가능한 것'(ⓔ 기온/가격 등)이나
　　　　　'비교적 낮은 곳'(ⓔ 단상/낮은 턱/저층 계단 등)에 사용
　– のぼる: 무겁고 힘들어서 올라가는 이미지로 주로 '힘들게 올라야 하는 곳'(ⓔ 비탈길/산)이나
　　　　　'아주 높은 곳'(ⓔ 고층/하늘)에 쓰입니다. 이때, 대상에 따라 한자 표기를 바꾸기도 합니다.
　　　　　(登 : 꼭대기를 목표로 한 발씩 오르다 ▷ 등산(登山)/등단(登壇), 昇 : 아주 높은 곳에 수직으로 올라
　　　　　도달하다 ▷ 상승(上昇)/승단(昇段), 上: 그 외의 전반적인 오르다)

---

115 足: 발 족 ▶ 促踊

足 / 𧾷

① 발 족　② 넉넉할 족 · 충족할 족　　　　　1학년 | N4 | 207위

해설	양발을 넉넉하고 충분히 쫙 뻗으며 가는 모습이니
음독	[そく]　不足 부족 (ふそく)　　*豚足 족발 (とんそく)

0078 捉	① 붙잡을 착 ② 파악할 착	중학 | 급수 외 | 1824위
해설	눈을 감고 손(扌)으로 발(足)을 붙잡아 누구인지 파악하는 모습이니	
음독	[そく] 捕捉 포착 (ほそく)　　*把捉 파악 (はそく)	

1660

促

중학 \| N2 \| 1353위

사람(亻)이 쉴 새 없이 다리(足)를 놀리며 발걸음을 **재촉**하는 모습이니

재촉할 촉

9획 促 促 促 促 促 促 促 促 促

음독	そく 3순위	促進 촉진 (そくしん)	促音 촉음 (そくおん)
		催促 재촉 (さいそく)	督促 독촉 (とくそく)
훈독	[うなが]す	促(うなが)す 재촉하다, 촉구하다, 독촉하다	

0873 甬	솟을 용	부수자
해설	창 끝(マ)이 나무통(用)을 뚫고 **솟아오르는** 모습이니	マ : 머리날 마
파생	0874 通 통할 통 [つう/つ]　0875 痛 아플 통 [つう]	

1661

踊

중학 \| N2 \| 1319위

발끝(𧾷)을 뾰족하게 딛고 솟아오르듯(甬) 우아하게 춤추는 **무용**이니

춤출 용·무용 용

14획 踊 踊 踊 踊 踊 踊 踊 踊 踊 踊 踊 踊 踊 踊

음독	よう 4순위	舞踊 무용 (ぶよう)
훈독	[おど]る	踊(おど)る 춤추다 → 踊(おど)り 춤, 무용　踊(おど)り場(ば) ⓐ 무도장 ⓑ (계단의) 층계참

| 잠깐만요 |
• 술을 담는 '나무로 만든 둥근 통'을 의미하는 「桶(おけ)」도 알아 두세요.

19 '몸'의 파생 [29자]

116 尸: 지친 몸 시(1) ▶ 尻尾尿尼泥漏

0095 尸	**지친 몸 시 · 시체 시**	부수자

해설	일에 지쳐 허리를 숙인 사람의 몸이니
파생	**0313** 層 층 층 [そう]　　**0602** 届 도달할 계　　**0603** 居 살 거 [きょ] **0606** 刷 인쇄 쇄 [さつ]　　**0604** 展 넓게 펼칠 전 [てん]　　**0605** 属 아래에 붙을 속 [ぞく] **0756** 屋 건물 옥 [おく]

1662

尻

중학 | N1 | 1157위

	허리를 숙인 몸(尸) 중에서 팔로 땅을 짚고 **엉덩이를 내민(九)** 자세이니 **엉덩이 고** 5획 尻 尻 尻 尻 尻	
훈독	しり	尻(しり) ⓐ 엉덩이 ⓑ 맨 뒤 → 尻餅(しり・もち) 엉덩방아 　　尻込(しり・ご)み 뒷걸음질, 후퇴 　　尻取(しり・と)り 끝말잇기 尻拭(しり・ぬぐ)い 뒤치다꺼리　　　尻尾(しっぽ) 꼬리
예외		尻(けつ) 〈속어〉 ⓐ 엉덩이 ⓑ 맨 뒤

1663

尾

중학 | N1 | 647위

	허리를 숙인 몸(尸)에서 삐져나온 털(毛) 달린 부위는 **꼬리**이니	毛: 털 모
	꼬리 미 7획 尾 尾 尾 尾 尾 尾 尾	
음독	び [1순위]	尾行 미행 (びこう)　　　　首尾 수미 (しゅび) 末尾 말미 (まつび)　　　　交尾 교미 (こうび) 竜頭蛇尾 용두사미 (りゅうとう・だび)
훈독	お	尾(お) (동물의) 꼬리 → 尾鰭(おひれ) 물고기의 꼬리와 지느러미

243

尿

중학 | N1 | 1748위

몸(尸)을 숙인 자세에서 몸에서 빠져나가는 수분(水)은 오줌이죠?

오줌 뇨

7획 尿尿尿尿尿尿尿

음독	にょう	1순위	尿意 요의(にょうい)	頻尿 빈뇨(ひんにょう)
			糞尿 분뇨(ふんにょう)	糖尿病 당뇨병(とうにょうびょう)
			泌尿器科 비뇨기과(ひにょう・きか)	

| 잠깐만요 |
• 「糞 똥 분」 「屎 똥 시」도 참고로 함께 알아 두세요.
　– 屎尿 시뇨(しにょう) → 屎尿浄化槽(しにょう・じょうかそう) 배설물 정화조
　　　　　　　　　　　屎尿処理施設(しにょう・しょり・しせつ) 배설물 처리 시설

尼

중학 | N1 | 2004위

허리 숙인 몸(尸) 중 유독 민머리만 숟가락(匕)처럼 빛나는 여자 스님이니

匕: 숟가락 비

여승 니・비구니 니

5획 尼尼尼尼尼

| 음독 | に | 3순위 | *尼僧 이승비구니(にそう) | 比丘尼 비구니(びくに) |
| 훈독 | あま | | 尼(あま) 여승, 비구니 → 尼寺(あまでら) 여승만 사는 절 | |

泥

중학 | N2 | 1421위

여자가 눈물(氵)을 흘리며 비구니(尼)가 될 만큼 속세는 진흙탕이니

진흙 니

8획 泥泥泥泥泥泥泥泥

음독	でい	2순위	*泥酔 이취만취(でいすい)	*泥濘 이녕진창(でいねい)
			*雲泥の差 운니의 차천양지차(うんでいのさ)	
훈독	どろ		泥(どろ) 진흙 → 泥水(どろみず) 흙탕물	
			泥沼(どろぬま) 진창, 수렁 泥棒(どろぼう) 도둑	
	예외		泥鰌(どじょう) 미꾸라지	

| 잠깐만요 |
• 「泥」는 '진흙탕, 진창'이라는 의미로 인해서 여러 의미로 파생됩니다. '혼탁하고 더럽다'는 의미로 인해서 '낮은 신분, 낮은 위치'와 같은 의미(예 雲泥の差, 泥棒)로 사용되는가 하면, 진창과 같이 '몸을 가눌 수 없게 빠지는 질척거림'이라는 의미(예 泥酔, 泥沼)로도 사용됩니다.
• 음독 발음이 한국어[니]와 일본어[でい]가 상당히 다르니 주의하세요.

1667

집 안에서 물(氵)이 몸(尸) 위로 비(雨) 오듯 새면서 누수되니

샐 루 · 누수 루

14획 漏 漏 漏 漏 漏 漏 漏 漏 漏 漏 漏 漏 漏 漏

음독	ろう [2순위]	漏水 누수 (ろうすい)	漏出 누출 (ろうしゅつ)
		漏洩 누설 (ろうえい)	早漏 조루 (そうろう)

훈독	[も]る	漏(も)る (액체가) 새다 = 漏(も)れる → 雨漏(あま・も)り 비가 샘
	[も]れる	漏(も)れる ⓐ (물/빛/비밀/오줌 등이) 새다 ⓑ 누락되다, 빠지다 → 漏(も)れなく 빠짐없이, 죄다 水漏(みず・も)れ 물이 샘
	[も]らす	漏(も)らす ⓐ 새게 하다 ⓑ (오줌을) 싸다 ⓒ 빠뜨리다, 빼먹다
	예외	漏斗(じょうご) 깔때기

중학 | N2 | 1421위

---

117 尸: 지친 몸 시(2) ▶ 裾据握掴把

0603 居 **살 거 · 거주할 거** 5학년 | N2 | 395위

해설	한곳에 몸(尸)을 오래(古) 머무르며 거주하니
음독	[きょ] 同居 동거 (どうきょ) 住居 주거 (じゅうきょ)

1668

옷(衤)에서 항상 바닥에 머무르는(居) 부분은 옷자락이니

옷자락 거

13획 裾 裾 裾 裾 裾 裾 裾 裾 裾 裾 裾 裾

훈독	すそ	裾(すそ) 옷단, 옷자락 ← 山裾(やま・すそ) 산기슭 裾分(すそ・わ)け 남에게 나누어 줌 裾上(すそ・あ)げ 밑단을 줄임

중학 | 급수 외 | 1777위

据

중학 | N1 | 1606위

손(扌)으로 그 자리에 머물도록(居) 단단히 고정시켜 붙박으니

고정시킬 거 · 붙박을 거

11획 据 据 据 据 据 据 据 据 据 据 据

훈독	[す]える	据(す)える 붙박다, 설치하다, 고정시키다 → 据(す)え付(つ)ける 설치하다, 고정시켜 놓다 　 見据(み・す)える (목표를) 눈여겨보다, 응시하다
	[す]わる	据(す)わる ⓐ 자리 잡고 움직이지 않다, 침착하다 　 ⓑ (도장이) 찍히다 → 肝(きも)が据(す)わっている 대담하다, 배짱 있다 　 目(め)が据(す)わる 눈 하나 깜빡이지 않고 응시하다

| 잠깐만요 |
• 대상이 물건인 경우: 고정시킨 것, 붙박은 것 → 설치하다, (도장을) 찍다
　대상이 신체의 일부나 감정인 경우: 동요하지 않는 것, 의식이 집중된 것 → 대담하다, 응시하다
　꼭 사전을 통해서 다양한 예문을 보면서 이미지를 익히세요.

握

중학 | N1 | 951위

손(扌)으로 집(屋)의 상황을 파악하고 실권을 장악하여 **움켜쥐니** [0756] 屋: 큰집 옥 · 건물 옥

움켜쥘 악

12획 握 握 握 握 握 握 握 握 握 握 握 握

음독	あく [4순위]	握手 악수 (あくしゅ)	把握 파악 (はあく)
훈독	[にぎ]る	握(にぎ)る 움켜쥐다 → お握(にぎ)り 주먹밥 握(にぎ)り潰(つぶ)す ⓐ 꽉 쥐어 으스러뜨리다 ⓑ 묵살하다	

| 잠깐만요 |
• 글자 모양 자체가 손(扌)으로 꽉 움켜쥔 주먹(屋) 같기도 하죠?

掴 / 摑

학년 외 | 급수 외 | 1542위

| 비교 |
• つかまる・つかまえる:
[1981] 捕 vs [1671] 掴

손(扌)을 뻗어 나라(国)가 흔들리지 않게 꽉 붙잡으니 [0999] 国: 나라 국

잡을 괵 · 붙들 괵

11획 掴 掴 掴 掴 掴 掴 掴 掴 掴 掴 掴

훈독	[つか]む	掴(つか)む ⓐ 〈물리적/추상적〉 쥐다, 잡다, 붙잡다 　 ⓑ 손에 넣다, 얻다 ⓒ (진상/요점/내용 등을) 파악하다 → 掴(つか)みどころない (잡을 곳이 없다 →) 막연하다 　 コツを掴(つか)む 요령을 잡다 (파악하다)
	[つか]まる	▼掴(つか)まる [に+] (~을) 꽉 잡다, 붙잡다 　 예 手(て)すりに掴(つか)まる 난간을 꽉 붙잡다
	[つか]まえる	▼掴(つか)まえる [を+] (~을) 꽉 잡다, 붙잡다 　 예 袖(そで)を掴(つか)まえる 소매를 꽉 붙잡다

| 잠깐만요 |

- 握(にぎ)る vs 掴(つか)む
  - 握(にぎ)る: 손바닥 안에 넣은 채 힘을 주어 꽉 쥐는 동작 → 완전히 자신의 수중에 두고 다루다
    - **예** 拳(こぶし)を握(にぎ)る 주먹을 꽉 쥐다
    権力(けんりょく)を握(にぎ)る 권력을 쥐다 (지속적으로 완전히 지배하다)
  - 掴(つか)む: 팔을 뻗어 손으로 대상을 덥석 붙잡는 동작 → 수중에 없던 것을 얻다
    - **예** 腕(うで)を掴(つか)む 팔을 붙잡다
    権力(けんりょく)を掴(つか)む 권력을 잡다 (없던 권력을 얻다)
- 「つかまる・つかまえる」는 상용 외 표기이기 때문에 히라가나로 표기하는 것이 일반적이에요.

0058 巴 **뱀 파** 　　　　중학 | N1 | 842위

해설	뱀이 똬리를 틀고 있는 모습
음독	[ぱ] 巴里 파리 (パリ)
파생	**0413** 肥 살찔 비 [ひ] 　**0414** 色 색 색 [しょく/しき] 　**0415** 絶 끊을 절 [ぜつ]

1672

把

중학 | N1 | 1822위

손(扌)으로 뱀(巴)처럼 빠져나가려는 손잡이를 꽉 쥐니

쥘 파 · 파악할 파

7획 把 把 把 把 把 把 把

| 음독 | は **4순위** | 把握 파악 (はあく) 　　*把持 파지 꽉 쥠 (はじ)
 *把捉 파착 파악 (はそく) |
| | 예외 | 把手/取っ手 (とって) 손잡이 |

| 잠깐만요 |

- 제시된 어휘 정도에만 사용됩니다. 특히 「把握」의 사용 빈도가 높으니 주의하세요. 「把捉」는 문어적이고 딱딱한 어휘입니다. 「把持」는 무기의 손잡이를 쥘 때 주로 사용되는 어휘입니다.
- '손잡이'의 의미 구분
  - 把手/取っ手 (とって): 서랍/문 등의 손잡이
  - 持ち手 (もちて): 가방 등의 물건을 들기 위한 손잡이
  - 吊革/釣革 (つりかわ): 버스나 전철 등의 (천장에 달려서 몸을 지탱하기 위한) 손잡이
  - 柄 (え): 삽처럼 긴 도구(자루)의 손잡이
  - 柄 (つか): 검이나 활의 손잡이
  - ハンドル: 자동차, 비행기 등의 기구 조종을 위한 손잡이

0109 出		① 나올 출　② 시작할 출	1학년 | N4 | 6위
해설		땅(土)을 뚫고 나오는 생명의 시작인 새싹들(屮)을 본떠 그리니	
음독		[しゅつ] 出発 출발 (しゅっぱつ)　　　　　[すい] 出納 출납 (すいとう)	

1673

중학 \| N1 \| 1783위

이제 막 시작한 초보의 손(扌)으로 만들어내는(出) 것은 서투르고 변변찮으니

서투를 졸 · 못날 졸

8획	拙 拙 拙 拙 拙 拙 拙 拙		
음독	せつ　3순위	拙劣 졸렬 (せつれつ)　　　拙著 졸저 (せっしゃ)　　稚拙 치졸 (ちせつ)	
훈독	[つたな]い	拙(つたな)い 서투르다, 어리석다, 변변찮다	

1674

중학 \| N1 \| 1090위

이리저리 굴절된 좁은 굴 속에서 빠져나가려고(出) 몸(尸)을 바싹 구부리는 모습이니

굽을 굴 · 굴절 굴

8획	屈 屈 屈 屈 屈 屈 屈 屈	
음독	くつ　2순위	屈辱 굴욕 (くつじょく)　　屈折 굴절 (くっせつ)　屈指 굴지 (くっし)　　　　屈屈 비굴 (ひくつ)　*窮屈 궁굴 갑갑함 (きゅうくつ)　*理屈 이굴 도리/이치 (りくつ)
훈독	[かが]める	屈(かが)める (허리/몸을) 구부리다, 굽히다

|잠깐만요|
• 음독에서 촉음화(くつ→くっ)가 많이 일어나는 한자예요. 촉음화의 조건은 〈1권 p.35 질문 있어요〉를 참조하세요.

1675

중학 \| N1 \| 1267위

몸을 바싹 구부리고(屈) 손(扌)으로 땅을 파내려가는 모습이니

땅 팔 굴 · 굴착할 굴

11획	掘 掘 掘 掘 掘 掘 折 掘 掘 掘 掘	
음독	くつ　4순위	掘削 굴착 (くっさく)　　発掘 발굴 (はっくつ)　採掘 채굴 (さいくつ)　　盗掘 도굴 (とうくつ)

훈독	[ほ]る	掘(ほ)る ⓐ 파내다 ⓑ 캐내다 → 掘(ほ)り起(お)こす 파서 일구다 　掘(ほ)り下(さ)げる 파내려가다, 파고들다 　堀(ほ)り返(かえ)す ⓐ (묻힌 것을) 파내다 　　　　　　　ⓑ (결말 난 것을) 다시 문제 삼다

1676

堀

중학 | N1 | 936위

몸을 바싹 구부리고(屈) 성 주위를 따라 흙(土)을 구불구불 깊게 파 놓은 수로나 해자이니

수로 굴 · 해자 굴

11획 　堀 十 堀 堀 堀 堀 堀 堀 堀 堀 堀

훈독	ほり	堀(ほり) ⓐ 수로 ⓑ 해자　→ 堀江(ほりえ) 인공 수로 釣堀(つり・ぼり) 유료 낚시터

1677

窟

중학 | 급수 외 | 2050위

몸을 바싹 구부려야(屈) 나갈 수 있는 구멍(穴)인 (동)굴이니　`0762` 穴: 구멍 혈

(동)굴 굴

13획 　窟 窟 窟 窟 窟 窟 窟 窟 窟 窟 窟 窟 窟

음독	くつ	3순위	洞窟 동굴 (どうくつ)　*淫売窟 음매굴 매음굴 (いんばいくつ) 巣窟 소굴 (そうくつ)

---

⑲ 尉: 군 장교 위 ▶ 尉慰遲嘱託

1678

尉

중학 | N1 | 1733위

병사들이 몸(尸)을 굽히고 시선(示)도 못 마주치고 조금도(寸) 미동하지 않도록 군기를 세우는 군대의 장교이니　尸: 몸 시　示: 볼 시　寸: 조금 촌

군 장교 위

11획 　尉 尉 尉 尉 尉 尉 尉 尉 尉 尉 尉

음독	い	3순위	大尉 대위 (たいい)　　　准尉 준위 (じゅんい)

| 잠깐만요 |
- 일반적으로 '벼슬 위'로 제시되는 한자지만 실 의미는 '무관/군대의 장교'를 의미합니다. 실제로도 대위, 중위, 소위와 같은 장교 직급에만 사용됩니다.

慰

중학 | N1 | 1670위

모름지기 군의 장교(尉)는 아래 병사들의 마음(心)을 보듬어 위로할 줄 알아야 하니

위로할 위

15획 慰 慰 慰 慰 慰 慰 慰 慰 慰 慰 慰 慰 慰 慰 慰

음독	い 〔2순위〕	慰労 위로 (いろう)　　*慰謝料 위사료 위자료 (いしゃりょう) 自慰 자위 (じい)
훈독	[なぐさ]む	慰(なぐさ)む 마음이 풀리다, 위안이 되다
	[なぐさ]める	慰(なぐさ)める 위로하다, 달래다 → 慰(なぐさ)め 위로, 위안

遅

중학 | N3 | 994위

늦잠 자서 잠도 덜 깬 지친 몸(尸)으로 말도 아니고 양(羊) 따위를 타고 뛰어간들(辶) 늦어서 지각할 것이니

늦을 지 · 지각할 지

12획 遅 遅 遅 遅 遅 遅 遅 遅 遅 遅 遅 遅

음독	ち 〔2순위〕	遅刻 지각 (ちこく)　　　　　遅延 지연 (ちえん) 遅滞 지체 (ちたい)
훈독	[おそ]い	遅(おそ)い 늦다, 느리다　　→ 遅咲(おそ・ざ)き 늦게 핌
	[おく]れる	遅(おく)れる ⓐ 늦다 ⓑ 뒤처지다 → 遅(おく)れ 늦음　　　手遅(て・おく)れ 때를 놓침, 때늦음
	[おく]らせる	遅(おく)らせる 늦추다 = 〈문어〉 遅(おく)らす

属

① 아래에 붙을 속　② 무리 속

5학년 | N1 | 928위

해설	아기 펭귄들이 어미 몸(尸) 아래에 머리(丿)를 맞대고 가운데(中)에 발자국(⺊→内)을 찍어대며 아래에 붙어서 하나의 무리를 이루니 内: 발자국 유
음독	[ぞく] 付属 부속 (ふぞく)　　所属 소속 (しょぞく)

嘱

중학 | N1 | 3044위

자신이 하기보다는 입(口)을 열어 부하 무리(属)에게 부탁하여 위촉하니

부탁할 촉 · 위촉할 촉

15획 嘱 嘱 嘱 嘱 嘱 嘱 嘱 嘱 嘱 嘱 嘱 嘱 嘱

음독	しょく 〔3순위〕	嘱託 촉탁 (しょくたく)　　嘱望 촉망 (しょくぼう) 委嘱 위촉 (いしょく)

1682

중학 | N1 | 1402위

託

잘 부탁한다고 말(言)하면서 천(千 → 乇) 번은 머리를 조아리며 중요한 일이나 아이를 맡기니

千: 일천 천

맡길 탁 · 위탁할 탁

10획 託 託 託 託 託 託 託 託 託 託

음독	たく	1순위	託児 탁아 (たくじ)	委託 위탁 (いたく)
			嘱託 촉탁 (しょくたく)	信託 신탁 (しんたく)
			結託 결탁 (けったく)	請託 청탁 (せいたく)
훈독	[かこつ]ける		▽ 託(かこつ)ける [に+] (~을) 핑계 삼다, 구실 삼다	
			예 仕事(しごと)に託(かこつ)けて遊(あそ)びに行(い)く 일을 핑계로 놀러 가다	

| 잠깐만요 |
• 「託」은 「託(たく)す」(맡기다, 부탁하다)라는 동사형으로도 많이 사용되니 알아 두세요.

---

120 辟: 꺼릴 벽 ▶ 辟 壁 璧 癖 避

1683 ◑ 제부수

급수 외 | 2969위

辟

몸(尸)을 웅크리고 입(口)을 틀어막고 괴로워할(辛) 정도로 꺼리고 싫어하니

꺼릴 벽 · 싫어할 벽

13획 辟 辟 辟 辟 辟 辟 辟 辟 辟 辟 辟 辟 辟

음독	へき	4순위	*辟易 벽역 (へきえき) (두려워서/질려서) 물러남 / 〈속어〉 질색함

| 잠깐만요 |
• 「辟易」 외에는 부수 역할만 하는 제부수자입니다. 하지만 「辟易」는 사용 빈도가 비교적 높은 어휘이니 알아 두세요.
• 본래는 '피하다', '임금/천자', '죄/형벌', '치우치다' 등등의 의미를 가진 글자이나 여기서는 저자가 실사용 어휘 및 파생 어휘와의 의미 관련성을 고려해 의미를 새로 지정했어요.

1684

중학 | N2 | 872위

壁

꺼리는(辟) 존재를 막기 위해 흙(土)을 높고 단단히 쌓아 만든 벽이니

벽 벽

16획 壁 壁 壁 壁 壁 壁 壁 壁 壁 壁 壁 壁 壁 壁 壁 壁

음독	へき	1순위	壁画 벽화 (へきが)	障壁 장벽 (しょうへき)
			防壁 방벽 (ぼうへき)	内壁 내벽 (ないへき)
			外壁 외벽 (がいへき)	岸壁 암벽 (がんぺき)
훈독	かべ		壁(かべ) 벽	
			→ 壁紙(かべがみ) ⓐ 벽지 ⓑ (컴퓨터/휴대폰 등의) 바탕화면	

| 잠깐만요 |
• 일본의 경우, '집/방의 벽지'를 지칭할 때는 「壁紙」보다 「クロス(cloth)」 쪽이 일반적입니다. 이는 근대 이후 가옥의 벽지 대부분이 직물 재질의 실크 벽지를 사용하기 때문입니다.

너무 비싸 다루기 꺼릴(辟) 정도로 세상에 없을 완벽한 옥구슬(玉)이니

옥구슬 벽 · 완벽 벽

璧

중학 | 급수 외 | 2073위

18획 璧 璧 璧 璧 璧 璧 璧 璧 璧 璧 璧 璧 璧 璧 璧 璧 璧 璧

| 음독 | へき | 4순위 | 双璧 쌍벽 (そうへき) | 完璧 완벽 (かん<u>ぺ</u>き) |

| 잠깐만요 |
- 사실상 쓰이는 어휘는 제시된 두 가지뿐입니다.
- 「璧」은 '세상에 다시 나올 수 없을 만큼 귀하고 완전한 옥구슬'입니다.
  - 예 双璧: 우열을 가리기 힘든 두 구슬 → 쌍벽
  - 完璧: 옥구슬처럼 흠집 하나 없다 → 완벽

1686

병(疒)처럼 반복해서 꺼리는(辟) 어떤 행동을 하는 것이 버릇이니　　　疒 : 병들 녁

버릇 벽

癖

중학 | N1 | 1042위

18획 癖 癖 癖 癖 癖 癖 癖 癖 癖 癖 癖 癖 癖 癖 癖 癖 癖 癖

| 음독 | へき | 3순위 | *悪癖 악벽 (あくへき) 나쁜 버릇　　盗癖 도벽 (とうへき)
性癖 성벽 (せいへき) (굳어진) 성질/버릇
潔癖症 결벽증 (けっ<u>ぺ</u>きしょう) |
| 훈독 | くせ | | 癖(くせ) 버릇, 습관　　　→ 癖毛(くせ・げ) 곱슬머리
酒癖(さけ・<u>ぐ</u>せ) 술버릇, 주사　　口癖(くち・<u>ぐ</u>せ) 입버릇
難癖(なんくせ)をつける 트집을 잡다 |

1687

꺼리는(辟) 것이 다가오면 재빨리 뛰어서(辶) 피하니

피할 피 · 회피할 피

避

중학 | N1 | 1674위

16획 避 避 避 避 避 避 避 避 避 避 避 避 避 避 避 避

음독	ひ	2순위	避難 피난 (ひなん)　　　避妊 피임 (ひにん) 回避 회피 (かいひ)　　　逃避 도피 (とうひ)
훈독	[さ]ける	避(さ)ける (무언가를 꺼려하여 의식적으로) 피하다, 꺼리다
	[よ]ける	▽避(よ)ける ⓐ 피하다, 옆으로 비키다　ⓑ (피해를) 방지하다 cf) ▽除(よ)ける 딴 데로 치우다

| 비교 |
- よける :
  0845 除 vs 1687 避

| 잠깐만요 |
- 일본에서 '사랑의 도피'는 「駆(か)け落(お)ち」라는 별도의 어휘를 씁니다.
- 「さける」는 무언가를 꺼려하는 '의식'에 포인트가 있어서, 꺼리는 무언가와 조우하지 않으려는 일련의 과정을 뜻합니다. 또 피하는 '대상이 추상적'인 경우에도 사용됩니다.
  - 예 人目(ひとめ)をさけて暮(く)らす 세간의 이목을 피해서 살다
- 「よける」는 '대상과의 물리적 접촉'을 피하는 '행위/동작'입니다.
  - 예 走(はし)ってくる人(ひと)をよける 달려오는 사람을 피하다

1688 ● 부수자

叚

급수 외 | 2969위

맥주잔 손잡이(コ)를 오른손(又)으로 잡고 기울이며 몸(尸) 안으로 목젖을 디고 꿀떡꿀떡(二) 넘기며 **들이키니**　又: 오른손 우

들이킬 가

9획　叚 叚 叚 叚 叚 叚 叚 叚 叚

| 잠깐만요 |

• 본래는 '빌릴 가'라는 부수자지만, 파생 어휘의 효율적인 학습을 위해 저자가 재정의했어요.

1689

暇

중학 | N1 | 1520위

해(日)가 중천에 떠 있어도 맥주를 들이키며(叚) 즐기는 휴일의 한가함이니

겨를 가 · 한가할 가

13획　暇 暇 暇 暇 暇 暇 暇 暇 暇 暇 暇 暇 暇

음독	か	4순위	休暇 휴가 (きゅうか)　　余暇 여가 (よか)
			閑暇 한가 (かんか)
훈독	ひま		暇(ひま) ⓐ (시간적) 틈, 짬　ⓑ 한가한 상태
			暇人(ひまじん) 한가한 사람　暇潰(ひま・つぶ)し 시간 때우기
	いとま		▽暇(いとま) 〈문어〉 ⓐ 틈, 짬　ⓑ 휴가, 말미　ⓒ 작별, 물러남
			→ 暇乞(いとま・ご)い 작별 인사
			お暇(いとま)する 그만 물러나다

1690

霞

학년 외 | N1 | 2107위

비(雨) 뿌리듯 들이키던(叚) 맥주라도 뿜어낸 마냥 희뿌옇게 안개가 끼니

안개 낄 하 · 희뿌연 하

17획　霞 霞 霞 霞 霞 霞 霞 霞 霞 霞 霞 霞 霞 霞 霞 霞 霞

음독	か	4순위	雲霞 운하 (うんか) 구름과 안개/대단히 사람이 많은 모양
훈독	かすみ		霞(かすみ) 희뿌연 안개 (와 비슷한 것)
			→ 霞草(かすみそう) 안개꽃
	[かす]む		霞(かす)む ⓐ 안개가 끼다, 희미하게 보이다
			ⓑ (다른 것의 존재감에 묻혀) 희미해지다
			ⓒ 눈이 흐리다, 침침하다
			→ 霞(かす)んで見(み)える 희미하게 보이다, 흐릿하게 보이다

| 잠깐만요 |

• 한국에서는 '노을 하'로 읽고 쓰지만, 일본에서 「霞」는 '안개/구름이 잔뜩 낀 날 희뿌옇게 보이는 노을의 빛 번짐'의 이미지입니다. 그래서 비유적인 표현(안개처럼 흐드러진 무언가나 희뿌연 안개가 긴 듯이 잘 보이지 않는 것)으로 사용되는 것이 일반적입니다.

• 일반적으로 '안개'는 「霧(きり)」, '노을'은 「夕焼(ゆうや)け」라고 합니다.

20

'뼈·살·피부'의 파생 [30자]

122 皮: 피부 피 ▶ 彼披被疲婆販

0088 皮		피부 피	3학년	N2	982위

해설	굴바위(厂)에 매달아(丨) 손(又)으로 벗기는 피부 가죽이니
음독	[ひ] 皮革 피혁 (ひかく)　　　皮膚 피부 (ひふ)
파생	0557 波 물결 파 [は]　0558 破 깨뜨릴 파 [は]

1691 彼

중학 | N3 | 53위

걸어가면(彳) 발바닥 피부(皮)가 짓무를 정도로 먼 그곳이니　　彳: 조금 걸을 척

먼 곳 피·그(쪽) 피

8획 彼彼彼彼彼彼彼彼

음독	ひ	4순위	彼我 피아 (ひが) *彼岸 피안 (ひがん) 깨달음의 세계/목적지
훈독	かれ		彼(かれ) ⓐ 그 사람 ⓑ 남자 친구 → 彼氏(かれし) 남자 친구
	[か]の〜		▽彼(か)の〜 〈문어〉 저〜, 그〜 → 彼女(かのじょ) ⓐ 그 여자, 그녀 ⓑ 여자 친구

| 잠깐만요 |
• 「かの」의 발음이 변화된 현재어가 지시사 「あの〜」(저〜)입니다. 그래서 옛 서적에서는 「彼(あれ)/彼(あ)の〜/彼処(あそこ)」로 표기하고 있으니 참고하세요.

1692 披

중학 | N1 | 1737위

손(扌)으로 피부(皮) 가죽을 벗겨 펼쳐 보여 주니

펼쳐 보여 줄 피

8획 披披披披披披披披

음독	ひ	3순위	披露 피로 (ひろう) (일반에) 널리 알림　　　披瀝 피력 (ひれき) *披見 피견 (ひけん) (서류 등을) 펼쳐 봄

1693

被

중학 | N2 | 797위

옷(衤)은 피부(皮) 위에 덮어쓰는 거죠?

① 덮어쓸 피 ② 당할 피 · 피해 피

10획 被 被 被 被 被 被 被 被 被 被

음독	ひ			
		1순위	② 被害 피해 (ひがい)	② 被告人 피고인 (ひこくにん)
			② 被曝 피폭 (ひばく)	② 被疑者 피의자 (ひぎしゃ)
		4순위	① 被覆 피복 (ひふく)	① 被膜 피막 (ひまく)

훈독	[こうむ]る	被(こうむ)る (은혜/피해 등) 받다, 입다 예 被害(ひがい)を被(こうむ)る 피해를 입다
	[かぶ]る	▽ 被(かぶ)る ⓐ 덮어쓰다, 뒤집어쓰다 ⓑ 중복되다, 겹치다 예 帽子(ぼうし)を被(かぶ)る 모자를 쓰다 人(ひと)の罪(つみ)を被(かぶ)る 남의 죄를 뒤집어쓰다 キャラが被(かぶ)る 캐릭터가 겹치다

| 잠깐만요 |

• 음독으로 읽는 어휘는 대부분이 '② 당하다'의 의미입니다. 이때, 접두어로 수동의 의미를 나타내는 '피-'가 붙는 파생 어휘가 많습니다. 예 被雇用者(ひ・こようしゃ) 피고용자
• '피폭'의 의미 구분
  – 被曝(ひばく): 방사능을 쐬는 것 vs 被爆(ひばく): 폭격을 받는 것

1694

疲

중학 | N3 | 1191위

중병(疒)에라도 걸린 사람처럼 피부(皮)가 상접하고 눈 밑 피부가 검게 보일 정도로 지치고 피곤하여 피폐해진 모습이니

지칠 피 · 피곤할 피

10획 疲 疲 疲 疲 疲 疲 疲 疲 疲 疲

음독	ひ	4순위	疲労 피로 (ひろう)	疲弊 피폐 (ひへい)

훈독	[つか]れる	疲(つか)れる 지치다, 피로해지다 → 疲(つか)れ 피로 疲(つか)れ果(は)てる 몹시 지치다

0557 波

물결 파 · 파도 파

3학년 | N2 | 542위

해설	우그러진 가죽(皮)처럼 물(氵)이 요동치는 물결과 파도의 모습이니
음독	[は] 波動 파동 (はどう)　　波風 풍파 (ふうは)

婆

중학 | N1 | 1527위

세월의 풍파를 겪어 피부가 물결(波)치듯 주름이 많은 여자(女)는 할머니니

① 할머니 파 · 노파 파 (② 외래음 바)

11획 婆 婆 婆 婆 婆 婆 婆 婆 婆 婆 婆

음독	ば	2순위	① 老婆 노파 (ろうば)	① 産婆 산파 (さんば)
			② 娑婆 사바속세 (しゃば)	② 婆羅門 바라문브라만 (ばらもん)
	예외		お婆(ばあ)さん 할머니	婆(ばば/ばばあ) 할멈
			婆(ばあ)や 할멈, 유모	

| 잠깐만요 |
• ②의 경우, 불교 관련 용어의 소릿값을 한자로 표기하기 위해 사용돼요.
• 「娑婆」는 불교뿐 아니라 야쿠자들이 사용하는 은어로 '일반 사람들(의 세상)'이란 의미로 쓰입니다.

反

① 반대 반 ② 젖힐 반
③ 돌이킬 반 ④ 반복할 반

3학년 | N2 | 276위

해설	손(又)을 허리(厂)에 대고 몸을 반대로 젖혔다 돌이키는 것을 반복하는 모습이니
음독	[はん] 反対 반대 (はんたい)　　　　　[ほん] 謀反 모반 (むほん)
파생	0551 板 널빤지 판 [ばん/はん]　0552 版 인쇄할 판 [はん]　0553 坂 비탈 판 [はん]
	0555 返 되돌아올 반 [へん]　1158 飯 밥 반 [はん]　0556 仮 거짓 가 [か/け]

| 잠깐만요 |
• 「反」의 파생 한자 중 유독 「0556 仮 거짓 가」의 발음이 다른 이유는 본래 형태가 「假」이기 때문입니다.

販

중학 | N2 | 1050위

돈(貝)을 받고 반대(反)급부에 해당하는 물품을 건네는 건 판매 행위죠?

팔 판 · 판매할 판

11획 販 販 販 販 販 販 販 販 販 販 販

| 음독 | はん | 3순위 | 販売 판매 (はんばい)　　通販 통판통신판매 (つうはん) |
| | | | 市販 시판 (しはん) |

| 잠깐만요 |
• 반대급부(反対給付): 어떤 일에 대응하여 얻게 되는 이익

0089	革		① 가죽 혁 ② 고칠 혁	6학년	N2	657위
	해설		꼬챙이에 꿰여(廿) 몸통(中) 아래로 벗겨진 가죽(一)의 모습이니	
	음독		[かく] 革命 혁명 (かくめい) 皮革 피혁 (ひかく)	

1697

靴

중학 | N3 | 1570위

가죽(革)을 변화(化)시켜 만든 신발이니

0808 化 바뀔 화 · 변화할 화

신발 화

13획 靴 靴 靴 靴 靴 靴 靴 靴 靴 靴 靴 靴 靴

음독	か	4순위	軍靴 군화 (ぐんか)	製靴 제화 (せいか)
훈독	くつ		靴(くつ) 신발, 구두 → 靴下(くつした) 양말 靴底(くつぞこ) 신발 바닥 靴音(くつおと) 신발 소리 長靴(なが・ぐつ) 장화 靴擦(くつ・ずれ) 신발에 쓸려 까짐	

1698

覇

중학 | N1 | 1955위

머리부터 덮어쓴(覀) 맹수의 가죽(革)과 거대한 몸(月)에서 달빛처럼 흘러나오는 카리스마를 지닌 **지배자/패왕**이니

覀: 덮을 아

지배할 패 · 제패할 패

19획 覇 覇 覇 覇 覇 覇 覇 覇 覇 覇 覇 覇 覇 覇 覇 覇 覇 覇 覇

음독	は	3순위	覇権 패권 (はけん)	覇王 패왕 (はおう)
			制覇 제패 (せいは)	連覇 연패 (れんぱ)

| 잠깐만요 |
- '연패'의 의미 구분
  - 連覇(れんぱ): 계속 이김 vs 連敗(れんぱい): 계속 짐

0017 月	✦ 	① 달 월 ② 월 월	1학년	N4	49위

해설	구름(二)을 뚫고 빛나는 초승달의 모습
음독	[げつ] 満月 만월 (まんげつ)　　　　　[がつ] *正月 설 (しょうがつ)

| 잠깐만요 |
• 부수로 쓰일 때는 '고기 육(肉)'의 변형으로 쓰여요.

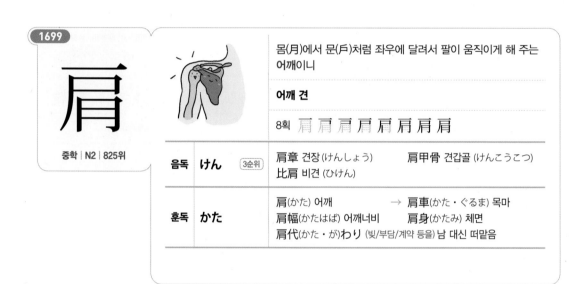

1699 肩 중학	N2	825위	몸(月)에서 문(戸)처럼 좌우에 달려서 팔이 움직이게 해 주는 어깨이니

어깨 견

8획 肩 肩 肩 肩 肩 肩 肩 肩

음독	けん	3순위	肩章 견장 (けんしょう)　　　肩甲骨 견갑골 (けんこうこつ) 比肩 비견 (ひけん)
훈독	かた		肩(かた) 어깨　　　　　→　肩車(かた・ぐるま) 목마 肩幅(かたはば) 어깨너비　　肩身(かたみ) 체면 肩代(かた・が)わり (빚/부담/계약 등을) 남 대신 떠맡음

1700 肌 중학	N2	1201위	몸(月)에서 작은 책상(几) 앞에 앉아 거울을 보며 꾸미고 가꾸는 건 **살결/피부**죠? 几: 책상 궤

살결 기 · 피부 기

6획 肌 肌 肌 肌 肌 肌

훈독	はだ	肌(はだ) 피부, 살갗　　　→　肌色(はだいろ) 피부색 肌着(はだぎ) 내의, 속옷　　肌触(はだ・ざわ)り 촉감 素肌(すはだ) 맨살　　　　肌荒(はだ・あ)れ 피부가 거칠어짐

| 잠깐만요 |
• 음독으로 읽는 어휘가 사실상 없어요.

朋

학년 외 | N1 | 1427위

아침부터 서로의 몸(月)을 부대끼며 달빛(月)이 이는 밤까지 뛰놀던 **친구/패거리**이니

친구 붕 · 패거리 붕

8획 　朋 月 月 月 朋 朋 朋 朋

음독	ほう	4순위	朋友 붕우 (ほうゆう)	朋党 붕당 (ほうとう)
	예외		竹馬の朋 (ちくばのとも) 죽마고우	

棚

중학 | N1 | 1563위

나무(木)로 만든 상자들을 친구(朋)마냥 나란히 달아 둔 **선반**이니

선반 붕

12획 　棚 十 才 木 朳 枛 枅 枅 棚 棚 棚 棚

훈독	たな	棚(たな) 선반 　　　　　→ 本棚(ほんだな) 책장
		戸棚(とだな) 찬장 　　　　　棚上(たな・あ)げ 보류해 둠

| 잠깐만요 |

- 「棚(たな)に上(あ)げる」(ⓐ 선반에 얹다 　ⓑ 자신에게 불리한 일은 짐짓 모른 체하고 문제 삼지 않다)
  → 「棚上(たな・あ)げ」(보류해 둠)라는 의미 파생이 있어요. 사용 빈도가 높으니 알아 두세요.
  예 自分(じぶん)のことは棚(たな)に上(あ)げて人(ひと)の悪口(わるぐち)ばかり言(い)う
  자기 일은 문제 삼지 않고 다른 사람 욕만 한다

崩

중학 | N1 | 1056위

산(山)에 쌓인 흙/눈/바위의 패거리(朋)가 한꺼번에 무너져 내리면 건물도 마을도 붕괴해 버리니

무너질 붕 · 붕괴할 붕

11획 　崩 崩 崩 崩 崩 崩 崩 崩 崩 崩 崩

음독	ほう	4순위	崩壊 붕괴 (ほうかい)	崩落 붕락 (ほうらく)

훈독	[くず]れる	崩(くず)れる 무너지다
		→ 土砂崩(どしゃ・くず)れ 토사가 무너져 내림
		気崩(き・くず)れ ⓐ 기가 약해짐 ⓑ 원인 없이 시세가 떨어짐
	[くず]す	崩(くず)す 무너뜨리다
		→ 持(も)ち崩(くず)す ⓐ 신세를 망치다 ⓑ 재산을 탕진하다
	예외	雪崩(なだれ) 눈사태
		雪崩込(なだれ・こ)む 많은 사람이 일시에 밀어닥치다

0084 心 小 / ↑	**마음 심**	2학년	N3	63위

해설	심장의 모습을 본떠
음독	[しん] 心身 심신 (しんしん)　　　安心 안심 (あんしん)
파생	**0909** 念 깊이 생각할 념[ねん]　**0953** 怒 분노할 노[ど]　**1024** 志 뜻 둘 지[し] **1074** 悲 슬플 비[ひ]　**1098** 恩 은혜 은[おん]　**1109** 忠 충직할 충[ちゅう] **1171** 意 뜻 의[い]

1704

芯

중학 | 급수 외 | 2123위

흔들리는 풀잎(艹)을 단단히 지탱하는 곧고 단단한 마음(心)처럼 뿌리내린 **심지**이니

심지 심

7획 芯芯芯芯芯芯芯

음독	**しん**	4순위	芯 심 (しん) (샤프 등의) 심/(식물의) 심지/(여드름 등의) 심

| 잠깐만요 |
- 해설이 번거롭다면 한자 모양에서 풀잎 아래 단단히 뿌리박힌 심지의 모습을 연상하세요.
- 대부분의 파생 어휘가 「心」으로 대체되어 표기되는 경향이 있기 때문에 파생 어휘보다는
　「～の芯(しん)」(~의 심)으로 쓰입니다.
　例 シャーペンの芯(しん) 샤프심(＝シャー芯)　　　キャベツの芯(しん) 양배추의 심

0094 己	**① 몸 기　② 자기 기**	6학년	N1	991위

해설	자기를 알리고자 자기 몸을 굽히는 모습에서
음독	[こ] 自己 자기 (じこ)　　　[き] 克己 극기 (こっき)
파생	**0987** 記 기록할 기[き]　**0988** 紀 시대 기·규범 기[き]　**1213** 起 일어날 기[き] **0989** 改 고칠 개[かい]　**0990** 配 나누어 줄 배·짝 배[はい]

자기(己)만 최우선으로 여기는 마음(心)이 저변에 있는 이는 모두가 꺼리고 기피하니

① 꺼릴 기 · 기피할 기   ② 기일 기

7획 忌忌忌忌忌忌忌

음독	き	1순위	① 忌避 기피 (きひ)	② 忌日 기일 (きじつ/きにち)
			① 忌憚 기탄 (きたん)	① *嫌忌 혐기 (けんき) 꺼리고 싫음
			① 禁忌 금기 (きんき)	② 周忌 주기 (しゅうき)

훈독	[い]む	忌(い)む 꺼리다, 미워하고 싫어하다
		→ 忌(い)み嫌(きら)う 불길해하며 싫어하다
		忌(い)み言葉(ことば) 운이 나쁘다 여겨 꺼리는 말
	[いま]わしい	忌(いま)わしい 꺼림칙하다, 불길하다
	[いまいま]しい	忌々(いまいま)しい 지긋지긋하다

중학 | N1 | 2053위

| 잠깐만요 |
• '② (죽은 이의) 기일'이란 의미는 '꺼리다, 불길해하다 → 죽음'이라는 파생에서 나온 의미예요.

必   **반드시 필**

4학년 | N2 | 283위

해설	누구나 마음(心)에 상처(丿) 하나는 반드시 있으니
음독	[ひつ] 必要 필요 (ひつよう) 必修 필수 (ひっしゅう)
파생	0618 秘 숨길 비 [ひ] 0619 密 빽빽할 밀 · 비밀 밀 [みつ]

심장에서는 물/피(氵)가 반드시(必) 분비되어야만 하니

분비할 비

8획 泌泌泌泌泌泌泌泌

음독	ひ	4순위	泌尿器 비뇨기 (ひにょうき)	分泌 분비 (ぶんぴ)
	ひつ	4순위	分泌 분비 (ぶんぴつ)	*泌乳 비유 젖분비 (ひつにゅう)

중학 | N1 | 2308위

| 잠깐만요 |
• 음독으로 읽는 어휘는 그 수가 매우 적습니다. 또한 「ひつ」라는 음독은 소멸 단계에 있어 현재는 사실상 「泌乳」(분만 후에 젖이 나옴)라는 의학 용어에만 씁니다. 학습 효율을 위해 「ひつ」는 참고만 하고 「ひ」로 읽는 어휘를 메인으로 익혀 두세요.

0564	愛	사랑 애 · 아낄 애		4학년 | N3 | 287위
	해설	어미가 손(爫)으로 얼굴을 조심스레 덮고(冖) 쓰다듬으며 아끼고 사랑하는 마음(心)으로 안은 채 천천히 걸어가는(夊) 모습이니		
	음독	[あい] *愛 사랑 (あい)　　愛情 애정 (あいじょう)		

1707		날(日)이 오래 흐르면 남녀 간의 감정이 사랑(愛)인지 정인지 애매해지니

曖

애매할 애

17획 曖 曖 曖 曖 曖 曖 曖 曖 曖 曖 曖 曖 曖 曖 曖 曖 曖

음독	あい	曖昧 애매 (あいまい)

중학 \| 급수 외 \| 2094위

|잠깐만요|
· 「曖昧」에만 사용되는 한자입니다. 단어째로 외워 두세요.

---

126 骨: 뼈 골 ▶ 滑 渦 鍋 禍

0086	骨／骨		뼈 골		6학년 | N2 | 885위
	해설		살(月) 안쪽에 있는 뼈의 모습		
	음독		[こつ] 骨髄 골수 (こつずい)　　骸骨 해골 (がいこつ)		

1708		물기(氵) 있는 곳에서 뼛(骨)조각 같은 하얀 비누를 밟으면, 주룩하고 미끄러져 뼈가 아플 정도로 크게 넘어지는 재미있고 익살스러운 장면이 연출되죠?

滑

① 미끄러울 활　② 익살스러울 골 · 골계 골)

13획 滑 滑 滑 滑 滑 滑 滑 滑 滑 滑 滑 滑 滑

중학 \| N1 \| 1294위

음독	かつ	3순위	①*滑舌 활설발음 (かつぜつ)	① 滑走路 활주로 (かっそうろ)
			① 潤滑 윤활 (じゅんかつ)	① 円滑 원활 (えんかつ)
	こつ	4순위	② 滑稽 골계 (こっけい)	

| 훈독 | [すべ]る | 滑(すべ)る 미끄러지다 　　　 → 　滑(すべ)り台(だい) 미끄럼틀
滑(すべ)り止(ど)め 미끄럼 방지
口(くち)が滑(すべ)る / 口(くち)を滑(すべ)らせる
　　　　　　입을 무심코 잘못 놀리다 |
| | [なめ]らか | 滑(なめ)らかだ 매끄러움, 순조로움 |

0607 咼

삐뚤 **와**　　　　　　　　　　　　　　　　　　　　　부수자

| 해설 | 골반뼈(冎)의 관절(口)이 빠져 삐뚤어진 모습 |
| 파생 | **0608** 過 지날 과[か] |

1709 渦

중학 | N1 | 1951위

물(氵)이 잔뜩 굽이치며(咼) 도는 소용돌이니

소용돌이 와

12획 渦渦渦渦渦渦渦渦渦渦渦渦

| 음독 | か | 4순위 | 渦中 와중 (かちゅう) | 戦渦 전와 (せんか) 전쟁의 소용돌이 |
| 훈독 | うず | | 渦(うず) 소용돌이 | 渦巻(うずまき) 소용돌이 모양 |

1710 鍋

중학 | N1 | 1603위

쇠(金)로 된 용기 안에서 재료들이 굽이치며(咼) 익어가는 냄비니

냄비 과

17획 鍋鍋鍋金金鍋鍋金鍋鍋鍋鍋鍋鍋鍋鍋鍋

| 훈독 | なべ | 鍋(なべ) 냄비(요리) |

1711 禍

중학 | N1 | 2508위

신(示)의 성질이 굽이치며(咼) 삐뚤어지면 발생하는 재앙이니

재앙 화

13획 禍禍禍禍禍禍禍禍禍禍禍禍

| 음독 | か | 2순위 | 禍根 화근 (かこん)
惨禍 참화 (さんか) | *禍乱 화란소동 (からん)
*水禍 수화수재 (すいか) |

263

0747 呂	등뼈 려	중학 | N1 | 1207위
해설	한 층 한 층 나누어진 등뼈(呂)의 모습이니	
음독	[ろ] *風呂 욕조/목욕 (ふろ)	
파생	0748 宮 궁궐 궁[きゅう/ぐう/く]　0749 營 경영 영[えい]	

1712

侶

중학 \| 급수 외 \| 2225위

사람(亻) 중 욕조에서 서로의 등뼈(呂)를 보여 주며 등을 밀어 주는 이는 인생의 반려죠?

동반자 려 · 반려 려

9획　侶 侶 侶 侶 侶 侶 侶 侶

음독	りょ	4순위	伴侶 반려 (はんりょ)	僧侶 승려 (そうりょ)

1713

脊

중학 \| 급수 외 \| 2656위

날개뼈(ヘ)와 견갑골(==) 아래로 튀어나온(月) 척추의 모습이니

등뼈 척 · 척추 척

10획　脊 脊 脊 脊 脊 脊 脊 脊 脊 脊

음독	せき	4순위	脊椎 척추 (せきつい)	脊髄 척수 (せきずい)

| 잠깐만요 |
• 「1070 背 등 배 · 등질 배」와의 구분에 주의하세요.

0639 亥	뼈 해	제부수
해설	머리(亠)부터 꼬리까지 내려오는 등뼈의 모양을 본떠	
파생	0640 刻 깎아 새길 각 · 시간 각[こく]	

骸

중학 | N1 | 359위

골반뼈(骨)와 등뼈(亥)로 죽고 난 후에 뼈만 남은 해골을 나타내니

뼈 해 · 해골 해

16획 骸骸骸骸骸骸骸骸骸骸骸骸骸骸骸骸

| 음독 | がい | 4순위 | 骸骨 해골 (がいこつ) | 残骸 잔해 (ざんがい) |
| | | | *形骸化 형해화유명무실화 (けいがいか) | |

| 잠깐만요 |
• 「形骸化」는 '(알맹이 없이) 뼈만 남게 되다 → 유명무실화'란 의미입니다.
  ⓐ 法(ほう)の形骸化(けいがいか) 법의 유명무실화

該

중학 | N1 | 2201위

말(言)하는 내용이 뼈(亥)에 사무칠 정도로 지금의 나에게 해당하니

해당할 해

13획 該該該該該該該該該該該該該

| 음독 | がい | 4순위 | 該当 해당 (がいとう) | 該博 해박 (がいはく) |
| | | | 当該 당해해당 (とうがい) | |

| 잠깐만요 |
• 該当(해당): (앞에서 기술한) 사항/조건에 부합함을 의미
 – 일반/구어/회화: [사용 형태] 該当(する/しない) [+명사]　▷※「該当の○○」형태는 NG!
   ⓐ 해당 사건: 該当事件(がいとう・じけん) / 該当する事件 | 該当の事件(×)
• 当該(당해/해당): (화제/사건/사항과) 관련된/담당하는 [+명사]
 – 격식/문어/비즈니스: [사용 형태] 当該(の) [+명사]　▷※「当該する○○」형태는 NG!
   ⓐ 해당 사건: 当該(とうがい)(の)事件(じけん) (= その事件) | 当該する事件(×)

核

중학 | N1 | 1016위

나무(木)에 열리는 과일 속에 뼈(亥)처럼 단단한 씨앗은 열매의 핵심이죠?

씨 핵 · 핵심 핵

10획 核核核核核核核核核核

음독	かく	1순위	核 핵 (かく)	核兵器 핵병기 (かくへいき)
			核心 핵심 (かくしん)	核家族 핵가족 (かくかぞく)
			結核 결핵 (けっかく)	中核 중핵 (ちゅうかく)

| 잠깐만요 |
• 한국은 '핵무기'라고 하지만, 일본은 '핵병기(核兵器)'라고 하니 주의하세요.

劾

중학 | N1 | 3202위

뼈(亥)를 때리는 힘(力) 있는 비판을 하면서 심문하고, 그 결과 탄핵함이니

심문할 핵 · 탄핵할 핵

8획 劾 劾 劾 劾 劾 劾 劾 劾

| 음독 | がい | 4순위 | 弾劾 탄핵 (だんがい) |

|잠깐만요|
• 「弾劾」 외에는 파생 어휘가 없으니 어휘째로 학습하세요.

---

129 歹: 죽음 사 ▶ 葬 烈 裂

0090

歹

 죽음 사 · 앙상할 사　　　　　　　　　　　　　　　　　　부수자

| 해설 | 땅(一) 아래에 묻혀 해가 지듯(夕) 삶이 끝나 뼈만 남은 모습이니 |

0609

死

죽을 사 · 사망 사　　　　　　　　　　　　　　　　　　　　3학년 | N3 | 169위

| 해설 | 죽은(歹) 이의 제삿밥에 숟가락(匕) 꽂듯 향을 꽂아 죽음을 나타내니 |
| 음독 | [し] 死 죽음(し)　　　死亡 사망 (しぼう) |

1718

葬

중학 | N1 | 1453위

풀(艹)과 꽃으로 죽은(死) 이의 시신을 꾸미고 관을 받들어(廾) 옮겨 장례를 치르고 매장하니

장례 치를 장 · 매장할 장

12획 葬 葬 葬 葬 葬 葬 葬 葬 葬 葬 葬 葬

| 음독 | そう | 1순위 | *葬式 장식장례식 (そうしき)　　*葬儀 장의장례식 (そうぎ)
火葬 화장 (かそう)　　　　　　埋葬 매장 (まいそう)
冠婚葬祭 관혼상제 (かんこん・そうさい) |
| 훈독 | [ほうむ]る | 葬(ほうむ)る 매장하다, 덮어서 묻어 버리다 |

|잠깐만요|
• '장례식'은 「葬式(そうしき)」라고 하는데 일본에서는 장례 과정이 세분화되어 있어요.
　그래서 각 과정마다 부르는 명칭이 다릅니다.
　– 장례 과정 시작일: 「通夜(つうや)」(지인/가족이 모여 관 속 시체 옆에서 밤을 지새며 공양함)
　　→ 다음 날 낮: 「葬儀(そうぎ)」(고인의 명복을 비는 의식) → 「告別式(こくべつしき)」(고별식. 영정 사진
　　을 두고 많은 이들이 와서 향을 피우거나 하는 단계) → 「火葬(かそう)」(화장)

列

줄 세울 렬 · 행렬 렬

3학년 | N3 | 776위

해설	죽음(歹)을 애도하는 이를 칼(l)처럼 줄 세워 만든 행렬이니
음독	[れつ] 列 열 (れつ)　　行列 행렬 (ぎょうれつ)
파생	0611 例 보기 례 · 법식 례[れい]

1719

烈

중학 | N1 | 1287위

시위에 나선 사람들이 잔뜩 줄을 서서(列) 마음속에 쌓인 화(灬)를 담아 맹렬하고 거세게 몰아치는 모습이니

거셀 열 · 맹렬할 렬

10획　烈 烈 烈 烈 烈 烈 烈 烈 烈 烈

음독	れつ [1순위]	烈士 열사 (れっし)　　　猛烈 맹렬 (もうれつ) 熱烈 열렬 (ねつれつ)　　强烈 강렬 (きょうれつ) 壮烈 장렬 (そうれつ) *鮮烈 선열 (せんれつ) 선명하고 강렬함

1720

裂

중학 | N1 | 1229위

|비교|
· さく : 1018 割 vs
1720 裂 vs 2215 咲

천 조각들이 줄 세워(列) 둔 듯 한 벌의 옷(衣)이 짝짝 찢어진 모양이니

찢어질 렬

12획　裂 裂 裂 裂 裂 裂 裂 裂 裂 裂 裂 裂

음독	れつ [2순위]	破裂 파열 (はれつ)　　　　決裂 결렬 (けつれつ) 分裂 분열 (ぶんれつ)　　　支離滅裂 지리멸렬 (しり・めつれつ)
훈독	[さ]く	裂(さ)く 찢다, 갈라지다　　→ 八(や)つ裂(ざ)き 갈가리 찢음 cf) 割(さ)く ⓐ (칼로 베듯이) 가르다　ⓑ (일부러) 나눠 주다, 할애하다 咲(さ)く (꽃이) 피다
	[さ]ける	裂(さ)ける 찢어지다, 갈라지다　→ 裂(さ)け目(め) 금, 갈라진 곳

(정답은 570쪽에)

1 빈칸에 들어갈 한자로 적절한 것을 고르시오.

1. ___圧 (진압)   ⓐ 鎮   ⓑ 塡   ⓒ 慎
2. 同___ (동포)   ⓐ 砲   ⓑ 胞   ⓒ 飽
3. ___虚 (겸허)   ⓐ 兼   ⓑ 謙   ⓒ 嫌
4. 恐___ (공갈)   ⓐ 褐   ⓑ 謁   ⓒ 喝
5. ___言 (망언)   ⓐ 妄   ⓑ 忘   ⓒ 忙
6. 動___ (동요)   ⓐ 謠   ⓑ 揺   ⓒ 遥
7. ___指 (굴지)   ⓐ 堀   ⓑ 掘   ⓒ 屈
8. 完___ (완벽)   ⓐ 癖   ⓑ 壁   ⓒ 璧
9. ___布 (반포)   ⓐ 頒   ⓑ 頑   ⓒ 煩
10. 技___ (기교)   ⓐ 朽   ⓑ 巧   ⓒ 汚
11. ___士 (신사)   ⓐ 神   ⓑ 伸   ⓒ 紳
12. 結___ (결핵)   ⓐ 該   ⓑ 核   ⓒ 劾

2 다음 한자의 뜻을 (   )에 적고 일본 음독을 ⓐ, ⓑ, ⓒ 중에 하나 고르시오.

1. 煩悶 (   )   ⓐ はんみん   ⓑ ぼんみん   ⓒ はんもん
2. 荒涼 (   )   ⓐ こうりょう   ⓑ こきょう   ⓒ きょうりょう
3. 抽象 (   )   ⓐ ちゅしょう   ⓑ ちゅうしょう   ⓒ しゅうしょう
4. 亀裂 (   )   ⓐ きゅんれつ   ⓑ きれつ   ⓒ きんえつ
5. 廉価 (   )   ⓐ けんか   ⓑ えんか   ⓒ れんか
6. 嘱託 (   )   ⓐ しょくたく   ⓑ そくだく   ⓒ ちょくたく
7. 弾劾 (   )   ⓐ だんがい   ⓑ だんかく   ⓒ だんがく
8. 脊髄 (   )   ⓐ せきつい   ⓑ せきずい   ⓒ しゃくずい
9. 珍味 (   )   ⓐ じんみ   ⓑ しんみ   ⓒ ちんみ
10. 弛緩 (   )   ⓐ しかん   ⓑ いかん   ⓒ いわん
11. 泥酔 (   )   ⓐ いすい   ⓑ にすい   ⓒ でいすい
12. 長寿 (   )   ⓐ ちょうしゅ   ⓑ ちょうじゅ   ⓒ ちょうじゅう

넷째마디

•

무기 [115자]

21

'칼'의 파생 [20자]

130 刀: 칼 도 ▶ 拐窃

0117 刀 丿	칼 도			2학년 | N1 | 796위
해설	칼날(丿)과 칼등(勹)으로 네모난 칼을 나타내니			
음독	[とう] 木刀 목검 (ぼくとう)　　執刀医 집도의 (しっとうい)			
파생	0626 初 처음 초 [しょ]	0627 辺 근처 변 [へん]	0629 刃 칼날 인 [じん/にん]	
	0441 負 짐 질 부 [ふ]	0414 色 색 색 [しょく/しき]	0062 魚 물고기 어 [ぎょ]	
	0054 角 뿔 각 [かく]	0642 判 판단할 판 [はん/ばん]	0643 別 다를 별 [べつ]	
	0644 則 원칙 칙 [そく]	0718 刊 책 펴낼 간 [かん]		

1721

拐

중학 \| N1 \| 2297위

손(扌)으로 입(口)을 막고 칼(刀)로 위협하여 유괴하니

유괴할 괴

8획 拐 拐 拐 拐 拐 拐 拐 拐

음독	かい	4순위	誘拐 유괴 (ゆうかい)
훈독	[かどわか]す		▼拐(かどわか)す 유괴하다, 속여서 꾀어내다

0625 切	① 끊을 절　② 마음 다할 절　③ 모두 체	2학년 | N3 | 157위
해설	묶인 쇠사슬을 일곱(七) 번의 칼질(刀)로 끊어내듯 절실하게 모든 마음을 다하니	
음독	[せつ] 切断 절단 (せつだん)　　　[さい] 一切 일체 (いっさい)	

窃

중학 | N1 | 2797위

창문에 구멍(穴)을 내고 자물쇠를 자르고(切) 훔치는 절도이니   穴: 구멍 혈·동굴 혈

훔칠 절·절도 절

9획 窃 窃 窃 窃 窃 窃 窃 窃 窃

| 음독 | せつ | 4순위 | 窃盗 절도 (せっとう) | 窃取 절취 (せっしゅ) |
| | | | 剽窃 표절 (ひょうせつ) | |

---

131 召: 부를 소 ▶ 沼紹詔超

0632 召 부를 소   중학 | N2 | 1540위

해설	칼(刀)처럼 날카로운 기세와 목소리로 입(口)을 열어 상대를 부르니
음독	[しょう] 召喚 소환 (しょうかん) 召集 소집 (しょうしゅう)
파생	0633 招 초대할 초 [しょう] 0634 昭 밝을 소 [しょう] 0635 照 비출 조 [しょう]

1723

沼

중학 | N1 | 1212위

물귀신이 물웅덩이(氵) 바닥으로 부르면서(召) 잡아끌듯 한번 빠지면 빠져나가지 못하는 늪이니

늪 소

8획 沼 沼 沼 沼 沼 沼 沼 沼

| 음독 | しょう | 4순위 | *沼沢 소택늪과 못 (しょうたく) *湖沼 호소호수와 늪 (こしょう) |
| 훈독 | ぬま | | 沼(ぬま) 늪   → 泥沼(どろぬま) 진창, 수렁 沼地(ぬまち) 늪지 |

| 잠깐만요 |
• 최근에는 동사 어미「-る」를 붙여서「沼(ぬま)る」(ⓐ취미 생활의 세계에 깊이 빠져들다, 몰두하다 ⓑ 이성에 빠져 헤어 나오지 못하다)라는 신조어가 생기기도 했어요.

1724

紹

중학 | N2 | 954위

인연의 실(糸)을 이어받고자 지인을 불러(召) 소개받으니

이어받을 소·소개할 소

11획 紹 紹 紹 紹 紹 紹 紹 紹 紹 紹 紹

| 음독 | しょう | 4순위 | 紹介 소개 (しょうかい) *紹述 소술 (しょうじゅつ) 〈문어〉 앞사람의 일을 이어받아 행함 |

| 잠깐만요 |
• 일반적으로는「紹介」라는 어휘 외에는 별로 쓰이지 않아요.

詔

중학 | N1 | 2658위

임금의 말씀(言)인 법령(조칙)을 관료를 불러(召) 문서로 작성하여 백성에게 알리는 조서이니

알릴 조 · 조서 조

12획 詔 詔 詔 詔 詔 詔 詔 詔 詔 詔 詔 詔

음독	しょう 〔4순위〕	詔書 조서 (しょうしょ)	詔勅 조칙 (しょうちょく)
훈독	みことのり	詔 (みことのり) 조칙, 임금의 말씀	

|잠깐만요|
• 「詔」는 천황의 말씀을 나타내는 특수성으로 상용한자에 지정되었기 때문에 일상에서 쓸 일은 거의 없어요. 특히 훈독 「みことのり」는 고등학생 이상 레벨의 고난도 훈독이랍니다.

超

중학 | N2 | 800위

허겁지겁 달려간들(走) 이미 불렀던(召) 약속 시간을 한참 초과해서 넘겨 버리니

넘길 초 · 초과 초

12획 超 超 超 超 超 超 超 超 超 超 超 超

음독	ちょう 〔1순위〕	超過 초과 (ちょうか)　　　　超人 초인 (ちょうじん) 超越 초월 (ちょうえつ)　　　*超絶 초절초월 (ちょうぜつ) 超能力 초능력 (ちょうのうりょく)
훈독	[こ]える	超(こ)える ⓐ [〜を+] (때/수량/한도 등을) 넘다, 초과하다 　　　　　　ⓑ [〜に+] (비교 대상보다) 낮다, 초월하다 → [명사+] 超(こ)え 〜초과　　예 20%超(こ)え 20% 초과
	[こ]す	超(こ)す [〜を+] (때/수량/한도 등을) 넘기다, 초과하다, 앞지르다

|비교|
• こえる・こす :
1726 超 vs 1790 越

|잠깐만요|
• 「こえる・こす」의 한자 표기와 의미 구분 ☞ 「 1790 越 넘을 월」의 |잠깐만요| 참조

---

❶❸❷ 分: 나눌 분 ▶ 紛 雰 盆

	分	나눌 분		2학년	N4	14위
해설		1/n로 나누기(八) 위해 덩어리를 칼질(刀)하여 나눈 것이니		八: 여덟 팔 · 나눌 팔
음독		[ぶん] 分離 분리 (ぶんり)　　[ふん] 分別 분별 (ふんべつ)　　[ぶ] *大分 꽤 (だいぶ)		
파생		0637 粉 가루 분 [ふん]　　0638 貧 가난할 빈 [ひん/びん]		

紛

중학 | N1 | 1384위

복잡하게 얽힌 실(糸)은 나누려(分) 하면 할수록 오히려 뒤섞여서 분잡해지니

뒤섞일 분 · 분잡할 분

10획 紛 紛 紛 紛 紛 紛 紛 紛 紛 紛

| 음독 | ふん | 3순위 | 紛争 분쟁 (ふんそう) | 紛乱 분란 (ふんらん) |
| | | | 紛失 분실 (ふんしつ) | 内紛 내분 (ないふん) |

훈독	[まぎ]れる	紛(まぎ)れる ⓐ (뒤섞여) 헷갈리다 ⓑ 시름을 다른 것으로 잊다 → 紛(まぎ)れもない 틀림없다 紛(まぎ)れ込(こ)む 섞여 들어오다
	[まぎ]ら(わ)す	紛(まぎ)ら(わ)す ⓐ 얼버무리다 ⓑ 마음을 다른 것으로 달래다
	[まぎ]らわしい	紛(まぎ)らわしい (비슷해서) 혼동하기 쉽다, 헷갈리기 쉽다
	[まぐ]れ	▼紛(まぐ)れ 우연, 요행

| 잠깐만요 |
- 「紛(まぐ)れ」는 고어인 「まぐれる」(헷갈려 길을 잃다) → 「紛(まぐ)れ当(あ)たる」(길을 잃고 헤매다가 우연히 찾다)의 일부가 어휘화되어 정착된 거예요.

雰

중학 | N1 | 2111위

주변 공기를 비(雨)처럼 적시며 그 자리만 다른 세상이 된 듯 나누는(分) 분위기이니

분위기 분

12획 雰 雰 雰 雰 雰 雰 雰 雰 雰 雰 雰 雰

| 음독 | ふん | 4순위 | 雰囲気 분위기 (ふんいき) |

| 잠깐만요 |
- 「雰囲気」라는 단어에만 사용되는 한자이니 단어째로 외워 두세요.
- 우울하게 쪼그려 앉은 사람(分 모양)의 머리 위에만 우중충하게 비(雨)가 내리는 이미지를 통해 '분위기'를 연상해 보세요.

盆

중학 | N1 | 1770위

음식을 나누어(分) 담는 접시(皿)인 쟁반이니

0145 皿 : 그릇 명

쟁반 분

9획 盆 盆 盆 盆 盆 盆 盆 盆 盆

| 음독 | ぼん | 3순위 | 盆栽 분재 (ぼんさい) | 盆地 분지 (ぼんち) |
| | | | *お盆 분쟁반/추석 (おぼん) | |

| 잠깐만요 |
- 일본의 추석인 「お盆(ぼん)」은 한국과는 달리 양력 8월 15일로 지정되어 있어요. 이날을 전후로 약 일주일간 휴일이 지정되는데 이를 「お盆休(ぼん·やす)み」라고 한답니다.

0118 力	힘 력		1학년	N3	77위
해설	다부진 손(フ)으로 등에서 칼(ノ)을 뽑는 모습을 본떠 힘을 나타내니		
음독	[りょく] 体力 체력(たいりょく)		[りき] 怪力 괴력(かいりき)
파생	0620 加 더할 가[か] 0411 勉 근면할 면[べん] 0624 協 합칠 협[きょう]		
	0622 筋 힘줄 근[きん] 0155 男 남자 남[だん/なん] 0623 労 힘쓸 로[ろう]		
	0337 勢 기세 세[せい]		

1730

励

중학 | N1 | 1649위

산만한 굴바위(厂)를 뚫기 위해서 수많은(万) 사람들이 **힘쓰도록**(力) 응원하고 격려하니
厂: 굴바위 엄 万: 일만 만

힘쓸 려 · 장려할 려

7획 励 励 励 励 励 励 励

음독	れい [3순위]	激励 격려(げきれい) 督励 독려(とくれい)
		奨励 장려(しょうれい)
훈독	[はげ]む	励(はげ)む 힘쓰다, 일하다
		→ 励(はげ)み 자극, 격려
	[はげ]ます	励(はげ)ます 북돋우다, 격려하다
		→ 励(はげ)まし 격려, 자극

| 잠깐만요 |
• 「励」는 곁에서 누군가 힘이 나도록 해 주는 응원, 격려, 자극과 같은 의미입니다.
• 「励み」는 보통 「励みになる」(격려가 된다)의 꼴로 쓰이는 반면, 「励まし」는 「励ましの○○ 를 받다(いただく)」(격려의 ○○을 받다)로 쓰입니다.
　例 あなたの言葉(ことば)は私(わたし)の励(はげ)みになります。 당신의 말은 저에게 격려가 돼요.
　　先生(せんせい)から励(はげ)ましの言葉(ことば)をいただきました。
　　선생님께 격려의 말을 받았습니다.
• 「 0252 栃 상수리나무 회」도 비교 학습해 주세요.

0620 加	더할 가		4학년	N2	239위
해설	힘(力)을 내기 위해 입(口)으로 응원과 기합을 더하니		
음독	[か] 加入 가입(かにゅう)		追加 추가(ついか)
파생	0621 賀 축하할 하[か]		

架

중학 | N1 | 1760위

		양 끝단에 나무(木)로 된 넙적한 것을 위에 더하여(加) 얹어 양 끝 사이에 걸쳐 둔 선반이니

(사이에) 걸칠 가 · 선반 가

9획 架 架 架 架 架 架 架 架 架

음독	か [2순위]	架橋 가교 (かきょう) 架空 가공 (かくう) 공중에 걸침/상상의 것 十字架 십자가 (じゅうじか)　*担架 담가들것 (たんか)
훈독	[か]かる	架(か)かる (다리/철도/전선 등이) 가설되다, 놓이다
	[か]ける	架(か)ける (다리/전선 등을) 걸쳐 놓다, 놓다

| 비교 |

· かかる · かける:
1383 掛 vs 1731 架 vs
1916 懸 vs 0828 係

| 잠깐만요 |

· 「かかる · かける」의 한자 표기와 의미 구분
　a. 掛: [괘종시계] 걸다, 걸어 두다/영향을 끼치다 및 폭넓은 파생 의미
　　예 掛(か)け時計(どけい) 괘종시계　　迷惑(めいわく)を掛(か)ける 민폐를 끼치다
　b. 懸: [현상/현수막] 눈에 띄도록 높은 곳에 내걸다/잃을 각오로 행하다
　　예 月(つき)が中天(ちゅうてん)に懸(か)かる 달이 중천에 걸리다
　　　　命(いのち)を懸(か)ける 목숨을 걸다
　c. 架: [가교/가설] 가로로 긴 것이 양 끝에 걸쳐진 것
　　예 橋(はし)が架(か)かる 다리가 가설되다
　d. 係: [관계] 연결고리가 놓이는 것, 관계 있다
　　예 係(かか)る諸問題(しょもんだい) 관련된 제문제

協

합칠 협 · 일치할 협

4학년 | N2 | 570위

해설	많은(十) 일을 처리하고자 힘들(劦)을 하나로 합치니
음독	[きょう]　協力 협력 (きょうりょく)　　妥協 타협 (だきょう)

脅

중학 | N1 | 1394위

		위에서 강한 힘들(劦)로 몸(月)을 찍어 누르고 위협하며 협박해대니

위협할 협 · 협박할 협

10획 脅 脅 脅 脅 脅 脅 脅 脅 脅 脅

음독	きょう [4순위]	脅迫 협박 (きょうはく)　　*脅威 협위위협 (きょうい)
훈독	[おど]す	脅(おど)す 위협하다, 협박하다 → 脅(おど)し 위협, 협박
	[おど]かす	脅(おど)かす 깜짝 놀라게 하다 → 脅(おど)かし 놀라게 함
	[おびや]かす	脅(おびや)かす (권리/지위/생명/환경 등 추상적 대상을) 위협하다, 위태롭게 만들다

275

1733

脇

중학 | 급수 외 | 1131위

몸(月)에 많은 힘(劦)을 주면 가장 먼저 땀이 흐르는 부위는 옆 겨드랑이니

겨드랑이 협 · 바로 옆 협

10획 脇 脇 脇 脇 脇 脇 脇 脇 脇 脇

훈독	わき	脇(わき) ⓐ 겨드랑이 ⓑ 바로 곁, 바로 옆
		→ 脇役(わきやく) 조연　　脇腹(わきばら) 옆구리
		cf) 腋臭(わきが) 암내　　脇毛(わきげ) 겨드랑이 털

| 잠깐만요 |
- 한국 한자에서는 「脅」과 「脇」을 같은 한자(겨드랑이 협)로 보지만, 일본에서는 구분해서 사용합니다.
- 'ⓐ 겨드랑이 → 옆구리 → ⓑ (위치적) 바로 옆'이라는 의미 확장이 발생한 경우예요.

---

134 欠: 모자랄 결 ▶ 吹炊恣諮盗

0647

欠

모자랄 결 · 없을 결

4학년 | N2 | 1021위

중학 | 급수 외

해설	칼(ク)로 사람(人)을 벤 만큼 인원이 비어 **모자람**을 의미하니
음독	[けつ]　欠乏 결핍(けつぼう)　　欠如 결여(けつじょ)
파생	0648 次 다음 차[じ/し]　0846 歌 노래 가[か]　1159 飲 마실 음[いん]

1734

吹

중학 | N3 | 917위

입안(口)의 공기가 없어져 모자랄(欠) 만큼 밖으로 불어내니

불 취

7획 吹 吹 吹 吹 吹 吹 吹

음독	すい	4순위	吹奏楽 취주악(すいそうがく)　　鼓吹 고취(こすい)
훈독	[ふ]く		吹(ふ)く ⓐ (바람이/입으로) 불다 ⓑ 내솟다, 겉으로 나오다
			→ 吹(ふ)き替(か)え 더빙
			吹(ふ)き出物(でもの) 뾰루지, 부스럼
	[ふ]かす		吹(ふ)かす ⓐ 담배를 피우다 ⓑ [~風(かぜ)を+] ~티를 내다
			예 先輩風(せんぱいかぜ)を吹(ふ)かす 선배 티를 내다
	예외		吹聴(ふいちょう) 퍼뜨림, 선전함　　吹雪(ふぶき) 눈보라

중학 | N1 | 2015위

밥솥에 물이 없어져 모자라(欠) 보일 때까지 불(火)을 지펴 밥을 지으니

밥 지을 취 · 취사할 취

8획 炊 炊 炊 炊 炊 炊 炊 炊

음독	すい 　3순위	*炊飯器 취반기전기밥솥 (すいはんき)
		炊事 취사 (すいじ) 　　自炊 자취 (じすい)
훈독	[た]く	炊(た)く 밥을 짓다
		→ 炊(た)き込(こ)みご飯(はん) (쌀, 육수, 재료를 넣고 지은) 영양밥

| 잠깐만요 |

- 한국에서 말하는 자취는 일본에서 두 가지 의미로 구분해서 쓰니 주의하세요.
  - 一人暮(ひとり・ぐ)らし: 자취(혼자 사는 것) ↔ 実家暮(じっか・ぐ)らし: 부모와 함께 사는 것
  - 自炊(じすい): 스스로 밥을 해서 먹는 것 ↔ 外食(がいしょく): 외식

0648 次

① 다음 차 　② 차례 차

3학년 | N2 | 138위

해설	얼음(冫)처럼 차가운 칼(ㄅ)로 다음 사람(人)을 순서대로 **차례차례** 베어 버리니
음독	[じ] 次回 차회 (じかい) 　　[し] *次第 순서 (しだい)
파생	0649 姿 모양 자[し] 　0650 資 자질 자[し] 　0651 茨 가시나무 자

중학 | 급수 외 | 3050위

겸손과 원칙은 다음(次)으로 제쳐두고 제 마음(心) 가는 대로 행동하여 방자하고 제멋대로니

제멋대로 자 · 방자할 자

10획 恣 恣 恣 恣 恣 恣 恣 恣 恣 恣

| 음독 | し 　4순위 | 恣行 자행 (しこう) 　　恣意的 자의적 (しいてき) |
| 훈독 | ほしいまま | ▼恣(ほしいまま)[な+명사]/[に+동사] 제멋대로, 방자하게 |

諮

중학 | N1 | 2305위

|비교|
· はかる:
0483 計 vs 0646 測 vs
0316 量 vs 0700 図 vs
2182 謀 vs 1737 諮

내가 가진 의문에 대해서 말(言)을 한 다음(次) 상대방 입(口)에서 나올 의견을 듣고자
자문하여 의견을 물으니

의견 물을 자 · 자문할 자

16획 諮 諮 諮 諮 諮 諮 諮 諮 諮 諮 諮 諮 諮 諮 諮 諮

음독	し _{4순위}	諮問 자문 (しもん) *諮詢 자순 (しじゅん) 윗사람이 의견을 물음
훈독	[はか]る	諮(はか)る 의견을 묻다, 상의하다, 자문하다

|잠깐만요|
· 「はかる」의 한자 표기와 의미 구분 ☞ 「2182 謀 꾀할 모」의 |잠깐만요| 참조

盗

중학 | N3 | 1070위

|비교|
· とる:
0540 取 vs 1595 撮 vs
0560 採 vs 1981 捕 vs
2246 執 vs (1738 盗 vs
1478 獲 vs 1544 摂)

내 것을 챙긴 다음(次) 남의 그릇(皿)까지 탐내어 훔치니   皿 : 그릇 명

훔칠 도 · 도난 도

11획 盗 盗 盗 盗 盗 盗 盗 盗 盗 盗 盗

음독	とう _{1순위}	盗難 도난 (とうなん) 盗作 도작표절 (とうさく) 窃盗 절도 (せっとう)	盗用 도용 (とうよう) 強盗 강도 (ごうとう) 怪盗 괴도 (かいとう)
훈독	[ぬす]む	盗(ぬす)む 훔치다 → 盗(ぬす)み 도둑질 盗人(ぬすびと/ぬすっと) 도둑 盗(ぬす)み聞(ぎ)き 엿들음	
	[と]る	▽盗(と)る 훔치다	

|잠깐만요|
· '표절'은 「剽窃(ひょうせつ)」보다 「盗作(とうさく)」가 사용 빈도가 더 높습니다.
· 「とる」의 한자 표기와 의미 구분 ☞ 「2246 執 (꽉) 붙잡을 집」의 |잠깐만요| 참조

1739

丙

중학 | N1 | 3330위

손이 한(一) 번에 칼날 안쪽(内)으로 미끄러지지 않게 막아주는 칼자루 부분은 칼날–칼면 다음으로 세 번째로 중요한 부위이니

0868 内: 안 내

세 번째 병

5획 丙 丙 丙 丙 丙

음독	へい	4순위	甲乙丙 갑을병 (こうおつへい)	丙種 병종 (へいしゅ)

0870

病

병들 병

3학년 | N3 | 344위

해설	병(疒) 기운이 한(一) 번 몸 안쪽(内)으로 파고들면 병들어 앓으니
음독	[びょう] 病 병 (びょう)　　病院 병원 (びょういん)

1740

柄

중학 | N1 | 840위

나무(木)에 천을 덧대고 문양을 넣은 상태가 훌륭한 칼자루(丙)의 모습이니

① 자루 병·손잡이 병　② 상태 병·성질 병

9획 柄 柄 柄 柄 柄 柄 柄 柄 柄

음독	へい	4순위	①*葉柄 엽병 잎자루 (ようへい)　②*横柄 횡병 건방짐 (おうへい)		
훈독	え		柄(え) ⓐ (도구/무기류의 길다란) 자루, 손잡이 → 長柄(ながえ) (도구/무기류의) 자루가 긴 것 　　**예** 長柄(ながえ)の槍(やり) 장창		
	つか		▽柄(つか) (칼/활의) 손잡이		
	がら		柄(がら) ⓐ 몸집, 체격　ⓑ 분수, 격　ⓒ 무늬　ⓓ 성질, 상태 → 柄(がら)が悪(わる)い ⓐ 품위가 없다　ⓑ 무늬가 나쁘다 　　家柄(いえがら) 집안, 가문　　手柄(てがら) 공로, 공적 　　銘柄(めいがら) ⓐ 상표명, 브랜드(＝ブランド)　ⓑ 〈주식〉 종목 　　花柄(はながら) 꽃무늬		
	예외		柄杓(ひしゃく) 국자		

|잠깐만요|

• 「柄」는 '손잡이 부분에 새겨진 문양/무늬' 정도로 생각하면 이해가 편해요. 도구의 손잡이(え/つか)에 새기는 문양/무늬(がら)를 보면 명품(銘柄)인지 아닌지, 어느 집안(家柄)의 인물이고 인품(人柄)은 어떤지 등 그 도구 주인의 정보를 알 수 있죠?

• 「銘柄」는 '상표명, 브랜드(＝ブランド)'를 의미합니다. 하지만 '고급 브랜드 제품(명품)'은 「ブランド品(ひん)」이라고 하니 주의하세요.

• '손잡이'의 한자 표기와 의미 구분 ☞ **1672** 把 쥘 파」의 |잠깐만요| 참조

279

22

'베다'의 파생 [21자]

136 乂: 벨 예 ▶ 刈 刹

0119 乂 / 乂	벨 예	부수자
해설	칼로 두 번 휘둘러 베는 모습이니	
파생	0700 図 그림 도[ず/と] 0701 区 나눌 구[く] 0702 凶 흉할 흉[きょう] 0836 希 드물 희[き] 0742 殺 죽일 살·빠를 쇄[さつ/さい]	

1741

중학 | N1 | 2037위

단칼(刂)에 베어(乂) 버리듯 풀이나 머리를 짧게 깎으니 刂: 칼 도

풀 벨 예·머리 깎을 예

4획 刈 刈 刈 刈

훈독	[か]る	刈(か)る 베다, 짧게 깎다 → 草刈(くさ·か)り 풀 베기 稲刈(いね·か)り 벼 베기 刈取(かり·と)り 수확 角刈(かく·が)り 스포츠머리 丸刈(まる·が)り 막깎이, 삭발 刈(かり)上(あ)げる ⓐ (옆/뒷머리를) 올려 치다 ⓑ 모두 베다

1742

중학 | 급수 외 | 2503위

베어(乂) 낸 나무(木)로 건물을 짓고 칼(刂)로 수많은 조각을 해 넣는 절이니

① 절 찰 (② 외래음 찰)

8획 刹 刹 刹 刹 刹 刹 刹 刹

음독	さつ [3순위]	①*名刹 명찰유명사찰 (めいさつ) ① 古刹 고찰오래된 절 (こさつ)
	せつ [4순위]	② 刹那 찰나 (せつな) ②羅刹 나찰 (らせつ)

| 잠깐만요 |
- 절만큼 칼로 파낸 조각과 석상이 즐비한 장소는 없죠?
- 「～刹」(～(한) 절)의 형태로 어휘를 많이 생산하지만 현재는 「～寺(じ/てら)」쪽이 더 일반적입니다.
  예 古刹(こさつ)＝古寺(ふるでら) 오래된 절 禅刹(ぜんさつ)＝禅寺(ぜんでら) 영험한 절
- 「0742 殺 죽일 살·빠를 쇄」와의 구분에 주의하세요.

0701 区	나눌 구 · 구분 구	3학년 | N3 | 541위
해설	금싸라기 땅은 윗사람들이 감춘(匚) 채 베어(乂) 내듯 **나누어** 네 것 내 것 **구분**해대니	
음독	[く] 区域 구역 (くいき)　　区分 구분 (くぶん)	

1743

欧

중학 \| N2 \| 1054위

세계를 제멋대로 나누어(区) 가지고도 모자라다며(欠) 식민지를 늘려 가던 유럽이니

0647 欠: 모자랄 흠

유럽 구

8획 欧 欧 欧 区 欧 欧 欧 欧

음독	おう	2순위	*欧米 구미유럽과 미국 (おうべい)　*欧州 구주유럽 (おうしゅう)
			*欧風 구풍유럽풍 (おうふう)　　西欧 서구 (せいおう)

| 잠깐만요 |
• 본의미는 '토하다'지만 현재는 '유럽'을 나타내는 의미로만 쓰여요.

1744

駆

중학 \| N1 \| 878위

카우보이가 말(馬)을 타고 다니며 소 떼를 각 구역(区)으로 달리게끔 몰아대니

(급히) 달리게 할 구 · 몰아낼 구

14획 駆 駆 駆 駆 駆 馬 馬 馬 馬 馬 駆 駆 駆 駆

음독	く	2순위	駆使 구사 (くし)　　　　*駆逐 구축몰아냄 (くちく)
			駆動 구동 (くどう)　　　　駆除 구제 (くじょ)
훈독	[か]ける		駆(か)ける (빠르게) 달리다, 뛰다 → 駆(か)け落(お)ち 사랑의 도피 　 駆(か)け引(ひ)き 밀당 　 駆(か)け足(あし) 뛰어감, 구보 　 駆(か)け込(こ)む 확 뛰어들다
	[か]る		駆(か)る ⓐ 몰다, 쫓다 ⓑ 급히 달리게 하다 → 駆(か)り立(た)てる 몰아대다, 강제로 내몰다

| 잠깐만요 |
• 「駆」는 '급히 달리게끔 해서 다른 곳으로 몰아대다'라는 의미입니다. 여기서 '(이쪽 의도대로) ~(하)
게/(하)도록 하다'가 된다고 이해해 주세요.
　예 駆動(くどう) 움직이게 하다　　駆使(くし) 자유로이 사용하다
• 「駆け引き」는 전쟁터에서 흐름과 때를 보면서 '병사를 달리게 할지(몰아붙일지 駆), 뒤로 뺄지(후퇴
할지 引) 간을 보다'라는 의미에서 '흥정'이나 '밀당' 등의 의미로 사용돼요.

1745

중학 | N1 | 1664위

殳

타격 포인트를 여러 구역으로 나누어(区) 몽둥이(殳)로 휘갈기듯 때려대며 마구 구타하니

殳: 몽둥이 수 · 내리칠 수

때릴 구 · 구타할 구

8획 殴 殴 殴 殴 殴 殴 殴 殴

음독	おう	4순위	殴打 구타 (おうだ)	*殴殺 구살때려 죽임 (おうさつ)
훈독	[なぐ]る		殴(なぐ)る 세게 때리다, 세게 치다 → 殴(なぐ)り合(あ)い 서로 치고받음 殴(なぐ)り書(が)き 휘갈겨씀, 날려씀	

| 잠깐만요 |
• 일본어 음독[おう]과 한국어 발음[구]이 다르니 주의하세요.

1746

중학 | N1 | 2151위

枢

예부터 거대한 나무(木)는 마을의 구역을 나누는(区) 기준으로 삼아 중심에 두고 신목이라 부르며 마을 신앙의 중추를 담당했으니

중심 추 · 중추 추

8획 枢 枢 枢 枢 枢 枢 枢 枢

음독	すう	4순위	枢軸 추축 (すうじく)	枢機卿 추기경 (すうききょう)
			中枢 중추 (ちゅうすう)	

---

138 凶: 흉할 흉 ▶ 悩离璃離

0702

凶

흉할 흉 · 흉악할 흉

중학 | N1 | 1772위

해설	위가 뚫린(凵) 함정에 넣고 베어(乂) 버리는 흉악한 모습이니
음독	[きょう] 凶悪 흉악 (きょうあく)　　　吉凶 길흉 (きっきょう)
파생	**0703** 胸 가슴 흉 [きょう]　**0704** 脳 뇌 뇌 [のう]

0704

脳

뇌 뇌

6학년 | N2 | 638위

해설	몸(月)에서 불(ʼʼ) 같은 생각을 하는 흉하게(凶) 생긴 뇌이니
음독	[のう] 脳 뇌 (のう)　　　頭脳 두뇌 (ずのう)

중학 | N2 | 1148위

마음속(忄)에서 불(丷) 같은 감정이 흉하게(凶) 피어나면 생기는 고민이자 번뇌이니

(火→) 丷: 불 화

고민할 뇌 · 번뇌 뇌

10획 悩 悩 悩 悩 悩 悩 悩 悩 悩 悩

음독	のう	4순위	悩殺 뇌쇄 (のうさつ)	苦悩 고뇌 (くのう)
			煩悩 번뇌 (ぼんのう)	
훈독	[なや]む		悩(なや)む 고민하다, 고생하다 → 悩(なや)み 고민	
			悩(なや)み事(ごと) 고민거리, 걱정거리	
	[なや]ます		悩(なや)ます 고민하게 하다, 괴롭히다	
	[なや]ましい		悩(なや)ましい 괴롭다, 고통스럽다	

● 부수자

머리(亠) 아래 흉측하게(凶) 입을 벌리고 깊은 발자국(内)을 남기며 다가오는 괴물의 모습이니

内: 발자국 유

괴물 리

10획 离 离 离 离 离 离 离 离 离 离

중학 | N1 | 2580위

구슬(玉) 중에서도 괴물(离)의 눈알이라고 생각될 만큼 투명한 유리이니 (玉→)王: 구슬 옥

유리 리

14획 璃 璃 璃 璃 璃 璃 璃 璃 璃 璃 璃 璃 璃 璃

| 음독 | り | 4순위 | 瑠璃 유리 (るり) | *浄瑠璃 정유리죠루리 (じょうるり) |
| | | | *瑠璃色 유리색남보라색 (るりいろ) | |

| 잠깐만요 |

· '유리'는 일반적으로 「ガラス(glass)」를 사용하고 「瑠璃」를 사용하는 경우는 한정적입니다. 다만, 사람의 이름으로 빈번히 사용되니 참고하세요.

· 「浄瑠璃」는 영창하는 음곡에 맞춰 옛이야기를 낭창하는 일본의 전통 음악 중 하나예요.

離

중학 | N1 | 396위

괴물(离)이 다가오면 작은 새(隹)들은 황급히 거리를 벌리며 멀어지니

멀어질 리 · 분리될 리

| 18획 | 離 離 離 離 離 離 離 離 離 離 離 離 離 離 離 離 離 離 |

음독	り	1순위	離婚 이혼 (りこん)	離脱 이탈 (りだつ)
			*離縁 이연절연 (りえん)	距離 거리 (きょり)
			分離 분리 (ぶんり)	隔離 격리 (かくり)

훈독	[はな]れる	離(はな)れる (붙어 있던 것이) 떨어지다, (거리/사이가) 멀어지다
		→ 離(はな)れ離(ばな)れ 따로따로 떨어짐
	[はな]す	離(はな)す ⓐ (묶여 있던 것을) 풀어 주다, 풀다
		ⓑ 떼어 놓다, 거리를 벌리다
		cf) 放(はな)れる ⓐ 놓이다, 풀리다 ⓑ 발사되다
		放(はな)す ⓐ 놓다, 풀다 ⓑ 발사하다

비교

· はなれる · はなす :
0896 放 vs 1750 離

| 잠깐만요 |
· 「はなれる · はなす」는 「放」으로 표기할 때는 '자유로이 두는 것: 해방(解放)'의 이미지,
「離」로 표기할 때는 '거리가 떨어지는 것: 분리(分離)'의 이미지를 강조하는 뉘앙스예요.
예 鳥(とり)を自然(しぜん)に放(はな)してやった。새를 자연에 풀어 주었다.
鳥(とり)が私(わたし)から離(はな)れて行(い)った。새가 내게서 멀어져 갔다.

---

⑬⑨ 斉: 가지런할 제 ▶ 剤 斎

0708 斉	가지런할 제		중학	N1	1347위

해설	글(文)이 가로(二) 세로(丿丨) 폭이 반듯해 모두 **가지런한** 모양이니
음독	[せい] 一斉 일제 (いっせい)　　斉唱 제창 (せいしょう)
파생	0709 済 마칠 제 · 구제할 제 [さい]

剤

중학 | N1 | 1262위

약초를 가지런히(斉) 늘어놓고 칼(刂)로 섬세하게 다지고 뭉쳐 약을 지으니

약 지을 제 · 조제할 제

| 10획 | 剤 剤 剤 斉 剤 剤 剤 剤 剤 剤 |

음독	ざい	1순위	錠剤 정제알약 (じょうざい)	薬剤師 약제사 (やくざいし)
			*下剤 하제설사약 (げざい)	覚醒剤 각성제 (かくせいざい)
			洗剤 세제 (せんざい)	解熱剤 해열제 (げねつざい)

| 잠깐만요 |
· 飲み薬(のみ・ぐすり)(먹는 약)의 종류
　－ 알약/정제: 「錠剤(じょうざい)」「タブレット」 *「錠剤薬(じょうざいやく)」라고는 하지 않아요.
　－ 가루약/산제: 「散剤(さんざい)」「粉薬(こなぐすり)」
　－ 과립형 가루약/과립약: 「顆粒薬(かりゅうやく)」
　－ 물약/액제: 「液剤(えきざい)」

1752

斎

중학 | N1 | 1093위

호흡을 가지런히(斉) 가다듬고 의식이 작아져(小) 가라앉도록 심신을 정갈히 하고자 목욕재계함이니

정갈히 할 재 · 재계할 재　　　　　* 재계: 심신을 깨끗이 하여 부정한 것을 멀리함

11획　斎 斎 斎 斎 斎 斎 斉 斎 斎 斎 斎

| 음독 | さい | 3순위 | 斎戒 재계 (さいかい) | * 潔斎 결재목욕재계 (けっさい) |
| | | | 書斎 서재 (しょさい) | |

| 잠깐만요 |
· 「書斎」는 '조용히 독서하는 방 = 심신을 안정시키고, 특히 정신을 깨끗이 하는 공간'이라는 의미에서 왔다고 생각하면 되겠죠?

---

140 交: 오갈 교 ▶ 絞較郊

0710

交

| ① 오갈 교 · 교차할 교　② 사귈 교 · 교제할 교 | 2학년 | N2 | 305위 |

해설	상투머리(亠)에 갓을 쓴 아버지(父)들이 서로의 집을 오가며 사귀니
음독	[こう] 交換 교환 (こうかん)　　交際 교제 (こうさい)
파생	**0711** 校 교정할 교 · 학교 교 [こう]　**0712** 効 효과 효 [こう]

1753

絞

중학 | N1 | 1643위

| 비교 |
· しぼる:
1753 絞 vs **1818** 搾
· しまる · しめる:
0778 閉 vs **2241** 締 vs
1753 絞

끈(糸)을 목에 한 바퀴 돌려 교차시킨(交) 후 잡아당겨 꽉 졸라매 압박하니

목 조를 교 · 바싹 쥘 교

12획　絞 絞 絞 絞 絞 絞 絞 絞 絞 絞 絞 絞

| 음독 | こう | 4순위 | 絞殺 교살 (こうさつ)　　絞首刑 교수형 (こうしゅけい) |

훈독	**[しぼ]る**	絞(しぼ)る ⓐ (비틀어서) 쥐어짜다 ⓑ 바싹 조르다, 동여매다 ⓒ (범위를) 한정하다, 좁히다 → 絞(しぼ)り 쥐어짬　　お絞(しぼ)り 물수건 예 知恵(ちえ)を絞(しぼ)る 지혜를 짜내다 　　論点(ろんてん)を絞(しぼ)る 논점을 좁히다(범위 한정) cf) 搾(しぼ)る ⓐ (힘/압력으로) 짜내다 ⓑ 쥐어짜다, 착취하다
	[し]まる	絞(し)まる (끈 등으로) 단단히 졸리다 예 紐(ひも)が絞(し)まる 끈이 졸리다
	[し]める	絞(し)める (특히 목을) 조르다, 압박하다 예 首(くび)を絞(し)める 목을 조르다

| 잠깐만요 |
· 絞: '목이나 목처럼 가늘고 긴 무언가'에 '(양) 방향으로 힘을 가하여 압박하는 행위'라는 의미
　→ 손이나 끈 등으로 목을 압박하거나 옥죄는 행위, 젖은 수건 등을 힘줘서 비트는 행위
· 「しまる · しめる」의 한자 표기와 의미 구분 ☞ 「 **2241** 締 옥죌 체」의 | 잠깐만요 | 참조

較

중학 | N2 | 1361위

수레(車) 두 대를 놓고 교차시켜(交) 움직여 보면서 어느 쪽이 우세한지 비교하니

비교할 교

13획 較 較 較 較 較 較 較 較 較 較 較 較 較

음독	かく	[4순위]	*較差 교차 (かくさ) 최고와 최저의 차이　　比較 비교 (ひかく)
	こう	[4순위]	*較正 교정 (こうせい) 〈공학〉 계측용 기계 등을 고치는 것 *較差 교차 (こうさ) 최고와 최저의 차이

| 잠깐만요 |
• 「較差」는 「かくさ」로 읽는 게 일반적이에요. 예 日較差(にちかくさ) 일교차

郊

중학 | N2 | 1743위

영지가 교차되는(交) 경계 부근의 언덕에 있는 고을(阝)은 변두리죠?　　阝 (우방) : 고을 부

변두리 교 · 교외 교

9획 郊 郊 郊 郊 郊 郊 郊 郊 郊

음독	こう	[4순위]	郊外 교외 (こうがい)　　近郊 근교 (きんこう)

질문 있어요

음독을 공부하는 게 너무 힘들면 어떡하나요?

이 교재는 다른 교재와 달리 음독에 우선순위를 두어 학습 효율을 높였어요. 그럼에도 불구하고 음독을 공부하는 것이 부담스럽다면 몇 가지 방법이 더 있어요. 그중 하나가 **'음독 대응 규칙'**을 활용하는 거예요. 한국어와 음독 사이에는 「土地: 토지 – とち」「山林: 삼림 – さんりん」처럼 확률적으로 유사한 발음이 있어요. 거기에 착안해서 한자의 우리말 발음을 음독으로 어떻게 읽는가에 관한 경우의 수와 법칙을 정리한 것이 음독 대응 규칙이랍니다. 「**일본어 상용한자 무작정 따라하기 1**」의 부록에는 저자가 기존의 대응 규칙을 재가공해서 학습하기 편하도록 역사적 사실, 확률과 함께 제시해 두었어요. 음독 대응 규칙을 참고하면 음독의 학습 효율이 한 단계 높아질 거예요. 또 **음독 자체를 외우기보다는 대표가 되는 단어 몇 개를 기억하는 게 보다 효과적이랍니다.**

1756 ● 부수자

휘두르는(乄) 칼날이 햇빛을 받아 반짝거리는 모양(⚹⚹)이니

반짝일 효

8획 ⚹⚹ ⚹⚹ ⚹⚹ ⚹ ⚹ ⚹⚹ ⚹⚹ ⚹⚹ ⚹⚹ ⚹⚹

| 잠깐만요 |
· 파생 어휘의 해설상 편의를 위해 저자가 임의로 지정한 부수예요.

1757

중학 | N1 | 2112위

큰 대자(大)로 몸을 쭉 펴고 반짝이는(⚹⚹) 햇살을 받으면 상쾌하고 산뜻하니

산뜻할 상 · 상쾌할 상

11획 爽 爽 爽 爽 爽 爽 爽 爽 爽 爽 爽

음독	そう [3순위]	爽快 상쾌 (そうかい)	*爽涼 상량상쾌 (そうりょう)
		*颯爽 삽상 (さっそう) 시원시원하고 씩씩함	
훈독	[さわ]やか	爽(さわ)やかだ 시원함, 상쾌함, 산뜻함	

1758

爾

학년 외 | 급수 외 | 2546위

빗물이 햇살을 받아 반짝이는(雨 → ⚹⚹) 곳과 아닌 곳이 나뉘어지는(八) 기준은 햇살이 그곳을 내리쬐느냐 아니냐이니

八: 여덟 팔 · 나눌 팔

그(보다) 이 · 기준 이

14획 爾 爾 爾 爾 爾 爾 爾 爾 爾 爾 爾 爾 爾 爾

| 음독 | じ [3순위] | *爾来 이래 (じらい) | *爾後 이후 (じご) |
| | | *卒爾(そつじ)ながら 〈문어/고풍적〉 갑작스레 죄송하오나 | |

| 잠깐만요 |
· 빗물이 햇살이 비치는 곳을 기준으로 반짝거리는 모습을 연상해 보세요.
· 음독 어휘들은 고풍스러운 문어체나 불교 서적에서 사용되니 참고만 하세요.
· 「爾来(じらい) → 以来(いらい)」「爾後(じご) → 以後(いご)」로 쓰는 게 일반적입니다.
　☞「 0905 以 그보다 이 · 기준 이」 참조

1759

璽

중학 | N1 | 3729위

왕이 허가한다는 기준(爾)을 표시하기 위해 옥(玉)을 깎아 만든 옥새이니

옥새 새 · 국새 새

19획 璽 璽 璽 璽 璽 璽 璽 璽 璽 璽 璽 璽 璽 璽 璽 璽 璽 璽 璽

| 음독 | じ [4순위] | 玉璽 옥새 (ぎょくじ) | 国璽 국새 (こくじ) |

0641 半	반 반		2학년 | N4 | 250위
해설	나눌(八) 때 둘(二)로 똑같이 가운데(丨)를 나누니		
음독	[はん] 半 반 (はん)	折半 절반 (せっぱん)	
파생	0642 判 판단할 판·도장 판 [はん / ばん]		

한 사람(亻)의 생의 반(半)을 곁에서 함께하는 반려이자 동반자이니

따를 반·동반할 반

7획 伴伴伴伴伴伴伴

음독	はん	4순위	伴侶 반려 (はんりょ) 　　　同伴 동반 (どうはん) 随伴 수반 (ずいはん)
	ばん	4순위	伴奏 반주 (ばんそう)
훈독	[ともな]う		伴(ともな)う ⓐ 동반하다, 데리고 가다 ⓑ 수반하다

중학 \| N1 \| 1257위

논밭(田)을 반(半)으로 가르는 경계가 되는 가장자리에 솟아오른 두둑이니

밭두둑 반·가쪽 반

10획 畔畔畔畔畔畔畔畔畔畔

음독	はん	3순위	湖畔 호반호숫가 (こはん) 　　　*河畔 하반강가 (かはん)
훈독	くろ		▽畔(くろ) 두둑, 둔덕 → 田(た)の畔(くろ) 논두둑, 밭두둑

중학 \| N1 \| 2256위

| 잠깐만요 |
• 밭두둑이란, 밭의 경계를 만들기 위해 흙을 조금 높게 쌓아 만든 둔덕을 말합니다. 그래서 강, 호수,
밭, 논 등 물을 가두는 경계 부근, 가쪽, 언저리를 뜻하는 의미로 쓰여요.

23 '도끼'의 파생 [14자]

143 斤: 도끼 근 ▶ 斧 匠 析 祈 瑠

0113 斤 / 𠂆

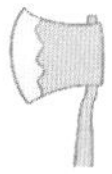

① 도끼 근 ② 무게 단위 근(600g)

제부수 | N1 | 3357위

해설	도끼날(厂)과 손잡이(T)를 본떠 그린 **도끼**의 모양
음독	[きん] *斤量 무게 (きんりょう) 半斤 반근 (はんきん)
파생	0731 近 가까울 근 [きん] 0732 折 꺾일 절 · 절반 절 [せつ] 0733 断 끊을 단 [だん] 1189 新 새로울 신 [しん]

1762

斧

학년 외 | 급수 외 | 2812위

아버지(父)가 손에 들고 나무를 쪼갤 때 쓰는 진짜 **도끼(斤)**이니

도끼 부

8획 斧

음독	ふ	4순위	*斧鉞 부월 (ふえつ) 큰 도끼와 작은 도끼 *石斧 석부 (せきふ) 돌도끼
훈독	おの		斧(おの) 도끼 手斧(ておの) 손도끼

| 잠깐만요 |

- 「斤」는 부수로 쓰일 때 도끼의 의미를 지닐 뿐입니다. 단어로서의 '도끼'는 「斧」를 사용해요.

1763

匠

중학 | N1 | 1425위

만들어 내는 도끼(斤)마다 고급스런 상자에 감추어(匸) 출시되는 고급품이 되는 **장인/명장**이니

匸: 감출 혜 · 덮을 혜

장인 장 · 명장 장

6획 匠

음독	しょう	2순위	名匠 명장 (めいしょう) *師匠 사장스승 (ししょう) 巨匠 거장 (きょしょう) *意匠 의장고안/디자인 (いしょう)

| 잠깐만요 |

- 평범한 대장장이가 만든 도끼는 창고에 쌓아 두거나 대충 걸어 두고 판매하지만, 명장이 만든 물건은 한 자루 한 자루 멋지게 포장되어 출시되죠?

析

중학 | N1 | 1276위

나무(木)를 도끼(斤)로 쪼개듯 무언가를 잘게 쪼개 살피며 분석하니

쪼갤 석 · 분석할 석

8획 析 析 析 析 析 析 析 析

음독	せき	4순위	析出 석출 (せきしゅつ)	分析 분석 (ぶんせき)
			解析 해석 (かいせき)	透析 투석 (とうせき)

| 잠깐만요 |
- 「析出」는 '무언가를 분석해서 물질, 경향, 데이터 등의 결과물/결과값을 뽑아내는 것'을 말해요.
  예 パターンを析出(せきしゅつ)する 패턴을 석출하다, 패턴을 분석하다
- 「透析」은 반투막(半透膜)을 이용해서 용액을 정제하는 것을 말합니다.
  예 血液透析(けつえき・とうせき) 혈액 투석

祈

중학 | N2 | 1529위

신(礻)에게 두 손을 도끼날(斤)처럼 모으고 빌고 기도함이니   礻: 보일 시 · 신 시

빌 기 · 기도할 기

8획 祈 祈 祈 祈 祈 祈 祈 祈

음독	き	4순위	祈願 기원 (きがん)	祈祷書 기도서 (きとうしょ)
훈독	[いの]る		祈(いの)る 기원하다, 기도하다, 빌다 → 祈(いの)り 기원, 기도	

| 잠깐만요 |
- 일본에서는 「祈祷」(기도)라는 어휘보다는 일반적으로 훈독인 「祈り」를 사용합니다. 단, 기도서(祈祷書)와 같은 관련 파생 어휘에서는 「祈祷」가 그대로 사용되는 경우가 있습니다.

留

머무를 류   5학년 | N2 | 768위

해설	도끼(斤 → 𠃋)와 칼(刀)로 무장한 이들은 너른 들판(田)과 같은 전장에 항시 머무르니
음독	[りゅう] 留学 유학 (りゅうがく) [る] *留守 부재중 (るす)
파생	0735 貿 무역할 무 [ぼう]

1766

瑠

중학 | N1 | 2280위

구슬(王)이 맑고 투명하여 빛이 반짝이며 머무르는(留) 유리이니 　　(玉→)王: 구슬 옥

유리 류

14획 瑠 瑠 瑠 瑠 瑠 瑠 瑠 瑠 瑠 瑠 瑠 瑠 瑠 瑠

음독 　**る**　[4순위]　瑠璃 유리(るり)　　*浄瑠璃 정유리죠루리(じょうるり)

---

144 折: 꺾일 절 ▶ 哲 誓 逝

0732

折

① 꺾일 절　② 절반 절

해설	손(扌)에 든 도끼(斤)로 봉을 내리찍으면 반으로 꺾여 부러지니
음독	[せつ]　骨折 골절(こっせつ)　　折半 절반(せっぱん)

1767

哲

중학 | N1 | 1017위

상대의 주장과 가치관을 꺾어(折) 버리는 깨이고 트인 생각이 입(口)에서 술술 나올 만큼 이치에 밝으니

(이치에) 밝을 철 · 철학 철

10획 哲 哲 哲 哲 哲 哲 哲 哲 哲 哲

음독 　**てつ**　[2순위]　*哲人 철인철학자(てつじん)　　哲学 철학(てつがく)
　　　　　　　　　　　　*西哲 서철서양철학(せいてつ)　　明哲 명철(めいてつ)
　　　　　　　　　　　　*変哲(へんてつ)もない 특별할 것 없다

1768 誓

중학 | N1 | 1752위

모두의 앞에서 상대를 꺾겠다(折) 말(言)을 하는 것은 곧 맹세와 서약이니

맹세할 서 · 서약 서

14획 誓誓誓誓誓誓誓誓誓誓誓誓誓誓

음독	せい [3순위]	誓約 서약 (せいやく)	*誓文 서문서약문 (せいもん)
		宣誓 선서 (せんせい)	
훈독	[ちか]う	誓(ちか)う 맹세하다, 서약하다 → 誓(ちか)い 맹세, 서약	

1769 逝

중학 | N1 | 2317위

|비교|
· いく :
1209 行 vs 1769 逝

삶의 의지가 꺾여(折) 저승길로 가서는(辶) 그대로 돌아오지 못해 죽으니

辶: 뛸 착 · 쉬어갈 착

죽을 서 · 서거할 서

10획 逝逝逝逝逝逝逝逝逝逝

음독	せい [4순위]	逝去 서거 (せいきょ)	急逝 급서 (きゅうせい)
훈독	[い]く	逝(い)く ⓐ (사람이) 죽다 ⓑ 가서는 돌아오지 않다	
		※(ゆ)く로도 읽음 —	

---

145 斬: 사람 벨 참 ▶ 斬暫漸逝

1770 斬

중학 | 급수 외 | 1086위

|비교|
· きる : 0625 切 vs
1770 斬 vs 1781 伐

극악 죄인은 창살 달린 수레(車)에 실려 가 도끼(斤)로 단칼에 참수당하니

사람 벨 참 · 참수할 참

11획 斬斬斬斬斬斬斬斬斬斬斬

음독	ざん [4순위]	斬首 참수 (ざんしゅ)	*斬殺 참살베어 죽임 (ざんさつ)
		斬新 참신 (ざんしん)	
훈독	[き]る	斬(き)る (칼로 사람을) 베어 죽이)다	
		→ 人斬(ひとき)り 인간 백정	
		斬(き)られ役(やく) 칼에 죽는 역할	
		cf) 切(き)る (전반적인) 베다, 자르다 ▼伐(き)る (나무 등을) 자르다	

칼로 수면에 비친 태양(日)을 베어 본들(斬) 잠깐만 갈라질 뿐이죠?

잠깐 잠 · 잠정 잠

15획 暫 暫 暫 暫 暫 軍 車 車 斬 斬 斬 斬 斬 暫 暫

음독	**ざん** 4순위	暫定 잠정 (ざんてい)	暫時 잠시 (ざんじ)
훈독	**[しばら]く**	▽暫(しばら)く ⓐ 잠시, 잠깐 ⓑ 오래간만, 당분간	

중학 | N1 | 2108위

| 잠깐만요 |
• 「暫時」는 잘 쓰지 않는 한문투 어휘지만, 「暫定」은 사용 빈도가 높으니 꼭 알아 두세요.

물(氵)은 사물을 겉부터 칼로 베듯(斬) 점진적으로 조금씩 깎아 나가니

조금씩 점 · 점점 점

14획 漸 漸 漸 漸 氵 沔 沔 泹 泹 泹 渖 漸 漸 漸

음독	**ぜん** 3순위	漸進 점진 (ぜんしん)	漸次 점차 (ぜんじ)
		漸増 점증 (ぜんぞう)	

중학 | N1 | 2697위

| 잠깐만요 |
• 물방울이 돌 위에 한 방울씩 떨어지면서 점차 돌이 조금씩 깎여 나가는 걸 상상해 주세요.

깡패가 달랑 도끼(斤) 하나 들고 시장(市)에 가서(辶) 장악하려면 조금씩 점점 구역을 넓혀 가야겠죠?
　　　　　　　　　　　0838 市: 도시 시 · 시장 시　辶: 뛸 착 · 쉬어 갈 착

조금씩 체 · 점점 체

10획 遞 遞 遞 㡀 㡀 㡀 庿 庿 遞 遞

음독	**てい** 3순위	*遞減 체감 (ていげん) 점차 떨어짐 = 漸減 점감 (ぜんげん)	
		*遞増 체증 (ていぞう) 점차 늚 = 漸増 점증 (ぜんぞう)	

중학 | N1 | 3183위

| 잠깐만요 |
• 「1772 漸 점점 점」과 같은 의미의 한자로, 자주 사용되는 한자는 아니니 참고만 하세요.

1774

斥

중학 | N1 | 2766위

도끼(斤)를 휘둘러 적이 핏물(丶)을 튀기며 쓰러지도록 물리치니

물리칠 척 · 배척할 척

5획 斥斥斥斥斥

| 음독 | せき | 4순위 | 斥候 척후 (せっこう) | 排斥 배척 (はいせき) |

|잠깐만요|
・「斥候」는 '적의 형편이나 지형 따위를 정찰하고 탐색'한다는 뜻이에요.

1775

訴

중학 | N1 | 1009위

진실된 말(言)로 상대를 물리치고자(斥) 법정에서 억울함을 호소하는 소송이니

호소할 소 · 소송할 소

12획 訴訴訴訴訴訴訴訴訴訴訴訴

| 음독 | そ | 2순위 | 訴訟 소송 (そしょう) 告訴 고소 (こくそ) 敗訴 패소 (はいそ) | 起訴 기소 (きそ) 控訴 항소 (こうそ) 公訴 공소 (こうそ) |
| 훈독 | [うった]える | | 訴(うった)える ⓐ 소송을 걸다, 고소하다 ⓑ 호소하다 → 訴(うった)え ⓐ 소송 ⓑ 호소 | |

질문 있어요

前半(ぜんはん)・国宝(こくほう)는 왜 반탁음화되지 않는 건가요?

언어 현상은 '법칙'이 아니라 '경향성'입니다. 한자음에도 한자음 대응 규칙, 촉음화, 반탁음화, 연성 현상 등 여러 규칙들이 있죠? 하지만 음독 자체가 워낙 오래된 말들이고, 발음의 편의성을 위한 법칙들이 많다 보니 이런 규칙들은 대부분 '불규칙적'으로 나타나요. 우리가 흔히 아는 '문법'과는 달리 '그렇게 발생하는 경향이 있다' 정도라 조건이 맞아도 들어맞지 않는 경우가 많아요.

▽▼마크가 달린 훈독의 한자 표기와 동훈이자어(同訓異字語)의 구분 정보도 마찬가지랍니다. 훈독을 해당 한자로 표기하는지와 그에 따른 의미(뉘앙스)의 차이는 100% 딱딱 구분해서 사용되거나 쓰임이 정확하게 맞아떨어지는 법칙이 아니에요. 마치 컴퓨터용 사인펜으로 누군가는 글을 쓰고, 누군가는 그림을 그리듯 개개인의 표기 습관에 의존하는 경향이 커요.

또 각각의 훈독에 따라서도 그 경향이 달라져요. 예를 들어 「行(い)く」와 「逝(い)く」는 뉘앙스에 따라 구분해서 사용되는 편이지만, 「恥(は)じる」와 「羞(は)じる」는 사실상 구분 없이 혼용되어 사용되는 등 훈독에 따라 구분해서 사용하는 정도가 달라요. 그런 만큼 '완벽한 암기'가 아니라 훈독과 한자의 의미 관계성을 파악하고 이해하는 용도로 활용해 주세요.

'창'의 파생 [25자]

147 弋: 무기 익 ▶ 袋 拭 賦 壱 弐

0122 弋	 무기 익		부수자
해설	무기 모양을 본떠		

0670 代	① 대신할 대　② 세대 대	3학년 | N3 | 42위
해설	사람(亻)이 무기(弋)를 드는 것은 윗 세대를 대신하여 영토를 지키기 위함이니	
음독	[だい] 代行 대행 (だいこう)　　　[たい] 交代 교대 (こうたい)	
파생	0671 貸 빌릴 대 [たい]	

1776 袋		바구니 대신(代) 옷(衣) 같은 것으로 물건을 싸서 들고 가던 자루/봉지이니　　　　　　0140 衣: 옷 의

자루 대 · 봉지 대

11획 袋 袋 袋 袋 袋 袋 袋 袋 袋 袋 袋

중학 | N2 | 1112위	음독	たい　4순위	*郵袋 우대 (ゆうたい) 우편 행낭 *風袋 풍대 (ふうたい) 저울의 그릇/(겉)포장의 무게
	훈독	ふくろ	袋(ふくろ) 봉지, 자루, 주머니　→ 御袋(おふくろ) 어머니 袋叩(ふくろ・だた)き 뭇매 袋小路(ふくろ・こうじ) 막다른 골목
		예외	足袋(たび) 일본식 버선

│잠깐만요│
• 음독으로 읽는 어휘는 사용 빈도가 모두 낮습니다. 외우려 하지 말고 참고만 하세요.

0672 式	법 식 · 형식 식		3학년 | N2 | 351위
해설	무기(弋)를 만들(工) 때 장인은 엄격하게 법과 형식을 중시하니		
음독	[しき] 形式 형식 (けいしき)	方程式 방정식 (ほうていしき)	
파생	0673 試 시험할 시 [し] 0675 戒 경계할 계 [かい] 0676 械 기계 계 [かい] 0677 或 혹시 혹 0678 域 구역 역 [いき]		

1777

拭

중학 \| 급수 외 \| 1510위

경건한 예식(式)을 위해 손(扌)으로 우선 해야 할 것은 **오염물을 닦아내는 거죠?**

닦을 식

9획 拭 拭 拭 拭 拭 拭 拭 拭 拭

음독	しょく 4순위	払拭 불식 (ふっしょく)
훈독	[ふ]く	拭(ふ)く (부착된 오염물을) 닦다 → 拭(ふ)き取(と)る 닦아내다
	[ぬぐ]う	拭(ぬぐ)う (오염 그 자체를) 닦다, 없애다

| 잠깐만요 |
- 「拭く」는 오염물이 부착된 대상을 닦을 때, 「拭う」는 오염물 그 자체를 닦을 때 써요.
  예 눈물을 닦다: 涙(なみだ)를+[拭く○ / 拭う○]
  거울을 닦다: 鏡(かがみ)를+[拭く○ / 拭う×]
  거울의 더러움을 닦다: 鏡(かがみ)의 汚(よご)れ를+[拭く△ / 拭う○]

0674 武	무력 무		5학년 | N2 | 317위
해설	하나(一)의 무기(弋)만으로 상대의 숨을 멎게(止) 만드는 힘을 무력이라 하니		
음독	[ぶ] 武力 무력 (ぶりょく)	武術 무술 (ぶじゅつ)	

賦

중학 | N1 | 2712위

돈(貝)과 무력(武)은 왕이 국가를 위해 백성에게 부과하는 의무 사항으로, 평생 동안 1년마다 나누어 내고, 몇 년간 군에 종사하는 할부 형식이죠?

① (재산/노동을) 부과할 부   ② 배당할 부 · 할부 부

15획 賦 賦 賦 賦 賦 賦 賦 賦 賦 賦 賦 賦 賦 賦 賦

음독	ふ	3순위	① 賦課 부과 (ふか)	① 賦与 부여 (ふよ)
			② 割賦 할부 (かっぷ)	② 配賦 배부 (はいふ)

| 잠깐만요 |

· 賦与(부여): (왕/영주/신으로부터 선천적인 재능/미모 등 협소한 대상에 한정되어) 부여되다
· '월부'는 「月賦(げっぷ)」보다 「月払(つきばら)い」, '할부'는 「割賦(かっぷ)」보다 「割賦払(かっぷ · ばら)い」라는 훈독 어휘를 일반적으로 사용합니다.

壱

중학 | 급수 외 | 2558위

선비(士)는 공부할 책 외에는 덮을(冖) 수 있는 모포 하나와 숟가락(匕) 하나만 있으면 되니

0168 士: 선비 사

하나 일

7획 壱 壱 壱 壱 壱 壱 壱

음독	いち	4순위	壱 일 (いち)

| 잠깐만요 |

· 옛날에는 계약서와 같은 공증 서류의 경우, 날짜/금액 등을 「一」자로 기입하면 추후에 획을 추가하여 「二, 三, 十」등으로 수정할 가능성이 높았기에 대용으로 사용하던 글자입니다. 이런 것을 「大字(だいじ)」(대자)라고 합니다.

弐

중학 | N1 | 3446위

서류의 숫자 2(二)를 삼(三)으로 고치지 못하게 하는 무기(弋)처럼 쓰는 두 이니

두 이

6획 弐 弐 弐 弐 弐 弐

음독	に	4순위	弐 이 (に)

| 잠깐만요 |

· 「壱」과 마찬가지로 「二」를 대신해서 쓰던 대자예요. 참고로 「三」은 「参 참여할 참 (さん)」, 「十」은 「拾 주을 습 (しゅう/じゅう)」으로 대체돼요.

0123 戈	창 과		제부수 │ 급수 외 │ 3396위
해설	무기(弋) 중에서 팔(丿)로 몸통을 잡고 휘두르는 창이니		丿: 삐침 별(여기선 뻗은 팔 모양)
음독	[か]　*干戈 창과 방패 (かんか)		
파생	0309 戦 싸울 전[せん]　0404 我 나 아[が]　0675 戒 경계할 계[かい]　0676 械 기계 계[かい]		

1781

伐

중학 │ N1 │ 1936위

사람(亻)을 창(戈)으로 베어 쓰러뜨리니

칠 벌 · 쓰러뜨릴 벌

6획　伐 伐 伐 伐 伐 伐

음독	ばつ	2순위	伐採 벌채 (ばっさい)	征伐 정벌 (せいばつ)
			討伐 토벌 (とうばつ)	殺伐 살벌 (さつばつ)
훈독	[き]る		▼伐(き)る (나무 등을) 자르다, 벌채/벌목하다	
			cf) 切(き)る 베다, 자르다 전반　斬(き)る 칼로 사람을 베다	

|비교|
· きる: 0625 切 vs
　1770 斬 vs 1781 伐

|잠깐만요|
· 「きる」는 「切る」로 쓰는 것이 일반적이지만, '벌목하다(伐る)' '칼로 사람을 베다(斬る)'라는 한정적인 의미를 구체적으로 나타내기 위해 「伐/斬」을 선택적으로 사용하기도 합니다.

1782

閥

중학 │ N1 │ 1831위

가문(門)의 그늘 아래서 경쟁자들을 쓰러뜨리며(伐) 권력을 누리는 문벌/파벌이니

문벌 벌 · 파벌 벌

14획　閥 閥 閥 閥 閥 閥 閥 閥 閥 閥 閥 閥 閥 閥

음독	ばつ	3순위	派閥 파벌 (はばつ)　　門閥 문벌 (もんばつ)
			財閥 재벌 (ざいばつ)
			閥(ばつ)を作(つく)る 파벌을 만들다

1783

賊

중학 │ N1 │ 1422위

가진 돈(貝)을 많이(十) 내놓으라고 창(戈)으로 위협하는 도적 무리니

도둑 적 · 도적 적

13획　賊 賊 賊 賊 賊 賊 賊 賊 賊 賊 賊 賊 賊

음독	ぞく	2순위	*賊 적도적/역적 (ぞく)　　*賊徒 적도도둑/역도 (ぞくと)
			海賊 해적 (かいぞく)　　山賊 산적 (さんぞく)
	예외		烏賊(いか) 오징어

<table>
<tr><td>0677</td><td></td></tr>
</table>

	或	혹시 혹 · 어떤 혹	제부수 | 급수 외 | 1816위
	해설	창(戈)으로 구멍(口)을 한(一) 번 뚫어 혹시 어떤 것이 있나 보는 것이니	
	파생	0678 域 구역 역 [いき]	

1784

惑

중학 \| N1 \| 918위

상대방에게 혹시나(或) 하는 마음(心)을 품게 만들어 망설이게 만드는 것을 유혹이라 하죠?

망설이게 할 혹 · 유혹할 혹

12획 惑 惑 惑 惑 惑 惑 惑 惑 惑 惑 惑 惑

음독	わく	2순위	惑星 혹성 (わくせい)	*迷惑 미혹민폐 (めいわく)
			誘惑 유혹 (ゆうわく)	疑惑 의혹 (ぎわく)
훈독	[まど]う		惑(まど)う ⓐ 망설이다 ⓑ 혹하다, 유혹에 빠지다	
			→ 戸惑(と・まど)う 망설이다, 어찌할 바를 모르다	

---

149 戔 : 바닥 전 ▶ 桟 践 箋

	戔	바닥 전	부수자
	해설	말에 탄 채 창(戈)을 아래로 두(二) 번 휘둘러 적의 시체를 바닥에 깔아 버리니	
	파생	0686 銭 돈 전 [せん] 0687 浅 얕을 천 [せん] 0688 残 남을 잔 [ざん]	

1785

桟

중학 \| N1 \| 2217위

바닥이 없는 바다나 절벽 끝에 나무(木)로 걸치듯 만들어 놓은 바닥(戔)이 되는 잔교/잔도이니

걸칠 잔 · 잔교 잔

10획 桟 桟 桟 桟 桟 桟 桟 桟 桟 桟

음독	さん	4순위	桟橋 잔교 (さんばし)	桟道 잔도 (さんどう)

| 잠깐만요 |

• '잔교'란 부두에 선박이 닿을 수 있게 바다 쪽으로 길게 뻗은 다리이고, '잔도'는 벼랑이나 절벽에 만들어 둔 다리 같은 길입니다.

뜬구름 잡는 소리가 아니라 다리(足)를 바닥(戔)에 제대로 디디고 행동하며 실천함이니

실천할 천

13획 踐 踐 踐 踐 踐 踐 踐 踐 踐 踐 踐 踐 踐

음독	せん	4순위	実践 실천 (じっせん)

중학 | N1 | 2022위

|잠깐만요|
• 파생 어휘가 거의 없습니다. 「実践」 째로 학습해 두세요.

1787

대나무(⺮)를 베고 또 베어(戔 → 戈) 얇게 저며 만든 작은 종잇조각인 메모지니

메모지 전

14획 箋 箋 箋 箋 箋 箋 箋 箋 箋 箋 箋 箋 箋 箋

음독	せん	4순위	処方箋 처방전 (しょほうせん) *付箋 부전포스트잇 (ふせん)

중학 | 급수 외 | 2630위

---

150 戊: 무성할 무 ▶ 茂 蔑 越

0689 戊	빽빽할 무 · 많을 무	제부수 | 급수 외 | 3335위
해설	전장에 꽂힌(丿) 창(戈)이 빽빽히 많은 모습이니	
파생	0690 成 이룰 성 [せい/じょう] 0691 城 성 성 [じょう] 0692 誠 정성 성 [せい] 0693 盛 성대할 성 [せい/じょう]	

1788

풀(艹)이 빽빽하게 많이(戊) 자라 무성하게 우거진 모습이니

우거질 무 · 무성할 무

8획 茂 茂 茂 茂 茂 茂 茂 茂

음독	も	4순위	*繁茂 번무 (はんも) 초목이 무성함
훈독	[しげ]る		茂(しげ)る (초목 등이) 우거지다, 무성하다 → 茂(しげ)み 우거짐, 수풀 　生(お)い茂(しげ)る (초목 등이) 우거지다, 무성하다

중학 | N1 | 1011위

蔑

중학 | 급수 외 | 1998위

풀(艹)로 엮은 하찮은 그물(罒) 함정에 많은(戍) 병사가 한(一) 번에 걸려들면 그러고도 병사냐며 업신여기고 경멸하게 되니

罒: 그물 망

업신여길 멸 · 경멸할 멸

14획 蔑蔑蔑蔑蔑蔑蔑蔑蔑蔑蔑蔑 蔑蔑

음독	べつ 〔4순위〕	蔑視 멸시 (べっし)	軽蔑 경멸 (けいべつ)
훈독	[さげす]む	蔑(さげす)む 깔보다, 무시하다, 업신여기다	
	[ないがし]ろ	▼蔑(ないがし)ろだ 소홀히 함	

越

중학 | N3 | 554위

빽빽하게(戍) 앞을 가로막은 온갖 장애를 달려서(走) 뛰어넘으니

넘을 월 · 초월할 월

12획 越越越越越越越越越越越越

음독	えつ 〔2순위〕	越権 월권 (えっけん)	超越 초월 (ちょうえつ)
		優越 우월 (ゆうえつ)	卓越 탁월 (たくえつ)

| 비교 |
· こえる · こす :
1726 超 vs 1790 越

훈독	[こ]える	越(こ)える ⓐ (높은 곳/장애를) 넘어가다 ⓑ (강 따위를) 건너다
		→ 乗(の)り越(こ)える 극복하다
	[こ]す	越(こ)す ⓐ [~を+] 넘다, 넘어가다　ⓑ 건너다
		ⓒ [先を+] 앞지르다　　ⓓ [~に+] 이사하다
		ⓔ [お越しだ 꼴로] 가다/오다 〔높임말〕
		→ 引(ひ)っ越(こ)す 이사하다　　引(ひ)っ越(こ)し 이사
		~に越(こ)したことはない ~보다 더 좋은 일은 없다
		乗(の)り越(こ)す (탈것을) 타고 있다가 목적지를 지나치다

| 잠깐만요 |
· 「こえる · こす」의 의미 구분
　- 超(こ)える · 超(こ)す: 수치/분량/기준/한계/범위를 초과하는 것
　　📢 予想(よそう)/定員(ていいん)を超(こ)える 예상/정원을 넘어서다
　- 越(こ)える · 越(こ)す: 장소/때/시간/장애를 넘어 건너편으로 가는 것
　　📢 山(やま)/障害(しょうがい)を越(こ)える 산/장애를 뛰어넘다

0694 咸	모두 함 · 다 함		제부수 | 급수 외 | 3116위
해설	수많은(戊) 병사가 상관의 한(一)마디 말(口)에 모두 다 함께 움직이는 모습에서		
파생	0695 減 줄어들 감[げん]	0696 感 느낄 감[がん]	

0696 感	느낄 감		3학년 | N2 | 90위
해설	감정은 모두 다(咸) 마음(心) 먹은 데서 느끼는 것이니		
음독	[かん]	感情 감정(かんじょう)	感覚 감각(かんかく)

1791

중학 \| N1 \| 2927위

마음(忄)만 앞세워 행하고 나서 '이렇게 했으면 더 좋았을 텐데' 하고 느끼는(感) 아쉬운 감정이 남는 것을 유감이라 하죠?

아쉬울 감 · 유감 감

16획 憾 憾 憾 憾 憾 憾 憾 憾 憾 憾 憾 憾 憾 憾 憾 憾

음독	かん [4순위]	遺憾 유감(いかん) 遺憾(いかん)なく 유감없이, 완전히

1792

중학 \| N1 \| 1088위

왕궁을 빽빽이 메운 수많은(戊) 병사들을 한(一) 치의 오차도 없이 절도 있게 무릎 꿇게 만드는 여왕(女)의 위세와 위엄이니

위세 위 · 위엄 위

9획 威 威 威 威 威 威 威 威 威

음독	い [1순위]	威力 위력(いりょく)	威圧 위압(いあつ)
		威勢 위세(いせい)	威厳 위엄(いげん)
		権威 권위(けんい)	威張(いば)る 으스대다

| 잠깐만요 |
- 일부 관용 표현이나 예스런 말에서는 「威(い)」 단독으로 '위세/위엄'을 나타내기도 해요.
  예 威(い)を振(ふ)るう 위세를 떨치다   虎(とら)の威(い)を借(かり)る狐(きつね) 호가호위하다

滅

중학 | N1 | 1025위

거센 물살(氵)이 수많은(戌) 병사처럼 한(一) 번에 들이닥쳐 모든 생명의 불씨(火)가 없어지면 남는 것은 멸망뿐이니

없어질 멸 · 멸(망)할 멸

13획 滅 滅 滅 滅 滅 滅 滅 滅 滅 滅 滅 滅 滅

음독	めつ [1순위]	滅亡 멸망 (めつぼう)	絶滅 절멸 근절 (ぜつめつ)
		全滅 전멸 (ぜんめつ)	破滅 파멸 (はめつ)
		消滅 소멸 (しょうめつ)	幻滅 환멸 (げんめつ)
훈독	[ほろ]びる	滅(ほろ)びる ⓐ 멸망하다, 망하다 ⓑ 없어지다, 쇠퇴하다
	[ほろ]ぼす	滅(ほろ)ぼす ⓐ 멸망시키다 ⓑ 근절시키다, 뿌리 뽑다

| 잠깐만요 |
- 성경에서도 홍수로 세상이 한 번 멸망하죠?
- 일본에서는 '멸종 위기'를 「絶滅危機(ぜつめつ・きき)」(절멸 위기)라고 하니 주의하세요.

歳

중학 | N3 | 268위

잠시 멈춰서(止) 돌이켜보면 아저씨처럼 나이 많아(戌) 보이던 군인들도 한순간(一)에 작고(小) 어리게만 보이게 되는 세월이니

0111 止: 멈출 지

세월 세 · 연령 세

13획 歳 歳 歳 歳 歳 歳 歳 歳 歳 歳 歳 歳 歳

음독	さい [1순위]	歳 세살 (さい)	歳出 세출 (さいしゅつ)
		歳月 세월 (さいげつ)	万歳 만세 (ばんざい)
	せい [4순위]	*お歳暮 세모 (おせいぼ) 연말에 보내는 선물(일본의 전통)
훈독	とし	▼歳(とし) 나이, 연령 ≒ 年(とし)
	예외	二十歳(はたち) 20세, 스무 살

| 잠깐만요 |
- '군인'이라 하면 어릴 때는 아저씨라 생각하고 군 복무 때는 무서운 선임들이었어도, 세월이 지난 후 나이를 먹고 군인들을 보면 그저 젊고 어리기만 한 청년들로 보이죠?
- '～세'는 「歳」가 기본이지만, 한자가 어려워 「～才(さい)」로 대체 사용되는 경우가 많아요. 특히 어린 아이의 연령은 「才」로 표기하는 경우가 일반적이에요.
- 「年(とし)」는 기본 표기로 '1년, 나이'를 뜻하고, 「歳(とし)」는 선택 표기로 '흘러 버린 세월, (늙은) 나이'를 강조할 때 써요.
   例 年(とし)を取(と)る 세월이 지나다, 나이를 먹다 (1년이 차곡차곡 더해지는 이미지)
   歳(とし)を取(と)る 늙다, 노령이 되다 (세월의 경과로 인해 도달한 결과물)

0683 戈	자를 재	부수자
해설	수많이(十) 창(戈)을 휘둘러 무언가를 잘라내니	
파생	0684 裁 재단할 재 · 판단할 재 [さい]	

1795

中学 | N1 | 2036위

나무(木)의 일부를 잘라(戈) 새로 심고 화분에 재배하면서 예쁘게 가지를 치며 키우는 것을 분재라고 하죠?

심을 재

10획 栽 栽 栽 栽 栽 栽 栽 栽 栽 栽

음독	さい	4순위	栽培 재배 (さいばい)	盆栽 분재 (ぼんさい)

1796

中学 | N1 | 693위

| 비교 |
· のる:
0238 乗 vs 1796 載

수레(車)라는 네모난 틀에 내용물을 알맞게 잘라(戈) 싣는 것이 탑재, 종이 속에 네모난 틀을 만들어 잘라 내용물을 넣는 것을 게재라고 하죠?

실을 재

13획 載 載 載 載 載 載 載 載 載 載 載 載 載

음독	さい	2순위	掲載 게재 (けいさい) 記載 기재 (きさい)	搭載 탑재 (とうさい) 連載 연재 (れんさい)
훈독	[の]る		載(の)る ⓐ 놓이다, 얹히다　ⓑ (신문/잡지에) 실리다	
	[の]せる		載(の)せる ⓐ 얹다　ⓑ (짐을) 싣다　ⓒ (신문/잡지에) 게재하다	

| 잠깐만요 |
· 「のる」의 한자 표기와 의미 구분
 – 乗(の)る: 움직이는 것, 교통수단, 흐름, 물결, 기회, 전파 등 '동적인 것'에 '생물'이 타다
 – 載(の)る: 정지한 것, 신문, 잡지, 공고, 명부 등 '정적인 것' 위에 글/사진/자료/이름/물건 등이 실리다

1797

戴

중학 | N1 | 2008위

관우장처럼 평범한 이들과는 다르게(異) 창으로 적을 마구 베어낸(弋) 이를 받들어 모시고 추대함이니

0233 異: 다를 이

받들 대

17획 戴 戴 戴 戴 戴 戴 戴 戴 戴 戴 戴 戴 戴 戴 戴 戴 戴

음독	たい	3순위	戴冠式 대관식 (たいかんしき)	推戴 추대 (すいたい)
			*頂戴 정대 (ちょうだい) 받다 (もらう의 공손한 말)	

| 잠깐만요 |

• 머리 위로 손을 들고 무언가를 받는 느낌으로 '받들다. 머리에 이다'와 같은 느낌입니다.
• 「頂戴」는 「もらう」의 존경어로, 「頂戴する/いたす」로 쓰면 '받겠습니다'라는 뜻이 되고, 「〜て頂戴」로 쓰면 '〜해 주세요'라는 뜻이 됩니다.
  예 ありがたく頂戴(ちょうだい)いたします。 감사히 받겠습니다.
  早(はや)く来(き)て頂戴(ちょうだい)。 빨리 와 주세요.

1798

繊

중학 | N1 | 1820위

재봉틀이 실(糸)을 뽑아와 바늘(业)을 창을 휘둘러 베어내듯(弋) 움직이며 섬세하게 섬유를 다루는 모습이니

业: 북쪽 북 (여기서는 재봉 바늘의 모습)

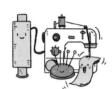

가늘 섬 · 섬세할 섬

17획 繊 繊 繊 繊 繊 繊 繊 繊 繊 繊 繊 繊 繊 繊 繊 繊 繊

음독	せん	2순위	繊細 섬세 (せんさい)	*繊密 섬밀 (せんみつ) 섬세하고 세밀함
			繊維 섬유 (せんい)	化繊 화섬 (かせん) 화학 섬유

| 잠깐만요 |

• 실사용면에서는 「○○繊維」(〜섬유)와 같은 파생 어휘가 양이나 사용 빈도 면에서 훨씬 높습니다.

---

153 矛: 창 모 ▶ 柔湧

0125 矛	**창 모**		중학	N1	1818위
해설	술(丿)이 달린 창의 모습을 본떠	マ: 머리날 마 �亅: 갈고리 궐(여기서는 창대)	
음독	[む] 矛盾 모순 (むじゅん)		
파생	**0725** 務 힘써 임할 무[む] **0726** 予 미리 예[よ]		

1799

중학 | N2 | 1349위

창(矛)에서 나무(木)로 된 창대는 부드러워 유연하게 휘는 성질을 지녔으니

부드러울 유 · 유연할 유

9획 柔柔柔柔柔柔柔柔柔

음독	じゅう [2순위]	柔軟 유연 (じゅうなん) · 柔道 유도 (じゅうどう)
		柔順 유순 (じゅうじゅん) · 懐柔 회유 (かいじゅう)
		優柔不断 우유부단 (ゆうじゅう・ふだん)
	にゅう [4순위]	柔和 유화 (にゅうわ) · 柔弱 유약 (にゅうじゃく)
훈독	やわ	柔(やわ)だ 약함, 깨지기 쉬움, 어설픔
	[やわ]らか	柔(やわ)らかだ 부드러움
		→ 物柔(ものやわ)らかだ (태도 등이) 부드러움, 온화함
	[やわ]らかい	柔(やわ)らかい ⓐ 몰랑하다, 부드럽다 ⓑ 유연하다
		ⓒ 순순하다, 따지지 않다
		→ 物柔(ものやわ)らかい 모나지 않고 부드럽다, 온순하다
		cf) 軟(やわ)らかい 연하다, 무르다

| 비교 |
· やわらかい :
1799 柔 vs **2010** 軟

| 잠깐만요 |
· 「柔」는 촉감의 부드러움(몰랑함/푹신/부들부들함 등), 낭창하고 유연함, 태도의 부드러움(온화함, 유순함)을 모두 아우르는 의미로 사용돼요. (↔ **1905** 剛 굳셀 강: 굳세다, 굽히지 않다, 단단하다)
🔁 内柔外剛(ないじゅう・がいごう) 내유외강　　外柔内剛(がいじゅう・ないごう) 외유내강

0729 勇

용감할 용

4학년 | N2 | 1089위

| 해설 | 무기의 머리날(マ)을 머리 위로 치켜든 남자(男)의 용맹한 모습이니 | マ: 머리날 마 |
| 음독 | [ゆう] 勇敢 용감 (ゆうかん)　　勇気 용기 (ゆうき) | |

1800

중학 | N1 | 1621위

지하의 물(氵)이 용감하게(勇) 지상의 좁은 구멍으로 돌격해 샘솟아 나오니

솟아 나올 용 · 용출할 용

12획 湧湧湧湧湧湧湧湧湧湧湧湧

음독	ゆう [4순위]	湧出 용출 (ゆうしゅつ)
훈독	[わ]く	湧(わ)く ⓐ 샘솟다 ⓑ (비난/벌레 등이) 들끓다
		→ 湧(わ)き水(みず) 샘수, 솟아 나오는 물
		湧(わ)き出(で)る 솟아 나오다

25 '활과 화살'의 파생 [22자]

154 弓: 활 궁 ▶ 弔弦窮沸溺

0114 弓

활 궁

2학년 | N1 | 1604위

해설	이리저리 휜 활의 모습이니
음독	[きゅう] 弓道 궁도 (きゅうどう)　　　洋弓 양궁 (ようきゅう)
파생	**0652** 引 당길 인 [いん]　**0653** 強 강할 강 [きょう/ごう]　**0654** 弱 약할 약 [じゃく] **1135** 張 펼칠 장 [ちょう]　**0442** 費 비용 비 [ひ]

1801 弔

중학 | N1 | 2593위

전장에서 전우가 죽으면 활(弓)을 막대(丨)에 걸고 무덤을 만들어 죽은 이를 애도하고 조문하니

애도할 조 · 조문할 조

4획 弔 弔 弔 弔

음독	ちょう 2순위	弔意 조의 (ちょうい)　　　　弔問 조문 (ちょうもん) 弔客 조객조문객 (ちょうきゃく)　慶弔 경조 (けいちょう)
훈독	[とむら]い	弔(とむら)い 애도하다, 명복을 빌다, 조문하다 → 弔(とむら)い ⓐ 애도함 ⓑ 장례식 　　弔(とむら)い合戦(がっせん) 복수전

1802 弦

중학 | N1 | 1931위

활(弓) 부위에서 검은(玄) 화살을 걸고 당기는 줄인 시위이니　**0819** 玄: 검을 현

활시위 현 · 현악기 현

8획 弦 弦 弦 弦 弦 弦 弦 弦

음독	げん 2순위	弦 현 (げん)　　　　　　弦楽器 현악기 (げんがっき) 上弦 상현 (じょうげん)　管弦楽 관현악 (かんげんがく)
훈독	つる	弦(つる) ⓐ 활시위 ⓑ 현악기의 줄 → 弓弦(ゆみ・づる) 활시위　弦(つる)を張(は)る 활시위를 걸다

│ 잠깐만요

• 본디 현악기의 줄은 「絃 줄 현」을 써야 하지만, 상용 외 한자이기에 「弦」으로 통합해 표기해요.
• 바이올린도 '검정색'의 활을 대고 연주하고, 화살 끝도 보통 '검정색'을 칠하죠?

窮

중학 | N1 | 1794위

| 비교 |
· きわめる・きわまる :
0488 極 vs 1803 窮 vs
0765 究

구멍(穴) 안으로 몸(身)을 활(弓)처럼 웅크리고 들어갔으나 막다른 곳에 막혀 궁지에 몰리니
0762 穴: 구멍 혈

막다를 궁 · 궁지 궁

15획 窮窮窮窮窮窮窮窮窮窮窮窮窮窮窮

음독	きゅう 2순위	窮地 궁지 (きゅうち)　*窮屈 궁굴답답함 (きゅうくつ) 窮乏 궁핍 (きゅうぼう)　困窮 곤궁 (こんきゅう)
훈독	[きわ]まる	窮(きわ)まる ⓐ 더없이 ~하다　ⓑ 막히다, 다하다
	[きわ]める	窮(きわ)める ⓐ 더없이 ~하다　ⓑ 끝까지 파고들다, 추구하다 ⓔ 奧義(おうぎ)を窮(きわ)める 비법을 추구하다 　貧困(ひんこん)を窮(きわ)める 生活(せいかつ) 　　　　　　　　　　빈곤하기 그지없는 생활

| 잠깐만요 |
· 음독의 경우, 「窮(きゅう)する」(궁하다) 단독으로 동사화되어 쓰이기도 합니다.
· 일부 어휘는 발음이 같은 0765 究 연구 구 · 알아낼 구로 대용하여 표기하기도 합니다.
ⓔ 궁극: 窮極/究極(きゅうきょく)　추구: 追窮/追究(ついきゅう)

沸

중학 | N2 | 2026위

물(氵)이 주전자 안에서 궁(弓) 자처럼 좌우로 움직이고 칼(刂)로 찌르듯 기포가 위로 치솟으며 부글부글 끓으니

끓을 비

8획 沸沸沸沸沸沸沸沸

음독	ふつ 4순위	沸騰 비등끓음 (ふっとう)　*沸々(ふつふつ) 부글부글
훈독	[わ]く	沸(わ)く ⓐ 끓다 ⓑ (흥분으로) 들끓다 ⓒ 금속이 녹다 ⓓ 발효하다
	[わ]かす	沸(わ)かす ⓐ 데우다, 끓이다 ⓑ 열광케 하다 ⓒ 금속을 녹이다 ⓓ 발효시키다

| 잠깐만요 |
· 한국어 발음[비]과 일본어 음독[ふつ]의 차이에 유의하세요. 단, 음독으로 읽는 어휘 수 자체가 매우 적어서 제시된 두 단어 정도만 주의하면 됩니다.
· 0442 費 비용 비의 윗부분과 같은 글자죠?

0654 **弱**	약할 약		2학년 | N2 | 895위
해설	활(弓)이 얼어붙으면(冫) 탄력이 죽어 힘이 약해지니		
음독	[じゃく] 弱小 약소(じゃくしょう)	弱点 약점(じゃくてん)	

1805

溺

· 중학 \| 급수 외 \| 2220위

물(氵)에서 움직임이 약해진(弱) 끝에 헤어나오지 못하고 빠져서 익사하니

푹 빠질 닉 · 익사할 닉

13획 溺 溺 溺 氵 氵 汅 沥 溺 溺 溺 溺 溺 溺

음독	でき [3순위]	溺死 익사(できし)	*溺愛 익애맹목적 사랑 (できあい)
		耽溺 탐닉(たんでき)	
훈독	[おぼ]れる	溺(おぼ)れる ⓐ 빠지다 ⓑ 탐닉하다	

| 잠깐만요 |
- 음독 발음에 주의하세요! (にく✕、よく✕)
- 한국어 발음[닉]과 일본어 음독[でき]의 차이에 유의하세요.

---

155 矢: 화살 시 ▶ 疾 嫉 痴 喉 挨

0115 **矢 / 亠**	화살 시		2학년 | N1 | 948위
해설	화살 모양(亠: 화살촉, 大: 화살대와 깃 모양)을 본떠		
음독	[し] *一矢 화살 한 개(いっし)	*弓矢 활과 화살(きゅうし)	
파생	0655 知 알 지 [ち] 0656 短 짧을 단 [たん] 0659 医 의원 의 [い]		
	추가자8 疑 의심할 의 [ぎ] 0657 侯 제후 후 [こう]		

疾

중학 | N1 | 1635위

병(疒) 중에서도 화살(矢)이 질주하듯 빠르게 증상이 악화되는 질병이니

① 질병 질 ② 빠를 질

10획 疾 疾 疾 疾 疾 疾 疾 疾 疾 疾

음독	しつ		
		3순위	① 疾患 질환 (しっかん)　① 疾病 질병 (しっぺい) ① 痔疾 치질 (じしつ) = 痔(じ)
		4순위	② 疾走 질주 (しっそう)　② 疾風 질풍 (しっぷう)

| 잠깐만요 |
• 본래 「疾」은 빨리 걸리고 빨리 낫는 병, 「病」은 잘 안 걸리고 잘 낫지 않는 병을 의미했지만 지금은 큰 차이 없이 사용되고 있어요.

嫉

중학 | 급수 외 | 2058위

여자(女) 마음속에 깃드는 질병(疾)과도 같은 시기/질투이니

시기할 질 · 질투할 질

13획 嫉 嫉 嫉 嫉 嫉 嫉 嫉 嫉 嫉 嫉 嫉 嫉 嫉

음독	しつ	4순위	嫉妬 질투 (しっと)　　嫉視 질시 (しっし)
훈독	[そね]む		▽嫉(そね)む 시기하다, 질투하다 → 嫉(そね)み 시기, 질투

| 잠깐만요 |
• '시샘/시기/질투'의 의미 구분
　– 嫉(そね)み: 시샘하는 감정이 생긴 후에 자기 자신에게 품는 '자기 혐오적' 감정 (왜 내가 아닌 거야?)
　– 妬(ねた)み: '시샘'하여 '상대에게 품는' 악의 어린 감정 (왜 저 사람인 거야?)

知

알 지

2학년 | N3 | 58위

해설	화살(矢)을 쏘아대듯 입(口)으로 지식을 뱉어낼 만큼 잘 아니
음독	[ち]　知覚 지각 (ちかく)　　未知 미지 (みち)

1808

痴

중학 | N1 | 1896위

병(疒)에 걸린 듯 알던(知) 것도 잊은 듯 어리석게 행동하게 되는 **치매**이며
병(疒)에 걸린 듯 일반 상식(知)을 잊고 야한 것을 밝히게 되는 **치한**이니

① 어리석을 치 · 치매 치   ② 밝힐 치 · 치한 치

13획 痴痴痴痴痴痴痴痴痴痴痴痴痴

음독	ち	3순위	①*痴人 치인바보 (ちじん)	① 白痴美 백치미 (はくちび)
			①*愚痴 우치푸념 (ぐち)	① 音痴 음치 (おんち)
		4순위	② 痴漢 치한 (ちかん)	② 痴情 치정 (ちじょう)
			②*痴話喧嘩 치화훤화 (ちわ・げんか) 치정 싸움/사랑 싸움
훈독	[し]れる		▼痴(し)れる [동사 연용형+] 얼빠지다, 멍청해지다, 정신을 잃다
			→ 酔(よ)い痴(し)れる ⓐ 고주망태가 되다 ⓑ 도취되다

| 잠깐만요 |

• 「痴情のもつれ」(치정에 얽힌 사건)라는 표현이 있어요. 형사 드라마에 자주 등장해요.
• '치매'는 「痴呆(ちほう)」보다 「認知症(にんちしょう)」를 주로 사용하니 주의하세요.

0657

侯

제후 후

중학 | N1 | 1994위

해설	사람(亻)의 상투(ユ)를 화살(矢)로 맞힐 실력이 있어야 되는 **제후**이니
음독	[こう] 侯爵 후작 (こうしゃく) 諸侯 제후 (しょこう)
파생	0658 候 기후 후 · 기다릴 후 [こう]

1809

喉

중학 | 급수 외 | 1503위

입속(口)에서 제후(侯)가 활을 겨누듯 혀와 목젖이 보이는
목구멍의 모습이니

목구멍 후 · 인후 후

12획 喉喉喉喉喉喉喉喉喉喉喉喉

음독	こう	4순위	喉頭 후두 (こうとう)	咽喉 인후 (いんこう)
훈독	のど		喉(のど) 목구멍	→ 喉自慢(のどじまん) 노래자랑
			喉飴(のどあめ) 목캔디	喉風邪(のどかぜ) 목감기

1810

挨

중학 | 급수 외 | 1416위

손(扌)을 들고 사적(厶)으로 아는 사람에게 화살(矢)처럼 빠르게 건네는 인사이니

厶: 사사로울 사

인사할 애

10획 挨挨挨挨挨挨挨挨挨挨

음독 **あい** 4순위 *挨拶 애찰인사 (あいさつ)

| 잠깐만요 |
• 「挨拶」에만 사용되는 한자입니다. 단어째로 학습하는 게 효율적이에요.

---

156 失: 잃을 실 ▶ 秩迭

0116

失

 잃을 실 · 손실 실

4학년 | N2 | 424위

해설	화살촉(矢)이 한 뼘(')은 살 속에 박힌 모습을 본떠 사람을 잃어 손실이 발생함을 나타내니
음독	[しつ] 失業 실업 (しつぎょう)　　損失 손실 (そんしつ)
파생	0346 鉄 쇠 철 [てつ]

1811

秩

중학 | N1 | 1776위

벼(禾)를 잃어버리지(失) 않도록 관리하기 위해 질서 정연하게 쌓아 두니

차례 질 · 질서 질

10획 秩秩秩秩秩秩秩秩秩秩

음독 **ちつ** 4순위 秩序 질서 (ちつじょ)　　*秩然 질연질서정연 (ちつぜん)

1812

迭

중학 | N1 | 3027위

회사에서 중요한 것을 잃어버려(失) 뛰어다니며(辶) 우왕좌왕하는 이는 써먹을 수가 없어 경질시키고 다른 사람으로 바꾸니

(사람) 바꿀 질 · 경질될 질

8획 迭迭迭迭迭迭迭

음독 **てつ** 4순위 更迭 경질 (こうてつ)　　*交迭 교질교체 (こうてつ)

| 잠깐만요 |
• 「更迭」는 '어떤 직위의 사람을 바꾸어 다른 사람을 임명하는 것'을 말해요.

1813

缶

중학 | N2 | 1856위

화살촉(丶) 같은 도구로만 뚜껑을 딸 수 있는 내용물을 오래(十) 보관할 수 있는 통(凵)위 깡통/캔이니   凵: 위 뚫린 모양 감

(도자기 관 →) 깡통/캔 관

6획 缶 缶 缶 缶 缶 缶

음독	かん	3순위	*缶 관캔/깡통 (かん)	*缶詰 관힐통조림 (かんづめ)
			*薬缶 약관주전자 (やかん)	*汽缶 기관보일러 (きかん)

| 잠깐만요 |
• 「缶」은 본래 '두레박/항아리'의 모양을 본떠 만들었어요. 하지만 일본에서는 발음의 유사성과 액체를 담는 통이라는 의미의 유사성을 이유로 '캔/깡통'을 대체해서 사용해요.

1814

陶

중학 | N1 | 1648위

언덕(阝) 아래 돌로 감싼 가마(勹) 안에 진흙을 깡통(缶) 같은 모양으로 다듬은 것을 넣고 구워 만드는 도자기니   勹: 감쌀 포 (여기선 가마의 모양)

① 질그릇 도 · 도자기 도   (② 빠져들 도 · 도취할 도)

11획 陶 阝 陶 阝 陶 阝 陶 陶 阝 陶 陶 陶

음독	とう	2순위	① 陶器 도기 (とうき)	① 陶磁器 도자기 (とうじき)
			① 陶芸 도예 (とうげい)	① 陶工 도공 (とうこう)
		4순위	② 陶酔 도취 (とうすい)	

| 잠깐만요 |
• 「陶酔」는 문어적 표현에나 사용되고, 일반적으로는 「酔(よ)う」(취하다) 쪽의 사용 빈도가 높습니다.

1815

鬱

중학 | 급수 외 | 1803위

울창한 기억의 숲(林)에서 울리는 빈 깡통(缶) 소리마냥 비난 어린 말들이 온 머릿속을 덮으며(冖) 마음속(凵)에 담아 두었던 상처들(※)을 비수(匕)처럼 찔러 머리카락(彡)을 움켜쥐고 우울하게 만드니   凵: 위 뚫린 모양 감   彡: 터럭 삼
匕: 숟가락 비 · 비수 비   ※: 베이고(乂) 여기저기 찔린(丶乂) 상처

답답할 울(→ ① 울적할 울 · 우울할 울   ② 무성할 울 · 울창할 울)

29획 鬱 鬱 鬱 鬱 鬱 缶 缶 缶 缶 缶 缶 缶 缶 缶 缶 缶 鬱 鬱 鬱 鬱 鬱 鬱 鬱 鬱 鬱 鬱 鬱 鬱 鬱 鬱

음독	うつ	2순위	① *鬱病 울병우울증 (うつびょう)	② 鬱蒼 울창 (うっそう)
			② *鬱然 울연 (うつぜん)	① 憂鬱 우울 (ゆううつ)
			① 躁鬱病 조울병 (そううつびょう)	

| 잠깐만요 |
• 획수가 많고 복잡한 한자예요. '답답함 → 〈심리적〉 우울, 〈물리적〉 빽빽함'이란 의미로 세분화되지만, '② 울창하다'는 의미로 쓰이는 어휘는 그 수가 적어요.
• 「鬱然」은 '초목이 매우 울창한(鬱) 모양 → 지식/세력이 울창하고 큰 모양 → 무시할 수 없는 모양'이라는 의미로 쓰입니다. 「鬱然たる+명사」의 형태로 많이 쓰여요.
　예 鬱然(うつぜん)たる勢力(せいりょく) 무시할 수 없는 세력

313

0663 乍	잠깐 사 · 동시에 사		제부수	급수 외	2615위
해설	날아온 화살(丿)이 샤(乍) 하는 소리와 동시에 잠깐 사이에 사라지니	
파생	0664 作 만들 작 · 동작 작[さく/さ] 0665 昨 어제 작[さく]	

1816

詐

중학 | N1 | 2097위

말(言)을 잠깐(乍) 사이에 바꾸면서 남을 속이고 사기를 치니

속일 사 · 사기 사

12획	詐 詐 詐 詐 詐 詐 詐 詐 詐 詐 詐
음독	さ 3순위	詐欺 사기 (さぎ) 詐取 사취 (さしゅ) 詐称 사칭 (さしょう)

| 잠깐만요 |
• '사기'는 「詐欺」라 쓰지만 '사기 치다'는 「騙(だま)す」(속이다), 「騙(だま)し取(と)る」(속여서 빼앗다, 가로채다) 등의 훈독 어휘를 주로 사용하니 주의하세요.

1817

窄

상용 외 | 급수 외 | 3039위

깔때기처럼 넓은 구멍(穴)이 잠깐(乍) 사이에 **좁아지는** 모양
이니
0762 穴: 구멍 혈

좁아들 착 · 협착 착

10획	窄 窄 窄 窄 窄 窄 窄 窄 窄 窄
음독	さく 4순위	狭窄症 협착증 (きょうさくしょう)

훈독	[すぼ]む	▽窄(すぼ)む 오므라지다, 오그라들다, 차츰 좁아지다 ＝窄(つぼ)む
	[すぼ]まる	▽窄(すぼ)まる 움츠리다, 오므라지다 ＝窄(つぼ)まる
	[すぼ]める	▽窄(すぼ)める 오므리다, 움츠리다 ＝窄(つぼ)める

搾

중학 | N1 | 2498위

손(扌) 안의 공간이 좁아지도록(窄) 꽉 쥐어서 힘과 압력을 가해 즙을 눌러 짜내는 것을 압착이라 하죠?

짜낼 착 · 압착할 착

13획 搾 搾 搾 搾 搾 搾 搾 搾 搾 搾 搾 搾

음독	さく [4순위]	搾取 착취(さくしゅ)	圧搾 압착(あっさく)
훈독	[しぼ]る	搾(しぼ)る ⓐ (힘/압력으로) 짜내다 ⓑ 쥐어짜다, 착취하다 ⑩ 果汁(かじゅう)を搾(しぼ)る 과즙을 짜다 税金(ぜいきん)を搾(しぼ)る 세금을 무리하게 징수하다 cf) 絞(しぼ)る ⓐ (비틀어서) 짜내다 ⓑ 범위를 한정하다	

弥

중학 | N1 | 909위

궁(弓) 자처럼 꼬불꼬불한 모양으로 화살촉(丷) 같은 작은(小) 바늘을 움직여 대충 기워 메우니(미봉책)

① 대충 메울 미　② 외래음 미 · 미륵 미

8획 弥 弥 弥 弥 弥 弥 弥 弥

음독	み [4순위]	② 弥勒 미륵(みろく)　　② 阿弥陀仏 아미타불(あみだぶつ) ②*沙弥 사미 (しゃみ) 20세 미만의 소년 승려
	び [4순위]	① 弥縫策 미봉책(びほうさく)
훈독	や	弥生(やよい) 음력 3월　　　弥猛(やたけ)に 〈문어〉 맹렬히 弥生時代(やよい・じだい) 야요이 시대 (일본 석기시대 중 하나)

|잠깐만요|
· 음독의 경우, 「弥縫策」 외에는 불교의 고유명사로 쓰입니다.
· 훈독 어휘는 상당히 고풍스럽고 문어적인 표현으로 일상에서는 사용되지 않습니다.
· 「沙弥(しゃみ)から長老(ちょうろう)には成(な)れぬ」(어린 중이 당장 장로가 될 수 없다 → 모든 일에는 순서가 있으며, 건너뛰어 위로 오를 수는 없다)도 알아 두세요.

称

중학 | N1 | 815위

벼(禾) 날알 하나조차 화살촉(ノ)으로 작은(小) 실수 없이 좌우 대칭으로 맞춰 쪼개면
스스로 명사수라 칭해도 모두에게 칭찬받을 만하니

① 일컬을 칭·칭할 칭　② 칭찬할 칭　③ 대칭 칭

10획	称 称 称 称 称 称 称 称 称 称		
음독	しょう	1순위	①名称 명칭(めいしょう)　① 通称 통칭(つうしょう) ①自称 자칭(じしょう)　① 人称 인칭(にんしょう)
		4순위	②称賛 칭찬(しょうさん)　②*称嘆 칭탄 칭찬(しょうたん) ③対称 대칭(たいしょう)　③ 非対称 비대칭(ひたいしょう)
훈독	[たた]える		▽称(たた)える 칭찬하다, 찬양하다 ← 讃える로도 표기

| 잠깐만요 |
- 「称」은 본래 '곡물 등을 저울에 달다'를 뜻하던 한자로, 아래와 같이 의미가 파생되었습니다.
  – ① 곡물을 달아서 가격을 말하여 제시하다 → 부르다, 일컫다 ▷ 名称, 人称, 通称 등
  – ② 무게를 달다 → 말에 무게를 싣다 ▷ 称賛, 称嘆/称える (파생 어휘 소수)
  – ③ 저울 자체 ▷ 対称 (파생 어휘 유일)
- 「称(しょう)する」(ⓐ ~라 일컫다, 칭하다　ⓑ ~라 사칭하다　ⓒ 칭찬하다, 찬양하다)도 알아 두세요.

---

159 复: 가득할 복 ▶ 覆 履

0666	复	가득할 복	부수자
해설		쏟아지는 화살(ノ)이 해(日)에 빛나며 천천히 걸어오듯(夂) 하늘에 가득한 모습이니	
파생		0667 複 겹칠 복[ふく]　0668 復 돌아갈 복·다시 부[ふく]　0669 腹 배 복[ふく]	

0668	復	① 돌아갈 복　② 다시 부	5학년	N2	672위
해설		모든 게 가득했던(复) 때로 천천히 걷듯(彳) 다시 돌아가니	
음독		[ふく]　回復 회복(かいふく)　　復活 부활(ふっかつ)	

覆

중학 | N1 | 1397위

위를 덮은(襾) 부분이 다시금(復) 아래쪽으로 돌아가도록 뒤집어서 바닥을 덮어 버리니

襾: 덮을 아

① 덮을 복　② 뒤집을 복

18획 覆覆覆覆覆覆覆覆覆覆覆覆覆覆覆覆覆覆

음독	ふく	3순위	① 覆面 복면 (ふくめん)	① 被覆線 피복선 (ひふくせん)
			② 転覆 전복 (てんぷく)	
훈독	[おお]う		覆(おお)う (전체를) 덮다, 뒤덮다	
	[くつがえ]る		覆(くつがえ)る 뒤집히다	
	[くつがえ]す		覆(くつがえ)す 뒤집(어 엎)다	

| 잠깐만요 |

• '부침개'를 떠올려 보세요. 프라이팬을 '덮은' 반죽을 '뒤집어서' 다시 한 번 팬을 '뒤덮죠'?
• 음독의 경우, 제시된 세 단어를 제외한 파생 어휘 대부분이 사용 빈도가 낮습니다.

履

중학 | N1 | 1644위

몸을 숙여(尸) 다시금(復) 신고 있는 신발 끈을 동여매고 땅을 밟으며 임무를 이행해 나가니

尸: 지친 몸 시 · 시체 시

① 신(을) 리　② 밟을 리 · 이행할 리

15획 履履履履履履履履履履履履履履履

음독	り	3순위	② 履行 이행 (りこう)	② 履歴 이력 (りれき)
			② 履修 이수 (りしゅう)	①*草履 조리짚신 (ぞうり)
훈독	[は]く		履(は)く 신다	→ 履物(はきもの) 신, 신발

| 잠깐만요 |

• 음독에서는 '② 이행하다'의 파생 어휘가 우세한 반면, 훈독에서는 본래의 '① 신다'의 의미로 쓰입니다.

26

'방패와 몽둥이'의 파생 [13자]

160 殳: 몽둥이 수 ▶ 沒疫股殿殼毀擊

0737	殳		몽둥이 수 · 내리칠 수		부수자
해설		책상(几) 다리 같은 **몽둥이**를 손(又)에 들고 **내리치**니			几: 책상 궤
파생		0738 投 던질 투 [とう]　　0739 段 차례 단 [だん]　　0740 役 부릴 역 [やく/えき]			
		0741 設 세울 설 [せつ]　　0742 殺 죽일 살 · 빠를 쇄 [さつ/さい]　　0743 穀 곡식 곡 [こく]			

1823

沒

중학 | N1 | 1391위

물(氵)에 떠 있는 것을 몽둥이(殳)로 내리쳐 물속 깊이 **가라앉**히면 더는 세상에 **없**는 것이 되니

① 가라앉을 몰 · 침몰할 몰　② 없어질 몰

7획 沒沒沒沒沒沒沒

음독	ぼつ	2순위	① 沒落 몰락 (ぼつらく)　① 沒入 몰입 (ぼつにゅう)
			① 沒頭 몰두 (ぼっとう)　① 沈沒 침몰 (ちんぼつ)
		3순위	② 沒收 몰수 (ぼっしゅう)　②* 沒後 몰후·사후 (ぼつご)
			② 沒常識 몰상식 (ぼつじょうしき)

| 잠깐만요 |

· 단순하게 외우지 말고 어떻게 의미가 파생되어 가는지 예시 단어와 함께 생각하세요.
〈물리적〉 가라앉다: 沈沒 → 〈추상적〉 가라앉다: 沒落 → (의식 속으로 가라앉다) 집중하다: 沒頭/沒入
→ (가라앉아 보이지 않게 되다) 없(어지)다: 沒常識/沒收 → 죽다: 沒後

1824

疫

중학 | N1 | 1849위

병(疒) 중에서도 온몸이 몽둥이(殳)로 맞은 듯 강렬하고 욱신거리는 증상을 동반하는 병은 역병/전염병이니　　　　疒: 병들 녁

전염병 역 · 역병 역

9획 疫疫疫疫疫疫疫疫疫

음독	えき	2순위	疫病 역병 (えきびょう)　　防疫 방역 (ぼうえき)
			免疫 면역 (めんえき)　　検疫 검역 (けんえき)
	やく	4순위	疫病神 역병신 (やくびょうがみ)

• 「やく」로 읽는 어휘는 「疫病神」 정도예요. 「疫病神」는 'ⓐ 역병을 불러오는 신 → ⓑ 불운을 가져오는 이'라는 의미로 확장되어 사용됩니다. 흔히 불길한 사람에게 쓰는 단어예요.

1825

股

중학 | 급수 외 | 1393위

몸(月)에서 가장 두꺼운 몽둥이(殳) 같은 부위는 넓적다리/허벅지이니

넓적다리 고 · 가랑이 고

8획 股 股 股 股 股 股 股 股

음독	こ	[4순위]	股間 고간 (こかん)	股関節 고관절 (こかんせつ)
훈독	もも		股(もも) 허벅지, 넓적다리 → 太股(ふともも) 넓적다리, 대퇴 股肉(ももにく) 넓적다리살, 대퇴살	
	また		股(また) 가랑이 → 股座(またぐら) 가랑이, 사타구니 小股(こまた) 좁은 보폭　股下(またした) 바지의 밑아래 길이	

• 속어적인 표현으로 '쩍벌남'을 「大股広(おおまた・ひろ)げの男(おとこ)」라고 해요.

1826

殿

중학 | N2 | 692위

지친 몸(尸)을 이끌고 많은 이가 함께(共) 들어와 쉴 수 있게 몽둥이(殳) 같은 커다란 기둥이 지붕을 받치고 있는 큰 집/궁전이니

0227 共: 모두 공 · 함께 공

큰 집 전 · 궁전 전

13획 殿 殿 殿 殿 殿 殿 殿 殿 殿 殿 殿 殿 殿

음독	でん	[1순위]	殿堂 전당 (でんどう)　宮殿 궁전 (きゅうでん) 神殿 신전 (しんでん)　沈殿 침전 (ちんでん)	
	てん	[4순위]	御殿 어전 (ごてん)	
훈독	との		殿(との) 남자/남편/영주를 부르는 말 → 殿様(とのさま) 영주님	
	〜どの		殿(どの) [사람+] 〜님　高殿(たかどの) 높은 전각	

• 궁궐처럼 큰 집은 두꺼운 기둥과 으리으리한 지붕이 특징이죠?
• 「殿(との)」는 '커다란 집이나 궁전의 주인'이란 의미에서 에도 시대에 '영주'나 '(집)주인, 남편' 등의 남성을 높여 부르던 말입니다. 현대에서는 일반적으로 쓰이지 않습니다.

殼

중학 | N2 | 2013위

몸이 선비(士)처럼 약한 생물의 겉을 덮은(冖) 책상(几)처럼
단단한 껍질은 아무리 때려도(殳) 버텨내는 갑옷 같기에
갑각이라 하죠?　　　　　　　　　　　　　　0168 士: 선비 사

껍질 각 · 갑각 각

11획　殼 殼 殼 殼 殼 殼 殼 殼 殼 殼 殼

음독	かく	4순위	甲殼類 갑각류 (こうかくるい)	地殼 지각 (ちかく)
훈독	から		殼(から) 껍질, 껍데기 貝殼(かいがら) 조개껍질	抜(ぬ)け殼(がら) 허물 吸殼(すいがら) 담배꽁초

| 잠깐만요 |
• 「 0743 穀 곡식 곡: 선비(士)의 지혜로 쌀겨가 겉을 덮은(冖) 벼(禾)를 도리깨로 때려(殳) 탈곡하는
　곡물」과의 구분에 주의하세요.

毀

중학 | 급수 외 | 2790위

흙바닥(土)이 움푹 패일 정도로 절구(臼)에 넣고 몽둥이(殳)로 격하게 찧어 부숴대며
훼손시키니　　　　　　　　　　　　　　　　臼: 절구 구

부술 훼 · 훼손할 훼

13획　毀 毀 毀 毀 毀 毀 毀 毀 毀 毀 毀 毀 毀

음독	き	4순위	毀損 훼손 (きそん)	名譽毀損 명예훼손 (めいよ・きそん)

| 잠깐만요 |
• 음독과 의미가 유사하여 종종 「 2191 棄 버릴 기」를 대신해 쓰이기도 해요.
　예 破棄(파기) = 破毀(파훼)

撃

중학 | N1 | 423위

| 비교 |
• うつ : 0841 打 vs
　0585 討 vs 1829 撃

수레(車)에 올라 몽둥이(殳)를 손(手)에 들고 때리며 공격하니

공격할 격

15획　撃 撃 撃 撃 撃 撃 撃 撃 撃 撃 撃 撃 撃 撃 撃

음독	げき	1순위	撃退 격퇴 (げきたい) 打撃 타격 (だげき) 射撃 사격 (しゃげき)	攻撃 공격 (こうげき) 衝撃 충격 (しょうげき) 目撃 목격 (もくげき)
훈독	[う]つ		撃(う)つ ⓐ 공격하다　ⓑ 총포를 쏘다 　→ 撃(う)ち込(こ)む 쏘아대다, 발사해대다 　　撃(う)ち抜(ぬ)く 관통하다, 꿰뚫다 cf) 打(う)つ (일반적) 치다　　討(う)つ 베어 죽이다, 토벌하다	

| 잠깐만요 |
• 상당히 많은 파생 어휘들이 존재하니 사전을 꼭 참조하세요.

0121 干		① 방패 간 ② 마를 간		6학년 | N2 | 1260위
해설		천장(一)에 매달아 열(十) 번 말려서 만드는 **방패**의 모양이니		
음독		[かん] *干戈 창과 방패 (かんか) 干潮 간조 (かんちょう)		
파생		0718 刊 책 펴낼 간[かん] 0719 岸 물가 안·절벽 안[がん]		

1830 肝

중학 \| N1 \| 1364위

몸(月)에서 독을 해독하며 막는 방패(干)와 같은 간이니

간 간

7획 肝 月 肝 肝 肝 肝 肝

음독	かん	2순위	肝 간 (かん) 肝胆 간담 간과 쓸개 (かんたん)	*肝心 간심 중요/긴요 (かんじん) *肝要 간요 긴요 (かんよう)
훈독	きも		肝(きも) ⓐ 간 ⓑ 담력, 기력 → 肝(きも)っ玉(たま) 배짱 肝試(きも・だめ)し 담력 시험 肝入(きも・い)り (사이에서) 주선함	

| 잠깐만요 |
· 「肝(きも)」는 상당히 많은 숙어와 관용 표현에 사용됩니다. 사전을 통해 확인하세요.
  예 肝(きも)が据(す)わっている 대담하다, 배짱 있다 肝(きも)に銘(めい)じる 명심하다

1831 汗

중학 \| N2 \| 1172위

몸에 열이 나면 수분(氵)을 배출시키고 말려서 체온을 보호하는 방패(干) 역할을 하는 땀이니

땀 한

6획 汗 汗 汗 汗 汗 汗

음독	かん	3순위	*汗腺 한선 땀샘 (かんせん) 多汗症 다한증 (たかんしょう)	発汗 발한 땀이 남 (はっかん)
훈독	あせ		汗(あせ) 땀 冷汗(ひやあせ) 식은땀 汗搔(あせ・か)き 땀 흘리기 쉬운 체질 汗水(あせみず) (일을 해서) 물처럼 흐르는 땀	→ 汗(あせ)だく 땀투성이

| 잠깐만요 |
· '땀을 흘리다'라는 표현은 「搔(か)く」를 쓰지만, 「汗水」에는 「流(なが)す·垂(た)らす」를 씁니다.
  예 汗(あせ)を搔(か)く 땀을 흘리다 冷汗(ひやあせ)を搔(か)く 식은땀을 흘리다
  汗水(あせみず)を流(なが)す/垂(た)らす 땀을 흘리며 열심히 일하다

軒

중학 | N2 | 1251위

수레(車)를 지붕 테두리에 달아둔 듯 비를 막는 방패(干) 역할을 하는 처마는 일본에서 집을 세는 단위의 하나예요.

처마 헌 · 집 세는 단위 헌

10획 軒 軒 軒 軒 軒 軒 軒 軒 軒 軒

음독	けん	3순위	*一軒 일헌집 한 채 (いっけん)　*軒数 헌수집의 수 (けんすう) *一軒家 일헌가단독주택 (いっけんや)
훈독	のき		軒(のき) 처마　　　　　　→ 軒下(のきした) 처마 밑 軒並(のき・な)み ⓐ 집이 죽 늘어서 있음 ⓑ 집집마다

平

평평할 평 · 기울지 않을 평

3학년 | N2 | 120위

해설	마른(干) 쌀알(丷)조차 한쪽으로 기울지 않는 평평한 저울이니
음독	[へい] 平面 평면 (へいめん)　　　　[びょう] 平等 평등 (びょうどう)
파생	0722 評 평가할 평 [ひょう]

坪

중학 | N1 | 1833위

땅(土)을 평평한(平) 지도상에서 수치를 재서 **토지 면적**을 계산하는 평수이니

토지 면적 평 · 평수 평

8획 坪 坪 坪 坪 坪 坪 坪 坪

훈독	つぼ	坪(つぼ) 토지 면적 단위(평)　→ 坪数(つぼすう) 평수 建坪(たて・つぼ) 건평, 평수　　坪庭(つぼにわ) 안뜰

1834

盾

중학 | N1 | 1665위

눈(目) 위로 쏟아지는 수많은(十) 공격에도 굴바위(厂)처럼
단단하게 몸을 보호해 주는 **방패**이니　　　　厂: 굴바위 엄

방패 순

9획　盾 盾 盾 盾 盾 盾 盾 盾 盾

음독	じゅん ③순위	矛盾 모순 (むじゅん)
훈독	たて	盾(たて) 방패 → 盾突(たて・つ)く 대들다 　盾(たて)に取(と)る 구실로 삼다 　後(うし)ろ盾(だて) 후원자, 뒷배

| 잠깐만요 |
• 「 0121 干 방패 간」은 부수로 쓰일 때 방패를 의미하고, 단어로 쓸 때는 「 1834 盾 방패 순」을 사용합니다.

1835

循

중학 | N1 | 1962위

순찰병이 방패(盾)를 들고 걸어다니면서(彳) 진지 주위를 한 바퀴 돌아 제자리로
돌아오니(순환)　　　　彳: 조금 걸을 척

돌 순 · 순환 순

12획　循 循 循 循 循 循 循 循 循 循 循 循

음독	じゅん ④순위	循環 순환 (じゅんかん)	悪循環 악순환 (あくじゅんかん)

| 잠깐만요 |
• 「循環」과 그 파생 어휘들에만 사용되는 한자입니다. 아예 '순환 순'으로 학습하세요.
• 「巡 · 循」의 의미 구분
　– 「 1427 巡 돌 순 · 순회 순」: 주로 물리적으로 빙빙 돌아다니는 것　예 巡回(じゅんかい) 순회
　– 「 1835 循 돌 순 · 순환 순」: 추상적으로 빙빙 돌아 제자리로 돌아오는 것
　　　　　　　　　　　　　　　　　　　　　　　예 循環(じゅんかん) 순환

(정답은 570쪽에)

1 빈칸에 들어갈 한자로 적절한 것을 고르시오.

1. ＿＿介 (소개)   ⓐ 紹   ⓑ 沼   ⓒ 詔
2. 自＿＿ (자취)   ⓐ 吹   ⓑ 炊   ⓒ 次
3. ＿＿使 (구사)   ⓐ 欧   ⓑ 駆   ⓒ 殴
4. 分＿＿ (분석)   ⓐ 斧   ⓑ 祈   ⓒ 析
5. ＿＿月 (세월)   ⓐ 威   ⓑ 滅   ⓒ 歳
6. 推＿＿ (추대)   ⓐ 戴   ⓑ 繊   ⓒ 栽
7. ＿＿情 (치정)   ⓐ 疾   ⓑ 痴   ⓒ 嫉
8. 転＿＿ (전복)   ⓐ 覆   ⓑ 履   ⓒ 復
9. ＿＿環 (순환)   ⓐ 盾   ⓑ 楯   ⓒ 循
10. 強＿＿ (강도)   ⓐ 諮   ⓑ 恣   ⓒ 盗

2 다음 한자의 뜻을 (　　)에 적고 일본 음독을 ⓐ, ⓑ, ⓒ 중에 하나 고르시오.

1. 盆栽 (　　)   ⓐ ふんさい   ⓑ ぶんさい   ⓒ ぼんさい
2. 奨励 (　　)   ⓐ しょうりょう ⓑ しょうれい   ⓒ しょうらい
3. 刹那 (　　)   ⓐ さつな   ⓑ さいな   ⓒ せつな
4. 比較 (　　)   ⓐ ひかく   ⓑ ひこう   ⓒ ひきょう
5. 斥候 (　　)   ⓐ せきこう   ⓑ せっこう   ⓒ ちょっこう
6. 疑惑 (　　)   ⓐ ぎわく   ⓑ ぎほく   ⓒ ぎこく
7. 痔疾 (　　)   ⓐ じぢつ   ⓑ じじつ   ⓒ じしつ
8. 桟橋 (　　)   ⓐ ざんばし   ⓑ さんばし   ⓒ さんきょう
9. 殿堂 (　　)   ⓐ せんどう   ⓑ てんどう   ⓒ でんどう
10. 耽溺 (　　)   ⓐ たんでき   ⓑ たんにく   ⓒ たんじゃく

다섯째마디

●

생활/도구 [189자]

27

'가옥'의 파생 [33자]

163 宀: 지붕 면 · 집 면 ▶ 突宴寡寬

0762 穴	**구멍 혈 · 동굴 혈**		6학년 │ N1 │ 1113위
해설	천장(宀) 같은 절벽이 쪼개져(八) 생긴 동굴의 입구/구멍이니		
음독	[けつ] 墓穴 무덤 (ぼけつ)		
파생	0763 空 텅 빌 공 [くう] 0764 窓 창문 창 [そう] 0765 究 연구 구 [きゅう]		

1836

突

중학 │ N3급 │ 370위

구멍(穴)을 커다란(大) 드릴이 갑자기 찌르듯 튀어나오며 돌격하니

① **갑자기 돌 · 돌연 돌** ② **찌를 돌 · 돌격할 돌**

8획 突突突突突突突突

음독	とつ <small>2순위</small>	① 突然 돌연 (とつぜん) ② 突撃 돌격 (とつげき) ② 激突 격돌 (げきとつ)	①*突如 돌여 갑자기 (とつじょ) ①*唐突 당돌 갑자기 (とうとつ) ② 衝突 충돌 (しょうとつ)
훈독	[つ]く	突(つ)く 찌르다, 내지르다 → 突(つ)き 찌름, 찌르기 突(つ)き当(あ)り 막다른 길, 막힌 곳	

│잠깐만요│
• 파생 어휘는 적지만 대부분 사용 빈도가 상당히 높기 때문에 2순위로 지정했어요.

0773 安	① **편안할 안 · 안정될 안** ② **값쌀 안**		3학년 │ N4 │ 170위
해설	집의 지붕(宀) 아래에서 여자(女)가 편안한 모습으로 안정을 취하니		
음독	[あん] 安定 안정 (あんてい) 安価 싼값 (あんか)		
파생	0774 案 생각 안 · 책상 안 [あん]		

1837

宴

중학 | N1급 | 1684위

편안(安)하게 웃고 떠들면서(曰) 술 마시고 즐기는 연회/잔치이니   曰: 말할 왈

잔치 연 · 연회 연

10획 宴宴宴宴宴宴宴宴宴宴

음독	えん	2순위	宴会 연회 (えんかい)	宴席 연석 (えんせき)
			饗宴 향연 (きょうえん)	祝宴 축연 (しゅくえん)
훈독	うたげ		▽宴(うたげ) 연회, 잔치	

1838

寡

중학 | N1급 | 2434위

집(宀)의 우두머리(頁)인 남편이 칼(刀)을 맞고 죽으면 사람도 수가 적어지고 부인은 과부가 되니   頁: 머리 혈

① 적을 과 ② 과부 과

14획 寡寡寡寡寡寡寡寡寡寡寡寡寡寡

음독	か	3순위	① 寡占 과점 (かせん)	① 寡黙 과묵 (かもく)
			① 衆寡敵せず 중과부적 (しゅうか・てきせず)	
		4순위	② 寡婦 과부 (かふ)	
훈독	やもめ		▽寡(やもめ) 과부, 미망인 = 後家(ごけ)・未亡人(みぼうじん)	
			▽寡夫(やもめ) 홀아비 = やもお・男寡夫(おとこ・やもめ)	

| 잠깐만요 |
• 「衆寡敵せず」(중과부적)란 '무리가 적으면 대적할 수 없다'는 뜻으로 수적 열세를 뜻합니다.

1839

寛

중학 | N1급 | 1346위

집(宀)에서 화단의 풀(艹)을 보듯(見) 긴장을 풀고 편안한 복장과 마음으로 너그러이 바라보는 관대함이니

편안할 관 · 관대할 관

13획 寛寛寛寛寛寛寛寛寛寛寛寛寛

음독	かん	3순위	寛容 관용 (かんよう)	寛大 관대 (かんだい)
훈독	[くつろ]ぐ		▽寛(くつろ)ぐ ⓐ 근심/걱정을 잊고 쉬다 ⓑ 편안한 복장을 하다	
	[くつろ]げる		▽寛(くつろ)げる ⓐ 편안히 쉬게 하다, 편안하게 하다 ⓑ 느슨하게 하다, (조인 것을) 풀다	

327

0744 家	① 집 가 · 가정 가 ② 전문가 가		2학년 | N3 | 28위
해설	지붕(宀) 밑에서 돼지(豕)처럼 살찌우며 자라는 아이가 있는 **집/가정**이니		
음독	[か] 家族 가족 (かぞく)	[け] 本家 본가 (ほんけ)	

여자(女)가 남자의 집(家)으로 **시집**을 가 그 집 **며느리**가 되니

시집갈 가 · 신부 가

13획 嫁 嫁 嫁 嫁 嫁 嫁 嫁 嫁 嫁 嫁 嫁 嫁 嫁

음독	か	3순위	再嫁 재가 (さいか)		転嫁 전가 (てんか)
훈독	よめ		嫁(よめ) ⓐ 며느리 ⓑ 신부, 아내 → 花嫁(はな·よめ) 신부 嫁入(よめ·いり)り 시집감　兄嫁(あによめ) 형수 嫁姑(よめ·しゅうとめ) 고부, 시어머니와 며느리		
	[とつ]ぐ		嫁(とつ)ぐ 시집가다　　　→ 嫁(とつ)ぎ先(さき) 시집간 곳		

| 잠깐만요 |
- 再嫁: 이혼/사별한 이가 재혼함 (사용 빈도 낮음)
- 転嫁: 잘못이나 책임을 다른 이에게 뒤집어씌움 **예** 責任転嫁(せきにん·てんか) 책임 전가

벼(禾)를 심고 수확하는 것은 집안(家)의 중요한 **가업**이자 **벌이**였으니　　　禾: 벼 화

(돈/시간을) 벌 가

15획 稼 稼 稼 稼 稼 稼 稼 稼 稼 稼 稼 稼 稼 稼 稼

음독	か	4순위	*稼業 가업 (かぎょう) 직업/생업 ≒ 仕事(しごと), 職業(しょくぎょう) ≠ 家業 가업 (かぎょう) 한 집안의 직업
훈독	[かせ]ぐ		稼(かせ)ぐ (돈/시간을) 벌다　　→ 稼(かせ)ぎ 벌이, 생업 時間稼(じかん·かせ)ぎ (목적을 위한 의도적인) 시간 끌기

| 잠깐만요 |
- 본래는 '곡식을 심다'라는 의미였으나, 일본에서는 '돈/시간 따위를 벌다'라는 의미로 사용돼요.
- 「稼ぐ·儲かる」의 의미 구분 ☞ 「**2048** 儲 돈 벌 저」의 | 잠깐만요 | 참조

		집문 호	2학년 │ N2 │ 251위
해설		각 집을 대표하는 문을 본떠 만든 것이니	
음독		[こ] 戸外 호외(こがい)　　戸籍 호적(こせき)	
파생		⓪⁷⁸² 所 장소 소 · 바 소[しょ]	

戸 / 戸
⁰¹⁴⁷

1842

扉

중학 │ N1급 │ 1476위

미닫이문(戸)이 아니라(非) 밀거나 당겨서 여는 **여닫이문**이니

⟨1073⟩ 非: 아닐 비

여닫이문(짝) 비

12획 扉 扉 扉 扉 扉 扉 扉 扉 扉 扉 扉 扉

음독	**ひ** `4순위`	* 開扉 개비문짝을 엶 (かいひ)　　* 門扉 문비문짝 (もんぴ)
훈독	**とびら**	扉(とびら) ⓐ 문　ⓑ 책의 겉장

│ 잠깐만요 │
• '문'의 의미 구분
　− 門(もん): gate에 해당하는 가장 외곽의 양문(교문, 정문, 성문)
　− 戸(と): 주로 미닫이문
　− 扉(とびら): 주로 여닫이문, 물리적 · 추상적인 문 전반
　− ドア: 물리적인 문 전반, 특히 기능성 문(자동문, 회전문, 냉장고 문, 교통수단의 문 등)

1843

啓

중학 │ N1급 │ 1661위

닫힌 생각의 문(戸)을 쳐서(攵) 깨부수는 말(口)을 날리며 사람들을 일깨우고 계몽하니

攵: 칠 복

일깨울 계 · 계몽할 계

11획 啓 啓 啓 啓 啓 啓 啓 啓 啓 啓 啓

음독	**けい** `2순위`	啓蒙 계몽 (けいもう)　　啓示 계시 (けいじ)
		啓発 계발 (けいはつ)　　*拝啓 배계 (はいけい)

│ 잠깐만요 │
• 「拝啓」는 '~께 삼가 아룁니다/인사올립니다'라는 뜻으로 편지글 첫머리에 쓰는 인사말이에요.
• '하늘/신의 계시'는 다음과 같은 표현을 관용적으로 사용합니다.
　→ 神(かみ)のお告(つ)げ / 天(てん)の啓示(けいじ)
• '자기 계발'은 「自己啓発(じこ・けいはつ)」라고 합니다. 「じこ・かいはつ」라고 하면 '자기 개발
　(自己開発)'이라는 별개의 단어가 되니 주의하세요.

문(戸)보다 더 크면(大) 들어가지 못하니 반려시켜 되돌려 보내죠?

되돌릴 려 · 반려시킬 려

7획 戻戻戻戻戻戻戻

음독	れい	4순위	返戻 반려 (へんれい)

중학 | N3급 | 524위

훈독	[もど]る	戻(もど)る 되돌아가다, 되돌아오다 → 出戻(で・もど)り ⓐ 나갔다 돌아옴 ⓑ 이혼하고 친정으로 옴
	[もど]す	戻(もど)す ⓐ 되돌리다, 갚다 ⓑ 토하다, 게우다 → 払戻(はらい・もど)す 환불하다 　取(と)り戻(もど)す 되찾다

| 잠깐만요 |
· 「戻」는 '본래 자리/원상태로 되돌리는 것'을 뜻합니다.

손(扌)으로 힘주어 꼬아 원래 위치로 되돌리며(戻) 여러 바퀴 비비 꼬니

힘주어 비틀 렬 · 비비 꼴 렬

10획 捩捩捩捩捩捩捩捩捩捩

학년 외 | 급수 외 | 3003위

훈독	[よじ]る	▽捩(よじ)る 비틀다, 비비 꼬다 (≒ねじる)
	[よじ]れる	▽捩(よじ)れる 비틀어지다, 뒤틀리다 (≒ねじれる)
	[ねじ]る	▼捩(ね)じる ⓐ (힘을 주어 양 끝을 서로 다른 방향으로) 뒤틀다, 비비 꼬다, 쥐어짜다 ⓑ (근육/관절 등이 안 좋은 방향으로) 돌아가다, 뒤틀리다 → 捩子(ねじ) ⓐ 나사 ⓑ 태엽 ≒ネジ, 捻子(ねじ), 螺子(ねじ) 　捩(ね)じ込(こ)む ⓐ 비틀어 박아 넣다 ⓑ 억지로 밀어 넣다 　捩伏(ねじ・ふ)せる ⓐ 팔을 비틀어 엎누르다 　　　　　　　　　ⓑ 강제로 굴복시키다
	[ねじ]れる	▼捩(ね)じれる ⓐ (가늘고 긴 것이) 비틀리다 　　　　　　　ⓑ (마음이) 비뚤어지다 　　　　　　　ⓒ (관계가) 뒤틀리다
	[もじ]る	▼捩(もじ)る ⓐ 비틀다, 비꼬다 ≒ねじる・よじる 　　　　　　ⓑ (유명한 옛 시가 등) 비꼬아 표현하거나 흉내 내다

| 잠깐만요 |
· 「よじる/よじれる」는 단순히 비트는 것이 아니라 '철사나 끈을 360도 이상 비틀어서 비비 꼬아대는 것'처럼 '(길쭉한 것이나 피부 등을 잡고 힘주어) 비비 꼬아 비틀다'는 의미입니다.
· 「ねじる・ねじれる」는 「2029 捻 힘껏 비틀 념 · 쥐어 짜낼 념」「1909 拗 억지 요 · (억지로) 비틀 요」로도 표기 가능합니다. (※ねじる vs ひねる ☞ 2029 捻의 | 잠깐만요 | 참조)
　－ ねじ(れ)る: [표기 빈도] 히라가나 > 捩 > 捻 > 拗
　－ ねじ: 　　[표기 빈도] ネジ > 螺子 > 捻子 > 捩子
· 2029 捻 힘껏 비틀 념 · 쥐어 짜낼 념」「1909 拗 억지 요 · (억지로) 비틀 요」와 비교 학습하세요.

涙

중학 | N2급 | 1163위

눈에서 많은 물(氵)을 쏟아내 격해진 감정을 되돌리기(戻) 위한 눈물이니

눈물 루

10획 涙涙涙涙涙涙涙涙涙涙

음독	るい [3순위]	血涙 혈루 (けつるい)　　*涙腺 루선눈물샘 (るいせん)
		催涙弾 최루탄 (さいるいだん)
훈독	なみだ	涙(なみだ) 눈물 → 涙声(なみだ・ごえ) 울음 섞인 소리 涙脆(なみだ・もろ)い 잘 울다 お涙頂戴(なみだ・ちょうだい) 신파물, 눈물을 자아내는 작품

166 扁: 작고 넓적할 편 ▶ 偏 遍 雇 顧

扁

	작고 넓적할 편	제부수
해설	문(戸) 한쪽이 다시금 쪼개져 책(冊)처럼 작고 넓적하니	
음독	[へん] 扁平 편평(へんぺい)　　扁桃腺 편도선(へんとうせん)	
파생	0784 編 엮을 편[へん]	

偏

중학 | N1급 | 1681위

사람(亻)이 오로지 작은(扁) 책 하나만 보면 생각이 편향되어 한쪽으로 치우치니

기울 편 · 치우칠 편

11획 偏偏偏偏偏偏偏偏偏偏

음독	へん [2순위]	偏見 편견 (へんけん)　　　偏差 편차 (へんさ) 偏向 편향 (へんこう)　　　偏食 편식 (へんしょく)
훈독	[かたよ]る	偏(かたよ)る ⓐ (한쪽으로) 치우치다, 기울다 ⓑ 불공평하다 → 偏(かたよ)り 편향, 편중, 치우침
	[ひとえ]に	▼偏(ひとえ)に 오로지, 그저, 전적으로

| 잠깐만요 |
· 「偏」은 '한자의 부수'를 뜻하기도 합니다. 예 糸偏(いとへん) 실사 변
· 「かたよる」는 「片寄る」로도 자주 표기하니 참고하세요.

1848

遍

중학 | N1급 | 1852위

작은(扁) 책 하나쯤은 어딜 가든 달리면서도(辶) 가지고 다니는 것이 보편적이니

두루 편 · 보편 편

12획	遍 遍 遍 遍 遍 遍 扁 扁 扁 遍 遍 遍

음독	へん	3순위	*遍在 편재 (へんざい) 두루 퍼져 존재함 ↔*偏在 편재 (へんざい) 한곳에 치우쳐 있음 遍歴 편력 (へんれき)　　　　普遍 보편 (ふへん)

| 잠깐만요 |
- 「騙」은 비상용한자지만 자주 사용되니 함께 알아 두세요.
  - 騙 속일 편 : 말(馬)도 작은(扁) 책 정도는 읽을 수 있다 속이니
  - 음독: [へん]　騙取 편취 (へんしゅ)　　훈독: [だま]す　騙(だま)す 속이다

1849

雇

중학 | N2급 | 1354위

집의 대문이 아니라 한쪽에 난 쪽문(戶)으로 작은 새(隹)처럼 몸을 움츠리고 드나드는 고용인의 모습이니

隹: 작은 새 추

고용할 고

12획	雇 雇 雇 雇 雇 雇 雇 雇 雇 雇 雇 雇

음독	こ	4순위	雇用 고용 (こよう)　　　　解雇 해고 (かいこ)
훈독	[やと]う		雇(やと)う 고용하다　　→　雇(やと)い主(ぬし) 고용주

1850

顧

중학 | N1급 | 1412위

| 비교 |
- かえりみる:
  1850 顧 vs 1117 省

고용(雇)한 이들을 우두머리(頁)인 고용주는 항시 뒤돌아보면서 확인하고 옛날부터 성실했나 회고하면서 인사에 평가하죠?

돌아볼 고 · 회고할 고

21획	顧 顧

음독	こ	2순위	顧客 고객 (こきゃく)　　　顧問 고문 (こもん) *顧慮 고려 (こりょ)　　　　回顧 회고 (かいこ)
훈독	[かえり]みる		顧(かえり)みる ⓐ 뒤돌아보다 ⓑ 회고하다 ⓒ 돌보다 예 ⓐ 後(うし)ろを顧(かえり)みる　뒤를 돌아보다 　　ⓑ 過去(かこ)を顧(かえり)みる 과거를 돌이켜보다 　　ⓒ 家庭(かてい)を顧(かえり)みる 가정을 돌보다 cf) 省(かえる)みる 반성하다 　　예 過去(かこ)の過(あやま)ちを省(かえり)みる 　　　　과거의 잘못을 반성하다

| 잠깐만요 |
- '고려'의 의미 구분
  - 顧慮(こりょ): 문어, 공적 사용　vs　考慮(こうりょ): 일반적 사용

0148 門	문 문		2학년 │ N3 │ 210위
해설	양쪽에 문짝이 달린 문의 모습이니		
음독	[もん] 門 문(もん)	門下 문하(もんか)	
파생	0775 問 물을 문[もん] 0776 聞 들을 문[ぶん/もん] 0777 開 열 개[かい] 0778 閉 닫을 폐[へい] 0779 間 사이 간[かん] 0781 関 관계 관·관문 관[かん] 1202 閣 내각 각[かく]		

1851

闇

중학 │ 급수 외 │ 2301위

문(門) 안쪽이 보이지는 않고 오직 소리(音)만 들릴 정도로 캄캄하여 어두우니

1169 音: 소리 음

어두울 암

17획 闇 闇 闇 闇 闇 闇 闇 闇 闇 闇 闇 闇 闇 闇 闇 闇 闇

훈독	やみ	闇(やみ) 어둠　　→　暗闇(くらやみ) 암흑 闇金(やみきん) 사채　　闇取引(やみ・とりひき) 암거래, 뒷거래 闇雲(やみくも)に [+동사] ⓐ 마구, 되는 대로 ⓑ 불쑥

| 잠깐만요 |
- 음독으로 「あん」이 있지만, 동일 의미의 이자체인 「1170 暗 어두울 암·암흑 암」으로 쓰는 것이 원칙이라 여기에선 생략했습니다. 예 [あんや의 표기 빈도] 闇夜 ＜ 暗夜: 암야(어두운 밤)
- 「暗」은 '어두운 상태(형용사)', 「闇」은 '어둠(명사)'을 나타내는 근소한 차이만 있어요.
- 「闇」은 '어둠'이라는 기본 의미에서 '눈앞이 보이지 않는 것처럼 사리분별이 안 된다(闇雲)'와 같은 심리 상태나 '어둠의 세계=불법적인 일(闇金)'과 같은 의미의 확장으로 어휘가 파생돼요.

1852

閏

학년 외 │ 급수 외 │ 3332위

사당 문(門) 안에 왕(王)이 들어가 제사를 지내는 특별한 날인 윤달이니

여분 윤·윤달 윤

12획 閏 閏 閏 閏 閏 閏 閏 閏 閏 閏 閏 閏

음독	じゅん 4순위	閏年 윤년(じゅんねん)　　　　閏月 윤월·윤달(じゅんげつ)
훈독	うるう	▼閏(うるう) [+일시] 윤년, 윤달 → 閏年(うるう・どし) 윤년　閏月(うるう・づき) 윤달

| 잠깐만요 |
- '윤달'이란 음력으로 인해 생기는 실제 계절과 연수와 날짜 간의 불일치를 맞추기 위해 여분의 날이나 달을 끼워 넣는 것을 말해요. 이런 윤달에는 왕이 조상신을 모시는 사당을 찾아 제를 지냈다고 해요.
- 일반적으로 훈독(うるう+どし/づき)으로 읽으니 음독은 참고만 하세요. 단어상 윤일(閏日)이나 윤초(閏秒)도 존재하나 거의 사용되지 않아요.

潤

중학 | N1급 | 1675위

물(氵)이 윤달(閏)처럼 여분이 생길 만큼 풍부하면 피부가 촉촉해져 윤광이 날 정도로 생활이 윤택해지니

촉촉할 윤 · 윤택할 윤

15획 潤潤潤潤潤潤潤潤潤潤潤潤潤潤潤

음독	じゅん [3순위]	潤沢 윤택 (じゅんたく) 潤滑 윤활 (じゅんかつ) 利潤 이윤 (りじゅん)

훈독	[うるお]う	潤(うるお)う ⓐ 습기를 띠다, 축축해지다
		        ⓑ 풍부해지다, 윤택해지다
		→ 潤(うるお)い ⓐ (알맞은) 습기, 촉촉함 ⓑ 정취, 정감
		        ⓒ (물질적) 혜택, 보탬, 이익

	[うるお]す	潤(うるお)す ⓐ 촉촉하게 만들다, 적시다 ⓑ 윤택하게 하다, 이익을 주다
	[うる]む	潤(うる)む 표면에 물기가 맺혀 촉촉해지다 (→ 파생: 유리에 김이 서리다, 눈물이 글썽거리다, 목소리가 울먹거리다 등)

| 잠깐만요 |
- '물광(氵)이 피부의 문(門)인 모공에 가득해 구슬(王)처럼 반짝이는 촉촉하고 윤택한 상태이니'로 보셔도 돼요. → (王: 왕 왕/구슬 옥(玉))
- 「潤」은 '표면에 윤광이 날 정도로 촉촉하게 물기를 머금고 있는 상태'를 나타냅니다. 즉, '겉으로 그런 촉촉함이 나타나는 상태'라는 의미에서 '눈물을 머금다' '물질적으로 윤택하다' '이익이 있다' '감정적으로 되다' 등의 의미로 파생돼요.
- 관련 표현인 「うるうる」(ⓐ 글썽글썽, 울먹울먹 ⓑ 촉촉)도 알아 두세요. 단, 한자 표기는 하지 않아요.

閑

중학 | N1급 | 2038위

할 일 없이 대문(門) 안에서 나무(木)를 가꾸는 한적하고 한가한 모습이니

한가할 한

12획 閑閑閑閑閑閑閑閑閑閑閑閑

| 음독 | かん [1순위] | 閑暇 한가 (かんか)   閑寂 한적 (かんじゃく)
閑散 한산 (かんさん)   閑職 한직 (かんしょく)
農閑期 농한기 (のうかんき) |

| 잠깐만요 |
- 「1854 閑 한가할 한」: 바쁘지 않은 상태, 태평/느긋한 모습
- 「1689 暇 한가할 가」: 일이 없어 시간이 남은 상태

1855

欄

중학 | N1급 | 1924위

열린 문(門)을 통해 동쪽(東)에서 햇빛이 **테두리의 나무(木)** 부분인 **외곽 틀** 안을 채우며 들어오니

① **외곽 틀 란 · 난간 란**　② **글 공간 란 · 공란 란**

20획　欄 十 ォ 木 材 桐 欄 欄 欄 欄 欄 欄
欄 欄 欄 欄 欄 欄 欄 欄

| 음독 | らん | 3순위 | ①②*欄 란 (らん) 난간/칼럼　②空欄 공란 (くうらん)
②広告欄 광고란 (こうこくらん) |
| | | 4순위 | ①欄干 난간 (らんかん) |

| 잠깐만요 |
- 欄(らん): 신문이나 잡지 등의 지면(紙面)에 '외곽 틀'과 같은 칸막이를 그려 '글을 실을 공간'을 만들죠? 현대에는 '난간'보다는 이와 같은 '글(을 싣는) 란'으로 더 많이 사용돼요.
- '난간'은 「手(て)すり」를 쓰는 것이 일반적입니다. 欄(らん)이나 欄干(らんかん)은 거의 사용되지 않으니 참고만 해주세요.

---

168 同: 같을 동 ▶ 胴洞筒

0342　同　같을 동　　2학년 | N3 | 62위

해설	같은 집 기둥(冂) 아래에서 생활하는 한(一) 식구(口)는 모두 같은 동지이니
음독	[どう] 同時 동시 (どうじ)　　共同 공동 (きょうどう)
파생	0343 銅 구리 동 [どう]

1856

胴

중학 | N1급 | 1916위

몸(月)에서 사지와 머리가 동시에(同) 붙어 있는 곳은 **몸통**이니

몸통 동

10획　胴 月 月 胴 胴 胴 胴 胴 胴 胴

| 음독 | どう | 2순위 | 胴体 동체 (どうたい)　　双胴船 쌍동선 (そうどうせん)
胴上 (どう・あ)げ 헹가래　胴回 (どう・まわ)り 몸통 둘레
救命胴衣 구명동의 구명조끼 (きゅうめい・どうい) |

1857

洞

중학 | N1급 | 1688위

물(氵)이 땅속에서 함께(同) 흐르며 바위와 흙을 꿰뚫어 생기는 동굴이니

① 동굴 동 (② 꿰뚫어 볼 통·통찰할 통)

9획　洞洞洞洞洞洞洞洞洞

음독	どう	3순위	① 洞窟 동굴 (どうくつ)　①*洞穴 동혈얕은 동굴 (どうけつ) ① 空洞 공동 (くうどう)
		4순위	② 洞察力 통찰력 (どうさつりょく)
훈독	ほら		洞(ほら) 동굴, 굴　　　→ 洞穴(ほらあな) 동굴

| 잠깐만요 |
• 일직선으로 뻥 뚫린 동굴을 바라보듯 '② 통찰한다'는 의미로 파생됩니다. 하지만 이는 「洞察」 정도 밖에 없으니 따로 외우기보다는 예외 어휘의 느낌으로 파악하세요.

1858

筒

중학 | N2급 | 1445위

잘린 대나무(⺮)와 같이(同) 속이 텅 비고 기다란 통이니

통 통

12획　筒筒筒筒筒筒筒筒筒筒筒筒

| 음독 | とう | 3순위 | 水筒 수통 (すいとう)　　*封筒 봉통봉투 (ふうとう)
円筒 원통 (えんとう) |
| 훈독 | つつ | | 筒(つつ) ⓐ 통, 속이 비고 긴 관 ⓑ 총신
　→ 筒音(つつおと) 총소리
　　筒抜(つつ・ぬ)け ⓐ (비밀 등이) 바로 누설됨
　　　　　　　　　ⓑ (옆의) 말소리가 죄다 들림 |

---

169 奐: 빛날 환 ▶ 奐喚換

1859

奐

제부수 | 급수 외 | 순위 외

칼(⺈)처럼 끝이 뾰족하면서도 단단하고 각지고(冂) 크게(大) 가치가 높은 광석(보석)은 반짝거리며 빛나죠?　(刀→)⺈: 칼 도

빛날 환

9획　奐奐奐奐奐奐奐奐奐

| 음독 | かん | 4순위 | *輪奐一新 윤환일신 (りんかん・いっしん) |

| 잠깐만요 |
• 輪奐一新(윤환일신): 건물이 새롭게 크고 훌륭해짐

1860

喚

중학 | N1급 | 1979위

입(口)을 열어 빛나는(奐) 보석을 발견했다고 사람들을 불러 모으니

부를 환

12획 喚 喚 喚 喚 喚 喚 喚 喚 喚 喚 喚 喚

음독	かん	3순위	喚起 환기불러일으킴 (かんき)	召喚 소환 (しょうかん)
			阿鼻叫喚 아비규환 (あび・きょうかん)	

1861

換

중학 | N2급 | 924위

| 비교 |
· かわる · かえる :
0453 変 vs 0670 代 vs
2056 替 vs 1861 換

손(扌)에 든 빛나는(奐) 보석을 등가의 가치를 지닌 돈과 맞바꿔 교환하니

맞바꿀 환 · 교환할 환

12획 換 換 換 換 換 換 換 換 換 換 換 換

음독	かん	1순위	換気 환기 (かんき)	換算 환산 (かんさん)
			換言 환언 (かんげん)	交換 교환 (こうかん)
			転換 전환 (てんかん)	置換 치환 (ちかん)
훈독	[か]わる		換(か)わる (A를 다른 종류의 B와) 바꾸다, 바뀌다	
	[か]える		換(か)える (A를 다른 종류의 B와) 바꾸다, 교환하다 → 言(い)い換(か)える 환언하다, 바꿔 말하다	

| 잠깐만요 |
· 「かわる · かえる」의 한자 표기와 의미 구분 ☞ 「 2056 替 바꿀 체 · 교체 체」의 | 잠깐만요 | 참조

---

170 囗: 에워쌀 위 ▶ 囚咽姻凹凸

0187	囗		에워쌀 위	부수자
해설		사방을 에워싼 모습을 본떠		
파생		0700 図 그림 도 [ず/と]　0999 国 나라 국 [こく]　0249 困 곤란할 곤 [こん] 1097 因 원인 인 [いん]		

337

중학 | N1급 | 2063위

|비교|
· とらわれる :
　1981 捕 vs　0078 捉 vs
　1862 囚)

사방이 창살로 에워싸인(囗) 곳에 사람(人)을 잡아넣고 가둔 죄수이니

가둘 수 · 죄수 수

5획　囚 囚 囚 囚 囚

음독	しゅう 2순위	*囚人 수인죄수 (しゅうじん)　死刑囚 사형수 (しけいしゅう) *囚虜 수로포로 (しゅうりょ)　*幽囚 유수옥에 갇힘 (ゆうしゅう)
훈독	[とら]われる	▽囚(とら)われる ⓐ (감옥 등에) 갇히다, 구속되다 　　　　　　　　 ⓑ (고정된 생각/선입관/가치관 등에) 얽매이다 cf) 捕(と)らわれる 〈물리적〉 잡히다, 붙들리다, 구속되다 　　捉(と)らわれる 〈추상적〉 (생각/선입관 등에) 얽매이다

원인 인 · 기인할 인　　　　5학년 | N2 | 821위

해설	결과는 주위를 에워싼(囗) 커다란(大) 상황이 원인이 되어 기인한 것이니
음독	[いん] 因果 인과 (いんが)　　原因 원인 (げんいん)
파생	1098 恩 은혜 은 [おん]

중학 | 급수 외 | 2199위

입(口)과 내장 기관의 인연(因)을 맺어 주는 통로인 목구멍이니

① 목구멍 인 · 인후 인　② 목멜 열 · 오열할 열

9획　咽 咽 咽 咽 咽 咽 咽 咽 咽

음독	いん 3순위	①咽喉 인후 (いんこう)　　①咽頭 인두 (いんとう)
	えつ 4순위	②嗚咽 오열 (おえつ) ＝ 咽(むせ)び泣(な)き 오열
훈독	[むせ]ぶ	▽咽(むせ)ぶ 〈문어〉 ⓐ 목이 메다 ⓑ 흐느껴 울다, 목메어 울다

|잠깐만요|
· 현대에는 「えつ」로 읽는 어휘는 「嗚咽」 하나뿐이니 예외 어휘로 생각하세요.
· 「 1804 喉 목구멍 후 · 인후 후」와 함께 학습하면 좋아요.

중학 | N1급 | 2517위

여자(女)가 남자와 인연(因)을 맺어 시집을 가니

시집갈 인 · 혼인 인

9획　姻 姻 姻 姻 姻 姻 姻 姻 姻

음독	いん 4순위	姻戚 인척 (いんせき)　　婚姻 혼인 (こんいん)

1865

중학 | N1급 | 2669위

에워싸인(口) 곳의 한쪽이 푹 파여(凵) 오목한 모습이니　　凵: 위 뚫릴 감

오목할 요

5획　凹 凹 凹 凹 凹

음독	おう　[4순위]	*凹地 요지 (おうち) 오목한 지형　*凹面 요면 (おうめん) 오목한 면 凹レンズ 오목 렌즈 (おう・レンズ)
훈독	～ぼこ	▽凹(ぼこ) [명사+] 오목함 → 凸凹(でこぼこ) 울퉁불퉁, 요철
	[へこ]む	▽凹(へこ)む ⓐ 푹 들어가다, 꺼지다　ⓑ 기가 죽다 → 凹(へこ)み 움푹 들어감, 들어간 곳, 파인 곳
	[へこ]ます	▽凹(へこ)ます ⓐ 푹 들어가게 하다　ⓑ 기를 죽이다
	[くぼ]む	▽凹(くぼ)む 움푹 파이다, 꺼지다 = 窪(くぼ)む → 凹(くぼ)み 움푹 파임, 들어간 곳 = 窪(くぼ)み

| 잠깐만요 |

- 관련 어휘로 다음과 같은 의태어가 있어요. 하지만 보통 한자 표기는 하지 않습니다.
「凹(ぼこ)」→「ぼこぼこ」(ⓐ 울퉁불퉁, 우둘투둘한 모양 ⓑ 마구 때려서 엉망진창인 모양) →
「ぼこぼこにする → ボコる」《속어》 마구 패다)
- へこむ: 비교적 얇고 힘으로 변형 가능한 재질 (ⓔ 캔, 철판), 일시적 변형(원상 복구 가능) (ⓔ 정신)
くぼむ: 비교적 변형에 시간이 걸리는 단단한 재질 (ⓔ 돌, 지반), 영구적 변형 (ⓔ 깊은 눈 등(골격))

1866

중학 | N1급 | 2647위

에워싸인(口) 곳에서 일부가 튀어나와(冂) 볼록한 모습이니　　冂: 단단한 모양 경

볼록할 철

5획　凸 凸 凸 凸 凸

음독	とつ　[4순위]	凹凸 요철 (おうとつ)　　*凸型 철형볼록형 (とつがた)
훈독	でこ～	▽凸(でこ) [+명사] 튀어나옴, 볼록함 → 凸凹(でこぼこ) 울퉁불퉁, 요철

---

171 片/爿: 조각 편 ▶ 荘 奨

0033 片/爿	**조각 편**	6학년	N2	674위
해설	나무(木)를 세로로 나눈 오른쪽 조각이니	
음독	[へん] 破片 파편 (はへん)　　断片 단편 (だんぺん)	

壮

클 장 · 굳셀 장

중학 | N1 | 1566위

해설	장기판의 나무패(丬)를 보는 선비(士)의 기세는 크고 굳세니
음독	[そう] 壮大 장대 (そうだい)　　壮年 장년 (そうねん)
파생	0790 裝 꾸밀 장[そう/しょう]

1867

중학 | N1급 | 1423위

지붕까지 초목(艹)이 장대(壯)하게 뒤덮은 모습을 하고 있는, 선비가 장기라도 두는 듯 엄숙하고 비장한 기운이 가득한 산장/장원이니

① 장원 장 · 별장 장　② 장엄할 장 · 비장할 장

9획 莊莊莊莊莊莊莊莊莊

음독	そう [2순위]	② 莊厳 장엄 (そうごん) ②*壮語 장언장담 (そうご) ① 山莊 산장 (さんそう)	② 莊重 장중 (そうちょう) ① 別莊 별장 (べっそう) ② 悲壮感 비장감 (ひそうかん)
	예외	莊園 장원 (しょうえん) 중세 시대에 조세를 내지 않던 논밭	

| 잠깐만요 |
- '① 장원/별장 장'은 「○○莊」(○○장)의 형태로 가게/숙박시설의 이름으로 자주 사용돼요.
- 음독으로 「しょう」가 있는데, 중세 일본의 「莊園」과 관련된 어휘 혹은 일부 불교 용어에만 사용되어 현대에는 거의 쓰이지 않아 예외로 처리했으니 참고만 하세요.

0787

将

지휘할 장 · 장수 장

6학년 | N2 | 419위

해설	장기판의 나무패(丬)를 손끝(爫)으로 한 마디(寸)씩 움직이듯 병사를 지휘하는 장수이니
음독	[しょう] 将軍 장군 (しょうぐん)　　将棋 장기 (しょうぎ)

1868

중학 | N1급 | 2021위

뛰어난 장수(将)를 아래 세대부터 크게(大) 키우기 위해서는 장학금도 주면서 장려해야겠죠?

장려할 장

13획 奬奬奬奬奬奬奬奬奬奬奬奬奬

음독	しょう [3순위]	奨励 장려 (しょうれい)　　奨学金 장학금 (しょうがくきん) *推奨 추장 (すいしょう) 추천하여 장려함

28

'밥상머리'의 파생 [29자]

172 几: 책상 궤 ▶ 飢冗尢抗坑

0134 几	책상 궤		제부수
해설	조그마한 **책상**의 모습이니		
음독	[き] 几帳面 꼼꼼함 (きちょうめん)		
파생	**0791** 机 책상 궤[き]　**1191** 処 처리할 처[しょ]　**1700** 肌 피부 기		

1869

飢

중학 | N1급 | 1922위

먹다(食) 먹다 책상(几)까지 뜯어먹을 정도로 굶주리니　　食: 먹을 식

굶주릴 기

10획 飢 飢 飢 飢 飢 飢 飢 飢 飢 飢

음독	き [4순위]	飢餓 기아 (きが)	飢饉 기근 (ききん)
훈독	[う]える	飢(う)える 굶주리다 → 飢(う)え死(じ)に 아사, 굶어 죽음 = 餓死(がし) 아사 　飢(う)え死(じ)にする 굶어 죽다, 아사하다	

| 잠깐만요 |
• 「**1159** 飲 마실 음」과의 구분에 주의하세요.

1870

冗

중학 | N1급 | 1647위

책상(几) 위를 덮은(冖) 말뿐으로는 아무짝에 쓸데없으니　　冖: 덮을 멱

쓸데없을 용

4획 冗 冗 冗 冗

음독	じょう [3순위]	*冗談 용담 (じょうだん) 농담 *冗句 용구 (じょうく) 쓸데없는 구절 *冗長 용장 (じょうちょう) 장황

亢

머리(亠) 위를 나는 책상(几) 같이 생긴 비행 물체는 하늘 높이 떠다니니

하늘 항 · 높을 항

4획 亢 亢 亢 亢

0891

航

건널 항

5학년 | N2 | 911위

해설	배(舟)와 머리(亠) 위를 나는 책상(几) 같이 생긴 비행기가 바다와 하늘을 건너는 모습에서 舟: 배 주
음독	[こう]　航海 항해 (こうかい)　　航空 항공 (こうくう)

1872

抗

중학 | N1급 | 809위

손(扌)을 들어 하늘(亢)에서 떨어지는 비행 물체를 막아내듯 대항함이니

막을 항 · 대항할 항

7획 抗 抗 抗 抗 抗 抗 抗

음독	こう	1순위	抗議 항의 (こうぎ)　　　抗争 항쟁 (こうそう) 抵抗 저항 (ていこう)　　反抗 반항 (はんこう) 対抗 대항 (たいこう)
훈독	[あらが]う		▽抗(あらが)う 저항하다, 항거하다, 항변하다, 다투다 → 抗(あらが)い 항변, 논쟁

1873

坑

중학 | N1급 | 2582위

흙(土) 바닥에 하늘(亢)에서 비행 물체가 떨어져 생긴 듯 크고 길게 뚫린 구덩이/갱도이니

구덩이 갱 · 갱도 갱

7획 坑 坑 坑 坑 坑 坑 坑

음독	こう	2순위	坑道 갱도 (こうどう)　　　　坑内 갱내 (こうない) 焚書坑儒 분서갱유 (ふんしょ・こうじゅ)

|잠깐만요|
· 焚書坑儒(분서갱유): 진나라 시황제가 책을 불사르고 많은 학자를 생매장한 일

0792 凡 보통 범

중학 | N1 | 1779위

해설	책상(几)에 상처(丶)가 남는 건 보통이니
음독	[ぼん] 平凡 평범 (へいぼん)　　　　[はん] 凡例 범례 (はんれい)

1874

帆

중학 | N1급 | 1716위

수건(巾)처럼 질기고 두꺼운 천으로는 보통(凡) 배의 돛을 만들죠?　巾: 수건 건

돛 범

6획 帆 几 帆 帆 帆 帆

음독	はん	4순위	帆船 범선 (はんせん)　　*帆布 범포 두꺼운 천 (はんぷ)
			出帆 출범 (しゅっぱん)
훈독	ほ		帆(ほ) 돛
			→ 帆船(ほぶね) 범선　　帆風(ほかぜ) 순풍

1875

汎

중학 | 급수 외 | 2745위

물(氵)은 보통(凡) 모든 이가 두루두루 널리 이용할 수 있는 범용의 것이죠?

넓을 범 · 범용 범

6획 汎 汎 汎 汎 汎 汎

음독	はん	4순위	汎用 범용 (はんよう)　　*汎愛 범애 박애 (はんあい)

| 잠깐만요 |

· 접두어로 사용되는 경우가 많습니다. 특히 '~주의'나 '~동맹' 등에서 '범○○ + 주의/동맹/론' 등의
형태로 '모든~'의 의미로 사용됩니다. 예 汎米主義(はんべい・しゅぎ) 범미주의(전미주의)

1876		

恐

중학 | N3급 | 697위

대장간에서 무언가를 만들(工) 때 모루(几)에 불똥(丶)을 튀기며 망치질을 쿵쿵 하듯 보통(凡) 이상으로 심장(心)이 마구 뛰게 되는 **두려움과 공포**이니

두려울 공 · 공포 공

10획 恐恐恐恐恐恐恐恐恐恐

음독	きょう [3순위]	恐怖 공포 (きょうふ)　　*恐縮 공축죄송함 (きょうしゅく) 恐喝 공갈 (きょうかつ)　　恐慌 공황 (きょうこう)
훈독	[おそ]れる	恐(おそ)れる 두려워하다 → 恐(おそ)れ 두려움 恐(おそ)れ入(い)る ⓐ 송구해하다　ⓑ 기막혀하다, 질리다 ⓒ (상대의 역량에) 놀라다, 경탄하다
	[おそ]る	恐(おそ)る 〈문어〉 두려워하다 → 恐(おそ)らく 아마, 어쩌면 恐(おそ)るべき 가공할, 대단한, 엄청난 ⑩ 恐(おそ)るべきだ 가공할 만하다 　恐(おそ)るべき威力(いりょく) 가공할 위력 　恐(おそ)る恐(おそ)る 〈부사〉 두려워하면서, 주뼛주뼛
	[おそ]ろしい	恐(おそ)ろしい 두렵다, 무섭다

| 비교 |
・おそれる : **1876** 恐 vs
1932 怖 vs **1348** 畏

| 잠깐만요 |
・「おそれる」의 한자 표기와 의미 구분 ☞ 「 **1932** 怖 겁먹을 포 · 공포 포」의 | 잠깐만요 | 참조

1877		

丹

중학 | N1급 | 1209위

문틀(冂) 위에 붉은 불빛(丶)의 홍등 하나(一)를 단 곳은 손님에게 정성을 다했죠?
冂: 단단한 모양 경 (여기선 문틀의 모양)

① 붉을 단　② 정성 다할 단

4획 丹 丹 丹 丹

음독	たん [2순위]	①*牡丹 모단모란 (ぼたん)　　②*丹念 단념공들임 (たんねん) ②*丹誠 단성정성 (たんせい)　　② 仙丹 선단 (せんたん)

| 잠깐만요 |
・옛날 일본에서는 붉은 등을 단 가게는 고급 요정인 경우가 많았어요.
・파생 어휘가 상당히 많지만, 대다수가 사용 빈도가 낮은 문어체적인 어휘들입니다.
・「仙丹」과 같이 '정성을 다해 정련한) 약'이라는 의미로 사용되기도 해요.

344

0146 **匕**	**숟가락 비 · 비수 비**	제부수
해설	끝이 뾰족한 숟가락(ㄴ)이 밥에 비수처럼 푹 꽂히는(丿) 것을 본떠	
음독	[ひ] 匕首 비수(ひしゅ)	
파생	0808 化 바뀔 화 [か] 0809 花 꽃 화 [か] 0810 貨 재물 화 [か]	

1878

叱

중학 | 급수 외 | 1837위

 입(口)을 열어 비수(匕)처럼 날아와 꽂히고 때리듯 아픈 꾸짖음/질책이니

꾸짖을 질 · 질책할 질

5획 叱 叱 叱 叱 叱

음독	しつ [4순위]	叱責 질책(しっせき)	*叱声 질성꾸짖음(しっせい)
훈독	[しか]る	叱(しか)る 꾸짖다, 야단치다 → お叱(しか)り 꾸중, 꾸짖음	

| 잠깐만요 |
- 음독은 사실상 모든 사용이 「しっ」이니 「しっ」으로 알아 두세요.
- 만화 등에서 드물게 '쉿'을 나타내는 의성어 「しっ!」을 한자로 표기할 때도 써요. 예 叱(しっ)! 쉿!

0806 **旨**	① 뜻 지 ② 맛 지	중학	N1	1504위
해설	글귀를 숟가락(匕)으로 입(口)에 떠넣듯 혀(一)를 움직여 읊으며 뜻과 맛을 느끼는 모습에서	
음독	[し] 要旨 요지(ようし) 趣旨 취지(しゅし)	
파생	0807 指 손가락 지 · 가리킬 지 [し]	

1879

脂

중학 | N2급 | 1430위

|비교|
· あぶら:
0507 油 vs 1879 脂

고기(月)에서 가장 맛(旨)과 풍미가 응축된 부분인 **기름/지방**이니

기름 지 · 지방 지

10획 脂脂脂脂脂脂脂脂脂脂

음독	し	2순위	脂肪 지방 (しぼう)	樹脂 수지 (じゅし)
			油脂 유지 (ゆし)	皮脂 피지 (ひし)
훈독	あぶら		脂(あぶら) 동물성 기름, 지방	脂身(あぶらみ) 비계
			脂汗(あぶら・あせ) 비지땀, 진땀	脂取(あぶら・と)り 피지 제거
			cf) 油(あぶら) 액체 상태의 기름, 식물성 기름	
	やに		▽脂(やに) ⓐ (식물의) 진, 수지 ⓑ 눈곱	
			→ 松脂(まつやに) 송진	目脂(めやに) 눈곱

1880

詣

중학 | 급수 외 | 2048위

신께 올리는 말(言)에 참뜻(旨)을 담아 맛있는 요리와 함께 바치며 **하늘에 이르러** 닿도록 정성을 다하여 기도하며 **참배**하니

(하늘에) 이를 예 · 참배할 예

13획 詣詣詣詣詣詣詣詣詣詣詣詣詣

| 음독 | けい | 4순위 | 造詣 조예 (ぞうけい) | *参詣 참예참배 (さんけい) |
| 훈독 | [もう]でる | | 詣(もう)でる 참배하다 | → 初詣(はつ・もうで) 신년 참배 |

|잠깐만요|
· 「造詣」라는 말은 언뜻 한자의 의미와 상관없어 보이지만, '일궈내는(造) 것들이 신에게 닿을 만큼(詣) 높은 경지에 이르렀음'을 의미하는 데서 온 어휘라고 생각하면 납득이 가죠?

1881

稽

중학 | 급수 외 | 순위 외

벼(禾), 즉 먹고 사는 문제와 많은(尢) 이들이 가슴속에 숨기고(ㄴ) 있는 조그마한 꿈(ˊ) 중에 어느 쪽이 진짜 뜻(旨) 깊은 것인지 **견주어** 생각해 보니

尢→(尢(十): 많을 십·열 십 + ㄴ: 숨을 은 + ˊ: 점 점(여기서는 하늘의 별 같은 꿈))

견주어 볼 계

15획 稽稽稽稽稽稽稽稽稽稽稽稽稽稽稽

| 음독 | けい | 4순위 | *滑稽 골계익살맞음 (こっけい) | *稽古 계고연습 (けいこ) |
| | | | 荒唐無稽 황당무계 (こうとう・むけい) | |

|잠깐만요|
· 「稽古」는 '예전과 견주어 보면서 더 좋아지도록 몸을 움직여 연습하는 것'이라는 의미로, 주로 고전적인 무예·예술의 연습 혹은 예능·연극·방송의 예행 연습(리허설)에 사용되는 단어입니다. 단순한 '연습'보다는 어느 정도 완성 단계의 것을 다듬는 느낌이 강합니다.
· 「無稽(むけい)」(무계)는 '견주어 볼 것이 없음 → 터무니없음'이라는 의미입니다.

0143 酉		**술병 유**		부수자
	해설	술이 든 병의 모습을 본떠		
	파생	**0794** 西 서쪽 서[せい/さい]　**0795** 酒 술 주[しゅ]　**0796** 酸 식초 산[さん]		

1882

酵

중학 | N1급 | 1862위

술(酉)을 만들 때 효도(孝)처럼 당연히 필요한 과정은 재료를 삭혀 발효시키는 것이니

0940 孝: 효도 효

삭힐 효 · 발효 효

14획　酵 酉 酉 酉 西 酉 酉 酉 酵 酵 酵 酵 酵 酵

음독	こう	4순위	酵素 효소 (こうそ)	発酵 발효 (はっこう)

1883

酢

중학 | N1급 | 2268위

술 빚을 때 술병(酉)에 두는 시간을 잠깐(乍)만 지체해도 과다 발효되어 식초가 되니

0663 乍: 잠깐 사 · 동시에 사

식초 초

12획　酢 酉 酉 酉 西 酉 酉 酢 酢 酢 酢 酢

음독	さく	4순위	酢酸 초산 (さくさん)	木酢 목초 (もくさく)
훈독	す		酢(す) 초, 식초	→ 酢豚(すぶた) 일본식 탕수육

1884

醒

중학 | 급수 외 | 순위 외

술(酉)에 취한 듯 몽롱하던 정신이 별빛(星)이 반짝이듯 깨어나니

0398 星: 별 성

(술) 깰 성 · 각성 성

16획　醒 酉 酉 酉 西 酉 酉 酉 酉 酉 酉 酉 酉 醒 醒 醒

음독	せい	4순위	覚醒剤 각성제 (かくせいざい)	
훈독	[さ]ます	▼醒(さ)ます (술/취기/흥이) 깨다, 각성하다 ≒覚(さ)ます	
	[さ]める	▼醒(さ)める (술/취기/흥이) 깨다, 정신이 들다	

|비교|
· さめる · さます:
　0473 覚 vs **1884** 醒

|잠깐만요|
· 「さめる · さます」(정신 차리다, 깨우치다, 깨닫다 등)는 상용 표기상 「覚める · 覚ます」로 쓰는 게 원칙이지만(시험/공문서), 실생활에선 '술이 깨다, 각성하다'라는 한정적인 의미를 강조하기 위해 「醒める · 醒ます」를 선택적으로 사용하기도 합니다.
　ⓔ 酔(よ)いが醒(さ)める 술이 깨다　眠気(ねむけ)を醒(さ)ます 졸음을 깨우다

酷

중학 | N1급 | 1553위

신참이 자신을 알리는 신고식(告)을 할 때는 인정사정 봐 주지 않고 술(酉)을 가혹하고 심하게 마시게 하죠?

0392 告: 알릴 고·고할 고

심할 혹·가혹할 혹

14획 酷 酷 酷 酷 酷 酷 酷 酷 酷 酷 酷 酷 酷 酷

음독	こく	2순위	冷酷 냉혹 (れいこく)	過酷 가혹 (かこく)
			残酷 잔혹 (ざんこく)	*酷(こく)だ 심하다
훈독	[ひど]い		▽酷(ひど)い 심하다, 지독하다, 형편없다	

| 잠깐만요 |
• 단독 사용 시 '심하다, 가혹하다' 외에도 '(특히 술 등의) 맛이 진하다'라는 의미로도 사용됩니다.
　예 酷(こく)がある (술이) 깊은 맛이 있다　　　酷(こく)な世(よ)の中(なか) 가혹한 세상

酬

중학 | N1급 | 2007위

술(酉)을 마을(州) 전체에 돌릴 때는 함께 지내온 이들에 대해 은혜를 갚는다는 의미를 담아서 돌리죠?

0021 州: 마을 주

은혜 갚을 수

13획 酬 酬 酬 酬 酬 酬 酬 酬 酬 酬 酬 酬 酬

| 음독 | しゅう | 4순위 | 報酬 보수 (ほうしゅう) | 応酬 응수 (おうしゅう) |
| 훈독 | [むく]いる | | ▼酬(むく)いる (은혜에) 보답하다 ≒ 報(むく)いる | |

| 비교 |
• むくいる:
　1187 報 vs 1886 酬

| 잠깐만요 |
• 「むくいる」는 「報いる」(보답하다, 보복하다)로 쓰는 것이 일반적인데, 특히 '보답하다'라는 한정적 의미를 구체적으로 나타내기 위해 「酬いる」를 선택적으로 사용하기도 해요.

質問 있어요

2010년 개정된 新상용한자는 한자 목록만 바뀐 건가요?

新상용한자표는 한자의 목록뿐만 아니라 한자의 새로운 '음독과 훈독'의 범위까지 정해 주었답니다. 한자의 가짓수 변화만큼 변동이 크진 않아요. 다만 新상용한자표 개정에서는 음독의 변동은 극소수이고 훈독의 변동이 많았어요.

• 음독 추가: 中(じゅう), 旬(しゅん)
• 훈독 추가: 要(かなめ), 類(たぐい), 拙(つたない), 関(かかわる), 粋(いき), 逝(いく), 全(すべて), 創(つくる), 速(はやまる), 他(ほか), …

0797 酋	우두머리 추		제부수 | 급수 외 | 3467위
해설	없는 형편에도 콧구멍(ヽヽ)을 술병(酉)에 대고 향을 맡으며 즐길 여유가 있는 우두머리이니		
음독	[しゅう] 酋長 추장 (しゅうちょう)		

1887

개(犭)처럼 구는 우두머리(酋)를 그래도 대장이라고 참고 용서해야 할지 때리고 벌을 줘야 할지 망설이게 되니
犭: 개 견

망설일 유 · 유예 유

12획 猶 猶 猶 猶 猶 猶 猶 猶 猶 猶 猶 猶

중학 \| N1급 \| 2302위

음독	ゆう	4순위	猶予 유예 (ゆうよ)	執行猶予 집행유예 (しっこう・ゆうよ)

0798 尊	높일 존 · 존중할 존		6학년 | N2 | 1060위
해설	아랫사람은 우두머리(酋)를 조금(寸)이라도 높이고 존중해야 하니		
음독	[そん] 尊敬 존경 (そんけい)	尊重 존중 (そんちょう)	

1888

존중(尊)하는 사람을 롤 모델로 삼고 뒤따라가며(辶) 그 사람의 말을 지키고 따르며 준수하니
辶: 뛸 착 · 쉬어 갈 착

따를 준 · 준수할 준

15획 遵 遵 遵 遵 遵 遵 遵 遵 遵 遵 遵 遵 遵

중학 \| N1급 \| 2827위

음독	じゅん	4순위	遵守 준수 (じゅんしゅ)	遵法 준법 (じゅんぽう)

0799 襾	덮을 아		부수자
해설	마개로 술병 주둥이를 덮은 모습을 본떠		
파생	**0800** 価 값 가 [か]　**0801** 要 중요할 요 · 필요할 요 [よう]　**0802** 票 표 표 [ひょう]		
	0803 標 표시할 표 · 목표 표 [ひょう]		

1889

栗

급수 외 | N1급 | 1668위

 가시 덮인(襾) 열매가 맺히는 나무(木)와 그 열매인 밤(나무) 이니

밤 률

10획 栗栗栗栗栗栗栗栗栗栗

음독	り	〔4순위〕	*栗鼠 율서다람쥐 (りす)
훈독	くり		栗(くり) 밤, 밤나무　　団栗(どんぐり) 도토리
			片栗粉(かたくりこ) 전분, 녹말

1890

慄

중학 | 급수 외 | 2364위

| 비교 |

· 오노노쿠:
　0309 戦 vs **1890** 慄

마음(忄)이 밤송이(栗) 가시에 찔린 듯 부들부들 떨리고 전율이 이니

떨릴 률 · 전율 률

13획 慄慄慄慄慄慄慄慄慄慄慄慄慄

음독	りつ	〔4순위〕	戦慄 전율 (せんりつ)
훈독	[おのの]く		▽慄(おのの)く (공포/추위/흥분 등으로) 부들부들 떨다, 전율하다
			≒ 戦慄(わなな)く
			cf) ▽戦(おのの)く (공포심에) 부들부들 떨다

| 잠깐만요 |

· 「戦慄を覚(おぼ)える」(전율을 느끼다), 「戦慄する」(전율하다), 「戦慄が走(はし)る」(전율이 일다)도 함께 알아 두세요.

· 「戦く」는 '공포심'을 느끼고 부들부들 떠는 것이고, 「慄く」는 공포심뿐만 아니라 긴장, 걱정, 분노, 전율 등으로 부들부들 떠는 것을 의미합니다. 하지만 실생활에선 구분 없이 쓰이며, 오히려 「戦く」 쪽을 더 일반적으로 사용하는 경향이 있습니다.

煙

중학 | N3급 | 1002위

불(火)을 흙(土)으로 덮으면(覀) 불은 꺼지고 연기만 피어오르죠?

연기 연

13획 煙 煙 煙 煙 煙 煙 煙 煙 煙 煙 煙 煙 煙

음독	えん [1순위]	煙霧 연무 (えんむ) 禁煙 금연 (きんえん) 燻煙 훈연 (くんえん)	*煙突 연돌·굴뚝 (えんとつ) *喫煙 끽연·흡연 (きつえん) 煤煙 매연 (ばいえん)
훈독	けむり	煙(けむり) 연기	→ 湯煙(ゆ・けむり) 목욕물의 김
	[けむ]る	煙(けむ)る 연기가 나다	
	[けむ]たい	煙(けむ)たい ⓐ (연기가) 맵다 ⓑ 거북하다, (가까이 하기) 어렵다 → 煙(けむ)たい人(ひと) 거북한 사람	
	[けむ]い	煙(けむ)い (연기가) 맵다	
	예외	煙草(たばこ) 담배	

要

① 중요할 요 ② 필요할 요

4학년 | N2 | 153위

해설	작은 흠은 덮어(覀) 주는 따뜻함도 여자(女)에게는 **중요**하고 **필요**하니
음독	[よう] 要旨 요지 (ようし)　必要 필요 (ひつよう)

腰

중학 | N2급 | 686위

몸(月)을 이루는 기관 중에서 가장 중요(要)하고 중심을 이루는 허리이니

허리 요

13획 腰 腰 腰 腰 腰 腰 腰 腰 腰 腰 腰 腰 腰

음독	よう [4순위]	腰痛 요통 (ようつう)	腰椎 요추 (ようつい)
훈독	こし	腰(こし) ⓐ 허리 ⓑ (면/떡 등의) 찰기, 탄력 → 腰掛(こし・か)ける 걸터앉다 　腰抜(こし・ぬ)け 겁쟁이 　麺(めん)の腰(こし) 면의 쫄깃함 　腰回(こし・まわ)り 허리둘레	

| 잠깐만요 |

· 「こし」는 '허리 → 자세(의 중심) → 태도', '반죽 중심부의 찰기 → 쫄깃함, 탄력' 등 다양한 의미로 확장되어 사용됩니다. 사전을 통해서 여러 표현을 익혀 두세요.
　⑩ 腰(こし)が抜(ぬ)ける ⓐ 기운이 빠져 못 일어나다 ⓑ 기겁하다
　　腰(こし)が低(ひく)い 저자세이다
　　中腰(ちゅうごし)になる 엉거주춤한 자세가 되다

票

표 표

해설	안쪽을 펼쳐야만 누구를 찍었는지 보이게(示) 접어서 덮어둔(覀) 표이니
음독	[ひょう] 投票 투표(とうひょう) 得票 득표(とくひょう)
파생	0803 標 표시할 표 · 목표 표[ひょう]

1893

漂

중학 | N1급 | 1543위

물(氵) 위에 표(票)처럼 넓적한 잔여물이 떠다니고 표류함이니

떠다닐 표 · 표류할 표

14획 漂漂漂漂漂漂漂漂漂漂漂漂 漂漂

음독	ひょう 3순위	漂流 표류(ひょうりゅう) 漂白 표백(ひょうはく) 漂着 표착(ひょうちゃく)
훈독	[ただよ]う	漂(ただよ)う 떠돌다, 표류하다

1894

遷

중학 | N1급 | 2149위

집안 살림을 보자기로 덮어(覀) 꾸린 커다란(大) 짐 보따리를 몸(己)에 짊어지고 걸어 다니며(辶) 주거지를 옮기니   0094 己: 몸 기 辶: 쉬어 갈 착

옮길 천

15획 遷遷遷遷遷遷遷遷遷遷遷遷遷遷遷

음독	せん 2순위	遷都 천도(せんと) 変遷 변천(へんせん) 左遷 좌천(させん) 孟母三遷 맹모삼천(もうぼ・さんせん)

1895 ● 부수자

급수 외 | N1급 | 1668위

뚜껑(一)과 주둥이(口)와 단단하게(冂) 나누어진(八) 다리(丁)로 된 솥이니

솥 력

10획 鬲 鬲 鬲 鬲 鬲 鬲 鬲 鬲 鬲 鬲

1896

隔

중학 | N1급 | 1629위

언덕(阝)마다 솥(鬲)을 두고 일정한 거리마다 봉화를 피웠던 것은 언덕 사이의 떨어진 간격 때문이었죠?

사이 뜰 격 · 간격 둘 격

13획 隔 阝 阝 阝 隔 隔 隔 隔 隔 隔 隔 隔 隔

음독	かく [1순위]	隔週 격주 (かくしゅう)	隔離 격리 (かくり)
		間隔 간격 (かんかく)	遠隔 원격 (えんかく)
		隔世の感 격세지감 (かくせいのかん)	
훈독	[へだ]たる	隔(へだ)たる 간격이 뜨다, 벌어지다, 소원해지다 → 隔(へだ)たり 간격, 격차, 거리	
	[へだ]てる	隔(へだ)てる 간격을 떨어뜨리다, 벌리다, 멀리하다	

1897

融

중학 | N1급 | 910위

솥(鬲)에 황금 벌레(虫) 같이 생긴 돈을 넣고 **녹여내고** 부어서 생기는 황금의 물길처럼 사회에 흐르는 돈의 흐름이니

① 녹을 융 · 융합 융   ② 돈 흐를 융 · 금융 융

16획 融 融 融 融 融 鬲 鬲 鬲 鬲 融 融 融 融 融 融 融

음독	ゆう [2순위]	① 融合 융합 (ゆうごう)	① 融和 융화 (ゆうわ)
		① 融解 융해 (ゆうかい)	① 融通 융통(성) (ゆうずう)
		② 融資 융자 (ゆうし)	② 金融 금융 (きんゆう)

| 잠깐만요 |

• 옛날 돈은 타원형의 금이었죠? 그 모습이 마치 황금으로 된 벌레와 같다고 연상해 주세요.
• 「融通」는 '무언가 융통하다, 융통성'이라는 두 가지 의미로 쓰입니다.
   예 融通が利(き)く 융통'성'이 있다   金(かね)を融通する 돈을 융통하다
• 훈독은 일반적으로는 모두 「溶(と)ける」를 사용하지만, 간혹 「融(と)ける」(고체가 액체로 녹다)로 표기하는 경우가 있습니다.
   예 氷(こおり)が溶(と)ける/融(と)ける 얼음이 녹다
      雪(ゆき)が溶(と)ける/融(と)ける 눈이 녹다

353

29 '직물'의 파생 [41자]

179 罒: 그물 망 ▶ 罰罷濁爵

1898

罰

중학 | N1급 | 1536위

법의 그물(罒)에 걸린 이를 말(言)로 꾸짖고 칼(刂)로 베어 버리는 형벌이니   刂: 칼 도

벌할 벌 · 형벌 벌

14획 罰罰罰罰罰罰罰罰罰罰罰罰罰罰

음독	ばつ	[2순위]	罰 벌 (ばつ)	処罰 처벌 (しょばつ)
			刑罰 형벌 (けいばつ)	懲罰 징벌 (ちょうばつ)
	ばち	[4순위]	罰 벌 (ばち)	罰当 (ばち・あ)たり 천벌 받음

| 잠깐만요 |
- 「ばち」는 「当(あ)たる」와만 쓰이고, 그 외의 경우는 「ばつ」로 읽는 것이 일반적입니다.
  예 罰(ばち)が当(あ)たる 천벌을 받다   罰(ばつ)を受(う)ける 벌을 받다

0976 能

뛰어날 능 · 능할 능   5학년 | N1 | 200위

해설	재주가 뛰어나고 능한 곰(厶 주둥이, 月 몸, 匕匕 네 발)의 모습을 본떠
음독	[のう] 能力 능력 (のうりょく) 才能 재능 (さいのう)
파생	0977 熊 곰 웅 [ゆう] 0978 態 모습 태 [たい]

1899

罷

중학 | N1급 | 2690위

노동자를 그물(罒)로 잡아 묶듯 하여 능력(能)을 한계치까지 쥐어짜내면 참다 참다
일을 그만두고 파업하죠?

그만둘 파 · 파업할 파

15획 罷罷罷罷罷罷罷罷罷罷罷罷罷罷罷

| 음독 | ひ | [4순위] | 罷業 파업 (ひぎょう) | 罷免 파면 (ひめん) |

| 잠깐만요 |
- 현대에는 「罷業」보다 「ストライキ」(줄임말: スト)를 쓰는 게 일반적입니다.
- 발음을 「は」로 외우기 쉬우니 주의하세요.

1900

濁

중학 | N1급 | 1855위

물속(氵)에 그물(罒)로 감싸(勹) 퍼 담을 만큼 벌레(虫) 같은 부유물이 많아 흐리고 혼탁하니

勹: 감쌀 포

흐릴 탁 · 혼탁할 탁

16획 濁濁濁濁濁濁濁濁濁濁濁濁濁濁濁濁

음독	だく [2순위]	濁音 탁음 (だくおん)	清濁 청탁 (せいだく)
		混濁 혼탁 (こんだく)	白濁 백탁 (はくだく)
훈독	[にご]る	濁(にご)る ⓐ 탁해지다, 흐려지다 ⓑ 탁음이 되다
		→ 濁(にご)り 탁함, 흐림 濁(にご)り酒(ざけ) 탁주
	[にご]す	濁(にご)す ⓐ 탁하게 하다, 흐리게 하다
		ⓑ 애매하게 말하다, 얼버무리다

1901

爵

중학 | N1급 | 1271위

손(爫)으로 권력과 법의 그물(罒)을 펼쳐 영지민의 고충을 멈추게(艮) 하고 아주 조금(寸)이라도 나은 영지가 되게 노력하는 벼슬/귀족이니

爫: 손톱 조 艮: 멈출 간 **0082** 寸: 마디 촌 · (아주) 조금 촌

벼슬 작 · 작위 작

17획 爵爵爵爵爵爵爵爵爵爵爵爵爵爵爵爵爵

음독	しゃく [2순위]	爵位 작위 (しゃくい)	侯爵 후작 (こうしゃく)
		伯爵 백작 (はくしゃく)	男爵 남작 (だんしゃく)
훈독	[まか]り~	▽罷(まか)り [+동사] 동사의 의미 강조
		→ 罷(まか)り通(とお)る 버젓이 통하다, 통용되다
		罷(まか)り間違(まちが)っても 무슨 일이 있어도

| 잠깐만요 |
• 훈독은 한자보다는 히라가나 표기가 일반적이에요. 예 [표기 빈도] 罷り通る < まかり通る

---

180 曼: 느슨할 만 ▶ 曼 慢 漫

1902 ◑ 제부수

曼

급수 외 | 3439위

조여 있던 것이 열리도록(日→罒) 손(又)으로 쭉 잡아당기면 느슨해지니

日: 말할 왈(여기선 입구가 꽉 조여진 모양)
罒: 그물 망(여기선 입구가 느슨하게 벌어진 모양)

① 느슨해질 만 (② 외래음 만)

11획 曼曼曼曼曼曼曼曼曼曼曼

| 음독 | まん [4순위] | ② 曼荼羅 만다라 (まんだら) |

| 잠깐만요 |
• 기본적으로 부수로만 사용되고, 일부 범어의 발음을 표기에 사용되는 경우가 있는 정도입니다.

1903

중학 | N1급 | 1159위

자신을 겸손하게 채찍질하던 마음(忄)이 풀리고 느슨해지면(曼) 건방지고 게을러지니

① 건방질 만·오만할 만 ② 게으를 만·태만할 만

14획 慢 慢 慢 慢 慢 慢 慢 慢 慢 慢 慢 慢 慢 慢

음독	まん	2순위	① 傲慢 오만 (ごうまん)	①*我慢 아만참음 (がまん)
			①*自慢 자만자랑 (じまん)	①*慢心 만심자만심 (まんしん)
		4순위	② 慢性 만성 (まんせい)	② 怠慢 태만 (たいまん)
			② 緩慢 완만 (かんまん) 너그러움, 허술함/느릿느릿함	

| 잠깐만요 |
• 본래「我慢」은 불교 용어로 '건방지다'라는 의미였어요. '난 훌륭하니까 비천한 남의 언행은 넓은 마음으로 눈 감아 주자는 건방진 태도' → '인내, 용서함, 참음'으로 파생되었어요.

1904

중학 | N1급 | 1556위

침(氵)을 질질 흘리며 얼굴 표정이 느슨해져(曼) 있는 모양새가 영락없이 생각 없는 애들이 괜히 들떠서 산만하게 만화를 즐기는 모습이니

생각 없을 만·산만할 만

14획 漫 漫 漫 漫 漫 漫 漫 漫 漫 漫 漫 漫 漫 漫

음독	まん	1순위	漫画 만화 (まんが)	漫談 만담 (まんだん)
			散漫 산만 (さんまん)	放漫 방만 (ほうまん)
			天真爛漫 천진난만 (てんしん・らんまん)	
훈독	[そぞ]ろ		▼漫(そぞ)ろだ ⓐ 괜시리, 어쩐지, 공연히, 두서없음 ⓑ 마음이 들뜸 → 漫(そぞ)ろ言(ごと) 두서없는 말 漫(そぞ)ろ心(ごころ) 들뜬 마음 漫(そぞ)ろ歩(ある)き 정처없는 산책	

| 잠깐만요 |
• 「漫ろ」는 시험이나 일상에서는 잘 쓰이지 않지만, 문학적인 책이나 고풍스런 서적에서 쓰이는 정도이고, 히라가나로만 표기하는 것이 일반적이에요.

---

181 岡: 단단할 강 ▶ 剛綱網

0344	岡	단단할 강·언덕 강	4학년	N1	532위
	해설	그물(网)로 산(山)을 감싸 압축한 것처럼 단단하게 다져진 언덕이니	
	파생	0345 鋼 강철 강 [こう]	

剛

중학 | N1급 | 1456위

단단하여(岡) 칼(刂)로 위협하고 내리쳐도 결코 흔들리지 않는 굳셈과 강직함이니

굳셀 강 · 강직할 강

10획 剛 冂 冂 冂 冈 冈 岡 岡 岡 剛 剛

음독	ごう	2순위	剛健 강건 (ごうけん)	剛速球 강속구 (ごうそっきゅう)
			剛直 강직 (ごうちょく)	金剛石 금강석 (こんごうせき)
			外柔内剛 외유내강 (がいじゅう・ないごう)	

잠깐만요

- 「 0653 強 강할 강」: 힘이나 기세가 강한 것 (↔ 弱 약할 약) **예** 強打 (きょうだ) 강타
- 「 1905 剛 굳셀 강」: 단단하고 흔들림 없는 것 (↔ 柔 부드러울 유) **예** 剛速球 (ごうそっきゅう) 강속구

綱

중학 | N1급 | 1298위

그물을 비비 꼬아 만든 듯 단단하고(岡) 굵은 끈(糸)인 로프/밧줄은 산과 바다에서 안전의 핵심인 생명줄로 쓰이죠?

① 밧줄 강 · 로프 강 ② 뼈대 강 · 핵심 강

14획 綱 纟 纟 糹 糹 糸 糸 糹 綱 綱 綱 綱 綱 綱

음독	こう	4순위	② 綱領 강령 (こうりょう)	②*綱目 강목요점 (こうもく)
			② 要綱 요강 (ようこう)	
훈독	つな		綱(つな) 튼튼하고 두꺼운 밧줄 → 命綱(いのち・づな) 생명줄	
			綱渡(つな・わた)り 줄타기 横綱(よこづな)〈스모〉 요코즈나	

잠깐만요

- 「綱」이라는 글자는 원래 그물/꾸러미/후드 등에 달려 있는 잡아당기면 오므라들고, 느슨하게 하면 펼 수 있는 '① 그물 등의 중심축이 되는 조절용 끈(벼리)'을 말합니다. 그래서 '② 전체를 아우르는 가장 중요한 줄기(요점, 요강)'라는 의미로 파생되어 사용되는 거예요.
- 「 0826 縄 밧줄 승」: 몸을 속박하는 데 주로 쓰이는 '비교적 얇은 밧줄' **예** 縄跳(なわ・と)び 줄넘기
- 「 1906 綱 밧줄 강」: 체중/생명을 의지할 만큼 '튼튼하고 두꺼운 밧줄' **예** 綱渡(つな・わた)り 줄타기

網

중학 | N1급 | 1374위

끈(糸)으로 짠 그물(冂) 중 누구도 빠져나간 이가 없는(亡) 촘촘한 그물망이니

冂: 그물 망 0455 亡: 없어질 망 · 망할 망

촘촘한 그물 망

14획 網 纟 糹 纟 糹 糸 糸 糹 綱 網 網 網 網 網

음독	もう	2순위	網羅 망라 (もうら)	網膜 망막 (もうまく)
			法網 법망 (ほうもう)	鉄条網 철조망 (てつじょうもう)
훈독	あみ		網(あみ) 그물, 망	→ 網戸(あみど) 방충망, 철망을 친 문

0138 幺		작을 요	부수자
해설		새끼줄이 끊어져서 짧고 작은 모습을 본떠	
파생		0815 幼 작을 유·어릴 유 [よう]　0816 後 뒤 후 [こう/ご]	

1908

幻

중학 | N1급 | 1338위

아주 작고(幺) 등이 굽은(コ) 난쟁이가 보이면 헛것을 보는 환각 증세이니　　コ: 굽은 등허리 모양

헛것 환·환각/환청 환

4획　幻 幻 幻 幻

음독	げん	1순위	幻覚 환각 (げんかく)　　幻想 환상 (げんそう) 幻滅 환멸 (げんめつ)　　幻聴 환청 (げんちょう)
훈독	まぼろし		幻 (まぼろし) 환상, 환영

| 잠깐만요 |
· 「0815 幼 작을 유·어릴 유」와의 구분에 주의하세요.

0815

幼

		작을 유·어릴 유	6학년	N2	1078위
해설		너무 작고(幺) 힘(力)이 없어 돌봐 줘야 하는 작고 어린 아이이니	
음독		[よう]　幼稚 유치 (ようち)　　幼児 유아 (ようじ)	

1909

拗

학년 외 | 급수 외 | 2170위

어른은 항상 손(扌)으로 작은(幼) 아이의 칭얼거림이나 주장을 억지로 비틀어 버리죠?

억지 요·(억지로) 비틀 요

8획　拗 拗 拗 扮 拗 拗 拗 拗

음독	よう	4순위	執拗 집요 (しつよう)	
훈독	[こじ]れる		▼拗 (こじ)れる ⓐ (병이) 악화되다　ⓑ 복잡해지다, 꼬이다	
	[す]ねる		▼拗 (す)ねる (마음이) 비꼬이다, 토라지다, 삐지다	
	[ねじ]ける		▼拗 (ねじ)ける (물건이나 마음이) 비틀리다, 비뚤어지다 ≒ひねくれる	

1910

중학 | N1급 | 1778위

깊은 산(山)속에 있어 아주 작게(幺幺) 보일 만큼 **아득하여** 사람에게는 **보이지 않으니**

아득할 유 · 보이지 않을 유

9획 丨 丬 纩 纫 纵 纵 纵 幽 幽

음독	ゆう	1순위	幽霊 유령 (ゆうれい)	*幽玄 유현그윽함 (ゆうげん)
			幽閉 유폐 (ゆうへい)	*幽遠 유원그윽함 (ゆうえん)
			深山幽谷 심산유곡 (しんざん・ゆうこく)	

| 잠깐만요 |
• 「幽玄」과 「幽遠」은 '아득할 정도로 깊고 멀어 제대로 보이지 않는 심오함'을 의미하는 동의어입니다.
  예 幽玄な趣(おもむき) 그윽한 정취   幽遠な境地(きょうち) 심오한 경지

0817 幾

몇 기

중학 | N2 | 1350위

해설	성벽 위에 작디(幺) 작아(幺) 보이는 창(戈)을 든 사람(人)이 몇이나 있나 헤아리니
음독	[き] 幾何学 기하학 (きかがく)
파생	**0818** 機 기계 기 · 기회 기 [き]

1911

중학 | 급수 외 | 2295위

성벽 위에 작디(幺) 작아(幺) 보이는 창(戈)을 든 사람이 너르고 광활한 논밭(田)을 바라보며 지키는 **수도권**이니
戈: 창 과

수도권 기

15획 畿 畿 畿 畿 畿 畿 畿 畿 畿 畿 畿 畿 畿 畿 畿

음독	き	*近畿 근기긴키 지방 (きんき)

| 잠깐만요 |
• 「近畿」는 본래 '수도권'을 의미했지만, 현재는 관서(関西) 지방 중 교토부, 오사카부, 나라현, 시가현, 효고현, 와카야마현, 미에현의 2부 5현을 묶어 부르는 고유명사인 「近畿地方」(긴키 지방)의 의미로 사용됩니다. 옛 일본은 교토가 수도였기 때문에 이들 관서 지역 2부 5현의 '(옛) 수도권 지구'의 개념이 지방의 구역을 나타내는 고유명사로 현대에 정착된 경우예요.

0819 玄 중학 | N1 | 767위	검을 현		중학 | N1 | 767위
해설	머리(亠)를 작은(幺) 새끼줄처럼 땋아내린 머리카락은 검은색이니		
음독	[げん] 玄米 현미 (げんまい)	玄武岩 현무암 (げんぶがん)	

1912 畜

중학 \| N2급 \| 1957위

검은(玄) 머리의 사람이 논밭(田)을 갈기 위해서 먹이를 주며 기르는 가축이니

가축 축

10획 畜畜畜畜畜畜畜畜畜畜

음독	**ちく** 2순위	畜産 축산 (ちくさん)	*畜生 축생빌어먹을 (ちくしょう)
		家畜 가축 (かちく)	牧畜 목축 (ぼくちく)

| 잠깐만요 |

- 옛날에는 검은색에 가까운 얼룩덜룩한 소도 많았어요. 또 소는 유독 검은 눈망울이 눈에 띄죠?
- 최근에는 '가축처럼 일하는 회사원'을 풍자해서 「社畜 사축 (しゃちく)」라고 합니다.
- 「畜生」는 본래 '짐승'을 뜻했습니다. 그 쓰임이 주로 좋은 의미가 아니었기에 욕으로 전와되어 정착되었어요. 예 畜生面(ちくしょう・づら) 짐승 같은 외모   こん畜生(ちくしょう)め 이 개 같은 놈

1913 蓄

중학 \| N1급 \| 1726위

가축(畜)에게 먹일 건초(艹)는 잔뜩 모아서 **쌓아** 두고 **비축**해 두니

쌓을 축 · 비축할 축

13획 蓄蓄蓄蓄蓄蓄蓄蓄蓄蓄蓄蓄蓄

음독	**ちく** 2순위	蓄積 축적 (ちくせき)	蓄膿症 축농증 (ちくのうしょう)
		備蓄 비축 (びちく)	貯蓄 저축 (ちょちく)
훈독	[たくわ]える	蓄(たくわ)える ⓐ 비축해 두다 ⓑ 기르다 → 蓄(たくわ)え 저축, 비축분	

0820 慈 	많을 자	부수자
해설	세상에는 검디(玄) 검은(玄) 것들이 넘쳐날 만큼 많으니	
파생	0821 磁 자석 자 · 사기그릇 자[じ] 0822 滋 영양분 자[じ]	

慈

중학 | N1급 | 1880위

차고 넘칠 정도로 깊고 무성한(玆) 마음(心)은 자애로운 어머니의 사랑이니

사랑 자 · 자애로울 자

13획 慈 慈 慈 慈 慈 慈 慈 慈 慈 慈 慈 慈 慈

음독	じ [3순위]	慈悲 자비 (じひ)	慈愛 자애 (じあい)
		慈善事業 자선사업 (じぜん・じぎょう)	
훈독	[いつく]しむ	慈(いつく)しむ 〈문어〉 애지중지하다, 사랑하다	
		→ 慈(いつく)しみ育(そだ)てる 애지중지하며 키우다	

| 잠깐만요 |

• 「慈」는 어머니가 자식에게, 혹은 신이 인간에게 주는 깊고 커다란 사랑을 의미합니다.
• 훈독 「いつくしむ」는 문어적인 표현으로, 고등학생 이상 레벨의 고난도 어휘입니다.

---

184 糸: 실 사 ▶ 索 懸 遜

0139 糸		**실 사**	1학년	N2	1379위
해설	가는 실을 길게 꼬아 만든 실타래의 모습이니		
음독	[し] 菌糸 균사 (きんし) 絹糸 견사 (けんし)		

索

중학 | N1급 | 1288위

실(糸)을 양손으로 덮고(冖) 수십(十) 번은 비비꼬아 만든 두껍고 단단한 **밧줄**로 목을 졸라 죽인 **삭막**한 사건을 수십(十) 번은 윗선에서 덮어(冖) 은닉했어도 범인과 진상을 더듬어 실마리(糸)를 찾아내니

① 밧줄 삭 ② 더듬어 찾을 색 · 검색할 색 (③ 삭막할 삭)

10획 索 索 索 索 索 索 索 索 索 索

음독	さく	[2순위]	① 索引 색인 (さくいん)	② 捜索 수색 (そうさく)
			② 模索 모색 (もさく)	② 検索 검색 (けんさく)
		[3순위]	①*索道 삭도케이블 (さくどう)	① 鉄索 철삭쇠줄 (てっさく)
			①*索状痕 삭상흔상흔 (さくじょうこん)	
		[4순위]	③ 索漠 삭막 (さくばく)	

| 잠깐만요 |

• 「索状痕」은 교실에서 발견되는 끈이 목 부위를 압박하여 생기는 흔적(索痕: 삭흔)을 말합니다.
• '① 새끼줄(을 양손으로 꼬듯) → ② 손끝을 더듬어 대다 → ② 찾다' / '① 새끼줄(을 꼴 때 볏집 부스러기가 흩날려 없어지는 모양) → ③ 쓸쓸하다/삭막하다'는 다소 복잡한 의미 파생을 보여요. 단, '③ 쓸쓸하다'의 의미는 「索漠」 외에는 거의 쓰이지 않아요.

系	이어질 계 · 계통/계열 계	3학년	N1	608위 ·

해설	하나(一)의 실(糸)처럼 여러 개가 이어진 일련의 계통/계열이니
음독	[けい]　系列 계열 (けいれつ)　　　系統 계통 (けいとう)
파생	0828 係 관계 계 [けい]　0829 孫 손자 손 [そん]

1916

懸

중학 | N1급 | 1241위

고을(県)로 이어지는(系) 길과 관문 위로 죄인을 줄에 매달아 경각심(心)을 갖도록
죄명을 적은 현수막을 내걸어 두니　　0469 県: 고을 현

매달 현 · 내걸어 둘 현

20획	懸 懸 懸 懸 懸 県 県 懸 県 懸 懸 懸 懸 懸 懸 懸 懸 懸 懸 懸

음독	けん	2순위	懸隔 현격 (けんかく)　　　懸賞金 현상금 (けんしょうきん) *懸垂 현수매달림 (けんすい)　*懸命 현명노력함 (けんめい)
	け	4순위	*懸念 현념괘념 (けねん)
훈독	[か]かる		懸(か)かる ⓐ (허공에) 걸려 있다　ⓑ (현상금/상금 등이) 걸리다
	[か]ける		懸(か)ける ⓐ 늘어뜨리다, 매달다, 내걸다 ⓑ (상금/목숨 등을) 걸다

| 비교 |

· かかる · かける :
1383 掛 vs 1731 架 vs
1916 懸 vs 0828 係

| 잠깐만요 |
· 「懸垂」는 '수직으로 걸다 → 매달림'을 의미하는데, '턱걸이'라는 의미로도 사용됩니다.
　ⓓ 懸垂幕 (けんすいまく) 현수막　　　　　懸垂器具 (けんすい・きぐ) 턱걸이 기구
· 「懸命」는 '목숨을 걸다'라는 의미로 그만큼 '결사적으로 열심히 한다'는 의미입니다.
　ⓓ 一生懸命 (いっしょう・けんめい) ≒ 一所懸命 (いっしょけんめい) ≒ 懸命 (けんめい)にする
· 「かかる · かける」의 한자 표기와 의미 구분 ☞「 1731 架 (사이에) 걸치 가」의 | 잠깐만요 | 참조

0829 孫	손자 손	4학년	N2	1000위

해설	자식(子)과 피로 이어진(系) 손자이니
음독	[そん]　子孫 자손 (しそん)　　　王孫 왕손 (おうそん)

1917

遜

중학 | 급수 외 | 2533위

손자(孫)들이 할아버지 뒤를 따라 얌전히 걸어가듯(辶) 언제나 공손하고 양보하며
뒤로 물러나는 겸손함이니

겸손할 손

14획 遜 孑 孑 孑 孫 孫 孫 孫 孫 孫 孫 孫 遜

음독	そん	4순위	遜色 손색 (そんしょく)	謙遜 겸손 (けんそん)
			不遜 불손 (ふそん)	

| 잠깐만요 |
• 파생 어휘가 그다지 많지 않으니 제시된 어휘만 학습해도 충분해요.

---

185 衣: 옷 의(1) ▶ 依哀衰衷喪

0140

衣

옷 의

4학년 | N2 | 879위

해설	깃과 옷고름이 있는 저고리 옷의 모습을 본떠
음독	[い] 衣服 의복 (いふく)　　白衣 백의 (はくい)
파생	0395 製 만들 제 [せい]　0684 裁 재단할 재 [さい]　0790 裝 꾸밀 장 [そう/しょう] 0830 袁 길 원　0831 遠 멀 원 [えん/おん]　0833 表 겉 표 [ひょう]

1918

依

중학 | N2급 | 1076위

사람(亻)의 신분/국적/성별 등을 판단할 때는 입은 옷(衣)과 복장에 의지하게 되니

의지할 의

8획 依 依 依 依 依 依 依 依

음독	い	3순위	依頼 의뢰 (いらい)	*依然 의연 여전함 (いぜん)
			依存 의존 (いそん)	依拠 의거 (いきょ)
	え	4순위	*依怙贔屓 의호비희 편애 (えこ・ひいき)	
훈독	[よ]る		▼依(よ)る [〜に+] ⓐ (〜에) 의하다, (〜을) 수단 삼다 　　　　　　　ⓑ (〜에) 의존하다	

| 잠깐만요 |
• 「依然」은 보통 「依然として」(여전히)의 형태로 사용돼요.
• 음독 「え」로 읽는 어휘는 「依怙贔屓」 외에는 소수의 불교 용어만 있습니다. 「依怙贔屓」는 「依怙」
　(한쪽 편만 듦)와 「贔屓」(편애함)가 합쳐진 4자 숙어입니다. 「贔屓」만 사용하는 경우도 많으니 둘 모
　두 함께 학습하세요.
　　예 贔屓(ひいき)にする ≒ 依怙贔屓(えこ・ひいき)する 편애하다, 편들다

1919

哀

중학 | N1급 | 1403위

|비교|
- あわれむ:
  1919 哀 vs 2271 憐
- かなしむ・かなしい:
  1074 悲 vs 1919 哀

옷(衣)에 입(口)을 파묻고 구슬프게 울며 애절하게 슬퍼하니

슬퍼할 애 · 애절할 애

9획 哀 哀 哀 哀 哀 哀 哀 哀 哀

음독	あい	1순위	哀悼 애도 (あいとう)　　　　哀切 애절 (あいせつ) 哀愁 애수 (あいしゅう)　　　悲哀 비애 (ひあい) 喜怒哀楽 희노애락 (きど・あいらく)
훈독	[あわ]れむ		哀(あわ)れむ ⓐ 불쌍히 여기다　ⓑ 〈문어〉 사랑하다, 귀여워하다 → 哀(あわ)れ 불쌍함, 처량함　　哀(あわ)れみ 동정(심) 物(もの)の哀(あわ)れ (자연/세상에서 느끼는 무상함, 깊은 정취)
	[かな]しむ		▼哀(かな)しむ (애절하게) 슬퍼하다, (죽음/운명을) 비탄해하다
	[かな]しい		▼哀(かな)しい 애처롭다, 처량하다
	예외		▼可哀想(かわいそう) 불쌍함, 가여움

|잠깐만요|
- 「哀」는 '죽음을 통탄해하는 모습'을 그린 글자입니다. 그렇기에 단순한 슬픔보다 '어찌할 수 없기에 애절하고 처량하다'는 마음을 강조합니다.
- 「哀れむ・憐れむ」의 의미 구분 ☞ 2271 憐 불쌍히 여길 련」의 |잠깐만요| 참조
- 「かなしい・かなしむ」(슬프다, 슬퍼하다)는 상용 표기상 「悲しい・悲しむ」로 표기하는 것이 원칙이지만(시험/공문서), 관습적으로는 '죽음/운명 등 어쩔 수 없이 포기해야 하는 것 때문에 느끼는 애처로움과 처량함'이라는 한정적인 의미를 구체적으로 표기하기 위해 선택적으로 사용하기도 합니다.
- 「0830 袁 길 원」과의 구분에 주의하세요.

1920

衰

중학 | N1급 | 1667위

슬픈(哀) 감정 하나(一)에만 꽂혀서 거기에만 빠져 있으면 쇠약해질 뿐이니

쇠약해질 쇠

10획 衰 衰 衰 衰 衰 衰 衰 衰 衰 衰

음독	すい	3순위	衰弱 쇠약 (すいじゃく)　　　衰退 쇠퇴 (すいたい) 老衰 노쇠 (ろうすい)
훈독	[おとろ]える		衰(おとろ)える 쇠약하다, 쇠퇴하다 → 衰(おとろ)え 쇠약, 쇠퇴

1921

衷

중학 | N1급 | 1667위

신하가 품(衣) 속(中) 한가운데에 굳건히 세운 속마음인 강직한 충정이요, 그 충심을 과하지도 약하지도 않게 절충하는 것 또한 고충이니

① 속마음 충　② 한가운데 충 · 절충할 충

9획 衷 衷 衷 衷 衷 衷 衷 衷 衷

음독	ちゅう	3순위	① 衷情 충정 (ちゅうじょう)　① 衷心 충심 (ちゅうしん) ① 苦衷 고충 (くちゅう)　　② 折衷案 절충안 (せっちゅうあん)

1922

죽은 사람을 그리며 많은(十) 이들이 두 눈(ㅁㅁ)이 퉁퉁 부어 얼굴이 엉망으로 바뀌며(化 → 𧘇) 울어대며 초상을 치르니

(化 → 𧘇: 바뀔 화)

잃을 상 · 초상 (치를) 상

12획 喪喪喪喪喪喪喪喪喪喪喪喪

중학 | N1급 | 3007위

음독	そう	3순위	喪失 상실 (そうしつ)	喪中 상중 (そうちゅう)
			喪家 상가초상집 (そうか)	
훈독	も		喪(も) 상	→ 喪服(もふく) 상복
			喪中(もちゅう) 상중	喪主(もしゅ) 상주

---

186 衣: 옷 의(2) ▶ 呆褒懷壞

1923

무슨 짓을 당해도 입(口)을 굳게 다물고 나무(木)처럼 가만히 서 있는 어리석은 멍청이를 보고 있자면 어이없어 기가 막힐 뿐이니

어리석을 매 · 어이없을 매

7획 呆呆呆呆呆呆呆

학년 외 | 급수 외 | 1508위

음독	ほう	4순위	痴呆 치매 (ちほう)	*阿呆 아매멍청이 (あほう)
	ぼう	4순위	*呆然 매연망연 (ぼうぜん)	
훈독	[あき]れる		▽呆(あき)れる 기가 막히다, 질리다, 어이가 없다	

| 잠깐만요 |
- '치매'는 일본에서는 2004년 후생노동성의 검토 이후 「認知症 인지증 (にんちしょう)」라는 용어를 사용하도록 추천하고 있습니다. 「痴呆」는 개정 이전에 출간된 책 혹은 전통성을 중시하는 의학서적 및 고착화된 일부 병명에서만 사용되고 있습니다.

0248 保 **보호할 보**

5학년 | N1 | 218위

| 해설 | 사람(亻)이 입(口)을 나무(木)처럼 굳게 다물어 비밀을 지키니 | 亻: 사람 인 |
| 음독 | [ほ] 保存 보존 (ほぞん) 保守 보수 (ほしゅ) | |

褒

중학 | N1급 | 1984위

옷(衣) 속에 반드시 지켜야(保) 할 것을 품고 끝까지 관철해낸 이를 칭찬하여 기리고자 포상하니

칭찬할 포 · 포상할 포

15획 褒褒褒褒褒褒褒褒褒褒褒褒褒褒褒

음독	ほう	3순위	褒賞 포상 (ほうしょう)	*褒美 포미·포상 (ほうび)
훈독	[ほ]める		褒(ほ)める 칭찬하다, 축하하다 → 褒(ほ)め言葉(ことば) 칭찬	

| 잠깐만요 |
- '포상'의 의미 구분
  - 褒美(ほうび): '받았을 때 기쁜 것'. 일상에서 '무언가 잘한 행동'에 대한 '보상'의 개념
    - 例 自分(じぶん)への褒美(ほうび) 스스로에게 주는 자기 보상
  - 褒賞(ほうしょう): '높은 업적의 대가로 받는 금품 형식의 것'. 주로 회사/국가 레벨에서 수여하는 것
    - 例 功労者(こうろうしゃ)への褒賞(ほうしょう) 유공자에 대한 포상

懷

중학 | N1급 | 1178위

마음(忄)이 담긴 많은(十) 생각을 그물(罒)로 옭아매듯 품(衣) 속에 고이 품고 간직하니

품을 회 · 회고할 회

16획 懷懷懷懷懷懷懷懷懷懷懷懷懷懷懷懷

음독	かい	1순위	懷古 회고 (かいこ)　　　　　　　　懷妊 회임 (かいにん) 懷疑 회의 (かいぎ)　　　　　　　*懷炉 회로·손난로 (かいろ) 懷中時計 회중시계 (かいちゅう・どけい)
훈독	ふところ		懷(ふところ) ⓐ 품, 호주머니 ⓑ 가슴속, 내막 → 懷刀(ふところ・がたな) ⓐ 호신용 칼 ⓑ 심복, 부하 懷具合(ふところ・ぐあい) 주머니 사정
	[なつ]かしい		懷(なつ)かしい 그립다
	[なつ]かしむ		懷(なつ)かしむ 그리워하다, 반가워하다
	[なつ]く		懷(なつ)く (친해져서 동물/사람을) 따르다, 따르게 되다
	[なつ]ける		懷(なつ)ける ⓐ (친해져서 동물을) 길들이다, 따르게 하다 　　　　　ⓑ (친해져서 사람을) 아군으로 만들다, 따르게 하다 = 手懷(て・なず)ける

| 잠깐만요 |
- 「懷」는 '가슴에 품다'라는 의미에서 여러 갈래로 의미가 파생됩니다.
  - 추상적: 생각/마음/의지를 품다 (例 懷古, 懷疑 등)
  - 물리적: 품/안주머니에 넣다 (例 懷中時計, 懷炉 등), 임신하다 (例 懷妊)
  - 파생 : 품 안에 안고 길러 주던 사람을 따르는 것 (例 なつく 등)
- なつく는 본래 고유어인 「馴(な)れ付(つ)く 친해져서 들러붙다」가 줄어들어 하나의 단어가 된 말입니다. 거기에 관습적으로 懷라는 한자를 붙이게 된 것이에요.
- 手懷ける는 懷ける만큼 자주 사용됩니다. てなつける가 아니라 てなずける로 발음과 철자가 다르니 주의해주세요.

壞

중학 | N1급 | 923위

무른 흙(土) 위에 너무 많은(十) 방을 그물(罒)로 쓸어담듯 욱여넣고 얇은 옷(衣)으로 감싼 듯 지은 부실한 고층 건물은 결국 무너져 붕괴해 버리니

무너질 괴 · 붕괴할 괴

16획 壞 壞 壞 壞 壞 壞 壞 壞 壞 壞 壞 壞 壞 壞

음독	**かい** [3순위]	壞滅 괴멸 (かいめつ)	壞血病 괴혈병 (かいけつびょう)
		崩壞 붕괴 (ほうかい)	破壞 파괴 (はかい)
	예외	壞死(えし) 〈의학〉 괴사	壞疽(えそ) 〈의학〉 괴저
훈독	**[こわ]れる**	壞(こわ)れる ⓐ 부서지다, 파손되다 ⓑ 고장 나다
	[こわ]す	壞(こわ)す ⓐ 파괴하다, 부수다 ⓑ (건강이) 탈이 나다, 해치다

| 잠깐만요 |
• 윗변 모양(罒)을 공통분모로 가지는 「 1926 壞무너질 괴」 · 「 1925 懷품을 회」 · 「 0615 德덕 덕」 · 「 1543 聽들을 청」과 비교 학습하세요.

---

187 睘: 돌돌 말 환 ▶ 睘環還

● 부수자

睘

그물(罒)로 한(一) 바퀴 두른(ㄖ→口) 듯 긴 옷(メメ)자락으로 돌돌 만 모습이니   罒: 그물 망 (衣→衣→) メメ: 옷 의

돌돌 말 환

13획 睘 睘 睘 睘 睘 睘 睘 睘 睘 睘 睘 睘 睘

| 잠깐만요 |
• 본래는 '눈 휘둥그레질 경'이지만, 파생 한자 학습에 용이하도록 저자가 새롭게 지정했어요.
• 형태가 유사한 「 0830 袁 길 원」과 비교 학습하세요.

環

중학 | N1급 | 1970위

옥구슬(王)을 손가락에 돌돌 말아(睘) 한 바퀴 둘러 만드는 고리이니   (玉→)王: 구슬 옥

두를 환 · 고리 환

17획 環 環 環 環 環 環 環 環 環 環 環 環 環 環 環 環 環

| 음독 | **かん** [2순위] | 環境 환경 (かんきょう) | 環狀 환상 (かんじょう) |
| | | 循環 순환 (じゅんかん) | 一環 일환 (いっかん) |

還

천으로 몸을 돌돌 말듯(睘) 주위를 한 바퀴 돌아가면(辶) 결국 제자리로 돌아오죠?

돌아올 환 · 귀환할 환

16획	還 還 還 還 還 還 還 還 還 還 還 還 還 還 還

중학 | N1급 | 2332위

음독	かん	2순위	還元 환원 (かんげん)	*還暦 환력 환갑 (かんれき)
			返還 반환 (へんかん)	帰還 귀환 (きかん)

---

188 巾: 수건 건 · 천 건 ▶ 錦 幅 怖 飾 柿

0142 巾		수건 건 · 천 건	부수자
해설		목에 걸친 수건의 모습에서	
음독		[きん] *雜巾 걸레 (ぞうきん) *布巾 행주 (ふきん)	

0825 綿	솜 면		5학년	N2	1580위
해설	가는 실(糸)을 하얗게(白) 뭉쳐 천(巾)에 넣어서 따뜻하게 쓰는 솜이니		
음독	[めん] 綿 면 (めん) 綿密 면밀 (めんみつ)		
파생	0824 絹 비단 견 [けん]		

錦

하얀(白) 햇살에 금빛(金)으로 반짝거리며 화려하게 빛나는 천(巾)인 비단이니

비단 금

16획	錦 錦 錦 錦 錦 錦 錦 錦 錦 錦 錦 錦 錦 錦 錦

중학 | N1급 | 1965위

음독	きん	4순위	*錦衣 금의비단옷 (きんい) *錦秋 금추 (きんしゅう) 단풍이 든 아름다운 가을
훈독	にしき		錦(にしき) 〈비유적〉 비단, 화려한 직물 → 錦蛇(にしき・へび) 비단뱀 錦鯉(にしき・ごい) 비단잉어

| 잠깐만요 |

• '비단'의 의미 구분
  – 絹(きぬ): 명주실로 엮은 비단 직물 그 자체 vs 錦(にしき): 비단처럼 화려한 재질/광택/문양/색

畐

 가득 찰 복 부수자

해설	한(一) 입(口)도 더는 못 먹을 만큼 밭(田) 같은 배가 가득 차니
파생	0325 福 복 복[ふく]　0326 副 다음 부[ふく]　0327 富 부유할 부[ふ]

1931

幅

중학 | N2급 | 1184위

수건(巾) 같이 가로 길이가 긴 천에 글씨나 그림을 가득 채워(畐) 걸어 두는 족자이니

0142 巾 : 수건 건 · 천 건

① 가로 길이 폭　② 족자 폭

12획 幅 幅 幅 幅 幅 幅 幅 幅 幅 幅 幅 幅

음독	ふく	3순위	② *副 폭족자 (ふく)　② *画副 화폭그림 족자 (がふく)
			② *書幅 서폭붓글씨 족자 (しょふく)
		4순위	① 増幅 증폭 (ぞうふく)　① 全幅 전폭 (ぜんぷく)
훈독	はば		幅(はば) 폭　　　→　幅広(はば・ひろ)い 폭넓다
			幅跳(はばと)び 멀리뛰기　大幅(おおはば) 큰 폭
			肩幅(かたはば) 어깨너비　横幅(よこはば) 가로너비
	예외		一幅(ひとの) 한 폭(천의 폭을 나타내는 단위: 약 36cm)

| 잠깐만요 |
- 음독의 경우, 4순위 두 단어 외에는 대부분이 '② 족자'라는 의미로 사용돼요.
- 예외의 「숫자+幅(の)」는 의류/방직 관련 업계가 아니면 잘 쓰지 않으니 참고만 하세요.

布

① 펼 포 · 퍼뜨릴 포　② 직물 포 · 천 포 5학년 | N2 | 696위

해설	많은(十→ナ) 수건(巾)을 쫙 펴서 천을 여기저기 퍼뜨리는 모습이니
음독	[ふ]　流布 유포 (るふ)　　分布 분포 (ぶんぷ)
파생	0836 希 드물 희 · 바랄 희[き]

1932

怖

중학 | N3급 | 938위

| 비교 |
· おそれる: 1876 恐 vs
1932 怖 vs 1348 畏

심장(忄)을 천(布)으로 옥죄는 듯한 감정(겁먹음)이 온몸으로 전파되듯 퍼져(布) 벌벌 떨게 되는 공포이니

겁먹을 포 · 공포 포

8획 怖 怖 怖 怖 怖 怖 怖 怖

음독	ふ 4순위	恐怖 공포 (きょうふ)	
훈독	[こわ]い	怖(こわ)い 두렵다, 무섭다	→ 怖(こわ)さ 무서움
	[こわ]がる	怖(こわ)がる 무서워하다	→ 怖(こわ)がり 겁쟁이
	[おそ]れる	▽怖(おそ)れる 겁먹다, 무서워하다	
	[お]じける	▽怖(お)じける 겁이 나서 흠칫거리다, 무서워서 뒤로 사리다 → 怖気(おじけ) 공포(심) 怖(お)じ気付(け・づ)く 겁먹다	

| 잠깐만요 |
· 음독으로 읽는 어휘는 「恐怖」 정도만 알면 돼요.
· 「おそれる」(두려워하다, 무서워하다)는 상용 표기상 「恐れる」로 쓰는 것이 원칙이지만(시험/공문서), 관습적으로는 흠칫거리거나 뒷걸음질하는 등의 신체적 반응이 동반하는 경우를 구체적으로 표기하기 위해서 「怖れる」를 선택적으로 사용하기도 합니다.

1933

飾

중학 | N1급 | 1254위

밥(食)상 위 케이크에 화살(ノ) 같은 초를 꽂고 알록달록한 천(巾)과 풍선으로 보기 좋게 잔뜩 꾸미고 장식하니 (食→)飠: 먹을 식

꾸밀 식 · 장식할 식

13획 飾 飾 飾 飾 飾 飾 飾 飾 飾 飾 飾 飾 飾

음독	しょく 2순위	装飾 장식 (そうしょく) 虚飾 허식 (きょしょく)	修飾 수식 (しゅうしょく) 粉飾 분식 (ふんしょく)
훈독	[かざ]る	飾(かざ)る 장식하다, 꾸미다 → 飾(かざ)り 장식 着飾(き・かざ)る 치장하다 飾(かざ)り付(つ)ける 꾸며 놓다	

| 잠깐만요 |
· 「粉飾」는 '실제보다 좋아 보이도록 거짓으로 꾸미다, 미화하다'라는 의미입니다. 특히 회계 부분에서 '사실과 다르게 좋은 쪽으로 기록을 조작함'이라는 의미로 주로 사용돼요.
예 粉飾会計(ふんしょく・かいけい) 분식 회계 粉飾決算(ふんしょく・けっさん) 분식 결산

0838 市	① 도시 시 ② 시장 시	2학년 | N3 | 186위
해설	머리(亠)에 수건(巾)을 두른 장사꾼은 번화가 시장에서나 볼 수 있으니	
음독	[し] 市民 시민(しみん)　　都市 도시(とし)	
파생	0839 肺 허파 폐[はい]　0949 姉 언니 자[し]	

1934

柿

중학 \| 급수 외 \| 2122위

나무(木)에 열리는 열매 중 처마에 줄줄이 매달고 말려 곶감으로 만들어 시장(市)에서
일 년 내내 파는 감이니

감나무 시

9획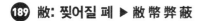

음독	し	4순위	*熟柿 숙시 잘 익은 감(じゅくし)	
훈독	かき	柿(かき) 감	→干(ほ)し柿(がき) 곶감	

| 잠깐만요 |
- 음독으로는 거의 읽히지 않아요.
- 감은 단감, 홍시, 곶감 등 계절과 상관없이 항상 시장에 나돌죠? 또 「市」의 모양이 홍시나 곶감이
  매달린 모양과도 닮지 않았나요?

---

189 敝: 찢어질 폐 ▶ 敝 幣 弊 蔽

1935 ● 부수자

敝

천(巾)이 사방팔방(ソ八)으로 두들겨 맞아(攵) 찢어진 모양이니

ソ: 사방 수

찢어질 폐

12획

1936

중학 | N1급 | 1970위

幣

너무 귀하여 찢어질(敝) 때까지 사용해야 하는 천(巾)은 옛날에는 일종의 화폐이기도 했고, 또 결혼식 예물로도 쓰였지요.

① 화폐 폐   ② 예물 폐 · 폐백 폐

15획 幣 幣 幣 幣 幣 幣 幣 幣 幣 幣 幣 幣 幣 幣 幣

음독	へい	3순위	① 貨幣 화폐 (かへい)	① 紙幣 지폐 (しへい)
			① 造幣局 조폐국 (ぞうへいきょく)	
		4순위	② 幣帛 폐백 (へいはく)	② 幣物 폐물 (へいもつ)

| 잠깐만요 |
- 본래 「幣」는 '비단'을 의미했어요. 당시 비단은 비쌌기 때문에 '가치 있는 것'이란 의미로 사용되기 시작해서 '예물, 화폐'로 의미가 정착되었어요.
- 신사(神社)의 무녀들이 들고 다니는 비단 봉을 의미하기도 했기 때문에 일부 특수 어휘에서는 '신에게 바치는 공물'이라는 의미로 사용돼요.
  예 幣(へい)를 捧(ささ)げる 신에게 제물을 바치다   奉幣(ほうべい) 신전에 제물을 바침

1937

중학 | N1급 | 2332위

弊

찢어(敝) 버려야 할 악습을 끝까지 받쳐들고(廾) 놓지 못하면 결국 나쁜 폐해를 일으키게 되죠?   廾: 받쳐 들 공

① 나쁠 폐 · 폐해 폐   ② 저희~ 폐

15획 弊 弊 弊 弊 弊 弊 弊 弊 弊 弊 弊 弊 弊 弊 弊

음독	へい	1순위	① 弊害 폐해 (へいがい)	① 語弊 어폐 (ごへい)
			① 疲弊 피폐 (ひへい)	① 悪弊 악폐폐단 (あくへい)
		4순위	②*弊社 폐사저희 회사 (へいしゃ)	
			②*弊店 폐점저희 가게 (へいてん)	

| 잠깐만요 |
- '② 저희~'는 자신이 속한 회사 등을 말할 때 사용하는 표현입니다. 반대로 상대를 높일 때는 「御(おん)~」을 붙입니다.   **예** 御社(おんしゃ) 귀사 ↔ 弊社(へいしゃ) 폐사

1938

중학 | 급수 외 | 2353위

蔽

풀(艹)로 찢어진(敝) 곳을 덮듯 치부를 가리고 은폐하니

가릴 폐 · 은폐할 폐

15획 蔽 蔽 蔽 蔽 蔽 蔽 蔽 蔽 蔽 蔽 蔽 蔽 蔽 蔽 蔽

| 음독 | へい | 4순위 | 隠蔽 은폐 (いんぺい) | *遮蔽 차폐가림 (しゃへい) |

30

'공구'의 파생 [22자]

190 丁: 못 정 · 굳건할 정 ▶ 訂寧芋

0132 丁/丁		① 못 정 ② 굳건할 정 ③ 단위 정	3학년 | N1 | 971위
해설		못의 모양을 본뜬 것으로, 못으로 박으면 굳건히 고정되니	
음독		[ちょう] *丁度 꼭/정확히 (ちょうど)　　　　[てい] 壮丁 장정 (そうてい)	
파생		0353 灯 등불 등 [とう]　0841 打 때릴 타 [だ]　0458 頂 꼭대기 정 [ちょう] 0842 町 마을 정 [ちょう]　0840 庁 관청 청 [ちょう]　0843 貯 쌓을 저 [ちょ] 1127 亭 정자 정 [てい]	

1939

訂

중학 \| N1급 \| 2131위

말(言)의 어긋난 부분을 못(丁)질하듯 바로잡으며 정정해 나가니

바로잡을 정 · 정정할 정

9획　訂 訂 訂 訂 訂 訂 訂 訂 訂

음독	てい	3순위	訂正 정정 (ていせい)　　改訂 개정 (かいてい) 校訂 교정 (こうてい)

| 잠깐만요 |

• '교정'의 의미 구분
　– 校正 (こうせい): 원고의 문자/그림/표 등의 '오탈자'를 찾아내어 수정하는 것
　– 校訂 (こうてい): 오래된 서적 등의 본문상의 오류나 어려운 글을 '정정'하는 것
　– 校定 (こうてい): 오래된 서적 등에 있는 오류나 훼손, 오탈자 등을 다른 사료와의 비교 및 어학적
　　　　　　　　검토를 통해 최대한 '원문의 상태로 고치는 것'

집(宀) 안에서 마음(心) 편히 그물(皿)로 된 침대에 누워 지내
도 되도록 삶의 기반이 못(丁) 박은 듯 안정적이면 편안하고
안녕하니

편안할 녕 · 안녕할 녕

14획 寧寧寧寧寧寧寧寧寧寧寧寧
寧寧

寧

중학 | N1급 | 1620위

| 음독 | **ねい** | 4순위 | *丁寧 정녕 (ていねい) | 安寧 안녕 (あんねい) |

|잠깐만요|
• 「丁寧」는 'ⓐ 친절함, 정중함, 공손함 ⓑ 주의 깊고 신중함, 정성스러움'을 의미합니다.
  예 ⓐ 丁寧な対応(たいおう) 정중한 대응   丁寧に案内(あんない)する 정중하게 안내하다
     ⓑ 丁寧な看護(かんご) 정성스런 간호   丁寧に読(よ)む 주의 깊게 읽다
• 「安寧」은 인사로서의 안녕이 아니라 '걱정이나 탈이 없는 상태'를 의미합니다.
  예 社会(しゃかい)の安寧(あんねい) 사회의 안녕

0769

宇

집 우 · 우주 우

6학년 | N2 | 782위

| 해설 | 커다란 지붕(宀)과 그것을 받치고 있는 처마와 대들보(于)가 눈에 띄는 커다란 집이니 |
| 음독 | [う] 宇宙 우주 (うちゅう) |

풀(艹) 중에서 땅(一)에 못(丁) 박힌 듯 단단히 뿌리내린 **뿌리** 식물이니

뿌리 식물 우

芋

6획 芋芋芋芋芋芋

중학 | N1급 | 1646위

| 훈독 | **いも** | 4순위 | 芋(いも) (고구마/감자 등의) 뿌리 식물 | 里芋(さといも) 토란 |
| | | | 薩摩芋(さつまいも) 고구마 | じゃが芋(いも) 감자 |

---

191 余 : 남을 여 ▶ 叙斜徐塗途

0844

余

① **남을 여** ② **나 여**

5학년 | N2 | 658위

해설	사람(人 → 𠆢)이 못(丁)을 바닥(一)에 여덟(八) 번 박고도 아직 머리 부분이 남은 모습이니
음독	[よ] 余分 여분 (よぶん) 余裕 여유 (よゆう)
파생	0845 除 없앨 제 · 제거할 제 [じょ]

중학 | N1급 | 2330위

왕이 한 손에 차를 들고 남은(余) 손(又)으로 붓을 놀리며 공훈에 따라 작위 내릴 이들의 이름을 차례대로 서술해 나가니

차례대로 서 → (① 서술할 서   ② 작위 내릴 서 · 서훈 서)

9획 叙 叙 叙 叙 乎 余 余 叙 叙

음독	じょ	2순위	① 叙述 서술 (じょじゅつ)	① 叙情詩 서정시 (じょじょうし)
			① 叙事 서사 (じょじ)	① 平叙文 평서문 (へいじょぶん)
		4순위	② 叙勲 서훈 (じょくん)	②*叙位 서위 (じょい) 위계를 내림

| 잠깐만요 |
- ① 차례대로 적어 내리다 → 서술하다   ② 공적에 맞춰 차례대로 작위/공훈을 내리다 → 서훈

斗

국자 두 · 말 두

중학 | N1 | 2010위

해설	쌀알(ㆍ)을 많이(十) 퍼 담던 **국자를 본떠**
음독	[と] 北斗七星 북두칠성 (ほくと · しちせい)
파생	0297 料 값 료 · 재료 료 [りょう] 0298 科 과목 과 [か]

중학 | N1급 | 1446위

쌀통 구석에 남은(余) 쌀을 국자(斗)로 퍼내려면 비스듬하게 기울여서 퍼내야 하니

비스듬할 사 · 사선 사

11획 斜 斜 斜 余 乎 乒 余 余 余 斜 斜

음독	しゃ	2순위	斜面 사면 (しゃめん)	斜線 사선 (しゃせん)
			斜視 사시 (しゃし)	傾斜 경사 (けいしゃ)
훈독	[なな]め		斜(なな)め ⓐ 기욺, 비스듬 ⓑ 바르지 않음	
			→ 御機嫌斜(ごきげん · なな)め 심기가 불편함	

중학 | N1급 | 1738위

걸으면서(彳) 남는(余) 시간에 생각을 정리할 때는 천천히 서행하듯 걷죠?

彳: 조금 걸을 척

천천히 서 · 서서히 서

10획 徐 徐 徐 徐 徐 徐 徐 彺 徐 徐

음독	じょ	4순위	徐行 서행 (じょこう)	徐々に (じょじょに) 서서히

塗

중학 | N2급 | 1415위

물기(氵)가 남아돌(余) 만큼 질척한 황토(土)로 남는 부분 없이 벽을 완전히 칠하듯 펴바르니(도포)

칠할 도 · 도포할 도

13획 塗 塗 塗 塗 塗 塗 塗 塗 塗 塗 塗 塗 塗

| 음독 | と | 3순위 | 塗装 도장 (とそう) | 塗布 도포 (とふ) |
| | | | 塗料 도료 (とりょう) | |

훈독	[ぬ]る	塗(ぬ)る 바르다, 칠하다 → 塗(ぬ)り絵(え) 색칠용 윤곽 그림 塗(ぬ)り潰(つぶ)す 빈틈없이 모두 칠하다
	[まみ]れる	▽塗(まみ)れる 투성이가 되다 → 塗(まみ)れ [명사+] ~투성이 血塗(ち・まみ)れ 피투성이　泥塗(どろ・まみ)れ 흙투성이
	[まぶ]す	▽塗(まぶ)す (가루 따위를) 온통 묻히다, 털어서 뿌리다

途

중학 | N3급 | 733위

사람들이 여유(余)를 가지고 가다 쉬다 하면서 다닐(辶) 수 있게 만든 길이니

辶: 뛸 착 · 쉬어 갈 착

(가는) 길 도

10획 途 途 途 途 途 途 途 途 途 途

| 음독 | と | 1순위 | *途端 도단그 순간 (とたん)
途中 도중 (とちゅう)　　　用途 용도 (ようと)
前途有望 전도유망 (ぜんと・ゆうぼう)
*中途半端 중도반단어중간함 (ちゅうと・はんぱ)
*発展途上 발전도상발전중 (はってん・とじょう) |
| | 예외 | 一途(いちず)だ 외곬임, 한결같음, 일편단심임 |

| 잠깐만요 |
- '길'의 의미 구분
  - 途(길 도): 주로 '사람'이 다니는 길 → 특수한 의미 (주로 '진행'을 의미 예途中 도중)
  - 道(길 도): 자동차 1~2대가 다니는 길 → 일반적인 길(사용 범위가 가장 넓고 일반적)
  - 路(길 로): 자동차 2~3대 이상이 다니는 길 → 철도 등의 교통수단이 다니는 아주 크고 긴 길

0181 可	허가할 가 · 가능할 가		5학년 | N2 | 366위
해설	못(丁→丁) 박듯 입(口)으로 가능하다 허락하니		
음독	[か] 可能 가능 (かのう)	許可 허가 (きょか)	
파생	0847 河 강 하[か] 0848 何 무엇 하[か]	0849 荷 짐 하[か] 0846 歌 노래 가[か]	

1947

苛

중학 \| 급수 외 \| 1765위

| 비교 |
· 이지메루 :
1437 虐 vs 1947 苛

가둬 두고 풀(艹)만 먹는 게 가능(可)하도록 하여 가혹하게 괴롭히니

괴롭힐 가 · 가혹할 가

8획 苛 苛 苛 苛 苛 苛 苛 苛

음독	か	3순위	苛酷 가혹 (かこく)		苛烈 가열 (かれつ)
훈독	[いじ]める		苛(いじ)める 괴롭히다, 못살게 굴다 → 苛(いじ)め 괴롭힘 cf) 虐(いじ)める 학대하다		
	[さいな]む		苛(さいな)む ⓐ 들볶다, 괴롭히다 ⓑ 책망하다		
	いら~		▽苛(いら) [+형용사/동사 어간] 　→ 苛々(いら・いら) 짜증 나는 모양새 ▽苛立(いら・だ)つ (생각대로 되지 않아) 초조해하다, 애타다, 　　　　　　　　　　　　　　　짜증나다 　→ 苛立(いらだ)ち 초조함, 짜증 남		

| 잠깐만요 |
· 「0849 荷 짐 하」와의 구분에 주의하세요.

0850 奇	기이할 기		중학 | N1 | 858위
해설	너무 커서(大) 수용 가능한(可) 범위를 벗어나 기이할 뿐이니		
음독	[き] 奇跡 기적 (きせき)	奇妙 기묘 (きみょう)	
파생	0851 寄 붙을 기 · 보낼 기[き]	0852 崎 돌출 지형 기 0853 埼 돌출 지형 기	

騎

중학 | N1급 | 1305위

말(馬) 위에서 기이(奇)할 정도의 몸놀림을 보여 주며 말을 타는 기사이니

말 탈 기 · 기마 기

18획 騎騎騎騎騎騎騎騎騎騎騎騎騎騎騎騎騎騎

음독	き	2순위	騎士 기사 (きし)	騎兵 기병 (きへい)
			騎馬 기마 (きば)	一騎当千 일기당천 (いっき・とうせん)

| 잠깐만요 |
• 一騎当千: 한 사람의 기병이 천 사람을 당한다는 뜻으로, 싸우는 능력이 아주 뛰어나다는 뜻이다.

椅

중학 | 급수 외 | 1345위

나무(木)를 잘라 만든 기이(奇)할 정도로 간단하고 튼튼한 가구인 의자이니

의자 의

12획 椅椅椅椅椅椅椅椅椅椅椅椅

음독	い	4순위	椅子 의자 (いす)

| 잠깐만요 |
• 「椅子」 외에는 쓰이지 않는 한자예요. 단어째로 학습하세요.

---

193 工: 만들 공 ▶ 虹江控

0130	工	① 만들 공　② 장인 공 · 장비 공		2학년	N3	402위
해설	장인이 물건을 만들 때 쓰는 모루의 모습을 본떠			
음독	[こう] 加工 가공 (かこう)		[く] 細工 세공 (さいく)	
파생	0763 空 텅 빌 공 [くう]	0854 功 공로 공 [こう/く]	0855 紅 붉을 홍 [こう/く]	

虹

중학 | N1급 | 2388위

벌레(虫) 중에서도 장식품을 만들(工) 때 사용하는 벌레는 등딱지가 무지갯빛으로 빛나니

무지개 홍

9획 虹虹虹虹虹虹虹虹虹

음독	こう	4순위	虹彩 홍채 (こうさい)	
훈독	にじ		虹 (にじ) 무지개	→ 虹色 (にじいろ) 무지갯빛

| 잠깐만요 |
• 옛날 유물 중에는 무지갯빛으로 빛나는 벌레의 등딱지로 장식한 것들이 있어요.

江

중학 | N1급 | 290위

물(氵)이 지역의 경계를 만들면서(工) 굽이치며 흐르는 아주 큰 강이니

큰 강 강

6획 江 江 江 江 江 江

음독	こう	[4순위]	江山 강산 (こうざん) 　　　 江湖 강호세상 (こうこ)
			江南 강남 (こうなん)
훈독	え		江(え)〈고어〉바다, 호수 등의 후미 → 入(い)り江(え) 후미
			江戸(えど) 에도〈도쿄의 옛이름〉

| 잠깐만요 |
- '강'의 의미 구분
  - 川 (냇물 천): 일반적으로 자연적으로 흐르는 물/강/하천 전반
  - 河 (강 하) : 크고 웅대한 강(←중국의 황하가 원류) 예 銀河(은하), 運河(운하), 大河(대하)
  - 江 (큰강 강): 지역을 양분하며 가로지르는 아주 큰 강(←중국의 장강이 원류) 예 江南(강남)
- 「江(え)」는 그 자체로는 자주 쓰이지 않습니다. 「入り江」와 「江戸」 정도만 기억해 두세요.

空

1학년 | N4 | 253위

텅 빌 공

| 해설 | 속에 구멍(穴)이 나게 만든(工) 텅 빈 공간이니 |
| 음독 | [くう] 空気 공기 (くうき) 　　　 空間 공간 (くうかん) |

控

중학 | N1급 | 1382위

손(扌)으로 잡아서 텅 빈(空) 공간으로 끌어당겨 어디 못 가게 잡아 두니

끌어당길 공 · 잡아 둘 공

11획 控 控 控 控 控 控 控 控 控 控 控

음독	こう	[4순위]	控除 공제 (こうじょ) 　　　 *控訴 공소항소 (こうそ)
훈독	[ひか]える		控(ひか)える ⓐ 못 떠나게 하다 ⓑ 삼가다 ⓒ 가까이 하다
			ⓓ 메모해 두다 ⓔ (순서/끝나기를) 기다리다, 대기하다
			→ 控室(ひかえ・しつ) 대기실 　　 控(ひか)え目(め) 소극적임

| 잠깐만요 |
- 「控」은 어디로 가려는 대상을 '끌어당겨서' 내 '가까이'에 '잡아 두는' 이미지예요.
  → 「控える」의 의미와 파생되는 표현의 이해 (사전 참고는 필수입니다.)
  - 사람: 어디 가지 않게 잡아 두다〈대기〉　　　　 - 일정/공간: 머지않다, 가깝다
  - 정보: 금방 사라질 정보를 잡아 두다〈메모〉　　 - 돈: 내 몫을 빼 두다〈공제〉
  - 재판: 끝나려는 재판을 다시 당겨오다〈항소〉　 - 행동: 엇나가지 않게 잡아 두다〈삼가〉

0133 尺/月		① 자 척 ② 길이 척		6학년 | N1 | 1534위
해설		기준이 되는 몸(尸)과 뻗은 것(乀)으로 길이를 재는 척도였던 자를 나타내니		
음독		[しゃく] 尺度 척도 (しゃくど) 縮尺 축척 (しゅくしゃく)		
파생		0858 駅 역 역 [えき] 0859 訳 번역할 역 [やく] 0196 昼 낮 주 [ちゅう] 0860 局 국부 국 [きょく]		

1953

釈

중학 \| N1급 \| 1220위

글귀에 잘못된 흠(丿)이 쌀알(米) 만큼 있어도 자(尺)로 잰 듯 명확하게 풀어내니

丿: 삐침 별 (여기선 흠을 의미)

풀어낼 석

11획 釈 釈 釈 釈 釈 釈 釈 釈 釈 釈 釈

음독	しゃく [1순위]	釈然 석연 (しゃくぜん) 釈放 석방 (しゃくほう) 解釈 해석 (かいしゃく) 注釈 주석 (ちゅうしゃく) 希釈 희석 (きしゃく) *会釈 회석 가벼운 인사 (えしゃく)

| 잠깐만요 |
- '풀어내다'는 생각보다 의미 범위가 넓어요. 예를 들면 해석, 설명, 희석, 석방 등 다양한 의미의 어휘들을 생산해 내요. 모든 어휘를 담을 순 없으니 사전을 참고하세요.

1954

択

중학 \| N1급 \| 1272위

| 비교 |
- えらぶ:
  0232 選 vs 1954 択

마치 자(尺)로 잰 듯 손(扌)으로 명확하게 가려서 선택하니

가릴 택 · 선택할 택

7획 択 択 択 択 択 択 択

음독	たく [3순위]	選択 선택 (せんたく) 採択 채택 (さいたく) *二者択一 이자택일 양자택일 (にしゃ・たくいつ)

훈독	[えら]ぶ	▼択(えら)ぶ (보다 좋은 쪽/보다 조건에 맞는 쪽을) 고르다,
		                  가려서 뽑다, 택하다
		예 手段(しゅだん)を択(えら)ばない 수단을 가리지 않다
		   きれいな花(はな)だけ択(えら)ぶ 예쁜 꽃만 고르다
		cf) 選(えら)ぶ 고르다, 선별하다, 뽑다

| 잠깐만요 |
- 「えらぶ」(고르다)는 상용 표기상 「選ぶ」로 표기하는 것이 원칙이지만(시험/공문서), 관습적으로는 '특히 더 좋은 쪽을 골라서 뽑다'라는 한정적 의미를 구체적으로 나타내기 위해 선택적으로 사용하기도 합니다.

沢

중학 | N1급 | 569위

자(尺)로 잴 수 있을 만큼 물(氵)이 얕게 고여 있는 습지에는 항상 많은 생명체가 윤택하게 지내니

① 습지 택 ② 많을 택·윤택할 택

7획 沢沢沢沢沢沢沢

음독	たく	2순위	②*沢山 택산많음 (たくさん)	② 潤沢 윤택 (じゅんたく)
			② 光沢 광택 (こうたく)	②*贅沢 췌택사치 (ぜいたく)
		3순위	①*水沢 수택못 (すいたく)	①*沼沢 소택늪과 못 (しょうたく)
훈독	さわ		沢(さわ) 풀이 나 있는 저습지	

| 잠깐만요 |
• 「沢」는 단순한 연못이 아니라 '풀이 많이 나 있는 물이 얕은 습지'를 뜻해요. 그래서 온갖 초목과 벌레, 동물, 철새들의 생태가 '수없이 많이 조성되는 윤택한 지형'이랍니다. 「沢」는 특히 일본에서 '② 많다, 윤택하다' 쪽으로 많이 사용돼요.

尽

중학 | N1급 | 1247위

시작점(丶)부터 끝점(丶)까지 자(尺)가 가진 길이를 모두 다 써서 재니

모두 다할 진·소진할 진

6획 尽尽尽尽尽尽

음독	じん	2순위	尽力 진력 (じんりょく) 消尽 소진 (しょうじん) 一網打尽 일망타진 (いちもう・だじん) *理不尽 이부진불합리함 (りふじん)
훈독	[つ]きる		尽(つ)きる 다하다, 소진하다, 끝나다 → 力尽(ちから・つ)きる 힘이 다하다
	[つ]かす		尽(つ)かす 소진하다, 소모하다
	[つ]くす		尽(つ)くす 다하다, 진력하다, 다 ~해 버리다 → 言(い)い尽(つ)くす 죄다 말하다
	～[ず]く		▽尽(ず)く [명사+] ~의 (힘)으로 → 力尽(ちから・ず)く で 힘으로, 억지로
	～[ず]くめ		▽尽(ず)くめ [명사+] ~일색, ~투성이 → 黒尽(くろ・ず)くめ 검정 일색, 검정색투성이

| 잠깐만요 |
• 한층 더 분해해서 이미지화해 보는 것도 좋아요.
  → 지친 몸(尸)을 숙이고 손을 뻗어(乀) 바닥을 짚고 눈물(丶)과 땀방울(丶)을 다 쏟으면 체력을 다 소진하면서 진력한 것이니

0503 品	① 물건 품 ② 등급 품		3학년 | N3 | 213위
	해설	대상을 보고 여럿이 입으로(口口口) 품평하여 그 물건의 등급을 정하니	
	음독	[ひん] 部品 부품 (ぶひん)　　商品 상품 (しょうひん)	

1957 ● 부수자

梟

나무(木) 위를 날고 있는 물품(品)인 연의 모습에서

(나는) 연 조

13획 梟 梟 梟 梟 梟 梟 梟 梟 梟 梟 梟 梟 梟

| 잠깐만요 |

• 본래는 나무 위에 있는 새의 입 모양을 따왔다 해서 '울 조, 시끄러울 조'라 지정된 부수예요. 하지만 파생자들과의 연관성이 좋지 않다 생각하여 학습의 편의를 위해 저자가 새로 지정했어요.

0504 操	① 다룰 조 · 조종할 조 (② 지조 조)		6학년 | N1 | 988위
	해설	손(扌)으로 나무(木) 위에 있는 물건(品)을 움직이게끔 조종하는 모습에서	
	음독	[そう] 操作 조작 (そうさ)　　操縦 조종 (そうじゅう)	

1958

繰

중학 \| N1급 \| 984위

나무 너머로 연(梟)을 날리기 위해 얼레의 연실(糸)을 이리저리 감아 넘기니

감아 넘길 조

19획 繰 繰 繰 繰 繰 繰 繰 繰 繰 繰 繰 繰 繰 繰 繰 繰
繰 繰

| 훈독 | [く]る | 繰(く)る ⓐ 실을 감다 ⓑ 하나씩 밀어내다, 넘기다
→ 糸繰(いとく)り 실을 자아냄　繰(く)り越(こ)す 이월하다
繰(く)り返(かえ)す 되풀이하다
繰(く)り広(ひろ)げる 전개하다 |
|---|---|---|

| 잠깐만요 |

• '얼레'는 연실을 감아 두는 실패와 같은 도구예요. 얼레를 감으면서 차례차례 실을 뽑아내는 모습 → '실을 차례로 감거나 자아내다', 연이 나무 위로 넘어가는 모습 → '다음으로 넘기다'라는 두 가지 의미를 파악할 수 있겠죠?

燥

중학 | N2급 | 2069위

불(火) 옆에 무언가를 연(喿)처럼 넓게 펼쳐 두면 건조해져 바싹 마르니

마를 조 · 건조할 조

17획 燥 燥 燥 燥 燥 燥 燥 燥 燥 燥 燥 燥 燥 燥 燥 燥 燥

음독	そう	4순위	乾燥 건조 (かんそう)	焦燥 초조 (しょうそう)
훈독	[はしゃ]ぐ		▼燥(はしゃ)ぐ ⓐ 신나서 떠들다, 시시덕대다 ⓑ 마르다	

| 잠깐만요 |

• 「はしゃぐ」는 보통 'ⓐ 떠들다, 시시덕대다'의 의미로 씁니다.
  – 〈고어〉 나무판자 등이 건조되어 뒤로 휘는 것 → 〈에도〉 ⓐ (나무판자가 뒤로 휘듯
    몸을 젖히면서) 소리내어 웃고 떠들다 ⓑ 마르다 → 〈현대〉 ⓐ 시시덕대다 ⓑ 마르다

중학 | N1급 | 2340위

풀(艹)이 물속(氵)에서 연(喿)마냥 뭉태기로 모여 하늘거리는 수초/해초류니

수초 조 · 해초류 조

19획 藻 藻 藻 藻 藻 藻 藻 藻 藻 藻 藻 藻 藻 藻 藻 藻 藻
藻 藻

음독	そう	3순위	海藻 해조 (かいそう) 珪藻土 규조토 (けいそうど)	緑藻 녹조 (りょくそう)
훈독	も		藻(も) 수초, 해초 → 藻草(もぐさ) 수초, 해초 毬藻(まりも) 공 모양의 해조류	

31

'우물가'의 파생 [29자]

196 井 : 우물 정 ▶ 丼溝購

0144 井	① 우물 정 ② 가지런할 정	4학년	N1	272위

해설	우물 입구의 나무틀이 가지런한 모습에서
음독	[せい] 油井 유정 (ゆせい)　　　　　[じょう] 天井 천정/천장 (てんじょう)
파생	0861 耕 밭 갈 경 [こう]　0862 囲 둘레 위 [い]

1961 丼	우물(井)처럼 깊고 둥근 사발에 높게 쌓인 밥과 고명(丶)을 얹은 덮밥이니
	덮밥 정
	5획 丼 丼 丼 丼 丼

중학 | 급수 외 | 2233위		
훈독	どんぶり	丼 (どんぶり) 덮밥, 덮밥용 사발
	〜どん	丼 (どん) [명사+] 〜덮밥　→　牛丼 (ぎゅうどん) 소고기덮밥
		鰻丼 (うなどん) 장어덮밥　親子丼 (おやこどん) 닭고기덮밥

0882 冓	짤 구	부수자

해설	실을 우물 정(井) 자 형태로 거듭해서(再) 단단히 얽어 짠 모습이니
파생	0883 構 짤 구 [こう]　0884 講 익힐 강 [こう]

물(氵)이 흐르도록 깊이 파내서 논밭과 도시 구역의 경계를 얽어 짠(冓) 듯 나누는
개울/배수구이니

개울 구 · 배수구 구

13획 溝溝溝溝溝溝溝溝溝溝溝溝溝

음독	こう	4순위	海溝 해구 (かいこう)	排水溝 배수구 (はいすいこう)
훈독	みぞ		溝(みぞ) ⓐ 개천, 도랑 ⓑ 홈, 이랑 ⓒ 감정의 골	
	どぶ		▽溝(どぶ) 시궁창, 하수구 → 溝鼠(どぶ・ねずみ) 시궁쥐	

溝
중학 | N1급 | 1842위

돈(貝)을 잘 짜인(冓) 소비 계획대로 물건을 사고 지불하며 구매하니   貝: 돈 패

살 구 · 구매할 구

17획 購購購購購購購購購購購購購購購購購

음독	こう	4순위	購入 구입 (こうにゅう) 購買 구매 (こうばい)
			購読 구독 (こうどく)

購
중학 | N1급 | 1436위

---

197 襄: 북돋울 양 ▶ 襄 壤 孃 讓 釀

● 부수자

땡볕 아래서 여섯(六) 시간을 일한 장정에게 우물(井)에서 물을
길어다 옷(衣→𧘇)에 끼얹어 주며 **기운이 북돋도록 도우니**
(衣→) 衣: 옷 의

북돋울 양 · 도울 양

13획 襄襄襄襄襄襄襄襄襄襄襄襄襄

| 잠깐만요 |
• 본래 글자는 「襄」으로, 인명/지명에 간혹 사용되는 경우가 있는 정도입니다.

襄

흙(土)의 지력을 북돋아(襄) 경작지로 쓰이는 고운 흙/토양이니

고운 흙 양 · 토양 양

16획 壤壤壤壤壤壤壤壤壤壤壤壤壤壤壤壤

음독	じょう	4순위	土壤 토양 (どじょう)	天壤の差 천양지차 (てんじょうのさ)

壤
중학 | N1급 | 2002위

孃

중학 | N1급 | 1447위

여성(女)의 용모와 교양을 집안에서 북돋으며(襄) 키우는 아가씨이니

아가씨 양

16획 孃 孃 孃 孃 孃 孃 孃 孃 孃 孃 孃 孃 孃 孃 孃

| 음독 | じょう 4순위 | *お孃 양아가씨 (おじょう) | *令孃 영양영애 (れいじょう) |

| 잠깐만요 |
• 「むすめ」는 보통 「娘」로 표기하며 '딸'과 '아가씨'라는 두 가지 의미가 있습니다. 이에 의미의 혼란을 줄이기 위해 '아가씨'를 의미할 때는 「孃(むすめ)」라고 훈독할 때가 종종 있으니 참고하세요.

讓

중학 | N1급 | 1465위

말(言) 중에서 북돋는(襄) 말은 상대에게 건네고 양보해야죠?

① 건넬 양 · 양도할 양　② 겸손할 양 · 양보할 양

20획 讓 讓 讓 讓 讓 讓 讓 讓 讓 讓 讓 讓 讓 讓 讓 讓 讓 讓 讓

| 음독 | じょう 2순위 | ①讓渡 양도 (じょうと)　②讓歩 양보 (じょうほ)
①分讓 분양 (ぶんじょう)　②謙讓語 겸양어 (けんじょうご) |
| 훈독 | [ゆず]る | 讓(ゆず)る ⓐ 양도하다 ⓑ 양보하다 ⓒ 후일로 미루다
→ 讓(ゆず)り 물려받음
　親讓(おや・ゆず)り 부모로부터 물려받음
　讓(ゆず)り合(あ)う 서로 양보하다
　讓(ゆず)り受(う)ける 물려받다, 양도받다 |

釀

중학 | N1급 | 2299위

술(酉)이 잘 익도록 북돋아(襄) 주는 환경을 조성해 술을 빚어내는 것을 양조라 하니

(술) 빚어낼 양 · 양조 양

20획 釀 釀 釀 釀 釀 釀 釀 釀 釀 釀 釀 釀 釀 釀 釀 釀 釀 釀 釀

| 음독 | じょう 4순위 | 釀造 양조 (じょうぞう) |
| 훈독 | [かも]す | 釀(かも)す 빚다, 빚어내다
→ 釀(かも)し出(だ)す (기분이나 분위기를) 빚어내다, 자아내다 |

0863 幵	틀 정	부수자
해설	우물틀(井)의 형태를 변형한 글자	
파생	**0864** 形 형태 형 [けい/ぎょう]　**0865** 刑 형벌 형 [けい]　**0866** 型 틀 형 [けい] **0867** 研 갈 연 [けん]	

1969 ● 부수자

幵

우물(幵) 주위를 짐승의 빛나는 두 눈(丷)이 빙 둘러 감싸고 있는 모습이니

두를 병 · 감쌀 병

6획 幵 幵 幵 幵 幵 幵

1970

併

중학 | N1급 | 1437위

다른 편 사람(亻)의 주위를 감싸고(幵) 설득하여 아울러서 한 팀으로 합치니(합병)

아우를 병 · 합칠 병

8획 併 併 併 併 併 併 併 併

음독	**へい** 2순위	併記 병기 (へいき) 併用 병용 (へいよう)	併合 병합합병 (へいごう) 合併 합병 (がっぺい)
훈독	[あわ]せる	併(あわ)せる 병합하다, 합치다	

1971

餠

중학 | 급수 외 | 1937위

식사(飠)를 위해서 절구통 주위를 둘러싸고(幵) 쌀을 매우 쳐서 만드는 떡이니

떡 병

15획 餠 餠 餠 餠 餠 餠 餠 餠 餠 餠 餠 餠 餠 餠

음독	**へい** 4순위	煎餠 전병 (せんべい)	
훈독	**もち**	餠(もち) 떡	→ 餠米(もち・ごめ) 찹쌀

1972

屏

학년 외 | 급수 외 | 334위

몸(尸)을 가리기 위해 주위에 둘러(幷) 세우는 병풍이니

尸: 몸 시 · 시체 시

병풍 병

9획 屏 屏 屏 屏 屏 屏 屏 屏 屏

음독	びょう	4순위	屏風 병풍 (びょうぶ) *屏風絵 병풍회병풍 그림 (びょうぶえ)

| 잠깐만요 |
• 상용 외 한자로 「屏風」 외에는 쓰이는 단어가 거의 없어요.

1973

塀

중학 | N1급 | 1904위

흙(土)을 쌓아 병풍(屏)처럼 집을 둘러서 가리는 담장이니

담장 병

12획 塀 塀 塀 塀 塀 塀 塀 塀 塀 塀 塀

음독	へい	4순위	*塀 병담 (へい)	*土塀 토병토담 (どべい)

199 互: 서로 호 ▶ 互瓦瓶

1974

互

중학 | N3급 | 1029위

서로 손을 마주 잡은 모습에서

서로 호 · 상호 호

4획 互 互 互 互

음독	ご	3순위	互角 호각 (ごかく) 相互 상호 (そうご)	*交互 교호번갈아 (こうご)
훈독	[たが]い		互(たが)いに 서로 お互(たが)い様(さま) 피차일반	お互(たが)い 서로

1975

瓦

중학 | 급수 외 | 1846위

기왓장의 모습을 본떠

기와 와

5획 瓦 瓦 瓦 瓦 瓦

음독	が	3순위	瓦解 와해 (がかい) *瓦礫 와륵 (がれき) 건물 잔해/잡동사니	*煉瓦 연와벽돌 (れんが)
훈독	かわら		瓦(かわら) ⓐ 기와 ⓑ 무가치한 것	
	예외		瓦落多(がらくた) 잡동사니, 무가치한 쓸모없는 물건	

1976

기왓장(瓦)으로 담을 에워싸듯(幷) 도자기나 유리로 빙 둘러싸 만드는 병이니

瓶

병 병

11획 瓶 瓶 瓶 幷 幷 并 瓶 瓶 瓶 瓶 瓶

| 음독 | びん | 3순위 | 瓶 병 (びん) | *魔法瓶 마법병·보온병 (まほうびん) |
| | | | 花瓶 화병·꽃병 (かびん) | 瓶ビール 병맥주 (びん・ビール) |

중학 | N2급 | 1593위

---

200 冊 : 책 책 ▶ 柵 侖

0136

冊

① 책 책 (② 작위 내릴 책)

6학년 | N2 | 1377위

해설	글을 적은 길다란 나무판을 엮어 만든 책의 모습이니
음독	[さつ] 書冊 서책 (しょさつ)	[さく] 冊立 책립 (さくりつ)
파생	0783 扁 작고 넓적할 편 [へん]	0784 編 엮을 편 [へん]

1977

나무(木)를 마치 죽간책(冊)처럼 줄줄이 엮어 벽처럼 세우는 울타리이니

柵

울타리 책

9획 柵 杧 柵 柵 杧 柵 柵 柵 柵

| 음독 | さく | 4순위 | *柵 책·목책 (さく) | 木柵 목책 (もくさく) |

중학 | 급수 외 | 2253위

0926

侖

둥글 륜

부수자

| 해설 | 사람(人)들이 한(一) 권의 책(冊)을 두고 둥글게 모인 모습이니 |
| 파생 | 0927 輪 바퀴 륜 [りん] | 0928 論 논할 론 [ろん] |

1978

倫

중학 | N1급 | 1514위

사람(亻)이 인생을 둥글게(侖) 살아가기 위해 지켜야 할 윤리이니

윤리 륜

10획 倫 倫 倫 倫 倫 倫 倫 倫 倫 倫

| 음독 | りん | 3순위 | 倫理 윤리 (りんり) | 絶倫 절륜 (ぜつりん) |
| | | | 不倫 불륜 (ふりん) | |

| 잠깐만요 |
· 「絶倫」은 '윤리를 끊다'라는 의미가 아니라 '비할 바 없이 훌륭하다'는 의미이니 주의하세요.

---

201 甫: 클 보 ▶ 哺浦捕舖

0877

甫／甫

클 보 · 넓을 보

제부수 | N1 | 2643위

| 해설 | 많은(十) 것을 넣고 쓸(用) 수 있도록 손잡이(′)까지 단 바구니(甫)는 크고 넓으니 |
| 파생 | **0878** 補 기울 보 [ほ] |

1979

哺

중학 | 급수 외 | 2945위

입(口)에 젖을 물려 크게(甫) 자랄 때까지 기르는 포유류이니

물릴 포 · 포유류 포

10획 哺 哺 哺 哺 哺 哺 哺 哺 哺 哺

| 음독 | ほ | 4순위 | 哺乳類 포유류 (ほにゅうるい) |

1980

浦

중학 | N1급 | 1047위

물(氵)이 아주 크고 넓게(甫) 펼쳐진 물가이니

물가 포

10획 浦 浦 浦 浦 浦 浦 浦 浦 浦 浦

| 훈독 | うら | 浦(うら) 〈문어〉 해변 → 津々浦々(つつ・うらうら) 방방곡곡 |

손(扌)을 크게(甫) 벌려 목표물을 붙잡으니

잡을 포 · 포획할 포

중학 | N3급 | 795위

10획 捕 捕 捕 捕 扗 扗 捐 捐 捕 捕

| 음독 | ほ | 2순위 | 捕獲 포획 (ほかく) | 捕捉 포착 (ほそく) |
| | | | 捕鯨 포경 (ほげい) | 逮捕 체포 (たいほ) |

훈독	[と]る	捕(と)る 〈움직이는 것〉 잡다, 〈범인 등을〉 체포하다
	[と]らわれる	捕(と)らわれる 〈물리적〉 붙잡히다, 사로잡히다 cf) 囚(とら)われる ⓐ 〈감옥 등에〉 갇히다 　　　　　　　　ⓑ 〈생각/가치관에〉 사로잡히다 　捉(と)らわれる 〈추상적〉 〈생각/선입관 등에〉 얽매이다
	[と]らえる	捕(と)らえる 〈물리적〉 붙잡다, 옴짝달싹 못하게 하다 cf) 捉(とら)える 〈추상적〉 인식하다, 파악하다, 받아들이다 　⑩ 腕(うで)を捕(と)らえる 팔을 붙잡다 　　　真相(しんそう)を捉(と)らえる 진상을 파악하다
	[つか]まる	捕(つか)まる 〈도망가지 못하게〉 붙잡히다
	[つか]まえる	捕(つか)まえる 〈도망가지 못하게〉 붙잡다 cf) ▼掴(つか)まる/▼掴(つか)まえる 손으로 꽉 잡다

| 비교 |
· とる:
0540 取 vs 1595 撮 vs
0560 採 vs 1981 捕 vs
2246 執 (vs 1738 盗 vs
1478 獲 vs 1544 摂)

· とらわれる:
1981 捕 vs 0078 捉 vs
(1862 囚)

· とらえる:
0078 捉 vs 1981 捕

· つかまえる:
1671 掴 vs 1981 捕

| 잠깐만요 |
· 한자의 의미와 원칙상으로는 「捕(と)らえる」와 「捉(とら)える」는 구분해서 써야 하지만, 실사용에
서는 「捕らえる」로 구분 없이 통합하여 사용됩니다.
· 「捕(つか)まえる」는 「捕(と)らえる」보다 구어적으로 자주 사용돼요. 단, '(지나가는 중인 무언가가
정지하도록) 붙잡다'라는 뜻일 때는 「捕(つか)まえる」만 사용합니다.
　⑩ 犯人(はんにん)を+[つかまえる ○ | とらえる ○] 범인을 붙잡다
　　タクシーを+[つかまえる ○ | とらえる ✕] 택시를 잡다

| 0914 | 舎 | **집 사 · 간이 시설 사** | 5학년 | N1 | 1099위 |

해설	사람(人)이 흙(土)길을 걷다가 마른 입(口)을 축이고 잠시 쉬어 가는 간이 시설이니
음독	[しゃ]　官舎 관사(かんしゃ)　　寄宿舎 기숙사(きしゅくしゃ)
파생	0915 捨 버릴 사 [しゃ]

舖

중학 | N1급 | 1700위

관사(舍)처럼 크고(甫) 번듯한 가게/점포는 왕래가 잦은 포장 도로변에 있으니

① 땅에 깔 포 · 포장할 포 ② 가게 포 · 점포 포

15획 舖 舖 舖 舖 舖 舍 舖 舖 舖 舖 舖 舖 舖 舖

음독	ほ	3순위	① 舖石 포석 (ほせき)
			① 舖装道路 포장도로 (ほそう・どうろ)
			② 店舖 점포 (てんぽ) ② 老舖 노포 (ろうほ)
	예외		老舖 (しにせ) 노포

| 잠깐만요 |
• 「老舖」(노포)는 거의 「しにせ」로 읽어요.

---

202 尃: 펼칠 포 ▶ 尃 縛 薄 簿 敷

● 부수자

尃

중학 | N3급 | 1029위

바구니(甫)처럼 생긴 제면기에 반죽을 넣고 손잡이를 조금씩(寸) 돌리면 덩어리가 넓고 얇게 쫙 펼쳐지니

寸: 아주 조금 촌

펼칠 포 · 넓고 얇을 포

10획 尃 尃 尃 尃 尃 尃 尃 尃 尃 尃

| 잠깐만요 |
• 「0879 専 오로지 전 · 전념할 전」과의 구분에 주의하세요.
• 「0879 専 오로지 전 · 전념할 전」: 크게 넓히기(甫) 위해 한 점 의심 없이(丶: →) 조금(寸)도 흐트러지지 않고 오로지 하나에 전념하니
• 「0880 博 폭넓을 박 · 도박 박
  ▶ [はく] 博士 박사 (はくし)   [ばく] 賭博 도박 (とばく)

縛

중학 | N1급 | 1609위

펼쳐져(尃) 있는 신문을 차곡차곡 접은 후 끈(糸)으로 꽉 묶어 결박하니

묶을 박 · 결박할 박

16획 縛 縛 縛 縛 縛 縛 縛 縛 縛 縛 縛 縛 縛

음독	ばく	3순위	束縛 속박 (そくばく) 捕縛 포박 (ほばく)
			自縄自縛 자승자박 (じじょう・じばく)
훈독	[しば]る		縛(しば)る 묶다, 매다, 결박하다 → 縛(しば)り 묶음, 속박
			縛(しば)り付(つ)ける 동여매다, 구속하다, 속박하다

薄

중학 | N2급 | 854위

풀잎(艹)이 물(氵) 위로 떨어져 펼쳐지듯(尃) 얇게 쌓이니, 또 풀잎(艹) 같은 초록빛 물감을 물(氵)에 풀면 색이 퍼지면서(尃) 색/농도가 엷어지니

얇을 박 · 엷을 박

16획 薄薄薄薄薄薄薄薄薄薄薄薄薄薄薄薄

음독	はく	1순위	薄弱 박약 (はくじゃく)	薄情 박정 (はくじょう)
			薄命 박명 (はくめい)	希薄 희박 (きはく)
			薄利多売 박리다매 (はくり・たばい)	

훈독	[うす]い	薄(うす)い ⓐ (두께) 얇다 ⓑ (농도/맛) 엷다, 묽다
	[うす]まる	薄(うす)まる (색/농도/맛 한정) 엷어지다, 묽어지다
	[うす]める	薄(うす)める (물 등을 타서) 엷게 하다, 묽게 하다
	[うす]れる	薄(うす)れる ⓐ (농도가) 묽어지다 ⓑ (정도가) 약해지다, 희미해지다
	[うす]らぐ	薄(うす)らぐ (강했던 것이) 점차 엷어지다, 옅어지다

| 잠깐만요 |
- 「薄」은 '얇다, 엷다'는 의미예요.
  - 책/돈다발 등의 두께가 얇으면? → 금액이나 수량이 적다(박명, 박리, 박봉)
  - 쌓아온 정의 두께가 얇으면? → 인정이 없다(각박, 박정)
  - 농도가 엷으면? → 맛이나 색이 묽거나 담백하다
- 「薄れる」는 '맛'에 사용하지 않고, 「薄らぐ」는 '색/맛'에는 사용하지 않아요.

簿

중학 | N1급 | 1757위

대나무(⺮)로 된 죽간에 먹물(氵)을 찍은 붓으로 하루의 내용을 펼쳐(尃)내듯 적어내어 그 흐름을 정리해 둔 장부이니

장부 부

19획 簿簿簿簿簿簿簿簿簿簿簿簿簿簿簿簿簿 簿簿

| 음독 | ぼ | 2순위 | 簿記 부기 (ぼき) | 名簿 명부 (めいぼ) |
| | | | 帳簿 장부 (ちょうぼ) | 家計簿 가계부 (かけいぼ) |

1987

敷

중학 | N1급 | 607위

모포의 한쪽 끝을 잡고 크고 넓게(甫) 퍼지도록 한쪽 방향(方)으로 허공을 때리듯(攵) 던지며 쫙 펼쳐서 바닥에 까니

`0128` 方: 방향 방·방법 방

펼 부 · 깔 부

15획 敷 敷 敷 敷 敷 敷 敷 敷 敷 敷 敷 敷 敷 敷 敷

음독	ふ	4순위	敷設 부설 (ふせつ)	敷延 부연 (ふえん)
훈독	[し]く		敷(し)く 깔다, 펴다 → 敷(し)き 깔개 敷地(しき・ち) 부지, 터	敷布団(しき・ぶとん) 요, 이부자리

---

203 甫 ▶ 恵 穂

1988

恵

중학 | N1급 | 777위

사랑을 크고 넓히기(甫) 위해 의심 한 점 없이(丶: 甫 → 甫) 타인에게 마음(心)을 쓰며 베푸는 은혜이니

베풀 혜 · 은혜 혜

10획 恵 恵 恵 恵 恵 恵 恵 恵 恵 恵

음독	けい	3순위	恵沢 혜택 (けいたく) 特恵 특혜 (とっけい)	恩恵 은혜 (おんけい)
	え	4순위	知恵 지혜 (ちえ)	*恵比寿 헤비수·에비스 (えびす)
훈독	[めぐ]む		恵(めぐ)む 은혜/혜택/사랑을 베풀다 → 恵(めぐ)み 은혜, 혜택	
	[めぐ]まれる		恵(めぐ)まれる ⓐ 혜택받다 ⓑ (운좋게) 누리다, 타고나다	

| 잠깐만요 |
· 「恵比寿(えびす)」는 '노동자의 수호신인 칠복신 중 하나'예요.

1989

穂

중학 | N1급 | 1348위

벼(禾)가 만들어 내는 은혜(恵)로운 식량인 이삭이니

이삭 수

15획 穂 穂 穂 穂 穂 穂 穂 穂 穂 穂 穂 穂 穂 穂 穂

음독	すい	4순위	*穂状 수상·이삭 모양 (すいじょう)	出穂期 출수기 (しゅっすいき)
훈독	ほ		穂(ほ) ⓐ 이삭 ⓑ 끝이 뾰족한 도구 → 穂先(ほさき) 뾰족한 도구의 끝부분	

32

'운반'의 파생 [35자]

204 卜: 점칠 복 ▶ 朴訃赴

		점칠 복	제부수 │ 급수 외 │ 2818위
0176 卜			
해설	나뭇가지(卜)가 넘어지는 방향으로 길흉화복을 점치니		
음독	[ぼく] *卜占 점 (ぼくせん) *卜者 점쟁이 (ぼくしゃ)		
파생	**0177** 上 윗 상 [じょう/しょう] **0178** 下 아래 하 [か/げ] **0219** 外 밖 외 [がい/げ]		

1990

중학 │ N1급 │ 1844위

나무(木)로 치는 간단한 점괘(卜)도 굳게 믿을 만큼 순박하니

꾸밈없을 박 · 순박할 박

6획 朴 朴 朴 朴 朴 朴

음독	**ぼく**	4순위	素朴 소박 (そぼく)　　純朴 순박 (じゅんぼく)
			*朴直 박직 (ぼくちょく) 순박하고 정직함

1991

중학 │ 급수 외 │ 3497위

말(言) 중에서도 불행한 점괘(卜)와 들어맞는 말은 부고이니

부고 부

9획 訃 訃 訃 訃 訃 訃 訃 訃 訃

음독	**ふ**	4순위	訃音 부음 (ふいん)　　*訃報 부보부고 (ふほう)

| 잠깐만요 |
· 옛날에는 개인이 점을 치면서 들을 수 있는 가장 불행한 말이 전쟁에 나간 가족의 죽음이었죠?

점괘(卜)가 가리키는 쪽을 향해 달려가는(走) 모습이니

향해 갈 부

赴

9획 赴 赴 赴 赴 赴 赴 赴 赴 赴

중학 | N1급 | 1988위

음독	ふ	4순위	赴任 부임 (ふにん)
훈독	[おもむ]く		赴(おもむ)く ⓐ 향하여 가다 ⓑ (어떠한 경향/상태로) 향하다

| 잠깐만요 |

· 「赴く」는 「趣(おもむき)」(ⓐ 정취, 멋, 느낌 ⓑ 의도, 취지)와 어원이 같지만 주로 사용되던 의미의 차이가 커져서 아예 별도의 한자와 의미로 정착된 케이스입니다.

---

205 占 : 점령할 점 ▶ 粘 貼 貞 偵

0902	占		① 점령할 점 ② 점칠 점	중학	N2	959위

해설	점괘(卜)를 말하면(口) 그에 따라 땅을 점령해 깃을 꽂는 모습에서
음독	[せん] 占領 점령 (せんりょう) 占星術 점성술 (せんせいじゅつ)
파생	0903 店 가게 점 [てん] 0904 点 점 점·불 켤 점 [てん]

粘

중학 | N1급 | 1736위

찹쌀(米)을 절구에 넣고 찧으면 망치의 한 면을 점령(占)하듯 끈적이며 늘어나는 찰기와 점성이 생기죠?

끈적일 점·점성 점

11획 粘 粘 粘 粘 粘 粘 粘 粘 粘 粘 粘

음독	ねん	3순위	粘性 점성 (ねんせい) 粘土 점토 (ねんど)
			粘着 점착 (ねんちゃく) 粘膜 점막 (ねんまく)
훈독	[ねば]る		粘(ねば)る ⓐ 점성이 있다 ⓑ 끈기 있다, 버티다
			→ 粘(ねば)り 끈기, 찰기

중학 | 급수 외 | 1712위

| 비교 |
· はる :
　1135 張 vs 1994 貼

조개(貝)나 달팽이의 끈적한 점액이 한 면을 가득 점령(占)한 듯 무언가에 **접착제를 발라 붙인 모습**이니

(풀 발라) 붙일 첩

12획 貼 貼 貼 貼 貼 貼 貼 貼 貼 貼 貼 貼

음독	ちょう　4순위	*貼付 첩부 (ちょうふ) 접착 성분으로 붙임 *貼用 첩용 (ちょうよう) (약을) 몸에 붙여 사용함
훈독	[は]る	貼(は)る (접착 성분으로) 붙이다 ⑩ ステッカを貼(は)る 스티커를 붙이다 cf) 張(は)る ⓐ 확장하다(뻗다, 펼치다 등) 　　　　　　　ⓑ 팽팽해지다, 땅땅해지다　ⓒ 강하게 나가다 ⑩ 根(ね)が張(は)る 뿌리가 뻗어나가다 　　肌(はだ)の張(は)り 피부의 탄력 　　欲(よく)を張(は)る 욕심을 부리다

| 잠깐만요 |
· 「貼付」는 의미상 「添付(てんぷ)」(첨부)와 비슷하여 관용적으로 「てんぷ」로도 읽어요.

貞

중학 | N1급 | 1512위

옛날에 전쟁에 나간 남편의 안위를 점(卜)치고 돈(貝)을 주고 부적을 사며 무사귀환을 기원하는 아내의 **정조와 정순한 모습**이니

정순할 정 · 정조 정

9획 貞 貞 貞 貞 貞 貞 貞 貞 貞

음독	てい　4순위	貞純 정순 (ていじゅん)　　　貞操 정조 (ていそう) 貞操観念 정조관념 (ていそう・かんねん) 童貞 동정 (どうてい)　　　不貞 부정 (ふてい)

| 잠깐만요 |
· 보통 '곧을 정'으로 기재되는데, 실사용상 '마음이 순수하고 한결같다(정순)'의 의미입니다. 그것이 이후 '한결같은 마음과 성적인 순수성(정조/절개)'의 좁은 의미로 사용되게 되었어요.
· 「童貞」는 '잠자리를 가진 적이 없는 남성'을 의미합니다. ↔ バージン(virgin) 처녀
· 「不貞」는 '여성이 정조/절개를 지키지 아니함'을 의미합니다.

중학 | N1급 | 1480위

옛날에는 정조를 지키는 자에게 열녀비를 주기 위해 사람(人)이 곁에 붙어 정말로 정조(貞)를 지키는지 **정찰하며 엿봤으니**

엿볼 정 · 정찰할 정

11획 偵 偵 偵 偵 偵 偵 偵 偵 偵 偵 偵

음독	てい　4순위	偵察 정찰 (ていさつ)　　　密偵 밀정 (みってい) 探偵 탐정 (たんてい)

0128 方	 ① 방향 방 ② 방법 방		2학년 | N3 | 33위
해설	깃발을 통해 말 머리(亠)를 돌려 칼(勹)을 휘두를 방향과 방법을 알리니		
음독	[ほう] 方向 방향(ほうこう) 方法 방법(ほうほう)		
파생	0894 訪 방문할 방[ほう] 0895 防 막을 방[ぼう] 0896 放 놓을 방[ほう] 0897 激 격할 격[げき]		

1997

紡

중학 \| N1급 \| 2485위

실(糸)을 한쪽 방향(方)으로 쭉 잡아당기며 **뽑아내니**

실 뽑을 방·방직 방

10획 紡 紡 紡 紡 紡 紡 紡 紡 紡 紡

음독	ぼう	3순위	紡績 방적 (ぼうせき) 紡織 방직 (ぼうしょく) 混紡 혼방 (こんぼう)
훈독	[つむ]ぐ		紡(つむ)ぐ 실을 뽑다, 실을 잣다 → 紡(つむ)ぎ出(だ)す (실을 자아내듯 섬세하게) 구사하다, 엮어 내다

1998

妨

중학 \| N1급 \| 2044위

너무 좋아하는 여인(女)이 생기면 방향(方)을 잃어버려 원래 하고자 하던 목표를
이루는 데 **방해**가 되기도 하니

방해할 방

7획 妨 妨 妨 妨 妨 妨 妨

음독	ぼう	4순위	妨害 방해 (ぼうがい)
훈독	[さまた]げる		妨(さまた)げる 방해하다, 지장을 주다 → 妨(さまた)げ 방해, 지장

坊

중학 | N2급 | 1156위

흙(土)만 밟으면 해 뜨는 방향(方)으로 달려가 뛰노는 민머리 사내아이,
혹은 극락정토(土)의 방향(方)으로 수행하며 다니는 민머리 스님이니

① **사내아이 방**　② **스님 방**

7획 坊 坊 坊 坊 坊 坊 坊

음독	ぼう	1순위	①② *坊主 방주 (ぼうず) 사내아이/스님
			① *寝坊 침방 (ねぼう) 늦잠
			① 坊や (ぼうや) 도련님, 철부지
			① 坊ちゃん (ぼっちゃん) 도련님
			① 赤ん坊 (あかんぼう) 갓난아기

| 잠깐만요 |

• 보통 '동네 방'으로 제시되지만, 실사용상 일본어에서는 '민머리 사내아이'를 뜻하는 한자로, '아직
자라지 않은 남자애 → 철부지' '민머리 → 스님'이라는 의미로 확장되어 사용됩니다.
　⑩ 坊主頭 (ぼうず・あたま) 민머리　　　　　　お坊 (ぼう) さん 스님
　　寝坊 (ねぼう) (해가 떠도 자는 아이 →) 늦잠, 늦잠꾸러기
　　坊主 (ぼうず) ⓐ 절의 주지(主)인 스님(坊) ⓑ 어린 남자아이를 부를 때 쓰는 말

肪

중학 | N1급 | 1903위

몸(月) 여기저기에 존재해서 살찌는 방향(方)으로 이끄는 지방이니

기름 방 · 지방 방

8획 肪 肪 肪 肪 肪 肪 肪 肪

음독	ぼう	4순위	脂肪 지방 (しぼう)

| 잠깐만요 |

•「脂肪」외에는 쓰이는 경우가 거의 없어요.

---

207 方: 방향 방(2) ▶ 芳 房 傍

芳

중학 | N1급 | 1496위

풀(艹) 내음이 사방팔방 여러 방향(方)으로 퍼져 향기로우니

향기로울 방 · 방향 방

7획 芳 芳 芳 芳 芳 芳 芳

음독	ほう	3순위	芳香 방향 (ほうこう)　　　　　　芳名 방명명성/존함 (ほうめい)
			芳年 방년꽃다운 나이 (ほうねん)
훈독	[かんば]しい		芳 (かんば) しい ⓐ 향기롭다 ⓑ 좋다, 훌륭하다

| 잠깐만요 |

• '향기롭다'의 의미 구분
　－ 香 (こう) ばしい: 주로 음식에서 나는 좋은 냄새 (→ 고소하다)
　－ 香 (かぐわ) しい: 온화하고 고상한 은은한 향기 (→ 그윽하다)
　－ 芳 (かんば) しい: 강렬하고 좋은 향기가 충만한 것 (→ 향기롭다)

2002 房

중학 | N1급 | 630위

집에서 문(戸)이 달린 방향(方)에 있는 건 **방**이죠? 또 아래 방향으로 **방**이 여러 개 매달린 것처럼 생긴 **열매/꽃**의 '송이'니

`0147` 戸: 집문 호

① 방 방   ② (열매/꽃) 송이 방

8획 房 房 房 房 房 房 房 房

음독	ぼう `1순위`	冷房 냉방 (れいぼう) 厨房 주방 (ちゅうぼう) 独房 독방 (どくぼう)	暖房 난방 (だんぼう) *女房 여방•아내 (にょうぼう) 文房具 문방구 (ぶんぼうぐ)
훈독	ふさ	房(ふさ) (꽃/과일 등의) 송이 乳房(ち•ぶさ) 유방	→ 花房(はな•ぶさ) 꽃송이 房飾(ふさ•かざ)り 술 장식

| 잠깐만요 |
• 「ふさ」는 포도, 바나나 등을 세는 단위(~송이)로도 써요.   예 一房(ひとふさ) 한 송이

2003 傍

중학 | N1급 | 1362위

허리 아래(宀)를 덮는(宀) 사방(方)으로 한껏 부픈 치마를 입은 중세의 귀족 여성은 시중드는 사람(亻)이 항상 그 **옆/곁**에 있었으니

宀: 덮을 멱

곁 방 • 옆(사람) 방

12획 傍 傍 傍 傍 傍 傍 傍 傍 傍 傍 傍 傍

음독	ぼう `1순위`	傍観 방관 (ぼうかん) 傍系 방계 (ぼうけい) 傍若無人 방약무인 (ぼうじゃく•むじん)	傍聴 방청 (ぼうちょう) 近傍 근방 (きんぼう)
훈독	[かたわ]ら	傍(かたわ)ら ⓐ 곁, 옆 ⓑ ~함과 동시에, ~하는 한편	
	はた	▼傍(はた) 옆 사람, 곁의 사람 → 傍目(はため)にも 옆에서 보기에도 傍迷惑(はた•めいわく) 주변에 끼치는 폐	

208 方: 방향 방(3) ▶ 倣傲旋施

0896 放

① (손에서) 놓을 방   ② (멀리) 보낼 방

3학년 | N2 | 293위

해설	손에서 놓은 공을 먼 방향(方)으로 쳐서(攵) 보내 버리니	攵: 칠 복
음독	[ほう] 解放 해방 (かいほう) 追放 추방 (ついほう)	
파생	`0897` 激 격할 격 [げき]	

2004

傲

중학 | N1급 | 2284위

사람(亻)이 자신만의 개성을 놓고(放) 남을 본떠 모방하니

본뜰 방 · 모방할 방

10획 倣 倣 倣 倣 倣 倣 倣 倣 倣 倣

| 음독 | ほう | 4순위 | 模倣 모방 (もほう) |
| 훈독 | [なら]う | | 倣(なら)う 모방하다, (전례 등을) 따르다 ≒ 真似(まね)る |

│ 잠깐만요 │
• 「倣(なら)う」는 「習(なら)う」(익히다, 습득하다)와 같은 어원으로, '앞선 이들의 것을 따라 하고 모방한다'는 한정적인 의미를 한자 표기로 구분한 것이 별도의 어휘화가 된 케이스예요.
  예 前例(ぜんれい)に倣(なら)う 전례를 따르다
     父(ちち)に倣(なら)って医者(いしゃ)になる 아버지를 따라 의사가 되다

│ 비교 │
• ならう:
  0433 習 vs 2004 倣

2005

傲

중학 | 급수 외 | 2366위

사람(亻)이 흙(土) 바닥에 겸손함을 내려놓고(放) 아래 방향(方)으로 치기라도(攵) 할 듯한 눈길로 내려다보는 거만함과 오만함이니

거만할 오 · 오만할 오

13획 傲 傲 傲 傲 傲 傲 傲 傲 傲 傲 傲 傲 傲

| 음독 | ごう | 4순위 | 傲慢 오만 (ごうまん) | *倨傲 거오교만 (きょごう) |

0898

㫃

깃대 언 부수자

| 해설 | 방향(方)을 알리는 천을 화살(𠂉)에 단 깃대이니 |
| 파생 | 0899 族 겨레 족 [ぞく]　0900 旅 여행 려 [りょ]　0901 遊 자유로이 놀 유 [ゆう]
1095 旗 깃발 기 [き] |

2006

旋

중학 | N1급 | 1832위

휘날리는 깃대(㫃)를 똑바로(疋) 꽂아 두면 바람으로 인해 풍량계마냥 빙빙 돌아가니
(正→) 疋: 올바를 정

빙빙 돌 선

11획 旋 旋 旋 旋 旋 旋 旋 旋 旋 旋 旋

| 음독 | せん | 3순위 | 旋回 선회 (せんかい)
螺旋 나선 (らせん) | 旋律 선율 (せんりつ)
斡旋 알선 (あっせん) |

也

뱀 야 · 어조사 야

해설	뱀이 구불구불 똬리를 튼 모양을 본떠
파생	0417 他 다를 타[た]　0418 地 땅 지[じ/ち]　0419 池 연못 지[ち]

2007

施

중학 | N1급 | 730위

스님들은 부처의 땅이라는 표식의 깃대(が)를 꽂고 그 지역에 뱀(也)처럼 똬리를 튼 듯 불교 시설을 짓고 많은 덕을 베풀면서(보시) 부처의 가르침을 행하죠?

① 행할 시 · 실시할 시　② 베풀 시 · 보시 시

9획 施施施施施施施施施

음독	し	3순위	① 施行 시행 (しこう)	① 施設 시설 (しせつ)
			① 実施 실시 (じっし)	① 施政 시정 (しせい)
	せ	4순위	② 施主 시주 (せしゅ)	②*布施 포시보시 (ふせ)
			②*施錠 시정 (せじょう) 자물쇠를 채움 ↔ 開錠 (かいじょう)
훈독	[ほどこ]す		施(ほどこ)す ⓐ (계획 등을) 세우다　ⓑ 행하다　ⓒ 베풀다, 뿌리다
			→ 施(ほどこ)し 은혜를 베풂, 도움, 보시

| 잠깐만요 |
- 「せ」로 읽히는 어휘는 대부분 불교 용어입니다.
- 아래 어휘는 「し」와 「せ」 둘 다로 읽을 수 있습니다.
  施術(しじゅつ/せじゅつ) 시술　施工(しこう/せこう) 시공　施行(しこう/せこう) 시행

---

209 車: 차 차 ▶ 陣軌軟轄輝

0126	車	① 차 차　② 수레 거	1학년	N4	234위

해설	수레를 위에서 본 모습을 본떠
음독	[しゃ] 自動車 자동차 (じどうしゃ)　　自転車 자전거 (じてんしゃ)
파생	0885 庫 창고 고[こ]　0886 連 이을 련[れん]　0887 軍 군대 군[ぐん]
	0924 転 구를 전[てん]　0543 軽 가벼울 경[けい]　0893 輸 보낼 수[ゆ]

陣

중학 | N1급 | 853위

언덕(阝) 옆에 수레(車)들이 진을 치고 늘어서서 형성한 진지이니

진 칠 진 · 진지 진

10획 陣 阝 阡 阡 陌 陌 陌 陣 陣 陣

음독	じん	1순위	陣 진 (じん)	陣営 진영 (じんえい)
			陣地 진지 (じんち)	陣頭 진두 (じんとう)
			陣痛 진통 (じんつう)	出陣 출진 (しゅつじん)

| 잠깐만요 |
- 陣痛: '아이가 진지(陣地)인 자궁에서 세상에 출진(出陣)하기 위해 겪는 통증'이라고 생각하면 이해되죠?
- 요즘도 대규모 시위를 벌일 때는 버스들이 죽 늘어서서 일종의 진지를 형성하는 장면을 볼 수 있죠?
- 「 1288 陳 벌여 놓을 진 · 진열할 진」과의 구분에 주의하세요.

軌

중학 | N1급 | 1845위

수레(車)가 같은 길을 아홉(九) 번 왕복하면 바퀴 자국이 깊이 생겨 이동 경로(궤도)를 알 수 있으니

바퀴 자국 궤 · 궤도 궤

9획 軌 軌 軌 軌 軌 軌 軌 軌 軌

| 음독 | き | 3순위 | 軌道 궤도 (きどう) | *軌条 궤조선로 (きじょう) |
| | | | 軌跡 궤적 (きせき) | |

| 잠깐만요 |
- 「軌」단독으로 쓰이는 표현에는 「軌(き)を一(いつ)にする」(궤를 같이하다)가 있어요.

軟

중학 | N2급 | 1975위

수레(車)의 튼튼함이 모자란(欠) 경우는 대개 차축이 무르고 연하여 휘어 버리죠?

0647 欠: 모자랄 결 · 없을 결

무를 연 · 연할 연

11획 軟 軟 軟 軟 軟 軟 軟 軟 軟 軟 軟

음독	なん	1순위	軟性 연성 (なんせい)	軟骨 연골 (なんこつ)
			軟弱 연약 (なんじゃく)	柔軟 유연 (じゅうなん)
			軟体動物 연체동물 (なんたい・どうぶつ)	

| 훈독 | [やわ]らか | 軟(やわ)らかだ 연함, 무름 |
| | [やわ]らかい | 軟(やわ)らかい 연하다, 무르다
cf) 柔(やわ)らかい ⓐ 몰랑하다 ⓑ 유연하다 ⓒ 순순하다 |

| 비교 |
- やわらかい:
  1799 柔 vs 2010 軟

| 잠깐만요 |
- 「 1799 柔 부드러울 유」: 형태가 쉽게 변하지만 본래대로 돌아오는 것(부드러움, 유연함)
  ↔ 剛 굳셀 강
  예 살결, 스펀지 등(촉감의 부드러움)/나무, 몸, 관절 등(유연함 · 낭창함)/표현, 말투 등(내용의 부드러움)
- 「 1288 軟 무를 연」: 형태가 쉽게 변해서 본래대로 돌아오지 않는 것(무르고 연한 것) ↔ 硬 굳을 경
  예 땅, 음식물, 무른 금속 등(무르고 탄력 없이 쉽게 무너지는 성질)

1017 害	해칠 해 · 방해할 해		4학년 | N2 | 451위
해설	집(宀) 주인(主)이라도 되는 양 입(口)만 나불대서 모두에게 방해만 되니		
음독	[がい] 害虫 해충 (がいちゅう)	被害 피해 (ひがい)	
파생	1018 割 가를 할 · 나눌 할 [かつ]		

2011 轄

중학 \| N1급 \| 2193위

관청이 수레(車)에 식량을 실어 보내 피해(害)를 입은 지역들을 다스리는 범위를 관할 구역이라고 하죠?

다스릴 할 · 관할 할

17획 轄 轄 轄 轄 軎 軎 軠 轄 轄 轄 轄 轄 轄 轄 轄 轄 轄

음독	かつ <4순위>	管轄 관할 (かんかつ)	*所轄 소할 행정관할 (しょかつ)

0887 軍	군대 군		4학년 | N2 | 122위
해설	평원을 뒤덮은(冖) 수레(車)의 행렬은 군대를 의미하니		
음독	[ぐん] 軍隊 군대 (ぐんたい)	軍人 군인 (ぐんじん)	
파생	0888 運 운반할 운 · 운수 운 [うん]	0889 揮 지휘할 휘 [き]	

2012 輝

중학 \| N1급 \| 1117위

햇빛(光)이 군대(軍)의 갑주와 무기에 부딪혀 반짝반짝 빛나니   光: 빛 광

빛날 휘 · 반짝일 휘

15획 輝 輝 輝 輝 輝 輝 輝 輝 輝 輝 輝 輝 輝 輝 輝

음독	き <4순위>		*光輝 광휘빛 (こうき) 　　　輝石 휘석 (きせき)
훈독	[かがや]く		輝 (かがや)く 〈눈부시게〉 빛나다, 반짝이다 → 輝 (かがや)き 반짝임
	[かがや]かす		輝 (かがや)かす 빛내다 예 国威 (こくい)を 輝 (かがや)かす 국위를 빛내다
	[かがや]かしい		輝 (かがや)かしい 〈추상적〉 빛나다, 훌륭하다 예 輝 (かがや)かしい 成果 (せいか) 빛나는 성과, 훌륭한 성과

0127 舟

 배 주

중학 | N2 | 1196위

해설	나룻배를 위에서 내려다본 모습을 본떠 배를 나타내니
음독	[しゅう]　*舟行 뱃놀이 (しゅうこう)　　*漁舟 고기잡이배 (ぎょしゅう)
파생	**0890** 船 배 선 [せん]　**0891** 航 건널 항 [こう]

2013 舶

배(舟) 중에서도 돛이 크고 많아 멀리서 봐도 하얗게(白) 보이는 커다란 선박이니

0381 白: 흴 백 · 아뢸 백

커다란 배 박 · 선박 박

11획　舶 舶 舟 舟 舟 舶 舶 舶 舶 舶 舶

| 음독 | はく | 4순위 | 船舶 선박 (せんぱく)　　*舶用 박용 선박용 (はくよう) |

중학 | N1급 | 2377위

2014 舷

배(舟) 중에서 손을 자주 짚거나 걸터앉아 손때와 기름때가 검게(玄) 묻은 배의 양쪽 가장자리 부분(뱃전)이니

0819 玄: 검을 현

뱃전 현

11획　舷 舷 舟 舷 舷 舷 舷 舷 舷 舷 舷

| 음독 | げん | 3순위 | 右舷 우현 (うげん)　　左舷 좌현 (さげん) |

중학 | 급수 외 | 2473위

1036 廷

법정 정

중학 | N1 | 1458위

해설	법관이 공정함을 짊어진(壬) 채 천천히 숙고하며 거니는(廴) 법정이니
음독	[てい]　法廷 법정 (ほうてい)　　開廷 개정 (かいてい)
파생	**1037** 庭 뜰 정 [てい]

405

2015

중학 | N1급 | 2231위

배(舟) 중에서 법정(廷) 바닥만 물에 띄운 듯 돛을 달지 않은 배이니

(돛 없는) 배 정

13획 艇 艇 艇 艇 艇 艇 艇 艇 艇 艇 艇 艇 艇

음독	てい	2순위	艦艇 함정 (かんてい)	飛行艇 비행정 (ひこうてい)
			救命艇 구명정 (きゅうめいてい)	

2016

중학 | N2급 | 874위

옛날 나룻배(舟)에는 몽둥이(殳)처럼 생긴 노가 있는 게 일반적이었죠?

殳: 몽둥이 수 · 내리칠 수

① 일반 반 (② 외래음 반)

10획 般 般 般 般 般 般 般 般 般 般

음독	はん	3순위	① 一般 일반 (いっぱん)	① 全般 전반 (ぜんぱん)
			① 諸般 제반 (しょはん)	② 般若 반야 (はんにゃ)

| 잠깐만요 |
- 일본의 대학에서는 '교양 과목'을 「一般教養(いっぱん・きょうよう)」(일반 교양)라고 하고, 이를 줄여서 「<속어/줄임말> 般教(ぱんきょう)」(반교)라고 해요.
- 「般若」(반야)는 의미와 상관없이 범어의 발음을 표기하기 위한 음차로 사용되었어요.

2017

중학 | N1급 | 1244위

일반(般)적으로 그릇(皿)이 하는 역할은 무언가를 아래에서 받쳐 주는 기반이 되는 것이죠?

皿: 그릇 명

받침 반 · 기반 반

15획 盤 盤 盤 盤 盤 盤 盤 盤 盤 盤 盤 盤 盤 盤 盤

음독	ばん	1순위	基盤 기반 (きばん)	骨盤 골반 (こつばん)
			地盤 지반 (じばん)	羅針盤 나침반 (らしんばん)
			岩盤 암반 (がんばん)	*吸盤 흡반·빨판 (きゅうばん)

| 잠깐만요 |
- '물건을 받치는 평평하고 넓은 기반이 되는 것'이라는 의미에서 상당히 많은 파생 의미와 어휘가 생성되니 사전을 꼭 참조하세요. 특히, 한국어에서 '판(板)'을 쓰는 어휘 중 일부가 일본어에서는 '반(盤)'으로 사용된다는 점에 주의하세요.
  예 주판: 算盤(そろばん)　　바둑판: 碁盤(ごばん)　　장기판: 将棋盤 (しょうぎばん)

搬

중학 | N1급 | 2291위

손(扌)으로 나룻배(舟)의 몽둥이(殳)처럼 생긴 노를 저어 물건을 옮기며 운반하니

옮길 반·운반 반

13획 ー 扌 扌 扌 扌 扌 扪 扪 搬 搬 搬 搬 搬 搬

음독	はん	4순위	搬出 반출 (はんしゅつ)	搬入 반입 (はんにゅう)
			搬送 반송 (はんそう)	運搬 운반 (うんぱん)

---

211 俞: 점점 나아갈 유 ▶ 喩 諭 愉 愈 癒 煎

0892 俞／俞 점점 나아갈 유 부수자

해설	사람(人)이 한(一) 몸(月)처럼 칼(刂)같이 움직여 배가 물살(巛)을 헤집고 점점 나아가니
파생	**0893 輸** 보낼 수 [ゆ]

喩

중학 | 급수 외 | 2394위

입(口)을 움직여 설명의 흐름이 끊기지 않게 나아가려면(俞) 상대방이 이해하기 쉽게 비유나 은유를 해야 하죠?

비유할 유

12획] 『 『 『 喩 喩 喩 喩 喩 喩 喩 喩

음독	ゆ	3순위	比喩 비유 (ひゆ)	隱喩 은유 (いんゆ)

| 잠깐만요 |

• 비유나 은유 없이 딱딱한 말만 해대면 상대방이 이해하기 어렵거나 논리가 꼬여서 이야기 흐름이 끊어지기 마련입니다. 은유나 비유를 사용하면 설명도 그만큼 술술 진행되겠죠?

諭

중학 | N1급 | 2071위

성인의 말씀(言)대로 제자가 삐뚤어지지 않고 세상을 헤치고 나아가게끔(俞) 잘 타이르는 직업을 교유(면허를 가진 정교사)라고 해요.

타이를 유

16획 諭 諭 諭 諭 諭 諭 諭 諭 諭 諭 諭 諭 諭 諭 諭 諭

음독	ゆ	3순위	諭旨 유지 (ゆし)	諭告 유고 (ゆこく)
			*教諭 교유 (きょうゆ) 면허를 가진 정교사	
훈독	[さと]す		諭(さと)す 잘 타이르다	

| 잠깐만요 |

• 「教諭」는 본디 '가르치고(教) 타이름(諭)'이란 의미였으나, 현대에는 학교 교육법에 의거하여 교원 면허를 가진 '초중등학교 및 유치원의 정교사'를 지칭하는 용어로 사용됩니다.

2021

愉

중학 | N1급 | 1744위

기쁜 마음(忄)이 더욱더 거침없이 나아가면(俞) 즐겁고 유쾌하니

즐거울 유·유쾌할 유

12획 愉 愉 愉 愉 愉 愉 愉 愉 愉 愉 愉 愉

| 음독 | ゆ | 4순위 | 愉快 유쾌 (ゆかい) | *愉悦 유열 (ゆえつ) 유쾌히 여겨 기뻐함 |

2022 ◑ 제부수

愈

좌절하지 않고 꾸준히 나아가면(俞) 해결될 거란 마음속(心) 믿음이 드디어 실현되니

드디어 유

13획 愈 愈 愈 愈 愈 愈 愈 愈 愈 愈 愈 愈 愈

| 훈독 | いよいよ | ▼愈々(いよいよ) 드디어, 더욱더, 확실히 |

2023

癒

중학 | N1급 | 1802위

병(疒)에 좌절하지 않고 꾸준히 치료하면 드디어(愈) 실현되어 병이 나으니(치유)

나을 유·치유할 유

18획 癒 癒 癒 癒 癒 癒 癒 癒 癒 癒 癒 癒 癒 癒 癒 癒 癒 癒

음독	ゆ	4순위	癒着 유착 (ゆちゃく) 治癒 치유 (ちゆ)	*癒合 유합 (ゆごう) 상처가 아묾 快癒 쾌유 (かいゆ)
훈독	[い]える	癒(い)える 병이 낫다, 상처가 아물다
	[いや]す	癒(いや)す 치유하다, (상처/병을) 고치다 → 癒(いや)し 치유　　　癒(いや)し系(けい) 치유물, 힐링물

| 잠깐만요 |

- 「治・癒」의 의미 구분
  - 治(なお)る・治(なお)す: 잘못되거나 나쁜 상태를 좋은 상태로 돌리는 것
    ▶ 심리적인 상태에는 사용 ×, 병적인 증상이 아니어도 사용 ×, 보다 적극적인 치료
  - 癒(い)える・癒(いや)す: 병(증상)·상처 등이 없어지는 것
    ▶ 심리적 상태 사용 ○, 병적인 증상이 아니면 사용 ×, 자연스런 회복력에 의한 치유
  - 병(病気): 治 ○・癒 ○ | 습관(癖): 治 ○・癒 × | 갈증(喉の渇き): 治 ×・癒 ○ |
    마음의 상처(心の傷): 治 ×・癒 ○

前	앞 전	2학년	N4	31위

해설	미리 풀(艹) 아래에 몸(月)을 숨겼다가 칼(刂)을 뽑아 적에게 휘두르며 앞으로 뛰쳐나가는 모습이니
음독	[ぜん]　前後 전후 (ぜんご)　　　前進 전진 (ぜんしん)

2024

煎

중학 | 급수 외 | 2516위

|비교|
· いる・いれる :
2024 煎 vs 상용 외 炒

앞서(前) 배합해 놓은 재료를 불(灬) 위에 얹고 불 앞에서 지켜보며 신중하게 오랜 시간 달이거나 볶으니

① 달일 전　② 볶을 전

13획　煎 煎 煎 煎 煎 煎 煎 前 前 前 煎 煎 煎

음독	せん　[3순위]	②　煎餅 전병 (せんべい)　　　②*焙煎 배전로스팅 (ばいせん) ①*煎薬 전약탕약 (せんやく) ①*香煎 향전미숫가루 (こうせん) ① 煎(せん)じる 달이다
훈독	[い]る	煎(い)る 볶다, (물기가 없어질 때까지) 지지다 cf)*커피의 로스팅 3단계 　　深煎(ふか・い)り 강배전 – 中煎(ちゅう・い)り 중배전 　　– 浅煎(あさ・い)り 약배전
	[い]れる	煎(い)れる 볶이다, 볶아지다

|잠깐만요|

· 「いる・いれる」는 「煎る・煎れる」와 「炒る・炒れる」로 쓸 수 있습니다(煎: 상용한자, 炒: 상용 외 한자). 표기의 엄격한 구분은 없지만, 관습적으로 커피나 찻잎을 덖는 경우는 「煎」으로 표기하고, 음식을 지지는 경우는 「炒」로 표기하는 것이 일반적입니다.
· 조리법의 한자 표기와 의미 구분
　– 焼(や)く: 굽다. 직화 및 굽고 볶는 등의 조리법으로 식품을 익히는 것 전체. 재료를 많이 움직이지 않는 조리법　예) 焼肉(やきにく) 불고기, お好(この)み焼(や)き 오코노미야키, 焼(や)き 餃子(ぎょうざ) 군만두, 焼(や)き鳥(とり) 닭꼬치 등
　– 炒(いた)める: 볶다. 가열된 조리기구 위에서 재료를 이리저리 휘저어 섞으며 빠르게 조리하는 것. 소량의 물이나 기름을 넣고 조리　예) 野菜炒(やさい・いた)め 야채볶음, 炒(いた)め物(もの) 볶음요리 등
　– 煎(い)る/炒(い)る: 덖다/지지다. 가열하여 수분을 날리는 것에 중점을 두고 식품을 조리하는 것, 특히 콩・깨/곡물/찻잎 등에 사용　예) コーヒー豆(まめ)・お茶(ちゃ)を煎(い)る(=焙 煎する) 커피/찻잎을 덖음, 炒(い)りごま 볶은 깨, 炒(い)り豆腐(とうふ) 두부 지짐
　– 炙(あぶ)る: 불에 쬐다. 익히기보다 가볍게 불에 직접 쬐어서 덥히거나 물기를 날리는 것

(정답은 570쪽에)

1 빈칸에 들어갈 한자로 적절한 것을 고르시오.

1. ___曆 (편력) ⓐ 扁 ⓑ 偏 ⓒ 遍
2. 召___ (소환) ⓐ 奐 ⓑ 喚 ⓒ 換
3. ___古 (계고[연습]) ⓐ 稽 ⓑ 詣 ⓒ 脂
4. 遠___ (원격) ⓐ 融 ⓑ 隔 ⓒ 鬲
5. ___談 (만담) ⓐ 曼 ⓑ 慢 ⓒ 漫
6. 語___ (어폐) ⓐ 弊 ⓑ 幣 ⓒ 蔽
7. ___布 (도포) ⓐ 徐 ⓑ 塗 ⓒ 途
8. 採___ (채택) ⓐ 釈 ⓑ 沢 ⓒ 択
9. ___渡 (양도) ⓐ 壤 ⓑ 孃 ⓒ 讓
10. 混___ (혼방) ⓐ 紡 ⓑ 妨 ⓒ 坊
11. ___念 (전념) ⓐ 專 ⓑ 専 ⓒ 恵
12. ___出 (반출) ⓐ 般 ⓑ 盤 ⓒ 搬

2 다음 한자의 뜻을 (   )에 적고 일본 음독을 ⓐ, ⓑ, ⓒ 중에 하나 고르시오.

1. 利潤 (   ) ⓐ りうん ⓑ りゆん ⓒ りじゅん
2. 荘厳 (   ) ⓐ そうごん ⓑ しょうごん ⓒ ざんげん
3. 飢餓 (   ) ⓐ きあ ⓑ きが ⓒ ぎが
4. 発酵 (   ) ⓐ はつひょ ⓑ はつひょう ⓒ はっこう
5. 罷業 (   ) ⓐ ひぎょう ⓑ はぎょう ⓒ ぱぎょう
6. 増幅 (   ) ⓐ ぞうほく ⓑ ぞうふく ⓒ ずうぷく
7. 訂正 (   ) ⓐ せいせい ⓑ ぜいせい ⓒ ていせい
8. 名簿 (   ) ⓐ めいぶ ⓑ めいぼ ⓒ めいぼう
9. 倫理 (   ) ⓐ ゆんり ⓑ りゅんり ⓒ りんり
10. 合併 (   ) ⓐ がっぺい ⓑ がつへい ⓒ がつびょう
11. 軟弱 (   ) ⓐ えんじゃく ⓑ なんじゃく ⓒ なんやく
12. 純朴 (   ) ⓐ じゅんぱく ⓑ じゅんばく ⓒ じゅんぼく

여섯째마디

●

사회 [131자]

33 '사람'의 파생 [30자]

212 今: 지금 금 ▶ 吟琴貪陰捻

0907 今	지금 금	2학년	N4	71위
해설	사람(人)들이 한(一) 글자라도 더 알고자 ㄱ자(ㄱ)부터 지금 배우니	
음독	[こん] 今回 금회 (こんかい)　　　　[きん] *古今 고킨와카슈 (こきん)	
파생	0908 含 머금을 함 [がん]　0909 念 깊이 생각할 념·잊지 않을 념 [ねん]	

2025

중학 | N1급 | 1953위

목구멍(口) 밖으로 지금(今) 느끼는 이 감정을 담아 시나 노래를 읊으니

감정 읊을 음

7획 吟 吟 吟 吟 吟 吟 吟

음독	ぎん [1순위]	吟味 음미 (ぎんみ)　　　　呻吟 신음 (しんぎん)
		吟遊詩人 음유시인 (ぎんゆう・しじん)
		* 吟詠 음영 (ぎんえい) 시가를 영창함

|잠깐만요|
- 파생 어휘의 90% 이상이 일상에서는 사용 빈도가 낮은 운문학 관련 어휘예요.
- 「呻吟」은 상당히 문어적인 표현입니다. 일반적으로는 「呻(うめ)く」·「呻(うめ)き」·「呻(うめ)き声(ごえ)」 등을 씁니다.
- 「0908 含 머금을 함」 vs 「2025 吟 감정 읊을 음」
  - 含: 「口」 위쪽에 「今」자 위치 → 아직 목구멍으로 넘어가지 않고 입안(위쪽)에 머금고 있다
  - 吟: 「口」 앞쪽에 「今」자 위치 → 소리가 목구멍/입 밖(앞쪽)으로 나간다 = 표현한다

412

琴

중학 | N1급 | 1595위

구슬(王)과 구슬(王)이 지금(今) 부딪치고 있는 듯 맑은 소리를 내는 거문고이니
(玉 → 王: 구슬 옥)

거문고 금

12획	琴 琴 琴 琴 琴 琴 琴 琴 琴 琴 琴 琴

음독	きん	3순위	琴瑟 금슬 (きんしつ)	弾琴 탄금 (だんきん)
훈독	こと		琴(こと) 거문고	→ 琴座(ことざ) 거문고자리

| 잠깐만요 |
• 「琴瑟」(금슬)은 '거문고와 비파'라는 뜻입니다. 두 악기의 궁합이 좋아 예부터 두 악기는 합주됐던 데서 '부부 사이의 사랑, 부부 사이의 관계'라는 의미로 쓰였어요.

貪

중학 | 급수 외 | 2487위

지금(今)이라도 돈(貝)을 꿀꺽 삼키려는 듯 재물을 탐하는 탐욕스런 모습이니

탐할 탐 · 탐욕 탐

11획	貪 貪 貪 貪 貪 貪 貪 貪 貪 貪 貪

음독	どん	3순위	貪欲 탐욕 (どんよく)	貪食 탐식 (どんしょく)
			*貪婪 탐람탐을 냄 (どんらん)	*貪吏 탐리탐관오리 (どんり)
	예외		貪心 탐심 (たんしん)	貪淫 탐음 (たんいん)
훈독	[むさぼ]る		貪(むさぼ)る 탐하다, 탐내다, 욕심부리다　＝欲張(よく・ば)る	
			→ 貪(むさぼ)り食(く)う 탐식하다, 걸신들린 듯 먹다	

| 잠깐만요 |
• 음독 어휘는 대부분 문어적/불교적 표현에서 쓰기에 사용 빈도가 낮아요.
• 0638 貧 가난할 빈,과의 구분에 주의하세요.
• 불교 용어는 음독을 「たん」으로도 읽을 수 있습니다.
　예 貪欲(どんよく/とんよく/たんよく), 貪婪(どんらん/たんらん)

陰

중학 | N1급 | 983위

언덕(阝) 위로 지금(今) 구름(云)이 끼어 해를 가려 생기는 그늘이니
云: 말할 운 · 이를 운(여기선 구름의 모양)

그늘 음

11획	陰 陰 陰 陰 陰 陰 陰 陰 陰 陰 陰

음독	いん	1순위	陰湿 음습 (いんしつ)	陰陽 음양 (いんよう)
			陰謀 음모 (いんぼう)	陰気 음기 (いんき)
			陰性 음성 (いんせい)	陰極 음극 (いんきょく)
훈독	かげ		陰(かげ) ⓐ 그늘 ⓑ 배후, 뒤　→ 陰口(かげ・ぐち) 험담, 뒷담화	
			お陰様(かげさま) 덕택, 덕분	日陰(ひかげ) 응달, 음지
	[かげ]る		陰(かげ)る 그늘이 지다, 햇빛이 가려지다	

| 비교 |
• かげ:
　2028 陰 vs 2223 影

| 잠깐만요 |
• 「かげ」의 한자 표기와 의미 구분 ☞ 「 2223 」影 그림자 영,의 | 잠깐만요 | 참조

念

① 깊이 생각할 념　② 잊지 않을 념

4학년 | N2 | 446위

해설	지금(今)의 배움 중 ㄱ자 하나조차 깊이 생각하여 마음(心)에 새겨 잊지 않으니
음독	[ねん]　念頭 염두(ねんとう)　　専念 전념 (せんねん)

2029

捻

중학 | 급수 외 | 2389위

손(扌)에 힘줄이 솟을 만큼 강한 힘으로 걸레를 비틀어 짜듯 떠오르지 않는 생각(念)을 억지로 쥐어 짜내는 모습이니

① 힘껏 비틀 념　② 쥐어 짜낼 념

11획  捻 捻 捻 捻 捻 捻 捻 捻 捻 捻 捻

음독	ねん	4순위	① 捻挫 염좌(ねんざ)　　② *捻出 염출 (ねんしゅつ) 생각을 짜냄

훈독	[ひね]る	▽捻(ひね)る ⓐ (손끝으로) 비틀다, 뒤틀다　ⓑ (생각을) 짜내다 → 捻(ひね)り ⓐ 비틂　ⓑ 색다른 취향 　　捻(ひね)出(だ)す ⓐ (머리를 써서 겨우) 생각해 내다 　　　　　　　　　ⓑ 무리해서 짜내다 　　捻(ひね)くれる ⓐ (모양이) 뒤틀리다 　　　　　　　　　ⓑ (성격/생각이) 비뚤어지다 　　捻(ひね)くれ者(もの) 성격이 배배 꼬인 사람
	[ね]じる	▼捻(ね)じる ⓐ 비비 꼬다, 쥐어짜다　ⓑ 뒤틀리다
	[ね]じれる	▼捻(ね)じれる ⓐ 비틀리다　ⓑ (마음이) 비뚤어지다 　　　　　　　　ⓑ (관계가) 뒤틀리다

| 잠깐만요 |

- ひねる：〈물리〉 비교적 적은 힘으로 비틀어 돌리는 것　예 頭(あたま)をひねる 고개를 갸우뚱하다
　〈추상〉 허용 범위 내에서 비트는 것　예 ひねくれる 모양이 뒤틀리다, 성격이 비뚤어지다
　〈인대/근육〉 정상적인 방향으로 비트는 것
　〈밸브/뚜껑〉 돌려서 개폐되게 만들어진 것을 한 손으로 여는 것　예 수도꼭지 등
- ねじる：〈물리〉 강하게 비틀어 돌리는 것　예 ねじこむ 비틀어 박아넣다, 억지로 쑤셔넣다
　〈추상〉 허용 범위를 밖의 힘으로 뒤트는 것　예 ねじまげる 왜곡하다
　〈인대/근육〉 비정상적인 방향으로 돌아가는 것
　〈밸브/뚜껑〉 밀봉되어 여는 데 힘이 상당히 들어가는 것　예 병뚜껑, 캔뚜껑 등
- 「1909」 拗 억지 요 · (억지로) 비틀 요 「1845」 捩 힘주어 비틀 렬 · 비비 꼴 렬」과 비교 학습하세요.

0916 令 명령할 령

4학년 | N2 | 728위

해설	사람(人)들이 하나(一) 같이 무릎 꿇게(卩) 명령하니
음독	[れい] 命令 명령 (めいれい)　　法令 법령 (ほうれい)
파생	0917 冷 차가울 랭 [れい]　　0918 命 명령할 명 · 목숨 명 [めい/みょう] 0919 領 지배할 령 · 우두머리 령 [りょう]

2030 鈴

중학 | N1급 | 1133위

쇠(金)를 흔들어 명령(令)을 내리기 위해 사람을 부르는 데 쓰던 방울이니

방울 령

13획 鈴 鈴 鈴 鈴 鈴 鈴 鈴 鈴 鈴 鈴 鈴 鈴 鈴

음독	れい	4순위	*銀鈴 은령 은종 (ぎんれい)　　亜鈴 아령 (あれい)
	りん	4순위	*風鈴 풍령 풍경 (ふうりん)　　*呼鈴 호령 초인종 (よびりん)
훈독	すず		鈴(すず) 방울　　鈴生(すず・な)り 주렁주렁 달림

| 잠깐만요 |
• 「亜鈴/唖鈴」은 덤벨(dumbbell → dumb(벙어리: 唖)+bell(종: 鈴))을 직역한 것입니다. 이때, 상용외 한자 「唖」를 상용한자 「亜」로 대체 표기하는 것이 일반적이에요.

2031 零

중학 | N2급 | 2121위

비(雨)와 명령(令)의 공통점은 위에서 아래(바닥)로 떨어지는 거죠?

① 떨어질 령 · 영락할 령　② 영(0) 령

13획 零 零 零 零 零 零 零 零 零 零 零 零 零

음독	れい	3순위	① 零細 영세 (れいさい)　　① 零落 영락 (れいらく) ② 零 영0 (れい)　　② 零度 영도 0도 (れいど)
훈독	[こぼ]れる		▼零(こぼ)れる 넘치다, 넘쳐흐르다 　→ 零(こぼ)れ話(ばなし) 여담 　落(お)ち零(こぼ)れ 낙오자
	[こぼ]す		▼零(こぼ)す ⓐ 흘리다, 엎지르다 　　　　　　ⓑ 불평하다, 우는 소리를 하다

| 잠깐만요 |
일본에서는 '영하'를 「零下(れいか)」보다는 「氷点下(ひょうてんか)」(어는 점 아래 = 영하)로 표현하는 것이 일반적이에요.

| 잠깐만요 |
• 「零(0)」는 '아주 조금 있다 ~ 전혀 없다'는 의미, 「ゼロ(zero)」는 '전혀 없다(無)'의 의미를 가집니다.
　– 零(れい): 기상 확률(0%), 시간(0時), 온도(0度), 점수(0点), 소수점(0.XX) 등에 사용
　– ゼロ: 카운트다운, ~할 확률은 전혀 없다는 의미
　　🅔 ~の確率(かくりつ)はゼロ%だ ~할 확률은 제로(0) 퍼센트이다
　　　 ~する確率(かくりつ)はゼロに近(ちか)い ~할 확률은 제로(0)에 가깝다

2032

齢

중학 | N2급 | 887위

이빨(歯)과 명령(令)의 공통점은 나이가 들수록 많아진다는 점이죠?

1137 歯: 이 치 · 치아 치

나이 령 · 연령 령

17획 齢 齢 齢 齢 齢 齢 齢 齢 齢 齢 齢 齢 齢 齢 齢 齢 齢

| 음독 | れい | 2순위 | 年齢 연령 (ねんれい) | 適齢 적령 (てきれい) |
| | | | 高齢 고령 (こうれい) | 若齢 약령 (じゃくれい) |

훈독	よわい	▽齢(よわい) 〈문어〉 나이, 연세
		→ 齢(よわい)を重(かさ)ねる 나이를 먹다
		齢(よわい)が傾(かたむ)く 나이를 먹다

| 잠깐만요 |
• 「よわい」는 상당히 고풍스럽고 문어적인 어휘라 일반적으로는 사용되지 않아요.

---

214 合: 합할 합 ▶ 塔搭俟剣

0910 合

합할 합 · 맞출 합

2학년 | N3 | 37위

해설	사람(人)들이 하나(一)로 입(口)을 맞춰 소리와 뜻을 합하니
음독	[ごう] 合同 합동 (ごうどう)　　　[がっ] 合体 합체 (がったい)
파생	**0911** 拾 주울 습 [しゅう]　**0912** 給 줄 급 [きゅう]　**0913** 答 답할 답 [とう]

2033

塔

중학 | N2급 | 1486위

흙(土)을 다져 나무 꼭대기의 풀잎(艹)에 닿을 만큼 한 칸 한 칸 합치며(合) 위로 쌓아 올려 만든 탑이니

탑 탑

12획 塔 塔 塔 塔 塔 塔 塔 塔 塔 塔 塔 塔

| 음독 | とう | 2순위 | 塔 탑 (とう) | 鉄塔 철탑 (てっとう) |
| | | | 石塔 석탑 (せきとう) | 司令塔 사령탑 (しれいとう) |

2034

搭

중학 | N1급 | 2070위

손(扌)으로 탑(塔 → 㗭)을 쌓을 때는 한 층 위에 층을 얹어 태우듯이 쌓죠?

태울 탑 · 탑재할 탑

12획 搭 搭 搭 搭 搭 搭 搭 搭 搭 搭 搭 搭

| 음독 | とう | 4순위 | 搭乗 탑승 (とうじょう) | 搭載 탑재 (とうさい) |

0929	僉	모두 다 첨		부수자

	해설	모두 합심(合)해서 사람(人)을 모조리 다 모으니

	파생	0930 檢 검사할 검 [けん]　0931 險 험할 험 [けん]　0932 驗 시험할 험 [けん/げん]

2035 倹

사람(亻)이라면 신분 여하에 상관없이 모든 이들이 다(僉) 지켜야 할 덕목 중 하나인 검소함이니

검소할 검

10획 倹倹倹倹倹倹倹倹倹倹

중학 | N1급 | 2881위

음독	けん	4순위	倹約 검약절약 (けんやく)　　倹素 검소 (けんそ) *節倹 절검절약 (せっけん) 勤倹節約 근검절약 (きんけん・せつやく)

| 잠깐만요 |
· 예전 선비들은 높은 이들일수록 검소해야 한다고 강조했죠?

2036 剣

양쪽 모두(僉)에 날이 달린 칼(刂)인 양날 검이니

刂: 칼 도

(양날) 칼 검

10획 剣剣剣剣剣剣剣剣剣剣

중학 | N1급 | 899위

음독	けん	1순위	剣 검 (けん)　　　　　剣道 검도 (けんどう) 剣術 검술 (けんじゅつ)　　真剣 진검 (しんけん) 真剣勝負 진검승부 (しんけん・しょうぶ)
훈독	つるぎ		剣(つるぎ) 양날 검, 서양식 칼 → 諸刃(もろは)の剣(つるぎ) 양날의 검

| 잠깐만요 |
· 「真剣」은 'ⓐ 진짜 검 ⓑ 진심, 진지(하다)'의 두 가지 의미를 가집니다.
　　예 ⓐ 真剣勝負(しんけん・しょうぶ) 진검승부　ⓑ 真剣(しんけん)な態度(たいど) 진지한 태도
· 剣(つるぎ): 양날 검, 서양식 칼 ↔ 刀(かたな) 한날 검, 일본도

0937 座	앉을 좌 · 자리 좌		6학년	N2	401위
해설	집(广)에 사람들(人人)이 바닥(土)에 앉아 있는 자리이니		
음독	[ざ] 座席 좌석 (ざせき)	星座 성좌 (せいざ)	

2037

挫

중학 | 급수 외 | 2211위

손(扌)을 뻗어 억지로 앉아도록(坐) 다리를 꺾어 버리니

꺾일 좌

10획 挫挫挫挫挫挫挫挫挫挫

음독	ざ [3순위]	挫折 좌절 (ざせつ)	挫傷 좌상 (ざしょう)
		捻挫 염좌 (ねんざ)	*頓挫 돈좌좌절 (とんざ)
훈독	[くじ]く	▽ 挫(くじ)く ⓐ (관절을) 접질리다, 삐다	
		ⓑ (기세를) 꺾다, 좌절시키다	
	[くじ]ける	▽ 挫(くじ)ける ⓐ (관절이) 접질리다, 삐다 ⓑ (기세가) 꺾이다	

| 잠깐만요 |
• 挫傷(좌상): 외부의 충격이나 힘에 의해 피부 표면이 아닌 근육, 뼈, 내장 등이 상하는 것

2038

傘

중학 | N1급 | 1658위

| 비교 |
• かさ:
2038 傘 vs 상용 외 笠 vs
상용 외 嵩 vs 상용 외 瘡

우산 모양을 본떠

우산 산

12획 傘傘傘傘傘傘傘傘傘傘傘傘

음독	さん [4순위]	傘下 산하 (さんか)	落下傘 낙하산 (らっかさん)
훈독	かさ	傘(かさ) 우산, 양산 → 日傘(ひがさ) 양산	
		傘立(かさ·た)て 우산꽂이 = 傘入(かさ·い)れ	
		傘(かさ)を差(さ)す 우산을 쓰다	

| 잠깐만요 |
• 한국에서 쓰는 '낙하산 인사'는 「天下(あまくだ)り」라는 별도의 용어를 쓰니 주의하세요.
• 「かさ」의 한자 표기와 의미 구분 *단, 상용 외 한자라 시험에는 안 나와요.
　– 笠(かさ): 삿갓(모양의 것)
　　예 電灯(でんとう)の笠(かさ) 전등갓　　まつの笠(かさ) 송이버섯의 갓
　　　 笠(かさ)に着(き)る 권력이나 세력을 믿고[등에 업고] 뻐기다
　– 嵩(かさ): 부피, 분량
　　예 荷物(にもつ)の嵩(かさ) 짐의 부피　　嵩高(かさだか)い ⓐ 부피가 크다　ⓑ 거만하다
　　　 嵩(かさ)にかかる 위압적인 태도로 나오다
　– 瘡(かさ): 부스럼, 〈속어〉 매독
　　예 瘡(かさ)をかく 매독에 걸리다　　瘡搔(かさか)き 〈속어〉 매독 환자

2039

克

중학 | N1급 | 1605위

오래(古) 견디는 사람(儿)이 결국 고난을 극복하고 이겨내죠?

0496 古: 오랠 고 · 옛 고

이겨낼 극 · 극복할 극

7획 克 克 克 克 克 克 克

| 음독 | こく | 3순위 | 克服 극복 (こくふく) | 下克上 하극상 (げこくじょう) |
| | | | 克明 극명 (こくめい) | |

2040

枕

중학 | N2급 | 1048위

나무(木)를 적당히 깎아 사람(儿)이 머리로 덮듯(冖) 베고 자는 베개이니

베개 침

8획 枕 枕 枕 枕 枕 枕 枕 枕

훈독	まくら	枕(まくら) 베개	→ 枕元(まくら・もと) 머리맡
		枕営業(まくら・えいぎょう) 베갯머리 송사	
		(성관계를 대가로 업무상의 편의를 도모하는 영업 방법)	

|잠깐만요|
• 음독으로「ちん」이 있긴 하지만, 파생 어휘 수도 적고 상당한 문어가 아닌 이상 훈독으로 읽거나 다른 어휘로 대체되니 참고만 하세요.
  [사용 빈도] • 머리맡: 枕頭(ちんとう) < 枕元(まくらもと)
         • 침상: 枕上(ちんじょう) < 寝床(ねどこ)

2041

沈

중학 | 급수 외 | 1721위

수면(氵)이 사람(儿) 위를 덮었으면(冖) 가라앉아 침몰한 것이니

가라앉을 침 · 침몰할 침

7획 沈 沈 沈 沈 沈 沈 沈

음독	ちん	1순위	沈没 침몰 (ちんぼつ)	沈殿 침전 (ちんでん)
			沈黙 침묵 (ちんもく)	沈着 침착 (ちんちゃく)
			意気消沈 의기소침 (いき・しょうちん)	
훈독	[しず]む		沈(しず)む ⓐ 가라앉다, 잠기다 ⓑ (해/달이) 지다	
			→ 浮(う)き沈(しず)み ⓐ 떴다 가라앉음 ⓑ 흥망성쇠	
			ⓒ 감정의 변화	
	[しず]める		沈(しず)める ⓐ (물에) 가라앉히다 ⓑ (몸을) 낮추다 [→ 침전]	
			cf) 静(しず)める (소리/기분/분위기를 조용하게) 가라앉히다 [→ 정적]	
			鎮(しず)める (소란/혼란/통증 등을) 가라앉히다 [→ 진정]	

|비교|
• しずめる: 2041 沈 vs
1013 静 vs 1535 鎮

0759 元	원래 원 · 근원 원		2학년 | N3 | 223위

해설	아담과 이브(환웅과 웅녀) 두(二) 사람은 모든 사람(儿)의 근원이니	
음독	[げん] 根元 근원 (こんげん)	[がん] 元来 원래 (がんらい)
파생	0760 完 완전할 완[かん]	0761 院 큰 건물 원[いん]

2042 玩 중학 | 급수 외 | 2417위	구슬(王)의 근원(元)은 아이들이 가지고 놀기 위한 **장난감**이었죠? (玉→) 王: 구슬 옥

장난감 완

8획 玩 玩 玩 玩 玩 玩 玩 玩

음독	がん [3순위]	玩具 완구 (がんぐ) 愛玩 애완 (あいがん)	*玩弄 완롱·우롱 (がんろう)
	예외	玩具 (おもちゃ) 완구, 장난감	

| 잠깐만요 |
• 일본에서는 '반려동물'을 「愛玩動物」이라 하지 않고 「ペット(pet)」라고 하는 것이 일반적이에요.

2043 冠 중학 | N1급 | 1742위	 머리에 덮어쓰고(冖) 자신의 근원(元)이 고귀한 신분임을 아주 조금(寸)이라도 티 내려던 **갓/왕관**이니

갓 관 · 왕관 관

9획 冠 冠 冠 冠 冠 冠 冠 冠 冠

음독	かん [1순위]	王冠 왕관 (おうかん) 無冠 무관 (むかん) 冠婚葬祭 관혼상제 (かんこん・そうさい)	金冠 금관 (きんかん)
훈독	かんむり	冠(かんむり) ⓐ 관 ⓑ 한자의 윗머리 부수	

| 잠깐만요 |
• 원래 왕관과 갓은 왕인지 양반인지를 확실히 구분하기 위해 쓰던 거였죠?

0942 者	사람 자 · 놈 자		3학년 | N3 | 19위
해설	늙어(耂) 가는 것은 태양(日) 아래 있는 모든 **사람**이니		
음독	[しゃ]　学者 학자(がくしゃ)	医者 의사(いしゃ)	
파생	0943 著 글 지을 저 · 현저할 저[ちょ]　0944 暑 무더울 서[しょ] 0945 署 관청 서 · 서명 서[しょ]　0946 諸 모든 제[しょ]　0947 都 도시 도 [と/つ]		

2044

煮

중학 \| N1급 \| 1495위

사람(者)이 통에 물을 붓고 불(灬)을 지펴 물을 끓이듯 식재료를 넣고 물을 끓여 삶는 조리법이니

삶을 자

12획　煮 煮 煮 煮 者 者 者 者 煮 煮 煮 煮

훈독	[に]る	煮(に)る 삶다, 끓이다　　→ 煮物(にもの) 조림 煮立(にた)つ 부글부글 끓다　煮込(にこ)む 푹 끓이다, 푹 삶다 雑煮(ぞうに) 일본식 떡국
	[に]える	煮(に)える ⓐ 삶아지다 ⓑ 물이 끓다
	[に]やす	煮(に)やす 끓게 하다, 익게 하다 → 業(ごう)を煮(に)やす 화가 나서 속 태우다, 속을 끓이다

│ 잠깐만요 │
• 음독으로 「しゃ」가 있으나 사용 빈도가 너무 낮아요.
　📙 煮沸(しゃふつ) 펄펄 끓음

2045

箸

중학 \| 급수 외 \| 1976위

대나무(⺮)를 잘 다듬어 사람(者)이 한 점(丶)의 콩도 집을 수 있게 만든 젓가락이니

⺮ : 대나무 죽

젓가락 저

15획　箸 箸 箸 箸 箸 箸 箸 箸 箸 箸 箸 箸 箸 箸 箸

훈독	はし	箸(はし) 젓가락　　　　→箸置(はし・お)き 젓가락 받침 割(わ)り箸(ばし) 나무 젓가락

2046

緒

중학 | N3급 | 626위

찾고자 하는 사람(者)과 이어진 가느다란 실(糸)마리 같은 단서이니

실마리 서 · 단서 서

14획 緒緒緒緒緒緒緒緒緒緒緒緒緒緒

음독	しょ	3순위	端緒 단서 (たんしょ)	*一緒 일서함께 (いっしょ)
			由緒 유서 (ゆいしょ)	*内緒 내서비밀 (ないしょ)
	ちょ	4순위	情緒 정서 (じょうちょ)	
훈독	お		緒(お) 가는 끈, 신발 끈, 악기의 줄	
			堪忍袋(かんにん・ぶくろ)の緒(お)が切(き)れる	
			(인내심 주머니의 실이 끊어지다 →) 더 이상 참지 못하다, 분노하다	

| 잠깐만요 |
• '비밀'의 의미 구분
 － 秘密(ひみつ) ： 타인이 알아서는 안 되는 것(공적/사적/문어/회화)
  → 절대 누설되면 안 되는 이야기
 － 内緒(ないしょ): 어느 특정인 혹은 주변에 알리면 안 되는 것(사적/회화 한정)
  → 우리들만의 이야기

2047

賭

중학 | 급수 외 | 1705위

사람(者)이 한 점(丶)만한 승리의 확률에 돈(貝)을 걸고 승패를 겨루는 내기이자 도박
이니

내기 도 · 도박 도

16획 賭賭賭賭賭賭賭賭賭賭賭賭賭賭賭賭

음독	と	4순위	賭博 도박 (とばく)
훈독	[か]ける		賭(か)ける 걸다, 내기하다
			賭事(かけごと) 도박, 내기, 노름

| 잠깐만요 |
• '도박'의 의미 구분
 － 賭(か)け ： '내기/승부' 등을 포함한 가장 폭넓은 의미 〈구어〉 例 賭けをする 승부수를 걸다
 － 賭博(とばく): 금품을 걸고 승패를 다투는 일반적인 '도박' 〈문어〉 ＝ 賭事(かけごと)
 － 博打(ばくち): '전형적/전통적 도박'의 종목들, 즉 '노름' 例 포카, 고스톱, 주사위, 야바위 등

儲

학년 외 | 급수 외 | 1727위

은행에서 신용(信) 등급이 높은 사람(者)을 판단하는 가장 큰 포인트(ヽ)는 얼마나, 또 어떻게 돈을 버는가죠?

0484 信: 믿을 신 · 소식 신

돈 벌 저

18획 儲 儲 儲 儲 儲 儲 儲 儲 儲 儲 儲 儲 儲 儲 儲 儲 儲 儲

훈독	[もう]かる	儲(もう)かる ⓐ 돈을 벌다 ⓑ 예상 외의 덕을 보다 例 これは必(かなら)ず儲(もう)かるから! 이건 반드시 돈이 될 거라니까!
	[もう]ける	儲(もう)ける ⓐ 돈을 벌다 ⓑ 예상 외의 덕을 보다 ⓒ 자식을 얻다 例 株(かぶ)で儲(もう)けるのは楽(らく)じゃない。 주식으로 돈을 버는 건 쉽지 않아. 連休(れんきゅう)で一番(いちばん)儲(もう)けたのはあいつだ。 연휴로 가장 득 본 건 저 놈이다. 一男二女(いちなんにじょ)を儲(もう)ける 1남 2녀의 자식을 두다 → 儲(もう)け 벌이, 이익　　　　金儲(かね・もう)け 돈벌이

| 잠깐만요 |

• 「儲かる・儲ける」의 의미 구분
　의미는 거의 같으나, 실제 사용 시에는 뉘앙스의 차이로 인해 주로 사용되는 상황이 다릅니다.
　- 儲(もう)かる: '미래'에 돈벌이/이익이 될 것이라 할 때 (→ 조금 수상쩍은 이미지)
　　例 これをすれば、間違(まちが)いなく儲(もう)かる。 이걸 하면 틀림없이 돈벌이가 될 거야.
　　　君(きみ)だけに言(い)うけど、儲(もう)かる話(はなし)がある。
　　　너한테만 하는 이야기인데, 돈벌이가 되는 이야기가 있어.
　- 儲(もう)ける: '뜻밖에/운 좋게/노력하지 않고' 이익을 얻을 때
　　(→ 주로 주식/도박/범죄/사업으로 큰돈을 버는 이미지)
　　例 競馬(けいば)で大儲(おおもう)けをした。 경마로 대박을 터뜨렸다.
　　　運(うん)よく事業(じぎょう)が成功(せいこう)し、大金(だいきん)を儲(もう)けることができた。 운 좋게 사업이 성공해서 큰돈을 벌 수 있었다.

考

깊이 생각할 고 · 고려할 고

2학년 | N3 | 118위

해설	노인(耂)의 지혜는 번개 치듯(丂) 드는 생각을 깊게 하여 여러 가지를 고려하는 데 있으니
음독	[こう]　考察 고찰(こうさつ)　　考慮 고려(こうりょ)

拷

중학 | N1급 | 2532위

손(扌)으로 두들겨 패서 생각(考)이 나게끔 고문하니

때릴 고 · 고문할 고

9획 拷 拷 拷 拷 拷 拷 拷 拷 拷

음독	ごう	4순위	拷問 고문(ごうもん)

| 잠깐만요 |

• 「拷問」 하나에만 쓰이는 한자입니다. 어휘째 학습하세요.

2050 ● 부수자

禺

급수 외

얼굴(田)과 몸(冂), 손(厶)을 단순화해 그린 **인형/조각상**의 모습이니

인형 우 · 조각상 우

9획 禺 禺 禺 禺 禺 禺 禺 禺 禺

2051

偶

중학 | N3급 | 1464위

사람(亻)은 어릴 때 우연히 손에 넣은 인형(禺)을 평생 손에서 놓지 않고 단짝으로 삼으니

① 짝 우 · 배우자 우 ② 우연 우 ③ 인형 우 · 우상 우

11획 偶 偶 偶 偶 偶 偶 偶 偶 偶 偶 偶

음독	ぐう	3순위	① 偶数 우수짝수 (ぐうすう)	↔	奇数 기수홀수 (きすう)
			① 対偶 대우 (たいぐう)		① 配偶者 배우자 (はいぐうしゃ)
		3순위	② 偶然 우연 (ぐうぜん)		② 偶発的 우발적 (ぐうはつてき)
		4순위	③ 偶像 우상 (ぐうぞう)		
훈독	たま		▼ 偶(たま) 어쩌다 일어남, 드문 모양		
			→ 偶(たま)に 어쩌다, 가끔씩		
			時偶(ときたま) 이따금 偶々(たまたま) 이따금, 때때로		
	예외		木偶(でく) 목각 인형		
			→ 木偶(でく)の棒(ぼう) ⓐ 목각 인형, 꼭두각시 ⓑ 등신, 멍청이		

| 잠깐만요 |
음독 어휘를 의미에 따라 나누고, 그중 비교적 사용 빈도가 높은 것들을 뽑아 제시했습니다. 의미별로 나누지 않으면 사실상 1순위에 해당하는 수의 파생 어휘를 가져요.

2052

隅

중학 | N2급 | 1375위

언덕(阝) 부근에 모셔진 신을 기리는 작은 조각상(禺)은 항상 산 **구석 모퉁이**에 있으니

모퉁이 우 · 구석 우

12획 隅 隅 隅 隅 隅 隅 隅 隅 隅 隅 隅 隅

음독	ぐう	4순위	*隅角 우각 (ぐうかく) 모퉁이
			*一隅 일우 (いちぐう) 한쪽 구석/편견
훈독	すみ		隅(すみ) ⓐ 모퉁이 ⓑ 구석 → 隅(すみ)っこ 구석
			片隅(かたすみ) 한쪽 구석 隅々(すみずみ) 구석구석
			隅(すみ)に置(お)けない (구석에 내버려 둘 수 없다 →)
			(대상이 무시할 수 없을 만큼) 만만하지 않다, 허투루 볼 수 없다

| 잠깐만요 |
• 산속에 있는 작은 사당이나 신을 기리는 비석은 대개 언덕의 구석에 모셔져 있죠?
• 음독 어휘는 그 수도 적고, 사용 빈도가 낮은 편이니 참고만 하세요.

遇

중학 | N1급 | 1432위

| 비교 |
· 아우: 0920 会 vs
2053 遇 vs 1558 遭 vs
2289 逢 vs 0910 合

길을 가다(辶) 우연히 신의 조각상(禺)을 만나면 기도를 올리고 음식도 바치며 제대로 대우하고 대접해 주었으니

① 만날 우 · 조우할 우　② 대접할 우 · 대우할 우

12획　遇 遇 遇 遇 冃 冃 禺 禺 遇 遇 遇

음독	ぐう	2순위	② 待遇 대우 (たいぐう)　② *冷遇 냉우냉대 (れいぐう) ② 処遇 처우 (しょぐう)　② 不遇 불우 (ふぐう) ② 前官礼遇 전관예우 (ぜんかん・れいぐう)
		3순위	① *奇遇 기우우연 (きぐう)　① 遭遇 조우 (そうぐう) ① *境遇 경우처지 (きょうぐう)
훈독	[あ]う		▽遇(あ)う ⓐ (우연히) 만나다, 마주치다 　　　　　ⓑ 좋지 않은 일을 만나다 cf) 遭(あ)う ⓐ (좋지 않은 일을) 만나다, 당하다 　　　　　ⓑ 우연히 만나다

| 잠깐만요 |
· 「会(あ)う」의 파생적인 표기로, 협소한 의미를 나타내기 위해 「遇う/遭う/逢う」를 사용하기도 합니다. 이때 「遇う」는 '우연히 마주치다, 만나다'를 구체적으로 나타내기 위해 사용하기도 합니다. 또한 「遭う」(좋지 않은 일을 당하다)를 대신하는 표기로 사용되기도 하는데, 이는 불행한 일을 만나는 것 자체가 우연성을 내포하고 있기 때문입니다.
　예 道(みち)でばったりあう 길에서 우연히 마주치다　　事故(じこ)にあう 사고를 당하다
　→ 이때 あう의 표기: [会う△ · あう○ · 遭う○ · 遇う○]

愚

중학 | N1급 | 1179위

조각상(禺)마냥 속마음(心)을 밝히지도 못하고 바보처럼 구는 어리석음과 우매함이니

어리석을 우 · 우매할 우

13획　愚 愚 愚 愚 愚 愚 愚 愚 愚 愚 愚 愚 愚

음독	ぐ	1순위	愚問 우문 (ぐもん)　　　*愚痴 우치푸념 (ぐち) 愚昧 우매 (ぐまい)　　　*愚図 우도우물쭈물 (ぐず) 愚民 우민 (ぐみん)　　　愚鈍 우둔 (ぐどん)
훈독	[おろ]か		愚(おろ)かだ 어리석음, 바보 같음 　→ 愚か者(おろかもの) 멍청한 놈
	[おろ]かしい		愚(おろ)かしい 〈문어〉 어리석다, 바보 같다

| 잠깐만요 |
· 「愚痴」는 「〜る」를 붙여 「愚痴(ぐち)る」(〈속어〉 푸념하다, 궁시렁대다)로도 사용됩니다.
· 愚図: '어리석다(愚)+그림(図)' → 엉성한 그림처럼 '확실하지 못한 양상'
　– 愚図愚図(ぐずぐず): ⓐ (굼뜬 모양) 우물쭈물　ⓑ (느슨한 모양) 헐렁헐렁
　　　　　　　　　　　 ⓒ (무른 모양) 흐물흐물　ⓓ (불명확하게) 투덜투덜
　– 愚図(ぐず)る: ⓐ 꾸물대다　ⓑ 칭얼대며 떼쓰다　ⓒ 생트집을 잡다

34 '가족'의 파생 [30자]

219 夫: 남편 부·사내 부 ▶ 扶替潛

0159 夫	① 남편 부 ② 사내 부·인부 부		4학년	N4	220위
해설	아내보다 머리 하나(一)는 더 커(大) 듬직하게 일하는 사내이자 남편이니		
음독	[ふ] 鉱夫 광부 (こうふ)	[ふう] 夫婦 부부 (ふうふ)	
파생	0471 規 법칙 규 [き]		

2055 扶

손(扌)으로 인부(夫)가 하는 것은 **일을 돕는 거죠?**

도울 부

7획 扶 扶 扶 扶 扶 扶

음독	ふ	3순위	扶養 부양 (ふよう)　　扶助 부조 (ふじょ)
			*相互扶助 상호부조 상부상조 (そうご・ふじょ)

중학 | N1급 | 2040위

2056 替

역할을 끝낸 인부(夫)와 새로운 인부(夫)가 감독관의 말(曰)에 따라 서로 역할을 맞바꾸며 **교체하니**　　曰: 아뢸 왈·말할 왈

바꿀 체·교체 체

12획 替 替 替 替 替 替 替 替 替 替 替 替

중학 | N2급 | 880위

음독	たい	4순위	交替 교체 (こうたい)　　代替 대체 (だいたい)
훈독	[か]わる		替(か)わる (A가 같은 종류의 새로운 B로) 바뀌다, 교체되다
	[か]える		替(か)える (A를 같은 종류의 새로운 B로) 바꾸다, 교환하다, 갈다
			→ 両替(りょう・がえ) 환전
			着替(き・が)え 환복, 옷을 갈아입음
			替(か)え玉(だま) ⓐ 대역 ⓑ 면을 다 먹고 면만 추가하는 것
	예외		為替(かわせ) 환 (현금으로 바꿀 수 있는 표)

| 비교 |
· かわる·かえる:
0453 変 vs 0670 代 vs
2056 替 vs 1861 換

| 잠깐만요 |

- 「かえる・かわる」의 한자 표기와 의미 구분
  - 変: (변화/변경) → 이전의 것과 다른 것으로 바꾸다
    - 예 計画(けいかく)を変(か)える 계획을 바꾸다 〈변경〉
  - 換: (교환/치환) → A를 다른 종류의 B와 바꾸다
    - 예 ダイヤを現金(げんきん)に換(か)える 다이아몬드를 현금과 바꾸다 〈교환〉
  - 替: (교체) → A를 같은 종류의 새로운 B와 바꾸다
    - 예 剃刀(かみそり)の刃(は)を替(か)える 면도날을 바꾸다 〈교체〉
  - 代: (대리/교대/대체) → A를 대신해서 B로 바꾸다
    - 예 部長(ぶちょう)に代(か)えて派遣(はけん)する 부장 대신 파견하다 〈대리〉
  - ※단, 「換」과 「替」는 구분이 모호한 경우가 많아서 「替」로 표기하는 경우가 많아요.
- 「 0445 賛 옹호할 찬·찬성할 찬」과의 구분에 주의하세요.

2057

潜

중학 | N1급 | 1205위

물(氵)과 땅의 위치가 바뀐(替) 듯 물에 잠겨 보이지 않게(잠수) 되니

잠길 잠·잠수할 잠

15획 潜潜潜潜潜潜潜潜潜潜潜潜潜潜潜

음독	せん	2순위	潜水 잠수 (せんすい)	潜在 잠재 (せんざい)
			潜伏 잠복 (せんぷく)	潜入 잠입 (せんにゅう)
훈독	[ひそ]む		潜(ひそ)む 숨어 있다, 잠재하다, 잠복하다	
	[ひそ]める		潜(ひそ)める ⓐ 숨기다, 감추다 ⓑ (숨·소리를) 죽이다	
	[もぐ]る		潜(もぐ)る ⓐ 잠입하다 ⓑ 기어들다 ⓒ 숨어서 몰래하다 → 潜(もぐ)り ⓐ 잠수, 자맥질 ⓑ 무허가 ⓒ 잠입(자), 스파이 潜(もぐ)り込(こ)む ⓐ (물속/물건 밑으로) 들어가다, 숨어들다 ⓑ (부정한 수단으로) 잠입하다	
	[くぐ]る		ˇ潜(くぐ)る ⓐ 빠져나가다 ⓑ 잠수하다 → 犬潜(いぬ・くぐ)り 개구멍 潜(くぐ)り門(もん) 쪽문	

| 잠깐만요 |

- 潜(ひそ)める/潜(ひそ)む: 겉으로 드러나지 않게 숨는 행위
- 潜(もぐ)る: 들키지 않도록 소리 없이 또는 속여서 어디론가 파고드는 행위
- 潜(くぐ)る: 몸을 좁히고 헤쳐 나가는 행위

---

220 尗 ▶ 戚叔淑寂督

2058

戚

중학 | 급수 외 | 1978위

나보다 세대가 위(上)인 어른이나 나이가 적은(小) 애들이 빽빽할(戉) 정도로 많은 혈연 관계인 친척이니

戉: 빽빽할 무·많을 무

친척 척

11획 戚戚戚戚戚戚戚戚戚戚戚

| 음독 | せき | 3순위 | 親戚 친척 (しんせき) | *遠戚 원척면 친척 (えんせき) |

2059

叔

중학 | N1급 | 1401위

한 세대 위(上)의 친족 중 아버지보다 나이가 적은(小), 어릴 적 내 손(又)을 꼭 잡아 주던 근엄한 선비 같은 **작은아버지**이니

작은아버지 숙 · 숙부 숙

8획 叔 叔 叔 叔 叔 叔 叔 叔

음독	しゅく	4순위	叔父 숙부 (おじ/しゅくふ)	叔母 숙모 (おば/しゅくぼ)

| 잠깐만요 |
- 叔父(숙부)와 叔母(숙모)의 음독은 현대에는 사용되지 않습니다.
- '큰아버지'는 '백부(伯父)'라 하죠? 한 가지 더 주의할 점은 일본에서는 외숙모/외숙부의 어휘 구분이 없기 때문에 「母方(ははかた)の〜」(외가 쪽의〜)라는 표현을 쓴답니다.

2060

淑

중학 | N1급 | 2442위

근엄하고 조용한 작은아버지(叔)처럼 성품이 물(氵) 같이 맑고 고요한 여성을 정숙한 숙녀라고 하죠?

정숙할 숙 · 숙녀 숙

11획 淑 淑 淑 淑 淑 淑 淑 淑 淑 淑 淑

음독	しゅく	4순위	貞淑 정숙 (ていしゅく) 紳士淑女 신사숙녀 (しんし・しゅくじょ)
훈독	[しと]やか		▼淑(しと)やかだ 〈문어〉 정숙함, 단아함

| 잠깐만요 |
- 「叔」은 '작은아버지'를 '근엄하고 조용한 선비 같은 인상'이라고 연상해 외우면 학습이 편해요. 선비 같은 작은아버지와 정숙한 아내를 연상하세요.
- '숙녀'는 발음과 한자에 따라 오해를 일으킬 수 있는 단어이니 주의하세요.
  淑女(しゅくじょ): 정숙한 여인 vs 熟女(じゅくじょ): (40대 중후반 이상의) 성숙한 여성

2061

寂

중학 | N1급 | 1546위

정숙하고 근엄하던 작은아버지(叔)가 집(宀) 안에서 적막하게 숨을 거둔 모양이니

宀: 집 면 · 지붕 면

① 고요할 적 · 적막할 적 （② 고요히 죽을 적 · 입적할 적）

11획 寂 寂 寂 寂 寂 寂 寂 寂 寂 寂 寂

음독	じゃく	2순위	① 寂寞 적막 (じゃくまく)	① 静寂 정적 (せいじゃく)
			① 閑寂 한적 (かんじゃく)	② 入寂 입적 (にゅうじゃく)
	せき	4순위	① 寂寞 적막 (せきばく)	① 寂寥 적요 (せきりょう)
			①*寂然 적연 (せきぜん) 조용하고 쓸쓸함	
훈독	さび		▼寂(さび) 예스럽고 정감 있음 → 寂声(さびごえ) 낮고 쉰 목소리	
	[さび]しい		寂(さび)しい 쓸쓸하다, 외롭다 → 寂(さび)しがり 외로움을 잘탐	
	[さび]れる		寂(さび)れる 쇠퇴하다	

2062

督

중학 | N1급 | 723위

근엄한 작은아버지(叔)가 엄한 눈(目)으로 바라보면서 감독하고 독촉하니

감독할 독 · 독촉할 독

13획 督 督 督 督 督 督 督 督 督 督 督 督 督

| 음독 | とく | 3순위 | 督促 독촉 (とくそく) | 督励 독려 (とくれい) |
| | | | 監督 감독 (かんとく) | 総督 총독 (そうとく) |

---

221 女: 여자 녀 ▶ 如妃姬凄

0156

女

 여자 녀

1학년 | N4 | 29위

해설	저고리를 입은 여성의 모습을 본떠
음독	[じょ] 女子 여자 (じょし) 　　　　　　[にょ] 女人象 여인상 (にょにんぞう) [にょう] *女房 궁녀 (にょうぼう)
파생	0949 姉 언니 자 [し]　　0950 妹 여동생 매 [まい]　　0948 好 좋아할 호 [こう] 0951 奴 노예 노 [ど]　　0291 委 맡길 위 [い]　　0160 妻 아내 처 [さい] 0954 妾 첩 첩 [しょう]　　0649 姿 모양 자 [し]

2063

如

중학 | N1급 | 1164위

옛날에 여자(女)는 주변 사람들 입(口)에서 나오는 말에 맞추어 **따르고** 그들이 바라는 모습과 **같아야** 했으니

(~와) 같을 여 · 따를 여

6획 如 如 如 如 如 如

| 음독 | じょ | 3순위 | *如才 여재빈틈 (じょさい)　　欠如 결여 (けつじょ)
*突如 돌여돌연 (とつじょ) |
| | にょ | 4순위 | 如来 여래부처 (にょらい)　　如意棒 여의봉 (にょいぼう)
如実 여실있는 그대로임 (にょじつ) |

|잠깐만요|

• 옛날 여성들은 부모님 말에 따라 결혼하고, 남편과 시부모 말에 따라 살림하고, 주변 여성들과 같은 의견에 동조하면서 공동체 생활을 했죠?
• 음독 「にょ」는 파생 어휘가 많지만 대부분이 불교 용어이고, 일반 어휘는 거의 없기에 예외적으로 4순위로 지정했어요.
• 「如意棒」의 「如意(にょい)」는 '마음(意) 먹은 바와 같이(如) 됨'이라는 의미예요.
　반의어인 「不如意(ふにょい)」는 'ⓐ 뜻대로 안 됨 ⓑ 돈이 없음'이란 의미입니다.
　ⓔ 万端不如意(ばんたん・ふにょい) 만사가 여의치 않음
　　手元不如意(てもと・ふにょい) 준비된 돈이 없음

妃

여자(女) 중 만백성이 몸(己)을 굽히고 따라야 하는 왕비이니   **0094** 己: 몸 기

왕비 비

6획 妃 妃 妃 妃 妃 妃

| 음독 | ひ | 4순위 | 王妃 왕비 (おうひ) | 正妃 정비 (せいひ) |

姫

여자(女) 아이 중 항상 신하(臣)가 두 눈 부릅뜨고 보필하며 돌봐 주는 아가씨/공주님
이니   **0167** 臣: 신하 신

아가씨 희 · 공주님 희

10획 姫 姫 姫 姫 姫 姫 姫 姫 姫 姫

훈독	ひめ	4순위	姫(ひめ) ⓐ 아가씨 ⓑ 공주 ⓒ 작은~
			→ 歌姫(うたひめ) 가희 舞姫(まいひめ) 무희
			乙姫(おとひめ) ⓐ 용궁의 선녀 ⓑ 어린 공주

| 잠깐만요 |
• 왕자나 공주, 도련님과 아가씨에게는 선생님이나 보모 역할로 높은 학식을 가지고 관직에 앉았던
이를 붙여 두었죠?

妻

아내 처

| 해설 | 한(一) 손(彐)으로 집안 살림의 중심(丨)을 잡는 여성(女)은 아내이니 |
| 음독 | [さい] 悪妻 악처 (あくさい)   愛妻家 애처가 (あいさいか) |

凄

얼음(冫)처럼 차가운 태도의 아내(妻)만큼 오싹한 것은 없으니
    冫: 얼음 빙

오싹할 처 · 처절할 처

10획 凄 凄 凄 凄 凄 凄 凄 凄 凄 凄

음독	せい	4순위	凄然 처연 (せいぜん) 凄絶 처절 (せいぜつ)
			凄惨 처참 (せいさん)
훈독	[すご]い		▼凄(すご)い ⓐ 굉장하다, 대단하다
			ⓑ (오싹할 만큼) 무시무시하다, 쓸쓸하다
	[すさ]まじい		▽凄(すさ)まじい ⓐ 무섭다, 대단하다 ⓑ 어이없다, 기가 막히다

| 잠깐만요 |

- 「凄」는 '대단히 무섭고 쓸쓸하다 = 오싹하다'는 느낌이에요. '엄청난' 것을 봐도 오싹하고, 굉장히 '무서운' 것을 봐도 오싹하고, 또 굉장히 '쓸쓸'하고 '처연'한 모습을 봐도 오싹하죠?
- 「すごい」는 히라가나 표기가 일반적입니다. 본래는 '오싹하게 느껴질 만큼 그 정기 대단히디'리는 의미로, 지금은 의미가 ⓐ 굉장하다, 대단하다 ⓑ 무시무시하다, 쓸쓸하다'로 분화되었습니다.
단, ⓑ의 의미는 사용 빈도가 낮으니 참고만 하세요.
  - 예 ⓐ すごい腕前(うでまえ) 훌륭한 솜씨   すごく綺麗(きれい)だ 굉장히 예쁘다
    - ⓑ すごいほどの夜(よる) 오싹할 만큼 쓸쓸한 밤
      すごい顔(かお)で睨(にら)む 무시무시한 얼굴로 노려보다

---

222 毎: 항상 매 ▶ 侮悔敏繁

0956 毋 아니 될 무 · 말아야 할 무   제부수

| 해설 | 옛날 여성(女)들은 항시 많은(十) 것들이 금지되어 해서는 아니 되었으니 |

0957 毎 항상 매 · 매번 매   2학년 | N4 | 669위

해설	화살(丿)은 항상 떨어지면 안 되는(毋) 소모품이라 매번 확인하니
음독	[まい]　毎年 매년(まいとし)　　　毎日 매일(まいにち)
파생	0958 梅 매화나무 매 · 장마 매[ばい]　0959 海 바다 해[かい]

2067

侮

중학 | N1급 | 2183위

사람(亻)은 항상(毎) 곁에 있다 여기면 소홀히 여겨 깔보게 되니

깔볼 모 · 모욕할 모

8획 侮 侮 侮 侮 侮 侮 侮 侮

| 음독 | ぶ | 3순위 | 侮辱 모욕(ぶじょく)　　　侮蔑 모멸(ぶべつ) |
| 훈독 | [あなど]る | | 侮(あなど)る 깔보다, 얕보다, 경시하다
→ 侮(あなど)り 모멸, 모욕 |

悔

중학 | N1급 | 1426위

아무리 시간이 흘러도 마음속(忄)에 항상(毎) 남게 되는 감정은 후회이니

뉘우칠 회 · 후회할 회

9획 悔 悔 悔 悔 悔 悔 悔 悔 悔

음독	かい [4순위]	悔恨 회한 (かいこん)	後悔 후회 (こうかい)
	예외	懺悔 참회 (ざんげ)	
훈독	[く]いる	悔(く)いる (과거의 잘못 등에 대해) 뉘우치다, 참회하다, 반성하다 → 悔(く)い 뉘우침, 후회, 반성 悔(く)い改(あらた)める 회개하다, 뉘우쳐 고치다	
	[く]やむ	悔(く)やむ ⓐ (이루지 못한 일/이미 끝난 일을) 후회하다 　　　　　 ⓑ (죽음을) 애도하다 → 悔(く)やみ ⓐ 후회 ⓑ 문상, 조상 悔(く)やみ言(ごと) 애도의 말	
	[くや]しい	悔(くや)しい 분하다	

敏

중학 | N1급 | 1280위

실력이 좋은 이는 항상(毎) 자신을 채찍질(攵)하여 민감하게 느끼고 민첩하게 움직이니

攵: 칠 복 · 때릴 복

민첩할 민 · 민감할 민

10획 敏 敏 敏 敏 敏 敏 敏 敏 敏 敏

음독	びん [2순위]	敏感 민감 (びんかん)	敏捷 민첩 (びんしょう)
		*敏腕 민완 (びんわん) 솜씨가 좋음	
		過敏 과민 (かびん)	機敏 기민 (きびん)

| 잠깐만요 |
· cf) はしこい[▽敏捷い/▽捷い] ⓐ 재빠르다 ⓑ 약빠르다 → すばしこい 재빠르다
　　さとい[▽聡い/▽敏い] ⓐ 총명하다 ⓑ 셈/감각/생각이 빠르다

繁

중학 | N1급 | 1249위

거미가 민첩하게(敏) 실(糸)을 사방으로 뿜어대면 거미줄이 크게 번성하여 빈번하게 먹이도 잡히니

아주 많을 번 · 번성할 번

16획 繁 繁 繁 繁 繁 繁 繁 繁 繁 繁 繁 繁
　　 繁 繁 繁 繁

음독	はん [3순위]	繁栄 번영 (はんえい)	繁殖 번식 (はんしょく)
		繁雑 번잡 (はんざつ)	繁華街 번화가 (はんかがい)
		繁盛 번성 (はんじょう)	頻繁 빈번 (ひんぱん)

| 잠깐만요 |
· '아주 많은 것'은 좋은 의미로 보면 '번성'과 이어지고, 나쁜 의미로 보면 '번잡함'이 되죠?

1033 壬	짊어질 임		제부수 | 급수 외 | 3047위
	해설	선비(士)는 항시 머릿속에 큰 고민(丿)을 짊어지고 사니	
	파생	1034 任 맡을 임[にん] 1035 賃 빌릴 임[ちん] 1036 廷 법정 정[てい] 1037 庭 뜰 정[てい]	

2071

妊

중학 \| N1급 \| 1632위

여성(女)이 새로운 생명을 짊어지는(壬) 임신이니

아이 밸 임 · 임신할 임

7획 妊 妊 妊 妊 妊 妊 妊

음독	にん	4순위	妊娠 임신 (にんしん)	妊婦 임부 (にんぷ)
			避妊 피임 (ひにん)	不妊 불임 (ふにん)

| 잠깐만요 |

- 일본에서는 '임산부'를 사용하기보다는 '임부'와 '산부'를 구분해서 사용합니다.
  - 妊婦(にんぷ)(임부): 임신 중인 이
  - 産婦(さんぷ)(산부): 아기를 갓 낳은 이(=산모)
- '경구 피임약'은 「避妊薬(ひにん・やく)」로도 쓰지만, 일반적으로는 「ピル(pill)」를 써요. 또 '사후 피임약'은 「緊急避妊薬(きんきゅう・ひにんやく)」 또는 「緊急避妊ピル」라고 하니 참고하세요.

2072

淫

중학 \| 급수 외 \| 1960위

한 이불 속에서 땀(氵) 흘리며 손톱(爫) 자국을 새기며 서로의 몸을 짊어지듯(壬) 껴안는 음란함이니

(爪→) 爫: 손톱 조

음란할 음

11획 淫 淫 淫 淫 淫 淫 淫 淫 淫 淫 淫

음독	いん	2순위	淫乱 음란 (いんらん)	*淫売 음매 매음 (いんばい)
			淫行 음행 (いんこう)	*淫猥 음외 외설 (いんわい)
훈독	[みだ]ら		淫(みだ)らだ 음란함, 외설적임, 추잡함 ※활용형은 [みだらな+명사] 뿐입니다. 부사형(みだらに)으로는 사용되지 않으니 주의하세요. 예 淫(みだら)な行為(こうい) 추잡한/음란한 행위 淫(みだら)な関係(かんけい) 난잡한 관계	

生

태어날 생 · 살아갈 생

1학년 | N4 | 15위

해설	소(牛)의 뿔처럼 땅(一) 위에 솟은 새싹이 **태어나 살아가는** 모습이니
음독	[せい] 生命 생명 (せいめい)　　　　　[しょう] 生涯 생애 (しょうがい)
파생	0397 性 성별 성 [せい/しょう]　0398 星 별 성 [せい]　0399 産 낳을 산 [さん]

2073

牲

중학 | N1급 | 1715위

소(牜)는 자신의 생(生)을 모두 인간을 위해 희생하죠?　　　　　　牜:소 우

희생할 생

9획　牲 牲 牲 牲 牲 牲 牲 牲 牲

음독	**せい**	4순위	犠牲 희생 (ぎせい)　　　　犠牲者 희생자 (ぎせいしゃ)

2074

姓

중학 | N2급 | 1263위

한국에서는 여성(女)이 태어나면(生) 받아 결혼 후에도 변함 없는 성씨니

① 성씨 성　(② 백성 성)

8획　姓 姓 姓 姓 姓 姓 姓 姓

음독	**せい**	2순위	姓 성씨 (せい)　　　　姓名 성명 (せいめい) 同姓 동성 (どうせい)
	しょう	4순위	百姓 백성 (ひゃくしょう)

| 잠깐만요 |
- 「0397 性 성격 성 · 성별 성」과의 구분에 주의하세요.
- 본래는 모계 사회였던 고대에 태어난 아이가 여성의 성씨를 따랐던 데서 나온 한자지만, 한국의 현재 상황에 맞게 재해석했어요.
- '성(씨)'는 「姓(せい)」보다는 「苗字(みょうじ)」를 일반적으로 사용합니다.

0162 子	① 자식 자 ② 사람 자		1학년 | N4 | 9위
해설	어미의 팔(一)에 안긴 아이(了)로 자식을 나타내니		
음독	[し] 子孫 자손(しそん)	[す] 椅子 의자(いす)	
파생	0290 季 계절 계[き]　　0565 乳 젖 유[にゅう]　　0948 好 좋아할 호[こう] 0771 字 글자 자[じ]　　0772 学 배울 학[がく]　　0829 孫 손자 손[そん] 0940 孝 효도 효[こう]　　1125 享 누릴 향[きょう]		

2075 孔

중학 \| N1급 \| 1310위

새나 쥐의 새끼(子)가 숨어(乚) 살 수 있을 만큼 작은 구멍이니

乚: 숨을 은

① 구멍 공　(② 공자 공)

4획　孔 孑 孔 孔

음독	こう	3순위	① 瞳孔 동공(どうこう)　　① 鼻孔 비공콧구멍(びこう) ① 気孔 기공 (きこう)
		4순위	② 孔子 공자(こうし)　　② 孔孟 공맹공자와 맹자 (こうもう)
	예외		孔雀 공작공작새 (くじゃく)
훈독	あな		▼孔(あな) (비교적 작게 뚫린) 구멍 → 針(はり)の孔(あな) 바늘구멍 ＝針孔(はりあな / みず / みぞ / めど)

| 잠깐만요 |
• '구멍'의 의미 구분
　– 穴(あな): 구멍 전반 ← 일반적인 표기
　– 孔(あな): 작은 구멍 ← 사용자가 '작은 구멍'임을 구체적으로 드러내고자 할 때 사용

2076 孟

학년 외 \| N1급 \| 2087위

아이(子)가 태어날 때는 접시(皿)를 손으로 받친 듯한 곳으로 첫머리를 내밀며 나오죠?

① 첫머리 맹　(② 맹자 맹)

8획　孑 孑 孑 孟 孟 孟 孟 孟

음독	もう	4순위	① 孟夏 맹하초여름 (もうか)　　① 孟冬 맹동초겨울(もうとう) ② 孟子 맹자(もうし)

| 잠깐만요 |
• 보통 '맏이(첫째)'라는 의미로 제시되지만, 실사용은 '계절/달의 첫머리'라는 의미로 쓰입니다.

2077

猛

중학 | N1급 | 1467위

인류가 길들이기 전의 개(犭)는 처음(孟)에는 맹수처럼 사납고 매서웠죠?

사나울 맹·맹렬할 맹

11획 猛 猛 猛 猛 犭 犭 犭 犭 猛 猛 猛

음독	もう	1순위	猛烈 맹렬 (もうれつ)	猛打 맹타 (もうだ)
			猛獣 맹수 (もうじゅう)	猛毒 맹독 (もうどく)
			勇猛果敢 용맹과감 (ゆうもう・かかん)	

2078

勃

중학 | 급수 외 | 1890위

많이(十) 두꺼운 천으로 덮어서(冖) 자식(子)을 눌러도 힘(力)차게 벌떡 일어나니

벌떡 일어날 발

9획 勃 勃 勃 勃 勃 勃 勃 勃 勃

| 음독 | ぼつ | 4순위 | 勃発 발발 (ぼっぱつ) | 勃起 발기 (ぼっき) |

---

225 兄: 형 형 ▶ 況 呪

0163

兄

형 형

2학년 | N3 | 643위

해설	동생에게 항상 입(口)버릇처럼 아랫사람(儿) 대하듯 핀잔하는 형이니
음독	[けい] 義兄 의형 (ぎけい)　　[きょう] 兄弟 형제 (きょうだい)
파생	0960 祝 축하할 축 [しゅく/しゅう]　0961 競 경쟁할 경 [きょう/けい]

2079

況

중학 | N2급 | 789위

눈물(氵) 콧물 흘리며 형(兄)에게 달려가서 위급한 상황임을 알리니

상황 황

8획 況 況 況 況 況 況 況 況

| 음독 | きょう | 2순위 | 好況 호황 (こうきょう) | 不況 불황 (ふきょう) |
| | | | 実況 실황 (じっきょう) | 状況 상황 (じょうきょう) |

2080

呪

중학 | 급수 외 | 1885위

입(口)으로 자신을 괴롭히고 윽박지르는 형(兄)에게 미운 마음에 돌부리에나 걸려 넘어지라며 저주하는 주술을 건 적이 있죠?

저주할 주 · 주술 주

8획 呪 呪 呪 呪 呪 呪 呪 呪

음독	じゅ 〔2순위〕	呪文 주문 (じゅもん)　　　　呪術 주술 (じゅじゅつ) *呪符 주부 (じゅふ) 부적 *呪縛 주박 (じゅばく) 심리적으로 속박함
훈독	[のろ]う	呪(のろ)う 저주하다　　　→ 呪(のろ)い 저주
	[まじな]う	▽呪(まじな)う 주문을 외다, 주술을 부리다 → 呪(まじな)い 마법, 주술

|잠깐만요|
• 보통 '빌 주'로 의미 풀이하지만, 기본적인 쓰임은 '저주/주술'에 쓰입니다.

---

226 兌: 바뀔 태 ▶ 鋭悦脱閲

0962

兑

바뀔 태　　　　　　　　　　　　　　부수자

해설	형(兄)의 머리에 뿔(ㅽ)이 나 모습이 바뀌니
파생	**0963** 税 세금 세[ぜい]　　**0964** 説 설명할 설 · 달랠 세[せつ/ぜい]

2081

鋭

중학 | N2급 | 1358위

뭉툭한 금속(金)의 끝부분을 갈아서 바꾸면(兌) 날카롭고 예리해지죠?

날카로울 예 · 예리할 예

15획 鋭 鋭 鋭 鋭 鋭 鋭 鋭 鋭 鋭 鋭 鋭 鋭 鋭 鋭 鋭

음독	えい 〔2순위〕	鋭敏 예민 (えいびん)　　　　鋭利 예리 (えいり) 精鋭 정예 (せいえい)　　　　新進気鋭 신진기예 (しんしん・きえい)
훈독	[するど]い	鋭(するど)い 날카롭다, 예리하다, 예민하다

悦

중학 | N1급 | 1739위

|비교|
• よろこぶ:
1028 喜 vs 1435 慶 vs
2082 悦

어떤 상황에서도 마음(忄)을 바꾸면(兑) 모든 게 기쁨이고 희열이죠?

기쁠 열 · 희열 열

10획 　悦 悦 悦 悦 悦 悦 悦 悦 悦 悦

음독	えつ	3순위	悦楽 열락 (えつらく)　　　喜悦 희열 (きえつ) *愉悦 유열 (ゆえつ) 유쾌하게 생각하고 기뻐함
훈독	[よろこ]ぶ		▽悦(よろこ)ぶ 흡족하다, 만족스럽다 cf) 喜(よろこ)ぶ 기뻐하다, 기꺼이 받아들이다 ▽慶(よろこ)ぶ 축하하다, 경축하다

|잠깐만요|
• 「悦」이 단독 어휘로 사용되는 아래 표현은 사용 빈도가 높으니 참고하세요.
　예 悦(えつ)に入(い)る 은근히 기뻐하다, 흡족해하다　　悦(えつ)を覚(おぼ)える 기쁨을 느끼다
• 悦(よろこ)ぶ: '만족'해하면서 기뻐함을 구체적으로 나타내는 한자 표기입니다.
　예 順調(じゅんちょう)に事(こと)が運(はこ)び悦(よろこ)ぶ 순조롭게 일이 진행되어 흡족해하다

脱

중학 | N1급 | 846위

곤충이 몸(月)을 바꾸려면(兑) 허물을 벗어야 하죠?

벗을 탈

11획 脱 脱 脱 脱 脱 脱 脱 脱 脱 脱 脱

음독	だつ	2순위	脱落 탈락 (だつらく)　　　　脱出 탈출 (だっしゅつ) 脱退 탈퇴 (だったい)　　　　逸脱 일탈 (いつだつ) 剝脱 박탈 (はくだつ)　　　　離脱 이탈 (りだつ)
훈독	[ぬ]ぐ		脱(ぬ)ぐ (입거나 쓰거나 신은 것 등을) 벗다 → 脱(ぬ)ぎ捨(す)てる 벗어 던지다 　脱(ぬ)ぎ履(は)きする (신발 등을) 신고 벗다 　脱(ぬ)ぎ着(き)する (상의 등을) 입고 벗다
	[ぬ]がす		脱(ぬ)がす (남의 옷을) 벗기다
	[ぬ]げる		脱(ぬ)げる (입거나 쓰거나 신은 것 등이) 벗겨지다

|잠깐만요|
• 「脱」는 접두어로 「脱＋명사」 꼴로 자주 사용돼요. 예 脱(だつ)サラリーマン 탈 샐러리맨 ＝ 脱サラ
• 「つ」가 「っ」가 되는 촉음화에 관해서는 ☞ p. 34 를 참조하세요.

閲

중학 | N1급 | 2274위

문(門)을 가로막고 고칠 부분을 하나씩 바꾸게(兑) 하는 검열이니

검열할 열 · 교열 열

15획 閲 閲 閲 閲 閲 閲 閲 閲 閲 閲 閲 閲 閲 閲 閲

음독	えつ	3순위	閲覧 열람 (えつらん)　　　*閲歴 열력 이력 (えつれき) 検閲 검열 (けんえつ)　　　　校閲 교열 (こうえつ)

|잠깐만요|
• 「閲」이 단독 어휘로 사용되는 아래 표현도 참고하세요.
　예 閲(えつ)を受(う)ける 검열을 받다　　　閲(えつ)を請(こ)う 교열을 청하다

35

'공과 사'의 파생 [20자]

227 ム: 사사로울 사 ▶ 払 惨 訟 翁

0092 ム	사사로울 사 · 나 사	부수자
해설	팔을 안으로 굽히고(ㄥ) 손으로 나 자신을 가리키는(ヽ) 모습이니	
파생	0286 私 사사로울 사[ㄴ]　0967 仏 부처 불[ぶつ]	

2085

払

중학 | N3급 | 785위

 손(扌)을 써서 사적(ム)인 의혹에 관해서 돈을 지불하거나 행동에 주의를 기울이면서 먼지를 털어내듯 불식시키니

① 털어낼 불 · 불식시킬 불　② 지불할 불

5획 払 払 払 払 払

음독	ふつ 4순위	① 払拭 불식 (ふっしょく)　①*払底 불저 바닥남 (ふってい)
훈독	[はら]う	払(はら)う ⓐ 제거하다　ⓑ (값을) 치르다, 지불하다 ⓒ (존경심을) 표하다, 나타내다　ⓓ (주의/마음을) 기울이다 → 支払(し・はら)う 지불하다　払(はら)い戻(もど)し 환불 未払金(みばらい・きん) 미지급금 追(お)い払(はら)う 내쫓다

| 잠깐만요 |

• '털어내는' 행위는 '어느 한쪽으로 힘을 강하게 주어서 밖으로 떨치는' 동작이죠? 그런 이미지에서 '돈을 상대에게 던지듯(털듯) 주는 행위', '신경을 한쪽으로 기울이는 행위', '마음(존경심 등)을 한쪽으로 보여 주는 행위' 등 다양한 파생 의미를 나타냅니다.

　　예　埃(ほこり)を払(はら)う 먼지를 털다　　　底(そこ)を払(はら)う 다 써서 바닥이 드러나다
　　金(かね)を払(はら)う 돈을 지불하다　　　敬意(けいい)を払(はら)う 경의를 표하다
　　物(もの)を払(はら)う 물건을 팔아 버리다　　注意(ちゅうい)を払(はら)う 주의를 기울이다

0969 参	① 참여할 참　② 참고할 참	4학년	N2	365위
해설	본디 선비는 사적(ム)으로도 큰(大) 수염(彡)을 기른 현자의 강의에 참여해 그 말을 참고하니	
음독	[さん] 参加 참가(さんか)　参考 참고(さんこう)	

惨

중학 | N1급 | 1498위

전쟁에 참가(参)한 사람들의 마음(忄)은 참혹하고 비참하니

절망적일 참 (→ ① 비참할 참 ② 참혹할 참)

11획 惨 惨 惨 惨 惨 惨 惨 惨 惨 惨 惨

음독	さん	2순위	① 惨憺 참담 (さんたん)	② 惨事 참사 (さんじ)
			② 惨劇 참극 (さんげき)	① 悲惨 비참 (ひさん)
	ざん	4순위	② 惨死 참사 (ざんし)	② 惨殺 참살 (ざんさつ)
훈독	[みじ]め		惨(みじ)めだ 비참함	
	[むご]い		▽惨(むご)い ⓐ 비참하다, 애처롭다 ⓑ 잔혹하다, 무자비하다	

| 잠깐만요 |

• '전쟁의 절망적인 모습'을 떠올리세요. 「惨」은 '잔인함을 보고 느끼는 슬픔과 절망적인 마음 상태'를 뜻합니다. 그래서 '비참(슬픔, 애처로움)'과 '참혹(잔인함)'의 두 가지 감정을 나타내요.

公

공평할 공 · 공정할 공

2학년 | N1 | 167위

해설	이익을 나눌(八) 때에는 사리사욕(厶) 없이 공평하고 공정해야 하니
음독	[こう] 公共 공공 (こうきょう) 公正 공정 (こうせい)
파생	0980 松 소나무 송 [しょう] 0981 総 모두 총 · 거느릴 총 [そう]

訟

중학 | N1급 | 1899위

말(言)로 공정(公)하게 시시비비를 가리는 소송이니

소송할 송

11획 訟 訟 訟 訟 訟 訟 訟 訟 訟 訟 訟

| 음독 | しょう | 4순위 | 訴訟 소송 (そしょう) |
| | | | 争訟 쟁송 (そうしょう) 서로 다투어 송사함 |

翁

중학 | N1급 | 1891위

공정(公)하게 조언을 던지고 날개(羽)처럼 희고 풍성한 수염을 기른 현명하고 기품 있는 늙은이를 높여 노옹이라고 하죠?

羽: 날개깃 우

늙은이 옹 · 노옹 옹

10획 翁 翁 翁 翁 翁 翁 翁 翁 翁 翁

| 음독 | おう | 3순위 | 老翁 노옹 (ろうおう)   塞翁が馬 (さいおうがうま) 새옹지마 |
| 훈독 | おきな | | ▽翁(おきな) 〈문어〉 영감, 노옹 |

2089 ◐ 제부수

允

인명 | N1급 | 2480위

사적(厶)으로도 많은 사람(儿)들을 발아래 두고 다스리는 임금/우두머리이니

임금 윤 · 우두머리 윤

4획 允 允 允 允

| 음독 | いん | 4순위 | 允許 윤허 (いんきょ) | 允許状 윤허장 (いんきょじょう) |

|잠깐만요|
· 「允許」는 '임금이 신하의 청을 허락한다'는 의미예요.

2090 ● 부수자

夋

임금(允)처럼 천천히 걸으면(夂) 의젓하게 걷는 느낌이죠?　　　　夂: 뒤따라올 치

의젓이 걸을 준

7획 夋 夋 夋 夋 夋 夋 夋

2091

俊

중학 | N1급 | 1150위

사람(亻) 중 임금처럼 의젓하게 걷는(夋) 이는 대개 생각이 깊고 준수한 외모와 뛰어난 재주/학식을 지닌 준걸이죠?

뛰어날 준 · 준수할 준

10획 俊 俊 俊 俊 俊 俊 俊 俊 俊 俊

| 음독 | しゅん | 3순위 | 俊傑 준걸 (しゅんけつ) | 俊秀 준수 (しゅんしゅう) |
| | | | *俊敏 준민 (しゅんびん) 총명하고 날렵함 | |

2092

唆

중학 | N1급 | 2260위

임금이 으슥한 곳을 의젓이 걸으며(夋) 입(口)을 열어 측근에게 비밀리에 수행해야 할 일을 교사하여 부추기니

부추길 사 · 교사할 사　　　　*교사: 남을 부추겨 나쁜 짓을 하게 함

10획 唆 唆 唆 唆 唆 唆 唆 唆 唆 唆

음독	さ	4순위	教唆 교사 (きょうさ)	示唆 시사 (しさ)
훈독	[そそのか]す		唆(そそのか)す 교사하다, 부추기다	
			→ 唆(そそのか)し 교사, 사주, 부추김	

0970 台	받쳐 들 대 · 받침 대		2학년	N3	354위
해설	높은 이와 사적(厶)으로 만나 입(口)으로 하는 식사나 대화는 승진을 위한 토대가 되니		
음독	[だい] 土台 토대 (どだい)	[たい] 舞台 무대 (ぶたい)	
파생	0971 始 처음 시 [し]	0972 治 다스릴 치 · 치료 치 [ち/じ]	

2093

중학 | N1급 | 1928위

침대(台)에 누워 빈둥대고 싶은 마음(心)을 게으름/태만이라 하니

게으를 태 · 태만 태

9획 怠 怠 怠 怠 怠 怠 怠 怠 怠

음독	たい	3순위	怠慢 태만 (たいまん)	*怠惰 태타·태만 (たいだ)
			倦怠期 권태기 (けんたいき)	
훈독	[おこた]る		怠(おこた)る 태만하다, 소홀히 하다	
	[なま]ける		怠(なま)ける 게으름 피우다, 게을리하다	
	[だる]い		▽怠(だる)い ⓐ 나른하다, 피곤하다 ⓑ 지루하다	

| 잠깐만요 |
- 「怠る·怠ける」의 의미 구분
  - 怠(おこた)る: 연습/준비/주의/노력/확인/직무를 소홀히 하는 것 〈목적어 필요〉
    예 努力(どりょく)を怠(おこた)って試験(しけん)に落(お)ちた。
    노력을 소홀히 하여 시험에 떨어졌다. → 「なまける ✕」
  - 怠(なま)ける: 해야 할 일/작업/학업 등을 하지 않고 쓸데없이 긴 시간을 보내는 것
    예 毎日(まいにち)怠(なま)けて仕事(しごと)をしない。 매일 게으름 피우며 일을 안 한다.
    → 「おこたる✕」

2094

중학 | N1급 | 2049위

몸속(月) 새로운 생명의 받침대(台)인 자궁에서 태아가 태동하니

아이 밸 태 · 태아 태

9획 胎 胎 胎 胎 胎 胎 胎 胎 胎

음독	たい	1순위	胎児 태아 (たいじ)	胎盤 태반 (たいばん)
			胎動 태동 (たいどう)	受胎 수태·임신 (じゅたい)

| 잠깐만요 |
- 「受胎」는 '임신'의 예스런 말로 과학/종교적 영역에서 일부 사용됩니다.
  예 人工受胎(じんこう·じゅたい) 인공 임신   過剰受胎 (かじょう·じゅたい) 과잉 임신

冶

중학 | N1급 | 2418위

불똥(冫)이 튀도록 모루(台)에서 쇠를 두드리는 대장간 일이니
> 冫: 얼음 빙(여기서는 쇠가 부딪쳐 불똥이 이는 모습)

대장간 일 야

7획 冶 冶 冶 冶 冶 冶 冶

| 음독 | や | 4순위 | 冶金 야금 (やきん) | *鍛冶 단야 대장간 일 (たんや) |
| | 예외 | | 鍛冶屋 (かじや) 대장장이, 대장간 | |

| 잠깐만요 |
• 「 0972 治 다스릴 치 · 고칠 치」와의 구분에 주의하세요.

---

230 至: 이를 지 ▶ 致 緻 窒 到 倒

0754	至	① 이를 지 ② 매우 지	6학년	N1	1049위
	해설	사적(厶)인 바람이 지상(土)에서 하늘(一)까지 이를 만큼 지극하니	
	음독	[し] 至極 지극 (しごく) 至近 지근 (しきん)	
	파생	0755 室 집 실 · 방 실 [しつ] 0756 屋 큰집 옥 · 건물 옥 [おく]	

致

중학 | N1급 | 1031위

지극(至)하여 그 바람이 하늘에 닿을 만큼 자신을 채찍질(攵)하면 결국 목표에 다다라 도달하니

다다를 치 · 도달할 치

10획 致 致 致 致 致 致 致 致 致 致

음독	ち	1순위	極致 극치 (きょくち)	合致 합치 (がっち)
			一致 일치 (いっち)	拉致 납치 (らち)
			致死量 치사량 (ちしりょう)	致命傷 치명상 (ちめいしょう)
훈독	[いた]す		致(いた)す ⓐ 초래하다 ⓑ 보내다, 이르게 하다 ⓒ 하다 (する의 겸양어)	

緻

중학 | 급수 외 | 2661위

실(糸)을 짜서 한 장의 면이 되는 데 도달(致)하려면 그만큼 실의 짜임이 빽빽하고 치밀해야 하니

빽빽할 치 · 치밀할 치

16획 緻 緻 緻 緻 緻 緻 緻 緻 緻 緻 緻 緻 緻 緻 緻 緻

| 음독 | ち | 4순위 | 緻密 치밀 (ちみつ) | *精緻 정치 (せいち) 정교하고 치밀함 |

窒

중학 | N1급 | 2411위

콧구멍(穴)까지 연기(가스)가 도달하면(至) 질식해 버리니   0762 穴: 구멍 혈

질식할 질

11획 窒 窒 窒 窒 窒 窒 窒 窒 窒 窒 窒

| 음독 | ちつ | 4순위 | 窒息 질식 (ちっそく) | 窒素 질소 (ちっそ) |

| 잠깐만요 |

• 학습할 필요가 있는 파생 어휘는 제시된 두 단어가 전부예요.
• 음독은 「ちつ」지만, 모든 파생 어휘가 촉음화되니 그냥 「ちっ」으로 학습해도 무관해요.
• 「 0755 室 집 실 · 방 실」과의 구분에 주의하세요.

到

중학 | N3급 | 1106위

의지가 하늘에 이를(至) 만큼 칼(リ)을 갈면서 준비하고 노력하면 결국 목표에 도달하니

이를 도 · 도달할 도

8획 到 到 到 到 到 到 到 到

| 음독 | とう | 1순위 | 到達 도달 (とうたつ)　　到着 도착 (とうちゃく)
到底 도저(히) (とうてい)　　殺到 쇄도 (さっとう)
*周到容易 주도용이주도면밀 (しゅうとう · ようい) |

倒

중학 | N3급 | 640위

목표가 되는 사람(亻)에게 복수의 칼이 닿아(到) 고꾸라지며 쓰러지니

① 쓰러질 도 ② 거꾸로 도

10획 倒倒倒倒倒倒倒倒倒倒

음독	とう	2순위	① 倒産 도산 (とうさん)	① 打倒 타도 (だとう)
			① 圧倒 압도 (あっとう)	① 罵倒 매도 (ばとう)
		3순위	② 倒置 도치 (とうち)	② 転倒 전도 (てんとう)
			②* 本末転倒 본말전도 주객전도 (ほんまつ・てんとう)	
훈독	[たお]れる		倒(たお)れる ⓐ 쓰러지다, 넘어지다 ⓑ 무너지다, 망하다 → 食(く)い倒(だお)れ 먹는 데 사치스럽게 돈을 씀 雪倒(ゆき・だお)れ (병/추위/굶주림 등으로) 길가에 쓰러져 죽음 共倒(とも・だお)れ (쌍방이) 함께 쓰러짐, 함께 망함	
	[たお]す		倒(たお)す ⓐ 쓰러뜨리다, 타도하다 ⓑ (빚을) 떼어먹다 → 踏(ふ)み倒(たお)す 빚을 갚지 않고 떼어먹다 なぎ倒(たお)す ⓐ 가로 후려쳐 베어 넘기다 ⓑ 많은 적을 차례차례 쓰러뜨리다	

잠깐만요

- 「倒」는 '고꾸라지다'의 이미지입니다. 외부의 힘에 밀려 완전히 한 바퀴 구를 만큼 쓰러져서 머리와 다리의 위치가 거꾸로 되는 느낌이죠. 그래서 두 가지 의미가 나타나요.
- 倒錯(도착): ⓐ 전도되어 어긋남 ⓑ 정신/본능으로 인한 비도덕적 행위
  예 ⓐ 事(こと)が倒錯(とうさく)している 일이 어긋나 있다
  ⓑ 性的倒錯症(せいてき・とうさくしょう) 성적 도착증
- 오사카(大阪)는 예부터 먹거리 문화가 발달해서 「食(く)い倒(だお)れの町(まち)」라고 합니다.

---

231 厶: 감싸 안을 사 ▶ 徹 撤 銃 硫

0982 厶	감싸 안을 사	부수자
해설	아이의 머리(亠)를 팔(厶)로 감싸 안은 모습에서	

0983 育	기를 육	3학년	N2	374위
해설	아이의 머리(亠)를 팔로 안아(厶) 몸(月)을 받치고 기르는 모습에서	
음독	[いく] 育成 육성 (いくせい) 教育 교육 (きょういく)	

徹

중학 | N1급 | 1092위

걷기(彳) 시작할 때부터 매를 들고(攵) 엄하고 철저하게 교육(育)을 해야 행동거지와 버릇이 끝까지 가니

彳: 조금 걸을 척　攵: 칠 복 · 때릴 복

끝까지 갈 철 · 철저할 철

15획　徹 徹 徹 徹 徹 徹 徹 徹 徹 徹 徹 徹 徹 徹 徹

| 음독 | てつ | 3순위 | 徹夜 철야 (てつや) | 徹底 철저 (てってい) |
| | | | 冷徹 냉철 (れいてつ) | 貫徹 관철 (かんてつ) |

| 잠깐만요 |
- 「徹」가 단독 어휘로 사용되는 아래 표현은 사용 빈도가 높으니 참고하세요.
  - 徹(てっ)する: ⓐ 철저하다, 투철하다　ⓑ (밤을) 지새우다　ⓒ (뼈/장기에) 사무치다
    예 ⓐ 原則(げんそく)に徹(てっ)する 원칙에 철저하다
    ⓑ 夜(よる)を徹(てっ)する 밤을 지새우다
    ⓒ 肝(かん)に徹(てっ)する 마음에 사무치다

撤

중학 | N1급 | 1663위

손(扌)을 뻗어 매를 맞으며(攵) 길러지는(育) 아이를 품안으로 거둬 엄한 교육법을 철회시키니

거둘 철 · 철회할 철

15획　撤 撤 撤 撤 撤 撤 撤 撤 撤 撤 撤 撤 撤 撤 撤

| 음독 | てつ | 4순위 | 撤去 철거 (てっきょ) | 撤回 철회 (てっかい) |
| | | | 撤収 철수 (てっしゅう) | 撤(てっ)する 철거하다, 철수하다 |

| 잠깐만요 |
- 「徹」과 연관해서 외우면 스토리가 이어지겠죠?
- 음독은 「てつ」지만 실질적으로 모든 어휘에서 촉음화되니 「てっ」으로 외워 두세요.

充

채울 충 · 충만할 충

중학 | N1 | 204위

해설	누군가 머리를 감싸 안아(亠) 주면 사람(儿)은 비로소 마음이 충만하니
음독	[じゅう]　充実 충실 (じゅうじつ)　　充足 충족 (じゅうそく)
파생	0986 統 계통 통 · 거느릴 통 [とう]　0984 流 흐를 류 [りゅう/る]

銃

중학 | N1급 | 1067위

쇠(金)로 된 총알/총신에 화약을 가득 채워(充) 사용하는 총이니

총 총

14획 銃 銃 銃 銃 銃 銃 銃 銃 銃 銃 銃 銃 銃 銃

음독	じゅう	1순위	銃 총 (じゅう)	銃剣 총검 (じゅうけん)
			銃撃 총격 (じゅうげき)	銃声 총성 (じゅうせい)
			銃弾 총탄 (じゅうだん)	拳銃 권총 (けんじゅう)

流

흐를 류

3학년 | N2 | 204위

해설	물(氵)이 산과 바위를 감싸 안고(厶) 굽이치듯 내(川)를 흐르는 모습이니
음독	[りゅう] 流行 유행 (りゅうこう) 　　[る] 流布 유포 (るふ)

硫

중학 | N1급 | 2321위

녹아 내린 시뻘건 돌(石)이 산을 감싸 안고(厶) 굽이치듯 내(川)를 이루며 흐르는 용암 속에서 발견되는 유황이니

유황 류

12획 硫 硫 硫 硫 硫 硫 硫 硫 硫 硫 硫 硫

음독	りゅう	4순위	*硫酸 유산황산 (りゅうさん) *硫化水素 유화수소 황화수소 (りゅうか・すいそ)
	예외		硫黄 (いおう) 유황, 황

| 잠깐만요 |

- 한국에서는 '황산, 황화수소' 등 '유황(硫黄)'의 '황(黄)'을 써서 단어를 표기하지만, 일본은 '유(硫)'를 써서 나타내는 차이가 있으니 주의하세요.

36

'왕과 신하'의 파생 [27자]

232 王: 임금 왕 ▶ 狂旺斑

0166 王	임금 왕		1학년	N2	433위
해설	하늘과 땅(二) 사이에서 가장 많이(十) 뛰어난 존재는 임금이니		
음독	[おう] 王子 왕자 (おうじ)	[のう] 天王星 천왕성 (てんのうせい)	
파생	0991 皇 황제 황 [こう/おう]　0992 全 모두 전 [ぜん]　0993 聖 성스러울 성 [せい] 0994 程 정도 정 [てい]　0995 斑 나눌 반 [はん]		

2105 狂

중학 | N1급 | 1124위

개(犭) 같은 인물이 왕(王) 노릇을 하며 미쳐 날뛰면 본래 잘 흘러가야 하는 정해진 일들조차 어긋나니

① 미칠 광　② 어긋날 광

7획　狂狂狂狂狂狂狂

음독	きょう	1순위	① 狂気 광기 (きょうき)　① 狂乱 광란 (きょうらん) ① 狂犬 광견 (きょうけん)　① 熱狂 열광 (ねっきょう)
		4순위	②*狂言 광언 (きょうげん) ⓐ 교겐(일본 전통극) 　　　　　　　　　　　　　ⓑ 거짓으로 꾸민 행위 → ⓐ 狂言師 (きょうげんし) 교겐 배우 　ⓑ 狂言自殺 (きょうげん・じさつ) 거짓 자살극
훈독	[くる]う		狂(くる)う ⓐ 미치다　ⓑ (기계류 등이) 고장나다 　　　　　ⓒ (계획/순서/겨냥 등 정해진 것이) 어긋나다, 틀어지다 → 狂(くる)い ⓐ 미침 ⓑ 고장 ⓒ 차질, 착오 　死(し)に物狂(もの・ぐる)い 필사적임 　荒(あ)れ狂(くる)う ⓐ 미친 듯이 날뛰다 　　　　　　　　　ⓑ (물결/바람이) 사나워지다
	[くる]おしい		狂(くる)おしい 미칠 듯하다, 미칠 것 같다

| 잠깐만요 |
• 접미어로 쓰이면 '～광(매니아)'이란 의미예요. 例 偏執狂 (へんしゅうきょう) 편집광

2106

旺

중학 | N1급 | 2535위

해(日)가 찬란하게 왕(王)을 비추는 모양으로 그 기세가 왕성함을 나타내니

왕성할 왕

8획 旺 旺 旺 旺 旺 旺 旺 旺

음독 **おう** [4순위] 旺盛 왕성 (おうせい)

0995

班

나눌 반

6학년 | N1 | 1630위

해설 | 각 무리의 왕들(王王) 사이를 칼(刂)로 나누어 각각의 **반**(그룹)을 만드니

음독 | [はん] 班長 반장 (はんちょう)　　　班別 반별 (はんべつ)

2107

斑

중학 | 급수 외 | 2523위

왕들(王 王) 사이의 추잡한 갈등과 다툼을 글(文)로 기록하면 국가의 역사적인 오점 (얼룩/반점)이 남게 되니

얼룩 반 · 반점 반

12획 斑 斑 斑 斑 斑 斑 斑 斑 斑 斑 斑 斑

음독 **はん** [2순위] | 斑点 반점 (はんてん) | *死斑 사반 (しはん) 사후 생기는 반점
| | 紅斑 홍반 (こうはん) | *紫斑 자반 (しはん) 내출혈로 생기는 멍

예외 | 斑(まだら) 얼룩, 반점　　　白斑(しらふ) 백반, 흰 반점

---

233 全: 모두 전 ▶ 栓 詮 몯

0992

全

모두 전 · 완전 전

3학년 | N2 | 114위

해설 | 국민(人)을 다스리는 왕(王)은 모든 것이 완전해야 하니

음독 | [ぜん] 全部 전부 (ぜんぶ)　　　完全 완전 (かんぜん)

449

중학 | N1급 | 2425위

나무(木)로 병의 입구를 완전히(全) 틀어막는 마개이니

마개 전

10획 栓栓栓栓栓栓栓栓栓栓

음독	せん	3순위	*栓 전마개 (せん) 血栓 혈전 (けっせん)	水栓 수전수도꼭지 (すいせん) 栓抜(せん・ぬ)き 병따개

2109

詮

중학 | 급수 외 | 2118위

말(言)을 걸어 자세하게 묻고 완전히(全) 조사하여 속속들이 밝혀내니

조사할 전 · 밝혀낼 전

13획 詮詮詮詮詮詮詮詮詮詮詮詮詮

음독	せん	4순위	*詮索 전색 (せんさく) 자세히 파고듦 *所詮 소전 (しょせん) 어차피

| 잠깐만요 |

• 본래 '서류 전형' 등에 쓰는 한자는 「詮衡(せんこう)」(전형)입니다. 하지만 한자가 너무 복잡하고 주 사용층이 학생인 점을 감안해 동일한 음의 대체 글자인 「選考」를 쓰는 게 일반적입니다.

2110

呈

중학 | N1급 | 1958위

하고픈 말(口)을 왕(王)에게 올릴 때에는 직접 상소문으로 적어서 제출해야 했으니

제출할 정 · 증정할 정

7획 呈呈呈呈呈呈呈

음독	てい	1순위	*呈示 정시제시 (ていじ) *露呈 노정드러냄 (ろてい)	贈呈 증정 (ぞうてい) *進呈 진정진상 (しんてい)

| 잠깐만요 |

• '제시'의 의미 구분
 – 提示(ていじ): 물리적인 것(신분증, 서류 등) + 추상적인 것(금액, 논점, 조건, 과제, 증거 등)이 대상
 – 呈示(ていじ): 물리적인 것에 한정. 특히 신분 증명 관련에 주로 사용

0994

규정 정 · 정도 정

5학년 | N2 | 636위

해설	벼(禾)를 한 입(口) 먹는 데에도 왕실(王)에서는 그 정도가 규정돼 있으니
음독	[てい] 程度 정도 (ていど) 規程 규정 (きてい)

1000 主 / 主	주인 주		3학년	N3	85위

해설	(나라에 비해) 점(ヽ)처럼 작은 집의 왕(王)과도 같은 주인이니
음독	[しゅ] 主人 주인 (しゅじん)　　　　[す] *坊主 중 (ぼうず)

1014 責	꾸짖을 책 · 책임 책		5학년	N2	832위

해설	주인(主)이 손해 본 돈(貝)에 대한 **책임**을 물어 **꾸짖으니**
음독	[せき]　責任 책임 (せきにん)　　　問責 문책 (もんせき)
파생	**1015** 積 쌓을 적 [せき]　**1016** 績 성과 적 · 실 짤 적 [せき]

2111

債

중학 | N1급 | 1132위

사람(亻)이 책임(責)지고 갚아야 할 빚이고 채무이니

빚 채 · 채무 채

13획　債債債債債債債債債債債債債

음독	さい　[1순위]	債権 채권 (さいけん)　　債務 채무 (さいむ)
		債券 채권 (さいけん)　　負債 부채 (ふさい)
		公債 공채 (こうさい)　　国債 국채 (こくさい)

2112

漬

중학 | N1급 | 1826위

| 비교 |
· つける · つかる :
1577 浸 vs **2112** 漬

소금물(氵)에 채소를 담가 맛의 책임(責)을 소금물에 맡겨 버리는 절임이니

담글 지 · 절임 지

14획　漬漬漬漬漬漬漬漬漬漬漬漬漬漬

훈독	[つ]かる	漬(つ)かる (절임 식품의) 맛이 들다 ＝ 漬(つ)く
	[つ]ける	漬(つ)ける (채소 등을) 절이다
		→ 漬物(つけもの) 절임 식품
		糠漬(ぬか · づ)け 누카즈케(쌀겨에 절이는 일본의 발효 음식)
		cf) 浸(つ)かる 잠기다, 침수되다
		浸(つ)ける (물에) 잠그다, 담그다, 축이다

451

1008 青	① 푸를 청 ② 젊을 청·청년 청	1학년 | N3 | 449위
해설	주체적(龶)으로 몸(月)을 쓰는 이들은 푸르고 젊은 청년들이니	
음독	[せい] 青年 청년 (せいねん)	[じょう] 群青 군청 (ぐんじょう)
파생	1009 清 깨끗할 청 [せい/しん/しょう]　　　1010 晴 갤 청 [せい]　1011 情 정 정 [じょう] 1012 精 정밀할 정·근원 정 [せい/しょう]　1013 静 고요할 정 [せい/じょう]	

2113

請

중학 \| N1급 \| 1082위

|비교|

· こう:
1235 乞 vs 2113 請

· うける:
0562 受 vs 2113 請

아직 파릇파릇(青)한 청년 부하가 상사에게 말(言)을 올려 허가를 요청하니

바랄 청·(요)청할 청

15획 請 請 請 請 請 請 請 請 請 請 請 請 請 請 請

음독	せい 2순위	請求 청구 (せいきゅう)　　請願 청원 (せいがん) 申請 신청 (しんせい)　　要請 요청 (ようせい)
	예외	普請 (ふしん) 〈건축/토목〉 공사 → 安普請 (やす・ぶしん) 날림 공사 　　川普請 (かわ・ぶしん) 하천 공사
훈독	[こ]う	請(こ)う (사무/행정상의 결재나 허가 등을) 올리다, (신)청하다 cf) 乞(こ)う 빌다, 구걸하다, 간절히 바라다
	[う]ける	請(う)ける ⓐ (돈을 치르고) 찾다 ⓑ 도급맡다, 인수하다 → 請(う)け人(にん) 보증인 　　請(う)け出(だ)す (저당 잡힌 것을) 되찾다 　　請(う)け負(お)う 청부 맡다　請負(うけおい) 청부, 도급
	예외	▼強請(ねだ)る 조르다　→ お強請(ねだ)り 조름, 치근거림

1020 契	맺을 계·계약 계	중학 | N1 | 1266위
해설	회사의 주인(龶)이 단칼(刀)에 큰(大) 결심을 하여 계약을 맺는 모습이니	
음독	[けい] 契約 계약 (けいやく)　　契機 계기 (けいき)	
파생	1021 潔 깨끗할 결 [けつ]	

喫

중학 | N2급 | 1562위

계약(契)을 할 때는 항상 입(口)으로 차도 마시고 공기도 들이마시곤 하죠?

마실 끽

12획 喫 喫 喫 喫 喫 喫 喫 喫 喫 喫 喫 喫

| 음독 | きつ | 4순위 | *喫煙 끽연흡연 (きつえん) | 満喫 만끽 (まんきつ) |
| | | | *喫茶店 끽다점찻집 (きっさてん) | |

㉟ 巨: 아주 클 거 ▶ 巨 拒 距

2115

巨

중학 | N2급 | 864위

한 손(匚)이 다른 손(コ)을 완전히 덮을 만큼 아주 크니

아주 클 거

5획 巨 巨 巨 巨 巨

음독	きょ	1순위	巨大 거대 (きょだい)	巨人 거인 (きょじん)
			巨星 거성 (きょせい)	巨木 거목 (きょぼく)
			巨額 거액 (きょがく)	巨乳 거유 (きょにゅう)

2116

拒

중학 | N1급 | 1410위

손(扌)을 크게(巨) 좌우로 휘두르며 상대가 오는 것을 막고 거부하니

막을 거 · 거부할 거

8획 拒 拒 拒 拒 拒 拒 拒 拒

음독	きょ	4순위	拒否 거부 (きょひ)	拒食症 거식증 (きょしょくしょう)
			拒絶 거절 (きょぜつ)	
훈독	[こば]む		拒(こば)む ⓐ 거부하다, 거절하다 ⓑ 저지하다, 막다	

2117

距

중학 | N1급 | 1219위

다리(足)를 최대한 크게(巨) 벌리고 걸으며 몇 걸음인가 헤아리며 재는 거리이니

거리 거

12획 距 距 距 距 距 距 距 距 距 距 距 距

| 음독 | きょ | 4순위 | 距離 거리 (きょり) |

|잠깐만요|
• 파생 어휘는 「距離」와 그 복합어(장+거리, 원+거리, 근+거리 등)뿐입니다.

0167 臣

 신하 신

4학년 | N2 | 746위

해설	옷소매(丨) 속에 손(匸)과 주먹(ㄱ)을 마주 잡고 서 있는 신하의 모습이니
음독	[しん] 忠臣 충신 (ちゅうしん)　　　　[じん] *大臣 장관 (だいじん)
파생	1038 臨 직면할 림 · 임시 림 [りん]

2118 臤

● 부수자

왕의 폭언을 들은 신하(臣)가 화를 참으며 소매 속에서
주먹(又)을 굳게 움켜쥔 모습이니

굳게 움켜쥘 간

9획 臤 臤 臤 臤 臤 臤 臤 臤 臤

2119 堅

중학 | N1급 | 1513위

굳게 움켜쥔(臤) 흙(土)을 단단하게 뭉쳐서 견고하게 만드니

단단할 견 · 견고할 견

12획 堅 堅 堅 堅 堅 堅 堅 堅 堅 堅 堅 堅

| 음독 | けん 2순위 | 堅固 견고 (けんご)　　　　堅実 견실 (けんじつ)
堅果類 견과류 (けんかるい)　中堅 중견 (ちゅうけん) |
| 훈독 | [かた]い | 堅(かた)い ⓐ 단단하다　ⓑ 확실하다, 흔들림 없다
　　　　　　ⓒ 고지식하다, 엄하다
→ 堅物(かたぶつ) 고지식하고 융통성이 없는 사람 |

| 비교 |
· かたい :
0498 固 vs 1566 硬 vs
2119 堅 vs 0244 難

| 잠깐만요 |
· 「かたい」의 한자 표기와 의미 구분
　– 固い : (결속력이 강해 흔들리거나 풀리지 않음 →) 〈일반적〉 단단하다, 굳다 ↔ ゆるい
　– 堅い : (속이 꽉 차게 굳어 실속 있고 단단함 →) 단단하다, 확실하다, 견고하다, 견실하다 ↔ もろい
　– 硬い : (단단하게 뭉쳐 완전히 딱딱해질 정도로 굳음 →) 딱딱하다, 경직되다 ↔ やわらかい
　– 難い : (단단히 꼬여 행하기 어렵다 →) 어렵다, 힘들다(주로 히라가나로 표기) ↔ やすい
　* 「固い/堅い」는 명확히 구분하지 않고 혼용하여 쓰는 편이니 개념만 체크해 두세요.

2120

緊

중학 | N1급 | 1118위

굳게 움켜쥔(臤) 실(糸)을 양쪽으로 강하게 잡아당기는 듯한 팽팽한 긴장감과 긴박함이니

팽팽할 긴 · 긴박할 긴

15획 緊 緊 緊 緊 緊 緊 緊 緊 緊 緊 緊 緊 緊 緊 緊

음독	**きん** 2순위	緊張 긴장 (きんちょう)	緊迫 긴박 (きんぱく)
		緊急 긴급 (きんきゅう)	緊密 긴밀 (きんみつ)

| 잠깐만요 |
· 「 2070 繁 아주 많을 번 · 번성할 번」과의 구분에 주의하세요.

2121

賢

중학 | N2급 | 1487위

굳게 움켜쥔(臤) 돈(貝)을 결코 놓지 않고 지켜낼 수 있는 영리함과 현명함이니

머리 좋을 현 · 현명할 현

16획 賢 賢 賢 賢 賢 賢 賢 賢 賢 賢 賢 賢 賢 賢 賢 賢

음독	**けん** 1순위	賢明 현명 (けんめい)	賢者 현자 (けんじゃ)
		賢人 현인 (けんじん)	聖賢 성현 (せいけん)
		*良妻賢母 양처현모 현모양처 (りょうさい・けんぼ)	
훈독	[かしこ]い	賢(かしこ)い ⓐ 영리하다, 현명하다 ⓑ 약아빠지다	

2122

腎

중학 | 급수 외 | 2275위

굳게 움켜쥔(臤) 두 손처럼 몸(月)속 좌우에 단단하고 작게 뭉쳐 있는 콩팥/신장이니

콩팥 신 · 신장 신

13획 腎 腎 腎 腎 腎 腎 腎 腎 腎 腎 腎 腎 腎

음독	**じん** 3순위	腎臓 신장 (じんぞう)	腎不全 신부전 (じんふぜん)
		副腎 부신 (ふくじん)	

---

237 監: 눈여겨볼 감 ▶ 鑑艦濫

1039

監

중학 | 급수 외 | 589위

 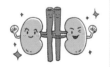

눈여겨볼 감 · 감시할 감

해설	왕이 먹기 전에 신하(臣)가 화살(ᴗ) 같은 눈초리로 한(一) 번씩 접시(皿)에 담긴 것들을 눈여겨보니
음독	[かん] 監視 감시 (かんし) 監督 감독 (かんとく)
파생	1040 覧 두루 볼 람 [らん]

鑑

중학 | N1급 | 1451위

쇠(金)를 갈고 닦아 자세히 눈여겨보며(監) 거울 삼아 보거나(본보기/귀감), 이리저리 비춰 보며 식별/감별하니

① 본보기 감 · 귀감 감 ② 식별할 감 · 감별할 감

23획	鑑 鑑

음독	かん	1순위	② 鑑賞 감상 (かんしょう)	② 鑑定 감정 (かんてい)
			② 鑑識 감식 (かんしき)	② 鑑別 감별 (かんべつ)
		4순위	① 亀鑑 귀감 (きかん)	① 印鑑 인감 (いんかん)
			① 図鑑 도감 (ずかん)	
훈독	[かんが]みる		鑑(かんが)みる 거울 삼아 비추어 보다, 감안하다	
	かがみ		▽鑑(かがみ) 모범, 귀감	

| 잠깐만요 |
• 「かがみ」(거울)는 상용 표기상 「1177 鏡 거울 경」으로 쓰는 것이 원칙입니다(시험/공문서).
  단, 관습적으로는 '모범, 귀감, 전례'의 의미를 구체적으로 표기하기 위해 선택적으로 「鑑」을 쓰기도
  합니다.
  예 鏡(かがみ)を見(み)る 거울을 보다　　　英雄(えいゆう)の鑑(かがみ)である 영웅의 귀감이다

艦

중학 | N1급 | 1096위

배(舟) 중에서도 대포와 화약을 실었기에 항상 관리 감독(監)하면서 영해를 감시(監)해야 하는 군함/함선이니

군함 함 · 함선 함

21획	艦 艦

음독	かん	1순위	艦船 함선 (かんせん)	艦艇 함정 (かんてい)
			軍艦 군함 (ぐんかん)	潜水艦 잠수함 (せんすいかん)

濫

중학 | N1급 | 2617위

물(氵)을 매년 감시 감독(監)하는 이유는 비가 많이 오면 흘러넘쳐서 범람하기 때문이죠?

넘칠 람 · 범람할 람

18획	濫 濫 濫 濫 濫 濫 濫 濫 濫 濫 濫 濫 濫 濫 濫 濫 濫 濫

음독	らん	3순위	濫用 남용 (らんよう)	濫獲 남획 (らんかく)
			濫発 남발 (らんぱつ)	氾濫 범람 (はんらん)

| 잠깐만요 |
• 음독으로 읽는 단어 중 다수는 「0495 乱 어지러울 란」과 혼용해 사용됩니다. 이는 1946년 지정된
  「当用漢字」(당용한자)에 「濫」 자가 포함되지 않았기에 대체 글자로 「乱」을 사용했기 때문입니다.
  예 범람: 氾濫○ | 氾乱× 　남용: 濫用○ | 乱用○ 　남발: 濫発○ | 乱発○
  　남획: 濫獲○ | 乱獲○

2126 藍

풀(艹)을 감시 감독(監)하여 고급품으로 가꾸면 나오는 짙푸른 남색이니

짙푸를 람 · 남색 람

18획 藍藍藍藍藍藍藍藍藍藍藍藍藍藍藍藍藍藍

중학 | N1급 | 1817위

음독	らん	3순위	藍青 남청 (らんせい)	*出藍 출람청출어람 (しゅつらん)
훈독	あい		藍(あい) 짙푸른 색, 남색 → 藍色(あいいろ) 남색 青(あお)は藍(あい)より出(い)でて藍(あい)より青(あお)し (파랑은 남색에서 나와 쪽빛보다 푸르다 → 청출어람)	

---

238 司 : 맡을 사 ▶ 覗 伺 嗣

1041 司

① 맡을 사 ② 벼슬 사

4학년 | N1 | 559위

해설	명령에 허리 숙이고(コ) '네'라는 한마디(一)만 입(口)에 담고 일을 맡아야 하는 벼슬이니 コ: 허리 숙인 모습
음독	[し] 司会 사회 (しかい) 　　 上司 상사 (じょうし)
파생	1042 詞 말 사 [し] 　　 1043 飼 기를 사 [し]

2127 覗

벼슬아치가 맡은(司) 지역의 범죄 현황을 보기(見) 위해 문틈으로 안을 엿보니

엿볼 사

12획 覗覗覗覗覗覗覗覗覗覗覗覗

학년 외

훈독	[のぞ]く	覗(のぞ)く 엿보다, 틈으로 보다 → 覗(のぞ)き 엿봄, 들여다봄 覗(のぞ)き見(み)る 몰래 엿보다, 훔쳐보다

2128 伺

높은 사람(亻)의 수발을 맡으면(司) 매일 방문하여 문안을 여쭈니

여쭐 사 · 방문할 사

7획 伺伺伺伺伺伺伺

중학 | N2급 | 2018위

음독	し	4순위	*伺候 사후 (しこう) 문안을 드림	*奉伺 봉사 (ほうし) 문안을 여쭘
훈독	[うかが]う		伺(うかが)う 〈겸양어〉 ⓐ 듣다 ⓑ 묻다 ⓒ 방문하다	

2129

말(口)과 문서(冊)로 뒤를 맡아(司) 이어가라고 후계를 정하니　　　**0136** 冊: 책 책

이을 사 · 후계 사

13획 嗣 嗣 嗣 嗣 嗣 嗣 嗣 嗣 嗣 嗣 嗣 嗣 嗣

| 음독 | し | 3순위 | 後嗣 후사 후계자 (こうし) | *嗣子 사자 (しし) 후대를 이을 아들 |

중학 | N1급 | 2081위

---

239 為: 행할 위 ▶ 為 偽

2130

땀(丶)을 흘리며 스스로를 채찍질(丿)하면서 몇 번이고 허리를 숙이고(フフフ) 발등에 불(灬)이라도 붙은 것처럼 무언가를 행하는 모습이니　　丿: 삐침 별　フ: (무언가의) 등허리 모양　灬: 불 화

행할 위 · 행위 위

9획 為 為 為 為 為 為 為 為 為

| 음독 | い | 3순위 | 行為 행위 (こうい)　　作為的 작위적 (さくいてき)
人為的 인위적 (じんいてき) |

중학 | N1급 | 791위

2131

인(亻)위적으로 무언가를 행함(為)은 남을 속이기 위한 거짓/허위이니

거짓 위 · 허위 위

11획 偽 偽 偽 偽 偽 偽 偽 偽 偽 偽 偽

| 음독 | ぎ | 1순위 | 偽造 위조 (ぎぞう)　　　偽善 위선 (ぎぜん)
偽証 위증 (ぎしょう)　　偽装 위장 (ぎそう)
虚偽 허위 (きょぎ)　　　真偽 진위 (しんぎ) |

| 훈독 | にせ~ | 偽(にせ) [+(の)+명사] 가짜의~, 모조의~
→ 偽物 (にせもの) 가품, 위조품　　偽札 (にせさつ) 위조지폐 |
| | [いつわ]る | 偽(いつわ)る 거짓말하다, 속이다　→ 偽(いつわ)り 거짓, 허구
嘘偽(うそ・いつわ)りない 거짓이 없다, 속이는 일 없다 |

중학 | N1급 | 1327위

37

'신과 종복'의 파생 [24자]

240 示: 보일 시·신 시 ▶ 款 隷 擦 踪 崇

0097 示 / ネ		① 보일 시·보여 줄 시 ② 신 시	5학년	N2	428위

해설	신에게 보이도록 제물을 올리는 제단의 모습이니
음독	[じ] 暗示 암시 (あんじ)　　　　　[し] 示唆 시사 (しさ)
파생	0472 視 볼 시 [し]　　1049 礼 예절 례 [れい/らい]　　1050 社 모일 사 [しゃ] 1052 神 신 신 [しん/じん]　　0254 禁 금할 금 [きん]　　0802 票 표 표 [ひょう] 0803 標 목표 표 [ひょう]　　1053 奈 나락 나 [な]

2132

款

중학 | N1급 | 2884위

주인인 선비(士)에게 보여 주기(示) 위해 모자란(欠) 부분이 없도록 업무에 관한 설명을 항목별로 정리해 두니
0647 欠: 모자랄 결·없을 결

항목 관

12획	款 款 款 款 款 款 款 款 款 款 款 款
음독	かん　4순위	約款 약관 (やっかん)　　定款 정관 (ていかん) 借款 차관 (しゃっかん)

2133

隷

중학 | N1급 | 2141위

주인인 선비(士)에게 보여 주기(示) 위해 손(크)에 항상 물(氺) 마를 날 없이 일하고 받드는 노예이니
0168 士: 선비 사　크: 오른손 계

노예 례

16획	隷 隷 隷 隷 隷 隷 隷 隷 隷 隷 隷 隷 隷 隷 隷 隷
음독	れい　4순위	隷属 예속 (れいぞく)　　奴隷 노예 (どれい)

1055 祭	축제 제 · 제사 제		3학년	N2	1110위

해설	달(月)을 향해 손(又)을 들어 올리며 신(示)께 감사를 전하는 축제/제사이니
음독	[さい] 祭祀 제사(さいし)　　文化祭 문화제(ぶんかさい)
파생	1056 際 사귈 제 · 언저리 제[さい]　1057 察 살필 찰[さつ]

1057 察	살필 찰	4학년	N2	515위

해설	집(宀)에서 제사(祭)를 지낼 때는 여러 가지를 잘 살피니
음독	[さつ] 観察 관찰(かんさつ)　　考察 고찰(こうさつ)

2134 擦

중학 | N1급 | 1795위

|비교|
· する :
2134 擦 vs 1276 摩 vs
1277 磨 vs 0606 刷 vs
상용 외 擂 vs 상용 외 擦 vs
상용 외 摺

주위를 살피는(察) 눈동자처럼 손(扌)을 좌우로 마구 문지르며 비비니

문지를 찰 · 마찰 찰

17획

음독	さつ	4순위	擦過傷 찰과상(さっかしょう)　　摩擦 마찰(まさつ)
훈독	[す]る		擦(す)る ⓐ (힘주어) 문지르다, 비비다　ⓑ (내기/도박 등으로) 탕진하다 → 垢擦(あか・す)り 때밀이　擦(す)り傷(きず) 생채기, 찰과상　擦(す)り抜(ぬ)ける 틈새로 빠져나가다, 용케 피하다
	[す]れる		擦(す)れる ⓐ 스치다 = 掠(かす)る　ⓑ (사람이) 닳고 닳다 → 擦(す)れ違(ちが)う 스치듯 엇갈려 지나가다　世間擦(せけん・ず)れ 세상에 닳음
	[こす]る		▽擦(こす)る 문지르다, 비비다 → 擦(こす)りつける ⓐ 힘주어 문지르다, 기대어 비비다　ⓑ (죄/책임을) 남에게 덮어씌우다
	[なす]る		▽擦(なす)る ⓐ (손가락 따위로) 문지르듯 바르다, 칠하다　ⓑ (죄/책임을) 남에게 덮어씌우다, 전가하다 → 擦(なす)りつける ⓐ 칠하다, 문질러 바르다　ⓑ (죄/책임을) 남에게 덮어씌우다

|잠깐만요|

· 「する」의 한자 표기와 의미 구분
  – 擦る: 무언가로 눌러 비벼 마찰시키는 것　예 バンパーを擦(す)る 범퍼를 긁다
  – ▽磨る: 물건의 한 면에 닿게 해서 반복해서 갈거나 연마하는 것　예 墨(すみ)を磨(す)る 먹을 갈다
  – ▽擂る: 절구 등의 도구로 대상을 찍어 누르듯 비벼서 갈다　예 胡麻(ごま)を擂(す)る 깨를 갈다
  – ▽摺る: 손/발을 비비다　예 手(て)を摺(す)る 손을 비비다
  – 刷る: 문질러서 찍어내다 = 인쇄하다
  – ▽掏る: 스쳐가며 남의 물건을 빼내다, 소매치기하다
  *「磨る·擂る·摺る·掏る」는 상용 외 표기로 시험/공문서에서는 「擦る」로 대체 표기하거나 「する」로 표기돼요

1054 宗	종가 종 · 종교 종		6학년 | N1 | 540위
해설	집(宀)에서 신(示)을 모시는 것은 어느 종교든 종가의 일이니		
음독	[しゅう] 宗教 종교 (しゅうきょう)		[そう] 宗家 종가 (そうけ)

2135

踪

중학 \| 급수 외 \| 2336위

많은 이들이 끊임없이 종교(宗) 건물로 발걸음(⻊)을 옮기며 남기는 발자국에서 그들의 자취와 종적을 알 수 있으니

자취 종 · 종적 종

15획 踪 踪 踪 踪 踪 踪 踪 踪 踪 踪 踪 踪 踪 踪 踪

음독	そう	[4순위]	踪跡 종적 (そうせき)	失踪 실종 (しっそう)

잠깐만요
- 「踪跡」은 한문 투로 현대에는 사용 빈도가 낮으니 참고만 하세요.

2136

崇

중학 \| N1급 \| 1438위

산(山)에 있는 종교(宗)적 건물이나 조각상은 높디 높은 곳에 위치하여 모두가 우러러 받들며 숭배하니

높을 숭 · 숭배할 숭

11획 崇 崇 崇 崇 崇 崇 崇 崇 崇 崇 崇

음독	すう	[4순위]	崇拝 숭배 (すうはい)	崇高 숭고 (すうこう)
훈독	[あが]める		▽崇(あが)める 우러러 받들다, 숭상하다	

---

241 且: 거듭 차 ▶ 租粗阻狙宜

1058 且	또 차 · 거듭 차	제부수
해설	접시(一) 위에 쌓여 있는 음식(目)의 모습으로 또 더해진 것을 나타내니	
파생	1059 組 짤 조 [そ] 1060 祖 조상 조 [そ] 1061 助 도울 조 [じょ] 1062 査 살필 사 [さ]	

租

중학 | N1급 | 2381위

국고에 벼(禾)를 쌓아 두고자 매년 거듭(且)해서 징수해 가는 세금이니

세금 조 · 조세 조

10획 租租租租租租租租租租

음독	そ	3순위	*租借 조차 (そしゃく)　　　　　 租税 조세 (ぞぜい) *公租公課 공조공과 (こうそ・こうか)

| 잠깐만요 |
- 세금 관련 용어는 대부분 「税 세금 세」가 차지하고, 「租」는 일부 용어에만 사용돼요.
- 「租借」는 '합의를 통해 다른 나라 영토의 일부를 일정 기간 통치하는 것'을 말해요.
- 「公租公課」는 '정부나 지방기관이 경비 충당을 위해 강제적으로 징수하는 세금'을 뜻해요.

粗

중학 | N1급 | 1709위

| 비교 |
- 아라이 :
  1527 荒 vs 2138 粗

쌀(米)알을 거듭(且)해서 쌓아 본들 결과물은 허술하고 조잡하죠?

허술할 조 · 조잡할 조

11획 粗粗粗粗粗粗粗粗粗粗粗

음독	そ	1순위	*粗末 조말·허술함 (そまつ)　　　　 粗悪 조악 (そあく) *骨粗鬆症 골조송증·골다공증 (こつそ・しょうしょう) *粗大 (そだい)ごみ 대형 쓰레기
훈독	あら		粗(あら) (사람/사건의) 흠, 결점 → 粗捜(あら・さが)し 흠 들추기, 흠 찾기
	あら〜		粗(あら) [+명사] ⓐ 세밀치 못한~, 조잡한~　ⓑ 작업 전의~ → 粗筋(あらすじ) 대충의 줄거리, 개요 　　粗板(あらいた) 대패질 안 한 널판　粗方(あらかた) 대강
	[あら]い		粗(あら)い ⓐ 조잡하다 　　　　　　 ⓑ (알이) 굵다, (밀도가) 성기다, (표면이) 꺼칠꺼칠하다

| 잠깐만요 |
- 보통 '거칠 조'로 제시되는데, 사실상 '거친 느낌'보다는 '세밀하지 못하여 조잡하고 허술한 모양새 → ⓐ 세밀하지 못함 ⓑ 대략적이고 큼직큼직함 ⓒ 표면이 촘촘하지 못해 거침'의 느낌입니다.
- '아라이'의 한자 표기와 의미 구분
  - 粗(あら)い: (구조가 섬세하지 못하다 →) 조잡하다, 알이 굵다, 밀도가 성기다, 표면이 꺼칠하다
    ⓔ 粗い手触(てざわ)り 꺼칠꺼칠한 감촉　　粗い計画(けいかく) 대략적인 계획
    　網目(あみめ)が粗い 그물망이 성기다
  - 荒(あら)い: (기세가 거칠다 →) 난폭하다, 섬세하지 못하다
    ⓔ 荒い波風(なみかぜ) 거친 풍파　　　　息(いき)が荒い 숨이 거칠다
    　金遣(かねづか)いが荒い 돈 씀씀이가 헤프다

2139

阻

중학 | N1급 | 1867위

언덕(阝) 같은 장애물이 거듭(且)해서 솟구쳐 올라 이동을 막아 방해하고 저지하니

막힐 조 · 저지할 조

8획 阻 阻 阻 阻 阻 阻 阻 阻

음독	そ	3순위	*阻止 조지 저지 (そし)	*阻害 조해 저해 (そがい)
			*悪阻 오조 입덧 (おそ)	
훈독	[はば]む		阻(はば)む 방해하다, 저지하다, 막다	
	예외		悪阻(つわり) 입덧	

| 잠깐만요 |
• 悪阻는 おそ보다 つわり로 읽는 것이 일반적입니다.

2140

狙

중학 | N1급 | 1126위

사냥개(犭)는 거듭(且) 숨죽이며 대기하다 저격하듯 목표를 겨냥해 단숨에 공격하죠?

겨냥할 저 · 저격할 저

8획 狙 狙 狙 狙 狙 狙 狙 狙

음독	そ	4순위	狙撃 저격 (そげき)
훈독	[ねら]う		狙(ねら)う ⓐ 겨누다, 겨냥하다 ⓑ 노리다
			→ 狙(ねら)い ⓐ 겨눔, 겨냥 ⓑ 표적, 목적
			狙(ねら)い撃(う)ち 저격
			狙(ねら)い通(どお)り 노리는 바대로

2141

宜

중학 | N1급 | 2012위

집(宀) 중에서 거듭(且)해서 높게 쌓아 올린 고층 건물은 현대 사회에 적당한 편의성을 가진 주택이라 봐도 마땅하죠?

宀 : 지붕 면 · 집 면

마땅할 의 · 적당할 의

8획 宜 宜 宜 宜 宜 宜 宜 宜

음독	ぎ	3순위	時宜 시의 (じぎ)	*適宜 적의적당 (てきぎ)
			便宜 편의 (べんぎ)	
훈독	[よろ]しい		▼宜(よろ)しい 좋다, 나쁘지 않다, 괜찮다 (よい의 격식 차린 말)	

| 잠깐만요 |
• 높게 쌓아 올린 아파트는 현대 사회에 편의성을 가진 시의적절한 주택이죠?

1072 兆	① 징조 조 ② 조 조		4학년	N2	1325위
해설	점치는 사람(儿)이 사방으로 쌀알(丷丶)을 던져 점을 쳐 징조를 보니		
음독	[ちょう] 前兆 전조 (ぜんちょう) 億兆 억조 (おくちょう)		

2142

중학 | N1급 | 1084위

뭔가 일어날 조짐(兆)이 있는지 먼 곳에서 눈길(目)을 주며 차분히 바라보니

바라볼 조 · 조망할 조

11획 眺 眺 眺 眺 眺 眺 眺 眺 眺 眺 眺

음독	ちょう [4순위]	眺望 조망 (ちょうぼう)
훈독	[なが]める	眺(なが)める ⓐ 조망하다, 멀리 보다 ⓑ 응시하다 ⓒ 방관하다 → 眺(なが)め ⓐ 바라봄 ⓑ 경치, 풍경, 전망, 조망

| 잠깐만요 |
• 「眺」는 단순히 보는 것이 아니라 '높은 곳에서 멀리 바라본다'는 뜻이에요.

2143

중학 | N1급 | 1269위

뭔가 조짐(兆)이 있는 곳에 손(扌)을 대며 도전하니

도전할 도

9획 挑 挑 挑 挑 挑 挑 挑 挑 挑

음독	ちょう [4순위]	挑戦 도전 (ちょうせん) 挑発 도발 (ちょうはつ)
훈독	[いど]む	挑(いど)む 도전하다

2144

桃

중학 | N1급 | 1628위

길흉화복의 조짐(兆)을 점치는 데 쓰던 복숭아 나무(木)이니

복숭아 도

10획 桃 桃 桃 桃 桃 桃 桃 桃 桃 桃

음독	とう [4순위]	桃源郷 도원향이상향 (とうげんきょう) 黄桃 황도 (おうとう) 扁桃腺 편도선 (へんとうせん)
훈독	もも	桃(もも) 복숭아 (나무) → 桃色(ももいろ) 분홍색

| 잠깐만요 |
• 「桃色(ももいろ)」는 '분홍색'만이 아니라 '남녀의 불건전한 연애나 정사'를 의미하기도 해요.
  예 桃色(ももいろ)スキャンダル (불건전한) 연애 스캔들

跳

중학 | N1급 | 1608위

무너질 조짐(兆)이 있는 바닥을 피하기 위해 발(足)로 바닥을 박차고 펄쩍 뛰어오르니

뛰어오를 도 · 도약할 도

13획 跳 跳 跳 跳 跳 跳 跳 跳 跳 跳 跳 跳 跳

음독	ちょう [4순위]	跳躍 도약 (ちょうやく)	跳馬 도마뜀틀 (ちょうば)
훈독	[と]ぶ	跳(と)ぶ (높게) 뛰다, (~을) 뛰어넘다, (~을) 건너뛰다, (값이) 뛰다	
	[は]ねる	跳(は)ねる ⓐ 뛰어오르다 ⓑ (액체 등이) 튀다, 튀어오르다 → 跳(は)ね返(かえ)す (힘차게 본상태로 되돌리다 →) ⓐ 되튀다 ⓑ 만회하다 ⓒ 단호히 거부하다	

| 잠깐만요 |
• 跳(と)ぶ: 높이 뛰어올라 공중을 이동하는 것(jump) → 높게 뛰다, 뛰어넘다
• 跳(はね)る: 힘차게 땅을 박차고 상승하는 것(bound) → 튀어오르다, 뛰어오르다

逃

중학 | N3급 | 614위

뭔가 일어날 조짐(兆)을 눈치채고 위험을 피하기 위해 뛰어가며(辶) 도망치니

辶: 뛸 착 · 쉬어 갈 착

도망칠 도 · 도주할 도

9획 逃 逃 逃 逃 兆 兆 逃 逃 逃

음독	とう [4순위]	逃亡 도망 (とうぼう)　　　逃避 도피 (とうひ) 逃走 도주 (とうそう)	
훈독	[に]げる	逃(に)げる ⓐ 도망치다 ⓑ 회피하다 ⓒ 앞서 나간 채 이기다 → 逃(に)げ回(まわ)る 여기저기 도망다니다 　逃(に)げ切(き)る 따라잡히지 않고 따돌리다 　食(く)い逃(に)げ 먹튀	
	[に]がす	逃(に)がす ⓐ 놓아 주다 ⓑ 놓치다	
	[のが]れる	逃(のが)れる (~로부터) 면하다, 벗어나다 → 言(い)い逃(のが)れる 변명하여 발뺌하다	
	[のが]す	逃(のが)す ⓐ 놓치다 ⓑ [동사 연용형+] ~할 기회가 있었으나 놓치고 말다 → 見逃(み・のが)す ⓐ 못 보고 말다 ⓑ 묵인하다 　聞(き)き逃(のが)す 못 듣고 말다	

| 잠깐만요 |
• 逃(に)げる: 주어가 주체적으로 도망/회피하는 것, 이미 잡힌 상태에서 도망가는 것
　例 小鳥(ことり)が籠(かご)から逃(に)げる 작은 새가 새장에서 도망가다 [逃れる×]
• 逃(のが)れる: 어떠한 상황/대상/책임 등으로부터 도망/회피/면하게 되는 것
　例 責任(せきにん)を逃(のが)れる 책임을 면하다 [逃げる×]

1073 非	① 아닐 비　② 나무랄 비·비난할 비		5학년 | N2 | 603위
해설	비대칭인 갈비뼈(非)를 보고 정상이 아니라고 비난함을 나타내니		
음독	[ひ]　非常識 비상식 (ひじょうしき)　　非難 비난 (ひなん)		
파생	1074 悲 슬플 비 [ひ]　1075 俳 배우 배 [はい]　1076 罪 죄 죄 [ざい]		

2147

중학 \| N1급 \| 1332위

손(扌)을 뻗어 아니라고(非) 손사래치며 밖으로 밀쳐내니

밀칠 배·배출할 배

11획　排 排 排 排 排 排 排 排 排 排 排

음독	はい [1순위]	排出 배출 (はいしゅつ)　排除 배제 (はいじょ) 排泄 배설 (はいせつ)　排斥 배척 (はいせき) 排球 배구 (はいきゅう)　排水溝 배수구 (はいすいこう)

2148

중학 \| N1급 \| 1279위

한꺼번에 타면 수레(車)가 삐뚤어질(非) 정도로 여럿이 뭉쳐 다니는 하나의 무리이니

무리 배

15획　輩 輩 輩 輩 輩 輩 輩 輩 輩 輩 輩 輩 輩 輩 輩

음독	はい [2순위]	輩出 배출 (はいしゅつ)　後輩 후배 (こうはい) 先輩 선배 (せんぱい)　*若輩 약배풋내기 (じゃくはい)
훈독	やから	▼輩(やから) 패거리, 불량배, 족속들 ＝連中(れんちゅう)

| 잠깐만요 |

• '배출'의 의미 구분
　– 輩出(はいしゅつ): 인재가 연달아 나옴　vs　排出(はいしゅつ): 불필요한 물질을 밀어서 내보냄

1069

北／业

① 북쪽 북 ② 패배 배

2학년 | N4 | 232위

해설	서로 등을 맞대고 묶인(北) 패배자들은 북쪽으로 유배 가니
음독	[ほく] 北部 북부 (ほくぶ)　　敗北 패배 (はいぼく)
파생	**1070** 背 등 배 · 배신할 배 [はい]

2149 ● 부수자

業

바람에 사락거리는 북쪽(业)의 바싹 마른 풀잎(丷) 소리처럼 사내(夫)는 행동도 목소리도 커서 소란스럽고 시끄러우니

(艹→) 丷: 풀 초

소란스러울 복 · 시끄러울 복

12획 業 業 業 業 業 業 業 業 業 業 業 業

2150

僕

중학 | N1급 | 454위

온갖 시끄러운(業) 잡일을 도맡아 처리하는 사람(亻)은 종/하인이니

종 복 · 하인 복

14획 僕 僕 僕 僕 僕 僕 僕 僕 僕 僕 僕 僕 僕 僕

음독	ぼく 〔3순위〕	*僕 복나 (ぼく)　　*下僕 하복 하인 (げぼく) 老僕 노복 늙은 사내종 (ろうぼく)

| 잠깐만요 |

• 「僕(ぼく)」가 남성의 1인칭 대명사로 사용된 것은 에도 말기부터 메이지 시대 무렵이에요. 남성이 '나'를 겸손하게 지칭하기 위해 '종'을 의미하는 한자를 따와서 쓴 거죠. 또한 본래 천황 등 높은 지배자를 지칭하던 「君(きみ)」가 일반 서민들을 지칭하는 2인칭 대명사로 쓰이기 시작한 것도 이때부터 랍니다.

2151

撲

중학 | N1급 | 1640위

손(扌)으로 시끄러울(業) 정도로 강하게 두드리니

두드릴 박 · 타박 박

15획 撲 撲 撲 撲 撲 撲 撲 撲 撲 撲 撲 撲 撲 撲 撲

음독	ぼく 〔4순위〕	撲滅 박멸 (ぼくめつ)　　打撲 타박 (だぼく)
	예외	相撲 (すもう) 스모

1071 並	**나란할 병 · 병렬 병**		6학년 | N2 | 675위
해설	패배자들이 머리가 풀(丷)처럼 산발이 된 채 북쪽(业)으로 유배되어 나란히 실려 가는 모습이니		
음독	[へい] 並行 병행 (へいこう) 並列 병렬 (へいれつ)		

2152

사람들이 나란히(並) 서서 큰 소리로 말하자(曰) 그 소식이 널리 퍼져 두루 미치니

널리 보 · 두루 미칠 보

12획 普 普 普 普 普 普 普 普 普 普 普

중학 \| N2급 \| 771위

음독	**ふ**	3순위	普通 보통 (ふつう)	*普段 보단평소 (ふだん)
			普遍 보편 (ふへん)	普及 보급 (ふきゅう)

2153

말(言)로 전하기에는 너무 양이 많아 추상적으로 넓게 퍼진(並) 내용을 보기 쉽게 정리한 악보/계보이니

계보 보 · 악보 보

19획 譜 譜 譜 譜 譜 譜 譜 譜 譜 譜 譜 譜 譜 譜 譜 譜 譜 譜 譜

중학 \| N1급 \| 1894위

음독	**ふ**	2순위	譜面 보면악보 (ふめん)	棋譜 기보 (きふ)
			楽譜 악보 (がくふ)	系譜 계보 (けいふ)

| 잠깐만요 |

- 「譜」는 악보/기보/계보와 같이 '일련의 흐름을 알기 쉽게 정리한 것'입니다.
- '화보'는 「画報(がほう)」로 한자가 다릅니다. 또 일본에서는 '화보집'을 「画報集」라 하지 않고 「写真集(しゃしんしゅう)」(사진집)라고 하니 참고하세요.
- '장부'는 「 1986 簿 장부 부」를 쓰니 주의하세요. 예 家計簿(かけいぼ) 가계부

1066 皆	모두 다 개		중학 | N2 | 1139위
해설	모두가 다 둘을 비교하면서(比) 흰(白)소리만 해대는 모습이니		
음독	[かい] 皆勤 개근 (かいきん)	*皆無 전무 (かいむ)	
파생	1067 階 계단 계 [かい]		

2154

諧

중학 \| 급수 외 \| 2875위

한마디 말(言)로 모두가 다(皆) 웃을 수 있도록 던지는 해학 섞인 농담이니

농담할 해 · 해학 해

16획	諧 諧 諧 諧 諧 諧 諧 諧 諧 諧 諧 諧 諧 諧 諧
음독	かい 〔4순위〕 諧謔 해학 (かいぎゃく) *俳諧 배해 (はいかい) 하이쿠 연가의 총칭

|잠깐만요|

• 보통 '조화롭다/어울리다'의 의미로 제시되는 한자지만, 일본에서는 위에 제시된 두 단어 외에는 거의 사용되지 않아요. 그래서 처음부터 해학/농담으로 외우길 추천드려요.

2155

楷

중학 \| 급수 외 \| 순위 외

나무(木) 현판에 모두가 다(皆) 본보기로 삼으며 볼 수 있도록 글자 한 획 한 획이 꼿꼿하고 분명한 해서체로 써 두니

본보기 해 · 해서체 해

13획	楷 楷 楷 楷 楷 楷 楷 楷 楷 楷 楷
음독	かい 〔4순위〕 楷書 해서 (かいしょ) 楷書体 해서체 (かいしょたい)

(정답은 570쪽에)

1 빈칸에 들어갈 한자로 적절한 것을 고르시오.

1. ___然 (우연)　　ⓐ 偶　　ⓑ 隅　　ⓒ 遇
2. 由___ (유서)　　ⓐ 諸　　ⓑ 緒　　ⓒ 賭
3. ___楽 (열락)　　ⓐ 脱　　ⓑ 鋭　　ⓒ 悦
4. 欠___ (결여)　　ⓐ 奴　　ⓑ 妃　　ⓒ 如
5. ___傑 (준걸)　　ⓐ 夋　　ⓑ 俊　　ⓒ 唆
6. 合___ (합치)　　ⓐ 致　　ⓑ 到　　ⓒ 倒
7. ___盛 (왕성)　　ⓐ 枉　　ⓑ 狂　　ⓒ 旺
8. 要___ (요청)　　ⓐ 晴　　ⓑ 請　　ⓒ 晴
9. ___否 (거부)　　ⓐ 拒　　ⓑ 距　　ⓒ 巨
10. 亀___ (귀감)　　ⓐ 艦　　ⓑ 濫　　ⓒ 鑑
11. ___撃 (저격)　　ⓐ 阻　　ⓑ 狙　　ⓒ 粗
12. ___亡 (도망)　　ⓐ 逃　　ⓑ 跳　　ⓒ 挑

2 다음 한자의 뜻을 ( )에 적고 일본 음독을 ⓐ, ⓑ, ⓒ 중에 하나 고르시오.

1. 吟味 (　　)　　ⓐ ぎんみ　　ⓑ いんみ　　ⓒ うんみ
2. 情緒 (　　)　　ⓐ じょうしょ　　ⓑ じょうちょ　　ⓒ じょうそう
3. 如実 (　　)　　ⓐ よじつ　　ⓑ じょじつ　　ⓒ にょじつ
4. 閑寂 (　　)　　ⓐ かんじゃく　　ⓑ かんじゃく　　ⓒ かんせき
5. 惨死 (　　)　　ⓐ ざんし　　ⓑ ざんじ　　ⓒ さんじ
6. 冷徹 (　　)　　ⓐ れいてつ　　ⓑ れいせつ　　ⓒ れいけつ
7. 狂乱 (　　)　　ⓐ こうらん　　ⓑ きょうらん　　ⓒ かんらん
8. 満喫 (　　)　　ⓐ まんきく　　ⓑ まんきっつ　　ⓒ まんきつ
9. 梗塞 (　　)　　ⓐ こうそく　　ⓑ けいそく　　ⓒ きょうさく
10. 聖賢 (　　)　　ⓐ せいへん　　ⓑ せいげん　　ⓒ せいけん
11. 踪跡 (　　)　　ⓐ ぞうぜき　　ⓑ そうせき　　ⓒ ちょうせき
12. 打撲 (　　)　　ⓐ たはく　　ⓑ だばく　　ⓒ だぼく

일곱째마디

●

동작/상태 [173자]

38 '많다'의 파생 [37자]

247 九: 아홉 구 ▶ 卆 粋 醉 砕 粹

2156 ● 부수자

아홉(九) 번이고 열(十) 번이고 반복하여 끝까지 행하니

끝까지 할 수 · 많이 할 수

4획 卆 九 卆 卆

2157 粋

중학 | N1급 | 1732위

투명하고 뽀얀 쌀알(米)처럼 껍질을 끝까지(卆) 제거한 순수한 정수이니

순수할 수 · 정수 수

10획 粋 粋 粋 粋 粋 粋 粋 粋 粋 粋

음독	すい 3순위	*粋 수정수 (すい)	*抜粋 발수발췌 (ばっすい)
		純粋 순수 (じゅんすい)	*生粋 생수순수 (きっすい)
훈독	いき	粋(いき)だ ⓐ 세련되다 ⓑ 세상물정/인정을 잘 알다 ⓒ 풍류/화류에 통달하다 → 粋筋(いきすじ) 화류계
	[いき]がる	▽粋(いき)がる 자아도취하여 허세 부리다 ＝イキる

| 잠깐만요 |
「生粋」는 일반적으로 '출신'이나 '출처'가 순수함을 말합니다.

| 잠깐만요 |
• 「粋(いき)だ」는 '순수하다'가 아니라 '때/껍질을 벗다 → 촌스러움/물정 모름에서 벗어나다'로 의미가 파생돼요. 粋(すい)라고도 해요.

2158 醉

중학 | N1급 | 1628위

술(酉)을 끝까지(卆) 연거푸 마시면 취하니　　酉: 술병 유

취할 취

11획 醉 醉 醉 醉 醉 醉 醉 醉 醉 醉

음독	すい 2순위	醉客 취객 (すいきゃく)	*泥醉 이취만취 (でいすい)
		麻醉 마취 (ますい)	心醉 심취 (しんすい)
훈독	[よ]う	醉(よ)う ⓐ 취하다 ⓑ 멀미하다 → 醉(よ)い 취기 醉(よ)っ払(ぱら)う 몹시 취하다 → 醉(よ)っ払(ぱら)い 주정꾼, 취한

砕

중학 | N1급 | 1887위

돌(石)을 끝까지(卒) 거듭 때려서 깨부수니(분쇄)

깨부술 쇄 · 분쇄할 쇄

9획 砕 砕 砕 石 石 砕 砕 砕 砕

음독	さい	2순위	砕身 쇄신 (さいしん)	*玉砕 옥쇄 (ぎょくさい)
			粉砕 분쇄 (ふんさい)	破砕 파쇄 (はさい)
훈독	[くだ]く		砕(くだ)く ⓐ 부수다, 깨뜨리다 ⓑ [心/身を+] 애쓰다, 노력하다
	[くだ]ける		砕(くだ)ける 부서지다, 깨지다
			→ 砕(くだ)け散(ち)る 부서져 흩어지다

| 잠깐만요 |
• 「玉砕」는 '부서져 옥이 된다'는 뜻으로, '명예나 충절을 위하여 깨끗이 죽음'을 의미합니다.

枠

중학 | N1급 | 1584위

나무(木)로 내용물의 범위를 끝까지(卒) 제한하는 테두리/틀이니

테(두리) 화 · 틀 화

8획 枠 枠 枠 枠 枠 枠 枠 枠

| 훈독 | わく | 枠(わく) ⓐ 틀, 테두리, 테 ⓑ 범위 |
| | | → 枠組(わく・ぐ)み 틀(을 짬) 窓枠(まどわく) 창틀 |

| 잠깐만요 |
• 구역의 경계를 나누는 목책처럼 어떤 '범위'가 여기까지라고 제한하는 것이 '틀/테두리'죠?
• 일본에서 만든 한자(国字)예요. ☞ p.91 질문 있어요 참조

十/ナ: 열 십 ▶ 汁迅訊丈

汁

중학 | N1급 | 1544위

물(氵)이 나오도록 많은(十) 힘을 가해서 짠 (액)즙이니

즙 즙 · 액즙 즙

5획 汁 汁 汁 汁 汁

음독	じゅう	2순위	果汁 과즙 (かじゅう)	肉汁 육즙 (にくじゅう)
			胆汁 담즙 (たんじゅう)	液汁 액즙 (えきじゅう)
훈독	しる		汁(しる) ⓐ 즙 ⓑ 국물	→ 味噌汁(みそしる) 된장국
			汁粉(しるこ) 단팥죽	汁物(しるもの) 국, 국물 요리

공기(乁)를 많이(十) 가르면서 달려가는(辶) 빠르고 신속한 모습이니   乁: 공기 흐름 기

빠를 신 · 신속할 신

6획 迅 迅 迅 迅 迅 迅

음독	じん	4순위	迅速 신속 (じんそく) 疾風迅雷 질풍신뢰 (しっぷう・じんらい) 맹렬한 기세와 민첩한 행동

중학 | N1급 | 2200위

| 잠깐만요 |
• 「乁」는 공기의 흐름을 본뜬 부수로, 「 0358 气 기 입김 기 · 공기 기」 → 「 0359 気 공기 기」,
「 0360 汽 증기 기」와 「 0361 飛 날 비 → 구름(飞) 모양」에 들어가요.

상대의 말(言)을 끌어내기 위해 많은(十) 궁금증을 단숨(乁)에 쉴새 없이 물어대니

물을 신

10획 訊 訊 訊 訊 訊 訊 訊 訊 訊 訊

학년 외 | 급수 외 | 876위

훈독	[き]く	▽訊(き)く (모르는 것을) 묻다, 질문하다 cf) 聞(き)く 듣다　　　　　　　　▽聴(き)く 귀 기울여 듣다 利(き)く 기능하다　　　　　　　　効(き)く 효과 있다
	[たず]ねる	▽訊(たず)ねる (본인이 가진 의문점에 대해서) 묻다, 질문하다 cf) 訪(たず)ねる 방문하다　　　　尋(たず)ねる 찾다, 묻다

| 비교 |
• きく : 0776 聞 vs
 1543 聴 vs 2163 訊 vs
 0288 利 vs 0712 効

• たずねる : 0894 訪 vs
 1579 尋 vs 2163 訊

| 잠깐만요 |
• 「きく」는 「聞く」, 「たずねる」는 「尋ねる」로 쓰는 게 일반적이지만, 「訊く」 「訊ねる」로 표기하여
'묻다'의 의미를 명확히 하고자 할 때 선택적으로 써요. (시험/공문서에서는 사용×)

얼마나 많이(十 → 𠂇) 자랐는지 손을 뻗어(乀) 키를 재어 보고
몸은 튼튼한지 확인함이니   乀: 삐침 발(여기선 손을 뻗은 모양)

① 튼튼할 장　② 키(높이) 장 · 기장 장

3획 丈 丈 丈

중학 | N1급 | 1001위

음독	じょう	2순위	①*大丈夫 대장부 괜찮음 (だいじょうぶ) ①*美丈夫 미장부 미남 (びじょうふ) ② 波乱万丈 파란만장 (はらん・ばんじょう) ①*丈夫(じょうぶ)だ 튼튼하다/건강하다 ①*頑丈(がんじょう)だ 튼튼하다
훈독	たけ		丈(たけ) 기장, 길이　　　　　→ 背丈(せたけ) 키, 신장

| 잠깐만요 |
• 波乱万丈 : 파도의 물결이 만장의 높이만큼 되다 → 일의 진행에 변화가 심하여 복잡하다
• 「杖 지팡이 장」도 알아 두세요.
　▶음독: [しゃく]　錫杖 석장(しゃくじょう)　　▶훈독: [つえ]　杖(つえ) 지팡이

1077 有	있을 유 · 가질 유		3학년 | N3 | 254위
해설	많은(ナ) 고기(月)를 가지고 있는 모습이니		
음독	[ゆう] 有名 유명 (ゆうめい)	[う] 有無 유무 (うむ)	

2165

髓

중학 \| N1급 \| 1466위

뼈(骨)속에 있는(有) 엑기스가 달리듯(辶) 흐르는 것을 골수/정수라고 하니

① 골수 수 ② 정수 수

19획 髓 髓 髓 髓 髓 髓 髓 髓 髓 髓 髓 髓 髓 髓 髓 髓 髓 髓 髓

음독	ずい	2순위	① 骨髓 골수 (こつずい)	① 脊髓 척수 (せきずい)
			② 精髓 정수 (せいずい)	② 真髓 진수 (しんずい)

2166

随

중학 \| N1급 \| 2184위

언덕(阝)에 있는(有) 사람의 지시에 따라 달리며(辶) 명령을 따르니

따를 수

12획 随 随 随 随 随 随 随 随 随 随 随 随

음독	ずい	1순위	随行 수행 (ずいこう)	*随分 수분몹시 (ずいぶん)
			随伴 수반 (ずいはん)	*随意 수의마음대로 함 (ずいい)
			随筆 수필 (ずいひつ)	*随一 수일제일 (ずいいち)

| 잠깐만요 |

• 대개 언덕에서 지휘관이 지시를 내리거나 봉화로 신호를 주면 병사들은 거기에 따르죠? 또 등산객은 언덕에 위치한 표지판의 방향이나 지시를 그대로 따라 가죠?

2167

堕

중학 \| N1급 \| 2237위

언덕(阝) 위에 고고하게 매달려 있던(有) 것이 흙바닥(土)으로 떨어지니

떨어질 타

12획 堕 堕 堕 堕 堕 堕 堕 堕 堕 堕 堕 堕

음독	だ	4순위	堕落 타락 (だらく)	*堕胎 타태낙태 (だたい)
훈독	[お]ちる		▼堕(お)ちる 〈추상적〉 타락하다, 나쁜 쪽으로 빠지다	
			▼墜(お)ちる 〈한정적〉 (무거운 물체가) 추락하다 ◑ 비행기	

| 비교 |

• おちる : 1201 落 vs
1451 墜 vs 2167 堕

1078 右	오른 우		1학년	N4	341위

	해설	입(口)으로 많이(ナ) 가져가는 손은 오른손이니
	음독	[う] 右翼 우익 (うよく)　　　　[ゆう] 左右 좌우 (さゆう)

1079 若	① 젊을 약　② 약간 약	6학년	N2	310위

	해설	무성한 풀(艹)을 오른손(右)에 약간의 힘만 주어도 뽑아내는 젊음이니
	음독	[じゃく]　若干 약간 (じゃっかん) [にゃく] *老若男女 남녀노소 (ろうにゃく・なんにょ)

2168 諾

중학 | N1급 | 2120위

부모가 부탁하는 말(言)에 젊은이(若)들은 보통 허락/승낙한다고 대답하죠?

대답할 낙 · 허락할 락

15획 諾 諾 諾 諾 諾 諾 諾 諾 諾 諾 諾 諾 諾 諾 諾

음독	だく	2순위	承諾 승낙 (しょうだく)　　　許諾 허락 (きょだく) 内諾 내락 (ないだく)　　　　応諾 응낙 (おうだく) 唯々諾々 유유낙낙 (いい・だくだく) 명령하는 대로 순종함

| 잠깐만요 |
- 음독에 주의하세요. 한국에서는 승낙/허락과 같이 '낙/락'이 혼용되어 쓰입니다. 또 자칫 「らく」로 발음하기 쉬우니 학습 시 주의하세요.

2169 匿

중학 | N1급 | 2175위

젊을(若) 때는 인터넷에서 본명을 감추고(匸) 이름을 숨긴 채 글을 쓰는 일이 많죠?

匸: 감출 혜 · 덮을 혜

숨길 닉 · 은닉할 닉

10획 匿 匿 匿 匿 匿 匿 匿 匿 匿 匿

음독	とく	4순위	匿名 익명 (とくめい)　　　隠匿 은닉 (いんとく)
훈독	[かくま]う		▽匿(かくま)う 《쫓기는 이를》 몰래 감춰 주다, 은닉하다

| 잠깐만요 |
- 한국어 발음[닉]과 일본어 음독[とく]은 전혀 별개의 발음으로 보이기 때문에 학습 시 주의해야 해요.

1080	左	① 왼쪽 좌 ② 안 좋을 좌		1학년 | N4 | 384위
	해설	수많은(ナ) 뛰어난 작품을 만들어 내는(工) 예술가/기술자들은 왼손잡이가 많으니		
	음독	[さ] 左折 좌회전(させつ) 左遷 좌천(させん)		
	파생	1081 佐 도울 좌[さ]		

2170

惰

중학 \| N1급 \| 2839위

마음(忄)도 몸(月)도 안 좋은 쪽(左)으로 벌렁 드러누워 버린 게으름이니

게으를 타

12획 惰惰惰惰惰惰惰惰惰惰惰惰

음독	だ	3순위	惰性 타성(だせい)	*惰弱 타약나약(だじゃく)
			*怠惰 태타나태(たいだ)	

| 잠깐만요 |
• 옛날에는 오른쪽은 옳은 것, 왼쪽은 옳지 않은 것이라는 의식이 존재했답니다. 例 左遷(させん) 좌천

---

251 賁: 크게 부풀 분 ▶ 賁墳噴憤奔噴

2171 ● 부수자

賁

많은(十) 풀(艹)이 무성하게 자라나듯 돈(貝)이 크게 부푼 모양이니

크게 부풀 분

12획 賁賁賁賁賁賁賁賁賁賁賁賁

| 잠깐만요 |
• 풀이 쑥쑥 자라듯 돈도 굴리면 굴릴수록 부푼다고 생각해 보세요.

2172

墳

중학 \| N1급 \| 2014위

흙(土)을 아주 크게 부풀려(賁) 쌓아 올린 무덤이니

큰 무덤 분 · 분묘 분

15획 墳墳墳墳墳墳墳墳墳墳墳墳墳墳墳

음독	ふん	4순위	墳墓 분묘(ふんぼ)	古墳 고분(こふん)

2173 噴

무언가가 구멍(口)에서 크게 부풀어(賁) 뿜어져 나오니

뿜을 분·분출할 분

15획 噴 噴 噴 噴 噴 噴 噴 噴 噴 噴 噴 噴 噴 噴 噴

음독	ふん [2순위]	噴火 분화 (ふんか) 噴水 분수 (ふんすい) 噴出 분출 (ふんしゅつ) 噴射 분사 (ふんしゃ)
훈독	[ふ]く	噴(ふ)く ⓐ 뿜어 나오다, 분출하다 ⓑ 웃음을 터뜨리다 cf) 吹(ふ)く (바람/공기 등이) 불다 예 風(かぜ)が吹(ふ)く 바람이 불다 火山(かざん)が噴(ふ)く 화산이 분출하다

중학 | N1급 | 1526위

2174 憤

마음속(忄)에 꾹꾹 쌓였던 화가 크게 부풀어(賁) 터져 분노하니

분할 분·분노할 분

15획 憤 憤 憤 憤 憤 憤 憤 憤 憤 憤 憤 憤 憤 憤 憤

음독	ふん [2순위]	憤慨 분개 (ふんがい) 憤怒 분노 (ふんぬ/ふんど) 激憤 격분 (げきふん) 鬱憤 울분 (うっぷん)
훈독	[いきどお]る	憤(いきどお)る 〈문어〉 노여워하다, 분개하다

중학 | N1급 | 1801위

| 잠깐만요 |
· 「いきどおる」는 우아하고 고풍스러운 말(아어)이라 문어적으로 사용됩니다. 일반적으로는 동의어인 「怒(おこ)る・怒(いか)る」를 사용해요.

2175 ◑ 제부수 尭

많은(十) 풀(艹)들이 하나(一)의 덩어리로 쌓여 사람(儿)보다 높으니

① 높을 요 (② 요임금 요)

8획 尭 尭 尭 尭 尭 尭 尭 尭

음독	ぎょう [4순위]	尭舜 요순 (ぎょうしゅん) 중국 고대의 성군(요임금과 순임금)

0356 焼

불사를 소

4학년 | N2 | 731위

해설	불(火)에 많은(十) 풀(艹)들이 하나(一)로 타올라 사람(儿)보다 높게 불타오르니
음독	[しょう] 焼却 소각 (しょうきゃく) *焼死 타 죽음 (しょうし)

曉

중학 | N1급 | 1915위

해(日)가 높이(尭) 떠오른 새벽이니

새벽 효

12획 曉 曉 曉 曉 曉 曉 曉 曉 曉 曉 曉 曉

음독	ぎょう [3순위]	曉星 효성 (ぎょうせい) 샛별 曉闇 효암 (ぎょうあん) 새벽 어둠 曉光 효광 (ぎょうこう) 새벽녘 하늘빛
훈독	あかつき	曉 (あかつき) ⓐ 새벽(녘) ⓑ (장래 어떤 일이 실현되는) 그날, 그때 → 曉月夜 (あかつき・づくよ) 새벽달 曉 (あかつき) の別 (わか) れ (하룻밤을 같이 지낸 남녀의) 새벽 이별

| 잠깐만요 |
- 음독 어휘는 굉장히 문어적이라 사용 빈도가 낮습니다.
- 「あかつき」가 ⓑ의 의미일 때는 「동사 た형 + 曉には~」의 형태로 쓰입니다.
  ⓔ 合格 (ごうかく) した 曉 (あかつき) には 합격하는 그날에는
- 일본어에서는 '새벽'을 구분해서 쓰기도 해요.
  – 1~5시 무렵: 夜中 (よなか), 真夜中 (まよなか)
  – 5~6시 무렵: 明 (あ) け方 (がた), 夜明 (よあ) け
  – 비유적/서정적/시적 표현: 曉 (あかつき)

---

252 廿: 스물 입 ▶ 庶遮渡

廿	스물 입	부수자
해설	열 십 자를 두(十) 개 엮어서 한(一) 덩어리가 되면 스물이니	
파생	1085 席 자리 석 [せき]　 1086 度 법도 도 [ど/と/たく]　 1087 世 세상 세 [せ/せい] 1088 葉 잎 엽 [よう]	

2177

庶

중학 | N1급 | 1775위

집 (广)에서 많은 (廿) 식구가 불 (灬) 주변에 모이는 이로리나 고타쓰는 여러 일반 서민들의 대표적 난방 기구죠?　广: 집 엄

여러 서 · 일반 서

11획 庶 庶 庶 庶 庶 庶 庶 庶 庶 庶 庶

음독	しょ [3순위]	庶民 서민 (しょみん)　　庶務課 서무과 (しょむか)

| 잠깐만요 |
- 「庶務」는 특별한 명목이 없는 여러 가지 '일반적인 사무'를 말해요.
- '이로리 (囲炉裏)'는 일본 전통 가옥 내에 설치된 바닥 화로를 말해요.

遮

중학 | N1급 | 1992위

서민(庶) 집에 있는 고타쓰는 이불로 가려서 열기가 빠져나가는(辶) 것을 차단하죠?

가릴 차 · 차단할 차

14획 遮 遮 遮 庶 庶 庶 庶 庶 庶 庶 庶 遮 遮 遮

음독	しゃ [3순위]	遮断 차단 (しゃだん)	遮光幕 차광막 (しゃこうまく)
		遮蔽 차폐 (しゃへい)	
훈독	[さえぎ]る	遮(さえぎ)る 가리다, 차단하다, 가로막다	

度

① 법도 도 　② 정도 도 　③ 헤아릴 탁

3학년 | N4 | 73위

| 해설 | 집(广)에서 식사할 때는 스무(廿) 가지 이상의 경우를 헤아려 손(又)을 정도껏 활용해 법도대로 먹어야 하니 |
| 음독 | [ど] 制度 제도 (せいど)　　[たく] *支度 채비 (したく)　　[と] 法度 법도 (はっと) |

渡

중학 | N3급 | 476위

사이를 가로지르는 물(氵)의 폭/깊이/물살의 정도(度)를 헤아려 건너편으로 건너니

① 건너갈 도 　② 건네줄 도 · 양도할 도

12획 渡 渡 渡 渡 渡 渡 渡 渡 渡 渡 渡 渡

음독	と [2순위]	① 渡航 도항 (とこう)	① 渡来 도래 (とらい)
		② 譲渡 양도 (じょうと)	① 過渡期 과도기 (かとき)
훈독	[わた]る	渡(わた)る ⓐ 건너다, 지나다 ⓑ 인도하다, (다른 이에게) 넘어가다 ⓒ 고루 돌아가다, 미치다
		→ 渡(わた)り鳥(どり) 철새
		綱渡(つな・わた)り 줄타기
		渡(わた)り歩(ある)く 떠돌아다니다
	[わた]す	渡(わた)す ⓐ 건네주다 ⓑ 건너가게 하다
		→ 渡(わた)し舟(ぶね) 나룻배

| 잠깐만요 |
- 「渡」는 '물을 가로질러 건너 건너편에 닿다'는 이미지이기 때문에 'ⓐ 건너가다 ⓑ 건네주다 ⓒ (두루) 미치다'라는 의미를 지녀요.

1091 甘 달 감

중학 | N2 | 1045위

해설	허끝에서 강하게 느껴지는 단맛이니
음독	[かん]　甘味料 감미료 (かんみりょう)

2180 紺

중학 | N1급 | 1981위

실(糸)에 은은한 단맛(甘)을 내는 발효된 쪽잎 물을 들여 만든 짙은 남색이니

짙은 남색 감 · 감색 감

11획　紺 紺 糸 紺 糸 紺 紺 紺 紺 紺 紺

음독	こん　3순위	*紺 감감색 (こん)　　　　　*濃紺 농감짙은 감색 (のうこん)
		紺色 감색 (こんいろ)

| 잠깐만요 |
- 우롱차의 찻잎처럼 발효시킨 검보라색에 가까운 찻잎으로 염색하면 검푸른색이 나오겠죠?
- '감색'은 남색(藍色) 계통 중 가장 어두운 색으로, 검은색을 띤 푸른색을 의미합니다.

2181 某

중학 | N1급 | 1982위

달콤한(甘) 열매가 열리는 나무(木)는 어떤 종류라도 아무나(누구나) 즐겨 찾으니

아무(개) 모 · 어떤 모

9획　某 某 某 某 某 某 某 某 某

음독	ぼう　3순위	某 모어떤~ (ぼう)　　　　某所 모처 (ぼうしょ)
		某年某月 모년모월 (ぼうねん・ぼうげつ)
예외	なにがし	▼何某/某(なにがし) ⓐ 모, 아무개 ⓑ 얼마간, 약간
		🈁 何某(なにがし)とかいう村(むら) 아무개라는 마을
		千円何某(せんえん・なにがし) 천 얼마 정도하는 돈(엔)
	それがし	▼某(それがし) ⓐ 아무개 ⓑ 〈고어/남자어〉 저, 본인, 이 사람
		🈁 友人某(ゆうじん・それがし)の話(はなし)
		친구 아무개의 이야기

| 잠깐만요 |
- 「なにがし/それがし」는 사극 등에서 사용되는 옛말이므로 참고만 하세요.

謀

중학 | N1급 | 1177위

뒤에서 말(言)을 맞추어 아무(某)도 모르게 **모의**하여 나쁜 상황에 빠지도록 **꾀**하니

꾀할 모 · 모의할 모

16획 謀 謀 謀 謀 謀 謀 謀 謀 謀 謀 謀 謀 謀 謀 謀 謀

음독	ぼう	1순위	謀議 모의 (ぼうぎ)	陰謀 음모 (いんぼう)
			無謀 무모 (むぼう)	共謀 공모 (きょうぼう)
			*首謀者 수모자주모자 (しゅぼうしゃ)	
	む	4순위	謀反 모반반역 (むほん)	
훈독	[はか]る		謀(はか)る (나쁜 일을) 꾀하다, 꾸미다	
			謀(はかりごと) 음모, 계략	

| 비교 |

· はかる:
0483 計 vs 0646 測 vs
0316 量 vs 0700 図 vs
2182 謀 vs 1737 諮

| 잠깐만요 |

· 「はかる」의 한자 표기와 의미 구분
 – 計る: (계산) ▷ ⓐ 수/수량/시간 등을 세다, 어림잡다 ⓑ 앞일을 미루어 계산하다
 – 測る: (측정) ▷ ⓐ 길이/넓이/온도/속도/온도 등을 재다 ⓑ 의도 등을 짐작하다
 – 量る: (계량) ▷ ⓐ 무게/분량/용적 등을 재다, 측량하다 ⓑ 분위기/기분을 가늠하다
 – 図る: (도모) ▷ 꾀하다, 도모하다, 노리다, 의도하다
 – 謀る: (음모) ▷ 나쁜 일을 꾸미다
 – 諮る: (자문) ▷ 의논하다, 자문하다
· 「はかる」의 대상이 계산 · 측정 · 계량 · 도모 · 음모 · 자문 중 어느 것인지를 생각하면 됩니다.
 또 「計る/測る/量る」의 ⓑ의 의미인 경우는 「計/測/量」을 크게 구분하지 않고 써요.

媒

중학 | N1급 | 1989위

어떤(某) 여자(女)와 어떤 남자를 맺어 주는 것을 **중매**라 하고, 중매처럼 중간에서 둘을 이어주는 것을 **매개**체라고 하죠?

중매할 매 · 매개 매

12획 媒 媒 媒 媒 媒 媒 媒 媒 媒 媒 媒 媒

| 음독 | ばい | 2순위 | 媒介 매개 (ばいかい) | 媒材 매재 (ばいざい) |
| | | | 媒体 매체 (ばいたい) | 触媒 촉매 (しょくばい) |

---

254 其: 그 기 ▶ 欺棋碁

1092 **其**	그 기		제부수	급수 외	1551위
해설	단(甘) 음식은 접시(六)에 혀끝만 대도 바로 그것임을 아니	
음독	[そ] 其の(その) 그 其れ(それ) 그것	
파생	1093 基 기초 기 [き] 1094 期 기간 기 [き/ご] 1095 旗 깃발 기 [き]	

언급한 그(其) 내용에 핵심/근거/진실이 모자라면(欠) 상대를 속이고 기만하는 거죠?

> 0647 欠: 모자랄 결 · 없을 결

속일 기 · 기만할 기

12획 欺 欺 欺 欺 欺 欺 欺 欺 欺 欺 欺 欺

음독	ぎ	4순위	欺瞞 기만 (ぎまん)	詐欺 사기 (さぎ)

훈독	[あざむ]く	欺(あざむ)く ⓐ 속이다 ⓑ ~라 착각하게 하다, 무색하게 하다 ⓔ 人(ひと)を欺(あざむ)く 남을 속이다 花(はな)を欺(あざむ)く美人(びじん) 꽃을 무색케 하는 미인

중학 | N1급 | 1930위

나무(木)판 위에서 전쟁에 관한 그(其) 전략을 펼쳐내는 바둑/장기이니

바둑 기

12획 棋 棋 棋 棋 棋 棋 棋 棋 棋 棋 棋 棋

음독	き	2순위	棋士 기사 (きし)	棋譜 기보 (きふ)
			棋院 기원 (きいん)	将棋 장기 (しょうぎ)

중학 | N1급 | 1622위

| 잠깐만요 |
• 「棋」는 바둑과 비슷한 형식의 게임 전반에 해당해요. 그래서 「将棋」에도 사용되죠.
　일본 장기는 '나무(木)로 만든 말'을 써요. 또 '기사'나 '기보' 등은 장기에서도 사용되는 용어죠?

전쟁에 관한 그(其) 전략을 바둑돌(石)을 통해 그대로 펼치는 바둑이니

바둑 기

13획 碁 碁 碁 碁 碁 碁 碁 碁 碁 碁 碁 碁 碁

음독	ご	2순위	碁盤 기반바둑판 (ごばん)	碁石 기석바둑돌 (ごいし)
			*囲碁 위기바둑 (いご)	*碁会所 기회소기원 (ごかいしょ)

중학 | N1급 | 1907위

| 잠깐만요 |
• 「碁」는 본래 '바둑돌'을 의미했던 것이 '바둑 그 자체'로 확장되었어요.
• 「碁」는 일부 표현에서 바둑 자체를 의미하기도 해요.
　ⓔ 碁(ご)を打(う)つ 바둑을 두다　→　碁打(ごう)ち 바둑을 둠
　碁(ご)に負(ま)けたら将棋(しょうぎ)に勝(か)て。
　(바둑에서 졌으면 장기에서 이겨라 → 어떤 일에서 실패했으면 다른 쪽에서 만회하라.)

2187

중학 | N2급 | 1577위

사람(儿)이 한 이불을 덮으며(匚) 보살피는 짝이고, 또 그렇게 돌봐 주어야 하는 작은 동물이나 벌레를 세는 단위이니

匚: 감출 혜 · 덮을 혜

① 짝 필　② 작은 동물 필

4획　匹 匹 匹 匹

음독	ひつ	[4순위]	匹敵 필적 (ひってき)	匹夫 필부 (ひっぷ)
훈독	〜ひき		匹(ひき) [서수+] (작은 동물/물고기/벌레 등) 〜마리	

2188

甚

중학 | N1급 | 1631위

달달한(甘) 사랑을 나누는 짝(匹)들의 애정 행각은 남이 보기에 몹시 심하니

몹시 심 · 극심할 심

9획　甚 甚 甚 甚 甚 甚 甚 甚 甚

음독	じん	[3순위]	甚大 심대 (じんだい)　　激甚 격심 (げきじん) *深甚 심심 (しんじん) 뜻/마음이 매우 깊음
훈독	[はなは]だ		甚(はなは)だ 몹시, 매우
	[はなは]だしい		甚(はなは)だしい 심하다, 대단하다

2189

중학 | N1급 | 1091위

나를 극심하게(甚) 위협하는 힘(力)과 직면하면 모든 상황을 생각하고 감안하여 대응하고, 때로는 육감과 직감에 따라 피해야 하니

① 생각할 감 · 감안할 감　② 직감 감 · 육감 감

11획　勘 勘 勘 勘 勘 勘 勘 勘 勘 勘 勘

음독	かん	[3순위]	①*勘弁 감변용서 (かんべん)　　① 勘案 감안 (かんあん) ①*勘定 감정계산 (かんじょう)　　①*勘当 감당의절 (かんどう)
		[4순위]	②*勘 감직감/육감 (かん)　　② 勘違(かん・ちが)い 착각 ②*土地勘 토지감 (とちかん) 그 고장 지리(지형)에 대한 지식

| 잠깐만요 |

• 「勘定」는 'ⓐ 계산 ⓑ 예산, 고려'의 의미를 지니는데, 일반적으로 사용 빈도가 높은 것은 'ⓐ 계산'의 의미입니다. 본래는 '가게 측에서 손님에게 요구하는 계산(お会計)'과 '손님이 가게 측에 요구하는 계산(お勘定)'은 구분했었지만 요즘은 구분 없이 사용되는 추세입니다.

　ⓔ お勘定(かんじょう)お願(ねが)いします。계산 부탁드립니다. 〈고객이 가게에 요청 시〉
　　お会計(かいけい)お願(ねが)いします。계산하겠습니다. 〈가게가 고객의 계산을 받을 때〉

堪

중학 | N1급 | 1740위

흔들림 없는 흙(土)바닥처럼 아무리 극심한(甚) 상황에서도 꿋꿋이 견뎌내니

견딜 감 · 감내할 감

12획 堪 ┼ 圤 圤 坩 堪 堪 堪 堪 堪 堪 堪

음독	かん	4순위	*堪忍 감인 (かんにん) 인내/용서 *堪能 감능 (かんのう/たんのう) 숙달함/만족함
훈독	[た]える		堪(た)える ⓐ ~할 수 있다 ⓑ ~할 만하다, ~할 가치가 있다 예) 屋外(おくがい)での使用(しよう)に堪(た)える 건물 밖에서도 사용할 수 있다 大人(おとな)の鑑賞(かんしょう)に堪(た)える 어른이 감상할 만하다 cf) 耐(た)える ⓐ 견디다, 버티다, 인내하다 ⓑ ~할 만하다 絶(た)える (계속/연속되던 것이) 끊어지다, 끝나다, 다 되다
	[こた]える		▽堪(こた)える ⓐ (겨우겨우) 버티다, 견디다 ⓑ (堪えられない 꼴로) 너무 좋(아서 견딜 수가 없)다 → 持(も)ち堪(こた)える 지탱하다, 견디다
	[こら]える		▽堪(こら)える 꾹 참아내다, 견뎌내다, 억누르다
	[たま]る		▽堪(たま)る 참다, 견디다 → 堪(たま)らない 견딜 재간이 없다 居(い)た堪(たま)れない 더 이상 가만히 있을 수 없다 cf) 溜(た)まる (한곳에) 고이다, 쌓이다 ▽貯(た)まる (돈/재산 등이) 늘다

비교

· たえる: `0415` 絶 vs `1648` 耐 vs `2189` 堪

· こたえる: `0612` 応 vs `0913` 答 vs `2190` 堪

· たまる: `0843` 貯 vs `2190` 堪 vs `상용 외` 溜

잠깐만요

· 「堪能」는 「かんのう/たんのう」 모두 인정되지만, 관용적 예외 발음인 「たんのう」로 읽는 쪽이 일반적이니 주의하세요.

· [∅]堪(こた)える: '어떻게든 겨우겨우/아슬아슬 버티고 있다'의 뉘앙스
  예) これだけあれば何(なん)とか一年(いちねん)は堪(こた)える。
      이것만 있으면 어떻게든 1년은 버틴다.

· [~を]堪(こら)える: 주로 '내부에서 솟구치는 것'의 분출/표현 등을 참아내다
  예) 涙(なみだ)・怒(いか)り・笑(わら)いを堪(こら)える 눈물/분노/웃음을 참아내다 [~に耐える×]
  [~に]耐(た)える: 견디다, 버티다 전반. 주로 '외부적' 압력/힘에 저항하다.
  예) 100℃の高温(こうおん)に耐(た)える 100℃의 고온에 버티다 [~を堪える×]

· 「堪(たま)る」는 「堪るものか」 「堪らない/堪りません」의 부정/반어 표현으로만 쓰여요.
  예) そんな事(こと)があって堪(たま)ったもんか。
      그런 일이 있어서야 되겠어! (그런 사실을 견딜 수 없다) 〈감정 표현〉
      嬉(うれ)しくて堪(たま)らない 기쁨을 주체할 수 없다

---

256 卅: 서른 세 ▶ 棄滞

`1089` 卅	**서른 세**	부수자
해설	열 십 자를 세(十十十) 개 엮어서 한(一) 덩어리가 되면 서른이니	
파생	`1090` 帶 띠 대 · 찰 대 [たい]	

감싸 안고(厽) 키우던 아이도 서른(卅)이 되면 나무(木)처럼 굳건해지라며 사회 속으로 버리듯이 내던지니

厽: 감싸 안을 사

棄

중학 | N1급 | 1334위

버릴 기·폐기 기

13획 棄 棄 棄 棄 棄 棄 棄 棄 棄 棄 棄 棄 棄

음독	き	2순위	棄権 기권 (きけん)	*放棄 방기:포기 (ほうき)
			破棄 파기 (はき)	死体遺棄 사체유기 (したい・いき)
			廃棄 폐기 (はいき)	自暴自棄 자포자기 (じぼう・じき)

| 잠깐만요 |
• '포기'는 본래 「抛棄(ほうき)」지만, 「抛」가 상용 외 한자이기 때문에 상용한자 「放」으로 대체해서 「放棄」라고 하는 것이 일반적입니다.

帯

① 띠 대 ② 찰 대·함께할 대

4학년 | N2 | 574위

해설	서른(卅)이 넘으면 나온 배를 덮어(冖) 감추려 수건(巾)처럼 둘러 항시 차고 다니던 띠이니
음독	[たい]　地帯 지대 (ちたい)　　携帯 휴대 (けいたい)

滞

중학 | N1급 | 1429위

흐르던 물(氵)이 무언가에 가로막히면 띠(帯)와 같은 파문이 생기면서 흐름이 느려져 머무르듯 정체하게 되죠?

머무를 체·정체할 체

13획 滞 滞 滞 滞 滞 滞 滞 滞 滞 滞 滞 滞 滞

음독	たい	1순위	滞在 체재 (たいざい)	滞納 체납 (たいのう)
			滞留 체류 (たいりゅう)	停滞 정체 (ていたい)
			*渋滞 삽체:정체 (じゅうたい)	延滞 연체 (えんたい)
훈독	[とどこお]る		滞(とどこお)る 정체하다, 막히다, 밀리다 → 滞(とどこお)り 정체, 막힘, 밀림	

| 잠깐만요 |
• 한국과 달리 일본에서는 '혼잡하여 흐름이 아주 느림'을 「渋滞」, '흐름이 멈춤'을 「停滞」라고 구분하여 사용합니다. 이때 「渋滞」는 '교통'에 사용되는 경우가 대부분이라 '교통 혼잡, 교통 정체'라고 봐도 무방해요.

'크다 · 작다'의 파생 [24자]

257 太: 클 태 ▶ 汰駄 │ 夫: 크고 높을 태 ▶ 泰俸

1096 太	클 태		2학년 │ N3 │ 176위
해설	아주 커서(大) 다른 이가 발아래 점(丶)처럼 보일 만큼 크니		
음독	[たい] 太陽 태양 (たいよう)	[た] *太刀 큰 칼 (たち)	

2193

중학 │ 급수 외 │ 1889위

흐르는 물(氵)에 채를 대서 큰(太) 것만 남기고 불필요한 것은 솎아내니

솎아낼 태

7획 汰 汰 汰 汰 汰 汰 汰

| 음독 | た | 4순위 | 淘汰 도태 (とうた) | *沙汰 사태 (さた) 소식/사태/지시 |

| 잠깐만요 |
• 「沙汰」 ☞ 「2207 沙 솎아낼 사」의 | 잠깐만요 | 참조

2194

중학 │ N1급 │ 1182위

옛날에는 이동할 때 귀중품은 품에 보관하고, 말(馬)에는 대개 **값어치 없는** 잡동사니나 생필품 같은 큰(太) 짐을 싣는 경우가 많았죠?

① 값어치 없을 태 ② 짐 실을 태

14획 駄 駄 駄 駄 駄 馬 馬 馬 駄 馬 馬 駄 駄 駄

음독	だ	3순위	①*駄作 태작졸작 (ださく)	①*駄目 태목소용없음 (だめ)
			①駄洒落 태쇄락시시한 개그 (だじゃれ)	
			①無駄 무태쓸데없음 (むだ)	
		4순위	②*駄賃 태임심부름값 (だちん)	②*駄馬 태마짐말 (だば)
	예외		下駄 (げた) 나막신	→ 下駄箱 (げたばこ) 신발장

| 잠깐만요 |
• '① 값어치 없을 태'는 특히 접두어로 사용될 때 그 의미가 강화되는 경향이 있어요.
• 「無駄」와 「駄目」는 파생 어휘가 상당히 많아서 따로 파악해 둘 필요가 있어요.

　無駄遣(むだ・づか)い 낭비, 쓸데없이 돈을 씀　駄目出(だめ・だ)し 지적
　無駄話(むだ・ばなし) 쓸데없는 말, 잡담　　　駄目押(だめ・お)し 다짐, 승리 굳히기
　無駄足(むだ・あし) 헛걸음　　　　　　　　駄目元(だめ・もと) 밑져야 본전

夫

크고 높을 태

부수자

| 해설 | 구름(二)을 뚫을 만큼 크고(大) 높이 솟으니 |
| 파생 | 1100 春 봄 춘 [しゅん]　1101 奏 연주할 주 [そう]　1102 奉 바칠 봉 [ほう/ぶ] |

2195

泰

중학 | N1급 | 1471위

크고 높은(夫) 태산과 계곡물(氺)을 벗삼아 사는 신선 같은 편안함이니

① 클 태·태산 태　② 편안할 태·태평할 태

10획 泰 泰 泰 泰 泰 泰 泰 泰 泰 泰

| 음독 | たい | 3순위 | ① 泰山 태산 (たいざん) | ① 泰斗 태두 (たいと) |
| | | | ② 泰然 태연 (たいぜん) | ②*安泰 안태평안 (あんたい) |

| 잠깐만요 |
• '① 크다'의 의미로 쓰이는 어휘는 대부분 「泰山」에서 파생된 단어들이에요. 가령 「泰斗」는 「泰山北斗 태산북두」의 준말로, '그 분야의 권위자'를 의미해요.

1102

奉

바칠 봉

중학 | N1 | 921위

해설	크고 높은(夫) 분께 아랫사람이 양손으로 받쳐 들어(廾 → 龶) 무언가 갖다 바치니
음독	[ほう] 奉仕 봉사 (ほうし)　　　[ぶ] 奉行 봉행 (ぶぎょう)
파생	1103 棒 막대 봉·그은 줄 봉 [ぼう]

2196

俸

중학 | N1급 | 2620위

높은 이에게 아랫사람(亻)이 자신을 바치면(奉) 내려 주는 봉급이니

봉급 봉

10획 俸 俸 俸 俸 俸 俸 俸 俸 俸 俸

| 음독 | ほう | 4순위 | 俸給 봉급 (ほうきゅう) | *俸禄 봉록녹봉 (ほうろく) |
| | | | 号俸 호봉 (ごうほう) | 年俸 연봉 (ねんぽう) |

| 잠깐만요 |
• 옛날에 봉급을 받는 경우는 영주와 가신의 관계와 같이 그 사람에게 완전히 복속되어 자신의 모든 것이 종속되었을 때였어요.

2197 ◑ 제부수

夾／夹

두 사람(人人) 사이에 큰(大) 사람이 끼어 있는 모습에서

낄 협

7획 夾 夾 夾 夾 夾 夾 夾

음독	きょう [4순위]	夾雑 협잡 (きょうざつ)	夾雑物 협잡물 (きょうざつぶつ)

| 잠깐만요 |
- 단독으로 쓰일 때는 「夾」을 쓰는 게 일반적이고, 부수로 쓰일 때는 「夹」을 써요.
- '협잡'은 한국과 일본에서 사용하는 한자와 의미 모두 다르기 때문에 주의해야 해요.
  한) 挾雜: 옳지 않은 방법으로 남을 속이는 것
  일) 夾雑: 쓸데없는(雑) 것이 끼어서(夾) 뒤섞임 → 夾雑物: 속에 섞여 있는 쓸데없는 것

2198

挾

중학 | N2급 | 1741위

양손(扌) 사이에 물건이 끼인(夾) 듯 양쪽 사이에 끼인 모습이니

끼일 협

9획 挾 挾 挾 挾 挾 挾 挾 挾 挾

음독	きょう [4순위]	挾撃 협격·협공 (きょうげき)	挾殺 협살 (きょうさつ)

훈독	[はさ]む	挾(はさ)む 끼다, ~을 사이에 두다 → 挾(はさ)み撃(う)ち 협공　挾(はさ)み込(こ)む 끼워 넣다 口(くち)を挾(はさ)む 말참견을 하다
	[はさ]まる	挾(はさ)まる 틈에 끼이다, 사이에 끼다

| 잠깐만요 |
- 음독 어휘는 「**0624** 協 합칠 협」과 헷갈릴 수 있으니 주의하세요.

2199

狹

중학 | N1급 | 1259위

| 잠깐만요 |
벽과 벽 사이의 아주 좁은 공간에 개가 끼인 모습을 떠올려 보세요.

개(犭)조차 끼일(夾) 만큼 공간이 좁고 협소하니

좁을 협 · 협소할 협

9획 狹 狹 狹 狹 狹 狹 狹 狹 狹

음독	きょう [3순위]	狹小 협소 (きょうしょう)　　狹義 협의·좁은 뜻 (きょうぎ) 狹窄 협착 (きょうさく)　　偏狹 편협 (へんきょう)

훈독	[せま]い	狹(せま)い 좁다 → 狹(せま)き門(もん) 〈비유〉 좁은 문(통과하기 어려움)
	[せば]まる	狹(せば)まる 좁아지다, 좁혀지다
	[せば]める	狹(せば)める 좁히다
	예외	狹間(はざま) 사이, 틈새

2200

산(山)과 산 사이에 끼어(夹) 있는 골짜기를 협곡이라 하죠?

산골짜기 협 · 협곡 협

峡

9획 峡 峡 峡 峡 峡 峡 峡 峡 峡

| 음독 | きょう 〔4순위〕 | 峡間 협간 (きょうかん) | 海峡 해협 (かいきょう) |

중학 | N1급 | 1840위

2201

머리(頁)에서 눈코입을 사이에 끼우고(夹) 있는 양 뺨이니　　　　頁: 머리 혈

뺨 협

頰

15획 頰 頰 頰 頰 頰 頰 頰 頰 頰 頰 頰 頰 頰 頰 頰

| 음독 | きょう 〔4순위〕 | 頰骨 협골 광대뼈 (きょうこつ) |

| 훈독 | ほお | 頰(ほお) 뺨
→ 頰骨(ほおぼね) 광대뼈　　頰っ辺(ほっぺた) 〈유아어〉 뺨
頰張(ほお・ば)る 볼이 미어터지게 머금다 |

중학 | 급수 외 | 1214위

|잠깐만요|
· 음독으로 읽는 파생 어휘는 거의 없으니 참고만 하세요.

---

259 串: 꼬챙이 관 ▶ 串患

2202

음식물을 사이사이(中中)에 꿰고 있는 꼬챙이의 모습이니

꼬챙이 관 · 꿸 관

串

7획 串 串 串 串 串 串 串

| 훈독 | くし | 串(くし) 꼬챙이　　　　→ 串(くし)カツ 꼬치 튀김
串柿(くし・がき) 곶감　　　　串刺(くし・ざ)し 꼬챙이에 꿸 |

중학 | 급수 외 | 2585위

2203

꼬챙이(串)에 꿰인 듯 몸져누워 마음(心)까지 상하는 병을 앓는 질환이니

병 앓을 환 · 질환 환

患

11획 患 患 患 患 患 患 患 患 患 患 患

| 음독 | かん 〔2순위〕 | 患者 환자 (かんじゃ)　　　　急患 급환 (きゅうかん)
疾患 질환 (しっかん)　　　　外患 외환 (がいかん) |

| 훈독 | [わずら]う | 患(わずら)う 병을 앓다, 병이 나다
→ 患(わずら)い 〈문어〉 병, 병고
cf) 煩(わずら)う 고민하다, 걱정하다 |

중학 | N2급 | 1036위

|비교|
· わずらう:
2203 患 vs **1522** 煩

490

260 肖: 닮을 초 ▶ 硝削宵

1115

肖

닮을 초

제부수 | N1 | 2115위

해설	아주 작은(ʼʼʼ) 사이즈로 신체(月)를 축소해 만드는 피규어는 대상을 똑 닮게 만드니
음독	[しょう] 肖像画 초상화 (しょうぞうが)
파생	**1116** 消 불 끌 소 · 사라질 소 [しょう]

2204

硝

중학 | N1급 | 2375위

까만 돌(石)의 몸(月)을 아주 잘게(ʼʼʼ) 부숴 만드는 화약이니

화약 초

12획 硝 硝 硝 硝 硝 硝 硝 硝 硝 硝 硝 硝

음독	しょう 3순위	硝石 초석 질산칼륨 (しょうせき) 硝酸 초산 질산 (しょうさん) 煙硝 연초 화약 (えんしょう)

2205

削

중학 | N1급 | 1336위

나무 몸통(月)을 칼(刂)로 아주 잘게(ʼʼʼ) 깎아 없애니

깎을 삭 · 삭제할 삭

9획 削 削 削 削 削 削 削 削 削

음독	さく 3순위	削除 삭제 (さくじょ) 削減 삭감 (さくげん) 添削 첨삭 (てんさく)
훈독	[けず]る	削(けず)る ⓐ 깎아내다 ⓑ 줄이다, 삭감하다 ⓒ 없애다, 지우다 → 削(けず)り取(と)る 삭제하다
	[けず]れる	削(けず)れる 깎여 나가다, 깎여 작아지다
	[そ]ぐ	▽削(そ)ぐ ⓐ (비스듬하게) 끝부분을 깎아내다, (불필요한 부분을) 쳐내다 ⓑ (의욕/흥미/기세 등을) 꺾다 ⓒ 생략하다, 간략화하다 → 削(そ)ぎ落(お)す (불필요한 부분을) 깎아 없애다, 도려내다

2206

일을 끝내고 작아(⸍⸍) 보일 만큼 몸(月)을 푹 숙이고 집(宀)으로 향하는 초저녁이니

초저녁 소

10획 宵宵宵宵宵宵宵宵宵宵

음독	しょう [4순위]	*春宵 춘소봄밤 (しゅんしょう) *徹宵 철소철야 (てっしょう)
훈독	よい	宵(よい) ⓐ 초저녁 ⓑ 밤 → 今宵(こ・よい) 오늘 밤 宵寝(よい・ね) 초저녁잠 宵越(よい・ご)し 하룻밤 묵힘

중학 | N1급 | 2296위

│ 잠깐만요│
• 음독은 사실상 현대에는 거의 쓰이지 않으니 참고만 하세요. 제시된 예들도 한문 투에서 사용되는
  어렵고 고풍스런 단어들로 현대에는 거의 쓰이지 않습니다. 훈독이 중요해요.

---

261 少: 적을 소 ▶ 沙抄妙劣賓

0174

少

적을 소

2학년 | N4 | 152위

해설	숫자에 작게(小) 획(丿)을 그어 개수가 적음을 표시한 것이니
음독	[しょう] 少数 소수 (しょうすう) 多少 다소 (たしょう)
파생	**1117** 省 살필 성・생략 생 [せい/しょう] **1118** 秒 시간 초 [びょう] **1119** 砂 모래 사 [さ/しゃ]

2207

沙

중학 | N1급 | 1295위

물(氵)에 모래를 흘려보내며 아주 적게(少) 존재하는 사금을 솎아내니

① 솎아낼 사 (② 모래 사)

7획 沙沙沙沙沙沙沙

음독	さ [4순위]	①*沙汰 사태 사식/사태 (さた) ①*御無沙汰 어무사태 무소식 (ごぶさた)

│ 잠깐만요│
• 「沙」는 「**1119** 砂 모래 사」의 이체자로 '② 모래'와 관련된 거의 모든 어휘는 「砂」로 표기하는 것
  을 원칙으로 합니다. 단, 「沙汰/御無沙汰」는 「沙」로만 표기해요.
• 「沙汰」는 '사금을 솎아내다 → 중요한 내용을 띄우다 → 소식/사태/지시'로 의미가 파생돼요.
  – 沙汰: ⓐ 소식 ⓑ 소문/평판 ⓒ 소문이 될 법한 비정상적인 일/행위/사태 ⓓ 지시
  예 ⓐ 音沙汰(おと・さた)なし 소식이 없음
      ⓑ 世間(せけん)の取(と)り沙汰(ざた) 세상의 평판
      ⓒ 警察沙汰(けいさつ・ざた) 경찰이 관련된 사건
      ⓓ 沙汰止(さた・や)み 계획이 중지됨
• 「御無沙汰」는 아래와 같은 인사말에 주로 사용되고, 일반 어휘로는 사용되지 않습니다.
  예 御無沙汰(ごぶさた)しております. 그간 격조했습니다(오랜만에 뵙습니다).

중학 | N1급 | 2528위

전체 중에서 그 수가 적은(少) 일부를 손(扌)으로 골라 뽑으니

골라 뽑을 초 · 발췌할 초

7획 抄 抄 抄 抄 抄 抄 抄

| 음독 | しょう [2순위] | 抄本 초본 (しょうほん) | *抄出 초출 (しょうしゅつ) 발췌함 |
| | | 抄録 초록 (しょうろく) | *抄物 초물 (しょうもつ) 발췌해 모은 것 |

| 잠깐만요 |

· 「抄本」은 원본 중 '일부' 내용을 베낀 책이나 서류를 말해요. '등본'은 「謄本(とうほん)」이라고 합니다.
  예 戸籍抄本(こせき・しょうほん) : 호적 원본의 기재 내용 중 지정 인물의 기록만 뽑은 문서
· 「抄録」는 '필요한 부분만을 뽑아서 적음, 또는 그런 기록'을 말해요.

2209

妙

중학 | N1급 | 806위

어린(少) 여자(女)의 마음은 종잡을 수 없고 **오묘**하죠?

묘할 묘 · 기묘할 묘

7획 妙 妙 妙 妙 妙 妙 妙

음독	みょう [1순위]	妙齢 묘령 (みょうれい)	妙案 묘안 (みょうあん)
		巧妙 교묘 (こうみょう)	微妙 미묘 (びみょう)
		奇妙 기묘 (きみょう)	*妙(みょう)だ 묘하다

| 잠깐만요 |

· 「妙齢」은 '20대 전후의 꽃다운 나이'예요. '아이 같은 싱그러움과 성인의 성숙함이 공존하는 묘하게
  이쁘고 참한 나이'라고 생각하면 이해하기 편하죠?

2210

중학 | N1급 | 1662위

노력(力) 기간이 적으면(少) 뒤떨어지고 못나 **열등**하니

못날 렬 · 열등할 렬

6획 劣 劣 劣 劣 劣 劣

음독	れつ [2순위]	劣等 열등 (れっとう)	卑劣 비열 (ひれつ)
		優劣 우열 (ゆうれつ)	拙劣 졸렬 (せつれつ)
훈독	[おと]る	劣(おと)る 뒤떨어지다, ~보다 못하다	

2211

중학 | N1급 | 2597위

집(宀)에 한(一) 번씩 올 때마다 비싸지 않은 선물(少+貝)이라도 들고 오는 손님이니

손님 빈 · 빈객 빈

15획 賓 賓 賓 賓 賓 賓 賓 賓 賓 賓 賓 賓 賓 賓 賓

| 음독 | ひん [3순위] | 賓客 빈객 (ひんきゃく) | 来賓 내빈 (らいひん) |
| | | 国賓 국빈 (こくひん) | |

1104 夭	① 예쁠 요 ② 젊을 요		제부수
해설	긴 머리(丿)를 늘어뜨린 젊은 여자가 아주(大) 예쁜 모습에서		
음독	[よう]　夭折 요절 (ようせつ)　　*夭死 요절 (ようし)		
파생	1105 笑 웃을 소 [しょう]		

2212

妖

중학 | 급수 외 | 1814위

|비교|
· あやしい :
1599 怪 vs 2212 妖

젊고 예쁜(夭) 데다 신비스럽기까지 한 여자(女)를 보면 요망을 떠는 요괴가 아닌가 경계하게 되죠?

신비스러울 요 · 요망할 요

7획 妖 妖 妖 妖 妖 妖 妖

음독	よう [2순위]	妖精 요정 (ようせい)	妖怪 요괴 (ようかい)
		妖艶 요염 (ようえん)	妖術 요술 (ようじゅつ)
훈독	[あや]しい	妖(あや)しい 불가사의하다, 신비하다, 매력적이다	
		cf) 怪(あや)しい 수상하다, 의심스럽다	

|잠깐만요|
· 드라마 등에서는 구미호 같은 요괴들이 이쁘고 요염한 여자로 변신하죠?

2213

沃

중학 | 급수 외 | 3268위

물(氵)이 매년 범람하여 생긴 입자가 곱고 예쁜(夭) 퇴적토는 비옥하죠?

기름질 옥 · 비옥할 옥

7획 沃 沃 沃 沃 沃 沃 沃

음독	よく [4순위]	肥沃 비옥 (ひよく)
	예외	沃素 옥소요오드 (ようそ)

중학 | N1급 | 1261위

비옥한(沃) 땅에 필요한 건 농부의 마음(⺗)을 더하여 곁들이는 거죠?　(心→)⺗: 마음 심

곁들일 첨 · 첨가할 첨

11획 添添添添添添添添添添添

음독	てん	3순위	添削 첨삭 (てんさく)　　　添加 첨가 (てんか) 添付 첨부 (てんぷ)
훈독	[そ]う		添(そ)う ⓐ 곁에 따르다 ⓑ 첨가하다 ⓒ 제안/기대 등에 따르다 → 付(つ)き添(そ)う 곁에 따르다　　添(そ)い寝(ね) 곁에서 잠
	[そ]える		添(そ)える 첨부하다, 곁들이다, 더하다 → 添(そ)え言葉(ことば) 첨언, 덧붙여 하는 말

| 비교 |
• そう :
0376 沿 vs 2214 添

| 잠깐만요 |
• 「そう」의 한자 표기와 의미 구분
　– 沿(そ)う: 기준이 되는 대상의 곁을 떠나지 않도록 따르며 나아가거나 위치하다
　　예 川(かわ)に沿(そ)って歩(ある)く 강을 따라 걷다
　　　海沿(うみぞ)いの町(まち) 바닷가 마을
　– 添(そ)う: 대상의 곁에 있으면서 이를 따르다
　　예 夫(おっと)に添(そ)う 남편의 곁을 따르다　　趣(おもむき)が添(そ)う 아취가 더해지다
　– 단, '제안/의견/기대 등에 따르다(기대/목적에 부합하다)'는 「沿う・添う」 모두 사용
　　예 提案(ていあん)に添(そ)う/沿(そ)う 제안을 따르다
　　　父(ちち)の希望(きぼう)に添(そ)う/沿(そ)う 아버지의 희망에 따르다

질문 있어요

壓? 圧? 어느 쪽이 맞는 건가요?

단도직입적으로 말하면 「圧」는 **약자체(新字体, 일본식 한자)**, 「壓」는 **정자체(旧字体, 한국식 한자)**입니다. 약자체를 기준으로 삼는 일본인에게 한국식 한자인 정자체는 글자의 획수와 모양 양면에서 크게 달라지는 경우가 많기 때문에 같은 글자라고 인식하기 어려워요. 한국어로 생각하자면 현대 한글과 훈민정음의 표기 차이와 비슷한 느낌이랄까요?

기호	압	변	국	총	맥	앵
한국식 한자 (정자체)	壓	辯	國	總	麥	櫻
일본식 한자 (약자체)	圧	弁	国	総	麦	桜

본 교재에서는 그런 이유로 학습의 혼란을 최대한 줄이고 효율을 높이기 위해 한국식 한자는 제시하지 않았어요. 인간은 자신도 모르게 '익숙한 것을 택하려는 습관'이 있기 때문에 한국식 한자의 모양은 잊고 처음부터 약자체로 한자를 정립하는 게 좋다고 판단했기 때문이랍니다.

¹¹⁰⁵ 笑/关	웃을 소		4학년 | N2 | 212위
해설	대나무(竹)가 휘듯 입꼬리가 예쁘게(天) 휘며 웃으니		
음독	[しょう]　爆笑 폭소 (ばくしょう)　　冷笑 냉소 (れいしょう)		
파생	¹¹⁰⁶ 送 보낼 송 [そう]		

2215

咲

중학 \| N2급 \| 1316위

| 비교 |
• 사く: ¹⁰¹⁸ 割 vs
¹⁷²⁰ 裂 vs ²²¹⁵ 咲

꽃의 입(口)인 꽃잎이 활짝 웃듯(关) 꽃피는 모습이니

꽃필 소

9획　咲 咲 咲 咲 咲 咲 咲 咲 咲

훈독	[さ]く	咲(さ)く 꽃이 피다　→ 遲咲(おそ・ざ)き 꽃이 늦게 핌 cf) 裂(さ)く 찢다, 쪼개다, 가르다 割(さ)く ⓐ 칼로 가르다　ⓑ 일부를 나눠 주다

| 잠깐만요 |
• 본디 「笑」의 옛 형태(古字)인데, 일본에서는 다른 글자로 취급해서 별도의 의미로 활용해요.

2216

朕

중학 \| N1급 \| 3286위

황제는 몸(月)을 활짝 펴고 웃으며(关) 스스로를 가리켜 '짐'이라 하죠?

나 짐

10획　朕 朕 朕 朕 朕 朕 朕 朕 朕 朕

음독	ちん	4순위	朕 짐 (ちん) 천황/제왕이 스스로를 부르는 말

| 잠깐만요 |
• 사실상 참고만 하고 넘어가도 되는 한자입니다. 파생 어휘도 현대에는 쓰이지 않아요.

40 '높다'의 파생 [12자]

264 高: 높을 고 ▶ 豪 稿 矯

1120 高/高		높을 고	2학년	N4	65위

해설	누각이나 탑의 가장 높은 부분을 본떠
음독	[こう] 高低 고저 (こうてい)　　高級 고급 (こうきゅう)

2217

豪

중학 | N1급 | 108위

키가 크고(高) 돼지(豕)처럼 몸집이 우람하며 풍채가 뛰어난 호걸은 굉장히 호쾌하죠?

豕: 돼지 시

뛰어날 호 · 호쾌할 호

14획 豪豪豪豪豪豪豪豪豪豪豪豪豪豪

음독	ごう	1순위	豪華 호화 (ごうか)　　豪傑 호걸 (ごうけつ) 豪快 호쾌 (ごうかい)　　富豪 부호 (ふごう) 文豪 문호 (ぶんごう)　　*酒豪 주호·술고래 (しゅごう)

2218

稿

중학 | N1급 | 1342위

볏짚(禾)처럼 노란 종이에 벼의 낱알 같은 글자를 가득 담아 높이(高) 쌓아 두는 원고이니

원고 고

15획 稿稿稿稿稿稿稿稿稿稿稿稿稿稿稿

음독	こう	1순위	原稿 원고 (げんこう)　　寄稿 기고 (きこう) 脱稿 탈고 (だっこう)　　草稿 초고 (そうこう)

1121

橋

다리 교

해설	나무(木)를 예쁘게(夭) 다듬어 높은(高) 곳에 연결한 다리의 모습이니
음독	[きょう] 橋梁 교량(きょうりょう) 鉄橋 철교(てっきょう)

2219

矯

중학 | N1급 | 2783위

화살(矢)을 예쁘게(夭) 다듬어 높은(高) 곳을 겨냥해 알맞게 교정하며 바로잡으니

바로잡을 교·교정할 교

17획 矯 矯 矯 矯 矯 矯 矯 矯 矯 矯 矯 矯 矯 矯 矯 矯 矯

음독	きょう [4순위]	矯正 교정(きょうせい)
훈독	[た]める	矯(た)める ⓐ (형태를) 바로잡다, (나쁜 성질 등을) 고치다 ⓑ (한쪽 눈을 감고) 겨냥하다 ⓒ 속이다 → 角(つの)を矯(た)めて牛(うし)を殺(ころ)す 뿔을 바로잡으려다 소를 죽인다, 교각살우(矯角殺牛) 矯(た)めるなら若木(わかき)のうち (나쁜 것을) 교정하려면 어릴 때 해야 한다

| 잠깐만요 |

• 「矯(た)める」는 '모양을 보기 좋게 고치는 것'을 기본 의미로 하기 때문에 대상에 따라서는 굽은 것을 곧게 펴거나(◉ 다리/등), 반대로 구부려서 보기 좋게 하기도 합니다(◉ 소나무 가지/활). 또 '겉으로만 보기 좋게 꾸미다 → 속이다'라는 파생 의미도 가지니 주의하세요.
  ◉ 事実(じじつ)を矯(た)めて伝(つた)える 사실을 속여서 전달하다
  猫背(ねこぜ)を矯(た)める 굽은 자세를 바로잡다(펴다)

1122 京	**서울 경·수도 경**		2학년 | N3 | 201위
해설	높은(亠) 곳에서 보면 작은(小) 집들이 수없이 펼쳐진 수도/서울이니		
음독	[きょう] 上京 상경 (じょうきょう) [きん] 北京 북경 (ぺきん)		[けい] *京阪 교토와 오사카 (けいはん)
파생	**1123** 景 경치 경 [けい/けⓘ] **1124** 就 이룰 취·좇을 취 [しゅう/じゅ]		

2220

鯨

중학 \| N1급 \| 2223위

물고기(魚) 중에서 수도(京)만큼 커다란 고래이니

고래 경

19획	鯨 鯨 鯨 鯨 鯨 鯨 鯨 鯨 鯨 鯨 鯨 鯨 鯨 鯨 鯨 鯨 鯨 鯨 鯨		
음독	**げい** 〔3순위〕	*鯨肉 경육 고래고기 (げいにく)	捕鯨 포경 고래사냥 (ほげい)
훈독	**くじら**	鯨(くじら) 고래	

| 잠깐만요 |
- '포경' 수술을 뜻할 때는 「包茎(ほうけい)」를 써요. 한국어 발음이 같아서 '고래 잡다(捕鯨)'라는 은어로 사용된 것뿐이에요.

2221

涼

중학 \| N2급 \| 1614위

큰 물(氵)이 흐르는 수도 서울(京)은 항상 서늘하고 상쾌하여 살기 좋죠?

서늘할 량·상쾌할 량

11획	涼 涼 涼 涼 涼 涼 涼 涼 涼 涼 涼		
음독	**りょう** 〔2순위〕	清涼 청량 (せいりょう) 荒涼 황량 (こうりょう)	納涼 납량 (のうりょう) 爽涼 상량 상쾌함 (そうりょう)
훈독	[すず]む	涼(すず)む 시원한 바람을 쐬다	
	[すず]しい	涼(すず)しい 시원하다, 상쾌하다	

| 잠깐만요 |
- 「納涼」는 '여름철에 더위를 피하여 서늘한 기운을 느끼는 것'을 뜻해요. 공포물에만 쓰는 어휘가 아니라는 점을 꼭 기억하세요.
  예 納涼花火大会(のうりょう·はなび·たいかい) 납량 불꽃축제

1123 景	경치 경		4학년 | N2 | 492위
해설	햇빛(日)이 서울(京)에 내리쬐는 경치이니		
음독	[けい] 背景 배경 (はいけい)	[け] *景色 경치 (けしき)	

2222 憬

마음속(忄)에 남아 있는 이국의 경치(景)를 떠올리며 **동경**하니

동경할 경

15획 憬 憬 憬 憬 憬 憬 憬 憬 憬 憬 憬 憬 憬

음독	けい	4순위	憧憬 동경 (しょうけい/どうけい) = 憧(あこが)れ

중학 \| 급수 외 \| 3278위

| 잠깐만요 |
• 「憧憬」 한 단어에만 사용되는 한자이니 어휘째 학습하세요.

2223 影

중학 \| N1급 \| 500위

내리쬐는 햇빛(日)을 서울(京)의 높은 건물들(彡)이 가리며 생기는 **그림자**이니

彡: 터럭 삼(여기서는 피부 위에 솟은 털처럼 땅 위에 솟아오른 빌딩 모습)

그림자 영

15획 影 影 影 影 影 影 影 影 影 影 影 影
影 影 影

음독	えい	1순위	影響 영향 (えいきょう)	陰影 음영 (いんえい)
			投影 투영 (とうえい)	撮影 촬영 (さつえい)
			幻影 환영 (げんえい)	造影 조영 (ぞうえい)

훈독	かげ	影(かげ) ⓐ 그림자 ⓑ 자취/모습 ⓒ (해/달/별/등불의) 빛
		→ 人影(ひとかげ) ⓐ 사람의 그림자 ⓑ 사람의 모습
		面影(おもかげ) ⓐ 기억에 남아 있는 옛 모습
		ⓑ 누군가를 닮은 모습
		月影(つきかげ) 달빛

| 비교 |
• かげ :
2028 陰 vs 2223 影

| 잠깐만요 |
• 「かげ」의 한자 표기와 의미 구분
  - 陰(かげ): 그늘(shade) → '뒷편, 배후, 보이지 않는 부분' 등의 의미로 확장
    예 日陰(ひかげ) 응달   陰口(かげぐち) 험담   陰(かげ)の人(ひと) 배후 인물
  - 影(かげ): 그림자(shadow) → '형상, 모습, 기척' 등의 의미로 확장
    예 影(かげ)を隠(かく)す 자취를 감추다   影(かげ)を追(お)う 환영을 좇다

就

이룰 취·쫓을 취

6학년 | N1 | 1023위

해설	서울(京)에서 수많은(ナ) 이들이 마음에 숨겼던(し) 꿈(ヽ)을 쫓아 이루어내니 (十→) ナ: 열 십·많을 십　し: 숨을 은(여기서는 하늘의 별 → 꿈을 의미)
음독	[しゅう] 就業 취업 (しゅうぎょう)　　　[じゅ] 成就 성취 (じょうじゅ)

蹴

중학 | 급수 외 | 1531위

발(묘)이 목표를 쫓아가(就) 세게 닿으면 발로 차는 거죠?

발로 찰 축

19획	蹴 蹴 蹴 蹴 蹴 蹴 蹴 蹴 蹴 蹴 跡 跡 跡 蹴 蹴 蹴 蹴 蹴 蹴

음독	しゅう [4순위]	一蹴 일축 (いっしゅう)
훈독	[け]る	蹴(け)る ⓐ 걷어차다 ⓑ 일축하다, 거절하다 → 蹴(け)り 발차기 蹴飛(け・と)ばす ⓐ 걷어차다, 차 버리다 ⓑ 일축하다, 거절하다 蹴散(け・ち)らす (한데 모인 것을) 발로 차서 흩뜨리다

| 잠깐만요 |

- '축구'의 축 자입니다. 아주 옛날 문서에서는 축구를 「蹴球(しゅうきゅう)」라고도 표기했지만, 일반적으로는 「サッカー(soccer)」라고 해요. 현대에는 「蹴球」라고 써도 「サッカー」라고 읽는 경우가 대부분입니다.
  예 표기: 蹴球場(축구장) → 읽기: サッカーじょう or グラウンド
- 받침이 'ㄱ'으로 끝남에도 음독이 「しゅく」가 아니라 「しゅう」가 되는 특이 케이스입니다. 음독 어휘는 「一蹴」(일축)뿐이니 발음에 주의해서 학습하세요.

질문 있어요

学院(がくいん)과 学園(がくえん)은 뭔가요?

일본의 드라마나 애니메이션, 신문 등에서 「学院(がくいん)」이나 「学園(がくえん)」이라는 말을 종종 듣거나 보셨을 거예요. 한자를 보면 '학원'이지만, 사실 이 두 어휘는 '학교'와 동의어랍니다. 그럼 「学校」와 「学院」, 「学園」의 차이는 뭘까요? 「学院」은 주로 '종교계 학교 법인의 이름'에 사용돼요. 주로 「○○学院＋小学校·中学校·高等学校·大学」의 꼴로 쓰여요(예 関西学院大学, 広島学院中学校 등). 반면, 「学園」은 주로 복수의 학교를 운영하는 대형 학교법인의 이름에 사용돼요. 그래서 여러 학교가 모여 있는 '교육 도시(academic city, university town, college town)'를 일본어로는 「学園都市(がくえんとし)」(학원 도시)라고 한답니다.

하지만 일부 보습 학원도 「○○学院」 「○○学園」의 꼴로 이름을 짓는 경우도 있기 때문에 무조건 학교 이름에만 쓰이는 건 아니에요(예 東京個別指導学院, エディック 創造学園).

사용 시 주의할 점은 '학교(学院/学園)에서 ~했다'와 같이 일상적으로 학교를 지칭하는 단어로는 쓰지 않고, 특정 법인의 이름을 지칭할 때 사용하는 것이 일반적입니다.

예 오늘 학교에서 무슨 일 있어어? ▷ 今日、学校で何かあった？(○)

▷ 今日、学院/学園で何かあった？(×)

1125

享

누릴 향 · 향유할 향 중학 | N1 | 2078위

해설	높은(亠) 사람의 자식(子)은 많은 것을 누리니
음독	[きょう] 享有 향유 (きょうゆう) 享楽 향락 (きょうらく)
파생	**1126** 熟 익을 숙 [じゅく]

2225

郭

중학 | N1급 | 1884위

삶의 질을 누리고(享) 향유할 수 있는 건 고을(阝)의 영역 안, 즉 고을 둘레(외곽)를
따라 친 울타리(성곽)까지죠? 阝(우방): 고을 부

① 둘레 곽 · 외곽 곽   (② 유곽 곽)

11획 郭 郭 郭 郭 郭 郭 郭 郭 郭 郭 郭

음독	かく [3순위]	① 輪郭 윤곽 (りんかく)	① 城郭 성곽 (じょうかく)
		① 外郭 외곽 (がいかく)	② 遊郭 유곽 (ゆうかく)
훈독	くるわ	▽ 郭 (くるわ) ⓐ 유곽 ⓑ 성둘레에 울타리를 쳐 놓은 지역	
		→ 郭通 (くるわ・がよ)い 유곽 출입	

| 잠깐만요 |
- 일본의 유곽은 나라가 지정한 구역이었기 때문에 외곽에 담을 쌓아 경계를 확실히 했어요. 그 모습이
마치 성곽 같다 하여 파생된 의미랍니다.

2226

塾

중학 | N1급 | 1636위

높은(亠) 사람의 자식(子)이 가진 모난 성격이 둥글어지도록(丸) 그 인품과 학식의
토대(土)를 교육하는 학원이니 丸 : 둥글 환

학원 숙

14획 塾 塾 塾 塾 塾 塾 享 塾 塾 塾 塾 塾 塾

음독	じゅく [3순위]	*塾 숙학원 (じゅく)
		*学習塾 학습숙보습학원 (がくしゅう・じゅく)

| 잠깐만요 |
- 「塾(じゅく)」(학원)는 보통 「〇〇塾」의 형태로 써서 어떤 학원인지 구체적으로 구분해요.
  - 예) 学習塾 (がくしゅうじゅく) 보습 학원　　　　英会話塾 (えいかいわじゅく) 영어 회화 학원
    書道塾 (しょどうじゅく) 서예 학원　　　　個別指導塾 (こべつしどうじゅく) 개별 지도 학원
- '대학 입시 학원' 및 '자격시험 대비 학원'은 「予備校(よびこう)」라는 별도의 명칭을 써요.
- '과외'는 「家庭教師(かていきょうし)」라고 해요.
- '운전면허 학원'은 「自動車学校(じどうしゃ・がっこう)」「自動車教習所(じどうしゃ・きょうしゅ
  うじょ)」「教習所(きょうしゅうじょ)」라고 해요.

1129 尚	오히려 상·더 높을 상		중학 | N1 | 1356위
해설	작은(⺍) 진영(冂)을 짠 소수 정예의 입(口)에서 나오는 기세와 함성이 오히려 더욱 높으니 冂: 단단한 모양 경		
음독	[しょう] 高尚 고상 (こうしょう)　　時期尚早 시기상조 (じきしょうそう)		
파생	**1130** 常 항상 상[じょう]　**1131** 賞 상 줄 상[しょう]　**1132** 堂 건물 당[どう] **1133** 党 무리 당[とう]		

2227

掌

중학 \| N1급 \| 1602위

높은(尚) 존재에게 맞대고 기도하는 손(手)바닥이니

손바닥 장

12획 掌 掌 掌 掌 掌 掌 掌 掌 掌 掌 掌 掌

음독	しょう [2순위]	掌中 장중 손아귀 안 (しょうちゅう) 合掌 합장 (がっしょう)	掌握 장악 (しょうあく) 管掌 관장 (かんしょう)
훈독	てのひら	掌(てのひら) 손바닥	

|잠깐만요|
· '손등'은 「手の甲(てのこう)」라고 합니다.

1131 賞	상 줄 상		5학년 | N2 | 667위
해설	결과가 남보다 더 높은(尚) 이에게 돈(貝)을 내리며 주는 상이니		
음독	[しょう] 賞金 상금 (しょうきん)　　賞品 상품 (しょうひん)		

2228

償

중학 \| N1급 \| 1450위

사람(亻)에게 상(賞)을 주는 것은 결국 그 사람이 들인 노력/시간/결과를 구체적인 무언가로 갚아 주는 보상인 거죠?

갚을 상·보상할 상

17획 償 償 償 償 償 償 償 償 償 償 償 償 償 償 償 償 償

음독	しょう [2순위]	償還 상환 (しょうかん) 賠償 배상 (ばいしょう)	補償 보상 (ほしょう) 弁償 변상 (べんしょう)
훈독	[つぐな]う	償(つぐな)う ⓐ 보상하다, 변상하다 ⓑ (구체적인 행위를 통해) 속죄하다 → 償(つぐな)い 보상, 보답, 속죄	

41

'서다'의 파생 [20자]

268 立: 바로 설 립 ▶ 粒 拉

0110 立	바로 설 립		1학년 | N4 | 45위
해설	땅(一)에 사람(亠)이 똑바로 서 있는 모습을 본떠		
음독	[りつ] 自立 자립 (じりつ)	[りゅう] * 建立 절/신사 (こんりゅう)	
파생	**1167** 位 위치 위 [い]　　**1168** 泣 울 읍 [きゅう]		

2229

중학 \| N2급 \| 1561위

쌀밥(米)의 낱알이 하나하나 똑바로 서(立) 있으니

낱알 립 · 입자 립

11획 粒 粒 粒 粒 粒 粒 粒 粒 粒 粒 粒

음독	りゅう	3순위	粒子 입자 (りゅうし)	顆粒 과립 (かりゅう)
훈독	つぶ		粒(つぶ) 낱알	→ 米粒(こめ・つぶ) 쌀알

잠깐만요
- 음독[りゅう]이 한국 발음[립]과 많이 다르니 주의하세요.

2230

拉

중학 \| 급수 외 \| 1713위

가만히 서(立) 있는 상대의 입을 뒤에서 손(扌)으로 틀어막고 끌고 가 납치하니

끌고 갈 랍 · 납치할 랍

8획 拉 拉 拉 拉 拉 拉 拉 拉

음독	ら	3순위	拉致 납치 (らち/らっち)

잠깐만요
- 「拉致」 외에는 파생 어휘가 거의 없어요.
- 간혹 옛날 서적 등에서 라틴계 · 라틴어 등을 한자로 표기해서 「拉丁(ラテン)」이라고 쓰는 경우가 있으니 참고하세요.

1178 咅	갈라질 부		부수자
해설	지휘관이 단상에 서서(立) 입(口)으로 외치는 말 한마디에 부대별로 모두 갈라지니		
파생	**1179** 部 나눌 부[ぶ]　　**1180** 倍 곱절 배 [ばい]		

2231

剖

중학 | N1급 | 2293위

부위별로 갈라지도록(咅) 칼(刂)로 째서 해부하고 부검하니

쨀 부 · 해부할 부

10획

음독	**ぼう**	4순위	剖検 부검 (ぼうけん)	解剖 해부 (かいぼう)

| 잠깐만요 |
· 파생 어휘는 위의 두 단어 정도입니다.

2232

培

중학 | N1급 | 1882위

농지(土)에 찌꺼기를 가르고(咅) 갈아 만든 비료를 부어 땅의 기운을 북돋고 시간과 공을 들여 작물을 배양하니

북돋을 배 · 배양할 배

11획

음독	**ばい**	4순위	培養 배양 (ばいよう)	栽培 재배 (さいばい)
훈독	**[つちか]う**		培(つちか)う (식물/힘/정신 등을) 시간을 들여 기르다, 배양하다	

2233

陪

중학 | N1급 | 2466위

언덕(阝)이 갈라지듯(咅) 인파가 갈라지며 높은 분을 모시는 행렬이 나타나니

모실 배

11획 陪 阝咅 陪 阝咅 陪 陪 陪 陪 陪 陪 陪

음독	**ばい**	4순위	陪審員 배심원 (ばいしんいん)　*陪観 배관 (ばいかん) 높은 분을 모시고 구경함

| 잠깐만요 |
· 「**1179** 部 나눌 부」와는 阝의 위치가 다르니 구분에 주의하세요.

2234

남의 재물(貝)을 갈라지게(咅) 해서 파손하면 배상금을 물어줘야 하니

물어줄 배 · 배상할 배

15획 賠賠賠賠賠賠賠賠賠賠賠賠賠賠賠

| 음독 | ばい | [4순위] | 賠償 배상 (ばいしょう) |

중학 | N1급 | 2162위

| 잠깐만요 |
• 「賠償」 외에는 파생 어휘가 거의 없어요.

---

270 音: 소리 음 ▶ 韻憶臆彰

1169 音	**소리 음**		1학년	N3	221위
해설	일어서서(立) 자세를 잡고 크게 말하듯(曰) 내는 소리이니	
음독	[おん] 音声 음성 (おんせい)	[いん] 母音 모음 (ぼいん)
파생	**1170** 暗 어두울 암 [あん]	

2235

말소리(音)에 사람들(員)이 운율과 가락을 넣어 시를 짓거나 노동요를 부르니

0450 員: 사람 원 · 인원 원

가락 운 · 운율 운

19획 韻韻韻韻韻韻韻韻韻韻韻韻韻韻韻韻韻韻韻

중학 | N1급 | 2495위

| 음독 | いん | [2순위] | 韻律 운율 (いんりつ) | 韻脚 운각 (いんきゃく) |
| | | | 音韻 음운 (おんいん) | 余韻 여운 (よいん) |

| 잠깐만요 |
• 「韻」은 '말소리의 가락/리듬'을 뜻하는 말로, 한시 등에서 주로 쓰이는 용어입니다. 그래서 파생 어휘의 다수가 일반 용어보다는 문학/한시/언어학 등에서 사용되는 특수 용어들이 많아요.
• 「韻脚」은 '한시 등의 글귀 끝에 다는 운자'를 말해요.

| 1171 | 意 | 뜻 의 | 3학년 | N3 | 82위 |

해설	소리(音)에는 마음속(心)으로 생각하는 뜻이 드러나니
음독	[い] 意味 의미 (いみ)　　　意志 의지 (いし)
파생	1172 億 억 억 [おく]

2236

憶

중학 | N1급 | 944위

| 비교 |
・おもう :
0301 思 vs 2236 憶 vs
0259 想 vs 0909 念

마음속(忄)에 뜻(意)깊게 새겨진 추억과 기억을 떠올리니

추억할 억 · 기억할 억

16획 憶 憶 憶 憶 憶 憶 憶 憶 憶 憶 憶 憶 憶 憶 憶 憶

| 음독 | おく 3순위 | 記憶 기억 (きおく)　　　追憶 추억 (ついおく) |
| 훈독 | [おも]う | ▼ 憶(おも)う (추억을) 회상하다, (기억을) 떠올리다 |

| 잠깐만요 |
・「おもう」의 한자 표기와 의미 구분
 － 思う : (머리+마음) 생각하다, 느끼다, 마음먹다 등 파생 의미 전반
 － ▽ 想う : (마음으로 생각하다: 강한 감정 →) 그리다, 떠올리다, 생각하다
　　　예 彼女(かのじょ)のことを想(おも)うと夜(よる)も眠(ねむ)れない。
　　　　　그녀를 생각하면 밤에도 잠들 수 없다.
 － ▼ 憶う : (잊지 않고 마음에 그리다: 기억 →) 회상하다, 떠올리다
　　　예 楽(たの)しかったあのころを憶(おも)う 즐거웠던 그 시절을 회상하다
 － ▼ 念う : (흔들림 없이 상대를 생각하다: 신앙 →) 믿다
　　　예 神仏(しんぶつ)を念(おも)う (일본의) 신과 부처를 믿다
・→ 「想・憶・念」은 의미를 구체적으로 구분하기 위해 쓰는 일종의 추가적인 표기 옵션(시험/공문서×)
　입니다. 일반적으로는 「思う」를 쓰면 됩니다.

2237

臆

중학 | 급수 외 | 순위 외

머리가 아닌 몸(月)이 가진 의지(意)에만 따르면 겁만 많아져서 주눅 들고, 자기를
지키기 위해 억지로 끼워 맞춰 생각하다 보면 억측만 하게 되죠?

가슴 억 (→ ① 억지 생각 억 · 억측 억　② 겁낼 억)

17획 臆 臆 臆 臆 臆 臆 臆 臆 臆 臆 臆 臆 臆 臆 臆 臆 臆

| 음독 | おく 3순위 | ①臆測 억측 (おくそく)　　②*臆病 억병 겁이 많음 (おくびょう) |
| | | ①臆説 억설 (おくせつ)　　② 臆(おく)する 겁내다, 주눅 들다 |

| 잠깐만요 |
・「臆」의 기본 의미는 '가슴(月)으로 하는 생각(意)'입니다. '가슴으로 하는 생각 → 이성적인 분별 없이
　마음 가는 대로 제멋대로 생각하는 것 → 억지/억측(臆測)'으로 파생되었다고 이해하세요.
・「臆病(おくびょう)」는 '마음 가는 대로 하지 못하는 병'에 걸린 듯한 모양새를 나타내기 때문에 '겁쟁
　이'라는 의미가 돼요.
・「臆」자는 2010년에 상용한자에 추가되었어요. 그래서 일부 어휘는 그 이전부터 상용한자였던
　「憶 추억할 억 · 기억할 억」으로 대체 사용되던 관습적 표기가 지금도 남아 있어요.
　예 억측: 臆測＝憶測　　억설: 臆説＝憶説

| 1173 | 章 | 문장 장·글 장 | 3학년 | N2 | 690위 |

해설	짧은 소리(音)가 열(十) 개 정도 모여 만들어진 문장이니
음독	[しょう] 文章 문장 (ぶんしょう)　　勲章 훈장 (くんしょう)
파생	1174 障 막을 장[しょう]

2238

중학 | N1급 | 1807위

빼어난 글과 문장(章)은 나무나 쇠에 털(彡)처럼 세밀하게 파고 새겨서 세상에 널리 알리니(표창)　　　　　　　　　　　彡: 터럭 삼

알릴 창·표창 창

14획 彰 彰 彰 彰 彰 彰 彰 章 章 章 章 彰 彰 彰

음독	しょう [4순위]	表彰 표창 (ひょうしょう) 남의 공적을 세상에 알림 *顕彰 현창 (けんしょう) 숨은 선행을 알림

| 잠깐만요 |
• 위의 두 단어에만 사용됩니다.

---

271 帝: 제왕 제 ▶ 帝 諦 締

2239

중학 | N1급 | 933위

가장 높은 곳에 우뚝 서서(立) 그 권력으로 온 세상을 덮고(冖) 오로지 천(巾)으로 깔아 놓은 길로만 걸음을 옮기던 제왕/황제 이니　　　　　　　　　　　　　　　　　巾: 수건 건·천 건

제왕 제·황제 제

9획 帝 帝 帝 帝 帝 帝 帝 帝 帝

음독	てい [1순위]	帝王 제왕 (ていおう)　　　帝都 제도 제국의 수도 (ていと) 帝国 제국 (ていこく)　　　皇帝 황제 (こうてい)

2240

중학 | 급수 외 | 3320위

제왕(帝)의 말(言)은 무엇이든 체념하고 따라야 하니

단념할 체·체념할 체

16획 諦 諦 諦 諦 諦 諦 諦 諦 諦 諦 諦 諦 諦 諦 諦 諦

음독	てい [4순위]	諦念 체념 (ていねん)　　　要諦 요체 (ようてい)
훈독	[あきら]める	諦(あきら)める 체념하다, 단념하다 → 諦(あきら)め 체념, 단념

締

중학 | N1급 | 1020위

|비교|
· しまる · しめる :
0778 閉 vs 2241 締 vs
1753 絞

제왕(帝)과의 연줄(糸)로 맺는 계약은 무조건 성공해야 하니 아랫사람들을 단속하고
바싹 졸라매게 되죠?

① 옥죌 체 · 꽉 졸라맬 체 ② 맺을 체 · 체결할 체

15획 締 締 締 締 締 締 締 締 締 締 締 締 締 締 締

음독	てい	4순위	② 締結 체결 (ていけつ)	② 締約 체약 (ていやく)
훈독	[し]まる		締(し)まる ⓐ 단단히 조이다, 졸라지다 ⓑ 야무지다, 견실하다 → 戸締(と·じま)り 문단속	
	[し]める		締(し)める 바싹 조르다, 죄다, 졸라매다 → 締(し)め括(く)くる ⓐ 꽉 묶다 ⓑ 단속하다 ⓒ 매듭짓다, 결말 짓다 締(し)め切(き)る 마감하다　　締切(しめきり) 마감	

|잠깐만요|
· '① (끈/마음/태도/재정 상태 등) 느슨해진 것을 꽉 조이는 것' → '② 서로의 말을 약속으로 단단히
옥죄다 → 체결, 체약'이라는 의미 파생이에요.
· 「締切」는 필기 때 기호 「〆(しめ)」로 쓰는 경우가 많아요. **예** しめきり: 締切 → 〆切
· 「しまる · しめる」의 한자 표기와 의미 차이
  - 締まる · 締める: 물리/추상적으로 바싹 죄고 압박하여 느슨한 곳이 없어지게 하는 행위 전반
  - 絞まる · 絞める: 가는 종류의 끈/띠 등으로 바싹 옥죄는(압박하는) 행위. 「締」로도 표기 가능
  - 閉まる · 閉める: 문/뚜껑 등을 닫는 행위

---

272 商: 근원 적 ▶ 嫡摘滴

1181 商	근원 적 · 밑동 적	부수자
해설	굳건히 서 있는 성(立+冂)이 오래도록(古) 버티게 하는 근원은 깊이 박힌 밑동이니	
파생	1182 敵 적 적 · 원수 적[てき]　1183 適 알맞을 적 · 적당할 적[てき]	

嫡

중학 | N1급 | 2443위

여자(女) 중 가문의 근원(商)을 이어가는 이는 정실부인이니

정실 적

14획 嫡 嫡 嫡 嫡 嫡 嫡 嫡 嫡 嫡 嫡 嫡 嫡 嫡 嫡

음독	ちゃく	3순위	嫡孫 적손장손 (ちゃくそん)　　嫡室 적실정실 (ちゃくしつ) 嫡出 적출본처의 자식 (ちゃくしゅつ)

2243

摘

중학 | N1급 | 1152위

손(扌)을 뻗어 꽃의 근원(啇)이 되는 밑동부터 손끝으로 집어 뽑아내니

딸 적·뽑을 적

14획 摘摘摘摘摘摘摘摘摘摘摘摘

음독	てき [3순위]	摘出 적출 (てきしゅつ)	摘示 적시 (てきし)
		摘発 적발 (てきはつ)	指摘 지적 (してき)
훈독	[つ]む	摘(つ)む 뜯다, 따다 → 摘(つ)み取(と)る 손끝으로 따다, 뜯다
	[つま]む	▽摘(つま)む ⓐ (손가락/젓가락 등으로) 집다, 집어 먹다 ⓑ 요약하다, 발췌하다 → つまみ ⓐ 손끝으로 집음, 한 꼬집 ⓑ [주로 おつまみ의 꼴로] (마른)안주, 안줏거리 ⓒ 손끝으로 잡고 돌리는 기구나 기계의 버튼 つまみ食(ぐ)いする ⓐ 손가락으로 집어 먹다 ⓑ 몰래 집어 먹다 ⓒ 〈비유〉 공금을 횡령하다 搔(か)い摘(つま)む 요점만 간추리다

| 잠깐만요 |
• 상용 외 한자인 「抓 꼬집을 조」와 훈독도 함께 알아 두세요. ▽抓(つね)る/抓(つめ)る 꼬집다

2244

滴

중학 | N2급 | 1913위

물(氵)의 근원(啇)은 한 방울의 작은 물방울이죠?

물방울 적

14획 滴滴滴滴滴滴滴滴滴滴滴滴滴滴

음독	てき [3순위]	水滴 수적물방울 (すいてき)	点滴 점적낙숫물 (てんてき)
훈독	しずく	滴(しずく) 물방울
	[したた]る	滴(したた)る (물 따위가) 방울져 떨어지다 → 滴(したた)り 물방울

| 잠깐만요 |
• 음독 어휘는 대부분 문어적이라 사용 빈도가 낮아요. 그중 사용 빈도가 높은 두 단어만 제시했어요.
• 「点滴」는 '점점이 떨어지는 물방울 = 낙숫물'을 뜻하는 단어예요. 하지만 일상에서 자주 쓰이는 의미는 「点滴注射(てんてき·ちゅうしゃ)」(수액/링거)의 약어예요. ⑩ 点滴(てんてき)を打(う)つ 링거를 맞다

---

273 辛: 괴로울 신 ▶ 宰執摯薪

1185 辛	① 괴로울 신·쓰릴 신 ② 매울 신		중학	N2	1235위
해설	매운 고추를 머금고 서서(立) 오래(十) 버티듯 쓰리고 괴롭고 매우니		
음독	[しん] 辛辣 신랄 (しんらつ)	香辛料 향신료 (こうしんりょう)	

宰

중학 | N1급 | 1791위

나라(宀) 안의 모든 일을 머리를 싸매고 괴로워하며(辛) 관리 감독(주재)하던 재상이니

재상 재

10획	宰宰宰宰宰宰宰宰宰宰

음독	さい 〔4순위〕	宰相 재상 (さいしょう)	主宰 주재 (しゅさい)

幸

행복 행　　　　　　　　　　　　　　　　　　3학년 | N2 | 545위

해설	괴로움(辛)과 행복은 백지 한(一) 장 차이이니
음독	[こう] 幸運 행운 (こううん)　　幸福 행복 (こうふく)
파생	1187 報 알릴 보 · 갚을 보 [ほう]　1188 達 도달할 달 · 통달할 달 [たつ]

執

중학 | N1급 | 1055위

손을 둥글게(丸) 말아 행복(幸)을 꽉 붙잡기 위해 맡은 바 직무를 집착적으로 집행해 나가니　　　　　0180 丸: 둥글 환

(꽉) 붙잡을 집 · 집착/집행할 집

11획	執執執執執執執執執執執

음독	しゅう 〔2순위〕	執着 집착 (しゅうちゃく)　執念 집념 (しゅうねん) 我執 아집 (がしゅう)　偏執狂 편집광 (へんしゅうきょう)
	しつ 〔3순위〕	執拗 집요 (しつよう)　執行 집행 (しっこう) 執筆 집필 (しっぴつ)
훈독	[と]る	執(と)る ⓐ (직무/지휘/펜을) 잡다, 맡다　ⓑ 강건히 주장하다 → 執(と)り行(おこな)う 거행하다, 집행하다

| 비교 |

• とる:
0540 取 vs 1595 撮 vs
0560 採 vs 1981 捕 vs
2246 執 (vs 1738 盗 vs
1478 獲 vs 1544 摂)

| 잠깐만요 |

• 「とる」의 한자 표기와 의미 구분
 - 取る: (취득) ▷ ⓐ 잡다, 다루다(파생: 採/捕/執/撮) ⓑ 취하다, 얻다(파생: 獲/摂/盗)
 - 採る: (채취/채택) ▷ ⓐ 채집/채취하다 ⓑ 채택/채용하다
 - 捕る: (체포/포수) ▷ (움직이는 물체 등을) 잡다, (범인 등을) 잡다/체포하다
 - 執る: (집무/집사) ▷ 업무를 보다, 지휘를 잡다
 - 撮る: (촬영) ▷ (사진/영상 등을) 찍다
 - ▽獲る: (포획) ▷ (사냥감/물고기 등을) 잡다
 - ▽摂る: (섭취) ▷ (영양분을) 섭취하다
 - ▽盗る: (도난) ▷ (남의 것을) 훔치다, 빼앗다
 →「とる」는 대부분 「取る」로 표기할 수 있어요. 하지만 의미가 다양하기 때문에 혼란을 줄이기 위해 개별 의미를 한자로 구분해서 표시하는 게 일반적이에요. 괄호 속에 들어간 한자의 의미를 대입하면 구분이 편할 거예요.

2247

摯

중학 | 급수 외 | 2730위

집착적(執)일 정도로 손(手)으로 서류를 꼭 붙잡고 진지하게 임하는 모습이니

잡을 지 · 진지할 지

15획 摯 摯 摯 摯 摯 摯 摯 摯 摯 執 執 摯 摯 摯

음독 し 〔4순위〕 真摯 진지 (しんし)

|잠깐만요|
• 사실상 '진지(真摯)' 하나에 사용되는 한자인데, 그마저도 「真面目(まじめ)」를 쓰는 게 일반적이에요.

1189

新

새로울 신

2학년 | N4 | 69위

해설	우뚝 서(立) 있는 나무(木)를 도끼(斤)로 베는 것은 새로운 무언가를 만들기 위함이니
음독	[しん] 新人 신인 (しんじん)　　新規 신규 (しんき)
파생	**1190** 親 친할 친 · 부모 친 [しん]

2248

薪

중학 | N1급 | 2192위

풀잎(艹)이 무성하고 우뚝 서(立) 있는 나무(木)를 도끼(斤)로 베어 말려서 땔감으로 쓰는 장작이니

장작 신

16획 薪 薪 薪 薪 薪 薪 薪 薪 薪 薪 薪 薪 薪 薪 薪 薪

| 음독 | しん 〔4순위〕 | *薪炭 신탄 땔나무와 숯 (しんたん)
臥薪嘗胆 와신상담 (がしん・しょうたん) |
| 훈독 | たきぎ | 薪(たきぎ) 땔나무, 장작 ＝ ▽薪(まき) |

42

'꿇다'의 파생 [17자]

274 卩: 무릎 꿇을 절 ▶ 氾範

0112 巳/卩	무릎 꿇을 절		부수자
해설	무릎을 꿇고 몸을 웅크린 모습이니		
파생	1160 犯 범할 범 [はん]　1161 厄 불운할 액 [やく]　1162 危 위험할 위 [き]		
	1163 卽 바로 즉 [そく]　1165 印 도장 인 [いん]　0918 命 목숨 명 [めい/みょう]		

2249

氾

중학 | 급수 외 | 2862위

강물(氵)이 둑이나 제방을 흘러넘쳐(卩) 범람하니

卩: 무릎 꿇을 절(여기서는 흘러넘치는 모양)

흘러넘칠 범 · 범람할 범

5획　氾氾氾氾氾

음독	はん	4순위	氾濫 범람 (はんらん)	氾濫原 범람원 (はんらんげん)

| 잠깐만요 |
• 「氾濫」에만 쓰이는 한자이니 어휘째 학습하세요.
• 「1160 犯 범할 범 · 어길 범」과의 구분에 주의하세요.

2250

範

중학 | N1급 | 1195위

대나무(竹)로 만든 창살을 수레(車)에 얹고 그 안에 무릎 꿇린(卩) 죄인을 태워 법의 범위를 넘으면 어찌 되는지를 본보기로 보여 주니

① 본보기 범 · 규범 범　② 틀 범 · 범위 범

15획　範範範範範範範範範範範範範範範

음독	はん	3순위	① 範例 범례 (はんれい)	① 規範 규범 (きはん)
			① 模範 모범 (もはん)	① 師範 사범 (しはん)
		4순위	② 範囲 범위 (はんい)	② 範疇 범주 (はんちゅう)

| 잠깐만요 |
• 의미를 세분화하여 제시했어요.

2251 ● 부수자

夗

아침부터 저녁(夕)까지 무릎 꿇고(已) 벌을 서는 모습이니

夕: 저녁 석

벌설 원

5획 夗 夗 夗 夗 夗

| 잠깐만요 |
• 본래 '뒹굴다'는 뜻을 가진 부수자지만, 파생 어휘와의 의미 정합성을 위해 저자가 재정의했어요.

2252

怨

중학 | 급수 외 | 2033위

| 비교 |
• うらむ: **2293** 恨 vs
　2252 怨 vs **1791** 憾

벌서는(夗) 아이는 대개 마음속(心)으로는 상대를 미워하고 원망하죠?

원망할 원 · 원한 원

9획 怨 怨 怨 怨 怨 怨 怨 怨 怨

음독	えん	3순위	怨恨 원한 (えんこん)	宿怨 숙원 (しゅくえん)
			*私怨 사원·사적인 원한 (しえん)	
	おん	4순위	怨念 원념 (おんねん)	怨霊 원령 (おんりょう)
훈독	[うら]む		▽怨(うら)む 원한을 가지다, 증오하다 → 怨(うら)み 원한, 증오 cf) 恨(うら)む 분하게 여기다, 원망하다 → 恨(うら)み 원망, 앙심	

| 잠깐만요 |
• 「えん」으로 읽는 어휘는 그 수는 많지만 「おん」으로 읽는 어휘보다 대부분 사용 빈도가 낮습니다. 단, 「怨恨」「宿怨」은 사용 빈도가 높으니 꼭 익혀 두세요.
• 「うらむ」(원망하다, 분하게 여기다)는 상용 표기상 「恨む」로 쓰는 게 원칙이지만(시험/공문서), 관습적으로 '복수하고 싶을 만큼 원한/증오를 품다'라는 의미를 구체적으로 나타내기 위해 「怨む」를 선택적으로 사용하기도 합니다.

2253

宛

중학 | N1급 | 1830위

집(宀)에 있는 죄를 지어 벌 받을(夗) 이 앞으로 법원에서 소환장을 보내니

~앞으로 보낼 완 · 수신인 완

8획 宛 宛 宛 宛 宛 宛 宛 宛

훈독	[あ]てる	宛(あ)てる (편지 등을) ~앞으로 보내다 → ~宛(あて) (편지/메일) ~앞 宛先(あてさき) 수신인(처)　　宛名(あてな) 수신인명
	[あ]てがう	▽宛(あ)てがう ⓐ (요구 전에) 알아서 생각해서 주다, 할당하다 　　　　　　ⓑ (어느 물건을 어느 물건에) 바싹 대다
	~ずつ	▼宛(ずつ) [수량+] ~씩　　→ 一個(いっこ)ずつ 하나씩

| 잠깐만요 |
• 보통 '굽을 완'으로 기술합니다. 하지만 '완연하게 굽다'의 의미로 쓰이는 어휘는 일본어에서 극소수이며, 해당 의미의 일부 어휘들조차 한자 표기를 하지 않는 것이 일반적입니다.

2254

腕

중학 | N2급 | 765위

몸(月)에서 상대에게 보내는(宛), 즉 뻗는 기관은 팔이죠?

① 팔 완 ② 실력 완·수완 완

12획 腕 腕 腕 腕 腕 腕 腕 腕 腕 腕 腕 腕

음독	わん	3순위	① 腕力 완력 (わんりょく)	① 腕章 완장 (わんしょう)
			① 鉄腕 철완 (てつわん)	① 前腕 전완 (ぜんわん)
		4순위	② 手腕 수완 (しゅわん)	② 敏腕 민완 (びんわん)
훈독	うで		腕(うで) ⓐ 팔 ⓑ 완력 ⓒ 실력 → 腕前(うで·まえ) 솜씨, 역량 腕相撲(うで·ずもう) 팔씨름 腕利(うで·き)き 솜씨, 능력이 뛰어남 ＝ 敏腕(びんわん)	

| 잠깐만요 |
• 참고로 '오른손잡이' '왼손잡이'는 각각 「右利(みぎ·き)き」 「左利(ひだり·き)き」라고 합니다.

---

276 去: 갈 거 ▶ 却脚蓋

0330

去

갈 거·사라질 거

3학년 | N3 | 544위

해설	땅(土) 아래 사사로이(厶) 묻힌 이는 세상을 떠나 사라진 사람이니 厶: 사사로울 사
음독	[きょ] 消去 소거 (しょうきょ) [こ] 過去 과거 (かこ)
파생	**0331** 法 법 법 [ほう]

2255

却

중학 | N1급 | 1420위

무릎 꿇린(卩) 적을 눈앞에서 사라지도록(去) 걷어 치워 없애 버리니

걷어 치울 각·없애 버릴 각

7획 却 却 却 却 却 却 却

| 음독 | きゃく | 1순위 | 却下 각하 (きゃっか) 忘却 망각 (ぼうきゃく) 冷却 냉각 (れいきゃく) | *返却 반각반환 (へんきゃく) 退却 퇴각 (たいきゃく) 売却 매각 (ばいきゃく) |
| 훈독 | [かえ]って | | ▼却(かえ)って 〈역접〉 도리어, 오히려 | |

2256

몸(月)에서 걷어차는(却) 데 쓰이는 부위는 몸을 받치는 토대인 다리이니

다리 각 · 토대 각

11획 脚 脚 脚 脚 脚 脚 脚 脚 脚 脚 脚

중학 | N1급 | 1108위

음독	きゃく [2순위]	脚色 각색 (きゃくしょく)	脚本 각본 (きゃくほん)
		脚注 각주 (きゃくちゅう)	立脚 입각 (りっきゃく)
		失脚 실각 (しっきゃく)	三脚 삼각 (さんきゃく)
	きゃ [4순위]	脚絆 각반 (きゃはん)	*脚立 각립접사다리 (きゃたつ)
		*行脚 행각도보여행 (あんぎゃ)	
훈독	あし	脚(あし) 다리	cf) 足(あし) 발

2257

위를 덮고 있는 풀(艹)처럼 제거해야(去) 밑에 깔린 접시(皿)가 드러나는 뚜껑/덮개이니

덮을 개

13획 蓋 蓋 蓋 蓋 蓋 蓋 蓋 蓋 蓋 蓋 蓋 蓋 蓋

중학 | 급수 외 | 1766위

음독	がい [2순위]	蓋然性 개연성 (がいぜんせい)	蓋世 개세 (がいせい)
		頭蓋骨 두개골 (ずがいこつ)	口蓋音 구개음 (こうがいおん)
훈독	ふた	蓋(ふた) 뚜껑	→ 蓋開(ふた・あ)け 개시

277 卸: 잘게 풀어낼 사 ▶ 卸 御

2258

화살(丿)처럼 뽀족한 날이 선 강판 위에 큰 덩어리 하나(一)를 멈추어(止) 얹고 무릎 꿇고(㔾) 앉아 갈아서 잘게 풀어내니

(잘게) 풀어낼 사 (→ ① 강판에 갈다 ② 도매하다)

9획 卸 卸 卸 卸 卸 卸 卸 卸 卸

중학 | N1급 | 2570위

훈독	[おろ]す	卸(おろ)す ⓐ 도매하다 ⓑ 강판에 갈다
		→ 卸(おろ)し 강판에 간 것
		卸(おろ)し大根(だいこん) 갈아낸 무
		卸売(おろし・う)り 도매 ↔ 小売(こ・う)り 소매

| 잠깐만요 |
· '① 강판에 가는 것'은 하나의 덩어리를 갈아서 잘게 풀어내는 행위이고, '② 도매하다'는 산지에서 한곳에 모은 것을 여러 소매상에게 잘게 나누어 파는 행위죠?

2259

御

중학 | N3급 | 349위

황제 앞으로 나아가(彳) 세상의 문제를 하나하나 풀어내(卸) 어찌 다스려야 할지 정중한 말을 올리니

彳: 조금 걸을 척

① '황제의~' 어 · 높일 어   ② 다스릴 어

12획 御 御 御 御 御 彳 彳 彳 御 御 御 御

음독	ご [1순위]	① 御殿 어전 (ごてん)	①*御免 어면용서 (ごめん)
		① 御用 어용용무 (ごよう)	①*姉御 자어누님 (あねご)
	ぎょ [2순위]	①*御意 어의분부 (ぎょい)	②*御者 어자마부 (ぎょしゃ)
		② 防御 방어 (ぼうぎょ)	② 制御 제어 (せいぎょ)
훈독	おん~	御の字(おんのじ) 〈속어〉 예상보다 괜찮음, 감지덕지 御曹司(おんぞうし) 명문가 자제 御中(おんちゅう) 귀중(우편물을 받을 회사/단체를 높이는 말)
	예외	御辞儀(おじぎ) ⓐ (머리 숙여) 인사함 ⓑ 사퇴, 사양

| 잠깐만요 |

- 「御」는 '① 아주 높으신 분 = 신/황제/천황'이라는 의미가 기본입니다. 그래서 음독 어휘는 대부분이 '천황의~, 임금의~'를 나타내는 문어적 어휘입니다. 더하여 접두어로 '수식하는 명사를 높이는 말'로 쓰이기도 해요.
- 「ごめん」은 '면(免)하다를 높이는 말(御)'이란 의미입니다. '(죄를) 면해 주다 → ⓐ 용서, 실례' '(따라야 하는 것을) 면해 주다 → ⓑ 거절하다, 싫어하다, 질색하다'가 됩니다.
  - 例 ⓐ ごめんなさい 죄송합니다   ごめんください 실례합니다
  - ⓑ ～は(もう)ごめんだ ～는 (이제) 싫다, 질색이다   ごめん(を)こうむる 거절하다, 싫다
- 사용 빈도가 낮은 독특한 훈독으로 「み」가 있습니다. 일부 용어에서 '귀인의~, 신의~'라는 접두어로 사용되지만 한자 표기를 하지 않는 경우가 많은 특수 표현이니 참고만 하세요.
  - 例 御髪(みぐし) 두발(목/머리의 극경칭)   御先(みさき) 귀인의 행렬에 가장 앞에 서는 자

---

278 卬: 높을 앙 ▶ 卬仰抑迎

2260 ● 부수자

卬

숟가락 (匕→乚) 하나도 무릎 꿇고(卩) 건네야 할 만큼 높은 존재이니

높을 앙

4획 卬 卬 卬 卬

| 잠깐만요 |

- 「卬」에 가로획 하나를 더하면 「 1165 印 도장 인」, 세로획 하나를 더하면 「 2264 卯 토끼 귀 묘」가 됩니다. 형태는 비슷하지만 모두 의미가 전혀 다르니 특히 주의하세요.
- 헷갈리는 부수의 차이 (乚 vs 匚 vs ∃ vs ∫ vs 乚) ☞ 첫째마당 02-②b(p.26) 참조

仰

중학 | N1급 | 1026위

사람(亻)은 높은(卬) 존재나 장소를 우러러보니

우러를 앙

6획 仰 仰 仰 仰 仰 仰

음독	ぎょう	3순위	*仰天 앙천 (ぎょうてん) 몹시 놀람 *仰望 앙망 (ぎょうぼう) 자신의 요구가 실현되길 바람
	こう	4순위	信仰 신앙 (しんこう)
훈독	[あお]ぐ		仰(あお)ぐ 우러러보다 → 仰向(あお・む)け 얼굴이 위를 보도록 눕거나 젖히는 자세 　　　↔ 俯(うつぶ)せ 엎드려 누움
	[おお]せられる		仰(おお)せられる 분부하시다 → 仰(おお)せ 분부, 명령, 말씀 　仰(おお)せ言(ごと) 분부의 말씀
	[おっしゃ]る		▼仰(おっしゃ)る 말씀하시다

抑

중학 | N1급 | 1189위

|비교|
· おさえる:
1492 押 vs 2262 抑

높은(卬) 곳에서 손(扌)으로 억눌러 움직이지 못하게 억제하니

억누를 억 · 억제할 억

7획 抑 抑 抑 抑 抑 抑 抑

| 음독 | よく | 3순위 | 抑圧 억압 (よくあつ)　　　抑揚 억양 (よくよう)
抑制 억제 (よくせい)　　　抑止 억지 (よくし) |
| 훈독 | [おさ]える | | 抑(おさ)える (추상적인 것/감정/욕망 등을) 억누르다, 억제하다
cf) 押(お)さえる (물리적으로) (억)누르다 |

迎

중학 | N3급 | 827위

높은(卬) 분이 오시는(辶) 것을 마중 나가 영접하니　　　　辶: 쉬어 갈 착

맞이할 영 · 영접할 영

7획 迎 迎 迎 迎 迎 迎 迎

| 음독 | げい | 3순위 | 迎接 영접 (げいせつ)　　　　　*迎撃 영격요격 (げいげき)
歓迎 환영 (かんげい) |
| 훈독 | [むか]える | | 迎(むか)える ⓐ 맞이하다　ⓑ 마중하다
→ 迎(むか)え 맞이, 마중
迎(むか)え撃(う)つ 요격하다　　　迎(むか)え酒(ざけ) 해장술
出迎(で・むか)える 마중 나가다 → 出迎(で・むか)え 마중 |

2264 ◐ 제부수

卯

N1급 | 2600위

두 개의 토끼 귀를 본떠

① 토끼 귀 묘 ② 음력 4월 묘

5획 卯 卯 卯 卯 卯

훈독	う	卯月(うづき) 음력 4월	卯波(うなみ) 음력 4월에 이는 파도

| 잠깐만요 |
- 파생 어휘는 모두 '음력 4월' 혹은 '12간지 중 네 번째(자축인묘 진사오미 신유술해)'를 의미하는데, 현대에는 거의 사용되지 않으니 참고만 하세요.
- 「卯」의 내부에 점을 하나씩 찍으면 「**1166** 卵 알 란」이 됩니다. 이는 「卵」 자가 원래 토끼의 귀처럼 생긴 두 덩어리의 사마귀나 생선의 알주머니를 그린 한자였기 때문이에요.

2265

柳

중학 | N1급 | 919위

나뭇가지(木)가 토끼귀(卯)처럼 처지며 흐드러진 버드나무이니

버드나무 류

9획 柳 柳 柳 柳 柳 柳 柳 柳 柳

음독	りゅう 3순위	花柳界 화류계 (かりゅうかい)	*川柳 천류센류 (せんりゅう)
훈독	やなぎ	柳(やなぎ) 버드나무	

| 잠깐만요 |
- 「川柳(せんりゅう)」는 에도 시대 중기에 「前句付(まえくづけ)」에서 독립된 5·7·5의 3구 17음으로 된 짧은 시를 말해요.

질문 있어요

相撲(すもう)처럼 자꾸만 등장하는 예외 발음들은 대체 뭐예요?

「明日(あす)」, 「相撲(すもう)」, 「海女(あま)」와 같이 한자의 음훈독과 무관하게 한자의 조합이 하나의 단어로 인정되며 독자적인 예외 발음을 가지는 것을 「**熟字訓(じゅくじくん: 숙자훈)**」이라고 해요. **숙자훈**은 '**기존에 존재하는 단어**'에 **뜻이 통용되도록 한자 조합을 만들어 부여하는 일본어 특유의 한자 사용입니다.** 예를 들면 「すもう」의 경우, 「すもう」라는 발음으로 불리는 운동 경기를 표기하기 위해 '서로(相) 때리는(撲) 경기'와 같은 식으로 한자를 조합해서 붙이는 거죠. 일부는 외래어에서도 종종 볼 수 있는데, 「タバコ / 煙草」(담배), 「ボタン / 釦」(버튼), 「ページ / 頁」(페이지) 등이 있어요. **그렇다고 모든 예외 발음이 모두 숙자훈은 아니에요.** 예를 들어 「寿司(すし)」와 같은 단어는 음식인 「すし」의 의미와는 전혀 무관하게 운이 좋으라고 좋은 의미를 지닌 한자를 무의미하게 갖다 붙인 「**当て字(あてじ)**」랍니다. 사실 학습자의 입장에서는 「**熟字訓**」인가 「**当て字**」인가 하는 구분은 중요하지 않아요. 중요한 것은 '일본어가 의미/발음과 상관없이 한자를 무척이나 다채롭게 사용한다는 특성이 있다'는 것을 이해하는 거예요.

43 '가다 · 달리다'의 파생 [27자]

280 ᄮ: 걸을 과 ▶ 舛 傑 瞬 舞 隣 憐

0106	ᄮ	걸을 과	부수자

해설	걷고 나서 찍혀 있는 발자국의 모습을 본떠

2266 ● 부수자

舛

저녁(夕)이 되면 지쳐서 발걸음이 똑바르지 않고(ᄮ) 어긋나 찍힌 발자국으로 혼잡하죠?

夕: 저녁 석 ᄮ: 걸을 과(ᄮ)를 거꾸로 뒤집은 모양

어긋날 천 · 혼잡할 천

6획 舛 舛 舛 舛 舛 舛

2267

傑

중학 | N1급 | 1810위

혼잡한(舛) 세상에서 홀로 나무(木)처럼 굳건한 걸출하고 뛰어난 인물(亻)을 호걸이라 하죠?

뛰어날 걸 · 걸출할 걸

13획 傑 傑 傑 傑 傑 傑 傑 傑 傑 傑 傑 傑

음독	けつ	3순위	傑物 걸물 (けつぶつ)	傑作 걸작 (けっさく)
			傑出 걸출 (けっしゅつ)	豪傑 호걸 (ごうけつ)

중학 | N1급 | 814위

눈(目)을 눈꺼풀(⺤)이 덮어(一) 눈 주변 피부가 어긋나(舛) 주름을 만들며 순간적으로 감았다 뜨며 눈을 깜빡이니
⺤: 손톱 조(여기선 눈꺼풀과 눈썹의 모양)

눈 깜빡일 순 · 순간 순

18획 瞬 瞬 瞬 瞬 瞬 瞬 瞬 瞬 瞬 瞬 瞬 瞬 瞬 瞬 瞬 瞬 瞬 瞬

음독	しゅん [4순위]	瞬間 순간 (しゅんかん) 　　　　*瞬時 순시순식간 (しゅんじ) 瞬発力 순발력 (しゅんぱつりょく)　一瞬 일순 (いっしゅん)
훈독	[まばた]く	瞬(まばた)く ⓐ (눈을) 깜빡이다 ⓑ (별/등불이) 반짝거리다 → 瞬(まばた)き ⓐ (눈을) 깜빡임 ⓑ (별/등불이) 반짝임 　　瞬(まばた)く 間(ま) 순식간, 눈 깜짝할 새

無

없을 무

5학년 | N2 | 908위

해설	화살(⼃) 맞아 죽은 시체를 장작(卌) 위에 놓고 불(灬)로 태워 이젠 세상에 없음을 나타내니 卌: 장작을 쌓은 모습　⼃: 화살 시　灬: 불 화
음독	[む] 無料 무료 (むりょう)　　　　[ぶ] 無礼 무례 (ぶれい)

중학 | N3급 | 633위

정신없이(無) 발을 어긋나게(舛) 디디며 춤을 추는 무용이니

춤출 무 · 무용 무

15획 舞 舞 舞 舞 舞 舞 舞 舞 舞 舞 舞 舞 舞 舞 舞

음독	ぶ [1순위]	舞踊 무용 (ぶよう)　　　　　　舞台 무대 (ぶたい) 乱舞 난무 (らんぶ)　　　　　　演舞 연무 (えんぶ)
훈독	[ま]う	舞(ま)う ⓐ 춤추다 ⓑ 흩날리다, 떠돌다 → 舞(ま)い散(ち)る (잎/꽃 등이) 흩날리며 떨어지다 　　舞(ま)い上(あ)がる (공중으로) 날아오르다, 높이 떠오르다
	まい	舞(まい) 무용　　　　　　→ 舞姫(まい・ひめ) 무희

| 잠깐만요 |
- '안무(按舞)'는 보통 「振付(ふりつけ)」라는 별도의 어휘를 씁니다.
- 「舞う」는 벚꽃잎이 하늘하늘 '흩날리는' 배경에서 아름답게 추는 '무용'을 연상하세요. 역동적으로 추는 일반적인 춤은 보통 「踊り(おどり)」나 「ダンス」라고 해요.

2270

隣

중학 | N1급 | 999위

|잠깐만요|
「隣(とな)る」(이웃하다)라는
훈독이 있으나 거의 쓰이지
않습니다.

언덕(阝)에서 보면 쌀알(米)만 한 사람과 집들이 혼잡(舛)하게 다닥다닥 인접하여 붙어 있는 이웃이니

이웃 린 · 인접할 린

16획 隣 隣 隣 隣 隣 隣 隣 隣 隣 隣 隣 隣 隣 隣 隣 隣

음독	りん 〔2순위〕	*隣人 인인이웃 사람 (りんじん)　　隣接 인접 (りんせつ)
		*隣国 인국이웃 나라 (りんごく)　　近隣 근린 (きんりん)
훈독	となり	隣(となり) ⓐ 곁, 옆　ⓑ 이웃
		→ 隣合(となり・あ)わせ 서로 이웃 관계에 있음

|잠깐만요|
• 側(そば)　：[곁 →] 대상의 종류와 상관없이 기준과의 거리가 '(주관적으로) 아주 가까운' 것
• 横(よこ)　：[옆 →] 기준과 대상이 종류나 거리에 상관없이 기준의 좌우면 어디라도 가능
• 隣(となり)：[이웃 →] 기준과 대상이 비슷한 종류나 비슷한 크기, 정면에서 볼 때 '나란히' 또는
　　　　　　　　　'가까이' 붙어 있는 것 또는 그 자리

2271

憐

학년 외 | 급수 외 | 2328위

|비교|
• あわれむ：
　1919 哀 vs **2271** 憐

쌀알(米)만 한 어린애들이 혼잡(舛)한 세상에서 일하며 살아가는 짠한 모습을 보고 있 노라면 마음속(忄)에서 올라오는 연민이니

불쌍히 여길 련 · 연민 련

16획 憐 憐 憐 憐 憐 憐 憐 憐 憐 憐 憐 憐 憐 憐 憐 憐

음독	れん 〔4순위〕	憐憫 연민 (れんびん)　　　　　　可憐 가련 (かれん)
		哀憐 애련 (あいれん)
훈독	[あわ]れむ	▽ 憐(あわ)れむ 연민하다, 동정하다
		→ 憐(あわ)れみ 연민, 동정
		同病相憐(どうびょう・あい・あわ)れむ 동병상련

|잠깐만요|
• 「あわれむ」(불쌍히 여기다)는 상용 표기상 「哀れむ」로 표기하는 것이 원칙이지만(시험/공문서), 관
　습적으로는 연민, 동정의 표정이나 언행을 동반하는 경우를 강조할 때 선택적으로 「憐れむ」로 표기
　하기도 합니다.
　例 私(わたし)ほど哀(あわ)れな人間(にんげん)はいないだろう。
　　　나만큼 불쌍한 인간은 없을 것이다. 〈불쌍하다는 감정〉
　　　彼女(かのじょ)は憐(あわ)れむように僕(ぼく)を見(み)た。
　　　그녀는 불쌍하다는 듯 나를 보았다. 〈표정 동반〉

---

281 韋: 에워쌀 위 ▶ 偉違緯

1210 韋	에워쌀 위	부수자
해설	적을 둘러싸고(口) 발자국(舛)을 찍고 다니며 에워싸니	夂: 걸을 과
파생	**1211** 衛 지킬 위[えい]	

偉

중학 | N3급 | 1573위

사람(亻)들에게 에워싸여(韋) 칭송받고 추앙받는 **훌륭하고 위대한** 사람을 위인이라고 하죠?

훌륭할 위 · 위대할 위

12획 偉偉偉偉偉偉偉偉偉偉

음독	い	2순위	偉大 위대 (いだい)	偉業 위업 (いぎょう)
			偉人 위인 (いじん)	偉勲 위훈큰 공적 (いくん)
훈독	[えら]い		偉(えら)い ⓐ 훌륭하다 ⓑ 지위/신분이 높다 ⓒ 대단하다, 심하다 → 偉(えら)い人(ひと) ⓐ 훌륭한 분 ⓑ 높으신 분 ⓒ 엄청난 인파 偉(えら)い事(こと) 엄청난 사건, 대단한 사건
	[えら]ぶる		偉(えら)ぶる 잘난 체하다, 거들먹거리다, 뻐기다

違

중학 | N3급 | 255위

경찰이 사람을 에워싸서(韋) 연행해 가는(辶) 것은 뭔가 윤리에 **어긋난** 짓을 하거나 법을 위반한 경우죠?

어긋날 위 · 위반할 위

13획 違違違違違違違違違違違違

음독	い	2순위	違反 위반 (いはん)	違約金 위약금 (いやくきん)
			違法 위법 (いほう)	違和感 위화감 (いわかん)
훈독	[ちが]う		違(ちが)う ⓐ 다르다 ⓑ 틀리다 　　　　　　ⓒ [동사 연용형+] 교차하다, 엇갈리다 → 違(ちが)い 다름, 상이함　　　手違(てちが)い 착오, 차질 違(ちが)いない 틀림없다, 확실하다 間違(まちが)う 틀리다 擦(す)れ違(ちが)う 스치듯 지나가다, 엇갈리다
	[ちが]える		違(ちが)える ⓐ 달리하다 ⓑ 어기다, 위반하다, 잘못 ～하다 → 間違(まちが)える 잘못하다, 틀리다, 착각하다 寝違(ねちが)える 잘못된 자세로 자다

緯

중학 | N1급 | 1813위

실선(糸)으로 지구를 에워싼(韋) **가로** 좌표를 나타내는 위도이니

가로선 위 · 위도 위

16획 緯緯緯緯緯緯緯緯緯緯緯緯緯緯

| 음독 | い | 3순위 | 緯度 위도 (いど) | 北緯 북위 (ほくい) |
| | | | 経緯 경위 (けいい) | |

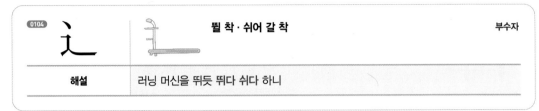

0104 辶		뛸 착 · 쉬어 갈 착	부수자
해설		러닝 머신을 뛰듯 뛰다 쉬다 하니	

0108 入		들어갈 입	1학년 | N4 | 34위
해설		지붕 달린 곳으로 들어가는 모습을 본떠	
음독		[にゅう] 入門 입문(にゅうもん) 入試 입시(にゅうし)	

2275

込

중학 \| N3급 \| 181위

안으로 들어갈(辶) 수 있는 공간에 무언가를 계속 넣어서(入) 가득 채우니

가득 채울 입

5획 込 込 込 込 込

훈독	**[こ]む**	込(こ)む ⓐ 혼잡하다, 붐비다＝混む ⓑ 복잡하다, 공이 들다 ⓒ [동사 연용형+] 안에 들어가다, 넣다 ⓓ [동사 연용형+] 동사 의미 강조 → 人込(ひと・ご)み 인파 税込(ぜい・こ)み 세금 포함 가격 込(こ)み入(い)る (사정/구조 등이) 복잡하게 얽혀 있다 手(て)の込(こ)んだ作業(さぎょう) 공이 많이 드는 작업 座(すわ)り込(こ)む 주저앉다 飛(と)び込(こ)む 뛰어 들어가다 考(かんが)え込(こ)む 생각에 잠기다, 깊이 생각하다
	[こ]める	込(こ)める 채워 넣다, 담다

|잠깐만요|

• 「込」은 '가득 담다/넣다 → 꽉꽉 차 있는 상태/모양 → 복잡함/공이 듦/동사 의미 강조'라는 이미지로 접근해야 해요.

<table>
<tr><td>0410</td><td>免</td><td>① 벗어날 면·면할 면　② 허가할 면</td><td>중학 | N1 | 1270위</td></tr>
</table>

해설	토끼(免)가 꽁지 빠지게(ヽ → 삭제) 뛰어 위기를 벗어나니
음독	[めん]　免税 면세 (めんぜい)　　　免疫 면역 (めんえき)
파생	0045 兔/免 토끼 토 [と]　0411 勉 열심히 할 면 [べん]　0412 晩 늦을 만 [ばん]

2276

逸

중학 | N1급 | 1587위

자신을 가둔 틀에서 벗어나기(免) 위해 뛰어(辶) 넘어 벗어나니

(틀에서) 벗어날 일 (→ ① 떨어지다　② 뛰어나다　③ 숨다, 편안하다)

11획　逸 逸 逸 逸 逸 逸 免 免 逸 逸 逸

음독	いつ [2순위]	① 逸脱 일탈 (いつだつ)　　②*逸材 일재 뛰어남 (いつざい) ③ 逸話 일화 (いつわ)　　②*逸品 일품 걸작품 (いっぴん) ③ 安逸 안일 (あんいつ)	
훈독	[はぐ]れる	▽逸(はぐ)れる ⓐ 일행과 떨어지다　ⓑ ～할 기회를 놓치다 → 逸(はぐ)れっ子(こ) 일행과 떨어진 아이, 미아 　飯(めし)に逸(はぐ)れる 끼니를 놓치다 　食(く)い逸(はぐ)れる 먹을 기회를 놓치다, 　　　　　　　　　(실직해서) 생활할 길을 잃다	
	[そ]れる	▽逸(そ)れる ⓐ 빗나가다, 빗맞다　ⓑ (정해진 궤도에서) 벗어나다	
	[そ]らす	▽逸(そ)らす ⓐ (방향을) 딴 데로 돌리다　ⓑ 빗나가게 하다 　　　　　　　ⓒ 놓치다	

| 잠깐만요 |
- '벗어나다' → ① ③ 속세나 규범에서 벗어나다 (예 逸脱) → ② 규격을 넘다 (= 뛰어나다) (예 逸材)
- '逸話'는 '세상에 널리 알려지지 않은 흥미있는 이야기'입니다. 이 또한 '③ 속세에서 벗어난 이야기'
  란 의미죠? 또 고풍스런 관용어구로 '③ 평안하다'라는 의미를 지니기도 해요.
  예 逸(いつ)に居(い)る 평안하게 지내다　　　逸(いつ)を楽(たの)しむ 평안함을 즐기다

---

283 癶: 걸어갈 발 ▶ 廃 澄

<table>
<tr><td>0107</td><td>癶</td><td></td><td>걸어갈 발·나아갈 발</td><td>부수자</td></tr>
</table>

해설	신발을 포개서 앞으로 걸어 나아가는 모습을 나타내니

発

① 쏠 발 · 시작할 발 ② 나아갈 발 · 발전할 발

3학년 | N3 | 64위

해설	군대에서 앞으로 걸어 나온(癶) 두(二) 사람(儿)이 활을 쏘면 전쟁이 시작되니
음독	[はつ] 発射 발사 (はっしゃ) [ほつ] 発願 발원 (ほつがん)

2277

廃

중학 | N1급 | 1481위

집(广)에 폭탄을 쏘면(発) 더 이상 못 쓰는 폐허가 되죠?

广: 집 엄

못 쓸 폐 · 폐허 폐

12획 廃 廃 廃 廃 廃 廃 廃 廃 廃 廃 廃 廃

음독	はい [1순위]	廃止 폐지 (はいし)	廃棄 폐기 (はいき)
		廃校 폐교 (はいこう)	廃墟 폐허 (はいきょ)
		廃人 폐인 (はいじん)	荒廃 황폐 (こうはい)
훈독	[すた]れる	廃(すた)れる ⓐ 못 쓰게 되다 ⓑ 쇠퇴하다 =〈문어〉廃(すた)る	
		→ 廃(すた)れ物(もの) 폐물, 못 쓰게 된 것, 낡은 것	

1205

登

오를 등

3학년 | N2 | 560위

해설	산길을 나아가(癶) 사람이 콩(豆)만 하게 보일 정도로 높이 올라가니
음독	[とう] 登場 등장 (とうじょう) [と] 登山 등산 (とざん)

2278

澄

중학 | N1급 | 1074위

물(氵)은 높이 올라간(登) 상류일수록 맑고 깨끗하죠?

맑을 징

15획 澄 澄 澄 澄 澄 澄 澄 澄 澄 澄 澄 澄 澄 澄 澄

음독	ちょう [4순위]	明澄 명징 깨끗하고 맑음 (めいちょう)
훈독	[す]む	澄(す)む 맑다, 맑아지다
		→ 澄(す)み渡(わた)る (구름 한 점 없이) 맑게 개다
	[す]ます	澄(す)ます 맑게 하다
		研(と)ぎ澄(す)ます ⓐ (칼/거울 등을) 잘 갈다, 벼리다
		ⓑ (신경/감각을) 예민하게 하다
		狙(ねら)い澄(す)ます 정확히 겨냥하다

0103

夊

뒤따라올 치 · 걸어올 치

부수자

해설	새들이 어미 뒤를 따라 종종걸음으로 걷는 모습을 본떠

1197

各

각각 각 · 제각기 각

3학년 | N3 | 325위

해설	뒤따라오는(夊) 이들의 각각의 특성에 따라 들어가는 입구(口)가 제각기 다르니
음독	[かく]　各自 각자(かくじ)　　　各国 각국(かっこく)
파생	**1198** 格 틀 격[かく/こう]　**1199** 路 길 로[ろ]　**1200** 略 줄일 략[りゃく] **1201** 落 떨어질 락[らく]　**1202** 閣 내각 각[かく]　**1203** 客 손님 객[きゃく/かく] **1204** 額 이마 액[がく]　**1504** 賂 뇌물 뢰[ろ]

2279

烙

학년 외 | 급수 외 | 3279위

불(火)에 달군 쇠로 각각(各)의 죄인에게 낙인을 찍으니

낙인 락

10획　烙 烙 烙 烙 烙 烙 烙 烙 烙 烙

음독	らく	4순위	烙印 낙인(らくいん)

| 잠깐만요 |

· 烙印(らくいん)を押(お)される 낙인이 찍히다 ≒ レッテルを貼(は)られる

2280

絡

중학 | N2급 | 1010위

각각의 여러 선(糸)들을 주머니(口)에 넣고 걷다(夊) 보면 한 덩어리로 뒤엉키고 얽히니

얽힐 락 · 뒤엉킬 락

12획　絡 絡 絡 絡 絡 絡 絡 絡 絡 絡 絡 絡

음독	らく	3순위	連絡 연락 (れんらく)　　　経絡 경락 (けいらく) 脈絡 맥락 (みゃくらく)
훈독	[から]む		絡(から)む ⓐ 얽히다, 얽매이다　ⓑ 시비를 걸다, 트집 잡다 → 絡(から)み 얽힘, 감김　　絡(から)み合(あ)う 뒤얽히다 絡繰(から・く)り ⓐ 실로 조종하는 장치　ⓑ 기계 장치 ⓒ 계략, 조작
	[から]まる		絡(から)まる 얽히다, 휘감기다
	[から]める		絡(から)める ⓐ 휘감다　ⓑ 관련시키다

2281

酪

중학 | N1급 | 3229위

병(酉)에 소나 염소의 젖을 각각(各) 짜서 담은 우유를 사업으로 삼는 낙농업이니

酉: 술병 유

우유 락 · 낙농 락

13획 酪 酪 酪 酪 酪 酪 酪 酪 酪 酪 酪 酪 酪

| 음독 | らく | 4순위 | 酪農 낙농 (らくのう) | *酪酸 낙산부티르산 (らくさん) |

| 잠깐만요 |

• 「酪農」 외에는 파생 어휘가 거의 없어요.

• 「 상용 외 」 酩 술 취할 명,과의 구분에 주의하세요.
  − 酩酊(めいてい): 명정. 몹시 취함

1191

処

6학년 | N2 | 600위

① 처리할 처　② 머무를 처

| 해설 | 방에서 걷다가(夊) 책상(几)에 앉았다 하면서 집에 머물며 일을 처리하는 모습이니 |
| 음독 | [しょ] 処理 처리 (しょり)　　処世 처세 (しょせい) |

2282

拠

중학 | N1급 | 920위

직접 손(扌)을 써서 사건을 처리(処)하려면 그만한 근거와 믿고 의지할 만한 뒷배경이 있어야 하죠?

의거할 거 (→ ① 의지할 거　② 근거/증거 거)

8획 拠 拠 拠 拠 拠 拠 拠 拠

음독	きょ	1순위	① 拠点 거점 (きょてん)	① 占拠 점거 (せんきょ)
			② 根拠 근거 (こんきょ)	② 論拠 논거 (ろんきょ)
	こ	4순위	② 証拠 증거 (しょうこ)	

285 丰: 상처 자국 봉 ▶ 丰邦那

2283 ● 부수자

베인 곳(丨)이 꿰맨 흔적(三)으로 나타나는 상처 자국이니

상처 자국 봉

4획 丰 丰 丰 丰

| 잠깐만요 |
· 본래는 '풀 무성할 봉 · 예쁠 봉'이나 학습 편의를 위해 저자가 의미를 재정의했어요.

2284

邦

중학 | N1급 | 1302위

역사적인 상처(丰)를 가진 고을(阝)을 제대로 이해할 수 있는 것은 그곳이 내가 나고
자란 **자기 나라**이기 때문이죠? 　　　　　　　　　　　　　　　阝 (우방): 고을 부

자기 나라 방

7획 邦 邦 邦 邦 邦 邦 邦

음독	ほう	2순위	邦画 방화 일본 영화 (ほうが)	*邦楽 방악 일본 음악 (ほうがく)
			連邦 연방 (れんぽう)	異邦人 이방인 (いほうじん)

| 잠깐만요 |
· 邦画/邦楽」는 최근 사용 빈도가 높아지는 추세예요. '자기 나라'를 뜻하는 말이니 일본에서는 '일본의~'라는 뜻으로 파생 어휘를 만들겠죠?

2285

那

중학 | N1급 | 985위

칼날(刀)이 두(二) 군데는 부러진 거친 도구를 쓰는 오랑캐들의 고을(阝) 이름을
발음하기 위한 소릿값이니

외래음 나

7획 那 那 那 那 那 那 那

음독	な	4순위	刹那 찰나 (せつな)	*旦那 단나 (だんな) 남편/나리

| 잠깐만요 |
· 왼쪽 부수가 「刃 칼날 인」보다 획이 하나 더 많죠?
· 旦那」「刹那」 모두 범어/산스크리트어의 발음을 표기하기 위해 사용된 한자로, 일종의 외래어였던 것이 정착된 케이스입니다. 한자의 의미와는 상관없어요.
· 지명이나 인명, 범어의 음차에 사용해요.
· 「旦那」는 'ⓐ 남편, 한 집안의 주인 ⓑ 나리'의 뜻으로 쓰여요.
　　ⓔ うちの旦那(だんな) 우리 집 주인(남편)
　　旦那(だんな)、それはご勘弁(かんべん)ください。
　　나리, 그건 좀 봐 주십시오.
　　旦那(だんな)、お安(やす)くしておきます。
　　나리(손님), 싸게 해 드리겠습니다.

2286 ● 부수자

夆

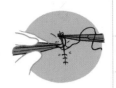

상처를 꿰매 나가는 손길에 따라(夂) 살을 두 쪽으로 가른 상처(丨)가 봉합되어(三) 한 덩어리가 된 모습이니

한 덩어리 봉

7획 夆 夆 夆 夆 夆 夆 夆

2287

峰/峯

중학 | N1급 | 1368위

산(山)의 등선이 하나로 모이며 이루는 가장 높은 덩어리(夆)인 산봉우리니

봉우리 봉

10획 峰 峰 峰 峰 峰 峰 峰 峰 峰 峰

음독	ほう	3순위	最高峰 최고봉 (さいこうほう) *巨峰 거봉큰 산봉우리 (きょほう)
훈독	みね		峰(みね) ⓐ 산봉우리 ⓑ 칼등 　→ 岩峰(いわみね) 바위로 된 봉우리 　峰打(みね・う)ち 칼등 치기

| 잠깐만요 |
• 음독 어휘는 10개 이상 있지만, 현대에는 모두 사용 빈도가 현저히 낮아요.
• 「みね」가 '칼등'인 것은, 칼날이 아래를 향하게 하고 수평으로 들었을 때 칼의 '가장 높은 부분(봉우리)'이 칼등이기 때문이에요.

2288

蜂

중학 | 급수 외 | 2052위

곤충(虫) 중에서 여러 마리가 높은 곳에 한 덩어리(夆)로 뭉쳐 사는 벌이니

벌 봉

13획 蜂 蜂 蜂 蜂 蜂 蜂 蜂 蜂 蜂 蜂 蜂 蜂 蜂

음독	ほう	4순위	蜂起 봉기 (ほうき)	養蜂 양봉 (ようほう)
훈독	はち		蜂(はち) 벌 蜂蜜(はちみつ) 벌꿀 泣(な)き面(つら)に蜂(はち) (우는 얼굴에 벌 →) 엎친 데 덮친 격	→ 雀蜂(すずめばち) 말벌 蜜蜂(みつばち) 꿀벌

| 잠깐만요 |
• 「蜂起」는 '벌떼처럼 들고 일어나다'라고 생각하면 '벌'이 쓰인 이유를 알겠죠?

2289

逢

학년 외 | 급수 외 | 1843위

| 비교 |
· あう: 0920 会 vs
2053 遇 vs 1558 遭 vs
2289 逢 vs 0910 合

견우와 직녀가 높은 곳에서 한 덩어리(夆)가 되기 위해 다가가(辶) 극적으로 만나니

만날 봉 · 상봉할 봉

11획 逢 逢 逢 逢 逢 逢 逢 逢 逢 逢 逢

음독	ほう	4순위	逢着 봉착 (ほうちゃく)
훈독	[あ]う		▼逢(あ)う (특히 남녀가) 극적/운명적으로 만나다 逢引(あい・び)き (남녀의) 밀회 逢(あ)うは別(わか)れの始(はじ)め 만남은 헤어짐의 시작
	예외		▼逢瀬(おうせ) (남녀) 밀회의 기회

| 잠깐만요 |
· 한국에서 쓰는 '상봉(相逢)'이라는 한자어는 「逢う」 자체에 상봉한다는 의미가 담겨 있으므로 일본에서는 쓰지 않아요.
· 「あう」(만나다)는 상용 표기상 「会う」로 쓰는 게 원칙이지만, 관습적으로 '남녀/가족/운명적 상대와의 극적인 만남/운명인 만남'을 구체적으로 표기하기 위해 「逢う」를 선택적으로 쓰기도 해요.

2290

縫

중학 | N1급 | 1821위

베인 상처가 한곳에서 만나도록(逢) 실(糸)로 꿰매어 봉합하니

꿰맬 봉 · 봉합할 봉

16획 縫 縫 縫 縫 縫 縫 縫 縫 縫 縫 縫 縫 縫 縫 縫 縫

음독	ほう	4순위	縫製 봉제 (ほうせい)　　　　縫合 봉합 (ほうごう) 裁縫 재봉 (さいほう)　　　　弥縫策 미봉책 (びほうさく)
훈독	[ぬ]う		縫(ぬ)う ⓐ 꿰매다, 바느질하다 　　　　 ⓑ [+て 行く/歩く/走る] 누비고 나아가다 → 縫(ぬ)い包(ぐる)み 봉제 인형, 인형 탈 　　縫(ぬ)い合(あ)わせる 꿰매어 맞추다

1209 行		① 갈 행 ② 행할 행		2학년 | N4 | 18위
해설		사거리를 지나면서(彳) 못질(丁)하듯 일을 하나씩(一) 확실히 행하니		丁: 못 정
음독		[こう] 行動 행동 (こうどう)　　　　[ぎょう] 行列 행렬 (ぎょうれつ) [あん] *行脚 도보 여행 (あんぎゃ)		
파생		**1211** 衛 지킬 위 [えい]　**0277** 術 재주 술 [じゅつ]　**0333** 街 거리 가 [がい/かい]		

2291

桁

중학 \| 급수 외 \| 2416위

땔감나무(木)를 주문받아 수레에 싣고 갈(行) 때에는 주문이 어느 정도의 규모인지 알아야 하니

자릿수 항 · 규모 항

10획　桁桁桁桁桁桁桁桁桁桁

훈독	けた	桁(けた) ⓐ 〈숫자〉 자릿수 ⓑ 규모, 수준 → 一桁(ひとけた) 한 자릿수 桁違(けた・ちが)い ⓐ 현격한 차이 ⓑ 〈숫자〉 자릿수가 다름 桁外(けた・はず)れ 표준 및 규격과 훨씬 다름, 월등함

| 잠깐만요 |
• 「桁」는 본래 서까래를 받치기 위해 집의 기둥에 설치하는 나무인 '도리'를 의미하는 한자예요. 현대어에서는 '도리'라는 의미로 건축 용어로 쓰이기도 하지만, 일반적으로는 자릿수나 규모의 의미로만 사용돼요.

2292

衡

중학 \| N1급 \| 1956위

양 어깨에 큰 물고기(魚→奧)를 짊어지고 갈(行) 때에는 저울대처럼 어느 한쪽이 기울어지지 않게 무게 중심(균형)을 잘 잡아야 하죠?

저울대 형 (→ ① 균형 형 ② 무게 형)

16획　衡衡衡衡衡衡衡衡衡衡衡衡衡衡

음독	こう [4순위]	① 均衡 균형 (きんこう)　　② 度量衡 도량형 (どりょうこう) ① 平衡感覚 평형감각 (へいこう・かんかく)

| 잠깐만요 |
• 「度量衡」이란 '길이(度) · 부피(量) · 무게(衡) 등의 단위를 재는 법'입니다.
• 「**1359** 衝 충돌할 충」과의 구분에 주의하세요.

'멈추다 · 걷다'의 파생 [36자]

288 艮: 멈출 간 ▶ 恨痕響

1149 艮 / 𧲡		멈출 간	제부수
해설		신하가 허리를 숙이고 뿌리내린 듯 움직임을 멈추고 기다리는 모습이니	
파생		1150 限 한계 한 [げん]　　1151 眼 눈동자 안 [がん/げん]　　1152 根 뿌리 근 [こん] 1153 退 물러설 퇴 [たい]　　1163 即 바로 즉 [そく]	

2293

恨

중학 | N1급 | 1617위

|비교|
· うらむ:
　2293 恨 vs **2252** 怨

그날의 분한 마음(忄)이 언제까지나 멈춘 채(艮) 남아 생기는 원망과 원한이니

원망할 한 · 원한 한

9획 恨 恨 恨 恨 恨 恨 恨 恨 恨

음독	こん	3순위	怨恨 원한 (えんこん)　　悔恨 회한 (かいこん) 痛恨 통한 (つうこん)
훈독	[うら]む		恨(うら)む 분하게 여기다, 원망하다 → 恨(うら)み 원망, 앙심 cf) 怨(うら)む 원한을 가지다, 증오하다 　　→ 怨(うら)み 원한, 증오
	[うら]めしい		恨(うら)めしい 원망스럽다, 유감스럽다

2294

痕

중학 | 급수 외 | 1927위

|비교|
· あと:
　1407 跡 vs **2294** 痕 vs
　상용 외 址

병들었을(疒) 때의 모습 그대로 멈춘(艮) 듯 남아 있는 상처 자국/흉터이니　疒: 병들 녁

자국 흔 · 흔적 흔

11획 痕 痕 痕 痕 痕 痕 痕 痕 痕 痕 痕

음독	こん	3순위	痕跡 흔적 (こんせき)　　血痕 혈흔 (けっこん) 弾痕 탄흔 (だんこん)
훈독	あと		痕(あと) 상처 자국, 흉터 →爪痕(つめあと) 손톱 자국 傷痕(きずあと) 상처 자국 cf) 跡(あと) 발자취, 흔적　　▼址(あと) 건물이 있던 자리, 터

1154	郷	시골 향 · 고향 향	6학년	N1	914위

<table>
<tr><td>해설</td><td>어릴(幺) 때 뿌리내리고(艮 → 即) 살던 언덕배기 고을(阝)의 시골/고향이니</td></tr>
<tr><td>음독</td><td>[きょう] 故郷 고향(こきょう)　　　　[ごう] 在郷軍人 재향 군인(ざいごう・ぐんじん)</td></tr>
</table>

작은 시골(郷) 마을에서 큰 소리(音)로 외치면 온 마을에 울려 퍼져 반향을 일으키죠?

울릴 향 · 반향 향

20획	響 響 響 響 響 響 響 響 響 響 響 響 響 響 響 響 響 響 響

중학 | N1급 | 694위

<table>
<tr><td>음독</td><td>きょう [3순위]</td><td>影響 영향(えいきょう)　　反響 반향(はんきょう)
音響 음향(おんきょう)　　交響曲 교향곡(こうきょうきょく)</td></tr>
<tr><td rowspan="2">훈독</td><td>[ひび]く</td><td>響(ひび)く ⓐ 울리다, 울려 퍼지다　ⓑ 영향을 주다
→ 響(ひび)き 울림, 반향　　響(ひび)き渡(わた)る 울려 퍼지다</td></tr>
<tr><td>[どよ]めく</td><td>▼ 響(どよ)めく ⓐ (소리가) 울려 퍼지다, 울리다　ⓑ 술렁거리다
→ 響(どよ)めき ⓐ 울려 퍼지는 소리　ⓑ 술렁임</td></tr>
</table>

289 既: 이미 기 ▶ 既 慨 概

동작을 멈추고(艮 → 即) 죽은 척한들 어금니(牙 → 旡)에 물리면 이미 죽은 목숨이니

(牙→) 旡: 어금니 아

이미 기 · 기존 기

10획	既 既 既 既 既 既 既 既 既 既

중학 | N1급 | 1392위

<table>
<tr><td>음독</td><td>き [1순위]</td><td>既存 기존(きそん)
既婚 기혼(きこん)
*既往歴 기왕력(きおうれき)
既製品 기제품(きせいひん) 기성품</td><td>*既読 기독(きどく) 이미 읽음
*既知 기지(きち) 이미 알고 있음
↔ 未知(みち) 미지</td></tr>
<tr><td>훈독</td><td>[すで]に</td><td colspan="2">既(すで)に 이미, 벌써</td></tr>
</table>

| 잠깐만요 |
- 「既往歴」란 '예전에 앓았던 병력'을 말합니다. 또 요즘 메신저에서 흔히 '(메시지를) 읽고 씹기'를 뜻하는 단어로 「既読無視(きどく・むし)」가 있어요.

2297

이미(既) 벌어진 어쩔 수 없는 일을 마음속(忄)으로 슬퍼하며 개탄하니

슬퍼할 개 · 개탄할 개

13획 慨 慨 忄 忄 忄 忄 忄 愀 愀 慨 慨 慨 慨

음독	がい	3순위	慨嘆 개탄 (がいたん)	憤慨 분개 (ふんがい)
			感慨無量 감개무량 (かんがい・むりょう)	

중학 | N1급 | 2174위

| 잠깐만요 |
· 「感慨無量」는 줄여서 「感無量(かんむりょう)」라고 많이 써요.

2298

인류에게 나무(木)는 이미(既) 예부터 생활 대부분(대개)에 사용되었죠?

대개 개

14획 概 十 枦 枦 枏 枏 枏 枏 椵 椵 椵 槪 槪 概

음독	がい	1순위	概要 개요 (がいよう)	概論 개론 (がいろん)
			概念 개념 (がいねん)	概説 개설 (がいせつ)
			概略 개략 (がいりゃく)	大概 대개 (たいがい)
훈독	[おおむ]ね		▽概(おおむ)ね 대강, 대개, 대략	

중학 | N1급 | 1411위

| 잠깐만요 |
· '대개'란 '① 절반이 훨씬 넘어 전체에 가까운(=대체로)' '② 자세하지 않은(=대강의)'의 두 가지 의미를 가지고 있습니다.

---

290 豸: 해태 태 ▶ 豸 貌 狠 懇 墾

2299 ● 부수자

선악을 판별하여 악을 물리치는 파사의 신수인 해태의 모습을 본떠

해태 태

7획 豸 豸 豸 豸 豸 豸 豸

모양 모 · 외모 모

해태(豸)의 탈을 쓰거나 얼굴을 하얗게(白) 분장한 사람(儿)처럼 한눈에 들어오는
모습과 외모이니

0381 白: 흰 백   儿: 사람 인

14획 貌 貌 貌 貌 貌 貌 貌 貌 貌 貌 貌 貌 貌 貌

| 음독 | **ぼう** 2순위 | 美貌 미모 (びぼう) | 風貌 풍모 (ふうぼう) |
| | | 変貌 변모 (へんぼう) | 全貌 전모 (ぜんぼう) |

중학 | 급수 외 | 1524위

2301 ● 부수자

해태(豸) 석상 앞에 멈추어(艮) 서서 악을 물리쳐 달라고 **정성을 다하여** 비니

정성스러울 간

13획 豤 豤 豤 豤 豤 豤 豤 豤 豤 豤 豤 豤 豤

2302

정성을 다하여(豤) 마음(心)을 터놓고 간절하게 친해지길 바라니

① 간절할 간   ② 친해지고플 간

17획 懇 懇 懇 懇 懇 懇 懇 懇 懇 懇 懇 懇 懇 懇 懇 懇

| 음독 | **こん** 2순위 | ① 懇請 간청 (こんせい)　　① 懇切 간절 (こんせつ)
② 懇談会 간담회 (こんだんかい)
②*懇親会 간친회친목회 (こんしんかい) |
| 훈독 | **[ねんご]ろ** | 懇(ねんご)ろだ ⓐ 친절하고 공손한 모양 ⓑ 친밀하고 정다운 모양
→ 懇(ねんご)ろになる 남녀가 몰래 정을 통하는 사이가 되다 |

중학 | N1급 | 1949위

2303

정성을 다하여(豤) 흙(土)을 일구어 쓸 만한 땅으로 개간하니

개간할 간

16획 墾 墾 墾 墾 墾 墾 墾 墾 墾 墾 墾 墾 墾 墾 墾 墾

| 음독 | **こん** 3순위 | 開墾 개간 (かいこん) |

중학 | N1급 | 3056위

|잠깐만요|
• 파생 어휘 중 실사용 어휘가 하나뿐이니 음독을 따로 외우기보다는 단어째로 외우세요.

1155	良	**좋을 량 · 어질 량**		4학년 │ N2 │ 427위
	해설	한 점(丶) 흔들림 없이 바르게 멈추어(艮) 있는 어질고 좋은 상태이니		
	음독	[りょう] 良好 양호 (りょうこう)	良心 양심 (りょうしん)	
	파생	1156 朗 밝을 랑 [ろう]		

2304 중학 │ N1급 │ 1146위

물(氵)이 썩지 않고 좋은(良) 상태를 유지하게끔 멈추지 않고 잔잔히 물결을 일으키며 유랑하니

물결 랑 · 유랑 랑

10획 浪浪浪浪浪浪浪浪浪浪

음독	ろう	2순위	浪費 낭비 (ろうひ)	*浪人 낭인 재수생 (ろうにん)
			流浪人 유랑인 (るろうにん)	放浪 방랑 (ほうろう)

│ 잠깐만요 │
• 「浪漫(ろうまん)」(낭만)은 「ロマンス(romance)」를 한자로 표기한 어휘입니다.

2305 중학 │ N3급 │ 612위

젊거나 어린 여자(女)를 좋게(良) 이르는 말은 아가씨죠?

아가씨 낭 · 딸아이 낭

10획 娘娘娘娘娘娘娘娘娘娘

훈독	むすめ	娘(むすめ) ⓐ 딸 ⓑ (미혼의 젊은) 여성, 아가씨
		→ 小娘(こむすめ) 계집아이 愛娘(まなむすめ) 사랑하는 딸
		生娘(きむすめ) 숫처녀, 순진한 처녀

2306 중학 │ N1급 │ 91위

새로운 사내가 고을(阝)에 들어오면 고을 사람들이 좋아하며(良) 축하했죠?

阝(우방): 고을 부

사내 랑

9획 郎郎郎郎郎郎郎郎郎

음독	ろう	4순위	新郎 신랑 (しんろう)	*野郎 야랑놈 (やろう)

│ 잠깐만요 │
• 예부터 사내는 마을의 노동력이었기에 환영받았어요.
• 「郎」는 '일남이 이남이 삼남이'와 같이 태어난 순서대로 「一郎(いちろう)・次郎(じろう)・三郎(さぶろう)」라고 전통적인 남아의 이름에 많이 쓰였어요.

2307

廊

중학 | N1급 | 1275위

집(广)에 찾아온 사내(郎)나 손님이 머물 수 있도록 본관과 떨어져 긴 복도로 연결된 별채의 방이니

广 : 집 엄

① 복도 랑   ② (별도의) 방 랑

12획 廊廊廊廊廊廊廊廊廊廊廊廊

음독	ろう	4순위	①＊廊下 낭하복도 (ろうか) ①＊回廊 회랑 긴 복도 (かいろう)
			② 画廊 화랑 (がろう)

| 잠깐만요 |

• 본래는 '사랑채'라는 의미였지만, 파생 어휘는 대부분 '복도'라는 의미로 사용됩니다. 사랑채는 '손님이 사용하기 위한 방'으로 본관과는 떨어져 있는 건물에 있었기 때문에 입구나 본관에서 긴 복도를 지나야 도달할 수 있는 방이었어요.

---

292 止: 멈출 지 ▶ 祉企肯渋

0111

止

멈출 지 · 정지할 지

2학년 | N4 | 393위

해설	땅 위(上)에 발이 우뚝(丨) 서며 멈추어 정지하니
음독	[し] 禁止 금지 (きんし) 中止 중지 (ちゅうし)
파생	1137 歯 이 치 [し] 0674 武 무력 무 [ぶ/む] 0256 歴 겪을 력 [れき]

2308

祉

중학 | N1급 | 1633위

신(礻)들도 멈췄다(止) 갈 만큼 살기 좋은 삶(복지)이니

(示→)礻 : 볼 시 · 신 시

복지 지

8획 祉祉祉祉祉祉祉祉

음독	し	4순위	福祉 복지 (ふくし)

| 잠깐만요 |

• 「福祉」 하나에만 쓰이는 한자이니 어휘째 학습하세요.

• 상용 외 址 터 지 와의 구분에 주의하세요.

　예 城址 (じょうし/しろあと) 성터

사람(ヘ)이 멈춰(止) 서서 고민하며 무언가를 얻고자 꾀하고 기획하니

꾀할 기 · 기획할 기

6획 企企企企企企

음독	き	4순위	企業 기업 (きぎょう)	企画 기획 (きかく)
훈독	[くわだ]てる		企(くわだ)てる 기도하다, 계획하다, 꾀하다 ＝目論(もくろ)む → 企(くわだ)て 계획, 기획	
	[たくら]む		▼企(たくら)む (나쁜 일을) 계획하다, 꾀하다 → 企(たくら)み (나쁜 속셈으로 하는) 계획, 기도, 음모, 속셈	

중학 | N1급 | 508위

반대하지 않고 몸(月)을 가만히(止) 두는 것은 무언의 긍정이죠?

긍정할 긍 · 수긍할 긍

8획 肯肯肯肯肯肯肯肯

음독	こう	4순위	肯定 긍정 (こうてい)	首肯 수긍 (しゅこう)

중학 | N2급 | 2067위

녹즙(氵)은 마시다 말고(止) 얼굴을 잔뜩 찌푸릴(シ) 만큼 떫죠?

シ: 사방 수(사방으로 흩어진 물방울 모양, 여기서는 얼굴을 찌푸린 모양)

떫을 삽 · 떨떠름할 삽

11획 渋渋渋渋渋渋渋渋渋渋渋

음독	じゅう	4순위	*渋滞 삽체교통 정체 (じゅうたい)	*苦渋 고삽고뇌 (くじゅう)
훈독	[しぶ]い		渋(しぶ)い ⓐ 떫다 ⓑ 떨떠름하다 ⓒ (화려하지 않고) 차분하고 깊이가 있다	
	[しぶ]る		渋(しぶ)る ⓐ 진행이 원활치 않다 ⓑ 떨떠름한 기색을 보이다, 꺼리다, 주저하다	
	しぶしぶ		渋々(しぶしぶ) 마지못해, 떨떠름하게	

중학 | N1급 | 1376위

| 잠깐만요 |

훈독 「しぶ」도 알아두세요 (사용빈도는 낮아요). 「渋(しぶ)」 물질에서 스머나 온 검붉은 앙금」

例 茶渋(ちゃしぶ) 차 앙금
柿渋(かきしぶ) 감물

| 잠깐만요 |
• 「渋(しぶ)い」는 '떫은 감'을 떠올리면 의미를 확실히 연결 지어 이해할 수 있어요.
　– 〈파생 1〉 [기본 의미] 〈부정적〉 감의 떫은 맛: ⓐ 떫다(맛) → [떫은 감을 먹은 표정] ⓑ-1 떨떠름하다(불쾌함, 불만) → [계속 씹지도 삼키고 싶지도 않음] ⓑ-2 떨떠름하다(내키지 않다, 행동이 선뜻 나오지 않는다) → [渋る] 일의 진행이 매끄럽지 않다
　　例 ⓐ 渋柿(しぶがき) 떫은 감
　　　 ⓑ-1 渋(しぶ)い顔(かお)をする 떨떠름한 표정을 짓다　ⓑ-2 渋(しぶ)い客(きゃく) 인색한 손님
　　[渋る] 筆(ふで)が渋(しぶ)る 글이 잘 써지지 않는다
　　　　承諾(しょうだく)を渋(しぶ)る 승낙을 주저하다
　– 〈파생2〉 떫은 감 ＝ 〈긍정적〉 달지 않은 본연의 맛이다: ⓒ 화려하지 않고 수수하고 차분하며 깊은 맛이 느껴진다, 수수하면서 은근히 좋다(주로 고풍스런 물건 및 유행, 중장년층에 사용)
　　例 渋(しぶ)い声(こえ) 차분하고 멋진 목소리
　　　 レトロならではの渋(しぶ)い味(あじ)わい 레트로 특유의 은근한 묘미

293 步: 걸을 보 ▶ 涉捗頻

1138	① 걸을 보 (② 수치 보)		2학년 | N3 | 271위
해설	멈췄다(止) 조금씩(少) 발을 디뎌 걸으니		止: 멈출 지
음독	[ほ] 徒歩 도보 (とほ)	[ぶ] 歩合 보합 (ぶあい)	

2312

涉

중학 \| N1급 \| 1161위

물(氵) 건너편 동네 일에 굳이 걸음을 옮겨(步) **상관**하고 **간섭**하니

상관할 섭 · 간섭할 섭

11획 涉 涉 涉 涉 涉 涉 涉 涉 涉 涉 涉

음독	しょう [3순위]	涉猟 섭렵 (しょうりょう)	涉外 섭외 (しょうがい)
		干涉 간섭 (かんしょう)	交渉 교섭 (こうしょう)

| 잠깐만요 |
• 본래 의미는 '건너다'지만 자주 쓰이는 파생 어휘는 '관계하다, 간섭하다' 류가 대부분이에요.

2313

捗

중학 \| 급수 외 \| 3418위

손(扌)을 댄 일이 걸음을 옮기듯(步) **차근차근 진척**되니

진척될 척

10획 捗 捗 捗 捗 捗 捗 捗 捗 捗 捗

음독	ちょく [4순위]	進捗 진척 (しんちょく)
훈독	[はかど]る	▽捗(はかど)る 진척되다, 일이 순조롭게 진행되다

| 잠깐만요 |
• 음독 어휘는 「進捗」 하나예요.
• 서체에 따라 11획이 되기도 합니다. 단순히 서체상의 문제일 뿐 어느 쪽으로 써도 틀리지 않습니다.
☞ p.142 *실문 있어요* 참조

2314

頻

중학 \| N1급 \| 1812위

닭이나 비둘기가 한 걸음씩 걸을(步) 때마다 머리(頁)를 **자주/빈번**히 흔드니   頁: 머리 혈

자주 빈 · 빈번할 빈

17획 頻 頻 頻 頻 頻 頻 頻 頻 頻 頻 頻 頻 頻 頻 頻 頻

음독	ひん [3순위]	頻繁 빈번 (ひんぱん)	頻度 빈도 (ひんど)
		頻発 빈발 (ひんぱつ)	頻出 빈출 (ひんしゅつ)
훈독	[しき]りに	▽頻(しき)りに ⓐ 자꾸, 끊임없이 ⓑ 열심히, 몹시, 매우

2315

紫

중학 | N1급 | 1459위

흐드러지게 핀 수국의 화려함에 빠져 밥 먹던 것을 멈추고(止) 무심코 숟가락(匕)까지 놓고 실(糸)에 그 색을 물들이고 싶어지는 보라색이니

보라색 자 · 자주색 자

12획 紫 紫 紫 紫 紫 紫 紫 紫 紫 紫 紫 紫

음독	し	[1순위]	紫色 자색 (ししょく)	紫外線 자외선 (しがいせん)
			* 紫煙 자연 (しえん) ⓐ 보라색 연기/안개 ⓑ 담배 연기	
훈독	むらさき		紫(むらさき) 보라색, 자색 → 紫色(むらさき・いろ) 보라색	
	예외		紫陽花(あじさい) 자양화, 수국	

| 잠깐만요 |
• 한자의 모양도 보라색 수국과 닮았죠?

2316

雌

중학 | N1급 | 2469위

앙증맞은 지저귐과 행동에 밥 먹던 것을 멈추고(止) 숟가락(匕)까지 놓고 바라보게 되는 귀여운 작은 새(隹)는 보통 암컷이니   隹: 작은 새 추

암컷 자

14획 雌 雌 雌 雌 雌 雌 雌 雌 雌 雌 雌 雌 雌 雌

음독	し	[4순위]	雌雄胴体 자웅동체 암수 한몸 (しゆう・どうたい)
훈독	め~		雌(め) [+명사] 암컷, 암~ → 雌鹿(め・じか) 암사슴
	めす		雌(めす) 암컷 → 雌鶏(め<u>ん</u>・どり) 암탉

2317

雄

중학 | N1급 | 794위

많은(十 → ナ) 부하를 사사로이(厶) 거느린다면 작은 새(隹)라 해도 뛰어나고 훌륭한 수컷이니   ナ: 열 십 · 많을 십   厶: 사사로울 사 · 나 사

① 수컷 웅 ② 굳세고 뛰어날 웅

12획 雄 雄 雄 雄 雄 雄 雄 雄 雄 雄 雄 雄

음독	ゆう	[1순위]	① 雌雄 자웅 암컷과 수컷 (しゆう)	② 雄弁 웅변 (ゆうべん)
			② 雄大 웅대 (ゆうだい)	② 英雄 영웅 (えいゆう)
훈독	お~		雄(お) [+명사] 수컷, 수~ → 雄鹿(お・じか) 수사슴	
			雄鶏(お<u>ん</u>・どり) 수탉	雄牛(お・うし) 수소, 황소
	おす		雄(おす) 수컷	

| 잠깐만요 |
• 음독 어휘는 대다수가 '② 굳세고 뛰어나다'는 의미로 사용되고, 훈독 어휘는 대다수가 '① 수컷'이라는 뜻으로 사용돼요.

295

正: 올바를 정(1) ▶ 征症

1141 正 / 疋 正	올바를 정		1학년 | N3 | 135위
해설	동작 하나(一)도 절도 있게 멈추는(止) 올바른 자세이니		
음독	[せい] 正確 정확(せいかく)		[しょう] 正直 정직(しょうじき)
파생	1142 政 다스릴 정 [せい/しょう] 1143 整 정리할 정 [せい] 1144 証 증명 증 [しょう]		

2318

征

중학 \| N1급 \| 1396위

국경선을 바로잡기(正) 위해 옆 나라를 쳐들어가서(彳) 정벌하니　彳: 조금 걸을 척

칠 정 · 정벌할 정

8획 征征征征征征征征

음독	せい 2순위	征伐 정벌(せいばつ)	征服 정복(せいふく)
		遠征 원정(えんせい)	出征 출정(しゅっせい)

2319

症

중학 \| N1급 \| 900위

병(疒)을 올바르게(正) 진단하기 위해 파악하는 병의 증상이니

병세 증 · 증상 증

10획 症症症症症症症症症症

음독	しょう 1순위	症状 증상(しょうじょう)	症候群 증후군(しょうこうぐん)
		症例 증례(しょうれい)	後遺症 후유증(こういしょう)
		重症 중증(じゅうしょう)	不眠症 불면증(ふみんしょう)

296

疋(正): 올바를 정(2) ▶ 楚礎堤婿

2320

楚

학년 외 \| 급수 외 \| 2171위

수풀(林)이 올곧고(疋) 푸르게 자란 듯한 산뜻함/청초함이니

① 산뜻할 초 · 청초할 초　② 초나라 초

13획 楚楚楚楚楚楚楚楚楚楚楚楚楚

음독	そ 4순위	① 清楚 청초(せいそ)　② 四面楚歌 사면초가(しめん・そか)

|잠깐만요|

• 清楚(청초): 화려하지 않으면서(楚) 맑고 깨끗하다(清)

2321

礎

중학 | N1급 | 1599위

돌(石) 중 비록 화려하지 않지만(楚) 가장 중요한 기초가 되는 주춧돌(초석)이니

주춧돌 초 · 기초 초

18획	礎 礎 礎 礎 礎 礎 礎 礎 礎 礎 礎 礎 礎 礎 礎 礎 礎 礎		
음독	**そ** [4순위]	礎石 초석 (そせき)	基礎 기초 (きそ)
훈독	**いしずえ**	礎(いしずえ) 주춧돌, 초석	

1146 是

옳을 시

중학 | N1 | 1477위

해설	말(日) 한마디도 올바르게(正) 지키는 것이 옳으니
음독	[ぜ] 是正 시정 (ぜせい) 是認 시인 (ぜにん)
파생	**1147** 提 제시할 제 [てい] **1148** 題 제목 제 [だい]

2322

堤

중학 | N1급 | 1865위

흙(土)을 설계대로 옳게(是) 쌓아 올려야 무너지지 않고 물을 막아 주는 둑/제방이 되죠?

둑 제 · 제방 제

12획	堤 堤 堤 堤 堤 堤 堤 堤 堤 堤 堤 堤	
음독	**てい** [3순위]	堤防 제방 (ていぼう) 防波堤 방파제 (ぼうはてい)
훈독	**つつみ**	堤(つつみ) 제방, 둑

2323

婿

중학 | N1급 | 2171위

여자(女)의 집안으로 올바르게(疋) 몸(月)을 단장하고 찾아뵙는 이는 사위이니

사위 서

음독	**せい** [4순위]	*愛婿 애서 (あいせい) 사랑하는 사위
훈독	**むこ**	婿(むこ) 사위, 신랑 → 婿入(むこ・い)り 데릴사위로 들어감 　婿養子(むこ・ようし) 양자　姉婿(あね・むこ) 매형

| 잠깐만요 |

· 음독 어휘는 현대에는 사용 빈도 및 파생 어휘 수 모두 낮으니 참고만 하세요.

1145 定	정할 정		3학년	N2	93위
해설	사람과 물건은 집(宀) 안에서 올바른(疋) 자리가 **정해져** 있으니		
음독	[てい] 決定 결정 (けってい)　　[じょう] 勘定 계산 (かんじょう)		

2324 錠 중학 | N1급 | 2039위	정해진(定) 인물만 들어갈 수 있게 금속(金)으로 채운 **자물쇠**이니

① 자물쇠 정　(② 알약 정)

16획 錠 錠 錠 錠 錠 錠 錠 錠 錠 錠 錠 錠 錠 錠 錠 錠

음독	じょう [3순위]	①*手錠 수정수갑 (てじょう)
		①*施錠 시정자물쇠를 채움 (せじょう)
		② 錠剤 정제알약 (じょうざい)

| 잠깐만요 |
- 「錠」은 「定」 자가 가진 '고정'한다는 의미를 강조한 한자예요. 그래서 '자물쇠(류)'라는 의미를 지녀요. 그리고 '형태를 고정한다'는 의미가 확장되어 '형태가 고정된 약 → 알약(tablet: タブレット)'으로 쓰이게 된 거예요.

2325 掟 학년 외 | 급수 외 | 2724위	결혼식에서는 손동작(扌) 하나도 정해진(定) 법도와 관례를 따라야 하니

관례 정 · 법도 정

11획 掟 掟 掟 掟 掟 掟 掟 掟 掟 掟 掟

훈독	おきて	掟(おきて) ⓐ (조직/단체에서 정한) 규정, 규칙　ⓑ (종교 등의) 법도

| 잠깐만요 |
- 「掟(おきて)」는 본디 '마음속에 정해 두다(おきつ)'라는 고어에서 온 말이에요. 사회적/관습적/종교적으로 어겨서는 안 되는 '마음속에 명심해야 할 중요 사항'으로, 다른 표현보다 '절대로 어겨서는 안 되는/지켜야만 하는 규정'이라는 뉘앙스가 강합니다.

2326 綻 중학 | 급수 외 | 2128위	실(糸)로 꿰매어 겨우 안정(定)시킨 부분이 **터지며 벌어지니**

옷 터질 탄 · 파탄날 탄

14획 綻 綻 綻 綻 綻 綻 綻 綻 綻 綻 綻 綻 綻 綻

음독	たん [4순위]	破綻 파탄 (はたん)
훈독	[ほころ]びる	綻(ほころ)びる ⓐ (실밥/꿰맨 곳이) 터지다　ⓑ 조금 벌어지다
		→ 綻(ほころ)び (옷 등이) 터짐, 벌어짐, 터진 자리

추가자 8 疑	의심할 의	6학년 | N2 | 623위
해설	비수(匕) 같은 추궁과 화살(矢) 같은 눈초리로 창의 머리날(マ)을 겨누며 정당성(正→疋)을 의심하고 혐의를 두는 모습이니 ㅤ ㅤ ㅤ ㅤ ㅤ ㅤ ㅤ ㅤ ㅤ ㅤ ㅤ マ: 머리날 마	
음독	[ぎ] 疑問 의문 (ぎもん) ㅤ ㅤ 疑惑 의혹 (ぎわく)	

2327

擬

중학 \| N1급 \| 2327위

너무 똑같아 의심(疑)되어 손(扌)으로 만져 볼 정도로 잘 흉내 내니

흉내 낼 의

17획 扲 扌 扲 扲 扩 扩 捗 捗 捗 捸 摧 摧 擬 擬 擬 擬

음독	ぎ 2순위	擬態 의태 (ぎたい)	*擬音語 의음어 의성어 (ぎおんご)
		*擬似 의사 유사 (ぎじ)	模擬 모의 (もぎ)

| 잠깐만요 |
· 「擬似」는 다른 명사와 함께 쓰여 '실제로 비슷한, 모의의, 유사~' 등의 의미로 특히 의학/과학 용어로 많이 쓰여요.
　例 擬似体験(ぎじ・たいけん) 유사 체험 ㅤ ㅤ 擬似科学(ぎじ・かがく) 유사 과학

2328

凝

중학 \| N1급 \| 1505위

의심(疑)은 자꾸만 커져서 얼음(冫)마냥 엉겨 붙어 응어리지니

엉겨 붙을 응 · 응어리 응

16획 冫 冫 凝 冴 冴 泮 浽 湝 湝 湝 湝 湝 凝 凝 凝 凝

음독	ぎょう 2순위	凝縮 응축 (ぎょうしゅく)	凝固 응고 (ぎょうこ)
		凝結 응결 (ぎょうけつ)	凝視 응시 (ぎょうし)
훈독	[こ]る	凝(こ)る ⓐ 엉기다, 응고하다 ⓑ 열중하다, 몰두하다 ⓒ (근육이) 걸리다 → 凝(こ)り ⓐ 응고 ⓑ 근육이 걸림, 뻐근함 肩凝(かた・こ)り 어깨 걸림	
	[こ]らす	凝(こ)らす ⓐ 엉기게 하다 ⓑ (의식/감각을) 한곳에 집중시키다	
	[しこ]る	▽凝(しこ)る 응어리지다 ㅤ → 凝(しこ)り 응어리	

(정답은 570쪽에)

1 빈칸에 들어갈 한자로 적절한 것을 고르시오.

1. 純＿＿ (순수)　　ⓐ 砕　　　ⓑ 粋　　　ⓒ 枠

2. ＿＿火 (분화)　　ⓐ 噴　　　ⓑ 墳　　　ⓒ 憤

3. 淘＿＿ (도태)　　ⓐ 太　　　ⓑ 駄　　　ⓒ 汰

4. ＿＿録 (초록)　　ⓐ 抄　　　ⓑ 妙　　　ⓒ 沙

5. 憧＿＿ (동경)　　ⓐ 鯨　　　ⓑ 景　　　ⓒ 憬

6. ＿＿正 (교정)　　ⓐ 稿　　　ⓑ 橋　　　ⓒ 矯

7. 栽＿＿ (재배)　　ⓐ 培　　　ⓑ 陪　　　ⓒ 賠

8. ＿＿章 (완장)　　ⓐ 宛　　　ⓑ 腕　　　ⓒ 怨

9. 裁＿＿ (재봉)　　ⓐ 蜂　　　ⓑ 逢　　　ⓒ 縫

10. ＿＿接 (인접)　　ⓐ 傑　　　ⓑ 隣　　　ⓒ 憐

11. 大＿＿ (대개)　　ⓐ 既　　　ⓑ 慨　　　ⓒ 概

12. ＿＿外 (섭외)　　ⓐ 涉　　　ⓑ 捗　　　ⓒ 頻

2 다음 한자의 뜻을 (　　)에 적고 일본 음독을 ⓐ, ⓑ, ⓒ 중에 하나 고르시오.

1. 匿名 (　　)　　ⓐ いくめい　　ⓑ にくめい　　ⓒ とくめい

2. 囲碁 (　　)　　ⓐ いぎ　　　　ⓑ いご　　　　ⓒ いこ

3. 肥沃 (　　)　　ⓐ びおく　　　ⓑ ひうく　　　ⓒ ひよく

4. 添加 (　　)　　ⓐ てんか　　　ⓑ せんか　　　ⓒ ちょんか

5. 文豪 (　　)　　ⓐ ぶんご　　　ⓑ ぶんごう　　ⓒ ぶんほう

6. 粒子 (　　)　　ⓐ りゅうし　　ⓑ りゅし　　　ⓒ りっし

7. 指摘 (　　)　　ⓐ しさく　　　ⓑ しちゃく　　ⓒ してき

8. 怨念 (　　)　　ⓐ おんねん　　ⓑ えんねん　　ⓒ いんねん

9. 信仰 (　　)　　ⓐ しんぎょう　ⓑ しんこう　　ⓒ しんあん

10. 拠点 (　　)　　ⓐ こうてん　　ⓑ きょうてん　ⓒ きょてん

11. 凝結 (　　)　　ⓐ ぎょけつ　　ⓑ ぎょうけつ　ⓒ ごうけつ

12. 渋滞 (　　)　　ⓐ じゅうたい　ⓑ じゅたい　　ⓒ じょうたい

일본인들은 어떻게 훈독의 한자를 선택할까?

: 실생활 속 훈독의 한자 표기 메커니즘

많은 학습자들이 아래와 같이 동일한 훈독으로 읽지만 한자 표기가 다른 어휘들과 마주하여 당황한 경험이 있을 것입니다.

훈독의 다중 한자 표기 … 「きく」의 예

- **발음** きく → **표기** 聞く・聴く・訊く・利く・効く
  - a. 噂を聞く
  - b. 事情を聴く
  - c. 先生に訊く
  - d. 鼻が利く
  - e. 薬が効く

훈독의 다중 한자 표기 … 「みる」의 예

- **발음** みる → **표기** 見る・観る・視る・看る・診る・覧る
  - a. 夜空を見る
  - b. 芝居を観る
  - c. 被災地を視る
  - d. 患者を診る
  - e. 子供の面倒を看る
  - f. 目録を覧る

일한사전 혹은 단어장 등에서는 이러한 예들을 마치 별도의 단어인 듯 제시하는 경우가 많습니다. 어떤 사전에서는 한자 표기들을 괄호 하나에 묶어 제시하여 '이중에 어떤 걸 쓰라는 거야?' 싶은 경우도 있고, 심지어 일부 한자 표기는 아예 표제어에서 찾을 수 없는 경우도 있습니다. 그러다 보니 **어떤 식으로 이런 어휘와 한자 표기를 바라보고 파악해야 할지 갈피를 못 잡고 우왕좌왕하는 학습자들이 끊임없이 발생합니다.** 결국 많은 분들이 선택하는 방식은 **아무런 생각 없이 별개의 단어들로 여기고 한자 표기 위주로 암기하는 것**이죠. 하지만 이해 없이 암기를 거듭해 갈수록 혼란은 점점 더 가중될 뿐입니다.

학습자가 자주 느끼는 의문

① 한자 표기를 반드시 정확하게 구분해야 할까? 예 噂を聴くは 틀린 건가?

② 의미 차이가 별로 없어 보이는데 다른 단어일까? 예 聞くvs聴く / 見るvs視る

③ 여러 한자 중 무엇을 선택해서 사용해야 할까? 예 みる【見る・観る・視る】

하지만 누구도 이런 부분들에 대해서 제대로 알려 주지 않습니다. 보통 '알아 두세요!' '참고하세요!' '외워 두세요!'라는 말로 넘기죠. 때론 보다 자세하게 각각의 단어를 개별적으로 '이런 의미 차이가 있어요' 하고 해설해 주는 경우도 있습니다. 확실히 이런 방식의 해설은 각각의 단어를 파악하는 데 유효해요. **하지만 결국 일본에서 다양한 한자 표기를 '왜' 사용하는지, '어떻게' 사용하는지, 또 학습자는 '어디까지' 학습해야 하는지에 관해서는 알려 주지 못합니다.**

이러한 물음들은 **'일본어에서 훈독을 한자로 표기하는 메커니즘'**에 대해서 이해하고 「きく(聞・聴・訊・利・効)」,「みる(見・観・視・看・診・覧)」와 같은 '한자의 다중 표기'가 어떤 관계를 지니는가에 대해서 이해해야 비로소 풀리는 문제들이랍니다. 어디에서도 알려 주지 않는 '훈독과 한자 표기'에 관한 원리를 지금부터 알려 드리겠습니다.

(※ 이하의 내용에 사용되는 용어와 개념들은 설명과 분석의 편의성을 위해 저자가 임의로 지정한 것들로, 교육 및 어학 학계 등에서 일반적으로 사용되는 용어들이 아님을 밝혀 둡니다.)

| 중고급 학습자는 훈독과 상용한자를 다시 생각해야 한다? |

01 훈독(訓読み)의 개념에서 오는 혼란

많은 학습자들이 한자를 학습하면서 음독(音読み)과 훈독(訓読み)의 기본 개념에 대해 배웁니다. 설명 방식이야 다를지라도 결국 학습자들이 최종적으로 기억하는 개념은 대략 다음과 같습니다.

> **훈독의 기본 개념**
>
> ① 훈독은 어떤 한자/어휘를 뜻으로 '읽는 방법'이다.
> ② 각각의 한자/단어에는 고유의 훈독이 존재한다.

이런 개념은 분명 틀리지 않습니다. 하지만 학습 레벨이 높아져 가는데도 훈독에 대한 이해가 이 정도 선에서 끝난 상태로 학습을 지속한다면, 마치 **'훈독이라는 발음은 한자에 붙어 있는 부속품이다'**라는 **'착각'**을 하게 된다는 점이 문제예요. 이런 착각은 여러 고정 관념들을 심어 주게 되어 학습에 혼란을 초래하게 됩니다.

> **학습자의 흔한 착각**
>
> ① 훈독이 같아도 한자가 다르면 별개의 단어다? ······▶ NO!
> ② 훈독은 문법처럼 엄격하게 정해진 것이다? ······▶ NO!
> ③ 교과서/단어장에 실린 훈독만 외우면 충분하다? ······▶ NO!

그렇다면 '훈독'이란 도대체 무엇일까요? 또 우리가 일반적으로 들어 왔던 '상용한자'라는 것은 무엇일까요? 상용한자에서 제시하는 내용만 알면 '일본어 한자 공부는 끝이다'라고 하셨던 선생님들의 말씀은 모두 틀린 것이었을까요?

02 훈독과 상용한자(표)의 진짜 개념

훈독(訓読み)을 글자 그대로 풀이하면 '뜻(訓)대로 읽는(読) 것'입니다. 쉽게 말하면 '이렇게 생긴 글자는 이런 의미를 나타내요' 하고 **해당 한자가 무슨 의미를 가지고 있는지 대응하는 일본의 고유어로 풀이하는 것**입니다. 훈독 표기에 한자를 선택해서 사용해야 하는 일본인 입장에서 보면 그것은 곧 '고유어를 한자로 쓰는 것(표기하는 것)'이기도 합니다.

한자와 훈독의 관계 형성 과정

한자 도입	➡	지식층의 사용	➡	다양한 계층의 사용	➡	「상용한자표」
한자/훈독/음독의 난립		관습적으로 사용 – 큰 틀에서 정착 –		정책으로 범위 제한 – 사용 범위 축소 –		

일본에서 오랜 기간 한자를 익히고 사용하면서 그 사용법을 발전시켜 온 것은 승려나 귀족 등의 지식층이었어요. 그들은 철학적이고 복잡한 경전을 정확히 해석하기 위해, 고상하고 우아한 시구를 짓기 위해, 공적 문서를 기록하기 위해 한자를 적극 이용해 왔죠. 그렇기에 일본의 한자와 훈독은 지식층 사이의 유행, 사용 의도, 어떤 서적에서 쓰이는가, 어떤 시대인가 등에 따라 지속적으로 변화하고 그것이 축적되어 계승되어 왔습니다. **지금처럼 '이 한자의 훈독이 이거다'라는 교과서적으로 정형화된 공식 같은 개념이 아니었던 거죠.**

그리고 세월이 지나면서 선대로부터 이어지는 교육, 유명한 서책의 전승 등에 힘입어 자주 사용되던 한자와 대응하는 일본어(훈독)가 **'큰 틀에서 어느 정도 관습적으로 정형화'**되었어요. 그리고 그것들을 토대로 보다 많은 이들이 교육을 통해 글자를 읽고 쓰는 것이 일반화되기 시작했습니다. 이전까지는 일부 지식층이 쓴 것을 대다수의 사람들이 읽고 받아들이던 것이 주류였다면, **점차 대다수의 사람들이 직접 훈독을 한자로 '써서' 표현하게 된 것이죠.**

그런 과정에서 **훈독이란 한자를 '읽고 해석하는 것'**뿐 아니라 많은 이들이 **'일본어(고유어)를 표기하기 위한 방법으로 특정 한자를 쓰는 것'**이 되어 갔어요. 하지만 어디까지나 큰 틀에서 관습적으로 사용 규정이 정해져 있는 정도였기에 각각의 훈독을 표기하기 위한 한자의 사용 범위는 여전히 엄격하지 못했어요. 1800~1900년대 초 일본 사회에서 빈번하게 사용되던 한자는 그 수만 대략 5~6천 자였습니다(『常用漢字文』(重野安繹. 1899) – 5,610자 / 『教育上より見たる明治の漢字』(後藤朝太郎. 1912) – 약 6,000자). 하지만 음독·훈독·한자의 사용 등에 관한

명확한 규정 없이 무분별하게 사용되었어요. 소설과 같은 서적의 경우는 만 자 이상이 사용되는 경우도 있었다고 해요.

그러다가 **근대 이후**에는 정부가 범람하던 한자와 그 훈독·음독을 제한하여 사용하도록 **'정책적 권고'를 합니다. 한자의 가짓수만이 아니라 사용을 권장하는 <u>한자의 가짓수</u>와 <u>음독·훈독의 범위까지 모두 지정한</u> '당용/상용한자표'가 공표된 것이죠.** 그것이 여러분들이 교과서에서 배우는 상용한자 및 음독·훈독이에요. 사실 국가에서 '이 한자의 음독과 훈독은 이것들로 제한하겠습니다'하고 권장 사항을 지정했을 뿐, 이전부터 관습적으로 사용되던 음독과 훈독은 시험과 공문서를 벗어난 실생활, 서적 속에서는 무수히 등장한답니다.

훈독이 가지는 개념의 범위 확장

① 한자의 뜻에 일본어에 원래 있던 고유의 말을 **대응**시켜서 **읽는 법**
② 고유 일본어의 의미를 **표기하는 데 한자를 활용**하는 것

상용한자표란?

광범위한 '한자·훈독·음독'의 범위를 **교육·사용 편의를 위해 정책적으로 제한**
→ '사용 권장'하는 '한자·음독·훈독' 지정

03

왜 하나의 훈독에 여러 한자를 붙이는 걸까?
– 훈독의 한자 표기와 그 역할 –

'상용한자표'가 한자만이 아니라 음독·훈독까지 지정했다고는 하지만 그것은 **어디까지나 권장의 영역**이에요. 초중등 교육 및 공문서/신문/방송 등 공적 영역에 속하는 부분의 표기에서 '이렇게 읽고 쓰는 것이 표준입니다' 하고 **가이드라인을 설치한 것 정도**에 불과합니다. 예를 들면 한국에서도 공교육/공문서에서 줄임말은 사용하지 않도록 권장하지만, 일상적으로는 사용되고 있듯이 말이죠.

그렇기에 '훈독'을 단순히 '정해져 있는 읽는 법'의 개념으로 파악하고 암기하는 선에서 그치는 것이 아니라 **'훈독이 어떤 기능을 하고, 그것을 일본인들은 어떻게 이용하는 것인가'**를 제대로 이해할 필요가 있습니다.

먼저 생각해야 할 것은, **'하나의 일본말(고유어)에 굳이 여러 한자를 덕지덕지 붙이는 이유는 무엇인가?'**입니다. **한자**는 '표의문자'이기에 **하나의 글자로 구체적인 의미를 표기할 수 있다는 장점**이 있습니다. 관련된 가장 대표적인 효용성으로는 **'발음만 같고 전혀 다른 어원/의미를 가진 단어(동음이의어)를 명확하게 구분할 수 있다'**는 점을 들 수 있을 것입니다.

> **훈독 한자 표기의 기능 ① '동음이의어'의 구분**
> • 일본어 「きく」의 예1 → 菊(きく) 국화 vs 聞く(きく) 듣다

하지만 이 설명만으로는 앞서 보았던 「きく」의 다양한 한자 표기(聞・聴・訊・利・効)를 이해하기에는 부족합니다. 명확히 다른 의미를 나타내는 것도 아니고, 의미 차이도 크지 않아 보이는데도 한자를 다르게 쓰는 것을 납득시키지는 못하니까요.

> **한국어 '듣다'의 의미 파생 다의어**
> a. 소문을 **'들었다'**　　　　　(← 어떤 소리/말 따위가 저절로 귀에 들어오다)
> b. 그의 사정을 **'들어주다'**　　(← 말이나 소리에 주의를 집중하여 귀를 기울이다)
> c. 브레이크가 잘 **'듣지'** 않는다　(← 기능 등이 정상적으로 잘 작동하다)
> d. 이 약은 잘 **'들어'**　　　　　(← 약 등의 효능/효과가 좋다)

이해를 돕기 위해 잠시 한국어의 '**듣다**'를 볼까요? 한국어의 '듣다'는 단순히 귀로 듣는 것에서 여러 의미로 파생되죠. 이러한 단어를 우리는 '**다의어**'라고 합니다. 이 경우, **한국어는 표기법이 '한글'뿐이기 때문에 각각의 구체적인 의미를 나타내기에는 효율이 떨어진다는 단점이 있습니다**. 가령 b, c, d의 경우, '목적어(브레이크, 약 등)'나 '부가적인 수식(집중하여, 귀 기울여)'의 기술, 혹은 문맥의 고려가 없으면 명확하게 글쓴이가 원하는 의미를 나타내기 어렵겠죠?

훈독 한자 표기의 기능 ②　'다의어'의 구분

- 일본어 「きく」의 예2

a.	噂を**聞く**	소문을 '듣다'	(← '귀에 들어오는 대로 듣다' 수동적, 일반적)	- 風聞 풍문 -
b.	彼の事情を**聴く**	그의 사정을 '듣다'	(← 능동적으로 귀 기울여 듣다)	- 傾聴 경청 -
c.	先生に**訊く**	선생님께 '묻다'	(← 상대방에게 내가 모르는 사실을 듣다)	- 訊問 신문 -
d.	ブレーキが**利く**	브레이크가 잘 '듣다'	(← 기능/능력 등이 잘 작동하다)	- 利己 이기 -
e.	薬が**効く**	약이 잘 '듣다'	(← 약 등의 효능/효과가 좋다)	- 効果 효과 -

이번에는 「きく」를 볼까요? 큰 틀에서 보면 a~e는 괄호 안의 의미를 통해 알 수 있듯 '듣다'와 동류의 '다의어'입니다. 하지만 한국어와는 달리 각각의 의미를 세세하게 명시하기 위해 필요한 수식이나 문맥의 역할을 한자 표기가 대신하고 있죠. 즉, 일본어는 '**관습적**'으로 의미를 보다 '**구체적**'으로 표기하여 해당 의미를 '**강조**'하기 위한 **수단으로 한자를 활용**해 온 것입니다.

이러한 **다의어의 의미 구분에 한자 표기를 활용하는 것은 '문학'과도 관련이 깊어요.** 대표적인 것이 일본에서 전통시로 자리매김한 하이쿠(俳句), 센류(川柳) 등의 '정형시(정해진 글자 수를 지키며 시를 짓는 것)'예요. 정해진 글자 수 안에 깊은 의미와 정서를 담아내는 정형시의 특성상, 동일한 발음에 한자 표기를 바꾸는 것으로 세세한 의미의 구분을 표현할 수 있기 때문입니다. 또 '철학서나 불경' 등은 작은 의미 차이가 큰 역할을 하기 때문에 구체적인 한자 표기를 통해서 해설에 보다 철저해질 필요가 있었습니다. '글을 쓰는 행위'가 오랜 기간 승려, 귀족 같은 상류 계층과 지식인 계층의 문화였던 만큼 그들이 향유했던 문학이 적지 않은 영향을 끼친 것이고요. 오늘날에도 세세하게 상황을 묘사하는 소설, 깊은 감정을 묘사하는 시, 일정한 음률에 깊은 뜻을 담아내는 가요의 가사 등 예술/문학과 관련된 분야에서는 일상에서 주로 사용되는 훈독의 표기보다 한자를 다채롭게 활용하는 경향이 강합니다.

04

학습자는 어떻게 해야 하는가?
– 상용한자 규정과 학습 범위 설정 –

'이 많은 한자와 훈독을 다 정확하게 분별해서 사용해야 하나?' 하는 학습자들의 부담은 일본인들도 똑같이 느껴요. 가령 '듣다(きく)'나 '보다(みる)'와 같은 어휘의 모든 파생 의미를 세세하게 구분하자면 10여 가지로도 나눌 수 있어요. 이는 자칫하면 하나의 단어를 매번 의미를 구분하겠다고 10여 가지 한자들로 표기하는 상황으로 이어지겠죠. 물론 관습적으로 표기하는 한자는 어느 정도 한정되어 있지만, 그럼에도 부담이 큰 것은 바뀌지 않습니다. 더군다나 한자를 교육해야 하는 초중학교에서는 그 부담이 더해질 수밖에 없습니다. 그렇기에 **근대의 일본**은 '**정책적**'으로 지나친 한자 사용을 억제하는 '제약(상용한자표)'을 만들어 두었어요.

상용한자표의 표기 제한 ①   훈독의 제한

- 일본어 「**みる**」의 한자 표기 (붉은색: 상용 표기, 푸른색: 상용 외 표기)

  a. 夜空を見る   밤하늘을 '**보다**'   (← '시각'을 통해 대상을 확인/지각하다)
                                                               〈포괄적/일반적〉

  b. 押しのライブを観る   최애의 라이브를 '**보다**'   (← 폭넓게 시야에 담으며 느끼다)
      ハワイ島で観た夜空   하와이에서 '**본**' 밤하늘   – 観覧 관람・観戦 관전・観光 관광 –

  c. 被災した現場を視る   재해 현장을 '**보다**'   (← 조사/분석을 위해 자세히 보다)
      資料を視て分析する   자료를 '**보고**' 분석하다   – 監視 감시・検視 검시・凝視 응시 –

  d. 子供の面倒を看てほしい   아이를 '**봐**' 주었으면 한다   (← 보호/도움을 위해 주의해서 돌보다)
      高齢となった親を看る   고령이 된 부모를 '**보다**'   – 看病 간병・看護 간호・看守 간수 –

  e. まずヘッドラインを覧る   우선 표제를 '**본다**'   (← 전체를 대강 훑어보다)
      目録を覧てから選ぶ   목록을 '**보고**' 나서 고른다   – 一覧 일람・閲覧 열람・展覧 전람 –

  f. 医者に診てもらう   의사에게 '**봐**' 달라 하다   (← 의료 관계자가 건강 상태를 보다)
      まずは脈を診る   우선 맥을 '**보다**'   – 診察 진찰・診療 진료・診断 진단 –

  (※ 이하, 상용한자표 인정 표기는 '상용 표기(常用表記)', 그 외는 '상용 외 표기(常用外表記)'라 합니다.)

예를 들어 「**みる**」의 경우, 상용한자표에서 인정하는 것은 「a. **見る**」와 「f. **診る**」뿐으로, 규정상 상용한자표에 없는 b~e는 「a. **見る** 혹은 **みる**」로 표기하도록 권고하고 있습니다. 가장 기본이 되는 한자 표기를 정하고, 그 표기로 대부분의 의미를 나타내도록 제한을 두는 방식이죠.

- **일본어 「きく」의 한자 표기** (붉은색: 상용 표기, 푸른색: 상용 외 표기)

  a. 噂を聞く   소문을 '**듣다**'   (← 귀에 들어오는 대로 듣다 〈포괄적/일반적〉)

  b. 彼の事情を聴く   그의 사정을 '**듣다**'   (← 능동적으로 귀 기울여서 듣다)
      講義を聴く   강의를 '**듣다**'   – 聴解 청해 · 聴講 청강 · 聴取 청취 –

  c. 先生に訊く   선생님께 '**묻다**'   (← 상대방에게 내가 모르는 사실을 듣다 : 질문하다)
      名前を訊く   이름을 '**묻다**'   – 訊問 신문 –

  d. ブレーキが利く   브레이크가 잘 '**듣다**'   (← 기능/능력 등이 잘 작동하다)
      融通が利く   융통성이 있다   – 利己 이기 · 利用 이용 –
      右利き   오른손잡이

  e. 薬が効く   약이 잘 '**듣다**'   (← 선전/약 등의 효능/효과가 좋다)
      宣伝が効いてよく売れる 선전이 잘 '**들어서**' 잘 팔린다   – 効能 효능 · 効果 효과 –

'상용한자표'는 그런 의미에서 분명히 매우 유용해요. 하지만 상용한자표는 어디까지나 정책적으로 지정/배포되기 때문에 '규정의 비대칭성과 실사용과의 괴리'가 존재합니다. 예를 들어 「みる」와 비슷하게 다양한 의미로 파생되는 「**きく**」의 경우, 「**c. 訊く**」를 제외한 나머지는 모두 **상용 표기로 인정**하고 있어요. 만약 「みる」와 대칭적이라면 의미상 차이가 그리 크지 않은 「**b. 聴く**」는 상용 표기에서 제외하고 「**d. 利く · e. 効く**」는 어느 한쪽만 상용 표기로 지정하는 쪽이 타당해 보입니다. 또한 사회적 흐름과의 괴리도 종종 나타나곤 해요. 상용 표기가 아닌 「**c.訊く**」의 경우, 최근에는 「訊く」로 적는 게 옳다는 사회적 풍조가 강해지고 있어 「**訊く」로 표기하는 것이 점차 일반화되는 추세**입니다. 또 다른 예로 「**獲る**」의 상용 표기(훈독)는 「**える**」이기 때문에 공인 시험에서는 「える」로 읽고 써야 하지만, 실사용에서는 상용 외 표기인 「**とる**」로 읽는 것이 보편적이랍니다.

훈독 한자 표기의 기본 원칙

① 상용한자표로 지정된 경우 ▶ 기본적으로 지정 한자로 표기한다. 예 見る · 診る

② 상용한자표로 지정되지 않은 경우 ▶ 개인의 선택에 맡긴다. 예 観る · 視る · 看る · 覧る
    → (선택 1) '히라가나'로 표기한다. 예 観る · 視る · 看る · 覧る → **みる**로 표기
    → (선택 2) 비슷한 의미 영역의 상용한자표 지정 한자로 표기한다.
         예 観る · 視る · 看る · 覧る → **見る**로 표기
    → (선택 3) 그대로 표기한다. 예 観る · 視る · 看る · 覧る로 표기

즉, 실생활에서 사용되는 일본어에서는 '기본적으로 상용한자표에서 훈독으로 지정한 경우는 해당 한자로 표기하고 발음할 것을 권장하되, 그 외의 경우는 개인의 선택에 맡긴다'는 굉장히 느슨하고 자유로운 표기 원칙이 적용되고 있어요.

여기서 말하는 '기본적'이란 법령/공문서/신문/잡지/방송/교육 등에서는 상용한자표의 내용을 지킬 것을 적극 권장함을 의미합니다(기본 원칙①). 그렇기에 JLPT나 학교 시험의 어휘 문제에 기본 원칙②에 해당하는 한자 표기가 직접적인 어휘 문제로 출제되는 경우는 드물고, 독해 등의 지문에는 ②-(선택 1) 혹은 ②-(선택 2)의 방식으로 출제되는 것이 일반적이에요. 따라서 JLPT/JPT/EJU 등의 공인 시험을 앞둔 경우에는 상용한자표에서 지정한 상용 표기만 학습하면 됩니다. 그 외의 한자 표기는 합격 후에 필요에 따라 학습하면 돼요.

반면 일본인들은 일상에서 「獲(と)る」처럼 개인의 습관, 특정 의도의 실현 등 여러 변수에 따라 기본 원칙②에서 언급한 세 가지 선택사항 중 하나를 골라 사용합니다. 일상생활/노래 가사/소설/인터넷/SNS 등에서는 훈독의 상용 외 표기가 무수히 범람하고 있습니다. 심지어 상용 외 표기가 상용 표기보다 사용 빈도가 높은 경우도 존재합니다. 일본어 시험을 우수한 성적으로 합격한 학생들이 자신만만하게 일본에 유학을 갔다가 당황하고 자괴감에 빠지는 경우가 많은 이유 중 하나가 이런 점 때문이기도 해요. '상용한자(2136자)'와 '상용 표기(훈독)'만 학습했는데 실제 사용되는 한자와 훈독의 표기는 훨씬 다채로우니까요. 결국 시험 합격을 넘어 일본인들이 작성하는 생생한 일본어(SNS/소설/노래 가사 등)를 실제로 완벽히 이해하려면 단순히 상용한자표에서 지정한 훈독만을 달달 외우는 것만으로는 한계가 있습니다. 그렇기에 **훈독을 표기하는 한자는 공식처럼 쓰이기보다는 일정한 범위 내에서 유연하게 사용되는 옵션과 같다**고 이해하고, 일본어를 학습하는 목적에 맞게 철저하게 상용 표기만을 숙지하거나 한 발더 나아가 자주 쓰이는 상용 외 표기에도 익숙해질 필요가 있습니다.

목적에 따른 학습자의 학습 범위 선택

① JLPT 등의 공인 시험'만'이 목표인 경우 → 지정된 상용 표기만 학습해도 OK

② 시험을 넘어 일본어를 활용할 경우 　→ 상용 표기 위주 학습은 필수

　　　　　　　　　　　　　　　　　　+ 점차적 상용 외 표기 학습도 필요

사전은 알려 주지 않는다
– 아무도 알려 주지 않은 사전 활용법 –

상용한자표에서 지정한 상용 표기는 적어도 공적 표기/시험 등에서는 중요한 기준입니다. 그렇다면 학습자는 해당 훈독의 한자 표기가 상용 표기임을 일본어 사전에서는 어떻게 확인해야 할까요? 아래에서는 우리나라의 「naver/daum 일본어 사전」과 「デジタル大辞泉」(小学館)을 통해 인터넷 사전의 표기 특징과 상용 표기와의 관련성을 기술하려고 합니다.

❶ 상용 표기의 지정과 사전의 표기(사전 활용법)

「あう」를 예로 들어 설명하겠습니다. 「あう」의 경우, 「合う·会う·遭う·遇う·逢う」로 한자 표기가 가능합니다. 이때 「遭う·遇う·逢う」는 상용 외 훈독 표기이며, 그중 「遭·遇」는 상용한자이고 「逢」는 상용한자가 아닙니다. 즉 **'A. 상용한자+상용 표기(合う·会う·遭う), B. 상용한자+상용 외 표기(遇う), C. 상용 외 한자+상용 외 표기(逢う)**로 나눠지는 것이죠.

(상용 외 한자 – 상용한자가 아닌 한자, 상용 외 표기 – 상용한자표에서 지정한 훈독/음독이 아닌 것)

[그림 1]

일일사전에서는 A~C의 세 가지 경우의 수를 기호로 표시해 주는 것이 일반적입니다. 예를 들어 「デジタル大辞泉」(그림1)의 경우, **A(상용한자+상용 표기)는 아무런 표시가 없지만, B(상용한자+상용 외 표기)는 「▽」로, C(상용 외 한자+상용 외 표기)는 「×」로 한자 표기 앞머리에 마크가 존재합니다.**

훈독과 상용한자표의 관계와 사전 정보		
「**あう**」의 예(デジタル大辞泉의 경우)		
Type	예시	사전 기호
A. 상용한자 + 상용 표기	（合う · 会う · 遭う）	없음
B. 상용한자 + 상용 외 표기	（遇う）	▽
C. 상용 외 한자 + 상용 외 표기	（逢う）	×

(상용 외 한자 – 상용한자가 아닌 한자, 상용 외 표기 – 상용한자표에서 지정한 훈독/음독이 아닌 것)

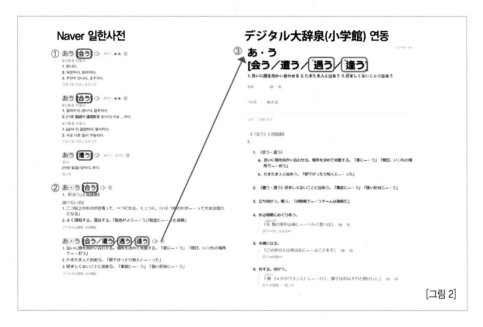

[그림 2]

일한사전은 어떨까요? 학습자들이 가장 많이 사용하는 「naver 일본어 사전」(그림 2)의 경우, 히라가나 검색 시 나타나는 표제어의 제시(①)는 상용 표기(Type-A)를 기본으로 제시하고 있습니다. 그러나 정확도가 떨어지기도 하고, 상용 외 표기(Type-B · C)는 제시하지 않기 때문에 충분한 정보를 제공하지 못하고 있는 게 보입니다. 하지만 「naver 일본어 사전」은 위에서 살펴본 일일사전인 「デジタル大辞泉」과 연동되어 있어요(그림 2-②). 상세 정보를 펼치면 일일사전의 정보(그림 2-③)를 볼 수 있기에 「▽/×」의 표식으로 상용 표기와 아닌 것을 구분할 수 있죠(단, daum 일본어 사전과 연동된 「広辞苑」의 정보에서는 상용 표기를 구분해 주는 마크가 없습니다).

이러한 마크는 사전마다 조금씩 다르기 때문에 사전을 이용할 때는 각 사전마다 어떤 식으로 표식을 하고 각 표식이 어떤 의미를 지니는가 체크해야 해요. 예를 들어 「デジタル大辞泉」 (小学館)에서 「×」로 표기하는 Type-C는 각 사전마다 표기 방식이 다르답니다.

×**逢う** ⋯ 三省堂, 岩波, 新選, 集英社, 学研現代新 　　　△**逢う** ⋯ 旺文社

▼**逢う** ⋯ 明鏡, 現代国語例解, 大辞林 　　　〈**逢**〉**う** ⋯ 新明解

❷ 사전의 표기 정보를 통해 우리는 무엇을 알 수 있을까?

첫째로, 명확하게 상용한자표에서 지정한 것(Type A)이 무엇인지를 확인할 수 있습니다. 많은 단어장, 한자 교재에서는 사용 빈도가 높은 경우에 한하여 Type B에 해당하는 표기도 제시하는 경우가 있어요. 만일 학습자가 명확한 구분을 원할 경우에는 표기 정보는 많은 도움이 되겠죠?

둘째로, 대체적으로 '일본인들이 해당 한자 표기를 어떻게 인식하는가?'를 알 수 있습니다. 상기의 타입 분류는 상용한자인가, 상용 표기인가라는 두 가지 기준으로 나눕니다. 상용한자표 자체가 공교육과 밀접하게 관련되어 있기 때문에 **어릴 적부터 교육을 통해 학습하고 사용해 왔는가**와 직결되죠. 한국어나 영어도 초등학교부터 학습한 기초 어휘는 대부분 익숙하지만, 중고 이후 접하게 되는 단어는 사람에 따라 종종 익숙하지 않은 것과 같아요. 따라서 「▽」가 붙은 표기는 읽거나 사용하기에는 조금 어려운 한자 표기, 「×」가 붙은 표기는 **익숙하지 않아 사용하기 힘든 한자 표기** 정도로 **점차 '덜 익숙하다' '더 어렵다' '더 딱딱하다'고 느낄 가능성이 큰 표기가 된다는 정보를 내포하고 있음을 알 수 있어요.** 그만큼 사용 빈도가 떨어질 가능성이 높다는 것을 단편적으로 엿볼 수 있습니다.

훈독의 한자 표기 타입별 계급 ▶ 익숙함의 정도와 사용 빈도				
상용한자 + 상용 표기		**상용한자 + 상용 외 표기**		**상용 외 한자 + 상용 외 표기**
(사전 표기 없음)	>	(▽)	>	(×)
익숙함(교육받음) 자주 읽고 씀		덜 익숙함 읽거나 쓰기 조금 어려움		익숙하지 않음 어려움, 딱딱함

06 일본인들은 어떻게 한자 표기를 선택할까?

❶ 표기 규정·사전 표기와 실사용 간의 괴리 문제

하지만 앞서 언급한 「訊く」의 예처럼 상용한자표의 상용 표기 규정과 실사용 간에는 괴리가 있다는 문제가 존재합니다. 더 큰 문제는 상용 표기의 규정조차 학습자에게 혼란을 가중시키고 있다는 점입니다. 「きく·みる」와 같은 **다의어**의 경우, 구체적인 의미에 따라 한자를 구분해서 써야 할 것처럼 규정되어 있지만, 심지어 **상용 표기라 할지라도 반드시 의미를 구분해서 써야 하는 것은 아닙니다.**

예를 들어 「きく」의 경우, 「聞く·聴く·利く·効く」의 네 가지 표기가 상용 표기로 지정되어 있습니다. 하지만 정작 사전에서 「きく」의 상세 정보는 학습자를 당혹스럽게 만듭니다. 많은 이들이 즐겨 사용하는 「naver 일본어 사전」의 경우, 1차적으로 제공되는 목록 정보(그림 3-①)는 상용 표기인 네 가지 표기가 아예 별도의 단어인 것처럼 제시되기에, 각각의 한자 표기를 필히 구분해 써야 할 것 같지요. 하지만 정작 **개별적인 설명**(그림 3-②)을 펼치면 기술된 「聴く로도 씀」이나 「(訊く)」와 같은 부가 정보를 제시하고 있죠. 이는 사전에서도 실제로 사용하는데 명확한 구분을 규정하고 있지는 않다는 것을 말해요. 「聴く」의 세부 정보(그림 3-③)는 예문조차 제시되지 않아 사용상 「聞く」와의 구분을 비교할 수조차 없습니다.

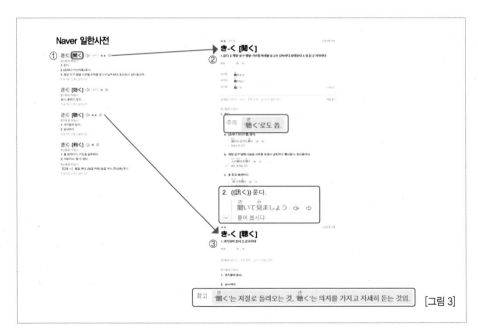

[그림 3]

560

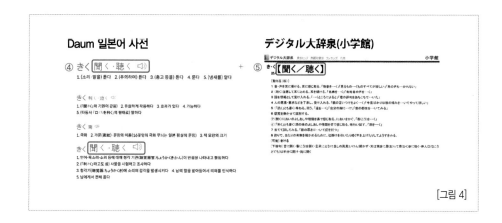

[그림 4]

「Daum 일본어 사전」이나 각종 일일사전의 경우는 아예 제시 목록(그림 4-④)부터 【聞く·聴く(·訊く)】와 【利く·効く】를 묶어서 표기로 제시하고 있어요(특히 일일사전의 경우는 대부분이 이런 표기를 하고 있습니다). 세부 정보(그림 4-⑤)도 별로 다르지 않아 「聞く·聴く(·訊く)」를 하나의 '묶음'으로 처리하고 있죠. 이것은 상용 표기인 「聴く(·訊く)」의 취급이 「みる」의 상용 외 표기(観る·視る·看る·覧る)와 표기상에서 큰 차이가 없는 취급을 받고 있음을 의미합니다. **결국 상용 표기라 할지라도(聴く) 보다 포괄적인 의미를 지닌 상용 표기(聞く)로 대체해서 사용하는 것을 인정하고 있는 것입니다.**

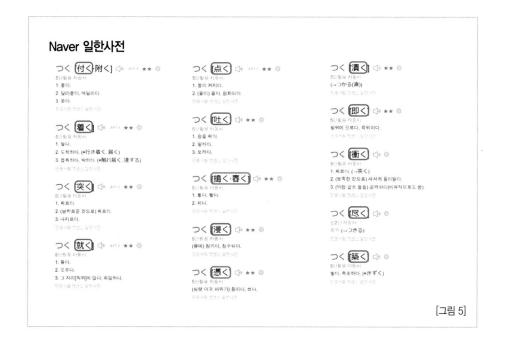

[그림 5]

또 다른 문제는 일한사전에서 제시하는 어휘의 기준이 모호하다는 점입니다. 앞서 살펴본 「みる·きく·あう」의 경우는 상용 표기(Type-A)만이 표제어로 제시되어 있지만, 그림 5와 같이 「つく」를 검색하면 나타나는 표제어들은 상용 외 표기(Type-B·C)들도 상당히 많이 제시하고 있어요. 이와 같이 사전에서조차 상용 표기뿐 아니라 상용 외 표기를 인정하고 있습니다. 하지만 훈독의 상용 외 표기 한자를 모두 인정하는 것은 아닙니다. 일부는 표제어로 제시되는가 하면, 일부는 대체 표기로서만 인정되거나 제시조차 되지 않는 등 일관적이지 않은 비대칭성을 보이고 있습니다. 이는 상용 표기 규정 외에도 '관습적'으로 실생활에서 일본인들이 어떤 한자 표기를 선택해서 사용하는가에 대한 대략적인 경향성을 결정하는 '원리'가 존재하는 것을 의미합니다.

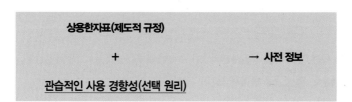

❷ 타입 분류와 실제 사용 원리

정책적으로 제한한 규정이 느슨한 가이드라인의 역할밖에는 못 하고 있다면, 일본인들은 대체 훈독을 어떤 한자로 표기할지 어떻게 선별하여 사용하고 있을까요? 물론 개인에 따라, 또 특정 단어에 따라 그 경향은 전혀 달라지겠지만, 큰 틀에서 바라본다면 한자 표기의 선택에는 일종의 '경향성'이 존재합니다.

선택의 기본 메커니즘: 단어 간의 의미 관계

사전상 훈독의 발음은 같지만 한자 표기가 다르게 기술된 어휘들은 의미 관계에 따라 몇 가지 패턴으로 정리할 수 있습니다. 앞서 언급했던 「**みる·きく**」의 예를 통해 각 패턴과 패턴에 따른 한자 표기의 선택 프로세스에 관해서 살펴볼까요?

동음이의어 관계

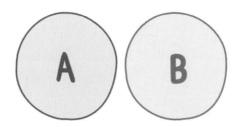

먼저 볼 것은 발음만 같을 뿐 의미가 전혀 다른 **동음이의어 관계**예요(예 きく ― 聞 vs 菊). 이 경우는 의심의 여지없이 각각이 별도의 단어이기 때문에 개별적인 한자 표기를 써야 합니다.

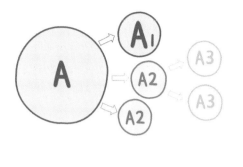

다의어 관계

지금껏 문제로 삼은 것은 「きく」가 「聞く・聴く・訊く・利く・効く」로 의미에 따라 표기가 나누어지는 다의어 관계였어요. 다의어 관계에 있는 단어의 한자 표기는 이 도식과 같이 일종의 계층 구조를 이루며 파생된다는 특징이 있어요. 이때 **A1**은 **'기본적이고 포괄적인 의미'**(예 聞く・見る), **A2**는 **'그 외의 표기'**(예 聴く・訊く・利く・効く | 観る・視る・覧る・看る・診る)를 나타내는 한자 표기를 의미해요.

다의어는 A1과 A2 간의 관계성에 따라 세 가지 타입으로 나누어서 그 표기 방식을 추정할 수 있어요. 이때, **A1에 해당하는 한자 표기**는 대체로 ① **한자의 난이도가 낮은 것**(예 초등한자 > 중등한자), ② **학습 어휘로서 레벨이 낮게 책정된 표기**(예 JLPT N3 > N1), ③ **사전 검색 시 가장 맨 앞에 제시된 한자**(예【見る・視る・観る】로 제시된 경우 → 見る)인 '경향'이 있습니다(예외 존재).

Type1

의미 간 간극이 큰 경우 ▶ A1·A2 별도 표기
먼저 볼 것은 **기본 의미(A1)와 파생 의미(A2) 간의 차이가 크거나 의미의 특수성으로 인해 개별적인 의미에 가까워진 경우**입니다. 이 경우는 기본적으로 각각 다른 단어처럼 별도 표기를 하는 것이 일반적이에요.

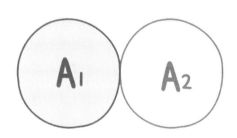

- [**聞く**(A1)] vs [**利く**(A2): 하는 말을 잘 듣다 → **잘 작동하다, 기능하다**] ☞ 별도 표기
  오른손잡이: 右手利き(○) ≠ 右手聞き(×)
- [**見る**(A1)] vs [**診る**(A2): 치료/진단을 목적으로 **환자의 상태를 보다 → 진료/진단/진찰하다**] ☞ 별도 표기
  患者を診る: 환자를 진찰하다(상태를 판단하다) ≠ 患者を見る: 환자를 보다(시야에 담다)

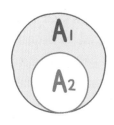

Type2

의미가 어느 한쪽에 포괄되는 경우 ▶ A1 우선 표기

다음은 **파생 의미(A2)와 기본 의미(A1) 간의 차이가 크게 없어 미묘한 뉘앙스만이 다른 경우**입니다. 이 경우는 설사 파생 의미(A2)가 상용한자로 지정되어 있다고 해도 실사용 시 기본 의미 표기(A1) 쪽을 선택하는 경우가 비교적 일반적이에요. 따라서 이 타입의 경우, A2가 가지는 미묘한 의미(뉘앙스)를 강조하거나 구체적으로 드러내기 위해서만 의도적으로 A2 표기를 쓰곤 합니다.

- [**聞く**(A1)] vs [**聴く**(A2): 의식하여 집중해서 듣다] ☞ **聞く** 표기가 일반적

  국민의 목소리를 듣다: 国民の声を**きく** ▷ **聞く**(◎: 공적인 글 · 사적인 글) > **聴く**(○: 사적인 글)

- [**見る**(A1)] vs [**視る**(A2): 조사/분석을 위해 **자세히 보다 → 살펴보다, 조사하다**] ☞ **見る** 표기가 일반적

  현장을 (자세히) 보다: 現場を**みる** ▷ **見る**(◎: 공적인 글 · 사적인 글) > **視る**(△: 사적인 글)

Type3

의미에 공통되는 부분이 큰 경우
▶ A1~A2 선택 표기

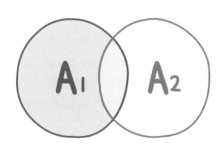

마지막으로 **기본 의미(A1)와 파생 의미(A2) 간에 공통되는 부분이 존재**하지만, **A1만으로는 나타내기 힘든 A2만의 영역이 존재하는 경우**입니다 (예 聞く-訊く / 見る-看る의 관계). 이 경우가 가장 애매해서 상용 표기의 여부, 관습적, 개인의 습관 등에 따라 둘을 별도 표기하는가, 아니면 A1에 통합시켜 표기하는가의 경향성은 상당히 불안정합니다. 때에 따라서는 히라가나로 표기하여 의미를 모호하게 사용하는 경우도 많습니다.

- [**聞く**(A1)] vs [**訊く**(A2): 상대방에게 내가 모르는 사실을 듣다 → **질문하다**] ☞ **聞く 통합 or 별도 표기**

  길을 묻다: 道を**きく** ▷ 선택 표기 **聞く**(◎: 공적인 글 · 사적인 글) ≧ **訊く**(○: 사적인 글)

- [**見る**(A1)] vs [**看る**(A2): 보호/보조를 위해 **지켜보며 행동하다 → 돌보다**] ☞ **見る 통합 or 별도 표기**

  아이를 돌보다: 子供の面倒を**みる** ▷ 선택 표기 **見る**(◎: 공적인 글 · 사적인 글) ≧ **看る**(○: 사적인 글)

따라서 **발음(훈독)이 같지만 한자 표기가 상이한 표기들의 경우, 상호 간의 관계가 어떠한가에 따라 각각의 한자 표기를 사용하는가, 혹은 이느 한쪽의 표기로 통합되어 사용되는가의 경향이 갈린다**고 할 수 있습니다. 또한 히라가나로만 표기하는 선택사항도 존재합니다. 그렇기 때문에 일본인들의 훈독 표기는 '이 훈독은 반드시 이렇게 한자를 써야 해!'라는 1:1대응의 규칙이 아니라 **여러 옵션 중에서 어떤 옵션을 택하는가에 대한 경향성의 문제**로 이해해야 합니다.

[동음이의어]   [다의어: Type1   Type2   Type3]

개별 표기 ←──────────────────────────────────→ 선택 표기

(A · B 구분)   (A1 · A2   (A1 통합)   (A1 또는 A2
                 구분)   선택)

기타 요인: 사용자 · 대상 · 사용 매체 · 콜로케이션 등

하지만 언어 현상이 항상 그러하듯 원리와 경향성을 벗어난 표기도 상당수 존재합니다. 기본이 되는 **원리보다 강력하게 작용하는 변수들이 상당히 많기 때문**이죠. 아래에는 여러 변수로 작용하는 요인 중 몇 가지를 소개하려고 합니다.

A. 사용자 ▷ 연령 · 학력 · 직업 · 개인의 습관 등

가장 큰 변수로 작용하는 것은 **'일본어로 글을 적는 사람의 경향'**입니다. 예를 들어 일본어 사용자가 초등학생이라면 최대한 쉬운 레벨의 한자와 히라가나 표기를 사용하겠죠? 반대로 소설가, 신문기자, 작가와 같이 어려운 한자를 글에 자주 사용하는 직업군이라면 개별적인 의미에 맞춰서 한자를 최대한 사용하려는 경향을 보일 거예요. 그 외에도 개개인에 따라 특정 단어들의 한자 표기 습관이 다른 경우는 상당히 많아요. 그만큼 실생활에서는 **'사용자가 어떤 사람이고 어떤 표기 습관을 가지는가?'가 강력한 변수로 작용**합니다.

B. 상정 대상 ▷ 연령 · 학력

또 다른 변수는 반대로 **'누구를 독자로 상정하고 적은 글인가?'**입니다. 미취학 아동을 대상으로 적은 동화와 성인을 대상으로 적은 소설, 읽는 이가 어려운 내용과 난독 한자를 이해할 수 있음을 전제로 기술하는 철학 서적은 훈독의 한자 표기 경향성이 완전히 갈려요. 후자로 갈수록 세세한 한자를 많이 쓰겠죠? 읽는 이가 누구인지는 특히 출판물/홍보물 등에서 한자 표기를 어떻게 활용할 것인가를 결정짓는 중요한 요소가 됩니다.

C. 도구의 문제 ▷ 작성 매체와 플랫폼

'**어떠한 곳에서 글을 적는가?**' 또한 커다란 요인으로 작용합니다. 뉴스 방송/신문의 경우, 상용 한자표의 규정에 의거한 방송사/신문사별 세세한 한자 표기 규정 · 원칙이 존재합니다. SNS 의 경우, '휴대폰'을 통해서 글을 적을 가능성이 높기에 휴대폰에서 한자 변환이 편한 쪽을 우선해서 선택할 가능성이 생깁니다. 가령 한자 변환 화면에서 바로 나타나지 않는 상용 외 한자의 경우는 적극적으로 회피하거나, 한자 표기를 대신해서 가타카나 표기를 활용하는 경우도 많아지고 있어요. 반면 컴퓨터로 글을 작성할 때는 보다 많은 한자 표기를 편하게 선택할 수 있는 만큼, 다양한 활용을 하게 될 가능성이 높아집니다. 이처럼 어떤 플랫폼에서 작성되는가, 또 어떤 기기를 통해 작성되는가 등에 따라 한자 표기의 경향성은 달라질 가능성이 높습니다.

D. 관습적 콜로케이션 ▷ 관용적인 특정 어휘와 표기의 조합

마지막으로 생각할 것은 일종의 '**관용적 표기**'에 해당하는 것들의 문제입니다. 예를 들어 앞서 살펴본「看る」의 경우,「子供を看る」(아이를 돌보다)와 같은 문장에서「看る」로 표기하는 습관을 가진 사람일지라도,「子供の面倒を見る」(아이를 돌보다)는「見る」로 표기하는 경우가 일반적입니다. 이는「面倒を見る」라는 표기가 관습적으로 많이 사용되면서 일종의 관용적 표기로 굳어졌기 때문입니다.「ありがとう(有難う)」와 같은 인사말도 한자 표기가 존재하지만 히라가나 표기가 일반적인데, 이와 마찬가지로 관습화된 경우로 볼 수 있습니다. 알게 모르게 이렇게 특정 구나 문장, 혹은 어휘와의 조합에서 쓰이는 한자 표기가 관습화된 경우가 상당수 존재한답니다.

결론

'훈독에 어떤 한자를 사용하는가?'는 결국 예부터 쓰여온 관습적인 표기 범위 내에서 상용한 자표라는 정책적인 표기 제한과 의미의 관계성이라는 선택의 원리가 상호보완적으로 작용하여 결정되는 복잡한 구조를 가지고 있습니다. 여러분이 단순히 '한자를 읽는 방법'으로 알고 있던 '훈독'이란 것이, 실질적으로는 '고유어를 한자로 표기하는 법'임을 인지하고 바라볼 때 비로소 그 복잡한 체계를 이해할 수 있답니다. 일본어 한자는 아주 복잡하기 때문에 단순 암기만으로는 그 쓰임까지 이해할 수 없습니다. 본편의 부록에서는 단순히 능력시험을 위한 학습을 넘어 일본어를 공부하는 학습자들에게 보다 본질적인 원리와 체계를 제공하고자 했습니다. 또한 부록을 통해서 상용한자표와 일한/일일사전의 유기적인 정보를 파악할 수 있는 실질적인 도움이 되는 정보를 제공하고자 하였습니다. 보다 본질적인 원리를 받아들이고 단어장과 사전을 바라보면 또 다른 이해의 세계가 여러분을 기다리고 있을 것입니다.

복수의 한자 표기를 가진 훈독의 표기 선택 메커니즘

☞ **Step1. 정책적인 표기 제한: 상용한자표에 기재되어 있는가?**

▶ OK(상용 표기): 한자 그대로 표기

▶ NO(상용 외 표기): 개인의 선택 (히라가나 표기, 상용 표기 통합, 개별 한자 표기)

☞ **Step2. 표기 선택의 원리: 각각의 의미 관계는 어떠한가?**

▶ 동음이의어: 각각 다른 한자 표기로 구분

▶ 다의어 관계: 의미 관계에 따라 선택의 경향이 바뀜

  – 한자 표기 간 의미 간극이 큰 경우 → 각각의 한자로 개별 표기하는 경향이 강함

  – 의미의 간극이 작은 경우 → 개인의 선택에 맡김 (통합 혹은 개별 표기)

▶ 학습자: 사전을 통한 상용 표기/상용 외 표기의 정보 확인 (표기 없음/▽/×)

  → 한자 표기가 많을 경우, 의미 관계의 이해를 기반으로 학습

● 특별 부록 ●

확인문제 정답

둘째 마당
첫째마디 – 자연

1 1.ⓑ 2.ⓑ 3.ⓒ 4.ⓐ 5.ⓐ 6.ⓒ 7.ⓑ 8.ⓑ
9.ⓒ 10.ⓐ 11.ⓒ 12.ⓐ

2 1.애도 – ⓑ　　2.조소 – ⓐ　　3.칙령 – ⓑ
4.애매 – ⓒ　　5.외설 – ⓒ　　6.전투 – ⓐ
7.융기 – ⓑ　　8.연쇄 – ⓒ　　9.자조 – ⓐ
10.인연 – ⓒ　　11.규탄 – ⓑ　　12.소묘 – ⓒ

둘째 마당
둘째마디 – 동물

1 1.ⓑ 2.ⓐ 3.ⓒ 4.ⓑ 5.ⓐ 6.ⓐ 7.ⓒ 8.ⓐ
9.ⓒ

2 1.유려 – ⓒ　　2.수치심 – ⓒ　　3.야수 – ⓒ
4.축의 – ⓐ　　5.옹호 – ⓑ　　6.쌍익 – ⓐ
7.접촉 – ⓒ　　8.회뢰[뇌물] – ⓒ
9.연공[소작료] – ⓑ

둘째 마당
셋째마디 – 신체/감각

1 1.ⓐ 2.ⓑ 3.ⓑ 4.ⓒ 5.ⓐ 6.ⓑ 7.ⓒ 8.ⓒ
9.ⓐ 10.ⓑ 11.ⓒ 12.ⓑ

2 1.번민 – ⓒ　　2.황량 – ⓐ　　3.추상 – ⓑ
4.균열 – ⓑ　　5.염가 – ⓒ　　6.촉탁 – ⓐ
7.탄핵 – ⓐ　　8.척수 – ⓑ　　9.진미 – ⓒ
10.이완 – ⓐ　　11.이취[만취] – ⓒ
12.장수 – ⓑ

둘째 마당
넷째마디 – 무기

1 1.ⓐ 2.ⓑ 3.ⓑ 4.ⓒ 5.ⓒ 6.ⓐ 7.ⓑ 8.ⓐ
9.ⓒ 10.ⓒ

2 1.분재 – ⓒ　　2.장려 – ⓑ　　3.찰나 – ⓒ
4.비교 – ⓐ　　5.척후 – ⓑ　　6.의혹 – ⓐ
7.치질 – ⓒ　　8.잔교 – ⓑ　　9.전당 – ⓒ
10.탐닉 – ⓐ

둘째 마당
다섯째마디 – 생활/도구

1 1.ⓒ 2.ⓑ 3.ⓐ 4.ⓑ 5.ⓒ 6.ⓐ 7.ⓑ 8.ⓒ
9.ⓒ 10.ⓐ 11.ⓑ 12.ⓒ

2 1.이윤 – ⓒ　　2.장엄 – ⓐ　　3.기아 – ⓑ
4.발효 – ⓒ　　5.파업 – ⓐ　　6.증폭 – ⓑ
7.정정 – ⓐ　　8.명부 – ⓑ　　9.윤리 – ⓒ
10.합병 – ⓐ　　11.연약 – ⓑ　　12.순박 – ⓒ

둘째 마당
여섯째마디 – 사회

1 1.ⓐ 2.ⓑ 3.ⓒ 4.ⓒ 5.ⓑ 6.ⓐ 7.ⓒ 8.ⓒ
9.ⓐ 10.ⓒ 11.ⓑ 12.ⓐ

2 1.음미 – ⓐ　　2.정서 – ⓑ　　3.여실 – ⓒ
4.한적 – ⓑ　　5.참사 – ⓐ　　6.냉철 – ⓐ
7.광란 – ⓑ　　8.만끽 – ⓒ　　9.경색 – ⓐ
10.성현 – ⓒ　　11.종적 – ⓑ　　12.타박 – ⓒ

둘째 마당
일곱째마디 – 동작/상태

1 1.ⓑ 2.ⓐ 3.ⓒ 4.ⓐ 5.ⓒ 6.ⓒ 7.ⓐ 8.ⓑ
9.ⓒ 10.ⓑ 11.ⓒ 12.ⓐ

2 1.익명 – ⓒ　　2.위기[바둑] – ⓑ
3.비옥 – ⓒ　　4.첨가 – ⓐ　　5.문호 – ⓑ
6.입자 – ⓐ　　7.지적 – ⓒ　　8.원념 – ⓐ
9.신앙 – ⓑ　　10.거점 – ⓒ
11.응결 – ⓑ　　12.삽체[정체] – ⓐ

576

582

Day 01	Day 02	Day 03	Day 04	Day 05
01 '해와 별'의 파생	**02** '풀'의 파생	**03** '나무'의 파생	**04** '언덕과 산'의 파생	**05** '곡물'의 파생
Check! ☐	Check! ☐	Check! ☐	Check! ☐	Check! ☐

Day 06	Day 07	Day 08	Day 09	Day 10
06 '논밭'의 파생	**07** '대지와 광물'의 파생	**08** '물과 불'의 파생	**09** '짐승'의 파생	**10** '가축'의 파생
Check! ☐	Check! ☐	Check! ☐	Check! ☐	Check! ☐

Day 11	Day 12	Day 13	Day 14	Day 15
11 '날짐승'의 파생	**12** '갑각류'의 파생	**13** '머리(상부)'의 파생	**14** '머리(하부)'의 파생	**15** '손'의 파생 1
Check! ☐	Check! ☐	Check! ☐	Check! ☐	Check! ☐

Day 16	Day 17	Day 18	Day 19	Day 20
16 '손'의 파생 2	**17** '주먹과 손톱'의 파생	**18** '팔과 다리'의 파생	**19** '몸'의 파생	**20** '뼈 · 살 · 피부'의 파생
Check! ☐	Check! ☐	Check! ☐	Check! ☐	Check! ☐

Day 21	Day 22	Day 23	Day 24	Day 25
21 '칼'의 파생	**22** '베다'의 파생	**23** '도끼'의 파생	**24** '창'의 파생	**25** '활과 화살'의 파생
Check! ☐	Check! ☐	Check! ☐	Check! ☐	Check! ☐

Day 26	Day 27	Day 28	Day 29	Day 30
26 '방패와 몽둥이'의 파생	**27** '가옥'의 파생	**28** '밥상머리'의 파생	**29** '직물'의 파생	**30** '공구'의 파생
Check! ☐	Check! ☐	Check! ☐	Check! ☐	Check! ☐
Day 31	Day 32	Day 33	Day 34	Day 35
31 '우물가'의 파생	**32** '운반'의 파생	**33** '사람'의 파생	**34** '가족'의 파생	**35** '공과 사'의 파생
Check! ☐	Check! ☐	Check! ☐	Check! ☐	Check! ☐
Day 36	Day 37	Day 38	Day 39	Day 40
36 '왕과 신하'의 파생	**37** '신과 종복'의 파생	**38** '많다'의 파생	**39** '크다 · 작다'의 파생	**40** '높다'의 파생
Check! ☐	Check! ☐	Check! ☐	Check! ☐	Check! ☐
Day 41	Day 42	Day 43	Day 44	
41 '서다'의 파생	**42** '꿇다'의 파생	**43** '가다 · 달리다'의 파생	**44** '멈추다 · 걷다'의 파생	
Check! ☐	Check! ☐	Check! ☐	Check! ☐	

일본어 한자는 한두 번 본다고 완벽히 외워지지 않습니다.
공부해도 기억이 나지 않는다고 좌절하실 필요는 없어요.
雨垂れ石を穿つ(낙숫물이 돌을 뚫는다)라고 했어요.
당장은 눈에 보이지 않아도, 여러분의 노력은 한자의 벽을 조금씩 뚫어내고 있답니다.

권경배